LIEBE
UND
SEXUALITÄT

Aus dem Französischen übersetzt.
Originaltitel:
»L'AMOUR ET LA SEXUALITÉ«

© 1980, Éditions Prosveta S. A., France, ISBN 2-85566-077-7 (Band 14)
© 1980, Éditions Prosveta S. A., France, ISBN 2-85566-078-5 (Band 15)
Französische Originalausgabe

© 1982, Éditions Prosveta S. A., France, ISBN 2-85566-175-7 (Band 14)
Deutsche Ausgabe: »Liebe und Sexualität«

© 1998, Éditions Prosveta S. A., France, ISBN 3-89515-031-2 (Band 14/15)

© 2025, Prosveta Verlag GmbH,
Grabenstr. 14, 78661 Dietingen, Deutschland.

Alle Rechte für alle Länder vorbehalten. Jeder Nachdruck sowie jede Bearbeitung, Darstellung, Bild-, Ton- oder sonstige Ausgabe bedürfen der Genehmigung des Herausgebers.

ISBN 978-3-89515-031-9
E-Book Band 14: 978-3-89515-964-0
E-Book Band 15: 978-3-89515-965-7

7. Auflage

Druck 2025: Interpress, Ungarn

Omraam Mikhaël Aïvanhov

LIEBE UND SEXUALITÄT

Gesamtwerke Band 14/15

PROSVETA VERLAG

INHALT

Band 14

	Vorwort	9
I	Die beiden Prinzipien Männlich und Weiblich	11
II	Den Stier bei den Hörnern packen – Der Hermesstab	27
III	Die Schlange, die entschleierte Isis	43
IV	Die Kraft des Drachens	57
V	Geist und Materie, die Sexualorgane	61
VI	Ausdrucksformen des männl. und des weibl. Prinzips	71
VII	Die Eifersucht	82
VIII	Die zwölf Tore von Mann und Frau	90
IX	Von Jesod zu Kether: Die Vergeistigung der Sexualkraft	100
X	Der geistige Filter	102
XI	Lernt richtig zu essen, um lieben zu lernen	108
XII	Die Rolle der Frau in der neuen Kultur	124
XIII	Die Bedeutung der Nacktheit in der Einweihung	131
XIV	Wechselbeziehungen zwischen Mann und Frau	142
XV	Leere und Fülle – Poros und Penia	154
XVI	Die Lehre von der Liebe in der Einweihung	160
XVII	Liebe ist im ganzen Weltall vorhanden	165
XVIII	Wie kann man den Begriff der Ehe erweitern?	171
XIX	Die Schwesterseele	181
XX	Alles liegt in der Betrachtungsweise	185
XXI	Analyse und Synthese	189
XXII	Die Liebe organisiert – wie die Sonne – das Leben	195
XXIII	Die Mutterliebe	203
XXIV	Leere und Fülle, vom Sinn des Entsagens	211
XXV	Die Frage der Bindungen	219
XXVI	Die Jugend und die Liebe	227

Band 15

I	Eine ehrfürchtige Haltung	263
II	Die wahre Ehe: Geist und Materie	274
III	Die Sonne, die Quelle der Liebe	283
IV	Das Ziel der Liebe ist das Licht	290
V	Das männl. und das weibl. Prinzip, ihre Erscheinungsformen	299
VI	Ein Meister... eine Meisterin	306
VII	Die Vestalinnen oder die neue Eva	315
VIII	Materialismus, Idealismus und Sexualität	328
IX	Herz und Intellekt, die Universelle Weiße Bruderschaft	345
X	Strebt nach Seele und Geist	353
XI	Gebt der Liebe ihre Reinheit zurück	365
XII	Die Liebe verwandelt die Materie	371
XIII	Liebe und Identifikation	376
XIV	Die Aufgabe eines Schülers	383
XV	Öffnet euch, und man wird euch lieben	386
XVI	Tantra-Yoga	392
XVII	Leere und Fülle: Der Gral	403
XVIII	Die Liebe ist überall im Universum verbreitet	408
XIX	Sucht die Liebe an ihrer Quelle	415
XX	Nutzt die Kräfte der Liebe in rechter Weise	442
XXI	Eine erweiterte Auffassung der Ehe	455
XXII	Es steigt von der Erde herauf und vom Himmel herab...	463
XXIII	Das Glück liegt in der Erweiterung des Bewusstseins	469
XXIV	»Was ihr auf Erden bindet...«	473
XXV	Liebt Gott, und ihr werdet auch euren Nächsten besser lieben	480
XXVI	Lebt mit Liebe!	488
XXVII	Die wahren Waffen: Liebe und Licht	496
XXVIII	Lasst eure Liebe niemals erkalten	505
XXIX	Auf dem Weg zur großen Familie	520

*Da Meister Omraam Mikhaël Aïvanhov
seine Lehre ausschließlich mündlich überlieferte,
wurden seine Bücher aus den Stenomitschriften,
Tonband- oder Videoaufnahmen seiner frei gehaltenen
Vorträge zusammengestellt.*

Omraam Mikhaël Aïvanhov

LIEBE UND SEXUALITÄT

Gesamtwerke Band 14

PROSVETA VERLAG

VORWORT

Der Leser sei darauf hingewiesen, dass der vorliegende Band sich vor allem an jene richtet, die eine wirkliche Hilfe zur geistigen Höherentwicklung suchen.

Es scheint, als wäre über Liebe und Sexualität bereits alles gesagt. Dichter und Schriftsteller beschrieben Freud und Leid derer, die sich lieben; Philosophen fragten nach der Herkunft jener Kraft, die Menschen unwiderstehlich zueinander treibt; Biologen und Psychologen erforschten die physischen sowie psychischen Vorgänge des Sexuallebens, Ärzte und Psychiater die pathologischen. Verhaltensforscher, Gläubige sowie Laien versuchten durch mancherlei Verbote das gewaltige Drängen der Triebe und Gefühle einzudämmen. Andere wiederum fordern die Menschen auf, sich von ihnen treiben zu lassen, und viel Geschriebenes gibt Anleitungen zu immer größerem Genuss dieser Gefühle.

Es hat wirklich den Anschein, als sei dieses Thema erschöpft... Unbeachtet jedoch blieb die Tatsache, dass die Kraft der Liebe, die sich in jedem Menschen kundtut, zur höchsten Entfaltung des Geistes genutzt werden kann. Männer und Frauen wissen nicht, was sie eigentlich zueinander hinzieht: Sie folgen blind dieser Anziehungskraft, ja suchen nach ihr, da sie die Zufriedenstellung ihres Sexualverlangens als eine der Hauptquellen körperlicher Lust empfinden. Und nehmen ihre Erlebnisse auch ein enttäuschendes, unwürdiges Ende, so liegt ihnen doch der Gedanke fern, dass sie ihre Auffassung von Liebe und Sexualität berichtigen sollten.

Man könnte meinen, die Menschen nehmen es seit Jahrtausenden als ein unabänderliches Schicksal hin, dass Liebe stets mit den schönsten Träumen von Glück beginnt und in bitteren Enttäuschungen, wenn nicht gar in seelischem und körperlichem Zusammenbruch endet.

Dennoch irren sie nicht, wenn sie glauben und hoffen, denn allein die Liebe bringt wahres Glück. Ihre Liebe scheitert nur deshalb immer wieder, weil sie die Regeln spiritueller Weisheit nicht beachten.

Die Eingeweihten lehren, dass Mann und Frau die Repräsentanten der zwei Uraspekte Gottes sind: des Ewig-Männlichen und des Ewig-Weiblichen, woraus das ganze Universum erschaffen wurde – und dass sie im Besitz derselben Schöpfermacht sind.

So wie die Vereinigung von Geist und Materie, vermag auch die Vereinigung von Mann und Frau neue Welten zu schaffen. Dazu jedoch bedarf es in der Liebe eines erweiterten Verstehens, einer vertieften Auffassung, besonderer Regeln und Verhaltensweisen, wie sie trotz des sich verbreitenden Schrifttums über tibetanisches Tantra noch nie gelehrt wurden.

Darum können auch der Inhalt dieses Bandes und die darin aufgezeigten neuen Richtungen den Leser erstaunen, denn sie werden seine bisherigen Ansichten und Meinungen in Frage stellen. Ist ihm jedoch wirklich an geistigem Wachstum gelegen, dann wird er daraus erfahren, wie er dank der Liebe leichter zu seinem gottgewollten Endziel gelangt.

I

DIE BEIDEN PRINZIPIEN MÄNNLICH UND WEIBLICH – DIE LIEBE ZU GOTT, ZUM NÄCHSTEN UND ZU SICH SELBST

Zwei grundlegende Prinzipien des Universums spiegeln sich in allen Erscheinungsformen des Lebens und in der gesamten Natur wider. Die ganze Schöpfung ist das Werk dieser beiden Prinzipien, die der Einfachheit halber männliches und weibliches Prinzip genannt werden. Sie sind das Abbild, die Wiederholung der beiden hohen göttlichen Prinzipien, die alles erschufen, des Himmlischen Vaters und der Göttlichen Mutter, die man als Polarisation eines einzigen Urprinzips verstehen muss, des Absoluten, Nicht-Offenbarten, welches die Kabbala Ain Soph Aur nennt.

Es steht geschrieben, dass der Mensch nach dem Bilde Gottes geschaffen wurde, d. h. nach dem Bilde der beiden Prinzipien, und er enthält in seinem Wesen einen männlichen sowie einen weiblichen Teil, der eine ist sichtbar, der andere verborgen, man sieht ihn nicht, dennoch ist er vorhanden. Jede Frau ist in ihrem Äußeren weiblich, hat jedoch innerlich das männliche Prinzip. Auch jeder Mann ist äußerlich betrachtet männlich, besitzt in seinem Innern aber das weibliche Prinzip. Seid ihr mit diesem Polaritätsgesetz vertraut und versteht es, beide Prinzipien, Männlich und Weiblich, aussendend und aufnehmend, positiv und negativ, richtig anzuwenden, wie viele Probleme könnt ihr dann lösen!

Diese beiden Prinzipien haben wir alle in uns, und sie sind dem Gesicht, dem Körper, den Händen aufgeprägt, der Natur, den Blumen, Tieren, Früchten, Bergen, den Flüssen, Höhlen und Sternen... Überall sieht man nur diese Prinzipien in mannigfaltiger Form und Größe. Betrachtet ihr die Erdoberfläche oder das Erdinnere, begebt ihr euch auf den Grund der Weltmeere oder hinauf in die Lüfte, immer seht ihr nur diese beiden Prinzipien wirken.

Bewusst oder unbewusst reagieren ihnen gegenüber alle Geschöpfe in derselben Weise, alle messen ihnen höchste Bedeutung zu, nichts zählt für sie, als nur diese beiden Prinzipien.

Ein Mann ist bereit, für eine Frau, die er heiraten möchte, alles aufzugeben. Selbst wenn er ein König ist, ist er bereit, sein Königreich mitsamt seinen Untertanen, seinem Heer und allen seinen Schätzen aufzugeben für eine einzige Frau... Doch was besitzt diese Frau, dass ein ganzes Volk von Millionen von Menschen ihretwegen verblasst?

In Wahrheit ist es nicht die Frau, nach der er sucht, sondern das Prinzip; denn es gibt nichts Höheres. Ihr seht, dieser Mann ist treu, er sucht das Prinzip und wendet sich von allem anderen ab. Ebenso verhält sich die Frau. Sie widersetzt sich ihrer Familie, trotzt der ganzen Welt um des Mannes willen, den sie liebt. Und weshalb? Hat sie etwa Unrecht? Keineswegs. Der Herr und die Mutter Natur haben es ins Herz jedes Menschen eingeprägt: »Du wirst Vater und Mutter verlassen und deiner Frau (deinem Manne) nachfolgen.« Tief im Seelengrunde jedes Geschöpfes ist eingegraben, dass das erste Prinzip nur nach dem zweiten und das zweite Prinzip nur nach dem ersten sucht. Die Menschen sind sich dieser Tatsache nicht immer bewusst, weil diese Suche die unterschiedlichsten Formen annimmt, je nachdem in welchem Bereich sie sich abspielt, ob in Wissenschaft, Philosophie, Kunst oder Religion.

Die Mystiker sagen, sie suchen nach Gott. Was sie Gott nennen, ist im Grunde genommen aber nichts anderes als der sie ergänzende Gegenpol, mit dem sie sich vereinen, mit dem sie verschmelzen möchten, um zu einem vollkommenen, ganzheitlichen Wesen zu werden. Bis sie dies erreicht haben, fühlen sie sich zwiegespalten, verstümmelt. Jeder sucht nur nach der ihn ergänzenden Hälfte, die man in der Einweihungswissenschaft die Schwesterseele nennt, um endlich zu Fülle, Frieden, Allwissenheit und Allmacht zu gelangen und Gott gleich zu werden. Nur die Form, in der sie es suchen, ist unterschiedlich.

Die beiden Prinzipien Männlich und Weiblich...

Denkt darüber nach. Alles befindet sich in der Liebe, außerhalb von ihr herrscht Leere, das Nichts. Strenggläubige, Puritaner, Heuchler wollen es zwar nicht wahrhaben, aber auch sie suchen in Wirklichkeit nur nach Liebe. Sie lassen es sich nicht anmerken, weil sie den alten Traditionsvorstellungen von Reinheit und Keuschheit gehorchen wollen, aber die Natur weiß nichts von diesen menschlichen Erfindungen; sie wirkt in jedem Lebewesen, und es kocht, glüht und brennt! Die Frage ist, wie man zu jener wahren Liebe findet, wie sie von Gott verstanden wird und wie man sie in gottgefälliger Weise ausübt, damit diese Begegnung, diese vollkommene Vereinigung stattfinden kann.

Überall um euch her seht ihr nur die beiden Prinzipien. Ob ihr esst, trinkt, schaut, zuhört, arbeitet, ja selbst beim Singen hier im Chor... Ja, ihr ahnt nicht, was sich ereignet, wenn ihr singt. Die hohen, glockenhellen Stimmen der Schwestern und die tiefen Bass-Stimmen der Brüder, meint ihr, sie verklingen einfach so im Raum? Oh nein, sie verschmelzen ohne euer Wissen irgendwo über euren Köpfen und schenken sich gegenseitig viel Wundervolles, Göttliches. Eure Stimme ist durchdrungen von eurem Magnetismus, eurer Lebenskraft, eurem Duft. Ihr seid mit eurer Stimme verbunden, als wäre sie ein kleiner Papierdrachen, den ihr am Ende einer langen Schnur haltet. Eure Stimme verlässt euch und schwebt über euch im Raum, wo sie den anderen Stimmen begegnet, und sich mit ihnen vereint, und kommt sodann verstärkt zu euch zurück, um all das bereichert, was sie in dieser Vereinigung empfangen hat. Durch den Gesang findet ein feinstofflicher, göttlicher Austausch zwischen den Brüdern und Schwestern statt, die auf diese Weise ätherische Teilchen aufnehmen können, was auf andere, grobstofflichere Weise nicht möglich wäre. Über diesen feinstofflichen Austausch der Stimmen nähren sich Seele und Geist von dem, was sie aufgenommen haben und lassen auch dem physischen Körper etwas davon zukommen, damit er nicht zu sehr hungern und dürsten muss.

Während wir also singen, leisten das männliche und das weibliche Prinzip zunächst im höheren Bereich eine Arbeit; dann kehrt das, was sie erschufen zu uns zurück, und uns allen kommt dieser reine, himmlische Austausch zugute. Niemand kann uns dabei zum Vorwurf machen, dass wir die Gesetze der Reinheit übertreten, wir fühlen uns gesättigt, mit neuer Kraft erfüllt. Das ist der eigentliche Grund, weshalb es gemeinsames Singen schon seit der Erschaffung der Welt gibt. In der Gegenwart ging die Einsicht in diese verborgenen Tatsachen verloren. Es blieb nur die Praxis, dass Männer und Frauen weiterhin im Duett, im Trio, im Chor singen, ja selbst die Bauersleute auf dem Land singen beim Tanzen und sind glücklich. Ohne dass sie es merken, kommunizieren durch Gesang und Musik ihre Seele und ihr Geist mit Seele und Geist der anderen, und sie nehmen dabei etwas auf, das sie für eine Weile glücklich und weit macht.

Es gibt Hunderte und Tausende von Möglichkeiten, die die Natur ersann, um den Menschen feinstofflichen Austausch zu erlauben, wenn das im Körperlichen nicht möglich ist. Zum Beispiel in Schwimmbädern, an Stränden, in Tanzlokalen, ja selbst in den Kirchen!... Bei letzteren ist es natürlich fraglich, ob es dann auch wirklich so fromm zugeht... Ein junger Mann läuft auf der Straße hinter einem appetitlichen, herausgeputzten Mädchen her, und siehe da, sie geht in eine Kirche... »Wie schade«, sagt er sich, »wäre es ein Tanzlokal, würde ich es leicht wagen!« Trotzdem folgt er ihr in die Kirche, und da sie ihn bemerkt, legt sie ein manieriertes Verhalten an den Tag, nimmt Posen an... und er nähert sich ihr mehr und mehr, und anstatt zum Priester zu sehen und der Messe zuzuhören, hat er nur Augen für sie. Ihr seht, Austausch findet selbst in Kirchen statt; feiner ätherischer Austausch!... Was aber im Kopf jener beiden vorgeht, ist wie gesagt, nicht unbedingt so fromm!...

Sprechen wir aber noch ein wenig über das Singen. Hättet ihr keinen Mund, d. h. eine Zunge und zwei Lippen, so könntet ihr weder sprechen noch singen. Demnach sind also das Sprechen und auch das Singen von diesen beiden Prinzipien, Männlich und Weiblich, das heißt von der Zunge und den Lippen abhängig.[1] Ihr meint, ich spreche über anstößige Dinge... Keineswegs, ich stelle lediglich fest – die Natur hat den Mund geschaffen, nicht ich. Um nur ein paar Worte hervorzubringen, bedarf es der Zunge und der Lippen, sonst entsteht kein Wort, kein Lied. Gesang und Sprache sind ein Ergebnis. Sie sind das Kind eines Vaters und einer Mutter, die auf einer höheren Stufe der Entwicklung stehen, geistiger sind, da Gott sie in den Kopf verlegte. Zunge und Lippen haben dieselbe Aufgabe wie die Sexualorgane, denn gemeinsam vermögen sie ebenfalls zu zeugen, jedoch auf feinstofflicher Ebene, nämlich das Wort. »Am Anfang war das Wort.« Wenn wir ernsthaft diese beiden Prinzipien finden wollen, müssen wir sie oben suchen, nicht unten, denn unten sind die Organe von Mann und Frau lediglich eine Wiederholung, eine vergröberte Widerspiegelung der beiden Prinzipien oben, die genauso schöpferisch sind und Leben geben können wie die beiden unteren.

Daraus mögt ihr ersehen, meine lieben Brüder und Schwestern, welch wesentliche Rolle dem Singen zukommt, vor allem den spirituellen, mystischen Liedern, die wir hier in der Bruderschaft singen. Bislang war das Singen für euch nur ein Zeitvertreib, eine Zerstreuung; von nun an soll es euch bewusst werden, dass es eine Nahrung ist, eine Notwendigkeit, ein geistiges Bedürfnis.

Wenn ihr es nicht versteht, euch von Musik und Gesang zu nähren, so wird der weniger feinstoffliche Austausch, den ihr pflegt, euch nur Bedauern und Bitternis einbringen.

Die Frage des Austauschs wird aber noch immer falsch verstanden. Einige Mystiker, manche Einsiedler oder Asketen waren derart unwissend und engstirnig, dass sie ihr seelisches Gleichgewicht, ihre Gesundheit, ihr Lebensglück zerstörten, indem sie jeglichen Austausch ablehnten; sie vertrockneten, wurden zu Leichen ohne Leben, ohne Früchte, ohne alles. Natürlich waren sie der Auffassung, den Willen des Herrn auszuführen! Als ob der Herr Tod und Leichen bevorzugt! Er ist für das Leben, das Schöpferische, denn Er beschäftigt sich mit nichts anderem als dem Erschaffen. Doch die Menschen haben alles verdreht, bilden sich ein, der Herr sei gegen die Liebe, gegen Ehe und Kinder... Ihrer Meinung nach ist das Religiosität. Welch eigenartige Glaubensbrüder!

Ihr wendet ein: »Viele hohe Meister und Eingeweihte waren nicht verheiratet; waren sie denn auch wie diese Fanatiker?« Nein, die großen Meister und Eingeweihten haben ein weitumfassendes Verständnis, sie begreifen Gottes Schöpfung, sehen die Dinge klar, und führen einen keuschen, reinen Lebenswandel, weil sie auf den feinstofflichen Ebenen unendlich reiche, wunderbare Austausche erleben, so dass sie nicht das Bedürfnis haben, zu tief in die Materie hinabzusteigen, wo sie sich beschränken und überlasten würden. Sie leben ehelos und keusch, nicht etwa, weil sie gegen die Liebe sind, ganz im Gegenteil, sie laben und nähren sich an Quellen und in Bereichen, die der Menge unbekannt sind und worin sich die Austausche in strahlendstem Licht und in vollkommener Reinheit vollziehen. Engel kommen zu ihnen, Erzengel besuchen sie, Sonne und Sterne senden ihnen Blicke und ihr Lächeln; selbst die Menschen schenken ihnen Liebe und Vertrauen. Und so werden sie von allen Seiten reich beschenkt! Was brauchen sie denn noch? Wozu sollten sie auf solch unschätzbare Reichtümer verzichten und sich in Sümpfe begeben, wo ihrer nur Enttäuschungen warten? Noch versteht ihr mich nicht, aber später wird es so weit sein.

Es heißt in den Evangelien: »Du sollst Gott deinen Herrn lieben von ganzem Herzen, von ganzer Seele, aus ganzem Gemüte und mit allen deinen Kräften« und »Du sollst deinen Nächsten lieben wie dich selbst.«[2] Seht ihr, den Herrn und seinen Nächsten soll man lieben; nirgendwo ist davon die Rede, man solle sich nur selber lieben! Und dennoch, wie sieht es in Wirklichkeit aus? Die Menschen lieben vor allem zunächst sich selbst. Danach erst, falls noch etwas auf dem Teller übrig bleibt, geben sie es dem Nächsten; und was den Herrn betrifft, so gehen sie einmal im Jahr in die Kirche und zünden eine Kerze an. Wie kommt das? Nirgendwo heißt es: »Liebt euch selbst« und doch tut jeder nur das! Für die beiden anderen Gebote, die noch genannt sind, hat man keine Zeit. Die Eingeweihten sagten niemals, man solle sich selbst lieben, denn sie wussten, dass die natürlichste, am tiefsten verankerte, hartnäckigste Neigung die ist, sich selbst zu lieben, sich zufrieden zu stellen, zu essen und zu trinken, ja sogar das dem Nachbarn wegzunehmen, was ihm gehört... Die Liebe zu sich selbst, nur darauf stößt man Tag und Nacht. Und dennoch meinten die Eingeweihten, indem sie zu den Menschen sagten, dass sie den

Die beiden Prinzipien Männlich und Weiblich...

Herrn und ihren Nächsten lieben sollen, nichts anderes als: »Liebt euch selbst.« Sie sprachen es zwar nicht aus, denn sie wussten, dass man sie nicht verstehen würde; aber genau das wollten sie sagen.

Die Liebe zu sich selbst, die Liebe zum Nächsten und die Liebe zu Gott, diese drei Arten der Liebe entsprechen den Lebensabschnitten des Menschen. Das Kind liebt sich selbst, denkt nur an sich; später beginnt es seinen Vater, seine Mutter, seine Geschwister und seine Freunde zu lieben... und dann seine Frau und seine Kinder. Hat der Mensch viele andere geliebt, die ihn oft betrogen und enttäuscht haben, dann wendet er sich endlich dem Herrn zu und schenkt Ihm seine ganze Liebe, sucht nur noch nach Ihm. In Wirklichkeit, ich kann es euch beweisen, sind die höheren Grade der Liebe in der Eigenliebe mit einbegriffen, denn indem man die anderen und Gott liebt, liebt man eigentlich immer sich selbst. Es ist zwar eine verfeinerte, viel lichtvollere, geistigere Liebe, aber man liebt doch immer sich selbst. Warum liebt ihr nicht alle Frauen, sondern nur eine? Weil sie etwas von euch selbst widerspiegelt, und dieses etwas ist die andere Seite eurer selbst. Der Mensch hat zwei Pole und diese Polarisierung treibt ihn dazu, seine andere Hälfte jeweils in Frauen oder in Männern zu suchen, ja selbst im Schöpfer. Immerzu sucht und liebt er nur sich selbst. Nicht sein Äußeres, das ihm im Spiegel entgegenblickt, nein, er sucht das andere Prinzip, den anderen Pol. Seid ihr ein Mann, ist der andere Pol das weibliche Prinzip, seid ihr eine Frau, ist es das männliche Prinzip.

Der Mensch, so wie die Eingeweihten ihn sehen, ist ein Ganzes. Die beiden Pole positiv und negativ sind die zwei Hälften einer Einheit, die sich im Laufe der Evolution teilte. Ursprünglich war der Mensch gleichzeitig Mann und Frau, das nennt man androgyn. Zu dem Zeitpunkt, da die Geschlechtertrennung stattfand, ging jedes Prinzip in seine eigene Richtung, trägt aber in sich, tief in seine Seele eingeprägt, den Abdruck, das Bild des anderen. Deshalb ist ein Mann, wenn er unter Hunderten, Tausenden von Frauengesichtern eines entdeckt, das jenem, das er in sich trägt, ähnelt, so glücklich und setzt alles daran, es ständig in seiner Nähe zu haben. Leider merkt er aber häufig nach einiger Zeit, dass das Bild mit dem in seiner Seele nicht ganz übereinstimmt; und dann verlässt er die Frau, um sich nach einer anderen umzusehen, in der er aufs Neue seine andere Hälfte zu finden hofft, seine Schwesterseele. Dies trifft für Frauen ebenso zu wie für Männer, niemand macht eine Ausnahme. Eines Tages jedoch wird diese Begegnung der beiden Prinzipien wirklich stattfinden; denn die sie verbindende Liebe ist stärker als alles andere.

In Wirklichkeit sind wir selbst unsere Schwesterseele, unser anderer Pol. Sind wir unten, ist der andere Pol oben und kommuniziert mit dem Himmel, den Engeln und Gott, in Vollkommenheit und Fülle. Darum unterweisen alle Einweihungslehren ihre Schüler darin, mit dem anderen Pol eins zu werden. Der indische Jnani-Yoga vermittelt Methoden, dank derer sich der Yogi mit seinem höheren Ich vereinigen kann, denn durch dieses Einswerden vereint er sich mit Gott selbst. In Griechenland ist derselbe Gedanke in den Giebel des Apollotempels von Delphi eingemeißelt: »Erkenne dich selbst.« Mit diesem Sich-Erkennen ist hier nicht das Erkennen der eigenen guten oder schlechten Charaktereigenschaften gemeint, das wäre zu einfach. Im ersten Buch Moses heißt es: »Und Adam erkannte sein Weib Eva« und: »Abraham aber erkannte Sarah.« Wahres Erkennen ist ein Verschmelzen beider Prinzipien. »Erkenne dich selbst« ist die Aufforderung: »Forsche in dir selbst nach dem anderen Pol, so wirst du eine Gottheit werden!« Für den Mann ist der andere Pol eine Frau, und er erkennt sie wie ein Liebender seine Geliebte. Nicht genau auf dieselbe Weise natürlich, denn diese Vereinigung, dieses Erkennen, vollzieht sich in den hohen Sphären des Lichts. Wenn ihr in dieses Licht eingeht, dann werdet ihr eins mit euch selbst.

In den Evangelien wird dieses Gebot in etwas anderer Weise ausgedrückt: »Du sollst Gott deinen Herrn lieben von ganzem Herzen, von ganzer Seele, mit ganzem Gemüt und deiner ganzen Kraft.« Womit ausgesagt wird, dass die Vereinigung mit Gott nur durch das höhere Ich möglich ist. Das meinte auch Christus, als er sagte: »Niemand kommt zum Vater, denn durch mich.« Christus versinnbildlicht die Gottheit, das Wort, den Gottessohn, der in der Seele jedes Menschen als Lichtfunke verborgen, verschüttet liegt.[3] Indem sich der Mensch nun mit seiner höheren Seele verbindet, verbindet er sich zugleich mit dem überall, in allen Seelen, gegenwärtigen Christusprinzip und ist dadurch mit Gott verbunden. Ihr kommt nur zu Gott über euer Höheres Ich, weil nur dieses Ich alles enthält, das Höchste und Reinste in euch beinhaltet. Darum empfehlen auch alle Anleitungen zur Meditation, das Denken zu schulen, damit man sich so weit wie möglich von der irdisch-materiellen Welt entfernt und sich erhebt bis in die lichtreichsten Welten, um die Gottheit zu erreichen, das Prinzip unserer höheren Seele. Und da es immer eine Polarisierung geben wird, entsteht eine Wesensverwandtschaft, eine Übereinstimmung, ein inneres Band mit dem ergänzenden Prinzip; denn das Männliche wird immer vom Weiblichen und das Weibliche vom Männlichen angezogen.

Jeder Mensch trägt in seinem Innern das andere Prinzip und kann nur durch das andere Prinzip zu Gott finden. Darum findet die Frau durch den Mann zu Gott, denn er repräsentiert das andere Prinzip und verbindet sie mit dem Himmlischen Vater. Und der Mann kann das Göttliche nur durch das weibliche Prinzip finden, sei dies eine Frau oder die Natur selbst (die ein weibliches Prinzip ist) oder die Göttliche Mutter. Ohne dieses weibliche Prinzip ist nichts vorhanden, weder Auftrieb noch Inspiration noch Schöpferwille. Und ohne die Gegenwart des männlichen Prinzips bleibt das Weibliche ungestaltet, träge, unfruchtbar. Forscht nach, wie die Natur die Dinge eingerichtet hat, und ihr werdet sehen, wie die Sonne, das männliche Prinzip, Licht ausstrahlt und Wärme und damit alles belebt! So sollen auch wir in unserem Innenleben vom göttlichen Prinzip der Sonne befruchtet, beseelt und belebt werden. Für Frauen ist dies leichter, denn sie sind von Natur aus aufnehmend; die Männer dagegen, deren ganzes Wesen aussendend und positiv ist, müssen sich umpolen, um ebenfalls aufnehmend zu werden.

Kommen wir nun auf die drei Stufen der Liebe zu sprechen, die ich eingangs erwähnte. Denkt man einmal darüber nach, so muss man feststellen, dass die Menschen sich selbst im Grunde genommen überhaupt nicht lieben, sich vielmehr selbst zugrunde richten! Ist etwa wahlloses Essen und Trinken, Rauchen und ein ausschweifendes Leben Liebe zu sich selbst? Oder meint ihr, man tue sich damit etwas Gutes, wenn man seiner Wut, seinem Hass freien Lauf lässt? Im Gegenteil, man vergiftet sich! Ihr entgegnet: »Aber ich will den oder jenen vergiften!« Nun gut, aber dieses Gift muss zunächst durch dich hindurch, bevor es hinaus geht und den anderen vergiftet. Also bist du vor ihm vergiftet! Seht ihr, welche Unwissenheit, welcher Unverstand! Man weiß nicht, was Liebe eigentlich ist und muss lernen, sich richtig zu lieben!

Nehmen wir nun an, ihr wollt nichts Unreines in euch einlassen... ja, dann beweist ihr Liebe zu euch selbst. Denn dank eurer Reinheit schafft ihr die herrlichsten Vorbedingungen, damit die Engel sich in euch niederlassen. Achtet ihr sorgsam darauf, niemanden mit euren Gedanken, euren Gefühlen, euren Worten zu verletzen, dann schafft ihr innerlich schon die Bedingungen dafür, dass der Herr in euch einzieht. So eine Liebe zu sich selbst ist göttlich und die rechte Art sich zu lieben. Wer sich nicht in dieser Weise liebt, hat auch für Gott keine Liebe und ebenso wenig für seine Mitmenschen. Die Liebe zu Gott beginnt bei der Liebe zu sich selbst, denn sie muss zunächst durch uns hindurch, um das geistige Ich oben zu erreichen. Dann wollt ihr nur noch in Reinheit und Licht bleiben, euch selbst, eurem höheren Selbst, das über euch wacht, zu Gefallen. Die richtige Eigenliebe ist, sein Herz, sein Gemüt in unversehrtem, reinem Zustand zu bewahren!

Es ist völlig natürlich und normal, dass man sich selbst liebt, die Natur selbst hat ihren Kindern diese Liebe gegeben. Nur müssen sie lernen, auf welche Art und Weise sie sich lieben sollen, indem sie auf Ordnung und Harmonie in ihrem Innenleben achten, sich ihrer Würde, ihrer Gottähnlichkeit bewusst werden. Die meisten Menschen verstehen unter Liebe ein Zufriedenstellen ihrer Begierden, ein Jagen nach Vergnügungen, wo sie doch in Wirklichkeit Aufopferung, Einfühlungsvermögen, Reinheit, Selbstverleugnung und Entsagung ist. Von einer richtigen Auffassung der Liebe hängen unser Glück und unser geistiges Wachstum ab.

Die beiden Prinzipien Männlich und Weiblich...

Die Erfahrungen jedoch, die die Leute allgemein auf dem Gebiet der Liebe haben, lassen sie in dieser Hinsicht nie klar sehen. Liebt z. B. ein Mann eine Frau, wird er, anstatt zu erkennen, dass sich ihm da eine wunderbare Gelegenheit zu hohen geistigen Leistungen bietet, nur von dem einen Wunsch besessen sein, seinem Verlangen nachzugeben und damit alles verderben und zunichte machen. Warum konnte er nicht warten und sich dieses Empfinden, diese Liebe zunutze machen? Fühlt ihr Liebe zu einem Menschen, so zeigt es nicht, sagt es nicht, sondern dankt dem Himmel für diese Liebe, denn durch sie ist euch eine außergewöhnliche Möglichkeit gegeben, euch zu erheben, euch mit Mut, Begeisterung und Inspiration zu erfüllen und den Sieg davonzutragen. Zerstört diese kostbaren Bedingungen nicht, indem ihr euch sogleich an die Frau heranmacht, sie küsst und mit ihr schlafen wollt, denn danach ist es vorbei, es gibt Streitigkeiten und Vorwürfe: »Du versprachst mir dies... du hast mir das angetan...« Und aus ist es mit der Freude, dem Glück, der Inspiration.

Die Liebe ist ein Segen, darum behütet und bewahrt sie so lange wie möglich, denn sowie ihr sie ausleben wollt, schlagt ihr ein Kapitel auf, das nur Schwierigkeiten, Leid und Unglück enthält! Die Liebe ist Gott selbst. Sie schenkt euch alles: Lebensfreude, Glück, Inspiration, inneren Reichtum... Warum habt ihr es so eilig, sie loszuwerden, anstatt das ewige Leben, das göttliche Leben zu kosten? Ihr könnt Tag und Nacht in der Liebe leben, unter der Bedingung, dass ihr Austausch pflegt mit den erhabensten Bereichen und Geschöpfen und diese Liebe nicht vergeudet auf niedere, grobe Weise und nichts als ein Häufchen Asche in euch übrig bleibt. Liebt also euch selbst, aber den göttlichen Teil eurer selbst, und tut für ihn, was in euren Kräften steht. Kein Opfer darf euch zu groß erscheinen, wenn es darum geht, dass ihr diese Geliebte erobert und in die Arme schließt und dass die ganze Natur anhebt zu singen...

All unser Erfolg, unser ganzes Glück ist von jener Mitte, jenem Kernpunkt, genannt Gott, abhängig.[4] Ihr seht, ich habe hier einen Füllfederhalter, in den ich ein Symbol eingravieren ließ, welches das gesamte initiatische Wissensgut beinhaltet: einen Kreis mit einem

Punkt in der Mitte. Was sagt es aus? Ihr wisst sicher alle, wie es in Schulklassen zugeht: Ist der Lehrer nicht da, toben die Schüler, schreien lauthals, verhauen sich... Das ist normal, der Lehrer ist abwesend, man kann seinen Spaß treiben. Aber nun erscheint der Lehrer, und jeder Schüler kehrt schleunigst an seinen Platz zurück. Genauso ist es in einem Kriegsheer. Solange der Heerführer nicht da ist, laufen die Soldaten in alle Richtungen, es herrscht ein Durcheinander, sie sind zum Rückzug gezwungen, die Schlacht ist verloren. Sobald er jedoch zugegen ist, warten alle darauf, seine Befehle auszuführen, und der Sieg ist gewiss.

Ich könnte euch noch viele andere Beispiele aufzählen, das Wesentliche aber ist, dass ihr versteht, dass dieselben Gesetze auch unser Innenleben bestimmen. Gott ist das Oberhaupt, der Befehlshaber, das Zentrum. Ist Er nicht da... nun, ihr kennt ja das Sprichwort: Ist die Katze aus dem Haus, tanzen die Mäuse... und fressen den Käse auf! Wenn also jemand behauptet: »Ich brauche keinen Gott, ich schaffe es auch ohne ihn«, dann erwidere ich ihm, er werde sicherlich auch ohne Ihn durchkommen, aber in seinem Inneren tanzen die Ratten und Mäuse, weil der Kopf fehlt. Der Kopf, der Herr, führt Ordnung in unsere Zellen ein; ist Er zugegen, wirken alle in Übereinstimmung, in Frieden zusammen, und das Leben kreist.

Fehlt der Kopf, so macht der Mensch zwar wohl noch eine Weile weiter, geht seinen Geschäften nach, aber in seinem Innern herrscht heilloses Durcheinander, und es folgt der Zerfall. Die Menschen verstehen nicht, weshalb es so wesentlich ist, den Herrn als Mittelpunkt in sich einzuführen, daher sage ich es euch hiermit: Wollt ihr, dass Ordnung und Harmonie in euch walten, dann müsst ihr den Kopf finden, das Zentrum des Kreises, denn dieser Punkt in der Mitte bestimmt und ordnet das Ganze. Keine andere Wahrheit ist dieser überlegen.

Gott sollen wir lieben, aber nicht Seinetwegen, sondern für uns selbst. Er bedarf unser nicht; Sein Reichtum ist unermesslich. Ihr habt sicherlich den Film: »Gott braucht die Menschen« gesehen. Nun ja, das mag wahr sein; aber glaubt mir, Gott kann sehr wohl ohne sie sein.

Um was würden wir Ihn denn bereichern? Um unseren Hochmut? Unsere Eitelkeit? Unsere Boshaftigkeit und Erbärmlichkeit?... Welch großartige Errungenschaften für den Herrn! In Wirklichkeit sind wir es, die Ihn brauchen. Sich von Gott frei zu machen, ist anscheinend der Beweis höchster Intelligenz, größten Fortschritts. Wenn es so wäre, wie kommt es dann aber, dass all die hochgebildeten, fortschrittlichen Menschen dauernd unzufrieden, krank, seelisch gestört sind? Nun, weil sie den Kopf abgeschafft haben!

Befasst ihr euch eingehend mit der Kabbala, dann stellt ihr fest, dass dort alles auf das Studium eines ehrwürdigen Hauptes gegründet ist, man erforscht dessen Haare, weiß wie Schnee, seinen Bart, die Ohren usw. Der Ausgangspunkt der ganzen Kabbala ist das ehrwürdige Haupt Gottes, und nun sollte man ein paar armseligen Tröpfen folgen, ein paar Dummköpfen, die anraten, dieses Haupt abzuschaffen!

Versteht mich ein für alle Mal richtig: Ich spreche von einer Tatsache, die ich selbst erfahren habe. Für mich ist es keine Theorie, ich habe mein ganzes Leben auf diesen Kreis mit dem Mittelpunkt gegründet. Nach diesem Zentrum, das sich in uns selbst befindet, müssen wir suchen! Es ist irgendwo in uns vorhanden, allerdings nicht in der Mitte, und darum müssen wir es finden und an seinen ursprünglichen Platz setzen. Es gibt keinen Menschen, der dieses Zentrum in sich nicht besitzt. Es treibt irgendwo am Rande als etwas Unwichtiges, und man räumt den ersten Platz dem Beruf, einem Freund, einem Verhältnis, einem Auto ein. Macht es euch nunmehr zur Aufgabe, den Herrn zu suchen und stellt ihn als Mittelpunkt in euer Dasein, dann wendet sich in euch alles zum Besten: Ihr fühlt euch gesundheitlich wohler, euer Denken wird klarer... Selbst eure Mitmenschen beginnen euch zu lieben, denn sie bemerken in euch eine strahlende, sprudelnde Mitte, eine Quelle. Gleicht ihr nicht einer Quelle, sprudelt kein Leben aus euch, wie wollt ihr da erwarten, dass man euch liebt? Niemand liebt Friedhöfe, dunkle Löcher und Abgründe, jeder liebt das Lebendige.

Schreitet hinfort mit unerschütterlichem Glauben auf diesem lichten Weg, der das ganze initiatische Wissen in sich zusammenfasst, die Weisheit aller Zeiten. Die Jahre werden vorüberziehen, und die Ereignisse eures Lebens werden die Wahrhaftigkeit dessen bestätigen, was ich hier sage. Man kann Gott nicht lieben, wenn man nicht weiß, wie man sich selber lieben soll. Denn die Liebe muss durch unser Höheres Ich hindurchfließen, um zu Gott zu gelangen. Es ist ein genau festgelegter Weg.

Wenn ihr über das Radio eine Botschaft hinaussenden wollt, dann begebt ihr euch in den Raum, wo die Apparate stehen und gebt eure Mitteilung durch. Es würde nichts nützen, einfach so in die Luft zu schreien, damit man euch Hunderte und Tausende Kilometer weit hört... Man braucht dazu Übertragungsgeräte. Auch wir haben in uns solche Übertragungsgeräte: unser Höheres Ich, die Universalseele, die in uns wohnt... Für die Frauen ist es das männliche Prinzip, für die Männer das weibliche. Solange die Botschaft dem anderen Pol nicht übermittelt wird, kann sie auch nicht empfangen werden. Wenn Mystiker und Eingeweihte beten, geben sie sich ihrem Gebet so sehr hin, dass nicht mehr sie selbst es sind, sondern ihre Seele, ihr Geist, die beten und übermitteln, und ihr Gebet wird im Himmel empfangen. Solange euer Gebet nicht so inbrünstig ist, dass es vom anderen Pol eures Wesens, eurem Geist, weitergeleitet wird, wird es auch nicht erhört werden. Nennt diesen anderen Pol Christus, Geist oder Seele, oder auch Geliebte, darauf kommt es nicht an.

In der Einweihungswissenschaft wird gelehrt, dass man außen nicht findet, was man innen nicht schon besitzt; denn sogar was ihr in der Außenwelt antrefft, wenn es in eurem Innern nicht bereits vorhanden ist, geht ihr daran vorüber, ohne es zu sehen. Je mehr ihr innerlich die Schönheit wahrnehmt, umso mehr nehmt ihr sie auch im Irdisch-Materiellen wahr. Ihr denkt vielleicht, dass ihr sie zuvor nicht sehen konntet, weil es sie nicht gab... Doch, sie war da, aber ihr habt sie nicht wahrgenommen, weil ihr innerlich nicht reif dafür wart. Nun aber, da ihr sie mit eurem inneren Auge gesehen habt, seht ihr sie auch außen, denn die äußere Welt ist nichts anderes als eine Widerspiegelung der inneren. Sucht nie etwas außen, wenn ihr euch nicht zunächst darum bemüht habt, es in eurem Inneren zu finden. Wenn ihr durch Meditation und Kontemplation erst einmal im Inneren euer Höheres Ich, eure Schwesterseele gefunden habt, dann findet ihr sie überall auf der ganzen Welt, sei es im Antlitz eines Menschen, in Seen, Bergen, Pflanzen, Vögeln, und ihr hört ihre Stimme. Dies ist eine wichtige Erkenntnis für alle Liebenden, sonst endet ihre Bindung, ihre Ehe in Zerrüttung. Hat der Mann das weibliche Prinzip und die Frau das männliche in sich gefunden und beschließen sie, ihm zu dienen und es zu fördern, wird ihre Liebe, ihre Ehe ihnen eine segensreiche Quelle sein!

Darum habe ich euch erklärt, dass die Frau den Himmlischen Vater in dem geliebten Mann sehen soll, denn er ist ein Stellvertreter Gottes auf Erden. Und auch er soll in der von ihm geliebten Frau die Göttliche Mutter erblicken und lieben, sie achten und bewundern, ihr dienen. Dann werden sich alle Schätze vor ihnen auftun und sie werden fortwährend in Entzückung, Begeisterung und Schönheit leben.

Andernfalls werden sie enttäuscht sein, leiden und vom andern voller Abscheu sprechen. Denn was sie von ihm sahen und erlebten, war weder seine Seele noch sein Geist, sondern seine verschlissene, schadhafte Kleidung voller Krankheitskeime. Das erwartet diejenigen, die in diesem Wissen nicht unterrichtet sind, sich weigerten, der Einweihungslehre zu folgen, nichts annehmen wollten; sie brechen sich das Genick. Der Mensch bestraft sich selbst, wenn er das Licht ablehnt, das ihm die Augen öffnen und ihm den Weg weisen soll.

Was die heiligen Bücher seit eh und je lehren, dessen wahrer, tiefer Sinn wird euch heute offenbar. Wozu noch lange zögern? Geht zuversichtlich voran, lasst euch von nichts aufhalten und möge Gott immer bei euch sein!

Vidélinata (Schweiz), 8. April 1962

Anmerkungen
1. Siehe Band 8 der Reihe Gesamtwerke »Sprache der Symbole, Sprache der Natur«, Kapitel 10: »Wie die beiden Prinzipien im Mund enthalten sind«.
2. Siehe Synopsis Band 4, Kapitel 1, Teil 1. Noch nicht ins Deutsche übersetzt.
3. Siehe Synopsis Band 2, Kapitel 2, Teil 1. Noch nicht ins Deutsche übersetzt.
4. Siehe Band 218 der Reihe Izvor »Die geometrischen Figuren und ihre Sprache«, Kapitel 2: »Der Kreis«.

II

DEN STIER BEI DEN HÖRNERN PACKEN – DER HERMESSTAB

Teil 1

In den Lehrbüchern der Alchimie heißt es: Wer in den Besitz des Steins der Weisen gelangen will – symbolisch dargestellt durch Merkur – muss seine Arbeit beginnen, wenn die Sonne in das Sternbild Widder und der Mond in das Sternbild Stier eintritt, weil die Sonne im Widder und der Mond im Stier erhöht ist.[1] Die Zwillinge, das nächstfolgende Sternbild, sind das Domizil Merkurs. Ihr seht also: Widder (die Sonne), Stier (der Mond) und Zwillinge (Merkur) folgen aufeinander und zeigen damit, dass aus der Vereinigung von Sonne und Mond das Kind, Merkur, hervorgeht. Die Dreiheit Sonne, Mond, Merkur ist im Tierkreis auch noch an anderer Stelle vertreten, aber wir wollen uns heute nur mit den drei Zeichen Widder, Stier und Zwillinge befassen, die äußerst bedeutsam sind.

Das Merkursymbol besteht aus Sonnenscheibe und Halbmond und, die Vereinigung beider andeutend, aus dem bei der Addition verwendeten Zeichen +. Das Symbol von Merkur ☿ veranschaulicht nichts anderes als die Vereinigung von Sonne und Mond.

Sonne und Mond erschaffen zusammen das Kind Merkur, den Stein der Weisen. Aber der Stein der Weisen, nach dem die Alchimisten suchen, ist in Wahrheit ein Symbol für die Verwandlung des Menschen.[2] Die Alchimisten arbeiten mit der Sonne und dem Mond, d. h. mit den beiden Prinzipien Wille und Vorstellungskraft. Dank ihres Zusammenwirkens gelingt es ihnen, ihre eigene Materie zu verwandeln und symbolisch gesprochen wie Sonne und Mond zu werden, das heißt strahlend und rein. Nicht von ungefähr sind Mars im Widder und

Venus im Stier beheimatet... Denn arbeitet der Alchimist mit Sonne und Mond, d. h. mit den Prinzipien Männlich und Weiblich, indem er die Sexualenergie (Venus) sowie die dynamische und aktive Kraft des Willens (Mars) sublimiert, dann wird ihm die Fülle geistiger Macht zuteil, versinnbildlicht durch Merkur, das magische Prinzip.

Bei den Templern wurde diese magische Kraft durch den Baphomet, ein widerliches Ungeheuer dargestellt, weshalb denn auch viele glaubten, dass die Tempelritter dem Teufel huldigten. Andere gaben dieser magischen Kraft den Namen AZOT. Dieses Wort ist zusammengesetzt aus A, dem ersten Buchstaben der drei Alphabete, des lateinischen A, des griechischen Alpha, und des hebräischen Aleph und den letzten Buchstaben dieser drei Alphabete: Z (lateinisch), O (Griechisch), T (Hebräisch). Das Wort AZOT sagt aus, dass die magische Kraft das Alpha und Omega ist, Anfang und Ende.

Die Alchimisten gaben sich große Mühe, diese magische Kraft zu erlangen, aber ihre Bemühungen blieben oft erfolglos, weil sie nicht wussten, dass mit den beiden Prinzipien Männlich und Weiblich nicht allein auf der physischen Ebene gearbeitet werden muss, sondern auf der spirituellen Ebene, mit den beiden Prinzipien Wille und Vorstellungskraft, einer Arbeit, die man auch symbolisch ausdrücken kann mit dem Ausspruch: »Den Stier bei den Hörnern packen.« »Den Stier bei den Hörnern zu packen« bedeutet für den Schüler, mit einer inneren Arbeit an sich selbst zu beginnen, um alles Rohe, Gewalttätige und Anarchistische in seinem Inneren zu beherrschen. Gegenwärtig packen die Menschen den Stier leider nicht bei den Hörnern, sondern lassen ihm die Freiheit, alles niederzustampfen. Ihr werdet sehen, was er hauptsächlich unter den Jugendlichen anrichten wird!

Den Stier bei den Hörnern packen steht für die Arbeit des Willens an der Vorstellungskraft. Die Vorstellungskraft ist stets eng mit der Sinnlichkeit verbunden. Wer über eine ungezügelte Vorstellungskraft verfügt, neigt zu Trägheit und Sinnlichkeit; Mond und Venus sind stets zusammen. Schaltet sich jedoch die Sonne ein mit ihrem Licht und leitet die Vorstellungskraft in ideale Bahnen, wird der Mond von überaus großem Nutzen sein, denn er hat die Kraft, alle Dinge zu

Den Stier bei den Hörnern packen – Der Hermesstab

verdichten. Ich sprach bereits einmal über die verschiedenen Zeitabschnitte, welche die Erde durchlief: die Saturn-, die Sonnen-, die Mondepoche und erklärte euch, dass die Sonnenepoche eine Zeit der Entfaltung und Ausdehnung war, während die Mondepoche einen Prozess der Erstarrung und Verdichtung kennzeichnete. So stehen also Sonne und Mond symbolhaft auch für die beiden alchimistischen Vorgänge ›solve‹ und ›coagula‹, Auflösen und Verdichten.

Im Symbol von Merkur ist die Sonne dargestellt durch einen Kreis und der Mond durch einen Kreisausschnitt, gleichsam einer Rippe der Sonne (woraus ersichtlich wird, weshalb im 1. Buch Mose steht, Gott habe Eva aus einer Rippe Adams erschaffen). Um zu veranschaulichen, dass die sinnvolle Vereinigung beider Prinzipien Merkur hervorbrachte, zeichneten die Weisen ihn als eine Sonne mit einer Mondsichel darüber, vervollständigt mit dem Symbol der Erde, dem arithmetischen Zeichen + darunter. Schon allein dieses Merkursymbol liefert einen Beweis für das tiefgründige Wissen der Eingeweihten, die es erdacht haben! Eine der zahlreichen Abwandlungen davon ist der Hermes-Stab, der bis heute das Kennzeichen der Apotheker und Ärzte geblieben ist.

In neuerer Zeit taucht dieses Symbol in der anerkannten Wissenschaft in Form des Lasers auf.

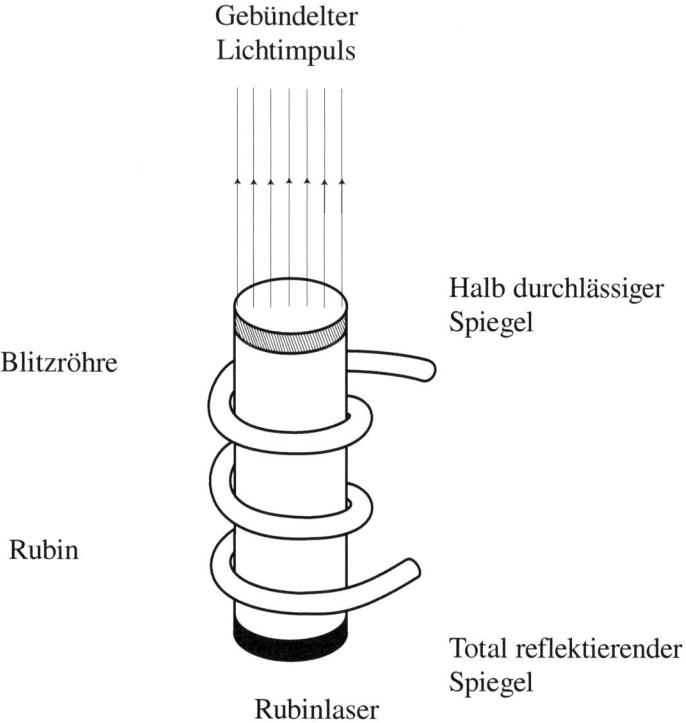

Ein Rubinkristall ist von einer Blitzröhre umgeben, die ihm die erforderliche Energie für den »Laser-Effekt« vermittelt. Wird der Laser in Betrieb gesetzt, tritt an der halbverspiegelten Seite ein rotes Strahlenbündel mit hoher Energiedichte aus. Dieses heraustretende Strahlenbündel ist Merkur, der aus dem Zusammenwirken der beiden Prinzipien hervorgeht. Das Wesentliche für den Menschen ist nun, diesen Laser in sich selbst ausfindig zu machen. Dann vermag er wahrhaft Überragendes zu leisten![3]

Tatsächlich haben die Eingeweihten seit jeher in sich selbst verwirklicht, was die offizielle Wissenschaft erst in der jetzigen Zeit entdeckte: Radio, Telefon, Fernsehen... Die Forscher von heute sind nichts weiter als Arbeitskräfte, welche die in der geistigen Welt existierenden Gesetze auf der physischen Ebene anwenden sollen. Alles muss sich auch im Stofflichen realisieren. Und so sind es denn ehemalige Eingeweihte, Alchimisten, Magier und Kabbalisten, die nun im Materiellen alles verwirklichen, was im geistigen Bereich längst erkannt und verwirklicht war! Gäbe es nämlich all diese Phänomene nicht bereits auf geistiger Ebene, bestünde nicht die geringste Möglichkeit, jemals im Stofflichen etwas zu entdecken. Alles was unten ist, ist wie das, was oben ist, weshalb alles, was oben auf der psychischen Ebene ist, auch unten auf der physischen in Erscheinung treten soll.

Durch die Schaffung des Merkur-Symbols wollten die Eingeweihten die kommenden Generationen lehren, mit dem Willen und der Vorstellungskraft am Sexualtrieb zu arbeiten, um magische Kräfte zu entfalten. Denn die »starke Kraft aller Kräfte«, von der Hermes Trismegistos spricht, ist die Liebe. Sie allein schenkt Leben, und nichts ist kostbarer als das Leben. Es ist der Ursprung aller Dinge. Gott gab uns die Liebe, damit wir sie in Leben umwandeln, in intensives Leben, um magische Kräfte und die Allmacht zu erwerben. Ich sagte vorhin, das Merkursymbol bestehe aus Sonne, Mond und Erde. Aber entfernt man den Mond, so ergibt sich das Symbol für Venus ♀, die Liebe. All diese, im Symbol von Merkur enthaltenen Aspekte, finden wir wieder im Wirken des Gottes Hermes, dessen Zauberstab, der Hermes-Stab, das Symbol der Kräfte ist, die er auf allen Gebieten besaß.

Im Merkur-Symbol gleicht der Mond, das Sinnbild der Vorstellungskraft, einer mit Wasser gefüllten Schale; denn der Mond, das weibliche Prinzip, ist mit dem Wasser verbunden. Unterhalb des Mondes ist die Sonne zu sehen, deren Feuer die Vorstellungskraft anregt und ihr eine bestimmte Richtung gibt. Darunter folgt die Erde, als Symbol für die Verwirklichung auf der materiellen Ebene. Hat der Eingeweihte den eigentlichen Sinn dieses Symbols erfasst, ist er fähig zu erschaffen, anderen zu helfen, sie zu erleuchten, zu beleben, zu beschützen; er verfügt über alle Kräfte. Ja, er kann sogar die Erde in ihren Grundfesten erschüttern, wenn man ihm die Bedingungen dazu gibt. Denn er hat das Wesentliche erkannt: die Arbeit mit dem Willen an der Vorstellungskraft. Ebenso wie die Frau die Möglichkeit hat, Leben in ihrem Schoß zu verdichten, besitzt der Mond die Kraft, den Dingen Gestalt zu geben, sie zu materialisieren, in Erde zu verwandeln, d. h. sie auf der physischen Ebene zu verwirklichen.

Ihr seht, man muss die Symbole zum Sprechen bringen, sie an der Kehle packen und ihnen drohen: »Geld oder Leben!« und sie enthüllen all ihre Geheimnisse. Aber es heißt fest zupacken!

Der Schüler muss sich entschließen, den Stier niederzuwerfen, das heißt, die rohe, wilde, brutale Energie der Sinnlichkeit zu meistern, um aus ihr Kraft zu schöpfen. Den Stier niederwerfen heißt jedoch nicht ihn töten! Wenn man ihn tötet, kann man keine Kraft mehr schöpfen. Es geht darum, den Stier bei den Hörnern zu packen, d. h. des Mondes, der Vorstellungskraft Herr zu werden, die untrennbar mit der Sinnlichkeit einhergeht – ausgenommen natürlich diejenigen, die den Stier bereits bei den Hörnern genommen haben, wie die Gelehrten, Philosophen, Künstler oder Eingeweihten. Sie geben ihrer Vorstellungskraft eine andere Richtung, sind schöpferisch tätig, entdecken Neues und bringen ihre Mitmenschen der Wahrheit näher. Jene aber, denen es nicht gelang, den Stier bei den Hörnern zu packen, lassen ihrer Phantasie ungehindert freien Lauf, und diese macht es wie eine Prostituierte, die mit jedem schläft und Missgeburten, Scheusale zur Welt bringt. Man muss seiner Fantasie eine nutzbringende Arbeit zuweisen, damit sie immer die schönsten, lichtvollsten, edelsten Schöpfungen hervorbringen kann. Der Schüler darf es nicht zulassen, dass seine Frau umherzieht, sich mit jedem einlässt; er behält sie für sich. Ja, meine lieben Brüder und Schwestern, unsere Vorstellungskraft ist unsere Frau, und sie bringt Kinder zur Welt.

Versucht man noch eingehender den Sinn des Hermesstabs zu ergründen, so wird einem klar, dass er eine Zusammenfassung des Menschen ist. Die beiden ihn umwindenden Schlangen stellen die

Den Stier bei den Hörnern packen – Der Hermesstab

beiden vom Gehirn herabfließenden Energieströme dar. Von der rechten und linken Gehirnhälfte ausgehend kreuzen sie sich im Nacken, fließen dann in den linken und rechten Lungenflügel, kreuzen sich im Solarplexus[4], durchqueren Leber und Milz und kreuzen sich im Nabel, durchfließen die linke und die rechte Niere, kreuzen sich erneut im Hara-Zentrum[5] und fließen zuletzt in die Keimdrüsen beim Mann und in die Eierstöcke bei der Frau.

Der Stab in der Mitte ist die Wirbelsäule, an deren unterem Ende, wie die indischen Eingeweihten es lehren, die Kundalini-Kraft schlummert, die es zu erwecken gilt.[6] Vom Muladhara-Chakra aus steigt sie durch den mittleren Kanal im Inneren der Wirbelsäule, der sogenannten Sushumna, hinauf ins Gehirn. Sie wird dank der Atmung durch die beiden Ströme Ida und Pingala aktiviert, die zu beiden Seiten der Sushumna liegen und bis zum tausendblättrigen Lotus, dem Sahasrara-Chakra hinaufreichen.

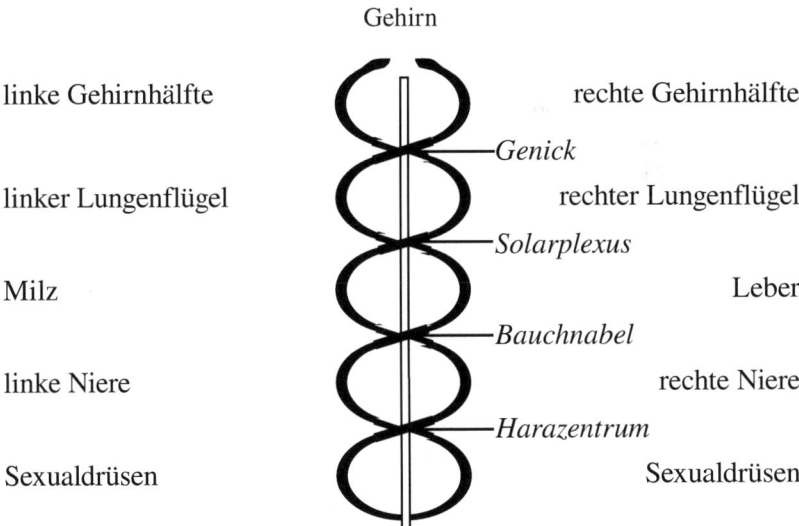

Die Eingeweihten, die Yogis, denen diese Arbeit mit der Sonne (dem positiven Strom, Pingala) und dem Mond (dem negativen Strom, Ida) gelingt, erwecken die Kundalinikraft und leiten sie bis zum Gipfel, zum Scheitel. Auch hier finden wir den Lasereffekt; der Mensch ist ein lebendiger Laser. Wem es gelingt, in seinem Innern diesen Laser zu aktivieren, dem wird jene stärkste Kraft aller Kräfte zuteil, das universelle magische Agens!

Merkt euch aus diesen Erläuterungen, dass ihr mit dem Mond arbeiten lernen müsst, mit der Vorstellungskraft – jedoch indem ihr auf deren Reinheit achtet (in seiner ursprünglichen, geistigen Bedeutung ist der Mond übrigens verbunden mit der Reinheit der Vorstellungskraft) – mit dem Licht, dem Feuer der Sonne, mit der selbstlosen Liebe von Venus und ebenso mit der Gerechtigkeit des Kreuzes, der Erde, damit die Vollendung erreicht wird. Merkur versinnbildlicht den vollkommenen Menschen, in welchem die beiden Ströme in absoluter Ausgewogenheit kreisen, in so großer Harmonie, dass er von innerem Frieden erfüllt ist und zu einem strahlenden Zentrum wird, fähig, alle Geschöpfe zum Guten hinzuführen.

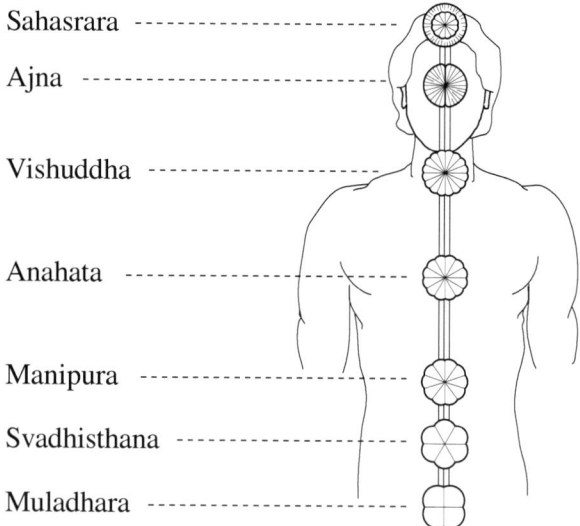

Steht der Mond nicht unter der Führung von Mars und Sonne, verleitet er die Menschen zum Nichtstun, dazu, sich nur noch auf Geräte und Maschinen zu verlassen, die ihnen jegliche Anstrengung ersparen. Das Merkursymbol hingegen lehrt uns, dass Aktivität und Anstrengung absolut unerlässlich sind. Es ist begrüßenswert, Maschinen und Geräte zu besitzen, aber nur unter der Bedingung, dass sie den Menschen von körperlicher Arbeit befreien, um ihm neue geistige Tätigkeiten zu ermöglichen, eine großartige Arbeit mit Hilfe des Willens und der Vorstellungskraft, damit er göttliche Schöpfungen hervorbringen kann.

Leider streben die Menschen gegenwärtig nicht dieses Ziel an. Sie wollen Sonne und Mars abschaffen, d. h. alles aktive Tun, jede Anstrengung, die doch das Wesentliche sind, und nur Mond und Venus beibehalten. Sie wissen nicht, dass das der sicherste Weg zum Verfall ist.

Ich habe den Eindruck, euch noch gar nichts gesagt zu haben, und doch habe ich alles gesagt. Vor euch breitet sich der Ozean aus, der ganze Himmel, euer Durst wird gelöscht, und wenn ihr dennoch immer dieselben bleibt, dann deswegen, weil jeder Mensch nur so viel aufnehmen kann, wie es seinem Reifegrad entspricht, nicht mehr, und das ist das Traurige. Indem ihr euch jedoch von der Atmosphäre hier nährt, von dieser Liebe, den Liedern, dem Licht und den Erkenntnissen, entwickelt ihr euch allmählich weiter und werdet eines Tages zu großen Leistungen fähig sein. Selbst wenn ihr nichts versteht, macht unbeirrt weiter, denn es prägt sich immer etwas Lichtreiches in euch ein.

Sèvres, 27. Dezember 1970

Anmerkungen

1. Siehe Band 8 der Reihe Gesamtwerke »Sprache der Symbole, Sprache der Natur«, Kapitel 7: »Der erste Tag des Frühlings«.
2. Siehe Band 241 der Reihe Izvor »Der Stein der Weisen«, Kapitel 10: »Der Stein der Weisen, Frucht einer mystischen Vereinigung«.
3. Siehe Band 212 der Reihe Izvor »Das Licht, lebendiger Geist«, Kapitel 9: »Der Laserstrahl im geistigen Leben«.
4. Siehe Band 219 der Reihe Izvor »Geheimnis Mensch – Seine feinstofflichen Körper und Zentren«, Kapitel 3: »Das Sonnengeflecht«.
5. Siehe Band 219 der Reihe Izvor »Geheimnis Mensch – Seine feinstofflichen Körper und Zentren«, Kapitel 4: »Das Hara-Zentrum«.
6. Siehe Band 219 der Reihe Izvor »Geheimnis Mensch – Seine feinstofflichen Körper und Zentren«, Kapitel 5: »Die Kundalinikraft«.

Teil 2

Im Inneren, in ihrer Seele, ihrem Geist wissen nur wenige womit, wie und wozu sie arbeiten sollen. Den Menschen werden vielerlei Kenntnisse vermittelt, damit sie alle auf der Erde gebotenen Berufe ausüben können. Sie besuchen Schulen, machen eine Lehrzeit mit... doch sie selbst, in ihrem inneren Wesen, bleiben kraft- und machtlos. Der kleinste Kummer, die geringste Schwierigkeit nimmt ihnen allen Lebensmut.

Ich weiß sehr wohl, dass man gegenwärtig allerlei orientalische Übungsmethoden in die westlichen Länder einführt: Yoga, Zen usw... Viele greifen begierig danach, weil sie ganz richtig merken, dass im Bereich des Willens, der Konzentration und der Meditation etwas zur Entwicklung psychischer Kräfte getan werden muss. Ich habe nichts dagegen, es kann sein, dass mancher gute Ergebnisse damit erzielt. Bei der überwiegenden Mehrheit jedoch bezweifle ich das, denn es handelt sich dabei um Übungen aus längst vergangenen Zeiten, die gut waren in der Vergangenheit und für Menschen des Orients. Der westliche Mensch braucht andere Methoden, andere Übungen, die seiner Mentalität, seiner Lebensweise entsprechen, und genau diese Methoden bringt die Lehre der Universellen Weißen Bruderschaft. Die westlichen Menschen, die unüberlegt, ohne einen wahren Lehrer, diese Übungen des Orients durchführen, laufen große Gefahr. Ein Orientale unterzieht sich geistigen Übungen stets unter der Leitung eines Lehrers, eines Meisters, der über ihn wacht, wie hierzulande Ärzte es mit ihren Patienten zu tun pflegen, denen sie eine Behandlung verschrieben haben, und wo sie nun die Heilwirkung beobachten, um gegebenenfalls die Dosierung zu ändern. Menschen aber, die mit ihrem mangelhaften Wissen und unzureichenden Kenntnissen sich selbst überlassen bleiben, sind unrettbar verloren.

Wie gesagt, es gelangen immer mehr Menschen zu der Einsicht, dass sie den inneren Bereich ergründen sollten, aber sie sollten sich vor den allgemein verbreiteten Methoden hüten, die oft gefährlich sind.

Die den Eingeweihten wohlbekannte initiatische Arbeit mit Sonne und Mond, d. h. mit Wille und Vorstellungskraft bleibt für alle Zeiten gültig, denn Wille und Vorstellungskraft sind zwei dem Menschen innewohnende Grundprinzipien. Darum findet man in den Lehrbüchern der Alchimie so häufig das Bild von Sonne und Mond, König und Königin. In allen erdenklichen Formen gibt es nur Sonne und Mond, Mann und Frau, die ein königliches Kind erschaffen, den Stein der Weisen, das Elixier des unsterblichen Lebens, das Allheilmittel, den Zauberstab, den Hermes-Stab.[1]

Der Mensch hat die Aufgabe, den Himmel auf Erden sichtbar zu machen, seinem Himmlischen Vater, dem Schöpfer gleich zu werden. Um jedoch die Pracht dieser noch in weiter Ferne befindlichen Aufgabe, die er nicht mit einem Male bewältigen kann, zu verwirklichen, muss er die beiden für seine Arbeit unerlässlichen Faktoren genau kennen: die beiden Prinzipien Aktiv und Passiv, Ausstrahlend und Empfangend, Männlich und Weiblich, Sonne und Mond, Wille und Vorstellungskraft, damit er dem Mond alles Edle und Lichtvolle der Sonne überträgt, und dieser dann alle Qualitäten der Sonne widerspiegelt und verbreitet.

Der Mond ist empfänglich für jegliche Einflüsse, er unterscheidet nicht, jede Wesenheit oder Kraft kann sich durch ihn bekunden. Er gleicht dem Wasser, das die Form des Behälters annimmt, in den man es gießt. Das Wasser, der Mond und die Vorstellungskraft sind fast dasselbe. Nimmt sich die Sonne des Mondes, der Vorstellungskraft, nicht an, so kann diese sogar zur Widerspiegelung der Hölle werden. Darum achten die Eingeweihten sehr darauf, dass der Mond, d. h. ihre

Den Stier bei den Hörnern packen – Der Hermesstab

Einbildungskraft, ihre »Frau« nicht überall umherzieht, sondern dank der Sonne von Elementen des Lichts und ewigen Werten geprägt wird. Ja, dann wird der Mond zu einer wundervollen anbetungswürdigen Frau, hohe göttliche Gesetze treten in Kraft und verwirklichen auf der materiellen Ebene, was die Vorstellung gestaltet. Das symbolisiert das Kreuz am unteren Ende des Merkurzeichens. Das Kreuz ist der Quader, der die Erde bedeutet. Für die Alchimisten war das Kreuz, der Quader, die jungfräuliche Erde, mit der sie das Bauwerk errichten mussten.[2]

Jeden Tag soll der Schüler seinen Sinn auf wunderbare, großartige Vorhaben richten, damit er sie auf der Erde verwirklichen kann. Er arbeitet also zunächst mit seiner Vorstellungskraft, dann mit Herz und Willen und verleiht schließlich dem Gestalt, was er sich ausgedacht hat. Er begnügt sich nicht mit Träumereien, Fantasiegebilden und Stolz auf seine hochtrabenden Vorhaben im Kopf, denn damit ist nichts getan; er muss seine Vorhaben auf der physischen Ebene, in seinem Verhalten, seinem Tun verwirklichen, damit jeder sehen kann: Was er oben erschuf, kam herab und verankerte seine Wurzeln in der Erde.

Ob nun unser Geist auf unsere Seele einwirkt oder unser Wille auf die Vorstellungskraft, ob die Sonne den Mond oder der Mann die Frau befruchtet, das Ergebnis ist immer das Hervorbringen eines Kindes. Und was ist das Kind? Macht man unter einem mit Wasser gefüllten Topf Feuer (der Topf ist hier der Mond), so verwandelt sich das Wasser in Dampf. Die »starke Kraft aller Kräfte« ist dieser Dampf, dieses verdampfte Wasser. Aus jener Einwirkung des Willens auf die Phantasie, des Geistes auf die Seele, der Sonne auf den Mond, des Mannes auf die Frau, geht eine Kraft hervor, das Kind Merkur, das außergewöhnliche Dinge leisten kann. Einzeln genommen bringen weder Sonne noch Mond Nennenswertes zuwege. Sind sie getrennt voneinander, verbrennt das Feuer alles und das Wasser verursacht Überschwemmungen; vereint aber erzeugen sie eine Kraft, die alles kann, den Stein der Weisen, der die Kraft hat, alle Metalle in Gold zu verwandeln. Von dieser Kraft heißt es auf der Smaragdtafel:

»Die Sonne ist ihr Vater, der Mond ist ihre Mutter, der Wind hat sie in seinem Leib getragen (der Leib des Mondes), die Erde ist ihre Amme.« Die Erde, das heißt das Kreuz, der Quader.

Es steht geschrieben: »Wachset und mehret euch...« Aber die Menschen verstanden dieses Gebot lediglich auf physischer Ebene, und dies führt natürlich zu unzähligen Schwierigkeiten: Es mangelt an Platz, an Nahrung, und sie sind gezwungen, sich gegenseitig umzubringen. So gereicht dieses Gebot schließlich der Menschheit zum Schaden. Nicht, dass ich es verbessern wollte, keineswegs, ich sage nur, dass es für eine bestimmte Epoche gedacht war. Die Menschen wollten ihm jedoch ewige Gültigkeit geben, und nun bringt es keine guten Ergebnisse mehr hervor. Es muss von nun an in seiner symbolischen Bedeutung aufgefasst werden, in der es seinen Wert ewig beibehält.[3]

Der Schüler soll sich der Arbeit seines Willens an der Vorstellungskraft bewusst sein, und diese Arbeit gilt sowohl für den Mann als auch für die Frau. Auf geistiger Ebene soll der Schüler seine eigene Frau befruchten und viele Kinder zeugen, Tausende und Abertausende von engelhaften Kindern, die in den Raum hinausschweben und für ihn wirken. Ihr wisst, wie alle Märchen aufhören: »Und sie lebten lange Jahre glücklich zusammen und hatten viele Kinder.« Viele Kinder haben, das darf man nicht nur auf physischer Ebene verstehen! Was ist ein Eingeweihter? Er ist ein Familienvater, der viele Kinder hat, die sich um ihn scharen, an seinen Kleidern ziehen, in seinen Taschen wühlen; aber diese Kinder bringen ihm so viel Liebe entgegen, dass sie ihm nie lästig werden. Wenn er sie braucht, ruft er sie herbei und trägt ihnen auf: »Geh' zu dem oder jenem und bringe ihm Geschenke... Du, geh' mal zu dem dort, und ziehe ihn ein wenig an den Ohren...« und sie tun, was er ihnen sagt. Es sind seine Kinder aus seinem eigenen Fleisch und Blut. Ein gewöhnlicher Mensch hingegen ist einsam und kinderlos. Er ist traurig und unglücklich, weil er alle Arbeit allein machen muss, keiner ihm hilft. Dieses Thema ist manchen unbekannt, für andere jedoch erlebte Wirklichkeit.

Während der Weihnachtsfeiertage sprach ich über die Geburt des Christuskindes.[4] Das Christuskind ist Merkur. Jeder weiß, dass Jesus vor 2000 Jahren in Palästina geboren wurde, aber es geht darum, den eigentlichen Sinn dieses Festes zu begreifen. In Wahrheit hat es kosmische, universelle Bedeutung! Auch in uns selbst soll diese Geburt stattfinden. Das Christkind ist jene in uns schlummernde Kraft, die wir erwecken müssen.

Bevor der Mensch auf die Erde herabkam, arbeitete er an seinem physischen Körper, und wie ich bereits erklärte, ist der physische Körper nichts anderes als der Hermes-Stab mit den von der rechten und linken Gehirnhälfte ausgehenden Energieströmen, die sich in verschiedenen Körperorganen kreuzen. Der Mensch ist somit das Produkt der Zusammenarbeit von Wille und Vorstellungskraft, von Geist und Seele, das sich auf irdischer Ebene materialisiert hat. Als Hermes-Stab ist er befähigt, in den drei Welten zu erschaffen. Noch ist er allerdings nur auf der irdischen Ebene schöpferisch, aber er muss lernen, auch in den anderen Welten tätig zu sein.

Der Hermes-Stab ist die stärkste Kraft aller Kräfte, das Leben in seiner höchsten Ausdrucksform. Gelingt es also dem Menschen, den Hermes-Stab in sich zu entwickeln, dann kreist in ihm das Leben und überträgt sich auf alle Geschöpfe, bis hinauf zu den Sternen. Dieses Leben auf einer höheren Stufe ist die wahre Kraft, dieses hervorquellende Leben, das nicht nur einfach Vitalität ist. Die Vitalität, das ist der Stier... Alle Menschen verfügen über das Leben, aber bei den meisten bekundet es sich als verheerende Gewalt. Besitzen sie zu viel Vitalität, dann können sie sich nicht mehr beherrschen, sie verschlingen, vergewaltigen, morden... Diese Vitalkraft muss ausgerichtet werden, an Intensität zunehmen, vergeistigt werden, damit sie sich in göttliches Leben verwandelt.

Darum trachtet fortwährend sehnlichst danach, euer Leben zu vergeistigen, um es hingeben zu können, damit es überall im Kosmos die Geschöpfe belebt und verklärt. Dieser Gedanke ist enthalten in dem Bild des Hermes, wie er in der Antike dargestellt wurde, mit

Flügeln an den Füßen. Die Füße haben übrigens äußerst wichtige Zentren, die es möglich machen, sich geistig, ja sogar physisch im Raum fortzubewegen, wenn man sie aktivieren kann.

Das sublime, erhabene Leben, das ist der Hermes-Stab! Wenn dieses Leben aus euch strahlt, verfügt ihr über wunderbare Kräfte. Reicht euer Leben nicht weiter als ein paar Zentimeter über euren Körper hinaus, dann seid ihr schwach, könnt nicht handeln. Erstreckt sich eure Ausstrahlung jedoch über Kilometer hinweg, ja, dann könnt ihr auf viele Wesen einwirken. Je strahlkräftiger und weit reichender also das Leben ist, das von euch ausgeht, desto stärker sind eure Kräfte.

Ich habe euch dargelegt, wie wesentlich diese Arbeit ist, nehmt sie ernst, und lasst alle die Beschäftigungen beiseite, die euch nichts einbringen außer Kummer und Leid. Arbeitet an euch selbst, bis die starke Kraft aller Kräfte sich durch euch manifestiert.

Sèvres, 3. Januar 1971

Anmerkungen
1. Siehe Band 236 der Reihe Izvor »Weisheit aus der Kabbala«, Kapitel 5: »Die Sephiroth der Mittelsäule«.
2. Siehe Band 241 der Reihe Izvor »Der Stein der Weisen«, Kapitel 11: »Die Regeneration der Materie: das Kreuz und der Tiegel«.
3. Siehe Band 4 der Reihe Gesamtwerke »Das Senfkorn – Symbole im Neuen Testament«, Kapitel 12: »Wachset und mehret euch...«.
4. Siehe Band 321 der Reihe Broschüren »Weihnachten und das Mysterium der Geburt Christi«.

III

DIE SCHLANGE,
DIE ENTSCHLEIERTE ISIS

Freier Vortrag

Lesung des Tagesgedankens von Meister Peter Deunov:

»Eine Sage erzählt, dass Buddha sich eines Tages in ein wunderschönes junges Mädchen verliebte. Er liebte das göttliche Prinzip in ihr. Doch einmal, als er sie voll Bewunderung betrachtete, wurde er von ihrer Schönheit derart verzaubert, dass er, ohne es zu merken, einschlief. Da auf das Mädchen Arbeit wartete, verließ es ihn; anders gesagt, das göttliche Prinzip in ihr entfernte sich. Zurück blieb nur ihre menschliche Natur, was man Astralfrau nennt. Diese umwand ihn einer Schlange gleich und ließ ihn nicht mehr los. Buddha besaß ein großes Wissen, jedoch in diesem Falle war das einzige Mittel sich zu befreien die Demut, nämlich die Fähigkeit, sich klein und unscheinbar zu machen. Bislang verstand er sich aufs Größerwerden und Wachsen. Um jedoch der Schlange zu entkommen, musste er kleiner werden oder aber sterben. Nach und nach machte er sich kleiner, bis von ihm fast nichts mehr übrig blieb und er so der Schlange entrann.«

In manchen Gebieten Indiens werden noch heute Schlangen angebetet. Es ist eine richtige Religion mit Priestern und Priesterinnen. Die Schlange wird wie eine Gottheit von Dienern umsorgt. An bestimmten Tagen werden ihr Opfer gebracht; eine Priesterin salbt sich mit Öl und dem Pulver eines bestimmten Steins und beginnt für sie zu tanzen. Die Schlange richtet sich auf, und es beginnt zwischen den beiden ein ungewöhnlicher Kampf, bis es der Priesterin gelingt, die

Schlange in ihren Bann zu ziehen. Zuletzt, das ist großartig, könnte man fast meinen, sie wollten sich umarmen... Viele Priesterinnen wurden bei dieser Zeremonie von der Schlange gebissen und starben, dennoch bleibt dieser Brauch bestehen.

Man trifft das Bild der Schlange bzw. des Drachens, der symbolisch ungefähr dasselbe bedeutet, bei fast allen Völkern an. Viele Märchen, auch europäische, erzählen von einem Drachen, der eine schöne, unschuldige und reine Prinzessin raubte und in einem Schloss gefangen hält. Die arme Prinzessin weint bittere Tränen und fleht den Himmel an, er möge einen Ritter senden, der sie befreit. Aber die Helden, die kommen, werden einer nach dem andern von dem Ungeheuer verschlungen, das ihre Reichtümer an sich rafft und in den unterirdischen Gewölben des Schlosses versteckt. Eines Tages endlich naht ein Ritter, ein Prinz, jünger, strahlender und edler als die anderen, dem eine Zauberin das Geheimnis enthüllt hat, wie man den Drachen bezwingen kann, wo seine Schwäche liegt, wann und wie man ihn in Fesseln legen oder verwunden kann... Und siehe, dieser auserwählte Prinz, gut ausgerüstet und beraten, siegt über den Drachen und befreit die Prinzessin. Wie herzlich umarmen sich die beiden! Alle Schätze, die seit Jahrhunderten im Schloss angehäuft wurden, gelangen in den Besitz des Ritters, des schönen Prinzen, der dank seiner Klugheit und außergewöhnlichen Reinheit als Sieger hervorging. Anschließend reitet der Prinz mit seiner Prinzessin auf dem Rücken des bezwungenen Drachens durch die ganze Welt.

In der Erzählung des Meisters wäre Buddha ebenfalls beinahe erlegen. Die Schlange lauert nämlich nicht außerhalb des Menschen, sondern in seinem Inneren. Sie ist das Symbol der Sexualkraft, die jeder Mensch in sich trägt und mit der er ringen muss. Der Drache, die Schlange, das ist die Sexualkraft, das Schloss ist der physische Körper des Menschen oder sein Astralkörper; die Prinzessin ist die Seele, welche der Ritter – das Ego des Menschen, des Schülers – befreien muss. Die Waffen, mit denen er den Drachen bekämpft, das Schwert zum Beispiel, sind die Mittel, über die er verfügt, das heißt der Wille, das Wissen, um diese Kraft zu bändigen und nutzbringend

Die Schlange, die entschleierte Isis

einzusetzen. Gelingt ihm das, so wird der Drache sein Knecht und dient ihm als Reittier, um im Raum zu reisen. Seht ihr, wie klar und einfach das ist, das ist die ewig gültige Sprache der Symbole!

Etwas abgewandelt findet man dieses Abenteuer in der Sage von Theseus wieder, der dank des Fadens, den ihm Ariadne gab, durch das Labyrinth hindurchfand und den Minotaurus töten konnte. Der Minotaurus ist eine andere Darstellung der Sexualkraft, der starke und fruchtbare Stier, die niedere Natur also, die eingespannt werden soll wie ein Ochse, um die Erde zu bearbeiten. Das Labyrinth hat dieselbe Bedeutung wie das Schloss, es ist der physische Körper und Ariadne die höhere Seele, die den Menschen zum Sieg führt.

Die Schlange ist ein unerschöpfliches Thema. Aber dieses den Menschen bekannte Reptil ist nur ein schwaches Abbild einer anderen Kraft, einer anderen Wesenheit der Natur. Früher wurde von den Astrologen der Tierkreis als eine Schlange dargestellt, auf welcher die zwölf Sternzeichen den Körperteilen und Organen des Menschen entsprechend eingetragen wurden, angefangen beim Kopf, dem Widder, bis hin zum Schwanz, den Fischen.

Interessant ist an der eingangs vorgelesenen Geschichte, dass es sich darin um einen so außergewöhnlichen Meister wie Buddha handelt, der ebenfalls mit der Schlange zu kämpfen hatte. Wenn selbst Buddha nicht verschont blieb, um wie viel weniger die anderen! Alle Eingeweihten müssen diese Prüfung bestehen. Das von Buddha geliebte junge Mädchen ist in seiner zweifachen Natur, der göttlichen und der menschlichen (oder astralen) dargestellt, wie übrigens jede Frau diese beiden Naturen in sich trägt und je nachdem die eine oder andere bekundet. Buddha liebte, so heißt es, das göttliche Prinzip in diesem Mädchen! Ja, solange er der körperlichen Anziehung ihrer Schönheit widerstehen konnte, auf der Ebene der selbstlosen Liebe blieb, wo es weder Begehrlichkeit noch Lüsternheit gibt, sondern nur andächtige Bewunderung, war er nicht in Gefahr. Aber durch die bezaubernde Schönheit des Mädchens erwachte unmerklich Buddhas niedere Natur, die selbstsüchtig und besitzergreifend ist, und darum heißt es: »Er schlief ein...« Denn sobald die niedere Natur wach wird, schläft die andere Natur ein, das heißt, der Mensch vergisst alle Weisheit und guten Vorsätze und schenkt den Einflüsterungen der niederen Natur Gehör. Daraufhin ist er erstaunt, seine heiligsten Versprechen vergessen zu haben.

Da Buddha eingeschlafen war, verließ ihn das Mädchen und ging seiner Arbeit nach. Es wird damit angedeutet, dass das Göttliche aus dem Mädchen wich. Da dieses Göttliche Buddha keinen Schutz mehr bot, ihn nicht mehr im strahlenden Licht bewahrte, wurde er von der Schlange umwunden. Buddha kämpfte mit ihr, aber er vermochte trotz seines Wissens und seiner reichen Kenntnisse nicht, sie loszuwerden. Schließlich kam er zu der Einsicht, dass er die Schlange nicht aus eigener Kraft besiegen könne, mit seiner Personalität, das heißt mit seiner begrenzten Natur. Statt sich nun ganz allein jener übermächtigen kosmischen Kraft entgegenzustellen, die sich seit vielen Generationen im Unterbewusstsein aufgebaut hat, statt mit eigenen Mitteln zu kämpfen, machte er sich klein, d. h. er machte sich demütig und gab dem göttlichen Prinzip in seinem Inneren die Möglichkeit, sich zu manifestieren.[1] Also siegte die Gotteskraft, während er selbst, seine Personalität, so klein wurde, dass er entkommen konnte. Was heißt das nun? Damit ihr es besser versteht, werde ich euch dazu ein Beispiel geben.

Nehmen wir an, der Schüler errang ein paar Siege. Er ließ sich von jungen Mädchen, denen er begegnete, nicht mitreißen, ist nun stolz darauf und sagt sich: »Wie stark ich doch bin, ich habe der Versuchung widerstanden!« Dann gerade ist für ihn die Gefahr am größten; denn im selben Moment werden ihm äußerst raffinierte Fallen gestellt, in die er zweifellos hineintappen wird, da es ihm an Demut mangelt. Er vertraut stolz seiner eigenen Kraft und brüstet sich mit den soeben erzielten winzigen Erfolgen. Er kennt noch nicht die vielfältige List der Schlange. In der Bibel heißt es, dass die Schlange unter allen Tieren, die Gott erschaffen hat, das listigste sei.[2] Sie wartet dem Schüler gerade dann mit Überraschungen auf, wenn er sich seiner am sichersten ist. Ein wahrer Schüler kennt diesen Sachverhalt. Hat er einige Siege errungen, fragt er sich eher ängstlich: »Was wird

Die Schlange, die entschleierte Isis

jetzt wohl auf mich zukommen? Ich darf nicht triumphieren, noch ist es zu früh.« Er bleibt nicht nur auf der Hut, sondern weiß zudem auch, dass er nicht allein kämpfen kann und bittet den Herrn, ihm die nötige Kraft zum Kämpfen und Siegen zu geben. Übrigens habt ihr sicher bemerkt, dass der Ritter in den Märchen nie allein siegt. Er wird stets von anderen beraten und mit Waffen ausgerüstet.

Bemerkenswert ist in dieser Geschichte, dass Buddha die Schlange mit Demut und nicht mit Gewalt besiegte. Solange man sich ihr mit menschlicher Kraft entgegenstellt, ist sie die Stärkere, denn sie hat ihre Wurzeln tief eingegraben in alle Bereiche der Natur. Ihr müsst also begreifen, dass euer Kampf gegen die Schlange bisher nur deshalb stets erfolglos war, weil ihr allein gekämpft habt, euch groß gemacht habt, wo ihr euch hättet kleiner machen sollen. Das ist ein sehr wesentlicher Punkt, aber nur wenigen bekannt. Wer denkt denn schon daran, sich klein und unscheinbar zu machen? Nur manche Insekten haben es verstanden. Sie stellen sich tot, um den Feind zu täuschen und ihm zu entkommen. Diese winzigen Tierchen haben ein Geheimnis entdeckt; aber es hat nicht immer Erfolg, denn man weiß ja, dass sie nicht tot sind, sondern nur so tun.

Nehmen wir uns nun einen anderen sehr bedeutsamen Punkt dieser Geschichte vor, wo es heißt, Buddha habe an dem Mädchen das göttliche Prinzip geliebt. Wie oft schon habe ich euch gesagt, Mann und Frau sollten sich gegenseitig immer als Träger des göttlichen Prinzips betrachten, weil sie dann in keiner Weise mehr gefährdet sind. Sie wachsen über sich hinaus, fühlen sich beflügelt und entdecken die Welt, werden schöpferisch. Aus einem solchen Erleben heraus ändert sich alles. Daher sollte die ganze Schöpfung als eine Möglichkeit betrachtet werden, als eine Himmelsleiter, die Jakobsleiter, wenn ihr wollt, die einen dem Schöpfer näher bringt. Jedes Ding und jedes Lebewesen ist eine zu erklimmende Stufe auf dem Wege zu Gott.

Wenn doch die Natur sich vor euch ausbreitet mit ihrem unbeschreiblichen Reichtum an Steinen, Blumen, Bäumen, Schmetterlingen, Vögeln, Fischen und euch durch all das Gottes Plan verständlich wird, warum ist dann wohl das Verhältnis zwischen Mann und Frau so sehr verworren? Greifen wir beispielsweise nur die in der Christenheit seit Jahrhunderten gegebene Anweisung heraus, der Mann solle die Frau fliehen, seine Blicke von ihr abwenden, vor allen Dingen sie nicht nackt sehen und bewundern. Natürlich wurden solche Verbote nur wegen der Schwachheit der Männer aufgestellt, und das eben ist die Frage, welchen Entwicklungsgrad jeder erreicht hat. Für einen weit fortgeschritteneren Menschen ist es gleichgültig, ob nun eine Frau an- oder ausgezogen ist. Er bewahrt in beiden Fällen dieselbe innere Ruhe, weilt im Himmel und sieht immer nur die Gottheit.

In den Mysterien wird erwähnt, der Adept solle es dahin bringen, Isis unverhüllt zu schauen. Dank seiner Reinheit und Weisheit muss er Isis, das heißt die Göttliche Mutter, Mutter Natur, überall, in all ihren Gestalten schauen können. Isis selbst, die Göttin, werde ihm schließlich das Glück verleihen, sie in ihrem heiligsten Geheimnis, in ihrer strahlendsten Schönheit, Reinheit und Lichtfülle zu schauen. Symbolisch, ideal gesehen, stellt die in Gegenwart ihres Geliebten entkleidete Frau für die Augen eines Eingeweihten die entschleierte Isis dar. Doch die Menschen haben nichts verstanden. Sie wiederholen ihr Leben lang die Geheimnisse der Einweihung, das Geheimnis der Isis, und begreifen doch nichts davon. Weshalb ist die Braut in Schleier gehüllt, die sie in der Hochzeitsnacht vor ihrem Bräutigam ablegt, damit er sie bewundere? Kaum jemand kennt den eigentlichen Grund dieses Brauchs. Man hält sich nur an die niederen, grob materiellen Aspekte, anstatt sich darauf vorzubereiten, eines der größten Mysterien zu verstehen. Man bereitet sich nicht darauf vor, weshalb dann auch Unstimmigkeiten und Zerwürfnisse entstehen. Die Frischvermählten begeben sich auf die Hochzeitsreise, in die Flitterwochen wie man sagt, und meinen nun, sie müssten in dieser Zeit sexuelle Lust bis zum Rande auskosten. Da sieht man, wie sie das ewige Symbol des Eingeweihten wiederholen, der vor Isis, seine Braut tritt, um die Feier der Vermählung zu begehen.

Man spricht auch von der Hochzeit des Lammes.[3] Das waren dieselben Einweihungsmysterien, aber auf einer höheren Wissensstufe, und nicht eine Hochzeit, wie die Leute sie heutzutage verstehen und praktizieren. Denn bei diesen Vermählungen finden sie weder Licht noch Erkenntnis, geschweige denn Weisheit und Befreiung, Freude oder Frieden; im Gegenteil, dann gerade ist es mit ihrem Frieden vorbei! Solange sie die Dinge auf diese irrige Art und Weise auffassen, dürfen sie nicht hoffen, das zu finden, wonach sie sich sehnen! Fragt man eine Mutter: »Wo ist Ihre Tochter?« so wird sie antworten: »Sie fuhr mit ihrem Mann nach Venedig in die Flitterwochen.« Jawohl, in die Flitterwochen, aber was tun sie dort, diese beiden Dummköpfe, da sie jeglicher Kenntnis und höherer Einsicht entbehren? Sie werden physische Freuden ausleben, bis sie sich gegenseitig anwidern. Blind, wie sie sind, wird keiner des anderen Schönheit sehen, nicht seinen Geist, seine Seele, all die innere Herrlichkeit, sondern nur die Haut, die Beine, das Grobstoffliche, nicht mehr. Arme Menschheit! Der Eingeweihte richtet sein Denken nicht auf sinnliche Schwelgerei, sondern bereitet sich vor auf die Hochzeit des Lammes, auf seine Braut, auf Ekstasen, die man nicht kennt.

Werden einem diese Tatsachen klar, dann verblasst alles andere. Vor dem gleißenden Licht der Erkenntnis werden die irrigen Ansichten, mit denen sich die Kirchenlehrer den Kopf vollgestopft haben, hinweggefegt. Die Menschheit wird endlich in reiner Luft aufatmen, und alle werden an den Wonnen der Hochzeit des Lammes teilhaben. Jeder ist dazu berufen, diese Freude zu kosten. Ihr fragt: »Auch die, die schon älter sind?« Ja, gerade sie sind eher dazu bereit, ihr Leben mit einem Bräutigam, einer Braut zu teilen als die Jungen, weil ihre Liebe anders ist, ihr Denken, ihr Streben auf Höheres gerichtet ist und sie daher für die Freuden der göttlichen Liebe aufgeschlossen sind.

Wenn die Männer es erst einmal so weit gebracht haben, in einer Frau das göttliche Prinzip erblicken zu können, dann werden sie, sei sie nackt oder bekleidet, sich nicht sogleich auf sie stürzen wollen und den Kopf verlieren, sondern sich sagen: »Oh, Göttliche Mutter, wie schön Du bist! Jetzt begreife ich, warum alle Welt Dich sucht und braucht: Du bist die Quelle des Lebens!«

Ihr alle habt schon die Macht der beiden Prinzipien erfahren. Welche Frau wird leugnen, vom Gesicht eines Mannes, dem sie auf der Straße begegnete, den sie im Zug oder in einem Film sah oder über den sie in einem Buch las, tief beeindruckt gewesen zu sein? Und welcher Mann war nicht schon einmal beim Anblick eines jungen Mädchengesichts hingerissen? Die Frage ist völlig klar; es besteht nicht der geringste Zweifel daran, dass die beiden Prinzipien stark aufeinander einwirken und sich beeinflussen, mit dem Ziel, schöpferisch zu werden. Niemand kann dies bestreiten. Weit weniger bekannt jedoch ist das Maß und der Abstand, die man einhalten sollte, die Art des gegenseitigen Einschätzens, um harmonisches Einverständnis zu schaffen, anstelle der gewöhnlich herrschenden Spannungen, Gereiztheit und Vorwürfe. Wer wollte leugnen, dass beide Prinzipien, das männliche und das weibliche, eine starke Kraft verkörpern? Die durch die Gegenüberstellung dieser beiden Pole freigesetzte Energie hält die ganze Welt in Bewegung. Sie geraten in überschwängliche Erregung, und darauf basiert die Kraft des Lasers, von dem ich neulich sprach.

Die Eingeweihten haben die beiden Urkräfte, das männliche und weibliche Prinzip, seit jeher gekannt und verwendet. Dank des Wissens um diese beiden Kräfte, stellten sie gewaltige Batterien her, womit sie gezielte Wirkungen auslösten. Diese Batterien waren aus Männern und Frauen gebildet, die sich bewusst und in harmonischer Weise vereinigten. Die Menschen ahnen noch nichts von den Kräften, mit denen die Natur sie begabt hat. Richtig eingesetzt vermögen sie gebündelte Lichtstrahlen von solcher Leuchtkraft auszustrahlen, dass Vorgänge kosmischen Ausmaßes damit erzielt werden können. Voraussetzung dafür sind aber reine, seelisch wache, aufgeklärte Menschen, denn sonst brechen nur Katastrophen herein.

Vernünftig und mit Bedacht werden wir hierzu den Weg bereiten, eine Bewusstseinserweiterung herbeiführen und vor allem die Auffassung vom Begriff der Reinheit vertiefen. Man glaubt im Allgemeinen, ein Mädchen oder ein Junge seien rein, weil ihnen die Beziehungen zwischen Mann und Frau noch unbekannt sind. Könnte man jedoch sehen, was in den Köpfen und Herzen von einigen vor sich geht, wäre man entsetzt, festzustellen, dass sie weit schamloser und verdorbener sind als die Erwachsenen. Bei Jugendlichen arbeitet die Fantasie weit stärker als bei manchen Erwachsenen. Selbstverständlich gibt es auch reine junge Menschen, aber sie sind so unwissend und verwundbar, dass jeder sich ihrer bemächtigen kann. Reinheit ohne Wissen lässt sich nicht lange bewahren. Reinheit ist mehr als nicht zu küssen oder geküsst zu werden. Reinheit gibt es nur im Licht. Fern vom Licht ist keine Reinheit. Es ist das Licht, das alles reinigt. Zuerst muss man das Licht im Kopf haben und braucht nur noch das Gefühl hinzuzufügen; dann wird auch dieses rein sein.

Aber kommen wir zum Thema der Nacktheit zurück. Die Eingeweihten sprechen vom Erkennen der nackten Wahrheit. Diese nackte Wahrheit ist Isis, welche die Eingeweihten unverschleiert betrachten sollen. Die Schleier entsprechen den sieben Ebenen, der physischen, ätherischen, astralen, mentalen, der Kausal-, Buddhi- und Atmanebene. Wenn der siebte Schleier gehoben ist, dann schaut man die Göttliche Mutter, die Natur, nackt, d. h. in ihrer reinsten, feinstofflichsten Substanz, untrennbar mit dem Geist verschmolzen.[4] Wollt ihr im täglichen Leben jemanden wirklich kennen lernen, so bleibt nicht bei seiner Kleidung stehen, sondern versucht ihn selbst zu erkennen. Wünscht ihr euren Meister zu kennen, dann genügt es nicht, ihn essen und trinken zu sehen, es bei seiner äußeren Hülle bewenden zu lassen. Ihr müsst sämtliche Hüllen von ihm nehmen, bis ihr die Ebene erreicht, wo er wirklich weilt; denn dort werdet ihr ihn erkennen. Ich bin nicht Isis, sondern der verschleierte Osiris. Haltet ihr euch an einem meiner Schleier, meiner sichtbaren Gestalt auf, werdet ihr euch bald satt gesehen haben, sucht ihr jedoch nach dem, der hinter diesem Äußeren steckt, werdet ihr seiner niemals überdrüssig und entdeckt einen Quell unerschöpflicher Freude.

Dasselbe tue ich auch für euch. Würde ich euch nicht aus dieser Sicht betrachten, hätte ich längst genug von euch. Ich würde sagen: »Wie uninteressant, es sind immer dieselben Gesichter.« Glücklicherweise habe ich eine andere Einstellung. Ich habe euch längst entkleidet, genauso wie Männer es tun, wenn ihnen eine Frau begegnet. Versteht mich aber nicht falsch. Noch nie hat man die Neigung des Mannes, eine Frau zu entkleiden, um sie zu betrachten, richtig zu deuten gewusst. Dieser Instinkt wurde ihm von der Natur gegeben, damit es ihn drängt, sich nicht nur mit dem Äußeren aufzuhalten, sondern tiefer und höher vorzudringen, dorthin, wo die Frau wahrhaft nackt ist, d. h. in der größten Reinheit, in ihrer schönsten Herrlichkeit, im größten Licht. Oben gibt es keine Scham mehr, denn es ist ja nicht der leibliche Körper der Frau, ihr Haar, ihr Busen, die man betrachtet, sondern ihre Seele, die Gottheit. Die Menschen sind mit der Sprache der Natur nicht vertraut. Sie spüren in sich bestimmte Instinkte und bleiben bei deren gröbsten Manifestationen stehen, sie kapitulieren, gehen unter, und ihr Bestes ist dahin.

Wenn ich also sage, dass ich euch entkleide, dürft ihr mich nicht falsch verstehen. Ich meine damit, dass ich euch nicht nur auf der physischen Ebene kennen will, sondern euch auf einer anderen Ebene, der göttlichen, suche. Wenn ich euch betrachte, sehe ich vor mir lauter Söhne und Töchter Gottes. Das ist wunderbar, ich lebe fortwährend in der Freude, inmitten pulsierenden Lebens! Sonst hätte ich schon längst meinen Hut genommen und wäre gegangen. Solltet ihr mit mir nicht ebenso verfahren, anstatt immer nur das Äußere an mir zu sehen? Das mag eine Weile gehen, aber bleibt nicht jahrhundertelang dabei stehen, sonst wird es euch kaum etwas einbringen. Ich sage euch das zu eurem Wohl, damit ihr zu dem unversiegbaren Quell der Freude, zum Leben findet. Die äußere Gestalt ist natürlich notwendig, aber sie wird euch auf Dauer nicht genügen; sie ist nur ein Ausgangspunkt. Etwa wie ein Parfumfläschchen, das nur so lange unentbehrlich ist, wie es das Parfum in sich bewahrt, jene Quintessenz, das Leben.

Ihr müsst euch mit dem Geist befassen, der Licht und Leben verbreitet, der schwingt, Welten erschafft... Er wird euch niemals enttäuschen, wogegen ihr sonst früher oder später Enttäuschungen erlebt. Die Form an sich vermag euch nichts zu geben, wenn ihr kein Leben innewohnt. Ist Leben in ihr, ist das etwas anderes, man kann sich mit ihr befassen, doch ohne dass es einem bewusst ist, ist es immer da,

Die Schlange, die entschleierte Isis

das Leben, an dem man sich erquickt. So ist es auch beim Betrachten eines Bildes. Es versetzt uns in Entzücken, weil Leben aus ihm strahlt. Ja, selbst in einem Gemälde ist Leben, das Leben des Künstlers, der beim Malen etwas von sich selbst hineingelegt hat. Männer und Frauen sind ebenso Bilder, denen der Schöpfer Leben eingab, sein Leben, und dieses muss man suchen. Ist man nicht gewohnt, danach zu suchen, so werden Streit, Ehescheidungen und Tragödien nicht ausbleiben.

Fragt ihr nun, warum Eingeweihte vor der Schönheit eines Geschöpfes in Bewunderung geraten, so will ich es euch erklären. Die wahren Eingeweihten, die immer auf der Suche nach göttlicher Harmonie und Vollkommenheit sind, wissen, dass sich all das überall, sowohl in Steinen oder Tieren als auch in Pflanzen, Bergen, Seen, Flüssen, Meeren und Sternen widerspiegelt, aber sie wissen auch, dass diese Harmonie, diese Schönheit und Vollkommenheit nirgends herrlicher zum Ausdruck kommt als im menschlichen Körper. Andernorts ist alles nur teilweise vorhanden. Die Meere sind ein Teil des kosmischen Körpers, die Flüsse ein anderer, Berge, der Himmel wieder ein anderer. Nur Mann und Frau spiegeln den kosmischen Körper in seiner Ganzheit wider*. Gott hat in ihnen das ganze Universum zusammengefasst. Wenn die Eingeweihten daher ein Geschöpf erblicken, durch das sich die Herrlichkeit des Universums weit schöner bekundet als durch andere, so betrachten sie es tief bewegt und verbinden sich dabei mit der göttlichen Schönheit. Sie sagen sich: »Dieses Geschöpf zeugt von den Tugenden Gottes.« Indem sie es anschauen, finden sie die Schönheit Gottes wieder. Die gewöhnlichen Menschen, die nicht wissen, dass der Mensch den Himmel widerspiegelt, stürzen sich auf dieses Geschöpf, beschmutzen und schänden es, wie Pferde, die auf eine Wiese voller Blumen galoppieren und alles zerstampfen. Wären die Menschen eingeweiht, sie würden zehnmal mehr Beglückung vor dieser Himmelspracht empfinden. Wie viel Inspiration, Stärke, Energie und Willenskraft würden sie daraus schöpfen, um ihre Arbeit weiterzuführen!

---

* Siehe die ergänzende Bemerkung am Ende des Kapitels.

Zu diesem Thema habe ich noch etwas äußerst Interessantes hinzuzufügen. Ihr wisst, dass die einzelnen Glieder und Organe des menschlichen Körpers in Beziehung stehen zu Kräften, die im Kosmos kreisen.[5]

Zusammen mit diesen Kräften wurden die verschiedenen Organe des physischen Körpers gebildet. Schon vor ein paar Jahren sagte ich zu einigen unter euch, mit welchen Bereichen des Kosmos die Brüste der Frau in Verbindung stehen; sie waren darüber sehr erstaunt. Jeder glaubt, die Frauenbrust sei nur dazu bestimmt den Säugling zu stillen. Einverstanden, dazu dient sie auch, aber es könnte sein, dass sie noch eine andere Aufgabe hat, die weniger bekannt ist. Ich sagte also, die linke Brust stehe unter dem Einfluss der Mondströme, die rechte unter dem der Milchstraße. Wäre sich die Frau dieses Zusammenhangs bewusst, so könnte ihr dies für ihre geistige Entwicklung von größtem Nutzen sein. Zumeist ahnt sie gar nicht, dass sie dadurch mit der ganzen Natur, ja selbst mit den Menschen verbunden ist. Auch wenn ihr dies nicht bewusst ist, besteht dennoch diese ätherisch-magnetische Verbindung, ihre beiden Brüste geben und empfangen etwas. Einige Zeit nachdem ich diese Enthüllungen machte, sah ich in einem Museum in Spanien das Bild eines kaum bekannten Malers, das eine nackte Frau darstellte, auf deren linker Brust der Mond und auf der rechten die beginnende Milchstraße zu sehen war. Ich staunte nicht wenig und war sehr glücklich darüber, denn es war mir die Bestätigung einer Wahrheit der esoterischen Wissenschaft. Der Maler war bestimmt ein Eingeweihter.

Der Körper von Mann und Frau ist eine Zusammenfassung des Universums. Der Schüler muss lernen, wie er ihn voller Achtung anschauen und sich an ihm freuen soll, und ihn vor allem als Ausgangspunkt dafür zu nehmen, sich mit der feinstofflichen Welt des Geistes zu verbinden, den Herrn zu preisen und auf diese Weise in seiner Entwicklung voranzukommen. Dann eröffnen sich ihm alle Geheimnisse der Natur, denn Isis selbst, die nun nicht mehr unter seinem Missbrauch, seiner Gewalttätigkeit an ihrem Körper zu leiden hat, enthüllt sich vor ihm. Sie spricht: »Das ist ein aufmerksamer

Die Schlange, die entschleierte Isis

Mensch, er liebt mich, achtet und bewundert mich, darum werde ich mich ihm zeigen.« Die Wahrheit wird ihm offenbar werden, denn Isis ist die Wahrheit. Die Wahrheit wird sich seinem Geiste unverhüllt darbieten, d. h. in der Gestalt, die sie oben hat, nicht wie sie unten ist, in dichte Schleier gehüllt, als Illusion und Maya. Also offenbart sich die Wahrheit dem, der sich den Geheimnissen der Liebe gegenüber ehrfürchtig verhält.

Le Bonfin, 24. Juli 1962

Ergänzende Bemerkung:

Viele haben eine merkwürdige Vorstellung davon, wie der Mensch oben im Himmel beschaffen ist. Sie glauben, er gehe nur mit seinem Kopf und nichts anderem in den Himmel ein, denn Leber, Magen, Gedärme und vor allem die Geschlechtsorgane seien keine sehr edlen Organe. Ich aber sage euch, der Mensch geht ganz und unversehrt ins Paradies, und wenn ihr wüsstet in welcher Pracht, Schönheit und Reinheit!... Genau wie Gott ihn ursprünglich erschaffen hat. Er hat Lungen, jedoch anderer Art, ein Gehirn, Ohren, Augen, aber von anderer Beschaffenheit, genauer gesagt, aus einer anderen Quintessenz. Denn dort oben gibt es keine festen Formen mehr, sondern alles ist Strömung, Licht und Kraft. Es ist, als hätte er einen Magen, Arme, Beine, nichts fehlt, alles ist vorhanden und arbeitet harmonisch aufeinander abgestimmt, aber als Tugend, Qualität und bestimmte Fähigkeit. Denn die einzelnen Organe unseres Körpers sind in Wahrheit der Ausdruck und die Widerspiegelung von Qualitäten und Tugenden in verdichteter Form. Könntet ihr den Menschen in diesem feinstofflichen Zustand mit den schillernden Farben und Strahlen sehen, die in einem fort von ihm ausgehen, so würdet ihr euch niemals an ihm satt sehen.

Doch die heutige Wissenschaft ist noch weit davon entfernt zu wissen, was der Mensch eigentlich ist, wie Gott ihn in seinen Werkstätten oben schuf. Allein große Seher und hohe Meister, die bis dorthin gelangten und es sahen, haben uns offenbart, dass der Mensch in den hohen Sphären gestaltlos ist, nur aus Kraftströmen, Energie, Licht und Emanationen besteht, deren Verdichtung die uns bekannten Körperorgane entstehen ließ. Also sind Magen, Leber, Milz, Gehirn, Augen, Ohren, Beine, Arme auf höherer Ebene fließende Kräfte. Lebt der Mensch unvernünftig, so löscht er nach und nach seine Lichter aus, seine Tugenden gehen ihm verloren, und die ihnen entsprechenden Organe verkümmern. Daraus erklären sich alle physischen Störungen und alle Krankheiten.

Le Bonfin, 1. August 1975

Anmerkungen

1. Siehe Band 221 der Reihe Izvor »Alchimistische Arbeit und Vollkommenheit«, Kapitel 11: »Hochmut und Demut«.
2. Siehe Band 3 der Reihe Gesamtwerke »Die beiden Bäume im Paradies«, Kapitel 9, Teil 2: »Die Schlange in der Genesis«.
3. Siehe Band 230 der Reihe Izvor »Die Himmlische Stadt – Kommentare zur Apokalypse«, Kapitel 14: »Das Hochzeitsfest des Lammes«.
4. Siehe Synopsis Band 3, Kapitel 1 und Synopsis Band 10 Kapitel 2. Noch nicht ins Deutsche übersetzt.
5. Siehe Band 220 der Reihe Izvor »Der Tierkreis, Schlüssel zu Mensch und Kosmos«, Kapitel 2: »Die Entstehung des Menschen und der Tierkreis«.

IV

DIE KRAFT DES DRACHENS

Freier Vortrag

In der christlichen Religion wird der Drache dem Teufel gleichgestellt, und der Teufel, so sagt man, riecht nach Schwefel. Alle die brennbaren Stoffe wie Benzin, Erdöl, Schießpulver und bestimmte Gasverbindungen, die in Flammen aufgehen und üble Gerüche verbreiten, genau das ist der Drache. Und dieser Drache ist auch im Menschen vorhanden. Er ist ein Brennstoff, ein Feuer, dank dem man in den Raum aufsteigen kann. Weiß jedoch der Mensch nicht mit dieser Kraft umzugehen, so wird er, anstatt nach oben in den Himmel getragen zu werden, zur Erde niedergeschleudert und verschlungen.

Der Drache ist in jedem von uns. Es gibt also einen individuellen, aber auch einen kollektiven Drachen, jenen, den Johannes in der Offenbarung erwähnt und von dem er sagt, er werde für tausend Jahre gefesselt und in den Abgrund gestoßen.[1] Damit ist gemeint, dass der Tag kommen wird, an dem die allen gemeinsame Sexualkraft, welche die Menschen in eine Richtung drängt, die nicht göttlich ist und nur Kampf und Mord provoziert, erzogen, ausgerichtet, sublimiert werden soll. Was glaubt ihr, was sonst mit diesem Drachen im Erdinnern geschehen soll? Wird man ihn dort einfach sich selbst überlassen? O nein, man wird sich seiner annehmen, um ihn zu erziehen! Es werden ihm hervorragende Pädagogen zur Seite gestellt, die ihn richtig schulen. Man wird ihm Maniküre und Pediküre machen, und sogar Zahnärzte werden ihn angenehm, gewaltlos und vernünftig machen.

Den Drachen tötet man nicht, man erzieht ihn... oder verspeist ihn! Ihr lacht?... Nun, so lest nach, was im jüdischen Talmud steht. Dort heißt es, in den Tiefen der Weltmeere lebe ein Seeungeheuer, der

Leviathan – die Verkörperung des Bösen – und in den letzten Tagen werde er eingefangen, in Stücke gehackt, eingesalzen und aufbewahrt für den Festschmaus der Gerechten. Ja, so steht es geschrieben... Seht nur, meine lieben Brüder und Schwestern, was für Festgelage auf die Menschen warten, vorausgesetzt, sie gehören zu den Gerechten. Was die anderen essen werden, weiß ich nicht; jedenfalls wir, die »Gerechten« (oh ja, man muss es sagen, denn wollte man darauf warten, dass die anderen das machen, so könnte man lange warten!), bereiten wir uns auf das Festmahl aus dem Fleisch des Untiers vor. Das wirft zweifellos ein paar Probleme auf. Denn nehmen wir an, sein Fleisch ist zäh wie Sohlenleder und man ist zahnlos, was tut man da wohl? Vielleicht werden dann Soßen beigefügt und allerlei Vorbereitungen getroffen, um es weich zu machen. Auch hängt es davon ab, von welchem Teil ein Stück herausgeschnitten wird; es gibt einen richtig geographischen Zerlegungsplan darüber. Und dann wird man ihn selbstverständlich auch in Dosen konservieren. Welch wunderbare Aussichten! Zahllose Fabriken werden den Leviathan zu Dosenfleisch verarbeiten, denn Tausende von Menschen wollen sich satt essen, aber er ist ja von riesigem Ausmaß! – Also freut euch jetzt ihr Gerechten, reibt euch die Hände, eure Zukunft ist gesichert!

Ihr seht, meine lieben Brüder und Schwestern, das Böse kann auf sehr verschiedene Weise genützt werden. Aber seid euch von nun an im Klaren darüber, dass ihr die gewaltigen Energien in euch tragt, all die Brennstoffe, die euch zu himmlischen Höhen emportragen können. Solange ihr nicht wisst, dass sich diese Kräfte nutzbringend einsetzen lassen, werdet ihr von ihnen zu Asche verbrannt oder in die Tiefen der Erde geschleudert. Betrachtet von nun an den Geschlechtstrieb als Drachen, als die wunderbarste Kraft, die die Geschöpfe vorantreibt. Es ist immer sie, die den Menschen in Bewegung hält, ihn zur Arbeit anspornt. Stets ist die Liebe, ob gut oder schlecht, der Beweggrund allen Tuns, nicht das Geld, wie man im Allgemeinen denkt. Man trachtet nach Geld, um es zu verwenden für irgendetwas, um die oder jene Frau zu gewinnen, die man liebt oder den oder jenen Gegenstand zu erstehen, den man gerne hätte.

Die Kraft des Drachens

Es ist daher wichtig, diese wunderbare Antriebskraft handhaben zu lernen, und dafür bietet das tägliche Leben zahlreiche Beispiele, an denen wir lernen können. Was macht die Köchin? Um Wasser zum Kochen zu bringen, füllt sie es in einen Topf, weil das Feuer sonst ausgelöscht wird oder das Wasser verdampft. Man baut also eine Trennwand, um die beiden Elemente getrennt zu halten.[2] So befindet sich ebenfalls bei allen Fahrzeugen der Treibstoff an einer Stelle, von wo aus er das Auto, Schiff oder Flugzeug antreibt, ohne dabei die Reisenden zu verbrennen. In ähnlicher Weise muss auch der Schüler das Geheimnis finden, damit seine Liebe nicht das Herz oder die Seele des Menschen verbrennt, den er liebt. Viele junge Mädchen haben von der Liebe wundervolle Vorstellungen, aber nach ihrer ersten Erfahrung mit einem Mann denken sie bei weitem nicht mehr so ideal und poetisch darüber, sind angewidert und enttäuscht, weil der Mann sicher auf eine Art und Weise vorgegangen ist, wie er es nicht hätte tun sollen. Wenn in eines Menschen Seele das Herrlichste verloren geht, dann war die Liebe ein verzehrendes Feuer und vernichtete Dinge, die nicht verbrannt, sondern bestärkt, beseelt und lebendig erhalten werden sollen, um den geliebten Partner bei seinem Aufstieg ins Geistige zu fördern. Warum muss Liebe stets das Gute zerstören, wo es doch ihre eigentliche Bestimmung ist, es zu steigern und zu stärken?

Als Erstes muss man daher wissen, dass es zwei Arten von Liebe gibt. Eine rein sinnliche, der es an wahrer Zärtlichkeit, Einfühlungsvermögen und Vernunft mangelt. Man hat Hunger und gebärdet sich wie ein Raubtier, stürzt sich auf sein Opfer und leckt sich danach in aller Ruhe die Finger. Dass der andere aufgefressen ist, hat keine Bedeutung, man ist zufrieden und satt. Anders ist es bei der zweiten Art zu lieben. Man versucht, sich selbst zu vergessen. Selbst wenn man Hunger und Durst hat, denkt man zuerst an den anderen, denkt daran, ihn zu schützen, ihn zu erleuchten, ihm Frieden und Reichtum zu schenken. Gelingt es zwei Menschen sich auf diese Weise zu lieben, dann sind ihrer Entfaltung keine Grenzen mehr gesetzt. Ihre Liebe ist wie das Feuer der Sonne, das alles belebt, erneuert und verewigt. Die Himmel öffnen sich diesen beiden, die nun den tiefen Sinn des Lebens erfahren. Etwas so Lichtes, unendlich Feines strahlt von ihnen aus, dass jeder stehen bleibt, um ihnen nachzusehen.

Von dem Moment, in dem ihr in dieser Schule der Universellen Weißen Bruderschaft seid, solltet ihr wenigstens eine höhere Art des Liebens lernen. Ihr seht, meine lieben Brüder und Schwestern, so ist der Drache. Er ist sehr stark, er hat eine ungeheure Kraft, und gelingt es euch ihn zu bändigen, zu zähmen, kann er euch durch die ganze Welt tragen.

Sèvres, 4. April 1968

Anmerkungen

1. Siehe Band 230 der Reihe Izvor »Die Himmlische Stadt – Kommentare zur Apokalypse«, Kapitel 11: »Erzengel Michael streckt den Drachen nieder« und Kapitel 15: »Der für tausend Jahre gefesselte Drache«.
2. Siehe Band 232 der Reihe Izvor »Feuer und Wasser – Wunderkräfte der Schöpfung«, Kapitel 1: »Wasser und Feuer, Grundprinzipien der Schöpfung«.

V

GEIST UND MATERIE, DIE SEXUALORGANE

Teil 1

Freier Vortrag

Eine neue Kultur ist im Kommen, eine weltweite Kultur der Gemeinschaftlichkeit und Brüderlichkeit. Alle Menschen der Erde werden eine Familie bilden, indem sie lernen, einander Verständnis und Liebe entgegenzubringen. Wenn ich sage, sie werden eine einzige Familie bilden, heißt das nun nicht, dass sie alle das gleiche Bett oder denselben Schlafsaal teilen sollen, keineswegs, sondern ich meine damit, es ist wunderbar, gemeinsam zu arbeiten, zu singen, miteinander zu meditieren und zu beten.[1]

Die Natur legte in jeden Menschen den Trieb, die Einsamkeit als etwas Erdrückendes, Unerträgliches zu fliehen, das ist gut so; nur gilt es, die beste Methode zu finden, die einen am sichersten vor der Einsamkeit bewahrt. Wie viele junge Menschen haben aus diesem Problem noch nicht herausgefunden! Sie fühlen sich unglücklich, denn sie hätten gerne jemanden, mit dem sie gemeinsam im Duett singen können; leider aber finden sie ihn nicht, leiden seelisch darunter und verkümmern. Warum setzten sie sich auch in den Kopf, um jeden Preis dieses Duett auf rein körperliche Weise zu bilden? Geht es denn nicht auch anders? Man kann auf vielerlei Weise der Einsamkeit entgehen. Warum hält man sich immer nur an den herkömmlichen Brauch, jemanden besitzen zu wollen?

Vor allem die Frau hat diese Neigung des Besitzergreifens. Sie möchte etwas in Händen halten, wenigstens ein Kind. Sie sieht, dass der Mann ihr stets entgleitet, dass sie ihn nicht halten kann; darum klammert sie sich an ein Kind. Da es klein ist und ihren Schutz braucht, ist sie glücklich, weil sie es hüten darf. Sobald es aber heranwächst, entgleitet es ihr auch, und sie ist erneut unglücklich, weil sie letzten Endes nichts besitzt. Dieser Drang der Frau nach Besitz wirft vielerlei Probleme auf. Ihr fragt: »Und der Mann, will er nicht besitzen?« Nein, er will – grob gesagt – genießen; für ihn heißt besitzen ausnützen und sich sodann davonmachen. Die Frau dagegen möchte den Mann zunächst an sich ketten und ist dann gerne bereit, ihm alles andere zu geben. Der Mann vertröstet sie: »Mach dir keine Sorgen, hinterher bringen wir alles ins Reine; lass uns zunächst das hier auskosten.« Aber die Frau ist nicht dumm. Sie weiß, er wird sie verlassen, wenn er gekostet hat, und darum sagt sie zu ihm: »Oh nein, leiste zuerst deine Unterschrift« und zwingt ihn, eine Verpflichtung einzugehen oder einen Vertrag abzuschließen.

Jede Bekundung von Mann und Frau, alle Mysterien, die sie beinhalten, sei es in ihrem physischen Körper, ihrem Gefühlsleben, ihrem Charakter oder in ihrem Denken, haben ihren Ursprung, ihre Wurzeln, in jenen Körperteilen, die man allgemein mit 'intim' bezeichnet. Diese Organe sind die Zusammenfassung von Mann und Frau. So trägt also jeder die Zusammenfassung seines ganzen Wesens mit sich und weiß weder, dass man genau dort alles entziffern kann, noch dass die geometrische Struktur, ihre Funktionen, über die philosophischsten Fragen Aufschluss gibt. Jawohl, man trägt alle Schätze, alle Schlüssel bei sich, ohne jemals zu merken, dass man reich ist, dass man im Besitz allen Wissens, aller Kriterien ist. Es ist unglaublich...

Es liegt also in der Natur der Frau, anzusammeln, aufzubewahren, während der Mann von Natur aus zu Verschwendung neigt. Jeder hat dies schon festgestellt, und niemand weiß, worauf es zurückzuführen ist. Es ist zwar offensichtlich, nur haben die Menschen die Zusammenhänge nicht erkannt. Der Charakter der Frau sowie der des

Geist und Materie, die Sexualorgane

Mannes entsprechen der Gestaltung ihrer Sexualorgane. Die Frau ist besitzergreifend, denn wäre sie es nicht, gäbe es keine Neuerschaffung. Ihre Rolle ist es, aufzunehmen, einzubehalten, zu behüten und zu bewahren. Wir in Bulgarien sagen: »Weil die Frau alles anhäuft, hat das Haus so viel Vorrat.« Gewiss, es gibt auch verschwenderische Frauen; aber das sind keine wahren Frauen, sondern verkleidete Männer. Die kosmische Intelligenz gab somit der Frau aus ganz bestimmten Gründen die Eigenschaft, anzuziehen und einzubehalten. Sie darf nicht verstreuen, sonst gibt es keine Kinder. Wenn der Mann hingegen vergeudet, ist das nicht weiter schlimm, denn es ist genügend Urstoff vorhanden. Es bedarf unzähliger Saatkörner und Samen, um etwas zu ernten. Die Natur hat verstanden, dass der Mann freigebig sein muss, damit wenigstens eine Geburt zustande kommt, sonst ginge alles verloren oder fiele auf unfruchtbaren Boden. Wäre nun aber die Frau ebenso großzügig wie der Mann, führte dies zu Unfruchtbarkeit; deswegen verwahrt sie achtsam das Wenige, das sie bekommt.

Diese physisch bedingte Anlage der Frau, anzusammeln und aufzubewahren, findet sich ebenso in ihrem Charakter wieder, in einem schwerwiegenden Fehler, nämlich als Eifersucht. Wie trug es sich beispielsweise an Königshöfen, vor allem bei den Sultanen zu? Wie verhielten sich deren Frauen und Lieblingsfrauen? Jede von ihnen, die sich um Könige und Sultane scharten, sei es bei Hofe oder im Harem, war nur von dem einen Wunsch angetrieben, den König oder Sultan ganz für sich in Beschlag zu nehmen, die Erste zu sein, seine Favoritin, die einzige Geliebte. Um dies zu erreichen, scheuten sie keine Mühe und schreckten selbst vor Verleumdung und Verschwörung nicht zurück. Es war ein erbitterter Kampf unter den Frauen: Wer wird den König besitzen? Und warum ihn besitzen? Weil ihr dies Vorteile einbrachte. Die Frau war geschmeichelt, dass des Sultans Blick und Wahl auf sie gefallen war. Ja, da war eine Lücke ausgefüllt, ein Sehnen, ein brennendes Verlangen gestillt. Darum war ihr jedes Mittel recht, wenn es darum ging, die Rivalinnen zu verdrängen. Ihr wendet wohl ein: »So war es aber in der Vergangenheit, bei den Türken!« Und hier in Frankreich? War es etwa nicht auch so? Oh ja, die

Geschichte ist voll von Intrigen dieser Art. Die Könige Frankreichs wie Ludwig XIV., Ludwig XV. zum Beispiel... Überall, wo diese Ludwigs glänzten, wollten unzählige Frauen sie einfangen.

Es ist durchaus natürlich, dass die Frau dem Manne, der es wert ist, den sie liebt und schätzt, immer ein Schmuckstück sein möchte. Beängstigend ist nur, dass sie anderen Frauen dieselben Vorteile, dieselbe Gunst nicht zugesteht. Sie setzt alles daran, nicht etwa diesen Fehler auszumerzen, sondern ihn noch zu steigern. Frauen können ohne Eifersucht nicht leben; die Eifersucht quält sie, aber sie können ohne sie nicht sein. Man könnte meinen, sie seien ohne Eifersucht nicht mehr angeregt und langweilten sich! Die Eifersucht dagegen treibt sie dazu, Dinge im Verborgenen zu tun; und erst dann erscheint ihnen das Leben reizvoll und aufregend!

Die Frau neigt von jeher dazu, andere Frauen um die Vorteile zu beneiden, deretwegen sie auffallen und bewundert werden. Und es gibt sozusagen nicht eine Frau, die es einem Manne verzeiht, dass er einer anderen statt ihr ein wenig Zärtlichkeit und Liebe schenkte. Wütend sucht sie nach allen moralischen und juristischen Gesetzen, damit er dafür büßen muss. Hat er indessen ihr diese Zuneigung bezeugt, ja dann sieht es anders aus, dann war das normal und gerecht und er ist untadelig!

Wenn eine Frau auf einen Mann wütend ist, dann oft aus dem Grunde, weil er nicht ihr gab, was sie von ihm erhoffte, sondern es einer anderen zukommen ließ. Wenn ein Mädchen sich über einen Jungen ärgert, dann bestimmt nur deswegen, weil er eine andere umarmt hat, wo sie es doch für sich wünschte. Eine grausame Analyse denkt ihr, keineswegs, sie ist einwandfrei. Welche Frau fühlte sich unglücklich, wenn sie geliebt wird? Sie erwartet und wünscht sich nur das! Zieht der Mann ihr eine andere vor, so wird sie all sein Tun und Handeln übertreiben und aufbauschen, damit er angeklagt, verurteilt, ja beinahe umgebracht wird. Deshalb sollten die Frauen sich in Freigebigkeit üben und lernen, sich über das Glück der anderen Frauen zu freuen.

Geist und Materie, die Sexualorgane

Wir wollen nun diese Frage der Sexualorgane bei Mann und Frau von weit höherer, philosophischer Warte aus betrachten. Wenn die unsichtbare Welt manchmal auf bestimmte Menschen einwirkt, indem sie ihnen Schranken setzt und Zwang auferlegt, dann geschieht dies, um in ihnen den Willen und den Wunsch zum Siegen zu wecken, sich zu befreien.[2] Es ist wie beim Schießpulver: Presst man es zusammen und zündet es an, lässt es alles explodieren. Lässt man ihm hingegen genügend Raum, wird es, selbst wenn man es anzündet, nur ffff machen und sonst nichts. Lebt der Mensch in Wohlstand und Bequemlichkeit, bringt er in seinem Leben auch nicht mehr fertig als ein ffff... Steht er jedoch unter Zwang und leidet, dann regt sich etwas in ihm, das ist sein Geist; denn er wird sich anstrengen, um aus seiner Begrenzung herauszukommen. Der Mensch leidet und jammert, aber sein Geist ist beglückt! Dasselbe geschieht in den Beziehungen zwischen Mann und Frau. Warum will der Mann in der Liebe begrenzt, eingeengt, eingezwungen werden? Weil etwas in ihm sich freut. Ließe die Frau ihm unendlich viel Raum, so würde er nichts fühlen.

Über diese Dinge habt ihr noch nie nachgedacht und bildet euch ein, darüber längst alles zu wissen. Mich aber interessiert nicht, wie es physisch vor sich geht, sondern was sich dahinter verbirgt: der philosophische, tiefe, göttliche Aspekt. Es ist stets die Frau, die den Mann einhüllen soll, sie umschließt ihn wie eine Ringmauer, während er selbst irgendwo im Raum verloren ist, gleich dem in der Materie eingeschlossenen Geist. Warum muss immer die Materie den Geist umfangen? Auch davon haben die Menschen nichts begriffen. Die ganze Philosophie der Schöpfung, die Beziehung zwischen Geist und Materie, ist in diese Organe eingeprägt, die wir alle besitzen und deren man sich Tag und Nacht bedient, ohne ihren tiefen Sinn verstanden zu haben. Man muss versuchen, diesen zu erfassen!

Die Menschen sind bis zum Hals in die physische Liebe verstrickt. Tag und Nacht tun sie nur das eine, ohne jemals die erhabensten Wahrheiten zu sehen, die darin enthalten sind. Denn dazu mangelt es ihnen an Zeit und Klarsicht, sie sind von ihren Gefühlen übermannt.

Jene aber, die es nicht praktizieren, haben die Zeit, das zu verstehen, was die anderen praktizieren. Wie kommt es, dass ich die Zeit fand, die größten Geheimnisse der Schöpfung zu erfassen?

Le Bonfin, 8. August 1963

Anmerkungen
1. Siehe Band 25 der Reihe Gesamtwerke »Der Wassermann und das Goldene Zeitalter«, Kapitel 2: »Der Geist der Brüderlichkeit ist im Kommen«.
2. Siehe Band 211 der Reihe Izvor »Die Freiheit, Sieg des Geistes«, Kapitel 7: »Die wahre Freiheit«.

Teil 2

Freier Vortrag

Warum suchen Mann und Frau einander? Wegen ihrer physischen Körper? Nein, sondern um etwas anderes, Feinstoffliches, Lebendiges zu empfangen, etwas, das man Liebe nennt. Und wenn sie es empfangen haben, sind sie glücklich und zufrieden. Wenn es wirklich der physische Körper wäre, den sie bräuchten, müssten sie sich ein Stück davon abschneiden, um es zu essen oder zu trinken. Da jedoch der physische Körper ganz bleibt, empfangen sie also nur etwas durch ihn hindurch, etwas das ausströmt, ein Fluidum. Ihr seht, sie sind nicht aufgeklärt, sie wissen nicht einmal, was sie suchen... Wenn es wirklich der physische Körper wäre, warum bleibt er heil und ganz, wo sie doch gesättigt sind?

In Wirklichkeit sind Männer und Frauen durch ihren physischen Körper einfach Übermittler, Übermittler des Himmels oder der Hölle. Darum kann man folgende Schlussfolgerung ziehen: Mit denselben Organen können Männer und Frauen die Hölle in Bewegung setzen oder den Himmel anrühren, das hängt ganz allein davon ab, was sie in ihrem Kopf oder in ihrem Herzen tragen. Die Organe sind nicht festgelegt. Mit einem Messer zum Beispiel könnt ihr jemanden verletzen oder sogar töten, und mit demselben Messer könnt ihr einen Gefangenen von seinen Fesseln befreien oder einen Menschen, der in Gefahr schwebt, operieren und ihm das Leben retten. In gleicher

Weise sind die Sexualorgane nicht allein für das Gute oder das Böse bestimmt, das hängt ganz von euch ab. Durch eure Berührung könnt ihr jemanden beschmutzen, ihn anstecken oder ihr könnt ihn retten, alles hängt davon ab, was ihr in eurem Herzen, in eurer Seele habt.[1] Darum könnt ihr mit derselben Frau, mit demselben Mann, den ihr in euren Armen haltet, die Hölle oder den Himmel erreichen, all die Teufel dort in Bewegung setzen, die euch dann nicht mehr in Ruhe lassen, die euch anknabbern und ausplündern werden, oder aber die Engel, die himmlischen Wesen. Das sind weitere Themen, über die man nicht nachdenkt. Man macht alles blindlings, automatisch; man hat das Bedürfnis, es zu tun, man muss es tun, und man denkt nicht darüber nach, man weiß nicht, dass sich dahinter eine ganze Wissenschaft, eine tiefgründige Wissenschaft verbirgt. Der Himmel hat uns diese Organe gegeben, damit wir mit ihnen arbeiten, sie sind für fantastische Leistungen bestimmt, aber zur Zeit benutzt man sie einzig dazu, sich zu schaden und die astralen Bereiche aufzuwühlen.

Wie viel gäbe es noch zu diesem Thema zu sagen! Dieser Bereich ist reich, unerschöpflich und grundlegend, ja grundlegend, weil dort das Leben entspringt. Und anstatt Leben zu gewinnen, vergeudet man Leben. Ich lasse euch jetzt über dieses Thema meditieren, und vielleicht macht ihr einige Entdeckungen. Ich kann euch nicht alles sagen. Man erlaubt mir nicht, euch alles zu sagen. Das sind so heilige Wahrheiten, dass es äußerst unerfreuliche Folgen nach sich ziehen kann, wenn sie euch einfach so, irgendwie gegeben werden. Wenn ihr nicht genügend entwickelt seid, wenn ihr nicht das höchste Ideal habt, kann euch sogar die Wahrheit großen Schaden zufügen. Wenn man eine Wahrheit aufnimmt, ohne genügend vorbereitet zu sein, fühlt man sich überfordert, man muss ständig daran denken, ohne sie nutzen zu können, und das ist gefährlich.

Aber ich werde euch noch auf etwas hinweisen, das euch sehr nützlich sein kann. Eines Tages suchte mich ein junges Mädchen auf, um mir ein Problem zu erzählen, das sie beunruhigte. Sie war sehr

Geist und Materie, die Sexualorgane

unglücklich, weil sie in allen Gegenständen immer wieder das Bild des männlichen Sexualorgans sah, und je mehr sie gegen dieses Bild kämpfte, desto mehr wurde sie davon belästigt; sie konnte sich einfach nicht davon befreien.

Ich habe ihr gesagt: »Nun, das ist keineswegs besonders scheußlich. Zu allen Zeiten haben sich viele Frauen, in bestimmten Lebensabschnitten, in der gleichen Situation befunden wie Sie. Und auch bei den Männern kann es vorkommen, dass sie bestimmte Formen des weiblichen Körpers sehen. Aber das ist keine Katastrophe, es gibt überhaupt keinen Grund, darüber zu verzweifeln. Nur hat Ihnen unglücklicherweise niemand gesagt, dass es natürlich ist, und niemand hat es Ihnen richtig erklären können, und darum sind Sie jetzt in diesem Zustand. Die Natur selbst hat den Jungen und Mädchen eine Vorstellungskraft mitgegeben, um sie in Bewegung zu versetzen, sie zum Suchen und Arbeiten zu bringen, denn sonst wäre es mit der Menschheit zu Ende. Da sie aber eine seltsame Erziehung erhalten haben, ruinieren sich viele die Gesundheit. Ich werde Ihnen einen Rat geben, was Sie tun müssen, um geheilt zu werden... und nicht nur das, Sie werden auch große spirituelle Fortschritte machen. Schauen Sie, wie einfach das ist.

Was stellt dieses Bild, das Sie überall sehen, dar? Nichts anderes als das ewige, aktive, dynamische Prinzip des Himmlischen Vaters, das geistige Prinzip, das die Welt erschaffen hat. Dieses Bild ist also eine Anregung, um Sie zu einer machtvollen und wunderbaren Wirklichkeit hinzuführen. Warum verbinden Sie sich daher nicht einfach mit dem Himmlischen Vater, sobald dieses Bild vor Ihnen erscheint? Einige Minuten später werden Sie den Ausgangspunkt vergessen haben und dank dessen in erhabene Bereiche versetzt werden. Anstatt also zu verzweifeln, muss man alles benutzen. In dieser Angelegenheit ist das einzig Falsche, bei diesem Bild stehen zu bleiben und den Kopf zu verlieren, anstatt es zu benutzen, um sehr hoch und sehr weit aufzusteigen. Darin liegt die wahre Gefahr.« Und ich wiederhole dies jetzt für alle: In der Natur sind die Dinge einfach, die Menschen sind es, die alles verkomplizieren und sich krank machen. Was finden sie so schlimm an diesen Organen? Wisst ihr überhaupt, wie viel Zeit die Natur gebraucht hat, um sie hervorzubringen?... Welch tiefen Sinn sie enthalten, welche Schönheit! Das ganze Leben ist darin enthalten. Warum müsst ihr also das Werk Gottes zerstören, diese ganze Herrlichkeit durch eure persönlichen Hirngespinste ersetzen? Ihr meint, um rein zu bleiben, sollte man nicht an diese Dinge denken? Aber wo ist eure Reinheit in dem Moment, wo ihr euch gegen die Ordnung der Natur stellt? Man hat euch immer geraten, gegen die Sexualkraft zu kämpfen, aber wir vermitteln hier andere Methoden: Sie bestehen ganz einfach darin, die Schönheit und Intelligenz, die allem innewohnt, erkennen zu lernen.

Zur Zeit lehnen die Menschen alle Regeln ab, aber zeigt mir jemanden, der sich auf diese Weise befreit hat. Die neue Methode ist leicht und intelligent. Sie ruft weder Konflikte, noch Spannungen oder Disharmonie hervor, und wenn man sie anwendet, ist man immer begeistert zu sehen, wie die Intelligenz der Natur die Organe von Mann und Frau geschaffen hat, denn indem man überlegt, erhebt man sich bis zum Ursprung der Dinge. Dank dieser Methode fühlt man sich so sehr harmonisiert, erleuchtet und beruhigt, dass man ein brennendes Verlangen hat, all diese Freude über die ganze Welt zu verströmen. So kann man sich entwickeln, anstatt verbittert zu werden wie die meisten Menschen, denen es nicht gelungen ist, ihre sexuellen Probleme zu lösen. Wenn ihr mich versteht, so verhilft euch die gesamte Schöpfung, alle Kreaturen zu unglaublicher Freude, ihr schaut überall nur noch die Herrlichkeit Gottes, und ihr lebt in Reinheit, da ihr nach nichts mehr verlangt, nach nichts mehr als nur noch diese Freude zu verbreiten, die in euch überquillt.

Vidélinata, den 22. März 1975

Anmerkung
1. Siehe Band 3 der Reihe Gesamtwerke »Die beiden Bäume im Paradies«, Kapitel 4: »Die magische Kraft der Gesten und des Blickes«.

VI

AUSDRUCKSFORMEN DES MÄNNLICHEN UND DES WEIBLICHEN PRINZIPS

Teil 1

Freier Vortrag

In Gegenwart des männlichen Prinzips, selbst wenn sich dies in einiger Entfernung befindet, gerät das weibliche Prinzip bereits in Bewegung. Und desgleichen reagiert das männliche Prinzip in Gegenwart des weiblichen. Diese beiden Kräfte beginnen eine ganz bestimmte Arbeit, sobald sie sich gegenüberstehen. Leider geht bei den meisten Männern und Frauen alles unbewusst, instinktiv vor sich. Sie laufen, rennen, suchen einander, umarmen sich, ohne sich die geringsten Gedanken darüber zu machen, warum die Natur ihnen diese Verhaltensweise eingab und wie sie diese auch auf anderen Gebieten anwenden könnten.

Das männliche und weibliche Prinzip wirken also in ganz bestimmter Weise aufeinander ein, und auch ohne dass Mann und Frau sich dessen bewusst werden, findet dieses gemeinsame Wirken statt. Das männliche Prinzip wird aktiv, dynamisch, willensbetont, das weibliche aufnehmend. Dies spielt sich automatisch bei allen gewöhnlichen Geschöpfen ab. Die Eingeweihten aber, die alle Phänomene weit gründlicher erforscht haben, wenden dieses Gesetz der Polarität in ihrem geistigen Leben zur Entfaltung ganz bestimmter Eigenschaften an. Hierbei geht es dann nicht mehr um Mann und Frau, sondern um göttliche Prinzipien. Will der Eingeweihte, der ein männliches Wesen ist, Eigenschaften wie Empfangsbereitschaft, Demut, Sanftmut und Gehorsam erwerben, stellt er eine Verbindung zum Himmlischen Vater her. Denn nur so kann er die Tugenden des ihm entgegengesetzten Pols anziehen. Und um andererseits die männlichen Eigenschaften wie Autorität, Stärke, Kraft zu erwerben, tritt er mit dem weiblichen Prinzip, der Göttlichen Mutter, in Verbindung. Dank der harmonischen Entwicklung sowohl der männlichen als auch der weiblichen kommt er der Vollkommenheit näher.

Wie häufig lässt sich dies im täglichen Leben beobachten! Das weibliche Prinzip macht den jungen Mann zum ritterlichen, mutigen Helden; vor einem Mädchen macht sich selbst der größte Feigling wichtig. Ihr entgegnet, das sei nur Bluff. Ja vielleicht, aber was treibt ihn denn zu solcher Angeberei? Weshalb möchte er den Helden spielen? Die Frau treibt ihn dazu. Nehmt folgendes Beispiel: Ein Mann kommt nach Hause und erzählt seiner Frau, dass ihm jemand alles Mögliche an den Kopf geworfen hat. »Wie?« ruft die Frau, »dem musst du's zeigen, geh und versetz ihm Prügel!« – »In Ordnung« sagt der Mann, um nicht zu zeigen, dass er ein Feigling ist, »er wird schon sehen, mit wem er's zu tun hat!« Er trinkt sich ein bisschen Mut an und macht sich auf den Weg... Unterwegs aber verlässt ihn sein Mut, er kehrt zurück und erzählt seiner Frau: »Ich bin hingegangen, aber er war nicht dort.« Und die Frau, die es ihm glaubt, ist von ihrem heldenmütigen Mann aufs Höchste begeistert.

Warum verspürt der Mann das Bedürfnis, sich vor der Frau aufzuspielen? Weil er instinktiv fühlt, dass er sie auf diese Weise gewinnt... Denn die so schwache Frau bedarf eines starken Mannes, sie bewundert alles Kraftvolle. Bei Turnieren im Mittelalter war es zumeist die Frau, welche den Sieger belohnte, mit einem Lächeln oder einer Rose. Damals war die Frau sehr empfänglich für Heldentum und bewunderte den, der siegreich aus einem Kampf hervorging. Sogar bei Tieren verhält es sich ähnlich. Wenn Tiere um ein Weibchen kämpfen, dann ist stets der Sieger der Auserwählte. Das Weibchen nimmt sich den Stärkeren, den Mutigsten. Frauen mögen schwache Männer nicht. Selbstverständlich gibt es auch Ausnahmen. Manche Frauen sind so voller Mitleid, dass sie die Schwachen bevorzugen, um sie beschützen zu können.

Werfen wir nun einmal einen Blick auf das Leben, um zu sehen wie die kosmische Intelligenz überall Unterscheidungsmerkmale zwischen diesen beiden Prinzipien gesetzt hat, bezüglich ihres Verhaltens, der Art und Weise wie sie blicken, reden, arbeiten.

Alles, was in der Natur hohl und tief ist, stellt das weibliche Prinzip dar und alles Aufstrebende das männliche Prinzip.[1] Doch haben Männer, wenn sie sprechen oder singen eine tiefe Stimme, Frauen dagegen hohe Stimmen. Wie erklärt sich das? Es ist einfach: Was sich unten befindet neigt dazu, seinen Blick nach oben zu richten, was aber oben ist, schaut eher nach unten. Wenn man schon oben ist, kann man nicht noch nach oben schauen, wenn man auf dem Gipfel steht, also muss man seinen Blick nach unten wenden; und wer unten steht, ist derjenige, der nach oben sieht. Übrigens ist es auch im Alltag so. Der Arme strebt nach Reichtum, der Unwissende nach Wissen, der Schwache nach Kraft usw. Darum richtet sich die Frau, welche die Tiefe, den Abgrund, die Leere darstellt, auf die Fülle aus, auf die Höhen, sie schaut zum Himmel auf, zu ihrem Geliebten – und er beugt sich zu ihr hinab; deswegen bekam seine Stimme einen tieferen Klang. Mit ihrer Stimme drücken Mann und Frau die innerste Tendenz ihrer Natur aus.* Habt ihr auch Folgendes bemerkt: Wenn sich zum Beispiel ein Mann und eine Frau umarmen, hebt sie ihre Arme, um den Nacken des Mannes zu umfangen, während er eher dazu neigt, seine Hände weiter unten hinzulegen? Ich spreche nicht von diesen Einzelheiten, um eure Fantasie auf schlüpfrige Themen zu lenken, nein, was mich interessiert ist allein die philosophische Sicht dieser Verhaltensweise, und aus den von Mann und Frau instinktiv ausgeführten Gesten entnehme ich sehr aufschlussreiche Einzelheiten. Die Frau, Sinnbild der Materie, möchte sich höher entwickeln, sich aufschwingen. Der Mann dagegen, Sinnbild des Geistes, will sich hinabbegeben, um die Tiefen zu erforschen.[2]

Auch im Tun und Handeln von Mann und Frau sind Unterschiede festzustellen. Der Mann ist seinem Wesen nach eher schöpferisch und die Frau formgebend. Bei der Entstehung eines Kindes beispielsweise

---

* Siehe die ergänzende Bemerkung am Ende des Kapitels.

ist der Vater der Schöpfer, er gibt den Keim, den Geist, und die Mutter liefert die Stoffe, aus denen sich das Kind bildet. Also erschafft der Mann und die Frau gestaltet. Beim Erbauen eines Hauses ist der Architekt, der den Bauplan zeichnet, der Schöpfer. Das Haus ist noch nicht sichtbar, man kann es noch nicht berühren, nicht bewohnen, aber es ist bereits erschaffen im Denken eines Menschen. Es muss nunmehr mit Hilfe allerlei Materials geformt werden. Der Gestaltung geht stets die Schöpfung voraus, und diese findet oben im Kopf auf der Mentalebene statt.

Gott erschuf die Welt in einem Augenblick. Ihre Gestaltung jedoch nahm viel Zeit in Anspruch, und genau in dem Augenblick als die Welt sich bildete, entstand der Zeitbegriff. Darum spricht man auch von sechs Schöpfungstagen. Diese sechs Tage sind natürlich symbolisch gemeint, doch in Wirklichkeit stellen sie die Zeit dar, die die Gestaltung der Welt benötigte; die Schöpfung dagegen fand augenblicklich statt, sie ist die Ewigkeit.

Und noch etwas. Wenn ein Mann und eine Frau sich küssen, warum lässt sie dann bisweilen ihre Zunge in den Mund des Mannes eindringen? Damit zeigt sie ganz einfach, dass das was unten im physischen Bereich vor sich geht, das Gegenteil dessen ist, was oben im Astralen geschieht. Auf der physischen Ebene ist der Mann aussendend, die Frau aufnehmend. Im Astralbereich ist der Mann aufnehmend, weil er dort der Schwächere ist und die Frau die Stärkere; in den Gefühlen ist sie die Stärkere. Oben schenkt die Frau, unten empfängt sie; der Mann gibt unten und empfängt oben. Diese Umkehrung der Pole auf den verschiedenen Ebenen ist ein großes Geheimnis.[3] Darin liegt auch der Grund, weshalb so viele Irrtümer bei der Auslegung von Tatsachen der unsichtbaren Welt begangen werden. Viele Leute bringen diese Umkehrung nicht zuwege und vermischen alle Ebenen. Die Hellsehenden sagen, dass im astralen Bereich Formen und Zahlen umgekehrt sind, und das ist übrigens eine wohlbekannte Tatsache. Menschen, die in allerletzter Minute vor dem Ertrinken gerettet wurden, berichteten, dass in dem Augenblick, in dem sie sich an der Grenze zwischen Leben und Tod befanden, sie ihr Leben wie einen Film, aber in umgekehrter Reihenfolge, vorbeiziehen sahen. Die Erklärung dafür ist, dass sie bereits die jenseitige Welt betreten hatten, und dort verhält sich alles umgekehrt.

Was unten ist, ist wie das, was oben ist. Was sich oben im Kopf befindet, d. h. der Mund mit Zunge und Lippen, ist wie das, was unten ist, das Geschlecht. Die von Hermes Trismegistos verwendeten Begriffe 'unten' und 'oben' vermitteln nur eine ungenaue Vorstellung. Auf jedem Gebiet gilt es zu erkennen, welches oben und welches unten miteinander in Verbindung steht, Himmel und Erde (oder Himmel und Hölle), Gehirn und Geschlecht (oder Gehirn und Magen)... Alles was unten ist, ist wie das, was oben ist, jedoch umgekehrt. Selbst in der anatomischen Struktur von Mann und Frau findet man diese Umkehrung. Beim Mann ist alles außen, ist sichtbar, bei der Frau dagegen ist alles inwendig, verborgen, geheimnisvoll.

Stellt euch nun einmal vor, ein angeblich gutgläubiges, unschuldiges junges Mädchen verführte, angeblich auch ohne es zu wollen, einen jungen Mann dazu, mit ihr zu schlafen. Wie wird sie danach reagieren? Sie wird jammern und weinen, dass er ihr Unrecht tat, dass sie es nun bereue. Und der Ärmste, in seiner Ehrlichkeit und Aufrichtigkeit, möchte alles wiedergutmachen; also verpflichtet er sich, verspricht ihr die Heirat oder was weiß ich... und insgeheim triumphiert das Mädchen, denn genau das wollte sie erreichen. Natürlich kommt es auch vor, dass der junge Mann sich davonmacht und das schwangere Mädchen im Stich lässt; doch damit befassen wir uns heute nicht.

In Wirklichkeit, wenn man die Struktur des weiblichen Sexualorgans studiert, so stellt sich heraus, dass es gänzlich dafür geschaffen wurde, den Mann zu halten, aus ihm einen Gefangenen zu machen. Der Mann bildet sich ein, er sei der Sieger und die Frau das Opfer. Ganz und gar nicht! In Wahrheit hält sie ihn, zwängt ihn ein, begrenzt ihn; er ist ihr Sklave, also ist er das Opfer. Dem Anschein nach willigt die Frau ein, fügt sich, aber in Wirklichkeit will sie ihn besitzen, damit er ihr sein ganzes Leben lang zu Diensten ist, für sie arbeitet usw. Denn seht nur, er ist ärmer geworden, vergab etwas Wertvolles, ist weniger geworden, während sie sich bereicherte, sie hat einen Lebenskeim erhalten, und nun beginnt ein Werden und Gestalten in ihr. Ja, Schein und Wirklichkeit!... Der Mann fühlt sich stolz, die Frau weniger. Aber im Grunde ist sie stolzer als er. Er ist einfach nur naiv, das ist alles.

Auf diese Weise spielt sich alles in der Natur ab. Will man einen Vogel, ein Insekt, einen Schmetterling einfangen, so muss man ihn umfangen, festhalten. Und auch der Mensch, der ja innerhalb der Natur lebt, wird von ihr beherrscht. Die Natur ist um ihn herum wie ein Haus; und in einem Haus können sich, wenn man es betritt, die Türen hinter einem verschließen und man ist gefangen und Opfer. Wer Herr der Lage ist, hat stets den andern in seiner Gewalt. Und so ist es auch zwischen Mann und Frau: Sie ist die Stärkere, denn sie beherrscht ihn und für ein paar Augenblicke, für wenige Minuten, ist er ihr preisgegeben. Die Frau bedarf des Mannes, und um ihn herbeizulocken, spielt sie das Opfer, zeigt sich schwach, zart, furchtsam, schutzbedürftig, denn sie weiß instinktiv, dass der Mann sich gerne als der Stärkere betrachtet, als Held, Sieger, Eroberer. Sie aber will lediglich damit bezwecken, ihn sicherer einzufangen und von ihm alles Gewünschte zu erhalten.

In Wirklichkeit ist keiner besser als der andere, weil beide berechnend sind; nur ihre Vorgehensweisen sind verschieden. Die gewöhnliche Liebe ist ein Krieg, ein Kampf, bei dem es darum geht, wer wen besiegt. Von außen gesehen herrscht Freundschaft, wird gelächelt, umarmt und geküsst, aber in Wirklichkeit findet ein erbarmungsloser Krieg zwischen beiden Geschlechtern statt, ein gut getarnter Krieg. Denn um über den Gegner zu siegen, heißt es diplomatisch vorgehen. Und erst Jahre später stellt sich heraus, wer von beiden der Gerissenere war. Ihr meint: »Das ist ja furchtbar, was Sie hier aufzeigen!« Und dennoch ist es die Wahrheit, sieht man von jenen Fällen ab, wo Mann und Frau ein hohes Ideal, eine weise Lebensanschauung haben, mit dem sie für das Reich Gottes arbeiten wollen. Dann sind sie keine verkappten Gegner mehr, sondern leisten eine gemeinsame Arbeit, wirken bewusst miteinander mit den ihnen von der Natur verliehenen jeweiligen Fähigkeiten.

Wenn es den Anschein hat, der Mann sei der Angreifer und die Frau das Opfer, so ist dies darauf zurückzuführen, dass der Mann stets aktiv, willensbetont ist, er kann nichts verbergen, jede innere Regung ist bei ihm klar erkennbar. Die Frau hingegen ist so geschaffen, dass sie verheimlicht, niemand weiß, was in ihr vorgeht. Darum fühlt die Frau sich auch so wohl, wenn sie etwas verheimlicht; sie empfindet dies nicht als etwas Böses oder Unehrliches. Sie wartet auf einen Mann, und kommt er auf sie zu, tut sie höchst erstaunt oder so, als sähe sie ihn nicht. Man weiß nie, was eine Frau denkt oder wünscht; denn sie bekundet sich der ihr eigenen Struktur gemäß, bei der alles nach innen gekehrt ist. Was beim Mann außen ist, ist bei der Frau innen, genau umgekehrt. Und verbirgt sie etwas oder lügt gar, gehorcht sie damit lediglich den Gesetzen der Natur. Die Männer ihrerseits gehorchen dem Gesetz ihrer Natur, die sie dazu zwingt, direkt und offen zu sein, ohne Verstecken, häufig sogar ungestüm und unbeholfen.

Dies sind ein paar anatomische, physiologische, psychologische und diplomatische Einzelheiten, die jedoch überaus wesentlich sind zum besseren Verständnis der Charakterzüge und des Verhaltens von Mann und Frau.

Abschließend möchte ich nun hinzufügen, dass sowohl der Mann als auch die Frau daran arbeiten müssen, innerlich das sie ergänzende Prinzip zu entfalten. Die Frau muss das männliche Prinzip, der Mann das weibliche Prinzip in sich entwickeln.

Als ich in Indien war, besichtigte ich zahlreiche Tempel, und beinah in allen, selbst in den kleinsten, war das Lingam zu sehen, das Symbol der Vereinigung der beiden Prinzipien Männlich und Weiblich. Mehrmals hatte ich Gelegenheit mit Yogis zu sprechen und ich fragte sie: »Haben Sie den eigentlichen Sinn dieses Symbols richtig verstanden?« Entrüstet sahen sie mich an. Wie konnte ein Europäer es nur wagen, sie danach zu fragen, ob sie ein seit Jahrhunderten zu ihrer Überlieferung gehörendes Symbol richtig verstanden haben! »Schon gut«, lenkte ich ein, »weshalb machen Sie dann aber genau das Gegenteil von dem, was Sie erkannten? Sie sind verheiratet. Sicher, daran ist nichts Verwerfliches, aber es bedeutet, dass Sie das andere Prinzip, das weibliche, außerhalb ihrer selbst suchen, in einem Wesen, das von ihnen getrennt, ihnen fremd ist, wo dieses Symbol ihnen doch zeigt, dass die beiden Prinzipien nicht voneinander getrennt sein dürfen. Das Lingam stellt den vollkommenen Menschen dar, den androgynen Menschen, der beide Prinzipien gleichzeitig in sich trägt.[4] Da Sie nun außerhalb ihrer selbst nach dem suchen, was Ihnen fehlt, dann doch nur, weil Sie dieses Symbol nicht verstanden haben.«

Nun sahen sie mich an, als hörten sie zum ersten Mal diese Wahrheiten und einige wurden nachdenklich, andere hingegen gerieten beinah in Zorn darüber.

Der Schüler muss daran arbeiten, die Eigenschaften beider Prinzipien zu äußern, sowohl Willens- und Widerstandskraft, Festigkeit, Tätigkeit, Dynamik und den Ehrgeiz des männlichen Prinzips, das herrschen, befehlen, sich durchsetzen will, als auch Anpassungsfähigkeit, Feinfühligkeit und den Charme des weiblichen, das sich fügt, sich aufopfert.

Ist es dem Schüler gelungen, das Doppelwesen Mann-Frau in sich zu haben, dann ist er ein vollkommener Mensch, oder androgyn, wie dies in der Einweihungslehre genannt wird. Androgyn zu werden war das Ideal aller Eingeweihten, gleichviel ob Alchimisten oder Kabbalisten usw., um beide Prinzipien vollkommen entfaltet in sich vereint zu haben, wie die Gottheit selbst. In Gott sind beide Pole vereinigt, und darum liebt Er seine Geschöpfe auch alle, ist voller Nachsicht und erhört ihre Bitten. Stets wurde Gott als ein strenger, grausamer Vater dargestellt, als ein verzehrendes Feuer; doch entspricht dies keineswegs der Wahrheit, Er ist zugleich Vater und Mutter.

Le Bonfin, 27. August 1967

Ausdrucksformen des männlichen und des weiblichen...

Ergänzende Bemerkung

Viele Musiker, selbst diejenigen, die Musiktheorie studiert haben, haben sich keine Gedanken über den tieferen Sinn der beiden Zeichen b und # gemacht. Das b verringert eine Note um einen halben Ton, das # dagegen erhöht sie um einen halben Ton. Das # und das b sind auch ein Sinnbild für das männliche und das weibliche Prinzip, die alles im Universum erschaffen haben: Geist und Materie. Der Geist steigt herab; das männliche Prinzip hält seinen Blick immer nach unten gerichtet. Das sich unten befindende weibliche Prinzip hingegen blickt nach oben und ist gezwungen sich zu erheben, um aufzusteigen. Darum ist das weibliche Prinzip mit dem Prozess der Evolution verbunden und das männliche Prinzip mit dem Prozess der Involution. Das # und das b sind Symbole des weiblichen und des männlichen Prinzips aufgrund ihrer Form, die an die Sexualorgane von Frau und Mann erinnert, aber ganz besonders aufgrund ihrer Rolle in der Tonleiter, wo sie die Noten jeweils um einen halben Ton anheben oder verringern.

Der Geist steigt herab, um sich wieder mit der Materie zu vereinen, d. h. um sie aufzulockern, sie zu bewässern, zu beleben, sie wieder emporzuheben. Und genau das tut der Mann während der Liebe: Er steigt zur Frau hinab, und indem er hinabsteigt, verliert er natürlich etwas, er wird schwächer und fühlt sich etwas erschöpft. Die Frau hingegen hat etwas empfangen, wird reicher und erfreut sich; sie steigt auf: das #.

Sèvres, 30. Mai 1965

Anmerkungen

1. Siehe Band 237 der Reihe Izvor »Das kosmische Gleichgewicht«, Kapitel 11, Teil 1: »Das Dreieck Kether-Chesed-Geburah«.
2. Siehe Band 218 der Reihe Izvor »Die geometrischen Figuren und ihre Sprache«, Kapitel 3: »Das Dreieck«.
3. Siehe Band 28 der Reihe Gesamtwerke »Die Pädagogik in der Einweihungslehre«, Kapitel 9: »Die Geburt auf den verschiedenen Ebenen«.
4. Siehe Band 237 der Reihe Izvor »Das kosmische Gleichgewicht«, Kapitel 17: »Der Mythos des androgynen Menschen«.

Teil 2

Zu dem, was ich heute Vormittag darlegte, möchte ich noch einiges hinzufügen.

Ich sagte, der Mann muss wissen, wie er eine Frau und die Frau, wie sie ein Mann wird; nicht äußerlich natürlich, sondern in ihrem Verhalten, ihrem Denken, Fühlen und Handeln. Verstehen sie es, sich den Umständen entsprechend positiv oder negativ einzustellen, aussendend oder aufnehmend, aktiv oder passiv zu sein, sind sie in der Lage, sehr viele Probleme zu lösen.

Nehmen wir z. B. eine Familie. Der Mann kommt verärgert nach Hause, ist aufgebracht wegen seines Chefs, der ihn ungerecht behandelte, und lässt bei der geringsten Gelegenheit seine Wut an seiner Frau aus. Ist die Frau nun weise und vernünftig, dann verhält sie sich sogleich passiv und aufnehmend, das heißt, sie gibt ihm nicht zurück, sondern bleibt ganz ruhig. Daraufhin legt sich der Zorn des Mannes, weil es zwischen positiv und negativ zu einem wunderbaren Austausch kam. Versteht es die Frau sich umzupolen, so gelingt es ihr, die sich entladende Energie sogar aufzunehmen, umzuwandeln und ihrem Mann in einer Form wiederzugeben, die ihn zu erhellen und zu erheben vermag. Und ist umgekehrt die Frau aufgeregt und zornig, muss der Mann sich rezeptiv einstellen. Leider aber ist weder dem einen noch dem andern diese Möglichkeit bekannt. Bricht der eine in Wut aus, macht der andere es ihm nach und Streit, Schläge, Trennung sind die Folge... Der Schüler, sei er Mann oder Frau, muss die Kunst beherrschen, beides gleichzeitig zu sein.

Noch ein weiteres Beispiel: Ihr begebt euch zu einem Meister, seid aussendend, sprecht immerzu, erklärt ihm die Dinge, als wäre er der Unwissende und ihr hättet ihn zu belehren, und der Meister muss euch wohl oder übel zuhören. Genau das Gegenteil soll man tun! Bei einem Meister oder einem euch geistig überlegenen Menschen sollt ihr aufnehmend sein, euch still verhalten, zuhören, um euch zu bereichern. Jedoch dann, wenn ihr es mit unaufrichtigen, schlechten, charakterschwachen Leuten zu tun habt, müsst ihr positiv werden, nicht allein um zu vermeiden, etwas von ihnen aufzunehmen, sondern um auch alles Nachteilige zurückzuweisen und ihnen Gutes zukommen zu lassen. Hingegen bei einer Quelle, bei einem Meister, seid aufnahmebereit. Wie oft kamen Leute zu mir, die derart viel redeten, dass ich kein einziges Wort aussprechen konnte. Danach gingen sie wieder weg, froh darüber, sich irgendwo geleert zu haben... Ich konnte ihnen nicht helfen, denn sie ließen mir keinen Platz, etwas zu hinterlegen, so aufgeblasen und voll von sich selbst waren sie. Ein Eingeweihter sieht sogleich, dass mit solchen Leuten nichts anzufangen ist, er kann ihnen weder eine Aufgabe stellen, noch sie erhellen. Man muss also lernen, wie man die beiden Pole richtig anwendet, zu erkennen, wann man positiv und wann negativ sein sollte.

Wenn ihr unglücklich und erfolglos seid, so seid euch im Klaren darüber: Es liegt daran, dass ihr nicht wisst, wie ihr mit den beiden Prinzipien arbeiten müsst. Stößt euch Unheil zu, so habt ihr es selbst angezogen: Ihr seid dementsprechend polarisiert gewesen. Also heißt es, sich umpolen, um es zu entfernen. Ihr müsst imstande sein, das Schlechte, das ihr angezogen habt, zurückzuweisen und das, was ihr zurückgewiesen habt, ohne zu ahnen, dass es für euch gut war, wieder herbeizuziehen.

Gott stellte uns die Lösung aller Probleme vor Augen. Da sich aber niemand die Mühe macht, diese Lösung zu lesen und zu entziffern, sieht man sie nicht, obgleich die Natur selbst es ist, die sie uns gibt.

Le Bonfin, 27. August 1967

VII

DIE EIFERSUCHT

Freier Vortrag

Eifersucht trifft man sehr häufig bei Verliebten an. Auch bei den Reichen, deren ganzes Bemühen auf die Erhaltung ihrer Güter gerichtet ist und die darunter leiden, alles ihren Erben hinterlassen zu müssen. Nach ihrem Tode kommen sie zurück zu ihren Besitztümern, ihren Häusern und sind so mit ihrem hinterlassenen Reichtum verkettet, dass sie versuchen, ihn zu verteidigen und sich weiterhin Sorgen um ihn zu machen. Da sie außerstande sind, die sie an das Irdische fesselnden Bindungen durchzuschneiden, können sie nicht in höhere Bereiche aufsteigen; sie kreisen unaufhörlich um ihr Haus und Geld, neidisch auf jene, die es nun besitzen und sind unglücklich.

Die Eifersucht der Verliebten ist noch weitaus seltsamer. Sie ist die Ursache unzähliger Missverständnisse und Leiden, sie macht das Leben zur Hölle. Wie viele Ehepaare kommen zu mir, der Mann beschuldigt seine Frau, die Frau ihren Mann der Untreue! Gehe ich der Sache jedoch auf den Grund, stelle ich fest, dass es reine Einbildung war. Weshalb macht man eigentlich all diese Geschichten? Nur deshalb, weil man fürchtet, den geliebten Menschen zu verlieren; ja, und mit welcher Lust, welcher Wonne sucht man ihn zu beunruhigen und zu quälen! »Nur weil ich dich so sehr liebe, quäle ich dich...« Welch eine Logik! Es kommt allerdings auch häufig vor, dass eine Frau unzufrieden und enttäuscht darüber ist, dass ihr Mann nicht eifersüchtig ist. Er beweist ihr seine Liebe, lässt es ihr an nichts fehlen und gewährt ihr völlige Freiheit, doch anstatt sich darüber zu freuen, verdächtigt sie ihn, eine Geliebte zu haben. Soll er sie denn anketten,

Die Eifersucht

wie einen Drachen bewachen, damit sie glücklich ist? Solche Drachen hat es schon gegeben, die ihre Frau tyrannisierten, aber sie war trotzdem unglücklich. Man kann es der menschlichen Natur niemals recht machen, glaubt mir. Lässt der Ehemann seiner Frau alle Freiheit, klagt sie: »Warum hält er mich nicht und lässt mich frei? Nur weil er eine andere hat!« Ist er autoritär und tyrannisch, jammert sie und sucht nach einem anderen Mann, der sie befreit.

Wenn man etwas für sich alleine besitzen möchte, fürchtet man stets, es zu verlieren oder anderen überlassen zu müssen. Eifersucht beginnt an einem zu nagen, die Angst vor dem Verlust dessen, was einem angeblich gehört, erwacht. Wo aber steht denn geschrieben, dass eure Ehefrau oder euer Ehemann euch gehört? Ihr kennt sie (ihn) seit 2 oder 10 Jahren, aber sie wurden erschaffen, lange bevor ihr sie kennen lerntet. Sie haben Eltern, einen Schöpfer, existieren seit Millionen von Jahren, sie gehören euch nicht. Der Mann sagt: »Sie ist meine Frau, wenn ich will, kann ich sie umbringen.« Ganz recht, sie ist deine Frau, aber bis wann wird sie es bleiben? Gott allein weiß es. Ihr seid Verbündete, nichts weiter. Wollt ihr folgenschwere Missverständnisse oder großes Unglück vermeiden, so betrachtet sie als eine freiwillige Mitarbeiterin... oder unfreiwillige, darüber schweigt die Geschichte. Ihr habt euch zusammengeschlossen zu gemeinsamer Arbeit, zum Bau eines Hauses beispielsweise. Wenn ihr ein Kind in die Welt setzt, baut ihr eine Wohnstätte. Das Kind ist ein Geist, der von weit her kommt, und ihr errichtet ihm ein Haus, Stein auf Stein.

Die Angst, das zu verlieren, was man besitzt, ist die Ursache aller Missverständnisse. Man fürchtet, den geliebten Menschen, den man zu besitzen glaubt, zu verlieren. In Wirklichkeit gehört er einem gar nicht! Ihr setzt alle möglichen Mittel ein, um ihn zu halten, quält ihn, wendet Gewalt an, zwingt ihm den eigenen Willen auf, schafft damit aber nur Misshelligkeiten. Und was haltet ihr damit fest?... Nehmen wir an, ihr seid mit einer sehr hübschen Frau verheiratet. Könnt ihr etwa andere Männer daran hindern, sie anzusehen, zu bewundern, ja sogar ihr zu folgen? An Gelegenheiten hierfür fehlt es nicht, auf der Straße, im Theater, bei gesellschaftlichen Anlässen, bei Freunden, überall. Jeder blickt sie an, und wenn ihr da nicht einsichtig und vernünftig seid, leidet ihr darunter. Ihr gleicht einem, in dessen Garten die schönsten Blumen blühen. Er kann nicht verhindern, dass sich ihr Duft verbreitet, und dass jeder, der vorübergeht, diesen Duft atmet. Was ist es denn eigentlich, was ihr so ängstlich für euch behalten möchtet? Nur der Körper des geliebten Wesens, eine Hülle, eine Schale... Was den eigentlichen Wert des Menschen ausmacht, sein inneres Wesen, d. h. seine Gedanken und Gefühle, lässt sich nicht einsperren. Sich einzubilden, die Seele eines Menschen in seiner Gewalt zu haben, ist die schlimmste Illusion. Es ist, als wollte man Sand flechten oder dem Wind die Richtung weisen. Über die Seele kann man nicht herrschen. Des physischen Leibes kann man sich wohl bemächtigen, nicht aber des geheimnisvollen Wesens, das darin wohnt.

Manche wollten mit Hilfe der Magie einen Mann oder eine Frau an sich fesseln, und das ist durchaus möglich. Es gibt allerlei Zaubersprüche und magische Verfahren, um Frauen oder Männer zu behexen, aber ich rate niemandem, davon Gebrauch zu machen.[1] Aus welchem Grunde? – Nehmen wir an, ihr habt es erreicht, die Liebe einer Frau zu erzwingen; und es kann sogar sein, sie ist heftig in euch verliebt... unter der Sonne ist alles möglich! Umarmt sie euch nun und gibt euch, was ihr von ihr erwartet, so wisst ihr nicht, was sie euch gleichzeitig dabei noch alles gibt. Ihr wisst nicht, was in ihr vorhanden ist, was für Geister ihr wach gerufen habt. Ihr müsst nämlich wissen, dass durch die Macht eurer Zaubersprüche sich Geister in ihr angesiedelt haben; nicht der Geist der Frau ist euch in Liebe zugetan, sondern niedere Wesenheiten erscheinen da, vor denen, könntet ihr sie sehen, euch die Haare zu Berge stünden und ihr den Himmel anflehen würdet, euch von ihnen zu befreien. Das Behexen anderer Menschen ist in keiner Weise zu empfehlen! Ihr erlangt zwar das Gewünschte, aber während ihr Liebe von den Lippen dieser Frau zu trinken wähnt, trinkt ihr ein Gift, das euch langsam aber sicher zugrunde richtet. Es ist möglich, Wesenheiten aus der Astralwelt heraufzubeschwören und ihnen seinen eigenen Willen aufzuzwingen, jedoch der Geist ist frei, er lässt sich weder fesseln noch in Ketten legen.

Die Eifersucht

Im Vergleich zu der Angst, die leere Schale, das Haus, den Körper eines Menschen zu verlieren, um wie viel größer ist doch die Freude, den Geist zu gewinnen, ihn an seiner Seite zu wissen! Ihr zieht es vor, beides zu haben, den Körper sowie den Geist. Ich kann euch verstehen, nur gibt es andere Methoden, das zu erreichen. Weder mit Zorn noch mit Gewalt werdet ihr es schaffen, im Gegenteil, dadurch geht euch beides verloren. Es bedarf einer ganz anderen Einstellung, damit der freie Geist sich derart an euch bindet, dass nichts ihn von euch zu lösen vermag. Das ist der Anfang wahrer Liebeskunst. Damit ihr erreicht, dass ein Mensch euch aus freien Stücken liebt ohne dazu gezwungen zu sein, habt ihr nur eine ungefährliche Möglichkeit: Denkt nie Schlechtes über ihn, sendet ihm nur herrliche, lichtvolle, reine Gedanken. Selbst wenn er hartherzig und böse ist, ertragt alles in Geduld, steht ihm weiterhin hilfsbereit und liebend zur Seite. Liegt euch wirklich so viel an ihm, wird er euch früher oder später ebenso innig zugetan sein, in reiner göttlicher Liebe.[2]

Eifersucht ist ein Gefühl, das sehr schwer zu überwinden ist. Mit Anstrengungen allein ist es nicht getan. Wie ich neulich sagte, kann man nichts ausrichten gegen eine bereits ausgelöste Kraft, denn sie übt einen zu starken Druck aus und reißt auf ihrem Wege alles mit. Versucht nicht, einen Fluss aufzuhalten, wenn die Schleusen geöffnet sind, es wäre zu gefährlich; alles wird vom Wasser hinweggespült. Das Einzige, was ihr tun könnt, ist, die Schleusen gar nicht erst zu öffnen. Dann seid ihr Herr der Lage. Nur die Vernunft kann die Eifersucht besiegen. Alles liegt am vernunftvollen Denken.

Nun wird jemand einwenden: »Ja, aber wacht man nicht eifersüchtig über seine Frau, macht sie lauter Dummheiten.« Lasst euch eines Besseren belehren. Das Gegenteil ist der Fall. Gerade wenn man sie eifersüchtig bewacht, macht sie die meisten Dummheiten. Seid ihr denn in ihrem Kopf, ihrem Herzen, dass ihr wisst, was darin vorgeht? Eine Frau würde Gott selbst täuschen, so geschickt versteht sie sich aufs Lügen. Und solch ein Dummkopf von Ehemann bildet sich ein, sie bewachen zu können? Es gibt nur eines, was ich nie glauben werde, und das ist, dass es einem Mann je gelingen wird, eine Frau zu bewachen. Sie selbst kann sich bewachen, nicht aber ihr Mann. Mag er sie auch in einen Turm sperren, sie wird den Teufel herbestellen und sich mit ihm vergnügen, um sich an ihrem Mann zu rächen.

Eifersucht führt stets zu Unheil! Indem sie sich dauernd anhören muss: »Du betrügst mich... du betrügst mich...«, wird sich die Frau eines Tages schließlich sagen: »Ich will's doch mal versuchen, es muss äußerst aufregend sein!« – Bisher war sie treu und dachte nie daran, ihren Mann zu betrügen! Er war es, der mit seinem Argwohn im Astralbereich die Bedingungen dafür schuf, und hat sie erst einmal beschlossen, ihn zu hintergehen, führt sie es nicht nur aus, sondern erweist sich als ein wahres Genie, wenn es darum geht, seine Besorgnis zu verscheuchen: »Mein Liebling, du kannst ganz beruhigt sein, ich sage die reine Wahrheit.« Und er, der ihr nicht glaubte, als sie die Wahrheit sprach, schenkt ihr jetzt vollen Glauben, da sie lügt!

Eifersucht ist ein Mangel an Vernunft. Man hält verbissen am andern fest, weil man nicht erkennt, dass Seele und Geist desjenigen, dessen Körper man eifersüchtig in Besitz hält, vollkommen frei sind. Beginnt man einzusehen, dass es im Menschen etwas unsäglich Feineres gibt, auf das man sich einstimmen muss, wird man weitsichtiger und großzügiger, und das Verhalten dem geliebten Menschen gegenüber wird einfühlsamer und weiser. Von da an empfindet der andere eine tiefere Zuneigung zu euch, denn er spürt, dass ihr denkt und überlegt, keine Gewalt anwendet und er euch vertrauen darf. Wenn die Angst schwindet, ändert sich auch euer Verhalten. Anstatt gereizt, grob, boshaft, rachsüchtig zu sein, findet ihr zu innerer Ruhe und Gelassenheit und damit die Lösung zu den sich ergebenden Problemen.

Nehmen wir sogar an, eure Frau liebe euch nicht mehr. Dann sagt euch, dass diese Seele frei ist, nicht ewig mit euch zusammen bleiben wird, vor euch schon Hunderte anderer Gatten geliebt und nach euch noch viele andere lieben wird. Wozu sich also den Kopf zerbrechen, weil sie euch nicht mehr liebt? Und eure Liebe zu ihr, wird sie denn ewig dauern? Liebtet ihr sie seit Anbeginn der

Die Eifersucht

Schöpfung? Nein. Darum beruhigt euch und bedenkt, dass es ungerecht ist, so hohe Ansprüche an sie zu stellen, während ihr euch die Freiheit nehmt zu tun wonach euch der Sinn steht.

Die Eifersucht ist ein fürchterliches Gefühl, das den Geist verfinstert. Sie ist der Hölle schlimmster Ratgeber und verleitet die Menschen zu den sinnlosesten Handlungen, die sie hinterher bereuen, wenn es zu spät ist. Man bringt seine Geliebte in einem Augenblick rasender Eifersucht um, jammert und weint danach und bringt sich selber um.

Ich weise euch jetzt auf noch etwas hin, das euch vielleicht entgangen ist. Eifersucht treibt den Menschen in die niederen Bereiche zügelloser Sinnlichkeit. Eine Eifersuchtsszene entfacht noch sinnlichere Liebesglut als zuvor! Wenn ihr also nicht einer entfesselten, sinnlichen Liebe verfallen wollt, lasst keine Eifersucht in euch aufkommen, sonst lebt ihr wie unter einem Zwang und wisst nicht einmal, wie es dazu kam. Wie viele Männer machten ihrer Ehefrau oder ihrer Geliebten die schrecklichsten Szenen, drohten, sie zu verlassen und warfen sich dann, angetrieben von einem unwiderstehlichen, sexuellen Drang, ihr zu Füßen, erniedrigten sich, ihre Menschenwürde vergessend, für eine einzige Liebkosung![3]

Der Schüler sollte ein für alle Mal die Eifersucht überwinden. Es ist eine Schande für ihn, weiterhin unter denselben Sorgen und Ängsten zu leiden. Verlässt ihn seine Frau, soll er nachdenken, sich sagen: »Es ist traurig, dass ich meine Frau verliere, ich werde leiden; aber es bleibt mir ja der Himmel, Gott, das Licht, die Lehre, der Meister... Wie reich bin ich doch!« Habt ihr nur ein Brot, so könnt ihr nicht großzügig sein, besitzt ihr aber Mengen davon, verschenkt ihr sie freigebig, denn ihr wisst, dass es euch an Brot nicht mangeln wird. Eifersucht ist ein Zeichen von Armut. Wer innerlich reich ist, fürchtet sich nicht vor dem Alleinsein. Selbst wenn alle ihn verlassen, fühlt er, dass Hunderte und Tausende von Geistwesen ihn weiterhin besuchen.

Eine der besten Methoden, die Eifersucht zu besiegen, lernt man, indem man seine Liebe in höhere Bereiche zu erhebt. Wie erklärt es sich, dass eine Frau, die einen Mann seiner Intelligenz, seines

Wissens, seines Geistes und seiner Güte wegen liebt, ihn mit jedermann bekannt machen will? Weshalb macht die Tatsache, dass alle zu ihm kommen, sie so glücklich? Weil ihre Liebe eine andere, höhere ist als jene, welche Frauen gewöhnlich für Männer empfinden, zu denen sie sich nur wegen des Aussehens, des Bartes oder der prallen Muskeln hingezogen fühlen. Es ist also wichtig, dass man seine Liebe umwandelt. Ist sie sehr sinnlich, ist stets Eifersucht damit verbunden. Ja, je mehr ihr jemanden auf eine rein körperliche Weise liebt, umso mehr wollt ihr ihn für euch allein besitzen – und schon ist die Eifersucht da. Je geistiger ihr ihn jedoch liebt, desto stärker wird der Wunsch in euch wach, ihn anderen zu geben.

Ich möchte noch hinzufügen, dass eine Frau niemals einen Mann heiraten soll, der um viele Jahre jünger ist als sie; denn damit bereitet sie ihr eigenes Unglück vor. Es ist natürlicher, dass ein junges Mädchen einen Mann reiferen Alters liebt, denn Männer altern physisch weniger schnell als Frauen. Ist eine Frau unvorsichtig genug, einen sehr viel jüngeren Mann zu nehmen, wird sie erleben, dass der junge Mann, den sie zu halten versucht, sie verlässt, um sich jüngeres Wild einzufangen, und sie grämt sich unablässig. Auf derlei Geschichten darf man sich nicht einlassen.

Seid nicht erstaunt, wenn ich häufig auf dieselben Themen zurückkomme. Man darf sie nämlich nicht nur theoretisch kennen, sondern muss sie vor allem praktisch umsetzen! Darum wiederhole ich dasselbe so lange, bis ihr euer Wissen auch praktisch anwenden könnt. Seit sieben Jahren greife ich immer wieder dieselben Themen auf, indem ich sie euch von den verschiedensten Gesichtspunkten aus unterbreite. Insbesondere das Thema der Liebe, denn ich sehe, dass ihr euch immer mit denselben Schwierigkeiten herumplagt. Sobald ich merke, dass ihr eure Probleme gelöst habt, schlage ich neue Seiten auf. Hat erst das Kollektivbewusstsein eine höhere Stufe erreicht, offenbare ich euch neue Wahrheiten. Bis dahin braucht ihr kein neues Wissen. Nehmt einen meiner Vorträge, worin ich die Prinzipien unserer Lehre darlege! Arbeitet ihr nur an diesen Prinzipien, so wird sich euer ganzes Leben erhellen. Solange ihr euch mit theoretischem

Die Eifersucht

Wissen zufrieden gebt, seid ihr stets in denselben Problemen gefangen. Alles was euch theoretisch bekannt ist, sollt ihr nun verwirklichen, und eine neue Welt wird sich euch erschließen.

Sèvres, 24. März 1945

Anmerkungen

1. Siehe Band 226 der Reihe Izvor »Das Buch der göttlichen Magie«, Kapitel 1: »Die Wiederkehr magischer Praktiken und ihre Gefahr«.
2. Siehe Band 226 der Reihe Izvor »Das Buch der göttlichen Magie«, Kapitel 15: »Die wirkliche Magie ist die Liebe«.
3. Siehe Band 3 der Reihe Gesamtwerke »Die beiden Bäume im Paradies«, Kapitel 9, Teil 1: »Die Achsen Widder-Waage und Stier-Skorpion«.

VIII

DIE ZWÖLF TORE
VON MANN UND FRAU

Ich habe euch schon früher von den zwölf Toren des himmlischen Jerusalem berichtet und euch gezeigt, dass sie – symbolisch gesehen – die zwölf Tore des menschlichen Körpers darstellen.[1] Welches sind diese Tore? Zunächst einmal sieben, oben im Kopf: zwei Ohren, zwei Augen, zwei Nasenlöcher und der Mund. All diese Tore sind offen und funktionieren, aber im Augenblick funktionieren sie bei den meisten Menschen nur auf der physischen Ebene. Doch man sollte jetzt Ohren, Augen, Nasenlöcher und Mund im spirituellen Bereich entwickeln. Sobald man hellsichtig und hellhörend wird und beginnt, die Ausströmungen der göttlichen Welt einzuatmen und zu kosten, sobald man Schöpfer durch das Wort wird, ist das ein Zeichen dafür, dass man begonnen hat, die sieben ersten Tore zu öffnen.

Sehen wir uns jetzt die anderen fünf Tore an. Zwei von ihnen befinden sich auf der Brust. Bei der Frau sind sie offen, um dem Kind Milch zu geben, beim Mann jedoch sind sie geschlossen. Ein anderes Tor befindet sich auf der Höhe des Solarplexus, das ist der Nabel. In den meisten Fällen ist er verschlossen, diejenigen aber, die ihn auf spiritueller Ebene geöffnet haben, kommunizieren durch den Solarplexus mit allen Bereichen des Himmels. Was nun die beiden letzten Tore angeht, ist es nicht notwendig, dass ich sie benenne. Auch von ihnen kennt man nur die physische Funktion, auch sie müssen noch im spirituellen Bereich geöffnet werden. Nehmen wir das eine von beiden beim Mann. Alle wissen, dass es der Zeugung und Ausscheidung dient. Wenn man die Frage aber vom initiatischen Standpunkt aus untersucht, wird man für dieses Tor fünf weitere noch unbekannte Funktionen entdecken. Das macht also insgesamt sieben. Und man

Die zwölf Tore von Mann und Frau

wird erkennen, dass man sich dieser Organe bedienen kann, um bestimmte Probleme zu lösen und andere Arbeiten zu realisieren. Ihr sagt: »Noch fünf unbekannte Funktionen? Oh, erzählen Sie uns davon, das interessiert uns!« Es ist noch sehr schwierig, über dieses Thema zu sprechen, weil die meisten Menschen von Kindheit an in Vorstellungen unterrichtet wurden, die sie so verbildet haben, dass es jetzt gefährlich wäre, ihnen diese Dinge zu offenbaren.

Was ich euch dennoch sagen kann ist, dass man eine gigantische Arbeit mit diesen Toren ausführen kann, denn die Natur, die Mann und Frau geschaffen hat, hat Großes mit ihnen vor. Sie wartet auf den Moment, da die Menschen eine entsprechende Reife erlangt haben, um ihnen neue, schöpferische Möglichkeiten zu offenbaren. Die Männer und Frauen wissen nicht, dass sie dort die Schlüssel zu allen Mysterien besitzen, die Apparate, die ihnen fantastische Schöpfungen ermöglichen könnten. Sie wissen noch nicht, wie sie vorgehen müssen, aber wenn sie so weit sind, das zu verstehen, werden sie diese Offenbarungen empfangen. Die Menschheit ist dazu bestimmt, diese zwölf Tore von Grund auf kennen zu lernen, sie zu erforschen und die Reichtümer zu finden, die dahinter verborgen sind.

Wenn man von einem Tor spricht, ist damit immer ein Durchgang, ein Zugang zu etwas anderem verbunden. Man baut keine Tore ohne einen Grund, ohne etwas davor und dahinter – außer im Theater. Ein Tor ermöglicht im Allgemeinen den Zugang zu einem neuen Bereich, einem Tempel, einem Palast oder einer Stadt und dort kann es Reichtümer, verborgene Schätze zu entdecken geben oder aber auch schreckliche Schauspiele. In zahlreichen Märchen werden Türen erwähnt, die man entweder öffnen soll oder aber besser geschlossen lässt, aus Angst, von allen möglichen Monstern angefallen zu werden, die das Leben des Helden in Gefahr bringen könnten. Und es existieren in der Tat Tore, die man nicht vorzeitig öffnen darf.

Die Kabbala spricht von fünfzig Toren. Die zwölf Tore des himmlischen Jerusalem, von denen ich gerade sprach, entsprechen den zwölf Tierkreiszeichen, aber die fünfzig Tore in der Kabbala sind die Tore der Weisheit, in Binah gelegen, in Verbindung mit dem

Sephirothbaum, dem Lebensbaum. Es sind fünfzig, weil jedes einem der fünf Bereiche jeder Sephirah entspricht. Es gibt zehn Sephiroth, das macht daher fünfzig Tore. Der Eingeweihte, der Vollkommenheit erlangt, kann diese fünfzig Tore öffnen und verfügt damit über all die Schätze des Universums, die sich seit Ewigkeit angesammelt haben. Aber um diese fünfzig Tore öffnen zu können, wird gesagt, man müsse zuerst alle Pfade der Weisheit durchschreiten, zweiunddreißig an der Zahl, und das erfordert natürlich Zeit, Kraft, geistige Qualitäten und einen Führer. Zweiundzwanzig dieser Pfade sind die Verbindungswege zwischen den Sephiroth. Der erste Pfad zum Beispiel, dem der hebräische Buchstabe Aleph א entspricht, verbindet Kether mit Chokmah... Dann fügt man dieser Zahl zweiundzwanzig die zehn Sephiroth hinzu und das macht dann zweiunddreißig. Einen Pfad zu durchschreiten besteht also darin, bestimmte Erfahrungen zu machen, um seinen Namen und seine Eigenschaften zu verstehen. Man kann diese Pfade einen nach dem anderen durchschreiten oder auch gleichzeitig. Aber es heißt, dass der zweiunddreißigste der schrecklichste ist.

Kehren wir jetzt zu den zwölf Toren von Mann und Frau zurück, und ganz speziell zu den Sexualorganen. Ich sagte euch, dass man Fantastisches erschaffen kann, wenn man die fünf anderen Funktionen dieser Organe kennen würde. Nur muss ich im Augenblick Schweigen über diese Aktivitäten bewahren. Übrigens haben die Eingeweihten zu allen Zeiten diese Wahrheiten verdeckt und sogar vorgeschlagen, diese Körperteile zu bedecken. Dies geschah nicht etwa aus Gründen des Schamgefühls oder der Hygiene, sondern nur um aufzuzeigen, dass man sie im Dunkeln lassen sollte, weil sie zu bedeutsam sind, zu viele großartige Kräfte enthalten. Ich könnte euch viele Offenbarungen machen, aber ich will es nicht. Ich werde euch jedoch eine Kleinigkeit sagen, die euch vielleicht auf den Weg bringen wird. Manche Eingeweihte, die diese göttlichen Kräfte zu nutzen wussten, bedienten sich ihrer nicht zu ihrem eigenen Vergnügen, sondern um Gutes zu tun und ganz speziell, um überreiche Ernten hervorzubringen. Und die ganze Bevölkerung lebte im Überfluss und im Wohlstand, ohne

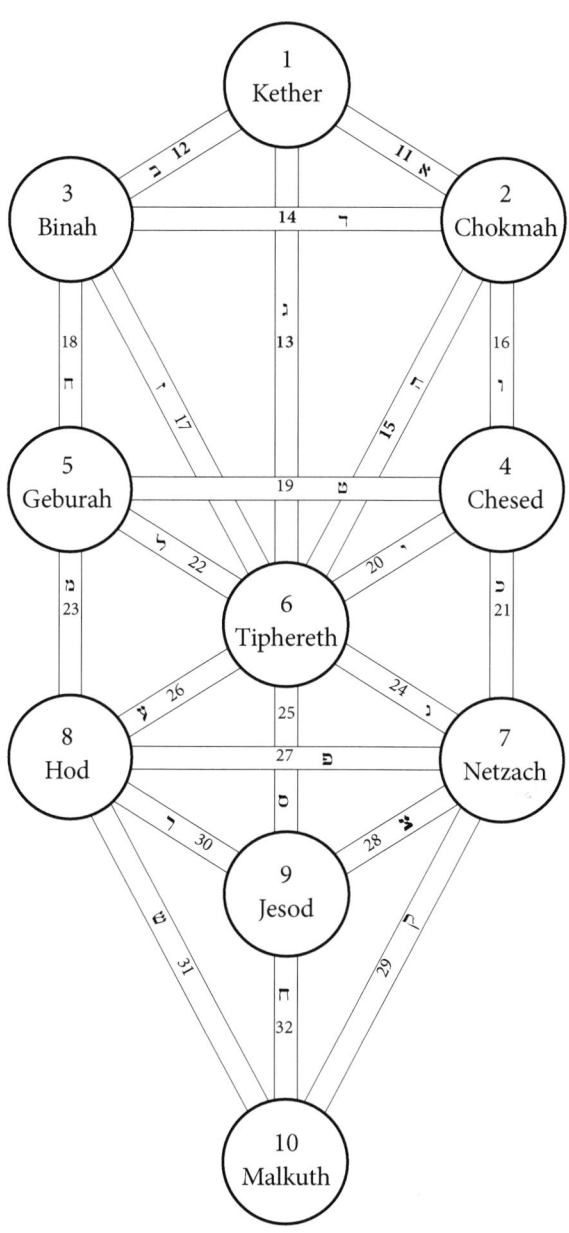

Der Lebensbaum

dass jemand den wahren Grund dafür kannte. Nun, ihr seht, wie weit entfernt diese Vorstellung von der Vorstellung der meisten Menschen ist, die mit diesen Organen nichts anderes zustande bringen, als ärmer und leerer zu werden, aus dem Gleichgewicht zu geraten und all ihre Reichtümer sinnlos zu vergeuden bei dem Versuch, ein wenig Vergnügen zu haben!

Ihr seid erstaunt, dass man Arbeiten mit diesen Körperteilen ausführen kann? Oh ja, gerade die größten Werke haben hier ihren Ursprung. Ihr meint, diese Orte seien unsauber, hässlich und teuflisch? Aha! Und warum werden dann gerade dort die Kinder geboren? Hat nicht Gott gerade diesen schändlichen Stellen die Möglichkeit gegeben, Leben hervorzubringen und nicht dem Gehirn, den Lungen, den Augen, Armen oder Beinen? Das ist der Beweis, dass sie das größte Mysterium in sich bergen! Gibt es ein größeres Mysterium als das Leben? Warum sollte Gott, der reine Weisheit und Intelligenz ist, aus Vergnügen in diese so scheußlichen Stellen das Wertvollste und Heiligste hineinlegen? Die Zeit ist gekommen, diese irrigen Ansichten der Menschen wieder richtig zu stellen; denn sie sind die Ursache der Anomalien und Störungen, unter denen die Menschen leiden.

Aus den Sexualorganen kommt Leben hervor, Elan und Inspiration, und von ihnen hängt das physische und psychische Gleichgewicht der Menschen ab. Es sind Fabriken, die all das herstellen, was die Menschen am notwendigsten brauchen und doch sind diese Organe am meisten missverstanden und der Lächerlichkeit preisgegeben, da Männer und Frauen sich ihrer unaufhörlich für Dummheiten und schmutzige Dinge bedienen. Dabei müsste man sie im Gegenteil bewundern und sagen: »Oh, mein Gott! Welch einen Reichtum, welch einen Schatz hast du mir gegeben! Wie kann ich sie zum Wohle der ganzen Welt einsetzen?« Dazu muss man als Erstes die Worte »Vergnügen«, »Wollust«, »Befriedigung« durch das Wort »Arbeit« ersetzen – und alles wird sich ändern.[2] Ihr fragt: »Ja, und bei dieser Arbeit, habe ich da trotzdem ein wenig Freude und Vergnügen dabei?« Und ob! Eure Freude und euer Vergnügen werden zweimal, dreimal, ja hundertmal so groß sein.

Ich bin noch nicht autorisiert, euch wahrhaft heilige Offenbarungen zu diesem Thema zu machen, denn nichts ist heiliger. Darin bestanden die Mysterien: die Mysterien von Ägypten, von Indien, von Griechenland und Thrakien. Es gibt keine anderen. Es sind diese, die Zugang zu allen anderen Mysterien schaffen. Sie sind das Alpha und das Omega der ganzen heiligen Wissenschaft. Und wenn die alchimistische Überlieferung vom Elixier des unsterblichen Lebens spricht, vom Zauberstab und vom Stein der Weisen, wissen selbst die meisten Alchimisten nicht, worum es sich handelt. Sie werden verblüfft sein, wenn sie eines Tages entdecken, dass diese drei Symbole Realitäten bezeichnen, die mit dem Sexualbereich verbunden sind. Manche Autoren machten hin und wieder kleine Andeutungen, weil sie diese Symbole kannten, doch ohne etwas deutlich zu sagen. Und die Araber übrigens, die große Alchimisten waren, besonders die in Spanien lebenden, wo sie Schulen gründeten und den Europäern ihre Kunst übermittelten, hatten einen sehr bezeichnenden Ausdruck in ihrer Sprache für den Stein der Weisen. Das ist das Wort »taschak«, was die beiden Keimdrüsen des Mannes bezeichnet und auch »Stein« bedeutet. Es sind genau diese beiden Steine dort, die die Grundlage von allem bilden. Und wenn ich nicht sicher wäre, falsch verstanden zu werden, würde ich euch sagen, wie man folgenden Satz von Jesus interpretieren kann: »Du bist Petrus, und auf diesen Stein werde ich meine Kirche bauen.«* Wenn man den alchimistischen Wert dieses Steins kennen würde... und die Bedeutung von »meine Kirche«!...

Auch die Frauen wissen nicht um den tiefen Sinn mancher ihrer Körperteile und womit diese verbunden sind. Sie wissen zum Beispiel nicht, dass eine unsichtbare Energie aus ihren Brüsten strömt und dass die eine in Verbindung mit der Milchstraße steht (ein Maler hat sich übrigens von diesem Thema inspirieren lassen) und die andere mit dem Mond. Ihr seid erstaunt? Aber die Alten wussten über all dies Bescheid. Und bei manchen Frauen ist diese ausströmende Energie so rein, intensiv und leuchtend, dass sie die Blicke der Leute auf sich

---

* Im Französischen ist Petrus »Pierre« und der Stein auch »pierre«

ziehen, so etwas Bezauberndes strömen sie aus. Bei anderen hingegen kann die Brust schön gerundet, anmutig und hübsch sein, doch es ist nichts zu machen, man spürt nichts, es geht nichts aus ihr hervor. Und wenn das so mit der Brust ist, warum nicht auch mit dem Rest? Was da bei manchen austritt, ist wahrlich abstoßend, und bei anderen ist es eine klare Quelle.

In anderen Vorträgen habe ich euch auch erklärt, dass sich die Frauen, selbst ohne physischen Kontakt, der Strömungen bewusst sein müssen, die sie durch ihre Sexualorgane von den Männern auffangen können; denn alles ist vermischt, Gutes und Böses, Reines und Unreines. Darum müssen die Frauen einen geistigen Filter schaffen können, um die Strömungen auszufiltern. Was die Männer von diesen Stellen aussenden und ausströmen, ist nicht immer sehr rein. Es ist daher Achtsamkeit geboten. Ich füge sogar noch hinzu, dass diese Organe, die Gott den Frauen gegeben hat, so feinfühlig und intuitiv werden können, dass sie wie ein Radargerät fähig sind, sie über die Natur eines Ereignisses, das sich vorbereitet, zu unterrichten und jedes sich nähernde Wesen anzukündigen. Manche hochentwickelte Frauen nehmen allmählich wahr, dass sie durch diese Bereiche auf Gefahren hingewiesen werden, was ihnen ermöglicht, Vorkehrungen zu treffen und den Gefahren dann aus dem Weg zu gehen. Andere, die Ärmsten, werden sich ihrer Empfindsamkeit erst dann bewusst, wenn sie mit jemandem im Bett liegen.

Ich möchte jetzt auf das Tor des Solarplexus[3] zurückkommen. Der Solarplexus ist ein sehr wichtiges Tor, das es zu öffnen gilt, denn durch ihn kommunizieren wir mit der Matrix der Natur, durch ihn werden wir genährt. Wir leben im Schoß der Natur wie das Kind im Schoß seiner Mutter, von der es durch die Nabelschnur alle Materialien erhält, die es braucht. Ihr werdet einwenden: »Ja schon, aber wir sind jetzt geboren und die Schnur ist durchtrennt.« Nun, es existiert noch eine andere Schnur, die nicht durchtrennt ist. Wir befinden uns noch im Schoße der Natur. Wir sind hier auf der physischen Ebene geboren, einverstanden, aber auf einer anderen Ebene sind wir noch nicht geboren, man ernährt uns noch, wir sind noch eingetaucht ins Unbewusste. Wenn wir geboren werden, werden wir ein anderes Bewusstsein haben; das wird die zweite Geburt sein. Die erste Geburt besteht darin, die Nabelschnur zu durchtrennen, die uns mit unserer physischen Mutter verbindet; und während wir auf unsere zweite Geburt warten, sind wir noch durch den Solarplexus mit unserer Mutter Natur verbunden. Was habe ich nicht alles durch den Solarplexus gelernt! Ich habe jahrelang sehr viel mit ihm gearbeitet, und was hat er mir für Offenbarungen gemacht!

Alle wissen, dass bei der Zeugung eines Kindes der Mann und die Frau eine sich ergänzende Rolle spielen: Es ist der Mann, der den Samen, das Leben gibt, und es ist die Frau, die die notwendige Materie bereitstellt, um diesen Samen einzuhüllen, ihn wachsen zu lassen, ihm eine Form zu geben. Alle wissen dies. Was man aber nicht kennt, ist die Rolle der Frauen auf der spirituellen Ebene. Auf spiritueller Ebene geben sie auch eine Materie, aber eine fluidische Materie, die für göttliche Verwirklichungen dienen kann. Durch ihre Fluide, durch ihre Emanationen tragen sie dazu bei, dass sich die Ideen konkretisieren, berührbar werden, genauso wie ein Kind. Darum haben alle Asketen und Eremiten, die die Frauen gemieden haben, nichts von ihrer Bedeutung begriffen. Die Frau ist der Schlüssel zur Verwirklichung in der Materie. Jede Frau ist fähig, diese Quintessenz aus sich selbst auszuströmen, um die erhabenen Ideen einzuhüllen.

Die Rolle der Frau ist großartig. Darum schätze ich die Frauen, die Schwestern sehr, aber ich wahre sorgsam Abstand zu ihnen, denn durch ihre Blicke und ihr Lächeln geben sie mir bereits diese Quintessenz und ich, ich arbeite mit dieser Materie, damit die Welt von Tausenden engelhafter Kinder bevölkert wird. Ich habe keine Angst vor der Frau, ich betrachte sie nicht als Tochter des Teufels, sondern als eine Gottheit. Nur die Frauen werden mir die notwendige Materie geben, um eine göttliche Arbeit auszuführen. Mit den Männern ist das anders, sie werden mir nicht die Materie geben, sondern etwas anderes, was die Frauen nicht geben können... Wenn alle Menschen, die nach Keuschheit strebten, dieses Wissen gehabt hätten, wären ihnen dank ihrer Reinheit wunderbare Realisationen gelungen. Aber sie werden sich wiederum inkarnieren und werden dieses Licht empfangen. Warum die Frauen meiden? Man darf sie nicht meiden, man muss sie verstehen. Ich jedenfalls versuche sie zu verstehen.

Zum Schluss werde ich noch Folgendes hinzufügen, das ihr niemals vergessen dürft. Im gesamten Universum existiert keine Form, kein Vorgang, keine Aktivität, die sich nicht in kondensierter, zusammengefasster Form in den beiden Prinzipien Männlich und Weiblich wiederfindet. Sie sind die Zusammenfassung all dessen was existiert. Was ihr auch tut, ob ihr reist, die Berge betrachtet, Flüsse, Grotten, Freunde besucht, sprecht, hört, esst, Wasser eingießt, trinkt, ein Haus baut, näht, malt, schreibt, Geige spielt... ihr werdet keine Aktivität finden, keine Wissenschaft, keine Technik, die hinsichtlich der Struktur oder der Funktionsweise nicht eine Entsprechung zu den Organen von Mann und Frau hätte. Ihr findet mich recht schamlos, alles auf diese Dinge zurückzuführen. Aber nicht ich, der Schöpfer hat beschlossen, dass jede Manifestation des Lebens, an jedem Ort, in jeder Form, in allen Bereichen, nach dem Bilde dieser beiden Funktionen sei. Gott hat sie als Vorbild genommen, um all seine Geschöpfe zu formen. Werft es daher Ihm vor, wenn ihr nicht einverstanden seid! Sagt Ihm, dass euch das schockiert oder beunruhigt. Oh je, Gott wird sich nichts daraus machen. Er hat die Dinge so eingerichtet und wenn das nicht den Prinzipien, die man euch eingetrichtert hat, entspricht, so ist Ihm das wirklich gleichgültig, glaubt mir.

Ihr beginnt also zu verstehen, warum die Eingeweihten diese beiden Symbole als die erhabensten, die tiefgründigsten, die reichhaltigsten betrachteten. Die gesamte Schöpfung findet sich darin zusammengefasst wieder und alle anderen Symbole haben dort ihren Ursprung. Für mich sind sie heilig und ich bin immer voller Bewunderung vor dieser Intelligenz, die aus diesen beiden kleinen

Samen den Baum der Schöpfung hat entstehen lassen können. Und ich lade auch euch ein, sehr hoch hinaufzusteigen, um diese Herrlichkeit zu schauen und zu begreifen, wie und in welcher Absicht Gott diese Wunder geschaffen hat.

Als Hermes Trismegistos sagte: »Das, was unten ist, ist wie das, was oben ist«, haben viele geglaubt, er hätte mit »unten« die Erde oder die Hölle gemeint. Das ist nicht falsch, aber er meinte auch etwas anderes, was ihr jetzt begreifen könnt. Also, »das was unten ist« ist genauso intelligent, genauso erhaben, genauso göttlich wie »das, was oben ist«, im Himmel. Dieser erste Satz der Smaragdtafel ist wirklich tiefgründig, aber nur diejenigen, die das Licht der Einweihungslehre haben, können ihn entziffern.

Sèvres, den 3. Januar 1965

Anmerkungen

1. Siehe Band 7 der Reihe Gesamtwerke »Die Reinheit – Grundlage geistiger Kraft«.
2. Siehe Band 231 der Reihe Izvor »Die Saaten des Glücks«, Kapitel 2: »Vergnügen ist noch kein Glück«.
3. Siehe Band 219 der Reihe Izvor »Geheimnis Mensch – Seine feinstofflichen Zentren und Körper«, Kapitel 3: Das Sonnengeflecht«.

IX

VON JESOD ZU KETHER: DIE VERGEISTIGUNG DER SEXUALKRAFT

Freier Vortrag

Auf dem Sephirothbaum wird die Reinheit durch Jesod dargestellt, das Reich der Engel, der Cherubim, die für das Fortbestehen und die Reinhaltung des Lebens sorgen. Deswegen sind auch auf der Darstellung des kosmischen Menschen, Adam Kadmon, die Geschlechtsorgane mit Jesod, der Reinheit verbunden. Denn sie zeugen Leben.[1] Gegenwärtig freilich haben, vor allem bei den Menschen, diese Organe nicht viel mit der Reinheit gemein, sollten es aber, damit das Leben geheiligt werde. Die Heiligkeit ist mit einem tiefen Verständnis des Sexualproblems verbunden. Erst von dem Augenblick an, da der Mensch seine sexuellen Energien zu meistern imstande ist, wird er ein Heiliger, auf keine andere Weise. Kein anderer Weg führt zur Heiligkeit.

Am anderen Ende der Mittelsäule des Lebensbaumes liegt die Sephirah Kether. Dort herrschen die Seraphin, Wesen von so erhabener Reinheit und Heiligkeit, dass sie dazu berufen wurden, den Herrn zu rühmen. Tag und Nacht, so heißt es in der Offenbarung, wird der Herr durch den Mund der Seraphin gepriesen, die in einem fort singen: »Heilig, heilig, heilig ist der Herr, der Allmächtige, der war, ist und kommt.« Die Heiligkeit, die man sich immer oben denkt, hängt im Grunde genommen vom Unten ab. Kether, die Krone, versinnbildlicht die Entfaltung und Vergeistigung der Sexualkraft. Diese sexuelle Energie, die der Eingeweihte dank seiner Reinheit zu sublimieren vermochte, das ist Heiligkeit. Sie wird als ein goldener

Lichtschein über seinem Haupte sichtbar. Die Heiligkeit bleibt nicht unten, sie steigt auf; deshalb hat man ihr ihren Platz oben gegeben, aber sie stammt von unten.

Die Sephiroth stellen die kosmischen Organe dar. Jesod verkörpert also im Universum das Sexualorgan. Wenn deshalb alles harmonisch abläuft in diesem Lebensbaum, der der Mensch ist, wenn er sich unten reinigt durch die Energie von Jesod, steigt die Energie bis zu Kether auf und wird zu einer lichtvollen Aura. Kether ist nicht der Kopf, sondern der Strahlenkranz über ihm, die Aura, jener Heiligenschein, wie man ihn auf Kirchenbildern über dem Kopf von Propheten, Aposteln und Heiligen leuchten sieht.

Echte Eingeweihte sind jene, die in sich selbst die Reinheit Jesods verwirklicht haben. Wie alle anderen Männer besitzen auch sie dieselben Organe und bilden vielleicht dieselbe Substanz, nur ist sie sublimiert und steigt auf, um alle geistigen Zentren oben zu nähren und erstrahlt über ihnen in lichtem Glanze.

Sèvres, 2. Februar 1969

Anmerkung

1. Siehe Band 236 der Reihe Izvor »Weisheit aus der Kabbala«, Kapitel 17: »Jesod, Tiphereth, Kether: Die Sublimierung der Sexualkraft«.

X

DER GEISTIGE FILTER

Freier Vortrag

Ihr fühlt, meine lieben Brüder und Schwestern, welche Reinheit uns heute Morgen wieder umgibt! Ihr denkt wohl: »Warum spricht er denn immer vom Wetter?« Seht den Hubschrauber dort... Wie privilegiert ist er doch, dass er hier vorbeikommt! Ohne es zu merken, erhielt er etwas von der Aura, diesem Lichtkegel, der uns umgibt, und dieses Gute trägt er nun mit sich davon... War der Pilot in einer friedvollen, harmonischen Stimmung, so fing er den Segensstrom auf und wird die Keime verbreiten, die ihm von hier zuteil wurden, als hätte man ihm einen Sack Briefe übergeben, die er nun unbewusst überallhin verteilen wird. Ja, genauso geht das vor sich.

Gelegentlich, wenn ihr auf der Straße geht, nähert ihr euch Stellen, wo finstere Machenschaften, Verbrechen begangen werden. Stimmen eure eigenen Schwingungen in dem Augenblick mit denen überein, die von dort ausgehen, so erliegt ihr deren Einfluss und fühlt euch ebenfalls zu üblen Taten getrieben, ohne zu wissen, dass dies aufgrund der ätherischen Emanationen geschah, die ihr empfingt, als ihr an jenen unheilvollen Orten vorbeikamt. Man muss wissen, wie man sich allem Negativen verschließen und sich nur dem öffnen soll, was harmonisch und lichtvoll ist. Aber wie macht man das? Ich will euch einiges dazu sagen, worüber ihr sehr erstaunt sein werdet.

Ich spreche immer wieder von den beiden Prinzipien Männlich und Weiblich, denn sie sind für mich der Schlüssel, der mir das Öffnen vieler Türen ermöglicht. Des Öfteren schon wiederholte ich,

Der geistige Filter

dass das Ausstrahlen im Wesen des männlichen Prinzips liegt und das Empfangen im Wesen des weiblichen, woraus ihr ersehen mögt, dass die Frau ohne es zu wissen gefährdet ist, durch ihre Sexualorgane unreine, schmutzige Emanationen aufzunehmen. Sie sollte sich deshalb in Gedanken mit einem Filter schützen, der Nachteiliges von ihr abhält und nur guten, segensreichen Strahlungen Einlass gewährt. Daran denken die Frauen jedoch nie. Allerdings hat ihnen auch noch niemand offenbart, dass sie an einer bestimmten Stelle ihres Körpers – einem Schwamm gleich – Emanationen aufnimmt. Den Frauen muss dies nun bewusst werden, damit sie nicht als Gefäße dienen für all den Schmutz, den die Männer im Vorbeigehen hinterlassen. Wie viele Männer mustern Frauen auf der Straße und stellen sich dabei schon vor, was sie mit ihnen alles tun könnten!... Und die Frauen, die dies oft spüren, fühlen sich geschmeichelt und sind stolz darauf, weil sie nicht wissen, wie viel Schmutz sie im Begriffe sind aufzulesen.

Eine Frau kann ihre Reinheit nicht bewahren, wenn sie sich nicht schützt; deshalb muss sie sich der Rolle und der Bedeutung jener von der Natur in sie gelegten Organe voll bewusst werden, darüber nachdenken, meditieren und beten, damit sie durch diese Organe nichts Unreines, keine Larven und Elementale einlässt, die ihr seelisches und selbst ihr körperliches Befinden beeinträchtigen. Übrigens, wenn so viele Frauen an Unterleibserkrankungen leiden, liegt dies zu einem großen Teil auch daran, dass sie sich nicht mit einem fluidalen Schutzfilter versahen, der das Eindringen von Unreinheiten samt deren verheerenden Folgen verhindert hätte. Dann suchen sie Ärzte auf, die ihnen doch nicht helfen können, weil ihnen nicht bekannt ist, dass man die Heilmittel im Ätherischen suchen muss.

Was den Mann betrifft, verhalten sich die Dinge anders, da er von Natur aus nicht empfängt, sondern aussendet. Aber genau daran liegt es. Anstatt bewusst stets nur belebende, lichte, harmonische Kräfte auszustrahlen, strahlt er die meiste Zeit trübe Strömungen aus und ist stolz, als ein Beispiel strotzender Männlichkeit zu gelten. Er projiziert auf der Astralebene nichts als Unrat, und die Frauen, die dies aufnehmen, sind genauso stolz darauf.

Die Natur schuf den weiblichen Körper dergestalt, dass die Frau nicht wie der Mann nur ein Sexualorgan, sondern darüber hinaus noch sechs weitere besitzt. Gegenwärtig aber vermag die Frau lediglich mit der letzten, der gröbsten Saite zu schwingen. Die anderen Saiten schlummern noch in ihr. Eines Tages muss es ihr gelingen, alle anderen im Einklang mit den feinstofflichsten Schwingungen des Universums erklingen zu lassen. Dann wird sie der Äolsharfe gleichen, die schon beim leisesten Windhauch erklang. Sobald Frauen geistig höher entwickelt sein werden, wird ihnen bewusst, dass sie auf jedes Ereignis, auf alles Anwesende mit ihrem Sexualorgan reagieren können. Sie werden merken, dass es ein Apparat von höchster Präzision ist, der sie über das Vorhandensein von Gutem wie auch von Schlechtem informiert, damit sie Vorsichtsmaßnahmen treffen können. Einstweilen jedoch, ich bitte zu entschuldigen, merkt eine Frau nur während der intimen Beziehung mit einem Mann, dass sie reagiert. Höher entwickelte Frauen hingegen fühlen, dass sie einen Apparat besitzen, der ihnen über alles Mögliche Auskunft erteilt. Es wäre der Mühe wert, dass alle Frauen sich damit befassten, jene Stelle ihres Körpers mit einem Fluidalfilter zu schützen, um das Eindringen schädlicher Einflüsse zu verhindern.

Ich lenke heute die Aufmerksamkeit auf einen zumeist ignorierten Punkt. In der Medizin werden allgemein nur die Anatomie oder Physiologie des Menschen studiert; sie weiß nichts von seinem ätherischen Wesen, das doch das Wichtigste ist. Eines Tages aber, wenn sie in der eingeschlagenen Richtung nicht mehr weiterkommt, wird ihr der Weg versperrt sein. Das Studium der feinstofflichen Körper des Menschen ist der einzig mögliche Ausweg.[1] Gegenwärtig ist man genauestens über Aufbau und Funktion der Sexualorgane von Mann und Frau unterrichtet, aber man bestaunt stets nur die Schale, das Gerüst, und beschäftigt sich damit. Man lässt die kreisenden Energien und Kräfte außer Acht, obgleich doch sie das Wesentliche sind. Die Eingeweihten sind damit sehr wohl vertraut, aber ihr Wissen wird von niemandem bestaunt.

Der Mann, wie ich bereits sagte, strahlt und sendet aus und ist daher auf geistiger Ebene weit besser geschützt. Der in ihm kreisende Strom schwemmt die Unreinheiten hinweg, er nimmt sie nicht auf wie die Frau.

Der geistige Filter

Der Mann zieht oben, mit dem Kopf, Strömungen an, die Frau hingegen unten, und sie muss sich deswegen mit Filtern schützen. Ich fühle, dass die Schwestern mich innerlich fragen: »Wie bereitet man aber diesen Filter zu, von dem Sie sprechen?« Mit der Denkkraft. Ihr müsst beten, meditieren und die göttliche Welt bitten, euch ein schützendes Wesen zu senden, das die unreinen Strömungen, die durch das Verlangen, die Gelüste und Leidenschaft der Menschen entstanden sind, von euch fern hält. Gelingt es euch, ein Lichtwesen der göttlichen Welt anzuziehen, das euch schützt, werdet ihr eine bisher nie verspürte Freude, Reinheit und Unschuld empfinden, und nach und nach werdet ihr zu einem Gefäß des göttlichen Geistes, zum Tempel des lebendigen Gottes.

Übt euch also in diesem Sinne, meditiert, denkt darüber nach. Dabei bessert sich eure Gesundheit und euer seelisches Gleichgewicht und ihr lernt die wahre Reinheit kennen. Ihr werdet verstehen, dass zwischen Mann und Frau alles Schwingung, Austausch und gegenseitiges Durchdringen auf allen Ebenen ist, dass aber dieser Austausch sehr hoch oben in allergrößter Reinheit stattfinden muss, nicht nur in den niederen Bereichen. Auf diese Weise nähert ihr euch allmählich dem Leben der Engel. Die Engel begegnen einander unaufhörlich, um wie Lichtstrahlen zu verschmelzen, und in diesem Austausch ist nicht die geringste Unreinheit. Sie leben immerzu in dieser Liebe, denn oben waltet nur Liebe. Das Leben der Engel ist ein dauerndes Verschmelzen, ein Liebesaustausch in absoluter Reinheit. Gelingt es den Menschen, mit ihren sieben Saiten zu schwingen, so werden sie den Engeln gleich, und eine unbeschreiblich herrliche Musik wird dann erklingen. Selig, wer mich verstanden hat!

Meditiert nun über dieses Thema in größter Reinheit und größtem Licht und versucht, euch von euren alten, überholten Auffassungen zu lösen, die euch daran hindern zu verstehen und weiterzukommen. Auf diese Weise werdet ihr wahre Söhne und Töchter Gottes.

Selbstverständlich gibt es noch viel über die Filter zu sagen, denn es bedarf nicht nur ein Organ der Frau des Schutzes. Der Schüler weiß, dass er sich inmitten des kosmischen Ozeans befindet und alle seine Körper, sowohl den physischen als auch die feinstofflichen, mit Hilfe guter oder schlechter Baustoffe bildet, die er mitbekommen oder selbst aufgenommen hat. Das Problem für ihn liegt nun vor allem darin zu wissen, wie er das Gute für sein Herz und seinen Verstand anziehen und Böses fern halten soll. Der wirksamste Filter, der alle übrigen in sich vereint, ist die Aura.[2] Wollt ihr also wirklich geschützt sein, dann meditiert über eure Aura. Seht euch in leuchtendste Farben gehüllt: in Violett, Blau, Grün, Goldgelb usw. und stellt euch vor, wie diese Farben um euch eine riesige, intensive, vibrierende, strahlende, kraftvolle Aura bilden. Das ist der einzig wahre Filter! Durch diese Aura vermag nichts Unreines, Schädliches, Düsteres zu dringen, und außerdem lässt sie euch die Pracht der himmlischen Welt erblicken, ihr könnt euch darin laben, sättigen, sie trinken, atmen und in diesem kosmischen Ozean der Liebe und Glückseligkeit schwimmen.

Zur Bildung einer solchen Aura genügt es jedoch nicht, sich vorzustellen, von Farben umgeben zu sein. Damit sie bestehen bleibt, müssen sie gute Eigenschaften und Tugenden stützen. Da jede Farbe symbolisch eine Tugend darstellt, bleiben die Farben der Aura nur dann erhalten, wenn sie durch die ihnen entsprechenden Tugenden genährt und aufrechterhalten werden. Aus diesem Grunde gaben die Eingeweihten Übungen und Methoden an, durch welche die Tugenden entfaltet werden können, die sich dann als Farben manifestieren, als Licht. Im selben Moment nehmen die Geistwesen oben, die die Erde beobachten, wo sie nur Finsternis sehen, inmitten dieser Finsternis einen Eingeweihten, einen Schüler wahr, der Licht verbreitet, Strahlen aussendet; sie eilen herbei, nehmen sich seiner an, umhegen ihn wie eine Blume, schenken ihm Kraft und Erleuchtung.

Nun, meine lieben Brüder und Schwestern, behaltet für heute im Gedächtnis, dass der wirksamste Schutzfilter unsere Aura ist.

Le Bonfin, 16. August 1962

Anmerkungen

1. Siehe Band 222 der Reihe Izvor »Die Psyche des Menschen«, Kapitel 3: »Von Seelen und Körpern«.
2. Siehe Band 309 der Reihe Broschüren »Die Aura, unsere geistige Haut«.

XI

LERNT RICHTIG ZU ESSEN, UM LIEBEN ZU LERNEN

Teil 1

Seit Jahrhunderten wiederholt die Kirche ständig, dass der Mensch in Sünde empfangen wurde. Nichts zu machen, in Sünde empfangen, in Sünde geboren. Gut, aber ich bin damit nicht einverstanden, denn indem man diese Meinung derart verbreitet und betont, hindert man die Menschheit daran, sich wieder aufzurichten, man vermindert ihre Hoffnung und ihren Wunsch, aus dieser Lage herauszukommen. Alle sind sündig, also kann man nichts machen, man braucht sich um diese Angelegenheit nicht mehr zu kümmern. Sicher ist daran etwas Wahres, aber wo? Der Mensch ist in Sünde empfangen, weil die Eltern ihm schon ein mangelhaftes Erbe übertragen. Auf Grund ihrer Gedanken und ihrer Gefühle, die weder lichtvoll noch rein sind, empfangen sie ihre Kinder in der Sünde. Aber es ist nicht so, dass sich seit Adam und Eva die Ursünde von Generation zu Generation übertragen muss. Sicher, wenn die Menschen weiterhin grob, dumm, schmutzig sind, kann die Sünde von Adam und Eva Milliarden Jahre weitergetragen werden. Aber wenn sie zum Licht finden, wenn sie weise, intelligent und rein werden, spielt es keine Rolle, dass Adam und Eva gesündigt haben. Alles ist dann anders, alles ist umgewandelt.[1]

Man darf den Menschen keine Ideen einflößen, die sie auf zu niederer Ebene festhalten, in der Schuld, in der Unvollkommenheit, ohne jegliche Hoffnung, sich eines Tages aufrichten zu können. Man ist ein Sünder, das stimmt, aber man ist nicht gezwungen, es für alle Ewigkeit zu bleiben. Man muss vorwärts gehen. Übrigens hat der Himmel mehr Vertrauen zu jemandem der bereut, als zu jemandem,

Lernt richtig zu essen, um lieben zu lernen 109

der niemals Fehler gemacht hat. Denn wer niemals etwas Schlechtes getan hat, ist immer in Gefahr zu fallen, er ist noch nicht gefestigt, er weiß noch nicht, was Leiden bedeutet und er könnte blindlings irgendwohin rennen und eines Tages fallen. Doch wer schon in den Krallen des Teufels war, wer schreckliche Leiden durchlebt hat und sich entschließt, dort herauszukommen, um den Willen Gottes zu tun und ihm dies auch gelingt, den wird der Himmel in seine Dienste nehmen und sagen: »Auf diesen können wir endlich zählen, nicht auf die anderen.« Natürlich soll das nicht heißen, dass ihr Dummheiten machen sollt, um euch nachher umso mehr zu bessern, denn man weiß nicht, wie viele Jahrhunderte ihr dazu braucht. In jedem Fall haben die Menschen schon genug Dummheiten gemacht; es ist an der Zeit für sie, vernünftiger zu werden, um dem Himmel zu dienen.

Nehmen wir zum Beispiel das Thema der Liebe. Sicher hat sich die Auffassung der Liebe im Laufe der Zeiten entwickelt. Die Primitiven, die Wilden benahmen sich auf diesem Gebiet gewalttätig, brutal und mit einer unbeschreiblichen Sinnlichkeit. In ihrem Verhalten waren weder Denken noch Achtsamkeit oder Aufmerksamkeit noch Bewusstsein, nichts. Es waren entfesselte Meere, Vulkanausbrüche. Mit dem Erwachen des Bewusstseins und des spirituellen Lebens kamen dann mit der Zeit mehr oder weniger neue Elemente dazu: Zärtlichkeit, Feinheit und Zartgefühl... Und trotzdem ist die Liebe bis in unsere Tage in den meisten Fällen etwas Primitives geblieben. Die leidenschaftliche, instinktive Liebe, die man seit Jahrtausenden praktiziert hat, ist so tief im Menschen eingeprägt, dass er nicht mehr weiß, wie er sie verfeinern und veredeln kann. In Wirklichkeit ist nichts schwieriger, aber auch nichts leichter, wenn man ein paar Regeln kennt, die man bei jeder Tätigkeit anwenden kann und nicht nur dann, wenn man jemanden in seinen Armen hält. Denn die Gesetze sind auf allen Gebieten gültig.

Die Liebe ist das göttliche Leben, das in die niederen Bereiche herabsteigt und sie überflutet, begießt, belebt. Sie ist es, die sich überall manifestiert, ohne dass es die Menschen merken: Es geht immer um dieselbe Kraft, dieselbe kosmische Energie, die sich auf unterschiedlichste Weise zeigt. Sie verschleudern diese Energie nur, weil sie der Meinung sind, es handle sich nur um einen Instinkt, ein Vergnügen und um eine Möglichkeit zur Fortpflanzung des Menschengeschlechtes. Die Eingeweihten, die die göttliche Kraft der Liebe hoch oben erforscht haben, sagen uns, dass es sich dabei um dieselbe Energie handelt, die von der Sonne kommt, um dasselbe Licht, dieselbe Wärme, dasselbe Leben; dass sie sich aber auf ihrem Weg zu uns herab wie ein Fluss mit Unreinheiten der Regionen belädt, die sie durchqueren muss. Das bedeutet aber nicht, dass sie nicht rein und kristallklar am Gipfel der hohen Berge hervorgesprudelt ist. Die Energie, die man Liebe nennt, kommt aus den himmlischen Regionen, sie ist genau wie die Strahlen der Sonne, wie die Wärme der Sonne, aber sie ist unkenntlich geworden, durch das Herabsteigen in die niederen Bereiche zu den Menschen.

Nun stellt sich also die Frage, wie man diese göttliche, die stärkste und wesentlichste Energie wieder so rein machen kann, wie sie ursprünglich ganz oben war. Zuallererst muss man wissen, dass die Liebe Tausende von Abstufungen hat, und dann muss man mit wachem Verstand, erhöhter Aufmerksamkeit und intelligenter Wachsamkeit an sich selbst arbeiten, damit diese Energie erneut so klar und rein wird wie das Licht der Sonne und überall Gutes tut, wo sie vorbeikommt, anstatt alles zu zerschlagen und zu zerstören. Einige Regeln sollte man also kennen, aber um sie anzuwenden, muss man nicht darauf warten, seine Liebste beim Liebesakt in den Armen zu halten. Das muss man während der täglichen Beschäftigungen lernen, sogar lange bevor die körperliche Vereinigung folgt.

Tag für Tag bereitet ihr eure Nahrung zu und esst... Ihr schluckt aber nicht alles wahllos hinunter, sondern sortiert sorgfältig aus. Seien es Muscheln oder Fisch, Käse, Gemüse oder Früchte, immer ist etwas Schmutziges oder Unverdauliches daran, das abgewaschen oder weggeschnitten werden muss. Der Mensch ist höher entwickelt als das Tier und verliest die Nahrung, die er zu sich nimmt; Tiere hingegen tun dies nicht. Wenn es jedoch um seine Gefühle und Gedanken geht, trifft er keine Auswahl, er schlingt alles hinunter.[2] Warum soll er schädliche Elemente in sein Herz und seinen Verstand einlassen, ohne zuvor auch diese Nahrung, die er aufnehmen will, zu waschen und zu reinigen? Warum denken Verliebte, wenn sie sich küssen niemals daran, was sie da essen werden, um alles Unreine daran zu entfernen? Das ist der Grund, warum sich in ihre Gefühle und Küsse Keime von Krankheit und Tod einschleichen. Ja, tatsächlich, der Tod schleicht sich in die niedere, triebhafte Liebe ein, in der weder Bewusstheit noch Selbstkontrolle noch Licht zu finden ist. Und genau diese Liebe wird überall überschwänglich gepriesen, besungen und gelobt. Niemand kennt eine höhere Form der Liebe, und wer davon spricht, bei dem fragt man sich, ob er nicht verrückt ist.

Alles beginnt schon beim Essen: Bevor man sich zu Tisch begibt, wäscht man sich die Hände. Und früher war es sogar üblich, ein Gebet zu sprechen, um den Herrn zur Mahlzeit einzuladen. Bei einfachen, ungebildeten Leuten mag dieser Brauch vielleicht noch bestehen, der moderne, kultivierte Mensch jedoch ist davon völlig abgekommen.[3] So weit haben Verstand und Kultur die Menschen gebracht!... Sich die Hände waschen und den Herrn einladen waren Übungen, denen ein tiefer Sinn zugrunde lag, und die Eingeweihten, die sie einführten, wollten ihren Schülern damit sagen: »Bevor ihr einen Menschen liebt, ihn in eure Arme schließt, ladet die Engel ein, an diesem Festmahl teilzunehmen, wascht euch aber zuerst die Hände, mit anderen Worten, läutert euch, fasst den Vorsatz, ihn nicht zu beschmutzen, ihm eure Krankheiten, eure Mutlosigkeit und Traurigkeit nicht zu übertragen.« Seht, wie es im Allgemeinen vor sich geht. Der junge Mann ist unglücklich und niedergeschlagen, er sehnt sich danach, das geliebte Mädchen in seinen Armen zu halten, um getröstet zu werden. Was aber gibt er ihr? Er nimmt ihr alles, ihre Kraft, ihre Inspiration und hinterlässt ihr im Austausch nur Schmutz. Er hätte sie in dem Augenblick nicht umarmen dürfen, sondern sich sagen sollen: »Ich bin arm und erbärmlich, ich bin voller Schmutz, ich werde mich also zuerst bereitmachen, mich waschen, und wenn ich dann in einem wirklich guten Zustand bin, gehe ich zu ihr und bringe ihr meine Geschenke.« So allerdings wird nie gedacht und später, wenn man es einsieht, wird man tief beschämt darüber sein, wie abstoßend man die anderen liebte. Ihr sagt nun: »Aber alle Menschen verhalten sich so. Ist man traurig, so möchte man getröstet werden!« Nur weil jeder so dumm und eigensüchtig handelt, müsst ihr es nicht genauso machen. Übt euch in Zukunft darin, wie die Sonne, die Engel, die hohen Meister zu lieben, die wissen wie man liebt, ohne zu stehlen und zu nehmen, sondern nur um zu geben.

Es gibt Tage, an denen ihr euch arm fühlt; haltet euch dann von dem Menschen fern, den ihr liebt, sonst wird das Gesetz euch fragen, warum ihr ihn bestohlen habt. Die Leute sind recht eigenartig. Fühlen sie sich wohl, so verschenken sie ihre Reichtümer an andere, sind sie aber unglücklich und verzweifelt, so berauben sie die, die sie lieben. Sie werden zu Dieben, ja tatsächlich, zu Dieben.

In der Liebe, wie bei der Ernährung, ist das oberste Gebot, die Nahrung, die sich euch bietet, nur dann zu essen, wenn ihr sie zuvor aussortiert habt. Dazu muss man unterscheiden können zwischen den unterschiedlichen Gefühlen, zwischen den egoistischen und selbstlosen, Gefühlen, die begrenzen oder befreien, und Gefühlen, die Verwirrung stiften oder Harmonie aufbauen. Um ein Gefühl aber richtig einzuordnen, bedarf es äußerster Aufmerksamkeit. Denn werdet ihr von ihnen mitgerissen und eure Wachsamkeit lässt nach, so befindet ihr euch nicht an der Grenze, an der ihr bemerkt, dass Feinde sich einschleichen, um euer Reich zu zerstören. Wachsamkeit, Aufmerksamkeit und Kontrolle sind nötig, damit man sich nicht mitreißen lässt. Doch was die Liebe betrifft, haben die Menschen nur im Sinn, sich ihren Gefühlen ganz auszuliefern. Wenn das Denken, das Bewusstsein ausgeschaltet ist, sie völlig berauscht sind, dann halten sie dies für die große Liebe. Anscheinend fühlt man nicht sonderlich viel, wenn man nicht berauscht ist. Was wissen sie denn schon davon? Haben sie einmal versucht, wachsam zu bleiben, eine Auswahl zu treffen und sich mit Strömen aus höheren Sphären zu vereinen, um zu erfahren, welche Freude sie empfinden und welche Entdeckungen sie machen werden? Da sie es noch nie versucht haben, wie können sie sich dann eine Meinung darüber bilden?

Ich sagte euch, dass die niedere, triebgebundene Liebe todbringend ist, und um euch dies klarer vor Augen zu führen, weise ich euch auf ein paar astrologische Gegebenheiten hin. Wie ihr wisst, ist der Tierkreis, von dem die Astrologen sprechen, ein lebendiges Buch, aus dem die Eingeweihten die großen Lebenswahrheiten und das Weltgeschehen ersehen. In ihm ist alles enthalten, was es auf der Erde gibt.[4] Die zwölf Tierkreiszeichen sind es, die jegliche Lebensform auf der Erde schufen und gestalteten. Will man ein Lebensproblem lösen, dann muss man sich an dieses große Buch der Natur dort oben, den Tierkreis wenden, wie ich es schon öfters in eurer Anwesenheit getan habe. Greifen wir also nun die Frage von Liebe und Tod auf und fragen wir den Tierkreis, welche Zeichen von der Liebe sprechen. Genau genommen sprechen viele Zeichen von der Liebe, ganz besonders aber Stier und Waage, denn diese beiden sind das Haus von Venus. Betrachtet man sie näher, so stellt man fest, dass der Stier die primitive, sinnliche Liebe repräsentiert, die Fruchtbarkeit der Natur. Der Apis-Stier, ein Symbol der Fruchtbarkeit, wurde von den Ägyptern eben deshalb angebetet, um die Kräfte des Tierkreiszeichens Stier auf ihn herabzuziehen, damit die Erde reiche Ernten hervorbrachte. Den ägyptischen Priestern gelang es durch magische Zeremonien diese Fülle festzuhalten. Das zweite Haus von Venus, die Waage, repräsentiert dagegen eine reinere, geistigere Liebe. Das heißt nun aber nicht, dass all jene, bei denen Venus in der Waage steht, eine geistige und göttliche Liebe bekunden (tatsächlich können auch noch viele andere negative Elemente eine Rolle spielen). Im Allgemeinen aber ist die Waage das Zeichen geistiger Liebe, empfänglich für Schönheit, Poesie, Musik. Die Liebe des Stiers möchte berühren, kosten, die der Waage hingegen gibt sich zufrieden mit zuhören und anschauen.

Die Sternzeichen Stier und Waage müssen jedoch bezogen auf die ihnen gegenüberliegenden Zeichen betrachtet werden. Für den Stier ist es der Skorpion und für die Waage der Widder. Der Skorpion steht in Zusammenhang mit den Geschlechtsorganen, wodurch die sinnliche Natur des Stiers noch betont wird. Er entspricht dem achten astrologischen Haus, dem Haus des Todes, was sehr gut zeigt, dass sich in die triebhafte Liebe, in der der Mensch wahllos alles verschlingt, Todeskeime einschleichen. Zunächst in Form von Diskussionen, gegensätzlichen Ansichten und schließlich als Kriege, Aufstände und Zerstörung. Hingegen die Waage ist mit dem Widder verbunden, der den Kopf versinnbildlicht, d. h. Kühnheit, Mut, den Wunsch voranzukommen, zu forschen, die Gipfel zu erklimmen, sich selbst zu übertreffen, sich zu opfern. Darum wird Christus auch als Lamm, als Widder dargestellt. Der Widder ist der Kopf, und symbolisch gesehen äußert er sich statt leidenschaftlich und aufbrausend, mit Weisheit, Vernunft und Maß. Er ist der Inbegriff des keimenden, sprießenden Lebens. Wenn eine Pflanze wächst, hat in ihr bereits ein Aufleuchten, eine Auslese stattgefunden, die schädlichen Elemente wurden ausgeschieden, das Leben dagegen sprudelt und kreist in ihr.

Der Widder, verbunden mit der Waage, entspricht also der geistigen Liebe, in der die Denkkraft darüber wacht, dass nichts Unreines aufkommt. Darum ist der Widder auch das erste Sternbild im Tierkreis, der Künder des Frühlings, der Zeit, in der die Natur zu neuem Leben erwacht. Es ist die Liebe, die Liebe der Sonne, die geistige Liebe eines Eingeweihten, die als Licht, Wärme und Leben hervorstrahlt. Diese Liebe ist rein, weil das Denken gegenwärtig ist. An der Grenze sind Zollbeamte, die keine schädlichen Elemente hereinlassen. Wenn ihr also den geliebten Menschen umarmt, bleibt euer Denken wachsam, ihr seht genau, was in euch und in ihm vorgeht; ihr verbindet euch mit der göttlichen Weisheit, neue Welten erschließen sich euch und ihr erstarkt. Lohnt es sich also, all diese Reichtümer einem flüchtigen Rausch zu opfern?

Leider aber ziehen alle es vor, im Nichts zu versinken, sich zu verlieren, denn darin finden sie ihr Glück. Sie geben es übrigens offen zu: »Wenn man den Kopf nicht verliert, fühlt man nichts. Sie unterzeichnen also ihr geistiges Todesurteil. Genau das wird anerkannt und verbreitet sich immer mehr. Wenn ein Mann wachsam ist und sich beherrscht, um in seine Liebe nur lichtvolle, poetische und gute Elemente für seine Partnerin einzulassen, wird sie ihn mit Verachtung ansehen und sich sagen: »Das ist doch kein Mann; er bleibt nüchtern und klar, er verliert nicht den Kopf.« Sieht sie jedoch Erregung in seinen Augen, schnauft er, als wolle er die Welt aus ihren Angeln heben, und bricht in seinem Kopf alles zusammen, seine Überzeugungen, Entschlüsse, Pläne, dann sagt sie sich: »Ah, das ist wunderbar, es hat sich gelohnt, was für ein Mann!« Nicht dass sie ihn so sehr bewunderte, sie ist eher stolz auf ihre Macht über ihn, sie denkt, sie hätte ihn in der Tasche. Wenn sie sieht, dass der Mann verwirrt ist, sich verliert, freut sie sich, triumphiert: »Oh, er schien so stark, doch nun ist es vorbei, ich mache mit ihm, was ich will.« Es ist also die niedere Natur in ihr, die triumphiert; denn nun kann sie ihn beherrschen, ihm befehlen, ihn an der Nase herumführen, damit er allen ihren Launen nachkommt. Solch ein Sieg ist aber nichts Rühmliches, er ist vielmehr eine getarnte Grausamkeit. Eine Frau sollte sich nicht darüber freuen, ihren Mann oder Liebhaber bis zu dem Punkt kapitulieren zu sehen, im Gegenteil, dann gerade sollte sie sich Sorgen um ihn machen.

Es ist nicht verboten, starke Gefühlsregungen zu haben, man muss aber genauestens darauf achten, welcher Art diese Gefühle sind und nicht die Selbstkontrolle verlieren, man muss alles noch lenken können. Die Technik schuf sehr mächtige Apparate, wie Raketen beispielsweise. Sendet man sie nun in den Weltraum, darf man nicht die Kontrolle darüber verlieren. Beim Menschen ist es ebenso. Die Liebe kann eine wunderbare Rakete sein, aber sie muss stets gelenkt, ausgerichtet, gemäßigt und gereinigt werden, damit etwas Göttliches geschehen kann. Und ist dieser Augenblick ausersehen, ein Kind zu zeugen, so wird dieses ein Engel, ein Genie. Denn in der jenseitigen Welt warten so viele hochentwickelte Wesen auf solche idealen Bedingungen, um sich wieder zu verkörpern!

Ihr müsst wachsam sein, d. h. euer Licht leuchten lassen, damit ihr klar seht und Unerwünschtes entfernt.[5] Es bedarf eines ganz eigenen Vortrags, um euch die Wirkung des Lichts auf astraler und mentaler Ebene aufzuzeigen, wie das Licht alle unerwünschten Wesenheiten abwehrt. Versuchen diese, sich in eure Liebe hineinzudrängen, um von euch zu zehren, eure Kräfte zu trinken und eure Energien, dann strahlt Licht aus, und sie werden sich nicht mehr zu zeigen wagen, weil sie in der Helligkeit gesehen und bekämpft werden! Die Unerwünschten bevorzugen die Finsternis, um sich einzuschleichen, darum schützt euch eine helle, klare Wachsamkeit vor ihnen.

Bittet ihr, bevor ihr den geliebten Menschen in eure Arme schließt, um Licht, genauso wie ihr den Herrn zu eurer Mahlzeit bittet, dann gebt ihr eurem Partner göttliche Elemente, wie er es nie zuvor erhielt, und seine Seele wird euch ewig dankbar sein, weil eure Liebe uneigennützig war. Ihr wollet ihn erleuchten, beleben, ihn mit Christus verbinden, der Göttlichen Mutter, und allein eine solche Liebe ist aufbauend. Ich höre euch sagen: »Wie kann man aber glücklich sein, wenn man Christus und die Göttliche Mutter in seine Liebe mit hineinzieht? Das ist unmöglich!« Im Gegenteil, nur unter dieser Voraussetzung seid ihr glücklich, denn eure Liebe wird von Dauer sein, weder Bitterkeit noch Überdruss noch Bedauern noch Angst werden in euch sein. Nur uneigennützige Liebe ist frei von Elementen, die Verwirrung stiften. Andernfalls gleicht ihr einem Dieb, der irgendwo Geld entwendete. Zunächst jubelt er, dann aber fragt er sich unaufhörlich: »Hat mich jemand gesehen?... wird man mich finden?« Und er lebt in ständiger Unruhe. Ebenso lässt die niedere, egoistische Liebe den Menschen nicht mehr zur Ruhe kommen. Ihr entgegnet: »Oh doch, man ist ganz ruhig!« Nun, dann seid ihr eben ein Tier. Tiere sind immer ruhig. Seht nur die Katze, wie sie sich in aller Ruhe den Schnurrbart leckt, nachdem sie sich über die Maus hermachte! Ist man nur ein klein wenig weiterentwickelt, kann man nicht mehr ruhig sein.

Ihr denkt wohl, ich verlange Unmögliches von euch. Ja, ich weiß, aber schon wenn ihr die Wahrheit, die ideale Lösung eines Problems kennt, habt ihr bereits einen Schritt vorwärts gemacht, auch wenn ihr keine nennenswerten Ergebnisse erzielt. Vom Augenblick an, da man eine Wahrheit erkennt, beginnt sie bereits im Innern zu wirken, und

Lernt richtig zu essen, um lieben zu lernen

man nähert sich ihr immer mehr. Weiß man jedoch nichts von der Wahrheit, dann natürlich erreicht man sie nie. Aber wer sie erfasst, hat die halbe Wegstrecke bereits zurückgelegt, denn er ist verbunden mit diesem Bild von idealer, poetischer Vollkommenheit. Damit eröffnen sich ungeahnte Möglichkeiten für euch, obwohl noch vieles andere zu erörtern wäre. Die Frage der Liebe wird allen kommenden Generationen gestellt. Alle anderen Fragen verblassen und jeder wird sich einzig mit diesem einen lebenswichtigen Thema befassen, der Liebe. Wie man lieben soll, wie man dank der Liebe eine Gottheit werden kann: Denn die Liebe ist Gott und Gott ist Liebe. Hat der Mensch ein rechtes Verhältnis zur Liebe, steht es auch mit seiner Beziehung zu Gott zum Besten.

Als Jesus zu seinen Jüngern sprach: »Ich habe euch noch vieles zu sagen, aber ihr könnt es jetzt noch nicht aufnehmen« was meinte er damit? Nun eben die Frage der Liebe, über die er noch nicht mit ihnen sprechen konnte, weil sie vollgestopft waren mit Vorurteilen, die ihnen die Religion Moses vermacht hatte. Seht nur, was Paulus in Bezug auf Kleidung und Schmuck der Frau sagte und wie die Frau ihrem Mann untertan sein soll. Heutzutage belächelt man ihn, macht sich darüber lustig, aber ich werde euch eines Tages erklären, aus welchen Gründen von der Kabbala her gesehen er diese Vorschriften gab, und ihr werdet sehen, dass das gar nicht so lächerlich war. Noch ein paar hochinteressante Fragen, die auf euch warten! Ihr sagt: »Sprechen Sie doch heute schon darüber!« Leider nein, denn ich weiß nicht, von welchem Blickpunkt aus ich diese Frage behandeln soll. Es kommen mir so viele Dinge in den Sinn, und auch ich muss sie zunächst aussortieren. Sie kommen wie Vögel von allen Seiten angeschwirrt, und ich muss sie verscheuchen.

Jesus offenbarte seinen Jüngern also nicht alles, obwohl er mit ihnen über vieles redete, da allein schon das Abendmahl, das er ihnen mit Brot und Wein darbot, eine Einweihung in das Wissen um die beiden Prinzipien Männlich und Weiblich war, deren tiefen Sinn die Kirche noch lange nicht erfasst hat. Er sagte: »Wenn ihr mein Fleisch esst und mein Blut trinkt, so werdet ihr das ewige Leben haben.« Wo aber nach diesem Fleisch suchen, um es zu essen und nach diesem Blut, um es zu trinken?... Das sind die großen Mysterien, die eines Tages den Kindern Gottes offenbart werden.

Le Bonfin, 14. August 1961

Anmerkungen
1. Siehe Band 237 der Reihe Izvor »Das kosmische Gleichgewicht – Die Zahl 2«.
2. Siehe Band 7 der Reihe Gesamtwerke »Die Reinheit – Grundlage geistiger Kraft«.
3. Siehe Band 204 der Reihe Izvor »Yoga der Ernährung«, Kapitel 9: »Der Sinn der Segnung«.
4. Siehe Band 220 der Reihe Izvor »Der Tierkreis – Schlüssel zu Mensch und Kosmos«, Kapitel 1: »Der vom Tierkreis abgegrenzte Raum« und Kapitel 2: »Die Entstehung des Menschen und der Tierkreis«.
5. Siehe Band 210 der Reihe Izvor »Die Antwort auf das Böse«, Kapitel 7: »Die Frage der Unerwünschten«.

Teil 2

Freier Vortrag

Wenn ein Mann und eine Frau sich lieben, sollten sie sich nicht vom Ganzen, vom Universum, vom Kosmos, von Gott absondern. Sie müssen mit diesem Ganzen in Verbindung bleiben, an Gott denken und Ihm all ihre Energien zuwenden. Wenn sie nur an sich selbst denken, dann werden ihre Energien in die unteren Bereiche geleitet, von der Personalität aufgesogen, und sie selbst bleiben so arm wie zuvor und glauben dabei, sie hätten sich angeblich von der Liebe genährt. Warum suchen denn Männer und Frauen einander? Es ist der Hunger, der sie dazu treibt. Sie sind hungrig und wollen essen. Liebe ist tatsächlich eine Speise oder ein Trank, vergleichbar mit dem Brot, das man isst oder dem Wasser, das man trinkt. Beim Lieben gelten dieselben Gesetze, dieselben Regeln wie in der Ernährung. Es ist der gleiche Vorgang.

Der Hunger nämlich bekundet sich nicht allein im physischen Körper. Es gibt beispielsweise Menschen, die noch immer hungrig sind, obwohl sie sich satt gegessen haben und mit vollem Magen vom Tisch erheben. Sie würden gerne weiteressen, bringen aber nichts mehr hinunter; der physische Körper ist gesättigt, aber das Verlangen ihres Astralkörpers ist nicht gestillt. Normalerweise sind beide Körper aufeinander abgestimmt. Ist der physische zufrieden gestellt, so ist es der astrale ebenfalls. Die Übereinstimmung kann aber auch gestört sein, dann hat entweder der physische Körper noch Hunger, aber der

Astralkörper ist bereits gesättigt, oder aber der physische Körper ist satt und der Astralleib verlangt noch mehr. Es liegt also eine Störung vor, eine Anomalie.

Dasselbe Ungleichgewicht findet man auch im Bereich der Liebe. Es kommt vor, dass ein Mensch physisch satt und zufrieden ist, im Astralen aber noch hungert – ein fürchterliches Gefühl, denn der physische Körper kann nichts mehr aufnehmen, und der Astralleib wünscht und begehrt weiter, sein Hunger ist ungestillt... An dieser Fehlverbindung zwischen dem Physischen und Astralen leiden viele Menschen und sind unglücklich. Dieses Ungleichgewicht kann sogar bis in die Mentalebene hinaufreichen.

Ihr seid vielleicht erstaunt darüber, dass ich die Liebe mit der Ernährung vergleiche, sie mit Hunger, Durst, Essen und Trinken in Beziehung bringe. Doch es gelten dort dieselben Gesetze. In Bezug auf die Ernährung sagte ich schon mehrmals, dass ihr beim Essen alle anderen Gedanken ausschalten sollt, um den Vorgang der Nahrungsaufnahme mit dem ganzen Kosmos zu verbinden, damit all die in der Nahrung enthaltenen Energien nicht nur euren physischen Körper nähren, sondern auch nach oben gerichtet und gelenkt werden.[1] Dann vollzieht sich eure Ernährung auch wirklich auf rechte göttliche Weise und wird göttliche Ergebnisse hervorbringen. Andere Gedanken und Gefühle und andere Impulse regen euch dann an zu eurem Tun. Solange ihr den Ernährungsvorgang nicht begriffen habt, werdet ihr auch nicht verstehen, was in der Liebe beim Austausch zwischen Mann und Frau vor sich geht. Solange die Nahrungsaufnahme für euch nur ein mechanisches Verschlingen ist, lediglich vom Genuss bestimmt, ohne dass ihr dabei eine Arbeit leistet, solange seid ihr auch nicht fähig zu dieser Arbeit, was den Austausch in der Liebe betrifft, und ihr bleibt nach wie vor begrenzt und einseitig. Beginnt ihr hingegen bei der Ernährung damit und lernt nach den neuen Regeln zu essen, so wird es euch gelingen, euch auf göttlicher Ebene von den Strömen, Emanationen und den Flüssen zu nähren, die aus himmlischen Quellen hervorsprudeln... Es ist dies ein wunderbares Wissen, mit dem die Menschheit sich fortan befassen wird.

Lernt richtig zu essen, um lieben zu lernen

Wenn ich schon seit Jahren auf diesem einen bestehe, auf der Art und Weise, wie man essen soll, dann nur, weil ich ein ganz bestimmtes Ziel im Auge habe... Wie oft wiederholte ich es schon! Aber bisher hat man das, worum ich bitte, weder verstanden noch verwirklicht. Es wird weiterhin gedankenlos gegessen, ohne dabei zu meditieren, ohne sich mit dem Himmel zu verbinden oder ihm gar zu danken. Ich möchte, dass die Aufnahme der Nahrung hier in wirklich initiatischer Weise vollzogen wird. Denn das ermöglicht den anderen feineren, subtileren Formen sich zu ernähren, sich von den Sternen, den Bergen, den Flüssen, den Pflanzen, den Bäumen zu nähren, von Düften, Klängen, der Musik und dem Licht der Sonne. Auch das ist eine Nahrung, ist ein Sichernähren, das auf denselben Gesetzen gründet, denselben Entsprechungen.

Für die Menschen aber ist die Ernährungsweise völlig nebensächlich; es gibt so viele wichtigere Dinge! Sie vernachlässigen damit das Kostbarste, das die Natur im Laufe von Millionen Jahren für sie zubereitete. Sie wissen, man muss essen, um zu leben, aber sie essen mechanisch, gedankenlos, unbewusst und das ist falsch, sie haben nichts verstanden. Einverstanden, der Mensch muss sich ernähren, aber das Wesentliche dabei ist, dass man die aufgenommene Energie dem Himmel zurücksendet, anstatt sie ausschließlich für sich selbst zu behalten. Man entwickelt damit in seinem Wesen Großzügigkeit und Uneigennützigkeit. So bringt denn von nun an die beim Essen angesammelte Energie und Kraft mit den Worten dar: »Himmlischer Vater, komm und iss mit mir, ernähre Dich zugleich mit mir« und ladet dazu auch die Engel und Erzengel ein, diese Mahlzeit mit euch zu teilen. Diese Einstellung wird viele Wandlungen in euch bewirken. Wisst ihr, wie ihr vorgehen sollt – denn ihr habt es immer noch nicht erfasst, ich sehe, dass ihr es noch nicht richtig macht – dann habt ihr einen festen Grund geschaffen, um euch in höhere Bereiche, die der Gefühle, der Liebe, aufzuschwingen. Ihr werdet in eurem Inneren ein Licht fühlen und neue Möglichkeiten haben weiterzugehen, aber immer nur gemäß der göttlichen Regeln. Denn statt alles verschlingen und für euch behalten zu wollen, egoistisch, hartherzig und grausam zu sein, leistet ihr echte Arbeit.

Um sich sinnvoll zu ernähren, müssen Männer sowie Frauen es lernen, das göttliche Prinzip in sich zu nähren und nicht mehr das tierische, höllische Prinzip. Gegenwärtig jedoch lassen sie, wenn sie sich umarmen, miteinander reden, beieinander sind, spazieren gehen, Kinder zeugen, das göttliche Prinzip stets beiseite, vernachlässigen es. Es ist das Letzte, worum sie sich kümmern. Darum kann ihr gegenseitiger Austausch ihnen auch keinen Segen bringen, sondern verursacht im Gegenteil sogar Sorgen, Kummer, Zorn und Streit, Krankheiten, Verwirrungen und Selbstmord. Natürlich bringt dies das gesamte Gesellschaftsleben durcheinander. Denn alles ist miteinander verknüpft, die geringfügigsten Dinge reichen bis in den Himmel hinauf.

Lernt zunächst sinnvoll essen, dann wisst ihr auch, wie ihr euch auf den anderen Ebenen ernähren sollt. Wenn Männer und Frauen sich erst einmal auf göttliche Weise von der Liebe ernähren, wird alles wunderbar und unbescholten, der Himmel ist hocherfreut, er nimmt an ihrer Liebe teil, kommt auf die Erde herab, und göttliche Wesen weilen mitten unter den Menschen... Wie wollt ihr denn erhabene und intelligente Wesen anziehen, wenn ihr grob, unwissend, egoistisch, verschlossen seid, außerstande etwas zu erkennen? Was ich da sage ist hart, jedoch die reine Wahrheit. Ich muss es euch sagen, dazu bin ich hier, denn behalte ich es für mich, so ist der Himmel unzufrieden mit mir und fragt mich: »Wozu bist du nütze?... Wozu bist du hier?... Geh weg, wir können dich nicht brauchen!« Ihr entgegnet: »Ja, aber es ist nicht angenehm für uns.« Man akzeptiert besser dieses Unangenehme hier, damit man nicht weit Schlimmeres erleidet.

So wie ich sie sehe, offenbart mir die Ernährung alle Geheimnisse der Schöpfung. Sie erschließt mir eine ganze Welt, eine unendliche Welt... Solange ihr es so eilig habt, dass ihr euch nicht einmal eine Stunde Zeit nehmt, um zu essen, wie es sein sollte oder um zu meditieren, werden euch ungeahnte Möglichkeiten zum Verständnis des Lebens entgehen, und vor allem, die Sexualkraft in Lichtenergie, hohe Intelligenz und strahlende Schönheit umzuwandeln; ihr watet weiterhin in niederen Bereichen! Bringt ihr all euer Tun nicht mit dem Kosmos in Einklang, so ist sowohl eure Ernährung mangelhaft als auch euer Lieben, und ihr erreicht kaum etwas Nennenswertes.[2] Verbindet ihr euch hingegen mit der göttlichen Welt, mit der Universalseele, so senkt ihr in die Seele eures Gatten, eurer Gattin beim Umarmen Lichtfunken, Keime des Lichts, die zwanzig, dreißig Jahre später noch immer wirksam sind und Früchte hervorbringen. Denn ihr habt den geliebten Menschen – anstatt mit eurer kleinen, egoistischen Personalität, die ihn aller Kraft beraubt, um ihn sodann wie eine ausgepresste Zitrone wegzuwerfen – ganz einfach mit dem Ganzen verbunden. Die Macht der Liebe reicht bis ins Unendliche, die Macht der Liebe dauert ewig, wenn sie im göttlichen Sinne verstanden wird, d. h. im Zusammenhang mit dem Ganzen, für das Ganze.

Le Bonfin, 12. August 1962

Anmerkungen

1. Siehe Band 204 der Reihe Izvor »Yoga der Ernährung«, Kapitel 1: »Die Ernährung betrifft das ganze Wesen«.
2. Siehe Band 15 der Reihe Gesamtwerke »Liebe und Sexualität«, Kapitel 24: »Was ihr auf Erden bindet, wird auch im Himmel gebunden sein«.

XII

DIE ROLLE DER FRAU IN DER NEUEN KULTUR

Freier Vortrag

Die Bibel erzählt, dass König Salomon 700 Frauen und 300 Nebenfrauen hatte... Warum er so viele Frauen hielt, weiß man im Allgemeinen nicht. Man stellt sich vor, dass sie nur seinem Vergnügen dienten und er sich mit ihnen wilden Ausschweifungen hingab. In Wirklichkeit war Salomon ein großer Weiser, ein Magier, der sogar den Geistern der unsichtbaren Welt befahl. Wie hätte er wohl bei einem lasterhaften Lebenswandel über solche Kräfte verfügen können? In Wahrheit stand er in einem ganz anderen Verhältnis zu diesen Frauen. Ihr wisst noch nicht, welche Rolle der Frau zukommt, die in der Nähe eines erleuchteten, durchgeistigten Mannes lebt, der göttliche Magie ausübt. Später natürlich erlag Salomon den von ihm ausgelösten Kräften, weil er ihnen nicht mehr die Stirn bieten konnte, ihrer nicht mehr Herr wurde. Aber während der Glanzzeit seiner Regierung war seine materielle und geistige Macht so groß, dass er in Jerusalem den so prachtvollen Tempel bauen ließ, so erstaunlich weise Urteile fällte, sein Ruhm sich über die ganze Welt verbreitete und sein Reich zu Glanz und Herrlichkeit brachte.

Die Herrschaft Salomons hatte allerdings noch nicht den spirituellen Glanz, für den die höchsten Eingeweihten arbeiten, und darum gehört er in deren Augen nicht zu den am meisten Entwickelten; denn er arbeitete zu sehr für sich selbst, für seinen eigenen Ruhm und eigenes Ansehen. Man könnte ihn mit Ludwig XIV. vergleichen. Seine Magie war noch keine Theurgie. Es gibt Magie und Magie. Und nur wenige Magier erreichten jene höchste Stufe, wo man sich nicht einmal mehr für die Magie als solche interessiert, wo man sogar keine magischen Handlungen unternimmt und aufhört, Naturgeistern, Elementalen und Genien zu befehlen, um persönliche Zwecke zu verwirklichen. Die bedeutendsten Magier aller Zeiten beschäftigten sich nicht mehr mit solchen Dingen, sie arbeiteten ausschließlich für das Reich Gottes, verwendeten all ihre Kräfte und Energien, ihr gesamtes Wissen allein dafür, Gottes Reich zu verwirklichen. Sie waren Theurgen, d. h. Menschen, die heilige, göttliche Magie ausübten; ihr Wirken war absolut uneigennützig. Voraussetzung für eine so hohe Entwicklungsstufe waren natürlich außergewöhnliche Selbstlosigkeit und Reinheit. Es verlangte sie weder nach Ehre noch Vergnügen, sie waren von dem einzigen Wunsch beseelt, die Erde umzuwandeln, damit Gott unter den Menschen weilen möge.[1]

Diese Stufe vermochte Salomon nicht zu erreichen. Dennoch hatte er ein großes Wissen; vor allem war ihm bekannt, dass die Frau die Materie, den Urstoff spendet, woraus der göttliche Geist, das Gottesprinzip, Formen erschaffen kann. Das göttliche Prinzip bringt die Keime, Funken, das Feuer, die Kraft hervor, jedoch sind diese von so feinstofflicher Beschaffenheit, dass sie nicht bestehen können und sich im Unendlichen auflösen. Damit auf physischer Ebene konkrete, feste, greifbare Formen entstehen, bedarf es der Mitarbeit des weiblichen Prinzips. Darum ist nur die Frau dank der fluidalen Materie, der ätherischen Ausstrahlung, die sie verströmt, fähig, die Ursubstanz zu liefern, mit der es dem Theurgen möglich ist, seine Ideen, Vorhaben und göttlichen Ziele zu gestalten. Denn der Theurg verwendet jene Feinstrahlung, welche die Frauen unbewusst in den Raum entsenden; dank dieser kann er seine erhabenen Pläne hinsichtlich des Reiches Gottes verwirklichen. Darum ist die Erschaffung von Gottes Reich auf Erden ohne die Frauen unmöglich!

Die Frauen besitzen diesen unabdingbaren Stoff, den sie ins All verströmen. Gäbe es das göttliche Prinzip, den Geist nicht, der diesen Stoff verwertet, so blieben sie unfruchtbar, nutzlos, verdorrt, unproduktiv. Sie benötigen ihrerseits das göttliche Prinzip, um Kinder zu gebären... unsichtbare Kinder im Denkbereich, in Geist, Seele und Herz. Diese Kinder sind Engel, die unablässig über die ganze Welt Segen verbreiten. Darin besteht die Aufgabe der großen Theurgen. Salomon bewerkstelligte seine magische Arbeit dank der Energien seiner zahlreichen Frauen, und mit Erfolg; aber was er betrieb, war noch keine göttliche Magie. Göttliche Magie ist Weisheit. Magie und Weisheit sind ein und dasselbe: göttliches Licht. Nur wenige haben sich so weit aufgeschwungen. Beinah alle bedienten sich dieser heiligen Erkenntnisse, um Hexerei zu betreiben, um sich Geld, Ruhm, Frauen, Besitztümer zu beschaffen. Jede Praktik, die dazu dient, die Personalität mit ihren niederen Begierden zu befriedigen, ist Hexerei. Viele namhafte Okkultisten stehen noch auf dieser Stufe, sie sind weit davon entfernt, Theurgen zu sein.

Die edle Magie verwendet ausnahmslos alles zugunsten des Reiches Gottes: Wasser und Erde, die Luft sowie Pflanzen, Flüsse und Felsen, selbst die Ausströmungen der Männer und Frauen, all diese unbeschreiblichen Energien, die von ihnen ausgehen und durch den Raum strahlen, ohne dass sie jemand aufzufangen und anzuwenden weiß. Oder wenn jemand sie zu persönlichen Zwecken benutzte, und das tat Salomon. Da nun aber das persönliche Ich – wie ich wiederholt aufzeigte – die Kräfte der Hölle berührt, zog Salomon bestimmte Höllen-Geister herbei, die sich von ihm nährten. Wie sehr er auch versuchte sie zu verjagen, sie kamen immer wieder, bis er ihnen keinen Widerstand mehr leisten konnte und erlag.

Nun, lassen wir Salomon und kommen wir zum Wesentlichen zurück. Das Wesentliche ist, dass die Frauen verstehen, dass sie die feinstoffliche Materie, die sie verströmen, ja ihr ganzes Wesen, ihr ganzes Dasein dem göttlichen Prinzip weihen sollen, damit die Engel und Erzengel sich dieses wirklich einzigartigen, kostbaren Stoffes bedienen können, um die Formen des neuen Lebens zu erschaffen. Anstatt immer nur den Menschen zu dienen, müssen die Frauen der Gottheit dienen. Dieses neue Ideal lege ich ihnen nahe! Wie viele unter ihnen es verwirklichen können, das weiß ich nicht. Jedenfalls ist es meine Aufgabe, sie dazu einzuladen.

Jahrhundertelang missbrauchte der Mann seine Überlegenheit gegenüber der Frau; er behandelte sie egoistisch, ungerecht, gewalttätig, grausam. Jetzt natürlich erwacht die Frau. Jedoch nicht im Licht, im wahren Licht, sie erwacht, um Rache zu nehmen, was keineswegs besser ist, auch nicht für sie selbst. Im Gegenteil, die Frau soll dem Mann verzeihen, denn sie ist die Mutter, trägt mehr Liebe in ihrem Herzen als er, neigt ihrem Wesen nach zu Güte, Nachsicht, Großzügigkeit, Opferbereitschaft, sie darf nicht danach trachten sich zu rächen. Die Frau muss nun erwachen zu höheren Tugenden, sich über persönliche Interessen erheben. Alle Frauen der Welt müssen sich zusammenschließen zu einer Aufbauarbeit, einer Arbeit an den Kindern, die sie zur Welt bringen, und an den Männern.[2] Anstatt die Männer immer nur mit verführerischen Blicken herauszufordern und sich zu sagen: »Wie hübsch bin ich doch, wie anziehend, das will ich ausnutzen...« und damit ihrer Eitelkeit zu schmeicheln, sollten sie die Männer für eine Erneuerungsarbeit an der Menschheit mitreißen. Unglücklicherweise – oder glücklicherweise – hat die Natur der Frau viele Kräfte verliehen, daran ist nicht zu zweifeln. Wozu sie diese Kräfte jedoch einsetzt, darauf kommt es an! Auch eine Frau kann einen Mann quälen und unglücklich machen mit ihren Kräften.

Gott gab sowohl dem Mann als auch der Frau große Kräfte, jedoch unterschiedlicher Art. Was der Frau möglich ist, ist dem Mann versagt und was dem Mann möglich ist, kann die Frau nicht. Die Frau liefert die Materie, der Mann den Geist, d. h. das Leben. Auf physischer Ebene ist dies allen bekannt, aber auf der göttlichen Ebene weiß man nichts von diesen großen Mysterien. Von nun an müssen alle Frauen sich vereinen, um gemeinsam eine einzige Kollektivfrau zu bilden, die das neue Leben in die Menschen hineinbringt. Ohne das weibliche Fluidum kann sich der göttliche Geist nicht inkarnieren. Dies ist von den spiritistischen Sitzungen her bekannt, während derer das Medium den Geistern, die sich manifestieren wollen, einen Teil seiner eigenen Materie, seiner Emanationen geben muss. Die Geister hüllen sich in diesen Stoff, um dadurch sichtbar, greifbar zu werden, und es gelingt ihnen alsdann konkret zu wirken, Gegenstände zu verrücken oder gar zu zerstören. Würde man ein Medium während einer Sitzung wiegen, ließe sich eine Gewichtsabnahme bis zu mehreren Kilo feststellen, die es am Ende der Sitzung jedoch wiedererlangt. Derlei Schwankungen hängen selbstverständlich von der Menge der abgegebenen Materie ab.

Da ihr nun diese Gesetze kennt, meine lieben Brüder und Schwestern, werdet ihr verstehen, wie wichtig es für euch ist, dass ihr euch den göttlichen Kräften weiht, damit sie sich von euch nähren. Wenn geschrieben steht, dass sich der Mensch dem Herrn als Opfergabe darbringen soll, dann darum, damit der Herr sich von ihm nähren kann. Das ist natürlich symbolisch zu verstehen. In früheren Religionen wurden manchen Wesenheiten aus der unsichtbaren Welt Tiere geopfert, damit sie sich an ihnen sättigten. Heutzutage zündet man Kerzen an, verbrennt Weihrauch, schmückt Altäre mit Blumen, ganz einfach aus dem Grunde, weil das Licht, der aufsteigende Rauch und die Düfte den Lichtgeistern als Nahrung dienen. Doch der Mensch kann noch weiter gehen und sich selbst als Opfer darbringen, damit der Herr sich von ihm nährt, von seinem Denken und Fühlen.[3]

Der Herr nimmt aber dieses Opfer nur an, wenn die Bäume, die Pflanzen – also wir – Ihm köstliche Früchte anzubieten haben. Natürlich wird Er nicht den Baum essen, sondern dessen Früchte, und der Baum bleibt unversehrt. Unsere Gedanken und Gefühle, das sind unsere Früchte, und Er pflückt sie nur dann, wenn sie köstlich munden. In dieser Weise nähren die Eingeweihten die göttliche Welt. Sie sind die Obstbäume des Ewigen, und Er nährt sich von ihnen. Bäume, die nichts hervorbringen, sind dem unfruchtbaren Feigenbaum aus dem Evangelium vergleichbar. Ihr kennt die Geschichte... Eines Tages, als Jesus hungrig war, blieb er vor einem Feigenbaum stehen, der aber trug keine einzige Frucht. Da verfluchte Jesus den Baum, der alsbald verdorrte. Es ist klar, dass es sich hierbei um mehr als um einen Feigenbaum handelte, denn Jesus wäre einem armen Baum gegenüber nicht so hart gewesen. Der Feigenbaum versinnbildlichte für ihn den Sanhedrin. Als Jesus, der Großgärtner kam, um die Früchte einzusammeln, die er vom

Die Rolle der Frau in der neuen Kultur

Volk Israel erwartete, hatte dieses keine für ihn bereit, und Jesus verfluchte es. Darum klagte er weinend: »Jerusalem, Jerusalem, die du tötest die Propheten und steinigst die zu dir gesandt wurden, wie oft wollte ich deine Kinder versammeln gleich einer Henne, die ihre Küken unter ihre Flügel schart, aber du hast es nicht gewollt! Nun wird dein Haus veröden...« und so geschah es auch. Es könnte sein, dass dasselbe Schicksal die europäische Kultur ereilt, falls sie nichts dafür tut, dem Ewigen Früchte zu bringen. Aber sie denkt nicht einmal entfernt daran...

Die Frauen müssen sich der gigantischen Arbeit bewusst werden, derer sie fähig sind. Sie sind die Speicher für den erlesenen Stoff, mit dem die himmlischen Pläne verwirklicht werden können. Noch sind sie nur damit beschäftigt, die Pläne irgendwelcher Strolche, Dummköpfe oder Verbrecher zu verwirklichen, niemals die Pläne der göttlichen Welt. So ist es gegenwärtig um die Frauen bestellt! Entschließen sie sich aber, sich dem Himmel zu weihen, damit diese wunderbare Materie für einen göttlichen Zweck genutzt wird, so würden überall auf der Erde Lichtquellen erstrahlen, und in der ganzen Welt erklänge die Sprache der neuen Kultur, des neuen Lebens, die Sprache der göttlichen Liebe. Worauf warten sie noch, bis sie sich entschließen? Sie sehen ihre Lebensaufgabe immer nur in allzu gewöhnlichen und alltäglichen Beschäftigungen. Schon von klein an bereiten sie sich nur darauf vor, irgendwo unter die Haube zu kommen und ihre Kinderschar großzuziehen... Sie selbst bereiten sich eine mittelmäßige Zukunft und klagen dann: »Was für ein Leben!« Dabei lag es allein an ihnen. Warum hatten sie kein höheres Ideal? Ihre ganze Zukunft wäre anders verlaufen!

Ich breite heute eines der größten Geheimnisse der Einweihungswissenschaft vor euch aus. Alle Eingeweihten, Propheten und Asketen, die sich von der Frau abwandten, weil sie die Bedeutung ihrer Rolle nicht verstanden haben und daher nicht mit ihr arbeiteten, konnten nichts realisieren. Denn Ideen können nur dank der Frau Gestalt annehmen.

Deshalb bitte ich zumindest die Schwestern hier in der Bruderschaft, sich bewusst dem Himmel zu weihen... nicht mir, sondern dem Himmel. Er mag dann durch mich seine Pläne durchführen. Denn ein erhabenes Bewusstsein zählt, nicht das körperliche Aussehen. Ich bitte sie nur um ihre Gegenwart, um ihr Lächeln, ihre Blicke, ihre Emanationen, ihre liebevollen Gedanken und Gefühle. Mit dieser Materie werde ich dann meine Arbeit machen. Denn zur Erschaffung schöner Formen in der göttlichen Welt bedarf es des männlichen Prinzips; dieses allein ist dazu fähig. Eine Frau kann nie ein Magier sein, sie ist von Natur aus nicht dazu geschaffen. Ihr Wesen ist empfänglich, aufnehmend, hellsehend, intuitiv und neigt auch etwas zu Zauberei und Hexenkunst. Ein Magier dagegen muss unglaublich aktiv und dynamisch sein, muss im vollen Besitz der Manneskraft stehen und ihrer Herr sein. Kann man sich wohl eines zwei- oder dreimal geknickten Zauberstabs bedienen? Von einem Zauberstab ist dann keine Rede mehr! Den Zauberstab besitzen heißt ausstrahlen, mit ungebeugtem, festem Willen den Gipfel erklimmen, um die Universalseele zu erreichen und mit ihr zu verschmelzen.[4] Wie könnten wohl ohnmächtige, willenlose Schwächlinge bis zur Universalseele gelangen und sich mit ihr zu schöpferischem Wirken vereinen? Das wäre, als wollte ein impotenter Mann ein Kind zeugen! Auf allen Ebenen walten dieselben Gesetze, und wenn ihr schockiert seid, so steckt meinetwegen den Kopf in den Sand und verstopft euch die Ohren.[5]

Le Bonfin, 11. September 1962

Anmerkungen

1. Siehe Band 226 der Reihe Izvor »Das Buch der göttlichen Magie«, Kapitel 1: »Die Wiederkehr magischer Praktiken und ihre Gefahr«.
2. Siehe Band 214 der Reihe Izvor »Liebe, Zeugung und Schwangerschaft«.
3. Siehe Band 11 der Reihe Gesamtwerke »Der Schlüssel zur Lösung der Lebensprobleme«, Kapitel 12: »Über den Sinn des Opfers in den Religionen«.
4. Siehe Band 226 der Reihe Izvor »Das Buch der göttlichen Magie«, Kapitel 2: »Der magische Kreis: die Aura« und Kapitel 3: »Der magische Stab«.
5. Siehe Band 231 der Reihe Izvor »Saaten des Glücks«, Kapitel 20: »Die Vereinigung auf höherer Ebene«.

XIII

DIE BEDEUTUNG DER NACKTHEIT IN DER EINWEIHUNG

Teil 1

Freier Vortrag

Vor zwei Jahren haben mich die Leiter eines Vereins für Freikörperkultur eingeladen, doch einmal ihre Anlage zu besuchen, damit ich eine Vorstellung davon bekäme, was dort vor sich geht. Und unter all diesen Leuten, die nackt waren, erschien ich als Sonderling, da ich als Einziger bekleidet war. Nach und nach kamen sie näher, Mädchen, Frauen und Männer, und was erstaunlich ist, wenn man sich so vielen nackten Menschen gegenüber sieht – es macht überhaupt keinen Eindruck. Ich war selbst erstaunt... Ich schaute und sagte mir: »Es gibt wirklich nichts, woran man Anstoß nehmen könnte!« Alles erschien einfach, natürlich, die Menschen und ihre Erscheinung. Wir haben uns einen Augenblick hingesetzt und uns mit mehreren Leuten unterhalten. Sie haben mir Fragen gestellt und mir sehr aufmerksam zugehört. Seltsam war, dass viele zu mir sagten: »Aus der Art und Weise wie Sie uns anschauen und mit uns sprechen spürt man, dass Sie ein Meister sind. Oh! Könnten Sie uns doch Vorträge halten, um uns zu belehren!« Ich war erstaunt, so etwas von Seiten der Nudisten zu hören. Aber ich hatte es eilig und bin nicht dort geblieben.

Ihr werdet mich jetzt fragen, ob ich für Freikörperkulturanlagen bin. Ich bin weder dafür noch dagegen, habe aber trotzdem bemerkt, dass vieles nicht stimmte. Man hatte mir gesagt, dass die Nudisten ein wenig weiter gegangen wären als die anderen, weil sie sich von gewissen Komplexen befreit hätten und dass sie auf diese Weise leichter ihre Gesundheit, ihr Gleichgewicht und sogar ihre Reinheit erlangen könnten. Es interessierte mich sehr zu sehen, ob dies wahr sei. Und ich habe festgestellt, dass es nicht ganz wahr ist. Zum einen langweilten sie sich, da sie nichts Besonderes zu tun hatten, vor allem aber empfingen sie nicht besonders viel Segensreiches von ihrer Nacktheit, da sie kein Einweihungswissen besaßen bezüglich der Kraft der Elemente. Ich habe auch gesehen, dass sie voller Begierden und Leidenschaften waren, die sie durch ihr Leben in Nacktheit befriedigen konnten. Daher führte die Nacktheit sie keineswegs zur Reinheit. Reinheit, das ist mehr, als sich ohne Scham entkleiden zu können.

Letztes Jahr habe ich euch eine ganze Vortragsreihe über die Reinheit gehalten und euch gezeigt, was wahre Reinheit[1] ist, wie man sie wiederfindet, welche Vorteile es bringt, wenn man rein ist und welche Macht sie darstellt... Die meisten Menschen meinen, die Reinheit beschränke sich auf den Bereich der Sexualität; ganz und gar nicht. Die Reinheit umfasst alle Regionen und alle Bereiche der Existenz. Wenn er die Reinheit in seinen Intellekt einführt, versteht der Mensch; wenn er sie in seinen Willen einführt, wird er mächtig; wenn die Reinheit in seinen physischen Körper einzieht, ist er gesund, und wenn sie in sein Herz und seine Seele einzieht, wird er hellsichtig; »Selig, die reinen Herzens sind, denn sie werden Gott schauen«, sagte Jesus. Es genügt also nicht, die Frage der Reinheit auf den Bereich der Sexualität zu begrenzen. Die Freikörperkultur entwickelt sich jetzt auf der ganzen Welt. Man bringt Zeitschriften heraus, man schreibt Artikel, aber die Menschen haben in diesen Bereichen nur unzureichende Kenntnisse. Darum wird ihnen die Nacktheit nicht bringen, was sie sich davon versprechen. Es sind nur Versuche, die nicht sehr weit reichen.

Gut bei den Nudisten ist, dass sie begriffen haben, wie wichtig der Austausch mit den Naturkräften ist, mit der Luft und mit der Sonne. Ja, aber wenn sie kein weiterreichendes Wissen über die Struktur des Menschen haben, wird auch dort alles degenerieren. Wissen sie wenigstens, wie man sich der Sonne aussetzen soll? Nein, sie wissen es nicht. Ihre physischen Poren sind vielleicht offen, aber ihre

Die Bedeutung der Nacktheit in der Einweihung

spirituellen Poren sind verstopft, weil sie nicht wirklich wissen, was es heißt, sich den Naturkräften auszusetzen. Daher profitieren sie nicht besonders davon, auch wenn sie frei in der Natur leben. Nur unsere Lehre kann wahrhaft Licht, Gleichgewicht, Erweiterung in alle Aktivitäten, in alle Bereiche der Existenz bringen. Ohne einen Meister, ohne einen Erben dieser Wissenschaft, dieses Lichtes, wird viel Zeit vergehen, bevor es den Menschen durch tastende Versuche, durch ihre eigenen Erfahrungen, gelingen wird, in die großen Geheimnisse der Natur einzudringen.

Es ist nichts Schlechtes daran, nackt zu sein, da sich ja jeder zu Hause auszieht, badet usw. Wenn man allein zu Hause ist, darf man nackt sein, nur vor anderen ist es nicht gestattet. Da die Menschen nicht so stark sind, sich zu beherrschen und auch nicht rein und intelligent genug, waren sie gezwungen, Regeln einzuführen, um sich zu schützen. Aber in Wirklichkeit ist nichts Schlechtes daran, nackt zu sein. Fragt eine hübsche Frau, was sie darüber denkt. Sie ist so darüber entzückt, dass sie sich stundenlang im Bad aufhält und sich betrachtet. Erst wenn eine Frau hässlich ist, mag sie sich nicht mehr anschauen und wird schamhaft, moralisch. Ja, weil sie hässlich ist. Eine schöne Frau jedoch denkt nicht an die Moral, sie will sich um jeden Preis zeigen, um betrachtet und bewundert zu werden...

Bei fast allen Frauen existiert dieses Bedürfnis, sich nackt zu zeigen. Bei den Männern nicht; die Männer schämen sich eher, sich vor anderen zu entkleiden. Aber sie schauen gerne nackte Frauen an, und die Frauen zeigen sich gerne. Die Natur hat sie nun einmal so geschaffen. Denn die Wahrheit will sich nackt zeigen. Wenn es der Frau gelänge, sich mit der Wahrheit zu identifizieren, wenn sie genauso rein würde wie die Wahrheit, dann wäre nichts Schlechtes daran, wenn sie sich nackt zeigte. Solange sie sich jedoch noch nicht mit der Wahrheit identifiziert hat, ist es besser, wenn sie sich vor anderen bekleidet zeigt.

Es steht fest, dass die Frauen die natürliche Neigung haben, sich zu entkleiden, sie haben da keine Hemmungen. Und an dem Tag, an dem ich bei den Nudisten war, habe ich Mädchen gesehen, die sich mit einer solchen Arglosigkeit zeigten, dass ich erstaunt war. Ihr ganzes Wesen, ihr Gesichtsausdruck war von einer Unschuld... Nach all den Jahrhunderten, in denen man versucht hat den Frauen einzureden, die Nacktheit stünde im Gegensatz zu Anstand, Scham und Reinheit, sieht man doch, dass manche Frauen dies noch nicht angenommen haben. Selbst wenn sie gehorchen und Kleidung tragen, in ihrem Innersten haben sie es nicht akzeptiert. Diese Vorstellung entspricht nicht ihrer niederen Natur, die auch in der Nacktheit arglos und keusch bleibt. Oft ist es nicht aus Lasterhaftigkeit oder Schamlosigkeit, dass die Frauen sich entkleiden wollen, sondern weil sie ihrer Natur gehorchen und überhaupt nichts Böses darin sehen. Das Böse kam später hinzu; als die Frau gesehen hat wie schwach die Männer sind, wie sehr ihre Nacktheit sie beunruhigt, hat sie gemeint, davon profitieren zu können und jetzt benutzt sie ihren Reiz, um die Männer zu beherrschen, sie auszubeuten oder sich an ihnen zu rächen.

Es ist der Gebrauch, den sie von ihrer Nacktheit macht, worin die Frau zu tadeln ist, nicht in ihrem natürlichen Bedürfnis, sich nackt zu zeigen. Heutzutage ist dies so üblich geworden, dass man kaum noch Frauen auf der Erde findet, die nicht die Macht ihres physischen Körpers kennen und die nicht versuchen, davon Gebrauch zu machen bei den Männern, um sie nach ihrer Pfeife tanzen zu lassen. Darum hat unsere Lehre auch die Aufgabe, die Frauen darin zu unterrichten, wie sie ihre wahre Unschuld wiederfinden können. Niemand hat etwas dagegen, dass sie schön sind, dass sie Charme haben, aber anstatt sich der ihr von der Natur gegebenen Macht zu bedienen, den Mann zu versuchen, ihn im Schmutz kriechen zu lassen, sollte sie sich ihrer bedienen, um ihn wiederaufzurichten, ihn zu inspirieren. Die Macht der Frauen ist unermesslich, hinsichtlich des Bösen wie des Guten, das hängt davon ab, wie sie ihre Reize einsetzt, welches Ziel, welches Ideal sie hat.

Aber kommen wir auf die Nudisten zurück. Der Körper von Mann und Frau besitzt ätherische Antennen, durch die sie mit der Natur in Verbindung stehen. Darum empfangen sie, wenn sie nackt sind, viel besser die Kräfte der Natur und ihre Botschaften. Wenn sie sich daher

Die Bedeutung der Nacktheit in der Einweihung 135

im Wald oder am Meer den Kräften der Natur aussetzen können, um eine geistige Arbeit mit der Erde, der Luft, dem Wasser und der Sonne zu machen, haben sie viel mehr Möglichkeiten, Strömungen auszusenden und aufzufangen und können so leichter Ergebnisse erzielen. Besonders die Hexer und die Hexen, die um die große Macht der Nacktheit wissen, benützten sie bei ihren magischen Praktiken. Darum berichtet auch die okkulte Literatur von einer großen Anzahl von Fällen, wo die Hexen sich nackt auszogen, um ihre Beschwörungen zu machen, jemanden zu behexen oder zu verwünschen usw.

Da die Nacktheit sowohl Böses als auch Gutes anzieht, ist es gefährlich, sich nackt darzubieten, wenn man nicht ausreichend bewusst und Herr seiner selbst ist, um sich allem Negativen und Dunklen zu verschließen und sich einzig dem Lichtvollen zu öffnen.[2]

Mit Hilfe der Wissenschaft von den ewigen Symbolen werde ich euch jetzt die Bedeutung der Nacktheit offenbaren. Nackt sein bedeutet, aller irrigen Auffassungen, aller Begierden entledigt zu sein. Einzig die Wahrheit ist nackt. Um daher die wahre Nacktheit zu erlangen, muss man sich von allem befreien, was für die göttliche Welt undurchsichtig, trübe, grob und undurchdringlich ist. Sobald man diese Nacktheit erreicht hat, kann man sich sehr hoch erheben, um Botschaften und Ratschläge, Weisheit, Liebe und die Hilfe des Himmels zu empfangen.

Wenn die Menschen in ihren Meditationen nichts Besonderes empfangen, dann darum, weil sie versuchen sich zu erheben, ohne sich zuvor ihrer alten, schmutzigen und zerschlissenen Kleidung entledigt zu haben – symbolisch gesprochen. Denn wie können dann ihre Antennen etwas empfangen? Vor dem Himmel muss man sich ganz nackt zeigen, das heißt seiner Begehrlichkeit, Berechnung und seiner falschen Vorstellungen entledigt. Man befreit sich also und steigt auf... je mehr man ablegt, desto höher steigt man auf... Wenn man dann wieder hinabsteigt, bekleidet man sich wieder, man nimmt all seine Pläne und seine Verbindungen wieder auf. Für die Welt ist das notwendig, aber nicht für den Himmel. Der Himmel liebt nur die »nackten« Menschen. Ihr seht, welch großartiges Bild uns die Eingeweihten gegeben haben, wenn sie von der nackten Wahrheit, der entschleierten Isis, sprachen.

In der heutigen Zeit sind eine große Anzahl von Mächten und Wesenheiten, die seit Jahrhunderten in unterirdischen Bereichen eingeschlossen waren, befreit worden, aufgrund der Unordnung und der Anarchie, die in allen Bereichen des Lebens und der Kultur herrschen. Seht, was aus den Sitten und den Künsten geworden ist! Die Menschen haben die Tore zur Unterwelt geöffnet und jetzt sind sie davon überrannt worden. Um geschützt zu sein, muss man mit dem Licht, mit dem Herrn, mit den Himmelsmächten verbunden bleiben, sich analysieren, sich kontrollieren. Man darf sich nicht gehen lassen, weil man sonst wie eine Herberge ist, wo all die Unerwünschten eintreten und Verwüstungen anrichten können. Und wenn ihr mir nicht glauben wollt, wird sich das Leben darum kümmern euch zu zeigen, dass ich euch immer die Wahrheit gesagt habe. Ihr werdet selbst erfahren, dass es feindselige, zerstörerische Kräfte gibt. Man darf seine Seele, sein Herz nur dem öffnen, was intelligent, vernünftig und lichtvoll ist und darf sich nicht auf all die Verrücktheiten einlassen, die aus unserer Umgebung auf uns zukommen, sonst wird es um euch geschehen sein, meine lieben Brüder und Schwestern.

Die Lehre, das ist etwas Wunderbares! Aber wenn ihr sie nicht anwendet, dann bleibt die Lehre wunderbar, aber nicht ihr! Ihr werdet nicht wunderbar sein. Wenn ihr sie aber nehmt und in euch verankert, wird sie euch vor allen Bosheiten und allen falschen Entscheidungen schützen, und anstatt im Dunkeln zu tappen und immer nach dem zu greifen, was schädlich und gefährlich für euch ist, werdet ihr nur das Beste für euch wählen und ihr werdet allen Segen empfangen.

Le Bonfin, den 12. September 1967

Anmerkungen

1. Siehe Band 7 Der Reihe Gesamtwerke »Die Reinheit, Grundlage geistiger Kraft«, Teil 2: »Liebe und Sexualität«.
2. Siehe Band 226 der Reihe Izvor »Das Buch der göttlichen Magie«, Kapitel 7: »Der Mond, Gestirn der Magie« und Band 235 der Reihe Izvor »Im Geist und in der Wahrheit«, Kapitel 8: »Das Lichtkleid«.

Teil 2

Freier Vortrag

Wenn sich in der Welt die Freikörperkultur verbreitet, wird das zum Nachdenken anregen, aber auch Empörung auslösen. Aber wie kann man die Menschen daran hindern, sich in die Natur zu begeben, um sich der Sonne auszusetzen, sich von alten Traditionen befreien zu wollen? Es scheint sogar in Bulgarien – diesem Land der Sittsamkeit und des Anstandes – Vereine für Freikörperkultur zu geben! Was wollt ihr, auch Bulgarien will zu den modernen Gesellschaften gehören. Nehmen wir einmal an, dass die Jugend immer mehr die Freikörperkultur ausüben will, muss man sich darüber empören oder sich die Haare raufen? Oh je, die jungen Leute werden sich sehr über eure Empörung lustig machen. Ah, ihr meint, dass ich hier Freikörperkultur predige, um auch euch darauf vorzubereiten? Ganz und gar nicht, ganz und gar nicht... noch nicht! Aber in einigen Jahrhunderten, wenn die Mütter wissen, wie sie eine bewusste Arbeit an den Kindern, die sie austragen, ausführen können, um aus ihnen Gottheiten zu machen, dann ja, dann wird sich die Schönheit zeigen können. Warum verbergen, was schön und rein ist? Aber wartet, überstürzt nichts, denn mit dem, was man heute sieht, wird man sich eher vom Himmel entfernen, als ihm näher zu kommen. Also bis dahin, an die Arbeit! Mögen die Mütter lernen, Kinder von einer solchen Reinheit, von einer solchen Schönheit heranzubilden, dass die Menschheit – ob nackt oder bekleidet – immer in absoluter Reinheit lebe. Wenn man übrigens der Natur die Frage stellt:

»Bist du wütend darüber, dass die Menschen nackt in den Wäldern und an den Stränden herumlaufen?«, dann wird sie antworten: »Das ist mir schnuppe, wenn ihnen das gut tut, können sie ganz nackt herumlaufen. Übrigens, als ich sie auf die Erde geschickt habe, waren sie unbekleidet. Sie selbst haben dann später nachgedacht und, um sich vor Kälte zu schützen, sich nicht zu verletzen oder sich seltsamen Vorstellungen anzupassen, befunden, dass es besser sei, Kleidung zu tragen, ich aber habe sie nackt geschaffen.«

Wenn also die Mütter daran arbeiten, die zukünftigen Generationen zu verbessern, könnten die Menschen eines Tages nackt leben. Die Städte werden durch Sonnenenergie geheizt – denn es wird gelingen, diese zu nutzen – und man wird sich frei, ungezwungen und beglückt bewegen können. Und ich sage euch jetzt sogar, dass entsprechend dem Licht des neuen Himmels, das die Eingeweihten im alten Griechenland gekannt haben, die Sexualenergie zu einer Quelle der Inspiration wird, wenn man es versteht, sie zu sublimieren. Darum hat Griechenland die größten Bildhauer, die größten Architekten und die größten Philosophen der Erde hervorgebracht, denen man selbst heute noch nicht gleichkommen kann. Nur durch die Kenntnis von der Sublimation der Sexualkraft. Die Eingeweihten haben Feste eingerichtet, bei denen die schönsten, jüngsten und reinsten Mädchen – nur mit einem durchsichtigen Schleier bekleidet – tanzend durch die Straßen zogen. Und all die Männer, die ihnen zusahen, waren entzückt von der Schönheit, der Grazie, der Feinheit der Gesten, des Ausdrucks. Und dieses Entzücken, diese Energie, die sich in ihnen ansammelte, überflutete ihr Gehirn und kam dann durch die unglaublichsten Schöpfungen zum Ausdruck. Man kannte also schon in der Vergangenheit den neuen Himmel, aber die Menschen haben ihn verlassen. Ihr meint, ich würde euch raten, aufs Neue wie im alten Griechenland zu beginnen! Nein, dazu rate ich nicht, weil die Menschen so rückständig sind, dass dies keine guten Wirkungen hervorbringen würde. Man muss sehr entwickelt sein, um in diesem Bereich Ergebnisse zu erzielen, sonst wird man zerrissen.

Dort liegt auch der Ursprung der Vestalinnen. Die Vestalinnen waren die hübschesten und reinsten jungfräulichen Mädchen; sie tanzten nackt vor den Eingeweihten, die sie nur betrachteten, um sich

Die Bedeutung der Nacktheit in der Einweihung 139

anregen zu lassen, ohne sie zu berühren. Aber damit das Volk von all diesen Mysterien, die es nicht verstanden hätte, nichts mitbekam, hat man Geschichten erfunden. Man hat erzählt, die Vestalinnen hätten die Aufgabe, das Feuer in Gang zu halten, damit es nicht verlösche. Ist das wirklich sinnvoll, in den Tempeln Mädchen zu haben, nur um das Feuer in Gang zu halten? Das Feuer, das die Vestalinnen in Gang hielten, war das heilige Feuer dieser großen Meister. Ihr fragt: »Aber hatten sie dieses Feuer nötig?« Das Feuer ist so sehr notwendig, dass selbst die Eingeweihten ohne es nichts hervorbringen könnten. Sie waren alt, sie berührten diese Vestalinnen nicht, aber sie bedienten sich ihrer Emanationen, um eine Arbeit der höchsten weißen Magie auszuführen.

Die Macht, die die Mutter Natur der Frau mitgegeben hat, besonders wenn sie jung und rein ist, ist von solcher Wirksamkeit, dass selbst die Eingeweihten sie nicht durch andere Dinge ersetzen können. Sie brauchen sie, um in sich selbst das Feuer zu entzünden. Und mit diesem Feuer bereiteten die Eingeweihten eine feinstoffliche Nahrung zu, die sie nach oben sandten, um Segensreiches für alle Länder hervorzubringen. Sie projizierten diese Kraft, um Gutes zu tun, sie suchten kein Vergnügen, sondern vollbrachten eine Arbeit. Sie spürten vielleicht ein gewisses Vergnügen, denn es ist unmöglich, das eine vom anderen zu trennen, aber was sie taten geschah nicht um des Vergnügens willen. Wenn ihr das Vergnügen sucht, sinken eure Kräfte in die Erde, sobald ihr jedoch eine Arbeit ausführt, empfindet ihr genauso ein Vergnügen, Freude und Ausdehnung, das ist schon richtig, aber die Kräfte richten sich gen Himmel und ihr spürt sogar eine noch viel größere Freude, als wenn ihr nur für das eigene Vergnügen gearbeitet hättet, eine Freude, die euch nicht erniedrigt, sondern euch adelt. Nur, um diese Dinge zu begreifen, bedarf es eines anderen Wissens der psychischen Welt.

Diese Kenntnisse bezüglich der Sublimierung der Sexualkraft sind sehr alt. Unglücklicherweise waren dann viele von denen, die versucht haben, sie zu praktizieren, unfähig, diesen Reinheitsgrad zu bewahren, und sie sind in die Sexualmagie abgefallen. Weil sie sich nicht begrenzen konnten, sind sie zu weit gegangen. Sie blieben nicht bei den homöopathischen Dosen, sie nahmen allopathische Dosen, und allopathische

Dosen haben nicht die gleiche Wirkung, sie wirken auf der physischen Ebene, aber nicht auf der psychischen Ebene. Die homöopathischen Dosen hingegen wirken auf der psychischen Ebene, die dann ihrerseits auf die physische Ebene einwirkt. In der Zukunft wird man den Menschen offenbaren, wie man die Liebe in homöopathischen Dosen zu sich nimmt, und diese Liebe wird sie weder ermüden noch zugrunde richten oder erniedrigen, sondern sie bis zum Himmel führen. All diejenigen, die sie verwirklichen konnten, sind sehr hoch aufgestiegen, weil sie dank ihrer über eine unglaubliche Kraft verfügten.

Ich kann euch lehren, euch mit homöopathischen Dosen zu ernähren, aber ich weiß nicht, ob ihr mich verstehen werdet. Ich bin sicher, dass manch einer schockiert sein wird zu hören, dass ich zum Beispiel die Frauen am Strand betrachtet habe. Sie werden sagen: »Er kann kein Eingeweihter sein, der kann kein Meister sein, wir, wir tun das nicht, wir betrachten keine Frau im Badeanzug.« Nun, ich jedenfalls tue es, bewusst, mit einer Absicht, und ich schäme mich nicht. Und oft habe ich sogar Brüder mitgenommen und ihnen erklärt: »Versucht zu verstehen wie ich schaue, warum und auf wen.« Sie haben verstanden, dass im Blick eine ganze Wissenschaft liegt. Warum sind alle diese Geschöpfe da? Damit man sie betrachtet. Aber die Menschen verstehen es nicht zu schauen, und dabei ist alles im Blick.

Ich werde euch das richtige Schauen lehren. Ich werde es alle Brüder lehren und auch die Schwestern, denn auch sie verstehen es nicht, richtig zu schauen. Man hat ihnen irrige Auffassungen in den Kopf gesetzt, die sie für immer blockieren, und es scheint, als würde die Ehe sie retten! Viele Frauen sind blockiert und leiden, weil sie nicht wissen, wie sie verstehen, denken, schauen und alles zum Ruhme Gottes ausrichten sollen. Sie befassen sich fortwährend mit den Angelegenheiten anderer, um sie zu kritisieren und werden dadurch boshaft, verbittert, eifersüchtig, sogar hysterisch. Man muss die Frauen retten und man muss auch die Männer retten, aber man wird sie nicht mit den althergebrachten Auffassungen retten.[1] Die alten Auffassungen dienen nur dazu, den Ärzten und Psychiatern Arbeit zu verschaffen, sie verbessern nichts, wo das doch so einfach ist. Wenn man die Art und Weise ändert, wie man versteht und schaut, wird sich alles andere zum Besseren hin entwickeln.

Die Bedeutung der Nacktheit in der Einweihung

Man muss also schauen können und danken, ohne die Schönheit zu zerstören; denn die Schönheit ist nicht dazu geschaffen, gegessen zu werden, sondern nur dazu, betrachtet zu werden. Durch dieses Betrachten der Schönheit schwingt ihr euch in den Raum empor und alles wird euch gegeben: Reinheit, Adel, Geduld, Verständnis. Ihr steigt empor und werdet zu einer Quelle...

Sucht die wahre Schönheit, denn sie ist es, die euch retten wird, indem sie euch lehrt, nur das Lichtvollste und Reinste auszuwählen. Wenn ihr einmal Bilder von nackten Frauen sehen solltet, könnt ihr feststellen, dass ihr kein Verlangen spürt, wenn ihr Körper von vollkommener Schönheit ist, sondern nur Bewunderung. Viele Künstler haben diese Erfahrung gemacht. Es ist eine unvollkommene Schönheit, die das Verlangen hervorruft. Man sagt, die Nacktheit sei keusch. Nein, die Schönheit ist keusch, ob nackt oder bekleidet. Aber die Nacktheit... Die Leute entblößen sich allerdings aus Gründen, die der Keuschheit entgegengesetzt sind.

Nun, meine lieben Brüder und Schwestern, soll ich noch fortfahren? Spürt ihr, dass ihr zu begreifen beginnt, was wahre Reinheit ist? Die Reinheit liegt in der Schönheit. Man muss die Schönheit lieben, um Reinheit zu erlangen; denn der Sinn für die Schönheit wird euch daran hindern, euch in finsteren Bereichen zu verlieren.[2]

Sèvres, den 1. Januar 1967

Anmerkungen

1. Siehe Band 28 der Reihe Gesamtwerke »Die Pädagogik in der Einweihungslehre, Teil 2 und 3«, Kapitel 10: »Die Sonne als Vorbild« und Kapitel 11: »Mann und Frau in der neuen Kultur«.
2. Siehe Band 18 der Reihe Gesamtwerke »Erkenne Dich selbst – Jnani Yoga«, Kapitel 1: »Die Schönheit«.

XIV

DAS MÄNNLICHE UND DAS WEIBLICHE PRINZIP: WECHSELBEZIEHUNGEN ZWISCHEN MANN UND FRAU

Teil 1

Jeder weiß, dass hinsichtlich ihrer gegenseitigen Verhaltensweise es im Allgemeinen der Mann ist, der die Initiative ergreift, um sich der Frau zu nähern. Ich sage, im Allgemeinen, denn beobachtet man, was sich heutzutage abspielt, dann sind es eher die Frauen, die Annäherungsversuche machen. Normal ist aber, dass die Frau nicht aktiv wird, und der Mann sich wie ein Jäger aufmacht und zu ihr hingeht. Ihr meint: »Aber er geht doch auf sie zu, weil sie anziehend ist!« Richtig, sie zieht ihn an, sie wirft ihre feinen Netze über ihn, und der Mann nähert sich, ist schon umgarnt und eingefangen. Die Frau handelt wie ein Angler, der still am Ufer sitzt und nur die ausgeworfene Angelschnur einzieht, um den Fisch an Land zu holen. Das ist das Verhalten der Frau. Sie rührt sich nicht, der Fisch kommt herbei und beißt an. Ihr wendet ein: »Aber auch der Mann zieht an.« Wie oft sprechen Frauen davon, dass sie sich zu einem Mann hingezogen fühlten. Ja, denn auch der Mann strahlt etwas Unsichtbares aus, aber er geht dabei wie ein Bergsteiger vor, der einen Haken über einen Felsvorsprung wirft und dann nachklettert. Im Unterschied zur Frau wirft er etwas aus, das ihm dazu dient, sich selbst fortzubewegen, während die Frau etwas auswirft, das den Mann dazu bewegt, zu ihr hinzugehen. Also ziehen sie einander gegenseitig an. Es ist eine Art Krieg, bei dem jeder seine eigene Taktik anwendet, jedoch mit demselben Ziel: zusammenzufinden, etwas auszutauschen.

Was trägt sich beispielsweise auf einem Ball, einem Fest zu, an dem junge Männer und Mädchen versammelt sind? Sie sehen einander an, wechseln ein paar Worte und sind glücklich; denn zwischen ihnen entsteht eine Spannung, die sie leicht und fröhlich macht. Dennoch ereignet sich weiter nichts, sie berühren einander nicht einmal, doch in der feinstofflichen Welt der Emanationen vollzieht sich ein Austausch zwischen ihnen... Wenn sich Männer und Frauen in den dichteren, grobstofflicheren Bereich der Sexualität hinabbegeben, ist das, was sie körperlich tun nichts anderes als die Konkretisierung dessen, was bereits im Ätherischen zwischen ihnen stattfand, obwohl sie sich dieses feinstofflichen Austausches nicht einmal bewusst waren. Denn Männer und Frauen nehmen Liebe erst dann wahr, wenn sie im Körperlichen ihren Ausdruck findet, ja, dann fühlen sie, dass etwas vor sich geht! Aber vorher erwacht ihr Bewusstsein nicht; bis dahin nehmen sie nichts wahr.

Noch ein Beispiel: Ergreift jemand das Wort, so ist er aussendend, folglich positiv gepolt, und die ihm zuhören, ob Männer oder Frauen, sind alle aufnehmend, d. h. negativ gepolt. Sie nehmen die Worte auf und werden befruchtet, sei es im himmlischen oder teuflischen Sinne, je nachdem, ob die Worte gut oder schlecht sind. Die Natur arbeitet auf allen Ebenen mit denselben Grundprinzipien, doch der Mensch beachtet nur die konkreten, sichtbaren Ebenen, das Unsichtbare, Subtile, aus dem alles Konkrete hervorgeht, sieht und erfasst er nicht, er ist völlig unbewusst. Doch genau diesbezüglich müsste er aufgeklärt, sein Horizont erweitert werden, damit er all die Herrlichkeiten erahnen kann, welche die Natur ihren Kindern für den Tag bereithält, da ihr Bewusstsein erwacht.

Der Mann sendet mit seinem ganzen Körper aus, mit seinen Augen, seinem Gehirn, seinem Mund, seinen Händen und insbesondere natürlich mit dem Organ, das dazu auserschen ist zu geben. Die Frau ihrerseits, ist über ihren ganzen Körper aufnehmend, vornehmlich aber an einer zum Empfangen besonders geschaffenen Stelle. Und niemand kann verhindern, dass sich ein ätherischer Austausch zwischen ihnen vollzieht. Und warum gehen Männer und Frauen gerne gut gekleidet aus? Um Schaufenster zu betrachten, Leute zu sehen? Nein, nicht allein deshalb. Sie wissen nicht, dass ihre Lust auszugehen einen tieferen Grund hat und sie darum so gerne durch Straßen und Anlagen spazieren, um mit anderen Menschen und der Natur in Beziehung zu treten; denn der Austausch mit der Umwelt ist lebensnotwendig.

»Ja, aber« werdet ihr fragen »was ist mit den Asketen, den Einsiedlern, die sich in Höhlen zurückgezogen haben, um weder Männern noch Frauen zu begegnen?« Sie entziehen sich einer bestimmten Art von Austausch und öffnen sich dafür anderen Einflüssen, die weniger greifbar und stofflich sind. Sowie man sich einem Einfluss verschließt, öffnet man sich ganz von selbst einem anderen. Ihr wollt weder hören noch sehen? Dann gehen andere Augen, andere Ohren in eurem Inneren auf, die ganz andere Eindrücke aufnehmen. In dem Moment, da ihr mit euren fünf Sinnen nichts mehr aufnehmt noch aussendet, erwachen in Seele und Geist andere Sinne, damit ihr empfangend und ausstrahlend werden könnt.[1] Wenn manche Eingeweihte dazu rieten, einsam in Wäldern oder Bergen zu leben, dann nicht etwa deshalb, um ihren Schülern zu verwehren, emissiv oder rezeptiv zu sein, sondern damit sie sich zu höheren Ebenen aufschwingen und dabei weiterhin emissiv und rezeptiv bleiben. Man kann nicht umhin, immer abwechselnd aufnehmend oder aussendend zu sein, andernfalls bedeutet das Tod. In ihm hört jeder Austausch auf. Das Leben beruht auf Wechselbeziehungen, und wenn man weiß, wie und mit wem man sie in idealer Weise haben sollte, ist man im Besitz wahrer Lebensweisheit.

Ich sprach bereits schon über die Austausche, die wir mit der festen Materie über die Nahrung, mit der flüssigen über die Getränke pflegen, mit der Luft und den Gasen über die Atmung, und endlich auch mit Wärme und Licht, da die Haut Wärme aufnimmt und die Augen das Licht. Aber diese Austausche sind nicht die einzigen, auf anderen Ebenen besteht die Möglichkeit zu noch vielen anderen.

Leider blieben die Menschen auf der ersten Sprosse der Leiter stehen, und ihre Beziehungen beschränken sich auf die körperliche Ebene. Auf diesem niederen Niveau können diese nicht göttlich sein,

Das männliche und das weibliche Prinzip 145

sie sind von Natur aus die primitivsten. Das reichhaltige Wissen über die Wechselbeziehungen auf den unterschiedlichen Ebenen findet seinen Ausdruck im Symbol der Äolsharfe, mit deren sieben Saiten der Wind spielt... Diese Harfe stellt nichts anderes als den Menschen dar, den Mann sowie die Frau. Jeder hat sieben Saiten, die er zum Schwingen bringen muss. Man darf sich nicht etwa einbilden, man wäre, wenn man sich nur auf die erste Saite konzentriert schon vollkommen glücklich, entfaltet und stark. Mann und Frau sollen keine einsaitigen Musikinstrumente sein, sondern ebenso die sechs anderen Saiten erklingen lassen, die sie besitzen. Sie erfahren dadurch andere ungeahnte Empfindungen und Freuden, eine Fülle, die den Genuss rein körperlicher Kontakte weit übertrifft. Aber das lässt sich mit Worten nicht beschreiben. Man kann Blinden nicht begreiflich machen, was Sonne, Licht und Farben sind. Haben sie diese nicht selbst einmal gesehen und gefühlt, kann man sie ihnen nicht erklären.

Wenn Männer und Frauen zusammen sind, baut sich in ihnen eine Spannung auf, das ist normal, die Natur hat es so gewollt. Es stellt sich nur die Frage, ob eine kleine Spannung schon Grund genug ist, seine Kraft zu vergeuden und zu verschwenden. An diesem Punkt beginnt die Weisheit... oder die Dummheit! Verschwendet der Mensch diese so kostbare Energie bedenkenlos, zeigt dies, wie unwissend er ist. Die Natur beabsichtigte nicht, dass er sich sofort und in irgendeiner Weise der Spannung entledigen solle. Sie wollte die Menschen vielmehr dazu anregen, über das Wie und Warum nachzudenken, damit sie den tieferen Sinn herausfinden und diese Spannung für herrliche Leistungen nutzen, nach oben leiten und im ganzen Körper verbreiten, sodass alle Körperzellen davon durchdrungen und befruchtet werden. Man darf sich nicht mit ihnen beschäftigen, nur weil man ein paar Regungen verspürt, nein, es ist besser, sie nicht zu beachten, sich anderen Dingen zu widmen oder diese Energien woanders hinzuleiten, nach oben, in das Gehirn.

Die Natur schuf die Spannung nicht, damit man sie abschafft. Man will seine Ruhe, hat aber keine Unternehmungslust, keinen Antrieb mehr, weil es keine Spannung mehr gibt. Dies mag wohl in gewisser

Hinsicht ein Vorteil sein, man muss jedoch bestimmte Methoden kennen, um zu verhindern, dass es sich nachteilig auf die Entwicklung auswirkt. Tatsächlich ist Spannung nötig, damit das Wasser bis zum höchsten Stockwerk des Wolkenkratzers aufsteigen kann! Aber zur Lösung dieses so wesentlichen Problems ist es erforderlich, den Menschen in seiner Ganzheit zu erforschen, sich vor Augen zu halten, dass nicht nur sein physischer Körper zufrieden gestellt werden soll. Sicherlich ist es notwendig, ein Gefühl der Entspannung, ein tierisches Wohlsein zu empfinden, denn die Natur hat es so vorgesehen; das darf jedoch nicht so weit führen, dass man einem rein biologischen Gefühl alles andere opfert. Spannung ist unentbehrlich, damit die Energien bis nach oben gelangen. Davon wissen die meisten nichts, sie versuchen sich von der Spannung zu befreien, indem sie sich befriedigen, weil sie sich durch sie bedrängt fühlen. Die Eingeweihten hingegen tun alles, sie so lange wie möglich zu erhalten... bis zu hundertfünfzig, ja zweihundert Jahren! Denn gerade diese Spannung interessiert sie, nicht die Entspannung. Entspannung kann sogar schädlich sein. Wer nämlich nicht weiß, wie er die Sexualenergie ausrichten soll, damit sie Großes leistet, das innere Räderwerk in Bewegung setzt, lässt sie in alle Richtungen entweichen, und sie verursacht viel Unheil.

Lasst uns aber auf die Frage der Wechselbeziehungen zurückkommen. Im Buch der Natur steht, dass ein Mensch nicht rein ist, solange er immer nur nimmt. Reinheit beginnt mit dem Bedürfnis zu geben, auszustrahlen... In dieser überreichen Fülle, in diesem Ausstrahlen ist man rein; kein Gesetz wird einen verurteilen, es verurteilt nur, wenn ihr nehmt, denn dann seid ihr ein Dieb. Die Menschen nennen das Liebe, aber nein, es ist Diebstahl! Ein junger Mann verspürt Hunger und wirft sich auf ein Mädchen, indem er ihr schwört: »Ich liebe dich!« und jeder auf der Welt denkt: »Das ist doch normal, er liebt sie.« Die unsichtbare Welt dort oben aber sagt: »Er ist ein Dieb, er nahm ihr alles weg.« Eignet ihr euch etwas an, indem ihr lediglich einem persönlichen Bedürfnis nachgebt, dann seid ihr ein Dieb. Man darf nicht von dem Verlangen erfüllt sein zu nehmen, sondern nur vom Wunsch zu geben.[2]

Das männliche und das weibliche Prinzip

Es gibt immer einen aussendenden und einen empfangenden Pol, und daraus ergibt sich ein Kreislauf. Halten sich ein Mann und eine Frau umschlungen, gibt er ihr eine Energie, die sie aufnimmt und die an ihrer Wirbelsäule entlang bis hinauf in den Kopf steigt, von wo aus sie diese Energie durch ihren Mund in das Gehirn des Mannes sendet, der seinerseits nun aufnehmend wird. Der Mann empfängt oben und gibt unten, die Frau empfängt unten und gibt oben weiter. Ja, die so zarte, schwache, empfindsame Frau, sie gibt oben. Wüssten die Frauen darum, wären sie in der Lage, die Männer dank ihrer Denkkraft zu verwandeln. Während des Liebesaktes ist die Frau in ihrem Denken sehr stark, weit mehr als der Mann, der leicht den Kopf verliert. Der Beweis dafür ist: Überrascht man ein sich küssendes Pärchen, dann stottert der junge Mann zusammenhanglose Worte, während das Mädchen seine Haltung bewahrt und allerlei gute Gründe vorbringt; sie verliert den Kopf nicht.

Körperliche Beziehungen zwischen Mann und Frau sind an und für sich nicht verwerflich oder sündhaft. Wäre dem so, warum hebt dann die Natur seit Anbeginn der Welt bei allen Lebewesen immer nur dieses eine hervor? Wäre der Geschlechtsakt an sich tadelnswert, wie könnte die Natur ihn dann dulden, hätte der Himmel nicht längst jene vernichtet, die ihn ausüben? Der Akt selbst ist weder schlecht noch gut. Nur die Absicht, die man hineinlegt, macht ihn anstößig oder heilig. Stellen wir einen Vergleich an: Was ist wichtiger: der Wasserhahn oder das Wasser, das durch ihn hindurchfließt? Der Wasserhahn ist vielleicht aus Gold, wenn aber nur schmutziges Wasser aus ihm fließt?... Hauptsache ist, das Wasser ist rein. Ebenso ist eine üble Absicht vergleichbar mit schmutzigem Wasser und eine gute mit kristallklarem und belebendem Wasser. Weder die Liebesgesten noch die Organe sind schuldig. Wichtig ist die Beschaffenheit der Energie, der Ausstrahlung und Quintessenz, die sich verbreiten, welcher Art die psychischen Kräfte sind, die von Mann und Frau während des Liebesaktes ausgehen.

Hat der Mann nichts zur Veredlung seines Charakters und zu seiner Läuterung getan, hat er egoistische und unehrliche Absichten und beschließt er, diesen Akt zu begehen, indem er heiratet, wird ihm wohl jeder zustimmen, ihn beglückwünschen, seine Familie ihm zu Ehren ein Fest veranstalten, Standesamt und Kirche ihm jeweils das Recht und den Segen dazu erteilen, aber die Natur wird ihn verurteilen. Denn was übergibt er seiner Frau? Krankheiten, Laster, schädigende Einflüsse, sonst nichts. Mag auch die ganze Welt sein Handeln befürworten, die Gesetze der lebendigen Natur sprechen ihn schuldig, weil er seine Frau beschmutzt. Umgekehrt, wirft euch vielleicht jeder vor, dass ihr nicht miteinander verheiratet seid. Habt ihr aber die Seele der Frau, die ihr liebt, mit dem Himmel erfüllt und ist sie durch euch ein himmlisches Wesen geworden, so werden alle Engel im Himmel hocherfreut sein.

So wisst denn, meine lieben Brüder und Schwestern, das Gute oder Böse liegt nicht im Befolgen oder Missachten der gesellschaftlichen Regeln, sondern in der Beschaffenheit dessen, was ihr innerlich mit euch führt. Den Eingeweihten ist unwesentlich, ob ein Mann und eine Frau ehelich oder unehelich miteinander leben, sie achten auf das, was einer dem anderen zu seinem Wohl, seiner inneren Entfaltung und geistigen Höherentwicklung zu geben hat. An diese Wertmaßstäbe halten sie sich bei ihrer Beurteilung, denn das ist das Wesentliche. Die Eingeweihten wissen, wie hart die Menschen an sich arbeiten müssen, bevor sie heiraten, wie sie sich reinigen, harmonisieren und vervollkommnen müssen, damit der Himmel sich durch ihre Nachkommenschaft bekundet. Aber auch die Eingeweihten, die keine Ehe eingehen, arbeiten ohne Unterlass an ihrer inneren Reinigung und Erhellung, um Gottheiten zu werden, ungeachtet der Meinung ihrer Umwelt, die jene verachtet, die nicht heiraten. Übrigens, ein Eingeweihter ist in Wirklichkeit nicht unverheiratet. Ich werde später noch darauf zu sprechen kommen, aber ich kann euch jetzt schon sagen, dass viele Eingeweihte Austausch mit den Geistern der Natur pflegten, überaus reinen Wesen wie Elfen, Salamander, Undinen oder Devas... wunderbaren, feinstofflichen Austausch, der sie mit tiefer Beglückung erfüllte.[3]

Ich kann euch diesbezüglich etwas erzählen, das mir selbst widerfuhr. Mehrere Male wachte ich nachts auf, weil ich die Gegenwart von unwirklichen, durchscheinenden Wesen verspürte, die von unbeschreiblicher Schönheit waren. Sie umgaben mich und sahen mich an mit Blicken, die mich in einer unbeschreiblichen Liebe aufgehen ließen. Sie berührten mich nicht, sondern sahen mich unverwandt an, und all ihre Kraft strahlte aus ihren Augen. Noch nie sah ich bei Menschen einen solchen Blick. Er schien von sehr weither, von hoch oben zu kommen. Dies dauerte Stunden... Später wurde mir bewusst, dass diese Wesen Devas waren, die mich aufsuchten, um mir zu zeigen, dass es in der Natur eine Schönheit gibt, die jegliche Vorstellungskraft übersteigt. Dieses Erlebnis wurde mir zuteil, damit ich wenigstens weiß, dass es so etwas wirklich gibt. Die Devas eröffneten mir eine neue Welt. Ich kann euch diese vollkommene Reinheit, dieses Licht, dieses Strahlen und die Farbenpracht nicht beschreiben... Die Göttliche Mutter, die die Tiefe meines Herzens, mein Ideal kennt, meine Seele sieht, sandte diese Devas, damit ich von ihnen lerne. Sie offenbarten mir, was wahre Liebe ist, die körperlicher Äußerung nicht bedarf.

Ihr sagt: »Ja, aber das ist eine Welt der Illusionen.« Nun, was wisst ihr schon darüber?... Und wären es auch Illusionen, ich ziehe sie dem vor, was ihr Wirklichkeit nennt, die zumeist nur grau und trostlos ist. Es ist besser, in der Welt der Schönheit zu leben, in der die Erkenntnisse und Empfindungen, die man erfährt, die Vorstellungskraft übertreffen. Was kann man sich mehr wünschen, als in Reinheit zu leben und sich immerfort dieser Herrlichkeit zu erfreuen, ohne sie triebhaft zu begehren. Ein einziger Blick kann euch mehr Glück vermitteln als alles Übrige. Wer es so weit bringt, dass ein Blick ihm alles gibt, der ist der Vollkommenheit nahe.

Einmal, ich war damals noch sehr jung, sagte Meister Peter Deunov zu mir: »Dir genügt ein Blick!« Diese Worte überraschten mich zunächst, und ich verstand ihren tieferen Sinn nicht. Nachdem ich mich jedoch beobachtet hatte, stellte ich fest, dass sie der Wahrheit entsprachen. Der Meister sah in den Tiefen meiner Natur die Wurzeln und die Struktur meines eigentlichen Wesens, und in einem einzigen Satz hatte er alles zusammengefasst. Mir genügt ein Blick. Später bediente ich mich häufig des Blicks und entdeckte dabei wichtige Gesetze, genauer gesagt entdeckte ich, wie man sich durch richtiges Schauen heiligt, welche Entzückung, welche Seelenweite und Erfüllung ein einziger Blick zu geben vermag. Ich habe mich viele Jahre in diesem Sinne geübt. Es umfasst ein ganzes Wissen, das ich euch bisher noch nicht enthüllte.

Ich habe ein unstillbares Bedürfnis nach Schönheit und will mir dies niemals vorenthalten. Man mag mir sagen was man will, ich werde stets antworten: »Tun Sie was Ihnen gefällt, aber lassen Sie mich in Frieden, mein Weg ist völlig verschieden. Ich leugne nicht, dass Sie ein Heiliger sind, ein fehlerloser Mensch nach alter Väter Sitte, das erkenne ich an, aber lassen Sie mich zufrieden, ich habe einen anderen Weg zu gehen, den Sie nicht kennen. Ich habe meinen Weg gefunden.« Ungeachtet fremder Meinung bewundere ich weiterhin alles Schöne. Es gibt auf der Erde so viel Schönheit, dass es jammerschade wäre, sie nicht anzuschauen.

Man darf sich nicht auf die Schönheit stürzen, um sie zu verschlingen, aber es ist eine wahre Sünde, sie keines Blickes zu würdigen. Wenn die Menschen sie nur dazu verwenden, sich gegenseitig ins Verderben zu ziehen, so ist nicht die Schönheit daran schuld; sie selbst sind nicht genügend darauf vorbereitet und entfachen ein Feuer in sich, das ihrer Unreinheit wegen schwelenden Rauch entwickelt. Schönheit darf den Menschen nicht zu Fall bringen, sondern soll ihn zu Göttlichem führen, ihn in den Himmel emporheben. Ich möchte mich nur von Schönheit ernähren, und ich versichere euch, wenn Gott nicht schön wäre, sondern nur weise, allwissend und allmächtig, so würde ich Ihn nicht lieben. Weil Er aber schön ist, liebe ich Ihn und möchte sein wie Er. Mich zieht nur die Schönheit an, aber eine reine geistige Schönheit, nicht irgendeine. Denn ich habe eine andere Auffassung von Schönheit. Häufig sehe ich da, wo die meisten etwas Herrliches sehen, nur Hässlichkeit, und dort, wo sie nichts Besonderes sehen, sehe ich eine verborgene Pracht.

Das männliche und das weibliche Prinzip

Zu Beginn sagte ich euch, dass dort, wo die Jugend sich gerne trifft, die jungen Männer unbewusst ätherische Strahlen und Partikel in den Raum senden, die von den Mädchen, da sie aufnehmend sind, aufgefangen werden, ohne dass sie es wissen. Ihr Austausch findet also im Ätherischen statt, lange bevor er sich auf körperlicher Ebene vollzieht. Das genügt den jungen Menschen, um sie glücklich zu machen. Es ist nun aber an der Zeit, dass diese Tatsache den Männern bekannt wird, damit sie nur noch reinste Teilchen ausstrahlen, welche die Menschen beleben und heilen können. Die Frauen sollen darauf achten, sich mit einem geistigen Filter zu schützen, um nicht jedes schmutzige Wasser der psychischen Ebene aufzunehmen. Manche sind wahre Schwämme, die alles aufsaugen. Auf diesem Gebiet sollte man viele Regeln kennen, denn wenn die Frauen so häufig an den Organen dieser Körperzone erkranken, dann liegt es daran, dass sie zu viele schädigende Einflüsse aufgenommen haben.

Da dieser ätherische Austausch doch Tatsache ist, warum dann nicht daran arbeiten, dass er sich auch auf göttliche Weise verwirklicht? Weder Heilige noch Propheten, noch große Meister können es verhindern, dass die ewigen Naturgesetze sich in ihnen manifestieren. Selbst die reinsten, heiligsten Wesen haben gewisse Empfindungen, aber sie sind sich ihrer bewusst, und was sie ausstrahlen ist göttlich. Die einzige Sorge des Eingeweihten ist, dass er nur Göttliches ausstrahlt, zum Wohle der ganzen Welt.[4] Man kann weder das Sprudeln der Quelle verhindern noch dem Fluss seinen Lauf verwehren, nur, das Wasser muss rein sein.

Sèvres, 2. Januar 1967

Anmerkungen

1. Siehe Band 6 der Reihe Gesamtwerke »Die Harmonie«, Kapitel 4: »Der Schüler muss die Sinne für die geistige Welt entwickeln«.
2. Siehe Band 11 der Reihe Gesamtwerke »Der Schlüssel zur Lösung der Lebensprobleme«, Kapitel 3: »Vom Nehmen und Geben«.
3. Siehe Band 32 der Reihe Gesamtwerke »Die Früchte des Lebensbaums«, Kapitel 22: »Die Naturgeister«.
4. Siehe Band 207 der Reihe Izvor »Was ist ein geistiger Meister?«, Kapitel 9: »Die universelle Dimension eines Meisters«.

Teil 2

Es wird euch allmählich immer klarer werden, dass es sich bei den verschiedenen Graden der Liebe, über die ich zu euch spreche, immer um dieselbe Kraft handelt, jedoch in unterschiedlicher Ausprägung und dementsprechend anderer Empfindung. Wenn ihr eine Frau umarmt, habt ihr bestimmte Empfindungen, seht ihr sie nur voller Zärtlichkeit an, werden andere Gefühle in euch wach, die physisch vielleicht weniger stark sind, auf subtiler Ebene aber weit intensiver und beseligender sind und in euch eine unbeschreibliche Freude auslösen. Ja, ein Lächeln, ein Blick schon vermag den Menschen in helles Entzücken zu versetzen.

Ich spazierte eines Tages in Paris die Boulevards entlang, einfach so, um mich etwas zu entspannen, denn ich hatte viel meditiert, viel gearbeitet. Viele Menschen gingen auf der Straße, und ich begegnete Hunderten von Gesichtern; selbstverständlich sahen sie mich an und ich sie ebenso. Aber dann kam mir ein junges Paar entgegen, ein sehr junger Mann und ein ebenso junges Mädchen, und im Vorübergehen warf mir dieses Mädchen einen Blick zu, einen unbeschreiblichen, wundervollen Blick, der ganze Himmel strahlte aus ihren Augen, so viel Liebe, so viel Schönheit, so viel Licht, das war atemberaubend, überwältigend. Wer wohl sah mich aus diesem jungen Mädchen an? Denn selbstverständlich war nicht sie es, die mich in dieser Weise ansah, sondern jemand anderes durch sie hindurch, sie selbst war nur ein Instrument. Es kommt häufig vor, dass Wesen aus der unsichtbaren Welt uns ihre Liebe übermitteln wollen, vielleicht unsere Schwesterseele, die sich nicht verkörperte, uns aber begleitet und gelegentlich durch die Augen eines Menschen ansieht... Tagelang konnte ich diesen Blick nicht vergessen. Ihr fragt: »Aber haben Sie denn nicht versucht mit ihr zu sprechen oder sie wiederzusehen?« Nein, denn es gibt Dinge, die ich kenne, von denen ihr aber nichts wisst. Da nicht sie es war, die mir einen solchen Blick zuwarf, wäre ich enttäuscht gewesen, hätte ich nun versucht, sie wiederzusehen, um denselben Blick zu erhalten. Sie selbst hätte nie das auszudrücken vermocht, was ein himmlisches Wesen mir durch sie schenken wollte.

Und glaubt mir, meine lieben Brüder und Schwestern, wenn ihr erlebt, dass jemand euch mit einem solch göttlichen Blick ansieht, lasst es bei diesem Eindruck, lauft nicht hinter dem Menschen her, um erneut denselben Blick zu erhaschen, denn dieser Mensch ist außerstande, ihn in sich selbst zu erzeugen. Ihr kennt die feinstofflichen Bereiche der menschlichen Seele noch nicht. Einen solchen Blick hätte kein Mädchen auf der ganzen Erde mir schenken können, so himmlisch und göttlich war er. Natürlich hätte ich nichts anderes gewünscht, als unausgesetzt so einen Blick zu empfangen, aber es war zu wunderbar, um häufiger zu geschehen. Kein einziger Mensch, weder Mann noch Frau, bleibt von einem himmlischen Blick ungerührt. Und wenn, dann ist er eben ein Stein; selbst wenn er sich für einen Eingeweihten hält, er ist ein Stein, tot. Ein wahrer Eingeweihter ist lebendig, er fühlt, er hat ein feines Empfinden für alles Schöne, verliert die Fassung nicht vor der Schönheit, sondern erfühlt sie. Rein sein bedeutet nicht, zu sein wie ein Stein. Viele Theorien, viele mystische Praktiken sind von abartigen, verformten Anschauungen geprägt, sind Anomalien. Es gilt daher, mit den Blicken etwas auszutauschen, nur darf der Blick nicht herausfordern, er soll freundschaftlich und nicht zudringlich sein.[1]

Sèvres, 1. Januar 1970

Anmerkung
1. Siehe Band 226 der Reihe Izvor »Das Buch der göttlichen Magie«, Kapitel 13: »Der Blick«.

XV

LEERE UND FÜLLE – POROS UND PENIA

Es gibt ein Gesetz, das man beachten sollte, wenn man sein Leben sinnvoll und erfolgreich gestalten möchte. Es ist das Polaritätsgesetz, das auf der Existenz der beiden Pole Männlich und Weiblich, Positiv und Negativ, Ausstrahlend und Empfangend, beruht. Ihr kennt sicher alle den uralten Brauch, demzufolge man einem Fürsten, König oder Weisen bei einem Besuch Geschenke überreicht, seien es Früchte, Vieh oder auch Kunstgegenstände. Begebt ihr euch in Indien zu einem Guru, so müsst ihr ihm Früchte, und sei es auch nur eine Orange oder Mangofrucht, mitbringen; geht nicht mit leeren Händen zu ihm! Denkt an die Heiligen Drei Könige, die dem Jesuskind Gold, Weihrauch und Myrrhe darreichten; obwohl sie selber Könige waren und Weise, kamen sie dennoch mit Geschenken beladen zu ihm, denn sie kannten dieses Gesetz.

Derjenige, der sich fortbewegt, aktiv ist, verkörpert das männliche Prinzip. Der hingegen, der sich nicht rührt und wartet, dass man zu ihm kommt, wie beispielsweise Jesus in der Krippe oder ein König auf seinem Thron, verkörpert das weibliche Prinzip. Immer ist es das männliche Prinzip, das sich in Bewegung setzt, um das weibliche Prinzip aufzusuchen. Darum muss es ihm auch Geschenke bringen, muss innerlich reich sein. Das männliche Prinzip versinnbildlicht die Fülle, das weibliche die Leere, die das männliche mit seinen Gaben reich beschenken soll. Dies ist der tiefere Sinn dieser uralten Überlieferung; er beruht auf einer genauen Kenntnis der Lebensgesetze.

Schon Plato hat dieses Thema im »Gastmahl« behandelt. Sokrates erzählt darin, dass an Aphrodites Hochzeitsfest ein reicher Mann namens Poros (Wohlstand) teilnahm, während an der Tür

Leere und Fülle – Poros und Penia

eine arme Frau namens Penia (Bedürftigkeit) bettelte. Als es Nacht wurde, begegneten Poros und Penia sich im Garten, liebten sich und aus ihrer Vereinigung ging ein Kind hervor, das niemand anderer war als Eros selbst. Die Liebe ist also das Ergebnis, ein Produkt, das Kind der beiden Prinzipien Fülle (oder Reichtum) und Leere (oder Armut). Die Fülle möchte stets ihren Reichtum der Leere bringen. Die Leere ist wie ein Abgrund, ein Schlund, der darauf wartet ausgefüllt zu werden, und die Fülle setzt sich in Bewegung und nähert sich ihm, um ihm das Ersehnte zu geben.* Nehmen wir an, ihr wollt jemanden besuchen. Ihr übernehmt damit die Rolle des männlichen Prinzips und müsst daher die Fülle mit euch führen. Die Hände voller Früchte, Blumen, Geschenke oder in der Seele freundliche Gedanken, herzliche Gefühle, egal was, wichtig ist, ihr geht nicht leer hin. Das weibliche Prinzip nämlich ist nicht sonderlich erbaut von einem, der leer daher kommt, d. h. passiv, nackt und kümmerlich. Die Frau (die Materie) bewundert nur solche, die Reichtum, Fülle und Kraft besitzen. Stellt euch vor, ein Mann geht auf der Straße an einer Frau vorüber und sieht sie mit schläfrigen, glanzlosen Augen an. Meint ihr, sie fühle sich angesprochen und zu ihm hingezogen? Es ist zwar möglich, denn es gibt Frauen, die sich in solche »Mondaugen« verlieben. Im Allgemeinen jedoch bevorzugen Frauen eher einen Mann, der sie mit glühender Leidenschaft betrachtet. Von ihm sagen sie: »Welch ein Mann!« Ein Mann, das bedeutet Reichtum, Fülle, Stärke, Tatkraft und Dynamik. Ja, so steht es im Buch des Lebens, nur muss man wissen, wie man es lesen soll und es verstehen lernen.

Geht ihr zu euren Freunden stets mit leeren Händen, tatsächlich oder symbolisch gemeint, werden sie sich schließlich von euch abwenden; sie werden sich sagen: »Was ist denn das für einer? Jedes Mal wenn er kommt, ist er leer und macht auch mich leer!« Sie werden euch mehr und mehr misstrauen, sich vorsehen, bis sie eines Tages die Türen ihres Herzens, ihrer Seele vor euch völlig verschließen. Auf diese Weise verlieren unkluge Leute ihre Freunde, indem sie nur von

---

* Siehe die ergänzende Bemerkung am Ende des Kapitels.

ihnen profitieren wollen. Geht also nicht zu euren Freunden, wenn ihr wirklich leer seid und ihnen nicht wenigstens einen liebevollen Blick, ein freundliches Lächeln, ein paar herzliche Worte bringen könnt, also wahrhaft lebendige Geschenke. Wenn ihr euch des eigentlichen Sinns bewusst werdet, der in dem Brauch des Geschenkebringens liegt, so habt ihr die Möglichkeit, fortan weiser zu handeln.

Aber gehen wir noch einen Schritt weiter. Wenn ihr einen Eimer nehmt und zu einer Quelle oder einem Brunnen geht, was tut ihr? Ihr spielt die Rolle des männlichen Prinzips. Ihr geht auf ein Ziel zu, wogegen der Brunnen unbewegt an seiner gewohnten Stelle bleibt. Seid ihr bei ihm angelangt, so müsst ihr euch jedoch umpolen, sonst könnt ihr den Eimer nicht füllen. Also identifiziert ihr euch für kurze Zeit mit dem weiblichen Prinzip, werdet empfänglich und der Eimer wird gefüllt. Infolge seiner Unbeweglichkeit ist der Brunnen weiblich, aber seines fließenden Wassers wegen männlich. Auch ihr seid zuerst männlich, weil ihr euch fortbewegt. Da ihr aber euren Eimer zum Füllen bei euch habt, seid ihr zugleich auch weiblich. Das Wasser fließt, füllt euer Gefäß und ihr geht zufrieden nach Hause. Ich höre euch sagen: »Aber das ist doch zu einfach, zu selbstverständlich!« Ja, aber wartet erst ab, was sich aus diesem Beispiel folgern lässt...

Wenn ihr euch zu Gott hinwendet, wie verhaltet ihr euch da? Gott bleibt dort, wo Er ist, Er wartet und stellt so das weibliche Prinzip dar. Ihr hingegen erhebt euch zu Ihm, naht euch Ihm, seid also männlich. In dem Augenblick müsst ihr gefüllt sein, Ihm Gaben darbringen, Ihm euer ganzes Herz, eure ganze Seele weihen und sprechen: »Dein sei alles Herr, was ich habe.« Habt ihr auf diese Weise dem Herrn alles gegeben, so seid ihr leer geworden, also ein weibliches Prinzip. Daraufhin füllt Er, der selbst ein überfließender Brunnen ist, euer Herz, eure Seele, und ihr fühlt euch innerlich reich beschenkt, mit Licht und Kraft gestärkt und kehrt beseligt zurück. So wechselt man von einem Pol zum andern. Ihr müsst euch zunächst aktiv und dynamisch zeigen, d. h. meditieren, eure Gedanken sammeln und euch konzentrieren. Ist euch dies gelungen, dann haltet inne, wie ein Vogel, der sich in die Lüfte schwingt und plötzlich mit weit ausgebreiteten Flügeln reglos

Leere und Fülle – Poros und Penia

durch den Himmel gleitet, hört auf aktiv zu sein und badet nur noch in Frieden, Licht und Stille. Ihr werdet spüren, wie Kraft und Segen sich in euch senken und euch ganz erfüllen. Die Aktivität und die Passivität sind zwei Zustände, deren unterschiedliche Auswirkungen ich geprüft habe. Man muss beide anwenden können. Wer nur die Aktivität kennt, ist fortwährend angespannt, verkrampft und erreicht niemals den Zustand der Entspannung, das Zur-Ruhe-Kommen und des Hochgefühls, in einer neuen Welt zu schweben. Man erreicht aber diesen zweiten Zustand nicht, ohne dass man den ersten Zustand durchschritten hat, um Strömungen auszulösen und in Bewegung zu setzen. Und meint ihr: »Das muss nicht sein, ich bleibe lieber empfänglich«, dann ergeht es euch wie jenen überempfindlichen, allen Einflüssen ausgelieferten Medien, die zugrunde gehen, weil sie das männliche Prinzip nicht entwickelten, das sie zu ihrer Verteidigung, zu ihrer Orientierung in der unsichtbaren Welt benötigen. Ohne zu überlegen setzen sie sich allen möglichen Gefahren aus und werden so zum Opfer all der chaotischen und zügellosen Kräfte in der Natur. Wollt ihr nicht dasselbe Schicksal erleiden, so müsst ihr euch zunächst wie ein Mann benehmen, d. h. aktiv, energisch und dynamisch. Mit gefestigtem Willen ausgerüstet dürft ihr euch danach hingeben, passiv werden, denn die von euch ausgelösten harmonischen Strömungen und Lichtstrahlen schützen euch und verhindern, dass feindliche, schädigende Kräfte eindringen und alles verwüsten.[1] Man muss also gleichzeitig Mann und Frau sein können. Meine lieben Brüder und Schwestern, ich habe euch hiermit eine sehr wichtige Übung gegeben. Vergesst nie, was ich euch heute mitgeteilt habe.

Über Fülle und Leere habe ich noch Folgendes hinzuzufügen. Ihr müsst euch im Klaren darüber sein, dass jede unserer Gesten magisch ist. Folglich, wenn ihr am Morgen jemanden aufsucht, grüßt ihn nicht mit leerem Eimer, leerer Flasche, Tasse oder Korb, denn, ohne es zu wollen, ohne es zu wissen, wünscht ihr ihm dabei Leere, Armut, Erfolgslosigkeit für den ganzen Tag. Ihr sagt wohl: »Aber das ist doch völlig unbedeutend, niemand auf der Welt denkt sich etwas dabei!« Das unüberlegte Handeln der Leute ist noch lange kein Grund, sie nachzuahmen. Lasst sie tun, was sie wollen! Wir hier, die wir die Lebensgesetze erlernen, müssen uns darin üben, bewusst zu handeln, uns zu überwachen und uns in jeder Hinsicht zu beherrschen. Ich bitte euch, nehmt es euch zu Herzen, denn ich wiederhole es schon seit Jahren, und es ist als hätte ich nie darauf hingewiesen. Begrüßt ihr eure Freunde am Morgen, stellt eure leeren Gefäße weit von euch weg, nehmt eines, das gefüllt ist oder füllt euer Herz mit freundlichen Gedanken und Gefühlen und wünscht euren Freunden einen guten Tag. Versteht ihr es, mit den positiven Kräften der Natur im Einklang zu wirken, dann wird man euch lieben, schätzen und achten. Bei manchen Völkern gibt es Frauen, sogenannte Hexen, denen die magische Wirkung leerer oder gefüllter Gefäße wohl vertraut ist und die sich genau in dem Augenblick mit einem leeren Gefäß zeigen, in dem die Person, der sie schaden wollen, aus dem Haus geht. Wenn man das tut, kann man schwere, ja selbst tödliche Unfälle provozieren. So etwas darf man niemals tun, auch nicht unbewusst, vor allen Dingen aber nicht absichtlich; denn die Strafe, die darauf folgt, ist schrecklich. Ich füge noch hinzu: Der Freund, den ihr besucht, darf leere Gegenstände um sich haben, doch ihr, die ihr zu ihm geht, dürft nicht leer sein. Euch obliegt es, alle seine Gefäße zu füllen. Wer irgendwohin geht, andere aufsucht, der muss positiv gepolt sein, muss gefüllt ankommen. Jemand wendet ein: »Ich bin aber doch nicht leer, sondern voller Zorn, voller Vorwürfe, angefüllt mit Rachegedanken und werde all das mit ihm teilen.« Nun ja, es gibt eben Fülle und Fülle... Wir meinen hier nur die lichtvolle, göttliche Fülle... Man kann nämlich auch voller Mist sein, eine Fülle mit sich tragen, die für alle Ewigkeit üblen Geruch verbreitet.

Le Bonfin, im September 1963

Anmerkung
1. Siehe Band 228 der Reihe Izvor »Einblick in die unsichtbare Welt«, Kapitel 4: »Die Hellsichtigkeit: Aktivität und Rezeptivität«.

Leere und Fülle – Poros und Penia

Ergänzende Bemerkung

Die Leere sehnt sich nach der Fülle, um endlich Erfüllung zu finden. Die Fülle wiederum wird von der Leere angezogen, um ihr von ihrer Fülle etwas abzugeben. Es fragt sich nur, ob das je möglich ist, denn die Leere ist unermesslich!... Da nun aber auch die Fülle unermesslich ist, versuchen die beiden seit ewigen Zeiten miteinander zurechtzukommen, und das hält die Welt in Bewegung...

Was aber die menschliche Seele anbelangt, die jungfräulich ist, sie muss aufnehmend, arm und demütig sein, um den Geist Gottes herbeizuziehen und von ihm befruchtet zu werden. Fülle und Fülle stoßen einander ab. Demut hingegen, die Armut bedeutet, ist zugleich ein Reichtum, weil sie den Menschen Gott näher bringt. Gott gegenüber muss man sich demütig verhalten, damit Seine Fülle in uns einzieht. Ist man aufgeblasen, von sich selbst eingenommen und hochmütig, so ist dies nicht möglich. Den Menschen gegenüber ist es anders. Wollt ihr ihnen helfen, oder zumindest vermeiden, von ihnen erdrückt zu werden, so müsst ihr in der Fülle stehen. Also gilt es, vor den Menschen reich und vor Gott arm zu sein.

Le Bonfin, 23. Juli 1963

XVI

DIE LEHRE VON DER LIEBE IN DER EINWEIHUNG

Ja, meine lieben Brüder und Schwestern, wir sollen lieben. »Aber das tun wir doch« werdet ihr sagen, »alle Welt ist dabei zu lieben.« Ich weiß, aber vielleicht sollte die Liebe nicht auf diese Weise verstanden werden. Schon in der Vergangenheit wurde an den größten heiligen Stätten der Einweihung bei den Mysterien gelehrt, dass die Liebe die einzige Voraussetzung zu wahrer Vervollkommnung und wahrer Befreiung ist. Und was aber sieht man heutzutage? Genau das Gegenteil. Die Art und Weise, wie die Menschen die Liebe verstehen und ausüben, erniedrigt sie und schränkt sie ein, und was sie dabei kennen lernen ist die Hölle mit Qualen, Eifersucht, Auflehnung. Sie lernen zwar, aber nur Nachteiliges. Es ist an der Zeit, wieder auf jenes Wissen zurückzukommen, das in den Tempeln der Einweihung gelehrt wurde und dessen ich mich entsinne. Denn ich war damals bereits zugegen; man kann sich nur dann heute damit befassen, wenn einem diese Dinge von früher her vertraut sind.

Ich weiß überdies auch, dass einige, die heute in der Bruderschaft sind, Studien dieser Art in vergangener Zeit betrieben und sie nicht zu Ende führten, weil sie die Einweihungsschulen verließen, um ein anderes Leben zu beginnen; und darauf sind alle ihre Schwierigkeiten zurückzuführen. Um ihr einstiges Wissen wiederzuerlangen, müssen sie erneut nach den Regeln und Gesetzen leben, die damals in den Tempeln gelehrt wurden, weil diese Lebensweisheit nur dann aus der Bewusstseinstiefe aufsteigen kann, wenn man die Vorschriften der Einweihung befolgt und danach lebt.

Die Lehre von der Liebe in der Einweihung

In den Heiligtümern wurde der Schüler darin unterrichtet, in welcher Beziehung er zum Schöpfer, zur gesamten Schöpfung und allen Lebewesen stehen soll. Diese Lehre findet sich zusammengefasst in der Kabbala wieder, jener Lehre vom Schöpfer, der Welt und dem Menschen. Es ist stets dasselbe Wissen, das von einem Zeitalter zum anderen überliefert wird, seitdem der Himmel es durch den Erzengel Rasiel den Menschen vermittelte. Nie hätten Menschen solche Herrlichkeit und unermessliche Fülle zu erfassen vermocht, hätten Erzengel sie ihnen nicht durch die großen Eingeweihten offenbart.

In den Heiligtümern wurde die Liebe gelehrt, wie gesagt. Und zwar zuallererst die Liebe zum Schöpfer, denn ohne sie ist kein geistiger Fortschritt möglich; jeglicher Kontakt, jede Beziehung zur höheren Welt ist abgebrochen, genau als würdet ihr die Leitungen durchtrennen, die euch mit dem Elektrizitätswerk verbinden. Dann brennen eure Lampen nicht mehr, und eure Apparate funktionieren nicht... Darum unterrichteten die großen Hierophanten ihre Schüler zunächst darin, niemals das Band zu durchschneiden, das sie mit der Zentrale, mit dem Herrn, verbindet. Und sie erklärten ihnen, wie man die inneren Apparate und Lichter vorbereitet, wie man sie säubert und reinigt, um dann den Kontakt herzustellen.

Der Kernpunkt dieser Lehre der Liebe wurde im Evangelium niedergeschrieben: »Du sollst Gott deinen Herrn lieben von ganzem Herzen, von ganzer Seele, aus ganzem Gemüte und mit allen deinen Kräften und deinen Nächsten wie dich selbst.« Ja, aber zwischen dem Menschen und dem Herrn gibt es noch etwas anderes zu lieben. Zwischen den Menschen und dem Herrn steht die Welt, d. h. unzählige Regionen mit ihren Bewohnern. Auch hierüber gibt es eine umfassende Wissenschaft, die aufzeigt, wie man mit den Wesen dieser oder jener Ebene in Verbindung tritt, welche Worte man aussprechen, welche Gesten man ausführen soll, mit welchem Duft und welchen Symbolen man sich umgeben und was für Kleidung man tragen soll. Es finden sich in der christlichen Religion nicht viele Bücher, in denen von dieser Hierarchie zwischen den Menschen und dem Herrn die

Rede ist. Wenn Jesus sagte: »Niemand kommt zum Vater denn durch mich«, so erwähnte er damit einen Teil jener in den Heiligtümern unterrichteten Lehre, denn er bezeichnete sich als ein Mittler zwischen dem Herrn und den Menschen, als ein Medium, einen Boten.

Von der Erde bis zum Himmel reicht eine lebendige Hierarchie, und diese Hierarchie wird auch in der Bibel als Jakobsleiter beschrieben. Als Jakob Mesopotamien auf Befehl des Ewigen verlassen hatte, ruhte er sich auf einem Stein aus und schlief ein. Er hatte einen Traum und sah eine Leiter, welche die Erde mit dem Himmel verband und auf der Engel hinauf- und hinabstiegen. Diese Leiter ist nichts anderes als die Hierarchie der Engel, wovon die Kabbala spricht. Sie ist Christus, der Erde und Himmel miteinander verbindet.[1] Selbstverständlich vermag das Wort »Leiter« bei weitem nicht die Herrlichkeit dieser Hierarchie zu beschreiben, aber man ist in der Sprache auf Worte angewiesen, die wenigstens annähernd eine Vorstellung davon vermitteln, was man sagen möchte.

In den Einweihungen war es der Hierophant, der diese Leiter, diesen Mittler darstellte. Deshalb wählten ihn die Schüler, welche die wahre Liebe erforschten, als Ausgangspunkt, um sich von ihm aus bis zur Gottheit zu erheben. Denn die unpersönliche Liebe ist es, die den höchsten Segen bringt. Leider ziehen die Menschen, unwissend wie sie sind, es vor, nicht den Herrn und nicht ihren Lehrer zu lieben, sondern einen Mann oder eine Frau irgendwo, und sollte dies auch ein schlimmes Ende nehmen. Das ist's, was sie gelernt haben. Alle anderen Arten von Liebe lehnen sie ab und konzentrieren sich auf irgendeinen Mann oder irgendeine Frau, indem sie sich sagen: »Hier halte ich doch wenigstens etwas in Händen, hier kann ich mich endlich gütlich tun!« Doch vom Bezahlen, von den Enttäuschungen reden wir lieber nicht. Man hat sich ruiniert, weil man auf etwas vertraute, das auf keinem festen Grund ruhte. Solche Menschen haben keine Beziehung zum Himmel und trachten nicht danach, edle Eigenschaften und

Tugenden in sich zu entfalten. Verlasst ihr euch auf sie, dann ist es, als würdet ihr all euer Hab und Gut auf ein leckes Schiff laden; es geht natürlich unter, und all euer Reichtum versinkt. Genau das geschieht unaufhörlich.

Liebt der Schüler hingegen zuerst den Herrn von ganzem Herzen und aus ganzer Seele, sieht er seinen Lehrer, seinen Meister als Stellvertreter Gottes an, so wird er, von diesen beiden selbstlosen Gefühlen getragen und erleuchtet, den von ihm auserwählten Menschen in völlig anderer Weise lieben, und er kann es tun, ohne dass Gefahr droht und Tragödien folgen. Denn die beiden ersteren, erhabeneren Formen der Liebe, werden ihn vor Schaden bewahren, ihm mit Rat zur Seite stehen als innere Stimme, Klarsicht und weise Vernunft. Damit ist vollkommene Fülle erreicht, weil in allen drei Welten die Liebe waltet. Ohne die beiden ersteren jedoch hinterlässt die menschliche Liebe unvermeidlich Asche, Bedauern und Wunden.

Aber so ist es eben, die Menschen sind blind und verstockt, bilden sich ein, sie könnten sich Gott und ihrem Meister widersetzen, während sie Dummköpfen ihr ganzes Vertrauen schenken... Seht euch das nur an!... Den Herrn, der allmächtig ist, allwissend, und ihren Meister, der ohne Unterlass mit Ihm verbunden ist und nur daran denkt, sie zu erleuchten, ihnen zu helfen – gegen diese beiden müssen sie Widerstand leisten, ihnen die Stirn bieten. Einem Trunkenbold, einem zügellosen Menschen, einem Hochstapler vertrauen sie, geben ihm ihre Seele, ihren Reichtum, aber einem Meister, dem wird misstraut! Dennoch ist er es, der eure Liebe verdient, weil er euch niemals schädigen wird. Selbst wenn ihr ihn liebt und zu ihm sagt: »Hier ist alles, was ich habe, ich schenke es Ihnen« wird er antworten: »Behalten Sie es, ich brauche nichts davon.« Wenn gelehrt wird, ihr sollt einen Meister lieben, dann nicht seinetwegen, sondern für euch selbst; denn dank eurer Liebe werdet ihr weit vorankommen. Diese Liebe kommt euch zugute, nicht ihm; er hat anderes zu tun... So sollt ihr denken. Wenn ich daher sage, ihr braucht einen Meister und sollt ihn lieben, dann muss dies im weitesten Sinn des Wortes aufgefasst werden. Dieser Meister kann auf der Erde oder in der unsichtbaren Welt sein. Man braucht einen Meister, damit man Hilfe hat und aufgeklärt wird, einen hohen, uneigennützigen Meister, einen Diener Gottes...[2]

Es ist notwendig für euch zu lieben, und da ihr Gott und einen Meister lieben dürft, ohne Gefahr zu laufen, wozu dann alles Wertvolle einem Strohkopf oder einer dummen Gans überlassen? Liebt wen ihr wollt, jedoch erst an dritter Stelle; dann wird die Liebe, die ihr für Gott und euren Meister hegt, euch beraten, und ihr seid in Sicherheit. Noch aber seid ihr es nicht, rauft euch Tag und Nacht die Haare und klagt: »Nie hätte ich gedacht, dass er – oder sie – so ist!« Natürlich denkt ihr über nichts nach, denn ihr fragt ja nie jene um Rat, die imstande sind, euch Klarheit zu verschaffen. Dies erstaunt euch? Nun, mich auch. Ich staune jeden Tag aufs Neue, aber mein Staunen ist von dem euren völlig verschieden. Ich bin erstaunt, wie die Menschen denken und handeln!

Le Bonfin, 16. August 1970

Anmerkungen
1. Siehe Band 240 der Reihe Izvor »Söhne und Töchter Gottes«, Kapitel 5: »Gott hat die Welt so sehr geliebt, dass er seinen eingeborenen Sohn gab« und Kapitel 7: »Der Mensch Jesus und das kosmische Prinzip des Christus«.
2. Siehe Band 239 der Reihe Izvor »Die Liebe ist größer als der Glaube«, Kapitel 8: »Wenn ihr nicht werdet wie die Kinder...«.

XVII

LIEBE IST IM GANZEN WELTALL VORHANDEN

Was jeder sucht, ist Liebe und nicht einen Mann oder eine Frau. Der Beweis ist die Tatsache, dass ein Mann seine Frau verlässt (oder eine Frau ihren Mann), weil er die Liebe bei einer anderen fand. Also suchte er nicht die Frau, sondern die Liebe! Findet er sie aber auch bei der anderen nicht, so wird er weiter bei einer dritten... einer vierten danach suchen. Was zählt ist weder die Frau noch der Mann, sondern die Liebe. Wozu würden sie sich sonst trennen? – Nehmt nun an, man hätte die Liebe auf einer höheren Ebene gefunden. Dann würde man sie nicht mehr suchen, weil man sie schon besitzt. Einzig deshalb, weil man wahre Liebe noch nicht erfuhr, sucht man bei einem Mann oder einer Frau nach ihr.

In Wirklichkeit ist die Liebe im ganzen Weltall vorhanden. Sie ist als ein Element, eine Energie im ganzen Kosmos verteilt. Aber die Menschen sind noch nicht imstande, sie mit ihrer Haut, ihren Augen, ihren Ohren und ihrem Gehirn aufzunehmen und begnügen sich damit, sie an einigen kleinen Stellen des Körpers von Mann und Frau, wo sie angesammelt ist, aufzufinden. Sie suchen sie dort, damit sie sich an ein paar kleinen Brocken erfreuen, ohne zu wissen, in welch überreichem Maße die Liebe das ganze Weltall erfüllt.

Liebe ist überall vorhanden, meine lieben Brüder und Schwestern. Dies habe ich von einer Pflanze erfahren. Denn, wie ich euch schon sagte, lerne ich von den Steinen und Pflanzen, von Insekten und Vögeln... In Nizza sah ich einmal eine Pflanze, die einfach so aufgehängt war und ihre Nahrung der Luft entzog. Sie musste ihre Wurzeln nicht in die Erde graben. Ich betrachtete sie lange, und sie sagte zu mir: »Es ist mir gelungen, meine lebensnotwendige Nahrung, die Liebe, aus der Luft zu schöpfen; wozu sollte ich mich dann wie meine Schwestern in die Erde eingraben? Ich habe ein Geheimnis entdeckt, ich entnehme alles der Luft.« Dieses Beispiel öffnet Horizonte, und es beweist, dass auch der Mensch alles was er braucht, anderswo finden kann, als ausschließlich auf der physischen Ebene, wo er es gewöhnlich sucht.

Lassen wir aber die Leute einstweilen an den ihnen vertrauten Stellen suchen. In kommenden Zeiten werden sie jedoch höhere Entwicklungsstufen erreichen und die Liebe, die wie Morgentau überall vorhanden ist, aus der Atmosphäre entnehmen. Denn die Menschen sind wie die Pflanzen. Manche holen sich ihre Lebenskraft aus der Mutter Erde, andere aus der Luft, dem Bereich der Gedanken; andere wiederum aus der Sonne, aus Gott selbst, denn Gott ist Liebe. Aber nehmen wir z. B. den Tau. Er ist nichts anderes als in der Atmosphäre verdampftes Wasser, das erst sichtbar wird, wenn es sich morgens auf den Pflanzen kondensiert. Da nicht jede Pflanze von einem Gärtner gehegt wird, wollte die Natur helfend eingreifen, indem sie allmorgendlich jene hübschen Tröpfchen verteilt, die die Pflanzenwelt am Leben erhalten. So übernahm die Natur die Aufgabe der Pflanzenbewässerung, und jeden Morgen ergießt sie den Tau über die Erde.[1] Ist der Tau nicht eine Art kondensierter Liebe? Und die Strahlen der Sonne, sind sie nicht ausgestrahlte Liebe? Seht ihr, in der Natur ist alles Liebe!

Nehmen wir nun die Atmung. Die Menschen können noch nicht mit allen Poren ihrer Haut atmen, darum ist ihre Atmung auch noch nicht vollständig und ideal. Einigen Yogis indessen ist es gelungen, auch mit ihrer Haut zu atmen und auf diese Weise alle lebensnotwendigen Energien und Stoffe aufzunehmen. Auch ihr könnt euch beim Sonnenaufgang darin üben. Lasst in innerer Sammlung die Sonnenstrahlen durch eure Haut eindringen und speichert sie im Solarplexus. So werdet ihr nach Monaten oder Jahren fühlen, wie kleine Münder, winzige Pforten sich öffnen, die schon immer vorhanden waren; aber die Menschen haben sich noch nie darin geübt, sie in Gang zu setzen. Später, wenn der Mensch anfängt, durch die Haut zu atmen, kann er sogar seinen Bedarf an Nahrung und Getränken einschränken, weil er gelernt hat, sehr viel feinere Substanzen aufzunehmen.

Liebe ist im ganzen Weltall vorhanden

Warum benötigt man denn immer eine Frau oder einen Mann, um Liebe zu fühlen? Von daher kommen alle Begrenzungen und Schwierigkeiten, Unglück und Abhängigkeit. Liebe bedeutet Leben; sie ist unbedingt lebensnotwendig. Selbst die Eingeweihten können ohne Liebe nicht leben; sie suchen nach ihr, sammeln und schöpfen sie überall und verschenken sie dann großzügig weiter. Sie leben fortwährend in der Liebe: atmen Liebe, essen, schauen, denken nur Liebe. Deswegen brauchen sie auch keine Frauen, sie haben die Liebe schon, sie ist in ihnen schon gegenwärtig, sie brodelt und sprudelt in ihnen, erfüllt sie ganz, es ist wunderbar, sie leben vollständig in ihr! Wozu sie dann anderweitig suchen? Sollten sie diese Fülle zerstören, um glühende Kohlen auf ihrem Haupt anzusammeln? Ich bin kein Gegner der Liebe, im Gegenteil, ich sage nur, man soll lernen, sie überall aufzunehmen und zu empfangen. Mir wird sie von allen Seiten zuteil, sogar von euch erhalte ich sie. Wenn ihr nur wüsstet, wie reich ihr mich mit Liebe beschenkt!

Ihr sucht nach der Liebe, gut, nur sucht ihr sie stets da, wo jeder sie sucht, an jenen altbekannten, vererbten Stellen. Aber da befindet sich nur ein Teil von ihr, ein ganz klein wenig, einige Partikelchen, die nicht ausreichen, um wirklich den Hunger und Durst derer zu stillen, die nach einem ganzen Ozean dürsten. Also müssen sie sich noch anderswohin wenden. Es ist wie beim Tau. Bevor er sich auf Bäume, Blumen und Gräser niederlässt, ist er bereits in der Luft vorhanden. Was man auf physischer Ebene findet, lässt sich woanders in viel reinerem Zustand wiederfinden. Alle Elemente, die heute konkret und sichtbar sind, waren ursprünglich von ätherischer Beschaffenheit und haben sich erst später verdichtet. Zunächst waren sie gasförmig, wurden dann zu Wasser und schließlich zu Erde. Warum sie dann nicht dort suchen, wo sie licht und fein sind, anstatt in den niederen Schichten, wo sie mit allerlei Unreinheiten vermischt sind?[2] Aus dieser Überlegung heraus entdeckten die indischen Yogis, dass man dank der Atmung die zur Gesunderhaltung nötigen Stoffe aus dem Prana entnehmen kann. Ja, sogar die westliche Medizin hat endlich festgestellt, dass die feinstofflichen Elemente wie Vitamine und Hormone für die Gesundheit am wichtigsten sind.

Lernt auch ihr es, die Liebe aus dem Ätherbereich zu schöpfen, denn dort ist ihre Heimat! Es werden euch nicht nur ein paar Tautropfen zuteil, sondern ein ganzer Ozean, aus dem ihr trinken könnt so viel ihr wollt, niemand wird es euch zum Vorwurf machen. Wenn ihr aber auf den Rasen eures Nachbarn lauft, weil ihr keinen Garten habt und man euch sagte, wie wohltuend es ist, barfuß im Tau zu gehen, werdet ihr schon sehen, was euch blüht. Lasst daher die Tautropfen und wendet euch dem Ozean zu... Für ihn braucht ihr nichts zu bezahlen; unermesslich breitet er sich vor euch aus, unendlich, unerschöpflich! Allerdings liegt er etwas höher. Aber sobald ihr ihn erreicht, flutet er in euch ein und gibt euch die Fülle.

Natürlich ergeben sich auch hieraus Probleme. Denn käme jemand zu mir und fragte: »Soll ich nun die Beziehungen zu meiner Frau völlig und für immer abbrechen, weil ich diese höhere Liebe erfahren möchte, von der Sie sprechen?« so würde ich erwidern: »Lieber Freund, so einfach lässt sich die Frage nicht beantworten, denn die Angelegenheit ist sehr heikel. Sie müssen sich mit ihrer Frau einigen; auch sie muss damit einverstanden sein. Sie haben das Problem gemeinsam mit ihr zu lösen, sonst führt das nur zu Tragödien.« Und wessen Schuld wäre es? Meine. Wen klagte man an, Ehepaare auseinanderzubringen, Familien zu zerstören? Mich. Ich werde immer wieder falsch verstanden, denn niemand weiß, wie er sich verhalten soll. Zunächst müssen Mann und Frau miteinander übereinkommen und erst dann können sie Schritt für Schritt vorgehen und nicht gleich alle Beziehungen abrupt auf einmal abbrechen. Die wenigsten sind bereit, ihr Leben von einem Tag auf den anderen umzustellen; alle anderen würden nur gesundheitlichen Schaden davontragen. Man sollte es machen wie jene, die den Entschluss fassen, das Rauchen aufzugeben. Stellt euch jemanden vor, der drei Schachteln Zigaretten pro Tag raucht; lässt er es plötzlich sein, so leidet er derart darunter, dass er zwei Tage später wieder zu rauchen beginnt. Gibt er das Rauchen jedoch allmählich auf, so hat sein Organismus Zeit sich umzustellen, und das Problem ist nach einiger Zeit ganz gelöst. Ja, man muss auf jedem Gebiet wissen, wie man vorgehen soll.

Liebe ist im ganzen Weltall vorhanden

Man darf mich also hinterher nicht beschuldigen und sagen: »Seitdem ich dieser Lehre folge, bin ich der unglücklichste Mensch der Welt.« War man vorher denn glücklich? Ich glaube nicht. Dem Anschein nach vielleicht; denn solange man keine Anstrengungen macht, lebt man ruhig dahin... Aber unterdessen häufen sich Unreinheiten an, und eines Tages wird man auf die eine oder andere Art leiden. Beschließt man hingegen sich zu reinigen, so ist man anfangs wohl unglücklich, weil man dabei einen ganzen Aufruhr in sich auslöst; dafür ist die Besserung aber auch endgültig. Das gilt es recht zu verstehen. Im ersten Fall bereitet sich unter scheinbarem Glück und Wohlbehagen in Wirklichkeit der Verfall vor. Wer den Naturgesetzen zuwider lebt und behauptet: »Ich fühle mich wohl, es geht mir gut«, der täuscht sich selbst. Er gleicht einem Haus mit schöner Fassade, dessen Balken bereits von Würmern zerfressen sind. Noch steht es, aber eines Tages... Verlasst euch also nicht auf das Äußere. Seit ihr dieser Lehre beigetreten seid, hattet ihr vielleicht ein paar Unannehmlichkeiten durchzustehen, aber das ist noch lange kein Grund umzukehren.

Ähnlich ergeht es Leuten, die sich vornehmen zu fasten. Bei der ersten Unpässlichkeit, wie Kopfweh, Herzklopfen usw... bekommen sie es mit der Angst zu tun und wollen nicht weiterfasten, weil sie sich vorher viel wohler fühlten. Sie wissen nicht, dass das Fasten wie eine Diagnose ist, die ihnen die Schwachstellen ihres Organismus aufzeigt, jene Stellen, wo sich die Schlacken angesammelt haben. Man sollte eine Fastenkur nicht wegen dem bisschen Übelsein abbrechen. Natürlich sollte man auch nicht gleich beim ersten Mal fünf oder sechs Tage hintereinander fasten. Auch daran muss der Körper erst gewöhnt werden. Fastet zunächst nur einen Tag, später zwei Tage... dann drei Tage... Man muss vernünftig bleiben und die Vorgehensweise genau kennen. Wer sich von äußeren Einzelheiten abschrecken lässt oder nicht weiß, wie er handeln soll, der wird immer falsche Schlüsse ziehen.[3] Echte Freude liegt nicht in körperlichen Beziehungen. Betrachtet beispielsweise zwei verliebte junge Leute zu Beginn ihrer Beziehung. Sie haben sich noch nicht geküsst, aber in welcher Freude und wie inspiriert leben sie! Vom Erwachen bis zum Schlafen beschwingt sie der Gedanke, dass es den anderen gibt, dass man ihn wiedersehen, mit ihm sprechen wird, und sie werden zu Poeten. Sie schreiben einander ein paar Zeilen und schenken sich Rosenblätter, die wie ein Talisman für sie sind. Doch sobald sie sich küssen, miteinander schlafen, ist es aus mit all dem Feinen; sie freuen sich nicht mehr wie zuvor, denken nicht mehr aneinander wie zuvor. Unstimmigkeiten tauchen auf, es wird abgerechnet. Vorher lebten sie wie im Paradies. Warum zögerten sie diese Zeit denn nicht länger hinaus?

Ich weiß, dass ihr mir entgegenhaltet, dass man sich auf die Dauer doch nicht mit homöopathischen Mengen, mit Lächeln und Worten nähren kann, man braucht etwas Handfesteres. Nun gut, nur seid dann nicht überrascht und werft niemandem etwas vor. Löffelt eure Suppe aus, die ihr euch eingebrockt habt. Wenn ihr nicht in Licht und Poesie leben wollt, weil ihr etwas Handfesteres braucht, bin ich nicht dagegen, nur warne ich euch. Es ist meine Pflicht, zu euch von der anderen, so viel höheren Stufe der Liebe zu sprechen! Sie ist mit Worten nicht zu beschreiben... Alles verblasst neben dieser erhabenen Liebe, die von nichts und niemandem abhängig ist, in der ihr immerfort leben dürft und die alle Geschöpfe umfasst. Ja, alle, mitsamt ihren Fehlern, alle werden schön und liebenswert, und ihr empfindet Liebe für sie.

Sèvres, 11. Januar 1970

Anmerkungen

1. Siehe Band 241 der Reihe Izvor »Der Stein der Weisen«, Kapitel 12: »Der Mai-Tau«.
2. Siehe Band 10 der Reihe Gesamtwerke »Sonnen-Yoga«, Kapitel 1: »Surya-Yoga – Die Sonne, Mittelpunkt des Universums – Alles was auf Erden besteht, ist im ätherischen Zustand in der Sonne enthalten«.
3. Siehe Band 204 der Reihe Izvor »Yoga der Ernährung«, Kapitel 7: »Das Fasten«.

XVIII

WIE KANN MAN DEN BEGRIFF DER EHE ERWEITERN?

Teil 1

Die meisten Menschen sind so begrenzt in ihrer Liebe, dass sie außer ihrem Ehepartner die ganze Welt vergessen, nichts außer ihm existiert mehr für sie, und übrigens sind auch sie selbst nirgendwo zu finden; sie sind selbst irgendwo im Raum verloren. Die Menschen sind noch nicht an eine erweiterte Auffassung der Liebe gewöhnt. Sie setzen sie herab, machen sie klein und armselig, entstellen sie. Es ist keine göttliche Liebe mehr, die hervorsprudelt und alle Lebewesen labt. Die wahre Liebe umfasst alle Geschöpfe, sie schlägt nicht Wurzeln bei einem Einzelnen, begrenzt sich nicht. Nur, was werden jene sagen, deren Ehepartner auf einmal alle Menschen zu lieben beginnt? Sie werden sagen, unsere Lehre unterstütze alle möglichen Anomalien, und anstatt sich zu befreien, halten sie weiterhin stur an ihren alten Ansichten fest. Nun denn, sollen sie darin verharren!

Unsere Lehre ist für die bestimmt, die nach einem neuen Leben suchen, weil sie sehen, dass ihre alte Lebensweise sie weder schützen und retten noch glücklich und frei machen kann, damit sie sich in den Himmel begeben können. Es ist schon längst gefunden, dieses neue Leben und wartet auf die Menschen. Man konnte es ihnen nur noch nicht offenbaren. Dies war bisher noch nicht möglich, weil sie dafür nicht aufnahmefähig waren. Also mussten sie in ihren Fesseln bleiben, da sie sonst mit den neuen Erkenntnissen nur Schaden angerichtet hätten. Solange die Menschen noch roh und primitiv waren, durfte ihnen nur wenig Freiheit gelassen werden, und darum gab man ihnen einen Partner, was sie daran hinderte, allzu viele Dummheiten anzustellen. Diese Lehre ist nicht für jedermann, sie ist nur für denkende Menschen, für Seelen, die ihre Freiheit nicht missbrauchen.

Ihr dürft mich aber nicht falsch verstehen. Ich habe niemals gesagt, man solle nicht heiraten und Kinder haben, ich habe nur gesagt, Mann und Frau sollte eine erweiterte Auffassung der Liebe gelehrt werden, weniger besitzergreifend und eifersüchtig zu sein. Der Mann wird sich freuen, dass seine Frau alle Menschen liebt, und sie wird über die Weitherzigkeit ihres Mannes beglückt sein, aber beide bleiben innerhalb der Grenzen von Vernunft und Reinheit. Auf diese Weise bleibt die Ehe in ihrer heiligsten Grundform und ihren Regeln erhalten, und beide, Mann und Frau, werden durch ihr erweitertes Bewusstsein sehen, wie engstirnig sie bisher gewesen sind; dass sie nunmehr ihr Herz öffnen und allen Geschöpfen ihre Liebe entgegenbringen müssen, ohne die Gesetze der Treue und Vernunft zu übertreten.[1]

Das ist die wahre Lösung. Wir sind nicht gegen die Heirat, befürworten nicht die wilde Ehe wie es sie in manchen Ländern gibt. Allerdings erkannten sie nach einigen Erfahrungen auf diesem Gebiet, dass diese Neuerung nicht die beste war und kamen auf die altbewährte Form zurück, anstatt eine dritte, die richtige, herauszufinden. Komischerweise fallen die Leute immer von einem Extrem ins andere und finden nie die dritte Lösung! Zu jedem Problem gibt es eine dritte Lösung, nach der ich stets suche... Auch in der Liebe und dem Verhalten, das man ihr gegenüber einnehmen soll, gibt es eine dritte Lösung. Solange die Menschen diese nicht kennen, sind sie weiterhin unzufrieden. Jene, die beschlossen haben, ledig zu bleiben, fühlen, dass ihnen etwas fehlt und bedauern manchmal, nicht verheiratet zu sein. Und die Verheirateten sind ebenfalls nicht glücklich und bedauern geheiratet zu haben. Also hat keiner den richtigen, den dritten Weg gefunden. Haben die Menschen einmal diese dritte Lösung gefunden, dann werden sie, was immer sie tun, ob sie heiraten oder nicht, stets in Glück und Fülle leben.

Der Ehestand darf nicht aufgehoben werden. Er besteht seit so vielen tausend Jahren, dass durch seine Abschaffung eine unüberbrückbare Kluft entstände und alle möglichen Wirren ausgelöst würden. Nehmen wir an, alle sagten: »Die Familie hat keinen Wert, der Mensch soll sich frei mit irgendwem zusammentun dürfen... Freiheit über alles!« Man müsste nach einiger Zeit feststellen, dass in jeder Hinsicht, sowohl physisch als auch im sozialen, wirtschaftlichen und psychischen Leben, verheerende Folgen auftreten und würde schleunigst die Familie wieder einsetzen. Nach einiger Zeit hat man genug davon, führt wieder einen lockeren Lebenswandel, gibt sich Ausschweifungen hin, bis man ausgelaugt, erschöpft und angeekelt ist und sich einmal mehr sagt: »Die Familie hat doch Vorteile...« und so geht es unaufhörlich weiter, von einem Extrem ins andere, bis man endlich die dritte Lösung entdeckt. Dieser dritte Weg ist weder in der Familie noch in der freien Liebe zu finden; er entstammt der Vernunft und ist die Erkenntnis, dass es andere Aspekte der Liebe gibt, eine andere, wunderbarere Art und Weise, sie zu leben, andere Ausdrucksformen, weit reichendere und reinere, wobei Mann und Frau versuchen, voneinander eine edlere und erhabenere Auffassung zu haben und sich gegenseitig Freiheit schenken.

Die meisten Menschen sind dieser neuen Einstellung der Liebe gegenüber unfähig. Zu viel Althergebrachtes lehnt sich in ihnen dagegen auf. Wenn aber zwei wahrhaft hochstehende Menschen eine Ehe schließen, schenken sie einander von vornherein diese gegenseitige Freiheit. Jeder der Partner ist erfreut, alle Menschen lieben zu dürfen, doch ohne dies zu missbrauchen. Die Frau versteht ihren Mann, der Ehemann seine Frau, und beide wachsen, schreiten gemeinsam zum Himmel hinan und werden immer lichtreicher und strahlender, denn sie kosten das wahre, unbegrenzte Leben. Das ist die beste Lösung. Findet ihr die Frau oder den Mann nicht, die euch diese Freiheit lassen, sondern euch im Gegenteil dauernd zu begrenzen trachten, dann ist es vorzuziehen, keine Ehe einzugehen und sich die Freiheit zu bewahren, die lieben zu dürfen, die einem gefallen, ohne dass jemand einem dieses Recht streitig macht. Menschen mit einer so engherzigen, selbstsüchtigen, besitzergreifenden Wesensart sind es nicht wert, dass man sich an sie bindet, um dann sein Leben lang täglich die Hölle zu erleben.

Le Bonfin, 15. August 1962

Anmerkung

1. Siehe Band 231 der Reihe Izvor »Saaten des Glücks«, Kapitel 19: »Der Garten von Seele und Geist«.

Teil 2

Ich habe noch niemandem, der reich werden möchte, dies zum Vorwurf gemacht. Ich halte es für normal und habe nichts dagegen einzuwenden; es ist vernünftig und durchaus richtig, Reichtümer erwerben zu wollen. Auch ich strebe danach. Also sind wir einer Meinung. Ihr sucht nach Reichtum und ich auch. Nur frage ich mich, ob ihr, wenn ihr ihn erworben habt, dann auch restlos glücklich und zufrieden seid. Solange ihr nämlich nicht nach jenem Reichtum trachtet, von dem Christus sprach, als er sagte: »Sammelt euch Schätze im Himmel...«[1] ist nichts Nennenswertes euer Eigen. Der Herr selbst legte in die Menschen jenen Hang, Schätze anzuhäufen. Der Unterschied liegt jedoch darin, dass sie unten im Materiellen suchen, anstatt diese Schätze oben zu suchen.

Und wenn ihr, meine lieben Brüder und Schwestern, den Reichtum in euch selbst sucht (denn »in euch« oder »oben« besagt dasselbe) und ihn findet, so fühlt ihr euch vollkommen zufrieden, reich, glücklich und frei. Den anderen ist es wohl kaum so zumute. Also muss man den Menschen sagen: Ihr wünscht euch Reichtum, das ist wunderbar, aber versucht, diesen Wunsch ein bisschen höher auszurichten! Und was die sinnliche Liebe anbetrifft... Wer legte in die Menschen den Trieb, nach einer Frau oder einem Mann zu suchen? Auch das war der Herr. Leider wird dabei aber nur das Physische in Betracht gezogen, und hat man endlich einen Partner gefunden, ist man trotzdem nicht glücklich.

Wie kann man den Begriff der Ehe erweitern?

Alle Menschen wollen Liebe, das ist normal und legitim, aber sie sollten sich fragen, ob man sie nur auf einer einzigen Ebene suchen soll oder nicht auch in höheren Bereichen. Jawohl, tretet ihr mit dieser Einstellung an die Frage heran, so werdet ihr von nun an die Lösung vieler Probleme finden und euch viel Kummer und Trübsal ersparen. Es ist nichts Verwerfliches daran, wenn man die Liebe im Körperlichen sucht, vorausgesetzt, man betrachtet dies als den Ausgangspunkt, die Liebe in ihrer wahren Gestalt in immer höheren Sphären zu entdecken. Ich weiß, ihr sucht eure Schwesterseele; jeder sucht sie, nur ich nicht. Warum? Weil ich sie gefunden habe. Nun seid ihr wohl neugierig darauf, zu wissen, welches junge Mädchen hier... Oh nein, hier nicht. Meine Schwesterseele sind alle Frauen auf der Erde. Mit einer einzigen hat man nur Scherereien, mit allen hingegen besteht keine Gefahr. Alle Frauen der Erde, wie gesagt, sind meine Schwesterseele. So sehe ich diese Frage. Oben bilden alle Frauen zusammen eine einzige Frau. Dort gibt es nur einen Mann, nur eine Frau. Adam Kadmon und seine Gemahlin, die auf der Erde durch unzählige Männer und Frauen in Erscheinung treten. Aber in Wirklichkeit gibt es nur eine einzige Frau, und diese Frau ist meine Schwesterseele. Ihr fragt: »Zähle ich auch dazu?« Selbstverständlich, alle sind in meiner Schwesterseele inbegriffen.

Wer glaubt, seine Schwesterseele gefunden zu haben, fand in Wirklichkeit nur eine Widerspiegelung dieser Schwesterseele oben, das ist noch nicht sie selbst, sondern nur das Abbild von ihr in einer Frau oder in einem Mann. Der Beweis ist, dass alle Frauen auf der ganzen Erde nur einen kleinen Teil der Schönheit der Kosmischen Frau zum Ausdruck bringen, eine Spur, eine Nuance. Die eine die Haut, die andere die Augen, das Haar... All die auf alle Frauen verteilte Schönheit ist die Schönheit einer einzigen Frau, der Kosmischen Frau, der Göttlichen Mutter, in der alle Herrlichkeit und Vollendung zusammengefasst ist. Wenn ihr also vollkommene Schönheit wollt, so schwingt euch auf zur Göttlichen Mutter, die der Inbegriff aller Herrlichkeit und aller Tugenden ist. Ebenso spiegeln auch alle Männer einen Teil der Schönheit und Kraft des Himmlischen Vaters wider, die einen mehr, die anderen weniger. Liebt man daher nur einen Mann oder eine Frau, kann man nie wunschlos glücklich sein, denn in ihr oder in ihm ist nicht alle Schönheit zusammengefasst.

Natürlich darf das, was ich hier darlege, euch nicht dazu verleiten, alle Menschen zu vernachlässigen, um nur allein den Himmlischen Vater und die Göttliche Mutter zu lieben. In einer Familie beispielsweise ist der Vater Sinnbild des Himmlischen Vaters, und ihr sollt ihn deshalb lieben und als Mittler betrachten, der euch Gott näher bringt. Und habt ihr einen geistigen Lehrer, einen Meister, so ist auch er ein Stellvertreter des Himmlischen Vaters, und indem ihr euch mit ihm verbindet, gelingt es euch besser, zum Göttlichen hinzugelangen.[2] Macht euch aber keine falsche Vorstellung. Er kann euch zum Himmlischen Vater hinführen, ist selbst aber nicht der Himmlische Vater. Wichtig ist, wie man die Dinge einschätzt. Wesen wie Jesus oder Buddha können uns helfen, schneller zum Himmlischen Vater zu finden, weil sie die Rolle eines Mittlers besser erfüllen als ein Familienvater zum Beispiel, denn wie viele von ihnen sind ihrer Aufgabe gewachsen? In symbolischer Hinsicht jedoch ist nichts gegen ihn einzuwenden. Mag er auch ein Trunkenbold sein, Analphabet und ungebildet, er ist der Vater und vertritt den Himmlischen Vater in der Familie. Auch die Mutter, wenngleich ein Haustyrann, eine Megäre, das macht nichts, sie repräsentiert (wenn auch in denkbar schlechtester Form) die Himmlische Mutter.

Glaubt nicht, es werde es keine Liebe und Heirat mehr geben, wenn sich die wahre Lebensweisheit verbreitet. Ganz im Gegenteil, gerade dann werden die Menschen einander wahrhaft lieben, weil sie den tieferen Sachverhalt der Dinge kennen. Oder bildet ihr euch etwa ein, es sei vernünftig, einen Gecken zu lieben und um seinetwillen die ganze übrige Welt zu vergessen, sich vorzustellen, er sei das Einundalles, nur weil er ein hübsches Bärtchen hat und die Sterne vom Himmel verspricht? Das Bedürfnis zu lieben ist naturgewollt, nur sollte man wissen, worauf man diese Liebe konzentriert, auf wen und in welcher Weise. Heiratet, habt Kinder und seid eurem Ehemann treu, aber gebt euch keinen Illusionen hin. Ehemann und Kinder geben euch nur so viel, wie sie geben können.

Ich kenne nur einen Weg, habe nur diesen einen erforscht: die Macht der Liebe. Es ist wesentlich zu wissen, wie man lieben soll, denn bis zum Gipfel führt uns nur die Liebe, nichts sonst. Hysterie, Neurosen und Depressionen sind stets Folge einer falschen Einstellung der Liebe gegenüber, deren Energien verkehrt gelenkt, unrichtig geschaltet und ausgerichtet wurden. Immer wieder soll die Liebe höher geleitet werden, von Stufe zu Stufe in stets erhabenere Bereiche, bis sie endlich die Regionen des Himmlischen Vaters und der Göttlichen Mutter berührt.

Sèvres, 31. Dezember 1963 (vormittags)

Anmerkungen

1. Siehe Band 2 der Reihe Gesamtwerke »Die spirituelle Alchimie«, Kapitel 5: »Sammelt euch Schätze...«.
2. Siehe Band 10 der Reihe Gesamtwerke »Sonnen-Yoga«, Kapitel 5: »Alle Geschöpfe haben ihr Zuhause – Der Rosenkranz der 7 Perlen« und Kapitel 6: »Der Meister im Rosenkranz der 7 Perlen – Jedes Geschöpf soll eine Wohnstätte haben und sie schützen – Die Aura«.

Teil 3

Ich sprach heute Morgen von jener großen Universalseele, der Göttlichen Mutter, deren Abbild alle Frauen sind. Ich habe nicht gesagt, die Männer sollten nur die Göttliche Mutter durch alle Frauen der Erde lieben und nicht mehr heiraten, denn dazu sind nur die wenigsten imstande. Die meisten können nur eine Frau auf einmal lieben, zumindest für eine gewisse Zeit. Nun, es ist sehr lobenswert, nur eine Frau zu lieben, aber warum nicht in dieser einen zugleich alle anderen auf der Erde sehen? Ihr wendet ein, wenn ihr eurer Frau sagen würdet: »Liebling, ich sehe in dir alle Frauen der Welt«, wird das schief gehen. Das mag schon sein, aber wenn man auch alle Frauen darin unterweist, in ihrem Ehemann alle Männer zu sehen, ist ein Ausgleich geschaffen. Ich weiß sehr wohl, infolge der heute vorherrschenden, noch sehr unzulänglichen Bildung und Erziehung ist das sehr schwierig, aber mit der Zeit, der entsprechenden Unterweisung und Erziehung wird es möglich. Männer und Frauen werden in ihrer Liebe nicht mehr so eifersüchtig, begrenzt und ichbezogen sein. Warum ist übrigens ein Mann eifersüchtig? Weil er von nichts weiß. Ich kann es euch beweisen. Seht, ein Mann und seine Frau sind zusammen und dank seiner Unwissenheit ist er ruhig. Denn wenn er wüsste, was in ihrem Kopf alles vorgeht, was da alles aus- und eingeht und etwas mitnimmt! Überdies steht diese Frau auch noch mit den Wesen der Erde, des Wassers und der Luft in Verbindung. Und sieht sie zur Sonne auf, wie viele Engel steigen da herab und hinauf, küssen sie und reichen ihr Geschenke! Der Mann aber, der Dummkopf, sagt nichts, weil er nichts sieht. Falls ihr aber körperlich jemand nahe kommt und sie berührt, greift er sogleich zur Flinte... Auch mit ihm verhält es sich so, wenngleich nicht so häufig, weil der Mann psychisch weniger aktiv ist als die Frau und weniger mit den Wesen der unsichtbaren Welt in Verbindung steht.

Es ist mir völlig klar, dass diese Lebensanschauung gegenwärtig bei den Menschen keinen großen Anklang findet, denn sie waren seit Jahrhunderten und Jahrtausenden bemüht, eine bestimmte Ordnung zu errichten, und wer sie nun von ihren alten Überlieferungen lösen will, läuft große Gefahr. Aber ihr, meine lieben Brüder und Schwestern müsst wissen: Wenn ihr frei, glücklich und nutzbringend, im Unendlichen leben wollt, müsst ihr versuchen, die Schönheit, den Liebreiz aller Frauen in einer Frau zu finden, die oben ist. Denkt euch ein unsäglich schönes, ausdrucksvolles Bild aus, das alles enthält an Farben, Musik, Düften, Lieblichkeit, das ganze Leben[1]... Natürlich wird dies die Schüler, ob Mann oder Frau, nicht daran hindern, auch noch andere Menschen zu lieben, aber weil ihr Herz, ihre Seele ganz erfüllt ist von Achtung, Liebe und Bewunderung alles Himmlischen, sind sie vor Versuchungen und Fehltritten geschützt. Beschließen sie eines Tages dennoch eine Ehe einzugehen, werden sie – dessen bin ich absolut sicher – mit dieser himmlischen Lebensanschauung sehr viel freier, in Frieden, Licht und Freude sein.

Hängt ihr mit ganzer Liebe an einem einzigen Mann, so ist dieser natürlich sehr stolz und glücklich darüber, dass ihr ihm wie eine Sklavin ergeben seid und nicht ohne ihn leben könnt. Es bleibt aber dahingestellt, ob ihr selbst dabei glücklich seid. Und ist das Gegenteil der Fall und der Mann ist der Frau hörig, völlig von ihr abhängig und ihr Sklave, schmeichelt dies natürlich ihrer Eitelkeit, dass ein Schwachkopf nicht ohne sie sein kann; ist dies nun aber für einen Mann wirklich wünschenswert? Seit Jahrtausenden haben es Männer und Frauen nur so weit gebracht, sich aneinander zu ketten wegen ihrer Eitelkeit. Mag es auch der Wahrheit und sogar dem gesunden

Menschenverstand widersprechen, sie sind zufrieden, ihre Personalität kommt auf ihre Kosten, was gilt dann schon Wahrheit oder Verstand? Männer sowohl als auch Frauen werden tyrannisch und grausam. Sehen die Menschen in dieser Hinsicht klarer, wird sich die Sachlage ändern. Ihr sagt: »Das ist ja das Ende der Familie, das ist Unordnung und Anarchie!« Ganz und gar nicht, denn diese Liebe ist die wahre Liebe, die nicht auf dieser Stufe stehen bleibt und dort untergeht, sondern weiterschreitet, alles bewässert, erblühen lässt und bis zum Herrn aufsteigt. Mann und Frau verstehen einander, arbeiten gemeinsam als Verbündete, es ist keine Eifersucht zwischen ihnen und sie haben einen segenbringenden Einfluss auf die ganze Welt.

Sèvres, 31. Dezember 1963 (abends)

Anmerkung

1. Siehe Band 28 der Reihe Gesamtwerke »Die Pädagogik in der Einweihungslehre, Teil 2 und 3«, Kapitel 3: »Die gestaltende Vorstellungskraft«.

XIX

DIE SCHWESTERSEELE

Jeder Mensch hat eine Schwesterseele. Zu der Zeit, da er als Flamme, als Feuerfunke aus dem Schoße des Schöpfers hervorging, war er zwei Wesen in einem, und diese beiden Teile ergänzten sich vollkommen. Jedes war die absolute Hälfte des anderen. Diese beiden Hälften sind nun voneinander getrennt, jede begab sich in eine andere Richtung, und sie entfalten sich nun getrennt weiter. Sie können einander im Laufe ihrer Entwicklungsphasen wiedererkennen, weil jede das Bild der anderen in den Tiefen ihrer Seele trägt, jede von ihnen hat der anderen ihr Siegel aufgeprägt.[1] So verwahrt jeder Mensch in seinem Innersten das Bild seiner Schwesterseele. Dieses Bild ist sehr verschwommen, doch es ist in ihm. Darum kommt auch jeder Mensch mit der unbestimmten Hoffnung auf die Erde, irgendwo einer Seele zu begegnen, die ihm alles gibt, was er braucht und dass es zwischen ihm und dieser Seele eine unbeschreibliche Harmonie und Verschmelzung geben wird.

Das ist euch sehr wohl bekannt, denn auch ihr hofft immerzu darauf, dieser geliebten Seele, deren Antlitz euch so vertraut ist, zu begegnen. Ihr tragt ihr Bild in euch, aber so tief vergraben, dass ihr es nicht klar erkennt. Manchmal fällt euch jemand auf der Straße auf, und ihr denkt: »Das ist sie, ja sie ist's!« als wäre dieser Mensch mit dem inneren Bild identisch. Im selben Augenblick ist euer ganzes Leben wie verwandelt, und ihr setzt alles daran, diesen Menschen wiederzufinden. Steht ihr ihm endlich gegenüber und sprecht mit ihm, fühlt ihr euch von Flügeln getragen, spürt neues Leben in euch kreisen, entfaltet auf einmal ungeahnte Fähigkeiten. Jedoch nach einiger Zeit näherer Bekanntschaft stellt ihr fest, dass dieser Mensch doch nicht der ist, auf den ihr gewartet habt. Ihr seid enttäuscht und verlasst ihn, um weiterzusuchen. Ein zweites Mal glaubt ihr, der Schwesterseele in jemand anderem zu begegnen; dieselbe

Freude, dieselbe Inspiration erwacht in euch, und ihr liebt von neuem. Aber das Gleiche wiederholt sich, ihr werdet einmal mehr sehen, dass es auch diesmal nicht jenes Wesen ist, das ihr sucht.

»Dann war dieser Mensch also nicht meine Schwesterseele?« fragt ihr. Ja und nein. Es war die andere Hälfte eurer selbst, die sich aus der jenseitigen Welt zu euch begab, um euch durch einen Menschen zu besuchen. Denn sehr oft verkörpert sich die eine Hälfte und die andere nicht. Was trägt sich nun eigentlich zu, wenn wir das Gefühl haben, unsere Schwesterseele zu treffen? In der jenseitigen Welt denkt sie an uns, wünscht unser Wohlergehen und Glück, und dank diesem geheimnisvollen Band, das zwischen ihr und uns besteht, spürt sie unser Sehnen nach einem höheren Leben, nach Schönheit. Also tritt sie in ein Menschenwesen ein und erscheint einige Zeit für uns. So geschieht es, dass beispielsweise eine Frau ihrer geliebten Schwesterseele in einem Manne begegnet. Diese bezog für eine sehr kurze Zeit eine irdische Behausung, gibt ihrer Vielgeliebten ein Zeichen, sendet ihr all ihre Liebe, ohne dass der Mann weiß, dass er von jemandem bewohnt ist. Im Allgemeinen aber hat die Frau (oder der Mann, je nach dem, denn dies gilt für beide Geschlechter) das Verlangen nach körperlichen Beziehungen mit dem Menschen, den sie zu lieben begann, und dies hat zur Folge, dass sich die Schwesterseele traurig entfernt. Selbstverständlich versucht der Mann den Irrtum der Frau, die ihn für ihre Schwesterseele hielt, auszunutzen, und die Frau merkt allmählich, dass dieser Mann nichts weiter als ein Lügner, ein Dieb ist, und ihre geliebte Schwesterseele entwich. Aber vielleicht gibt sie sich etwas später in einem anderen Mann wieder zu erkennen...

Doch dieselbe traurige Erfahrung wird sich so lange wiederholen, bis man endlich der Heiligkeit der Liebe inne geworden ist; dann erst können beide Hälften wirklich zueinander finden, sich wahrhaft lieben, sich in Gewänder des Lichts hüllen und im Glück schweben, nicht danach verlangen, diese feinen ätherischen Austausche zu überschreiten; denn es ist ihnen bewusst, dass sie sonst ihre Verbindung mit dem Urlicht unterbrechen. Bis man aber diese hohe Stufe erreicht, wie viele bittere Erfahrungen wird man machen, von denen man sich dann sagt: »Ich habe gegessen und getrunken, bin übersättigt und unglücklich, nie fand ich

Freude und Glück bei alledem.« Es ist unverzeihlich, alle Frauen der Welt gekostet zu haben, ohne davon eine dauerhafte Erleuchtung zu gewinnen. Aber die Menschen begnügen sich mit gar so flüchtigen Lichtmomenten.

Zwei Schwesterseelen bedeuten einander alles, kein anderer Mensch auf der Welt ist in der Lage, ihnen die gleiche Fülle zu geben. Darum also verließen euch alle die Wesen, alle die Ehemänner und Ehefrauen, die ihr hattet, alle Liebhaber und Maitressen, die ihr im Laufe eurer zahlreichen Inkarnationen getroffen habt, weil sie euch nicht bestimmt waren. Ihr habt zwar eine Weile mit ihnen zusammen verbracht, aber das war wie Topf und Deckel, die nicht zusammenpassen. Zwei Seelen hingegen, die Gott gleichzeitig erschuf, sind absolut füreinander geschaffen, und nichts kann sie trennen. Sie befürchten dies auch gar nicht. Wenn bei einem Paar einer von beiden Angst hat, jemand könnte den anderen verführen (und tatsächlich kann nichts dies verhindern), dann ist der Partner eben nicht der wahre Geliebte, die Schwesterseele. Eine Frau liebt einen Mann, er läuft aber mit einer anderen davon, ein Mann liebt eine Frau, aber sie verlässt ihn... Zwei Schwesterseelen dagegen erkennen einander mit absoluter Gewissheit und können sich nicht verlassen.

Ein Mensch begegnet seiner Schwesterseele im Laufe seiner Erdenleben zwölfmal. Zumeist aber hat dies den Tod zur Folge, weil sich die Daseinsbedingungen einer solch vollkommenen, absoluten Liebe widersetzen. Das Drama »Romeo und Julia« von Shakespeare hat die Begegnung zweier Schwesterseelen zum Inhalt.

Der Tag wird kommen, an dem die Schwesterseelen Kinder zur Welt bringen werden, aber dies wird in einer Weise geschehen, die sich völlig von der unterscheidet, die derzeit bei Männern und Frauen noch üblich ist. Sie umgeben sich gegenseitig mit Licht, bestrahlen einander mit ihrer Liebe, und aus der so geschaffenen Atmosphäre gehen Kraftströme hervor, die sie beide einhüllen. Was der Mann dann auf die Frau aussendet, wird von ihr in höchster Reinheit aufgenommen, und dabei wird bereits die Gegenwart eines anderen Wesens, ihr künftiges Kind, herangezogen. Natürlich wird dieses dem Vater und der Mutter vollkommen wesensverwandt sein. In dem Augenblick, in dem der Geist herannaht, der ihr Kind sein wird, entströmt dem Solarplexus der Mutter ein Fluidum, das ihn umhüllt, und wenig später wird das Kind vor seinen Eltern erscheinen, ihnen in allem gleich.

Selbstverständlich ist es den Menschen heutzutage noch nicht möglich, Kinder auf diese Weise hervorzubringen. Aber dieses Phänomen ereignet sich bereits in spiritistischen Sitzungen. Während sich das Medium in tiefer Trance befindet, sehen Hellsichtige, wie ein Fluidum aus dessen Solarplexus hervorquillt, gleich einer lichten Wolke, durch die allmählich ein Geistwesen in Erscheinung tritt, das man sogar fotografieren kann. Aber der so verkörperte Geist kann nicht lange sichtbar bleiben, weil der Fluidalstoff bald darauf vom Medium wieder aufgesogen wird. Doch in Zukunft, wenn die Menschen Kinder auf diese neue Art zur Welt bringen, wird die Materie nicht nur geliehen, wie soeben erwähnt, sondern für immer geschenkt. Damit dies eines Tages geschehen kann, müssen die Menschen natürlich daran arbeiten, vollkommene Reinheit zu erlangen. Die Art und Weise, wie Kinder gegenwärtig noch gezeugt werden, gleicht der von Tieren. Warum löscht man dabei das Licht und versteckt sich? Weil die Menschen fühlen, dass ihr Tun Gottessöhnen nicht würdig ist. Gott ist nicht so grausam und geizig, dass er ihnen nicht eine andere Möglichkeit geboten hätte, aber dieses Geheimnis ging ihnen verloren, weil sie zu tief in die Materie hinabgestiegen sind.

Versteht mich nun aber nicht falsch; nur weil ihr soeben gehört habt, dass euer Ehemann oder eure Ehefrau sicher nicht eure Schwesterseele ist, sollt ihr euch ihrer nicht gleich entledigen. Denkt vielmehr, dass ihr zwei Partner seid, die eine gemeinsame Arbeit machen, und dass es erforderlich ist, euch zu vertragen bis zu dem Tage, da ihr voneinander scheiden müsst.

Sèvres, 28. Februar 1942

Anmerkung

1. Siehe Band 237 der Reihe Izvor »Das kosmische Gleichgewicht – Die Zahl 2«, Kapitel 17: »Der Mythos des androgynen Menschen«.

XX

ALLES LIEGT
IN DER BETRACHTUNGSWEISE

Alle menschlichen Tragödien sind darauf zurückzuführen, dass niemand weiß, wie die Dinge zu betrachten sind. Ihr fühlt z. B. eine unwiderstehliche Anziehung zu Frauen – oder zu Männern – und ihr kämpft und kämpft dagegen, ohne jemals den kleinsten Sieg davonzutragen; denn ihr wisst nicht, wie ihr kämpfen sollt, ja ihr richtet euch beinah zugrunde, weil ihr euch stark genug glaubt, diesen großartigen Kräften Einhalt zu gebieten. Aber das ist Hochmut, Überheblichkeit... Womit wollt ihr sie denn besiegen? Man bildet sich ein, Kräften widerstehen zu können, die einem unbekannt sind und wird stets aufs Neue von ihren Hieben getroffen und zu Boden geschleudert.

In einer Einweihungsschule lernt der Schüler, dass er sich, um sich behaupten zu können, mit einer höheren Macht verbinden muss, die an seiner Statt den Kampf aufnimmt. Nehmen wir ein Beispiel. Ihr möchtet der Verführung eines hübschen, aufreizend gekleideten Mädchens entgehen. Verlasst ihr euch da nur auf eure eigenen Kräfte, so wird das Verlangen nach ihr, je mehr ihr dagegen ankämpft, nur umso unwiderstehlicher. Seht ihr in ihr hingegen einen Aspekt der Göttlichen Mutter, so werdet ihr nicht nur der Versuchung nicht erliegen, sondern könnt euch hoch hinaufschwingen und tagelang in Beglückung und Poesie verweilen... Denkt beim Anblick jeder Frau und jedes jungen Mädchens, dass die Göttliche Mutter euch mit Ihrer Gegenwart beehrt und ihr einer Ihrer Manifestationen gegenübersteht, Ihrem Antlitz, Ihrem Blick und Ihrem Lächeln... und dankt Ihr dafür. So vermitteln euch diese Töchter der Göttlichen Mutter eine hohe Beglückung, ein unsägliches Gefühl innerer Weite und Bereicherung, anstatt euch zur Versuchung zu werden. Wohin ihr euch auch immer begebt, werdet ihr entdecken, dass die Erde bevölkert ist mit Geschöpfen, deren Anwesenheit euch mit Freude erfüllt und beseligt...

Einzig aus dem Grunde, weil sie die Dinge nicht aus der richtigen Sicht zu betrachten wissen, fallen die Leute ihren Lastern und Schwächen zum Opfer – Anwärter für das Krankenhaus! Immer wird gekämpft und gekämpft, dabei genügt es, die Dinge richtig zu sehen – das ist das ganze Geheimnis. Bedrückt und quält es euch Frauen, weil ihr euch zu den Männern hingezogen fühlt, dann macht auch ihr euch keine Selbstvorwürfe mehr, betrachtet sie als eine Manifestation des Himmlischen Vaters in Seiner ganzen Pracht, Seiner Intelligenz, Seiner Kraft. Dann wird es für euch weder Versuchung noch Gefahr noch ein Abgleiten mehr geben. Was haben die Leute über dieses Thema nicht alles geschrieben! Ganz einfach, weil sie das initiatische Wissen nicht hatten, das ihnen die Dinge im rechten Licht aufgezeigt hätte.[1]

Selbstverständlich begegnet man ab und zu recht jämmerlichen Abbildern des Himmlischen Vaters, wie z. B. Trinkern, aber das hat nichts zu sagen, sagt euch: »Der dort ist wohl etwas verunstaltet und verkommen, ich warte besser etwas ab...« Was wollt ihr, daran ist nicht der Himmlische Vater schuld, Er wollte sich auch durch diesen Mann bekunden, aber der schleppte Ihn in alle Kneipen, und deswegen entfernte sich der Himmlische Vater von ihm; Er hätte sich ja gerne seiner angenommen, aber leider... Zuweilen trifft man auf dem Markt ein Klatschweib, das einen beschimpft; aber auch sie ist ein Aspekt der Göttlichen Mutter. Sicher hat sich die Arme etwas ihrem segensreichen Einfluss entzogen; sie hätte die Herrlichkeit der Göttlichen Mutter idealer ausstrahlen sollen, aber sie konnte es nicht, sie lebte in ungünstigen Bedingungen und ist eher zu bemitleiden. Wer weiß, vielleicht ist sie im Grunde genommen eine brave Frau, hat ein gutes Herz und würde euch einen Dienst erweisen, wenn ihr es bräuchtet, den ein hübsches Mädchen ablehnen würde.

Arbeitet also an diesem Gedanken, dass Männer und Frauen Stellvertreter des Himmlischen Vaters und der Göttlichen Mutter sind, und ihr werdet sehen, wie viel Freude und innere Bereicherung eurer warten und welche Fortschritte ihr macht. Selbst ohne sein Wissen hat jeder Mann aufgrund seiner Struktur, seiner Ausstrahlung die Fähigkeit, euch mit Gott zu verbinden. So sucht also durch den Mann, gleichsam wie durch eine Öffnung oder eine Pforte hindurch den Himmlischen Vater,

Alles liegt in der Betrachtungsweise

denn Er ist der Einzige, der alles in sich vereint, Vollkommenheit ist. Die Männer sind nur ein Aspekt von Ihm, und selbst alle Männer der ganzen Welt zusammengenommen könnten nicht genau wiedergeben, was der Himmlische Vater wirklich ist. Sie ergäben nur ein sehr blasses und unzureichendes Bild von Ihm. Seht also in jedem Mann, dem ihr begegnet, eine Brücke, eine offene Tür zum Himmlischen Vater, und wenig später schon habt ihr den Menschen vor euch beinah vergessen, dann ist der Himmlische Vater in eurem Kopf, ihr verspürt nicht mehr das Verlangen, mit dem Mann ein Gespräch anzuknüpfen, um ihn kennen zu lernen; er dient lediglich dazu, euch mit dem Himmlischen Vater zu verbinden. Dankt es ihm und entfernt euch.

Ist es ein reizendes junges Mädchen, so schaut es an und richtet eure Begeisterung auf die Göttliche Mutter. Denn wer, glaubt ihr, gab diesem Mädchen seine Schönheit? War es das Mädchen selbst? Wäre dem so, dann hätte sie sich noch weit hübscher machen sollen! Doch sie vermag sich kein einziges Haar hinzuzufügen oder ihre Nase um einen Millimeter zu verlängern oder zu verkürzen. Was versteht sie denn von den hohen mathematischen Gesetzen, um ihrem Körper solche Harmonie und solches Ebenmaß zu verleihen? Das Mädchen besitzt dieses Wunderwerk vielleicht ganz unverdienterweise. Also war es eine Intelligenz außerhalb von ihr, die sie damit bedachte, und warum sollte man nun nicht begeistert sein von dieser Intelligenz? Ihr seht, wenn man folgerichtig denkt, kann man nicht umhin, nach dem Urheber, dem Schöpfer zu suchen und auszurufen: »Göttliche Mutter, wie konntest Du so etwas Wundervolles hervorbringen? Über welch hohe Intelligenz verfügst Du, um so lichtvolle, reine, ausdrucksvolle Formen zu erfinden? Wie bewundere ich Dich!« Sprecht einen Moment mit ihr, bleibt eine Weile bei ihr... Mittlerweile ist das Mädchen vielleicht weggegangen, aber bedauert es nicht, denn es geht hier nicht um dieses Mädchen. Es hat euch dazu gedient, euch hinaufzuprojizieren, bis zu dem Wesen, von dem es alles Wunderbare empfangen hat. Nicht das Mädchen verdient eure Liebe und Bewunderung, und schon gar nicht, dass ihr seinetwegen verwirrt und unglücklich seid und euer Leben verfehlt.

Versteht recht, meine lieben Brüder und Schwestern, die Ursache aller Schwächen, Anomalien, Verführungen und Fehltritte liegt in einer unrichtigen Anschauungsweise. Man hält sich nur mit dem Mädchen oder Jungen auf, an deren physischer Gestalt, und geht nicht darüber hinaus. Wie will man dem dann entkommen? Man wird von übermächtigen Kräften erfasst, und dann ist es vorbei.

So habt ihr die Dinge wohl noch nie gesehen, nicht wahr? Wie kommt es dann, dass ich diese Tatsachen herausgefunden habe? Und wie viele andere fand ich überdies noch, wenn ihr nur wüsstet!... Aber wie sie euch mitteilen? Wer ist denn schon aufnahmebereit dazu? Selbst das, was ich eben darlegte, wird weder verstanden noch aufgegriffen, noch angewendet werden. Nehmt ihr nur 5% davon auf, wäre das bereits viel... Ja, auch jene, die hierher kommen, kennen den Wert dessen nicht, was sie hier lernen können, um ihr Leben umzuwandeln. Alles erscheint ihnen fern, unmöglich, undurchführbar.

Ich weiß, es ist sehr schwer, aber macht wenigstens den Versuch, es zu verstehen; dann habt ihr einen Schlüssel in Händen. Ansonsten müht ihr euch weiterhin ab und klagt: »Ich schaffe es nicht, ich schaffe es nicht...« und ihr werdet es tatsächlich nicht schaffen, weil ihr euch nicht die Mühe gemacht habt, euch ernstlich mit dem zu befassen, was man euch offenbart. Lernt also erst einmal das richtige Schauen! Ich kenne das Drama vieler Familien. Bald ist es der Mann, der seine Frau betrügt, bald die Frau, die ihren Mann betrügt... Alle leben in Lügen verstrickt. Doch wüssten sie, wie sie sich gegenseitig betrachten sollten, dann fühlten sie sich beide stark und glücklich.

Le Bonfin, 31. Juli 1965

Anmerkung

1. Siehe Band 239 der Reihe Izvor »Die Liebe ist größer als der Glaube«, Kapitel 5: »Dir geschehe nach deiner Einstellung«.

XXI

ANALYSE UND SYNTHESE

Lesung des Tagesgedankens:

»Die Analyse ist ein Abstieg in die Materie und die Synthese ein Aufstieg in die Sphäre des Geistes. Je höher man aufsteigt, desto mehr verliert man die Einzelheiten der Dinge aus dem Auge, gewinnt jedoch einen Überblick über das Ganze und nimmt eine größere Anzahl von Tatsachen und Gegenständen wahr. Je höher man steigt, desto mehr zwingt sich einem die Synthese auf. Dank der Synthese erfasst man eine Gesamtheit, denn man entdeckt an einem einzigen Prinzip aus den Zusammenhang aller Dinge und nähert sich damit dem wahren Wissen. Wissen heißt, von höchster Warte aus alles betrachten, damit man alles überblicken kann. Und dieses Wissen erwirbt man durch Kraft, Gesundheit, Freude. Kraft, Freude und Gesundheit ergeben sich allein aus der Vereinigung aller Energien, deren Ausrichtung auf einen einzigen Punkt, wo es kein Abzweigen mehr gibt.«

Diese Definition von Analyse und Synthese wird euch zweifellos in Erstaunen versetzen, denn noch keiner hat das jemals so gemacht. Dennoch stimmt es genau. Die Analyse ist ein Hinabsteigen in die Materie. Will man die Dinge analysieren, muss man ihnen näher treten, sie trennen, um sie gründlicher zu erforschen. Aber eine solche Trennung der Elemente führt allmählich zum Tod, der übrigens nichts anderes ist, als die vollendete Analyse, wogegen die Geburt eine Synthese darstellt. Die einzelnen Grundstoffe vereinigen sich, bilden ein Ganzes und das Kind kommt zur Welt! Die Geburt eines Kindes versinnbildlicht die Synthese sämtlicher Energien und Partikel.

Synthese ist das Leben, Analyse der Tod. Das ist auch der Grund, weshalb die in der heutigen Zeit so weit verbreitete Neigung, alles zu analysieren, so gefährlich ist. Alle Fachleute zum Beispiel sind Analytiker. Sie nehmen nur ein Thema, ein Organ in Augenschein und lassen alles Übrige außer Acht, den Menschen oder das Universum als Ganzes. Sie gehen somit dem Tode entgegen. Selbstverständlich ist die Spezialisierung notwendig. Die Menschheit braucht Fachleute, die mit den Einzelheiten bestens vertraut sind. Aber indem man immer nur analysiert, sieht man letzten Endes nicht mehr das Ganze als solches.

Die Wissenschaft arbeitet zunehmend im Sinne der Analyse, entdeckt immer winzigere Partikel der Materie, sie zersetzt, zergliedert, spaltet auf... und sucht auf dieselbe Weise auch den Menschen zu erforschen, indem sie ihn zerfetzt, in Stücke zerlegt.[1] Dieser Hang, alles zu teilen hat sich in allen Wissenschaften so durchgesetzt, wird so betont und hervorgehoben, dass er auch beim Menschen in moralischer und geistiger Hinsicht Veränderungen nach sich gezogen hat. Jeder möchte sich von den andern absondern, sich isolieren, und die Folge davon sind Feindschaft, Parteilichkeit, Krieg... So weit bringt es die Analyse! Auch innerhalb eines Landes ist nicht selten z. B. der Patriotismus eine Äußerung dieses allgemeinen Willens, sich abzusondern. Alle sind für die Analyse, fürs Teilen, Trennen, Scheiden, Auseinanderreißen. Sogar in den Familien sind alle derart analytisch geworden, dass sie nichts mehr ertragen, dauernd in Haarspalterei begriffen sind: Mutter und Vater, Eltern und Kinder... Niemand sieht ein, dass man sich mit der Synthese befassen sollte, die Liebe, Verständnis und Eintracht bedeutet.

Alle üben sich im Analysieren, schätzen über alles die Analyse, und diese treibt den Menschen stets dazu, nach Bazillen und Krankheiten zu suchen... Würde man sich bester Gesundheit erfreuen, in der Synthese leben, bräuchte man keine Analysen zu machen. Wozu denn auch diese dauernden Analysen: Analysen des Blutes, des Urins oder von was weiß ich noch allem?... Weil man so sehr analysiert ist, dass man ohne dies nicht mehr auskommt. Lebt in der Synthese und

Analyse und Synthese

ihr braucht keine Analysen mehr! Wie es um euren Urin steht, werdet ihr nie erfahren, und es muss auch nicht sein, denn ihr seid wohlauf. Gegenwärtig verfechten alle die Analyse, die Trennung. Selbst die Bretagne wird analytisch und Korsika ebenso! Alle werden sie zu Analytikern, und Frankreich wird bald völlig analysiert, in Stücke aufgeteilt sein! Wir hingegen befürworten die Synthese, sind dafür, dass alle Länder sich zu einem einzigen Land vereinigen. Dann wird Leben kreisen! Synthese bedeutet Leben, Ewigkeit, Unsterblichkeit. Aber nur wenige werden verstehen, was ich meine, ich weiß; denn ihre Mentalität ist fehlgeleitet durch die überall verbreiteten Einflüsse: in Zeitschriften, Büchern, Filmen. Immer soll etwas ausgemerzt, abgetrennt, ausgerissen werden...

Ja, ich gehe sogar noch weiter und sage, dass Menschen, die nur eine Frau, einen Mann wählen, ebenso Analytiker sind, weshalb ihnen denn auch allerlei Unangenehmes, Leid und Unglück zustoßen: Sie haben die anderen beiseite geschoben, freuen sich nicht ihrer Mitmenschen, wollen sie nicht einmal kennen lernen, außer einem einzigen. In der Universellen Weißen Bruderschaft dagegen lernen die Menschen »Synthetiker« zu werden. Denn sie hat zum Ziel, die Menschen der ganzen Welt zu vereinen, die ganze Menschheit zu lieben und nicht nur einen Menschen, der einem das Leben versauert. Nun werdet ihr beleidigt sein und sagen: »Wie kann er sich nur erlauben, über das, was so heilig ist wie Liebe und Ehe so zu sprechen? Er setzt sie herab, entwürdigt sie.« Keineswegs, ich erkläre lediglich aus philosophischer Sicht, wie sich die Dinge verhalten. Ob ihr nun dieses oder jenes vorzieht, ist eure Sache, ich mische mich nicht in eure Angelegenheiten ein; ich erkläre unvoreingenommen und treuherzig, und ihr habt dagegen nichts einzuwenden.

Die Liebe ist eine Synthese. Wenn man liebt, will man sich stets annähern, zusammenbringen, vereinen. Durch die Analyse lernt man, durch Synthese fühlt man, lebt man. Beim Analysieren kann man nur wenig empfinden, wogegen man bei der Synthese vielleicht nichts lernt, aber fühlt, sich weitet, man kostet Verzückung und Ekstasen.

Wenn die Menschen nun immer weniger imstande sind, göttliche, himmlische Zustände zu erleben, dann nur, weil sie zu sehr in die Analyse verstrickt sind. Begegnet ihr jemandem, so beginnt ihr ihn zu analysieren: seine Nase, seinen Mund, seine Gesten... seine Fähigkeiten oder Fehler, seinen Beruf, wie viel er verdient. Liebt ihr ihn jedoch, dann interessiert euch dies alles nicht; ihr liebt ihn so wie er ist, erfühlt sein inneres Wesen, schwingt in Einklang mit ihm, das ist die Synthese. Geschieht es aber, dass ihr über ihn erzürnt seid, stellt sich sofort die Analyse ein, und ihr schneidet ihn in Stücke. Danach, wenn ihr eure Liebe zu ihm wiederfindet, vergebt ihr ihm, weil ihr das Ganze seht und darüber die Einzelheiten vergesst. Die Synthese hält sich nicht mit Kleinigkeiten auf, im Gegensatz zur Analyse, die sich darauf nicht nur versteift, sondern sie noch derart aufbauscht, dass um eines Flohs willen die ganze Decke verbrannt wird. Wegen eines winzigen Fehlers metzelt man jemanden restlos nieder. In Wahrheit ist dieser Mensch ein Gottessohn, aber das tut nichts zur Sache, das sieht man nicht. Man sieht nur den Fehler.

Im Tagesgedanken, den ich euch zu Beginn vorlas, heißt es: »Dank der Synthese erfasst man eine Gesamtheit... und nähert sich dem wahren Wissen. Wissen heißt, von höchster Warte alles sehen und erkennen.« Ja, wahres Wissen liegt in der Synthese. Jenes Wissen, das die Analyse vermittelt, ist nicht das wahre Wissen, es ist ein oberflächliches, unvollständiges Wissen. Indem man die Elemente einzeln, voneinander getrennt erforscht, erfährt man nicht viel Nennenswertes. Zu wahrem Wissen verhilft allein das Zusammenfügen der Elemente, denn nur gemeinsam bringen sie etwas hervor, was sie getrennt nicht besaßen, und das ist das Leben. Wahres Wissen findet sich im Leben. Trennt die Elemente, und das Leben ist nicht mehr da. Das Wissen um Beschaffenheit, Geruch, Geschmack oder Gewicht dieses oder jenes Elements ist nicht wesentlich, weil es kein Leben vermittelt. Vereint man jedoch die einzelnen Elemente, so ergibt sich etwas Neues, und dieses Neue ist das Leben. Was immer ihr über die Eigenschaften der Elemente wisst, solange kein Leben in euch ist, seid ihr nicht im Besitz wahren Wissens. Wahres Wissen, das einen Überblick über das Ganze gewährt, ist das Wissen um das Einssein aller Dinge. Die Einheit ist das Wesentlichste, denn sie erlaubt euch, Kräfte und Energien auf einen einzigen Punkt auszurichten. Gelingt dies einem Menschen, dann kommen seine Kräfte zur Ruhe, werden harmonisch, wirken vereint und verhelfen ihm zu großer Stärke. Solches Einssein ist das eigentliche Wesen des Geistes.

Den Menschen ist eine derartige Denkweise nicht bekannt, weil sie den Weg der Materie gewählt haben. Das ist recht und gut, sie machen Entdeckungen, bringen es zu Wohlstand. Machen sie aber so weiter, dann entfernen sie sich so sehr von der Einheit des Geistes, die allein Harmonie zwischen den Menschen aufrechterhalten kann, sie werden so verfeindet und egoistisch, dass sie sich schließlich gegenseitig zerstören. Beschließen sie jedoch, von nun an auf dem Weg des Geistes, der Einheit, der Liebe, der Synthese zu gehen, wird die Universelle Weiße Bruderschaft auf der ganzen Welt möglich sein, denn alle sind dann nur noch von dem einen Wunsch beseelt, sich zusammenzufinden, miteinander zu singen, sich gemeinsam zu freuen und zu lernen.[2] Das ist die Synthese. Sie besteht nicht etwa darin, aneinanderzukleben wie die Elemente in den Gegenständen, sondern gemeinsam das Reich Gottes auf Erden, das Goldene Zeitalter Wirklichkeit werden zu lassen.

Indem sich die Menschen in die Materie hineinbegeben, versinken sie in ihr. Sie meinen, sie seien frei, dabei mauern sie sich ein. Sie wollen nicht auf die Eingeweihten hören, halten an ihrem Standpunkt fest, und so wird man sie eines Tages vom Gewicht ihrer eigenen Last – der ihnen so lieb gewordenen Materie, an die sie sich klammern – erdrückt sehen. Arbeitet ihr jedoch in der Materie aus der Sicht des Geistes heraus, dann seid ihr der Herr. Sie gehorcht euch, weil sie sieht, dass ihr stark seid. Andernfalls gehorcht sie euch nicht und höhnt: »Haha, es ist mir gelungen ihn einzuwickeln, er kommt allen meinen Wünschen und Launen nach. Das will ich ausnutzen, ich mache ihn zu meinem Sklaven.« Die Materie, müsst ihr wissen, fürchtet den Menschen nicht. Er hat den Geist zurückgewiesen und wird nun sehen, was mit ihm geschieht. Denn noch niemand hat es fertig gebracht, sich auf diese Weise von ihr zu befreien. Mehr und mehr fesselt und knebelt sie ihn, nagelt ihn fest, und er nimmt ein schlimmes Ende.[3]

Hier in der Universellen Weißen Bruderschaft werdet ihr in einer Lehre unterwiesen, die euch das ewige Leben bringen kann, glaubt mir. Man muss allerdings die bisherige Denk- und Lebensweise ändern. Ich zeige euch seit Jahren, wie man das macht, und diejenigen, die zum ersten Mal kommen, müssen lernen und sich darin üben. Denn man darf sich nicht vorstellen, es werde einem in einem Tag alles klar werden, alles ins Reine kommen. Ein Student begab sich eines Tages nach Deutschland zu einem berühmten Professor der Naturwissenschaften und fragte ihn: »Herr Professor, ich möchte die Naturwissenschaften studieren, jedoch in viel kürzerer Zeit, als die anderen Studenten; ist das möglich?« »Ja, durchaus« erwiderte der Professor, »sehen Sie, wie die Natur es macht: Für einen Kürbis genügen ihr ein paar Monate, aber für eine Eiche braucht sie ein Jahrhundert. Was also wollen Sie werden, ein Kürbis oder eine Eiche?« Dasselbe frage ich euch: Wollt ihr ein Kürbis sein oder eine Eiche?...

Le Bonfin, 25. August 1974

Anmerkungen
1. Siehe Band 234 der Reihe Izvor »Die Wahrheit, Frucht der Weisheit und der Liebe«, Kapitel 14: »Wahrheit der Wissenschaft und Wahrheit des Lebens«.
2. Siehe Band 15 der Reihe Gesamtwerke »Liebe und Sexualität«, Kapitel 29: »Auf dem Weg zur großen Familie«.
3. Siehe Band 241 der Reihe Izvor »Der Stein der Weisen«, Kapitel 3: »Ihr seid das Salz der Erde« und Kapitel 4: »Wenn das Salz seinen Geschmack verliert...«.

XXII

DIE LIEBE ORGANISIERT – WIE DIE SONNE – DAS LEBEN

Teil 1

Organisiert sein bedeutet lebendig sein, denn das Leben organisiert die Dinge. Lasst das Wasser fließen, und es wird sich seinen Weg durch Sand und Steine selbst bahnen... Lasst das Leben fließen, denn der Strom des Lebens organisiert alles. Wenn das Leben stehen bleibt, zerfällt alles. Im Winter, wenn keine Sonne scheint, wächst und gedeiht nichts. Aber dann kommt der Frühling, und mit dem Licht und der Wärme kreist das Leben, sprießen und wachsen alle Samen und Keime. Und beim Menschen? Solange in ihm die geistige Sonne nicht strahlt, kann kein göttliches Leben in ihm fließen, und seine Keime liegen brach und ungenutzt.

Alle, sogar die Kinder wissen, dass die Sonne die Keime zum Wachsen bringt. Doch den tieferen Sinn davon haben die Menschen nicht erkannt, sonst würden sie die geistige Sonne suchen, um sich immer mehr ihren Strahlen der Weisheit und der Liebe auszusetzen und die von Gott in sie gelegten Tugenden, Talente und Fähigkeiten entfalten.[1] Wir brauchen eine geistige Sonne, nicht nur eine äußere, sichtbare. Unter ihren Strahlen werden die Bäche fließen, die Vögel singen, die Bäume blühen und Früchte tragen.

Über den Begriff »organisieren« wäre viel zu sagen. Die Menschen verstehen dies immer nur im äußerlichen Sinne, was jedoch unvollständig ist. Die Liebe ist das, was organisiert! Sind die Menschen von Liebe erfüllt, benötigen sie keine Organisation. Alles organisiert sich von selbst, jeder weiß, was er zu tun hat und alles läuft reibungslos. Aber nehmt die Liebe weg, dann muss ständig gedroht und bestraft werden und nichts läuft mehr. Auch in der Familie läuft alles von selbst, wenn Liebe da ist. Aber nehmt sie weg und es wird nichts nützen, selbst wenn ihr Leute mit Maschinenpistolen hinschickt. Wenn die wahre Liebe alle Menschen erfasst, wird man ihnen kein Gesetz, keine Vorschriften mehr aufzwingen müssen, denn sie werden genau wissen, was sie tun sollen und es in Harmonie miteinander tun. Liebe ist das Einzige, was die Dinge organisiert, zum Gedeihen, zur Entfaltung bringt. Führt die Liebe in eine Familie, in eine Gesellschaft ein, und ihr braucht nicht mehr zu mahnen: »Tut das oder jenes, sonst!...« Alle werden es mit Freuden tun, es bedarf keiner Vorschriften mehr. Wo Liebe waltet, sind Gesetze überflüssig.

Gesetze traten an dem Tag in Erscheinung, als die Liebe unter den Menschen erlosch. Zu einer Zeit, als sie noch zu wahrer Liebe fähig waren und einander treu blieben, gab es nicht einmal die Ehe. Die Ehe wurde eingeführt, weil die Menschen nicht mehr lieben konnten. Nun heiraten sie ohne recht zu wissen warum und trennen sich alsbald wieder. Um sie zusammenzuhalten, musste man daher Gesetze, Sakramente usw. einführen. Braucht man aber Verträge, Standesämter, Standesbeamte und Pfarrer, wenn man einander wirklich liebt? Selbst die Papiere und Priester hindern kein Ehepaar daran, sich scheiden zu lassen. Ist man einander hingegen in Liebe zugetan, dann braucht man nicht einmal den Segen des Pfarrers, damit sie ewig dauert. Denn Gott gab bereits seinen Segen! Gott ist in der Liebe derer, die sich wahrhaft lieben. Das ist der Segen – die Liebe als solche.

Ich bin nicht gegen Heirat, habe nichts gegen den Segen der Priester, ich erkläre euch lediglich, dass dies menschliche Einrichtungen sind, die nichts ausrichten können, wenn es an Liebe fehlt. Das heißt nun aber nicht, man solle nicht in die Kirche oder aufs Standesamt gehen, um die Situation amtlich festzulegen. Ich betone nur, dass jene, die sich wirklich lieben, vor der Natur bereits verheiratet sind, selbst wenn sie es nicht wissen. Dagegen sind solche, zwischen denen keine Liebe besteht, selbst wenn sie vor Kirche und Staat als verheiratet gelten, es vor der Natur nicht.

Sèvres, 8. Mai 1966

Anmerkung

1. Siehe Band 10 der Reihe Gesamtwerke »Sonnen-Yoga«, Kapitel 4: »Die Sonne bringt die Samen zum Wachsen, die der Schöpfer in uns gelegt hat – Wie man die Heilige Dreifaltigkeit in der Sonne wiederfindet«.

Teil 2

So tief ist der Menschen Erlebnisfähigkeit gesunken, dass ihnen alle Dinge leblos erscheinen. Für sie sind Erde und Sonne nicht wirklich lebendig, geschweige denn intelligent! Nur sich selbst halten sie für intelligent. Aber wie kommt es dann, dass eine Vernunft, die es sonst nirgendwo gab, sich ausgerechnet in das Gehirn des Menschen einschlich? Hätte der Mensch seine Vernunft selbst geschaffen, wäre man versucht ihn zu fragen: »Wie kommt es, dass du so dumm und engstirnig bist? Bist du der Urheber deiner Intelligenz, warum hast du dir dann nicht etwas mehr davon zugemessen und von höherer Qualität?« Aus logischer Überlegung heraus muss darum angenommen werden, dass die im Menschengehirn sich nur sehr unvollkommen bekundende Intelligenz überall vorhanden ist, und dass die Menschen in ihrer Unwissenheit ihr geistiges Wachstum hemmen, indem sie der Schöpfung alles Leben absprechen.

In Wirklichkeit ist alles intelligent und göttlich, sogar die Steine und Metalle. Auf der unendlichen, bis zu Gott hinaufführenden Lebensleiter entsprechen sie der niedrigsten Stufe des Lebens, sind aber dennoch lebendig. Die Arbeit der Eingeweihten hat zum Ziel, die Menschen dahin zu führen, dass sie das Leben überall im Universum fühlen und in seiner reinsten und intensivsten Form mit ihm kommunizieren. Das ist auch der Grund, weshalb ich euch zur Sonne hinführe. Denn wenn ihr wisst, wie ihr sie betrachten und lieben sollt, wird sie euch dazu verhelfen, höhere Seinsebenen zu erreichen. Ein neuer Lebensstrom durchfließt dann die Zellen eurer Organe, sodass diese intensiver zu arbeiten beginnen und eine feinstoffliche Strahlung verbreiten, aufgrund derer ihr allmählich die Liebe aller gewinnt. Das nämlich suchen die Menschen, das Leben! Ja, so ist es, und es ist zudem eine grausame Tatsache. Seht z. B. eine Frau; sie liebte ihren Mann unsäglich, er bedeutete ihr alles, sie bewunderte ihn, sein Gesicht, seine Kraft, seine Intelligenz... Aber eines Tages stirbt er. Bleibt sie nun weiterhin mit ihm zusammen? Nein, sie sagt: »Begrabt ihn!« Da das Leben ja nun aus ihm gewichen ist, trennt sie sich von ihm, denn etwas, was kein Leben mehr in sich hat, kann man nicht behalten. Leichen liebt man nicht.

Die Menschen werden innerlich mehr und mehr zu Leichnamen, sind erkaltet, lieblos, strahlen nichts Wunderbares aus und meinen, damit Erfolg zu haben, die Ärmsten. Oh nein, dazu müssen sie erst einmal lebendig werden! Und lebendig wird man nur, wenn man Liebe ausstrahlt. Es ist doch so leicht, sich darin zu üben! In einem Augenblick z. B., da niemand euch sieht, hebt eure rechte Hand und sendet all eure Liebe ins Universum, zu den Sternen, den Engeln und Erzengeln und sprecht: »Ich liebe euch, ich liebe euch, ich möchte in Harmonie mit euch sein!« Und indem ihr euch auf diese Weise daran gewöhnt vibrierende intensive Gefühle auszusenden, werdet ihr zu einer lebendigen Quelle, zu einer Quelle der Liebe. Die Menschen suchen sich stets hinter finsteren Mienen zu verbergen, in denen man weder Liebe noch Güte spürt. Sie merken nicht, wie verderblich eine solche Haltung ist. Weil ein Dummkopf einmal mit dieser verschlossenen, eisigen Haltung begonnen hat, fanden andere es klug, ihn nachzuahmen, und jetzt tun es ihm alle gleich, als hätten sie damit die Krone, den höchsten Grad der Schöpfung erreicht! Nein, ein solches Verhalten ist dumm, man muss lernen, Liebe auszustrahlen, um lebendig zu werden, damit alles lebendig wird, euer Gesichtsausdruck, euer Blick usw. Wenn ich manchen in die Augen sehe, stelle ich fest, dass nichts vibriert, nichts antwortet, der Blick ist kalt und hart wie Stein. Ich sehe nicht gerne in solche Augen und wende den Kopf zur Seite. Das sind tote Augen. Aber wann werden sie endlich begreifen, dass man nur das Lebendige liebt, nicht den Tod?

Übt euch darin, Tag und Nacht zu vibrieren, allen Geschöpfen des Himmels und der Erde etwas von euch zu geben, sie mit eurer Liebe zu durchdringen, wie der Herr es tut. Das nämlich ist Tätigkeit des Herrn. Er beschäftigt sich unaufhörlich damit, alle Lebewesen zu infiltrieren mit Seinem Leben, ihnen Seine Tugenden einzuflößen. Ja, damit beschäftigt sich der Herr. Er durchdringt mit Seiner Liebe die unendliche Schöpfung und dieser Seiner Liebe ist es zu verdanken, dass die Teilchen und Energien von selbst in harmonischer Ordnung schwingen.[1] Nehmt zum Beweis jemanden, der z. B. im Solarplexus Schmerzen fühlt oder im Kopf, dann legt eure Hand mit viel Liebe auf die schmerzende Stelle, und alsbald finden die in Unordnung geratenen Teilchen durch diese Liebe wieder ihren Platz, und alle schädlichen Teilchen verschwinden, die sich eingenistet hatten. Aber ihr werdet nur Erfolg haben, wenn eure Liebe sehr stark und mächtig ist, ansonsten ist es nicht der Mühe wert, auch nur den Versuch zu unternehmen.

Wollt ihr lebendig sein, so liebt! »Oh, ja,« entgegnet ihr, »wir haben begriffen, lasst uns nach Männern und nach Frauen suchen.« Nein, nein, nicht auf diese Weise, damit gerade lockt ihr den Tod herbei! Bei jeder Energieverschwendung dieser Art zieht ihr den Tod an, den geistigen Tod. Wer diese Quintessenz, die aus dem Gehirn kommt, leichtsinnig und unnütz vergeudet, verliert seine Kraft und stumpft ab. Denen, die sie verdrängen, ergeht es nicht besser, sie machen sich krank. Also gibt es nur die eine Lösung, seine Liebe dem Himmel zu senden, damit sie nicht brach liegt, sich ansammelt, Staudämme durchbricht und Überschwemmungen verursacht. Darum muss man lieben, Tag und Nacht lieben und diese Liebe hinaussenden zu allen Lebewesen, die ihrer bedürfen. Wenn ich den Saal betrete und euch grüße, sende ich euch mit meinem Gruß all meine Liebe, und selbst wenn ihr es nicht wahrnehmt, so bin doch ich selbst glücklich dabei, und mein Herz wird weit. Ihr habt noch immer nicht erkannt, wie wichtig es ist, sich mit Liebe zu grüßen. Wenn wir uns gegenseitig grüßen, sollen die Engel und Erzengel, die uns sehen, sagen können: »Welche Lichtfülle, welche Pracht! Lasst uns dort hinunter gehen, wo diese Menschen sich mit Liebe grüßen!«

Überall treffen Menschen zusammen, ohne Liebe, und gehen wieder auseinander ohne Liebe. Auch bei Ehepaaren verhält es sich nicht anders. Sie umarmen sich: »Auf Wiedersehen Liebes... auf Wiedersehen...«, doch ihre Küsse sind leer. Sie umarmen sich aus Gewohnheit, nur weil es sich so gehört, und das ist jammerschade. Wozu sich dann umarmen? Mit seinem Kuss soll man dem anderen etwas geben, das ihn belebt, ihm neuen Lebensmut schenkt. Die Menschen wissen noch nicht, was ein Kuss eigentlich bedeutet, wie und wann sie sich umarmen dürfen. Gerade dann nämlich, wenn ein Mann unglücklich und traurig ist, geht er zu seiner Geliebten, um sich zu trösten; er gibt ihr mit seinen Küssen seinen ganzen Kummer, seine Mutlosigkeit, und die Arme nimmt dies alles auf und wird krank. Männer und Frauen haben ständigen Austausch miteinander, aber welcher Art ist er? Gott allein weiß es... oder genauer gesagt, die Teufel wissen es. Es ist keineswegs untersagt, jemanden zu küssen, ganz im Gegenteil, nur muss man wissen, wie und wann, damit man ihm dabei ewiges Leben überträgt.

Wenn ich euch nun erklären muss, meine lieben Brüder und Schwestern, dass ihr nicht einmal wisst, wie ihr den von euch geliebten Menschen küssen sollt, wärt ihr über euch selbst erschrocken. Eurer Meinung nach ist alles, was ihr tut, ideal und vollkommen; aus der Sicht der Eingeweihten seid ihr noch weit davon entfernt.

Die Hauptsache ist das Leben, die Liebe, denn Leben und Liebe sind ein und dasselbe. Ihr sollt euch darum erheben aus diesem dumpfen, erdgebundenen, freudlosen Alltagsleben. Strebt nach jenem höchsten Ideal: das göttliche Leben, die göttliche Liebe auszustrahlen, und sagt nicht: »Ich bin nicht fähig dazu, ich bin geistig nicht reif dazu, ich gebe es auf.« Ist euer Ideal auch unerreichbar, unerfüllbar, haltet weiterhin an ihm fest, denn gerade, weil es unerreichbar ist, ist es so herrlich und wunderbar. Alles was erreichbar ist, ist nicht zu viel nütze. Jeder klammert sich an das, was er leicht erreichen kann, doch ich, von Kind an ein bisschen daneben, habe mir etwas vorgenommen, von dem ich im Voraus weiß, dass es niemals in Erfüllung gehen wird, weil es zu groß, zu erhaben ist.[2] Aber genau das stimuliert mich, gibt mir Poesie und Begeisterung! Klammere ich mich an näher liegendes, so schwindet meine Begeisterung. Diese Zusammenhänge wurden von den Psychologen bisher noch nicht ausreichend erforscht. Ihr werdet sagen, das habe mit Psychologie nichts zu tun. Und ob, das genau ist wahre Psychologie. Fragt euch also nicht lange, ob ihr fähig seid oder nicht – arbeitet daran, göttliches Leben, göttliche Liebe auszustrahlen!

Le Bonfin, 14. Juli 1975

Anmerkungen
1. Siehe Band 28 der Reihe Gesamtwerke »Die Pädagogik in der Einweihungslehre«, Teil 2 und 3«, Kapitel 10: »Die Sonne als Vorbild«.
2. Siehe Band 307 der Reihe Broschüren »Das hohe Ideal«.

XXIII

DIE MUTTERLIEBE

Nehmen wir an, einem jungen Mädchen ging, bevor es heiratet und Kinder bekommt, die Liebe zu Gott, Reinheit und Weisheit über alles. Es dachte über alles nach, meditierte, betete und bemühte sich, in allem vorbildlich zu werden. Aber dann heiratet es und bekommt ein Kind... Was nun? Es setzt sein Ehe- und Familienleben, das Wohlergehen seines Kindes allem voran und gibt alles andere auf. Analysieren wir einmal dieses Verhalten.

Jeder wird dieser Mutter natürlich Recht geben, es normal finden, dass sie für ihr Kind alle geistigen Interessen opfert... denn sie ist die Mutter und es ist ihr Kind... alle Mütter und alle Väter werden ihr zustimmen. Ich hingegen stimme dieser allgemeinen Ansicht nicht ohne weiteres zu. Denn diese Mutter hat alles vergessen. Für sie ist nur ihr Kind von Bedeutung. Seinetwegen übertritt sie alle göttlichen Gesetze, streitet sogar mit Gott und beschuldigt Ihn der Ungerechtigkeit und Grausamkeit, wenn das Kind krank ist oder stirbt. Jeder bewundert solch eine Liebe, ich aber nicht. Die Tatsache, dass sie ausschließlich ihr Kind liebt und nicht auch die anderen Kinder, nicht einmal Gott, beweist, dass sie nur sich selbst in ihrem Kind liebt, nur an sich selbst denkt und nicht an ihr Kind. Genau besehen verhält es sich nämlich folgendermaßen: Sie entfernt sich vom Göttlichen, vom Licht, um sich ganz dem Kind zu widmen; dadurch aber entzieht sie ihm alles, was das Göttliche und das Leben ausmacht, all das Unermessliche, das ihm nützen würde. Denn mit ihrer dummen Liebe trennt sie ihr Kind von jener Welt, worin sich sein Wesen entfalten, wo es unsterblich werden könnte. In dem Glauben, für es zu sorgen, führt sie es der Hölle zu, da sie es vom Licht und der Harmonie ausschließt.

Wie ihr seht, liegt hier ein seit Jahrtausenden ungelöstes Missverständnis vor. Tatsächlich sollte eine Mutter, die ihr Kind wirklich liebt, es nicht aus der himmlischen Sphäre herausreißen, worin alle Lebewesen sich voll entfalten sollen. Kehrt sie sich von Gott ab, um nur noch für ihr Kind zu leben, so enthält ihr Denken keine göttlichen Elemente mehr und sie nährt ihr Kind mit toter Nahrung.

Eine Mutter sollte sich nur mit ihrem Kind beschäftigen, wenn sie zuvor bei Gott Leben schöpfte, um es ihm dann zu geben. In ihrer Dummheit meint sie, ihr Kind würde sterben, wenn sie sich nicht unablässig um es kümmert... Im Gegenteil, es wird auferstehen! Und sollte es auch sterben, während sie sich in Gottes Gegenwart aufhielt, so wird es bei ihrer Rückkehr wieder auferstehen! Bleibt sie jedoch bei dem Kind ohne immer wieder zu Gott zu gehen, kann sie es, falls es stirbt, niemals wieder beleben. Ihr sagt, es sei sehr schwierig, meinen Ausführungen zu folgen. Keineswegs, wenn es die Mutter bei ihren alltäglichen Beschäftigungen unterlässt, sich Gott zuzuwenden, d. h. all dem, was lebendig und lichtvoll ist, so ist sie nicht in der Lage, in Gegenwart ihres Kindes lichtvolle Partikel auszustrahlen, die aus ihm einen Ausnahmemenschen machen. Ihre Liebe, die dann nur eine ganz gewöhnliche Liebe ist, wird auch ein gewöhnliches Kind hervorbringen. Es ist wohlauf und gut gekleidet, aber eben ein Kind wie alle anderen, weil es fern von Gottes Gegenwart erzogen wurde. Die im wahren Wissen der Einweihungslehre unterrichtete Mutter dagegen begibt sich zu Gott und bittet Ihn: »Herr, ich komme zu Dir, damit Du mir für mein Kind Licht, Liebe, Gesundheit, Schönheit schenkst...« Und wenn sie dann zurückkommt, durchdringt sie es mit Elementen, die gewöhnliche Mütter weder wahrnehmen noch empfinden. Sie sagen, sie hätten keine Zeit dafür... aber es ist nur ihre egoistische Liebe, die sie an solch einer Lebensanschauung hindert. Darum wird die Erde auch weiterhin von gewöhnlichen Durchschnittskindern bevölkert sein, weil die Mütter unwissend sind.

Solange Väter und Mütter so an ihre Familie gebunden sind und es nicht einmal wagen, sie für eine kurze Zeit zu verlassen, um weiterzulernen, kann es ihnen niemals gelingen, sie wahrhaft zu verändern und glücklich zu machen. Es ist nicht möglich, die Angehörigen seiner Familie zu verwandeln, wenn man allzu nahe bei ihnen bleibt. Das heißt nun aber nicht, man müsse sie körperlich verlassen, sondern es geht darum, sich von ihren Anschauungen zu trennen, das heißt, die irrige Art und Weise aufzugeben, wie man sie liebt und versteht. Sowie man verheiratet ist und Kinder hat, ist es aus und vorbei, man ist unterjocht, eingefangen in den Urinstinkt der Mutterschaft, ist eine »Glucke«, wie man sagt. Überall gibt es nichts als Glucken!

Ich höre euch rufen: »Das ist ja ein wahrer Kreuzzug gegen unsere Kinder!« Ganz und gar nicht, vielleicht liebe ich eure Kinder sogar mehr als ihr selbst. Das wäre noch zu untersuchen. Wenn jemand eure Kinder wirklich liebt, bin ich es, wohl der Einzige. Ihr nämlich liebt sie nicht! Ein Sohn forderte eines Tages von seiner Mutter Geld, um es zu verprassen und drohte mit Selbstmord, falls sie es ihm verweigerte. Da sprach die Mutter: »Geh mein Sohn, bring dich um, solche Leute wie dich braucht man nicht auf der Erde. Ich wollte aus dir einen edlen, guten Menschen machen, und du führst dich wie ein Verbrecher auf. Mach deinem Leben ein Ende, das ist besser... Ich werde dem Himmel danken, wenn du verschwindest.« Nun, aufgrund dieses Mutes kam der Sohn zum ersten Mal zur Vernunft und wurde ein wunderbarer Mensch. Jahre später sagte er: »Es war meine Mutter, die mich gerettet hat!« Hätte sich die Mutter die Haare gerauft und gejammert: »Ach, mein armer Sohn, tu das nicht, hier, nimm das Geld«, hätte sie aus ihm einen Schurken gemacht. Und genau das machen die meisten Eltern. In ihrer blinden Gutmütigkeit, ihrer Schwäche und Nachgiebigkeit machen sie aus ihren Kindern Schurken. Und hinterher sagen sie: »Aber wir lieben sie doch...« Sie rechtfertigen ihre Dummheit, ihr erzieherisches und psychologisches Versagen mit den Worten: »Wir lieben unsere Kinder.« Das also versteht man unter Liebe! Anstatt zu sagen: »Wie schwach und unwissend wir doch sind!« sagen sie »Wir lieben sie eben!« Ich bin der Einzige, der das nicht glaubt. Aus diesem 'wir lieben sie' höre ich etwas anderes heraus, nämlich »Was sind wir für Idioten!« Das ist es, was ich höre.

Die Mutter darf sich nicht vom Himmel entfernen, um bei ihrem Kind zu bleiben, sie soll es vielmehr zum Himmel mitnehmen und es ihm sagen. Schon an der Wiege, wenn es sie noch gar nicht verstehen kann, soll sie ihm sagen: »Ich nehme dich mit in den Himmel, ins Licht und in die Harmonie«, denn die Seele des Kindes hört zu und begreift.[1] So soll die Mutter ihr Kind bereits erziehen, solange es noch ganz klein ist; ansonsten wird aus ihm nur ein Durchschnittsmensch, wenn nicht gar ein Verbrecher. »Wie, ein Verbrecher? Mein Kind ist ein wahrer Engel!« In ein paar Jahren wird man sehen, ob es ein Engel ist. Bist du dumm, wirst du sehen, ob es ein Engel ist! Bist du aber vernünftig, dann wird es sicher einer und sogar mehr als ein Engel, eine Gottheit. Die Sache ist klar, mathematisch genau. Wie ihr darüber denkt, ist eine andere Frage; wesentlich ist, was ich davon halte. So lernt doch zu denken wie ich, mein Gott, bringt diesen Mut auf!

Abraham liebte seinen Sohn Isaak, dennoch war er bereit, ihn zu opfern. Gott wollte prüfen, ob Abraham Ihn mehr liebe als seinen Sohn. Die Frage, wen man mehr liebt, Gott oder sein Kind, wird immer gestellt. Doch die Väter und Mütter ahnen nicht einmal, dass es da überhaupt eine Frage zu stellen gibt. Gott stellte Abraham auf die Probe und verlangte von ihm den Sohn als Sühneopfer. Ihr erwidert: »War Gott denn nicht hellsehend genug, um Abrahams Liebe zu erkennen? Hatte Er es nötig, sich ihrer zu vergewissern?« O nein, der Herr wusste im Voraus, was Abraham tun würde, Er sah sein Herz und seine Gedanken. Doch Abraham war es, der nicht wusste, was in ihm stärker war, und es musste ihm bewusst werden. Damit er Klarheit darüber gewinnen konnte, erlegte ihm Gott diese Prüfung auf. Sie diente nicht dazu, Gott über etwas aufzuklären, sondern Abraham selbst. So dienen auch die uns von Gott gesandten Prüfungen zur Selbsterkenntnis. Wir selbst nämlich wissen nicht, wie weit unsere Ausdauer, Intelligenz, Kraft, Gutherzigkeit und Großmut reichen oder wie schwach und dumm wir sind... Man hat Illusionen und meint, ein Genie oder sonst was Großes zu sein, doch bei der kleinsten Prüfung versagt man und begreift hinterher nicht, wie es dazu kam. Abraham also liebte den Herrn über alles; er wusste, Gott hatte ihm diesen Sohn geschenkt und konnte ihn daher auch jederzeit wieder zurücknehmen.

Warum denken die Mütter nicht auch so? Sie wollen ihr Kind retten, indem sie den Herrn verlassen; sie meinen, in ihrem Schutze sei es vor allem gefeit. Doch welchen Schutz können sie ihm bieten, wenn sie selbst nicht geschützt sind und dem großen Beschützer den Rücken kehren? Welcher Hochmut, welche Eitelkeit! Abraham jedoch, der ein wahrer Eingeweihter war, lehnte sich nicht auf, er gehorchte dem Willen Gottes und bereitete Isaaks Opferung vor. Und Gott, der kein blutrünstiges Ungeheuer ist, tauschte in letzter Minute Isaak gegen einen Widder aus. Nunmehr wusste Abraham, wie weit seine Liebe zu Gott reichte, zu welchem Opfer er fähig war, und dies genügte. Eine Mutter, die nicht bereit ist, wie Abraham zu handeln, ist erstens keine kluge Mutter und zweitens zu hochmütig. In ihrer Unwissenheit bildet sie sich ein, besser zu wissen als Gott, ob ihr Kind leben oder sterben soll. Bei einer derart primitiven Auffassung der Liebe wird das Kind ihr, selbst wenn es am Leben bleibt, viel Leid verursachen, denn anstatt es dem Licht entgegenzuführen, entfernt sie es davon! In ihrem Denken nimmt ihre Liebe den ersten Platz ein, erfüllt sie ganz. Später aber muss sie ihren Irrtum auf die eine oder andere Weise büßen, weil sie ihre eigentliche Aufgabe nicht erfüllte, die darin bestand, im Himmel zu weilen und ihr Kind bei sich zu haben.

Man darf sich durch niemanden vom Himmel abbringen lassen, weder durch Kind noch Frau noch Mann, denn nur indem man mit dem Himmel in Verbindung bleibt, kann man ihnen Gutes tun. Entfernt ihr euch vom Licht, um wer weiß wem einen Gefallen zu tun, so zieht ihr alles mögliche Unheil auf euch. Ihr habt dann weder den Himmel noch die Erde, d. h. weder Gott noch diese Leute, für die ihr so große Opfer brachtet und steht allein da. Trachtet ihr nach dem Himmel, so gewinnt ihr ebenfalls die Erde, denn sie richtet sich stets nach dem Himmel, sie unterwirft sich ihm und dient ihm. Wendet ihr euch aber vom Himmel ab und klammert euch an die Erde, dann werdet ihr weder den Himmel noch die Erde besitzen, sie wird euch entgleiten, und ihr werdet ganz allein sein.

Wenn immer Sentimentalität und blinde Zuneigung vorherrschen, werdet ihr früher oder später leiden. Wollt ihr diesem Leid entgehen, dann gebt Vernunft, Weisheit und Gott den Vorrang und alles was ihr liebt wird euch gehören. Alle Kinder, die ihr liebt, aber so wie es sein sollte, rein und göttlich, gehören euch und nicht ihrer Mutter, die sie auf dumme Weise liebt. Ihr sagt: »Aber das ist doch nicht möglich! Die Bande des Blutes existieren doch...« Diese Bande sind bei weitem nicht die stärksten, glaubt mir, es gibt vielerlei Bindungen... In Wahrheit gehören euch nur die Kinder, Männer und Frauen, die ihr auf die rechte Weise liebt. Dem Anschein nach sind die Blutsbande die stärksten, aber wie oft kommt es vor, dass die Angehörigen ein und derselben Familie nichts miteinander gemeinsam haben, weil sie geistig anderen Familien zugehören! So könnt ihr beispielsweise körperlich einer Bauernfamilie angehören und geistig einer königlichen. Oder im Gegenteil, ihr könnt das leibliche Kind einer Königsfamilie sein und in Wirklichkeit einer Familie von Strolchen und Bettlern angehören.

Wie verhält sich wohl jemand, der seine Familie wahrhaftig liebt, wenn diese in Not geraten ist? Er hat den Mut, sie für einige Zeit zu verlassen, um in einem anderen Land Geld zu verdienen. Einem anderen dagegen, der seine Familie nicht so sehr liebt, fehlt dieser Mut. Dem Anschein nach, wie ihr seht, lässt der erste seine Familie im Stich, aber er tut dies, um ihr zu helfen; er geht ins Ausland, um Geld zu verdienen und macht bei seiner Rückkehr die ganze Familie glücklich. Wer sich jedoch von seiner Familie nicht trennen wollte, lebt weiterhin mit ihr in Armut. Übertragen heißt dies: Ein wahrer Vater, eine wahre Mutter verlässt das Kind, die Familie und begibt sich ins Ausland, d. h. in die göttliche Welt, um dort Reichtümer zu erwerben. Und wenn er zurückkehrt, leben alle im Überfluss. Wer dies nicht begreift, bleibt bei seiner Familie – aber was kann er ihr bieten? Nichts Besonderes, ein paar Brocken, ein paar verschimmelte,

Die Mutterliebe 209

in einer Schublade vergessene Brotkrumen. Ein wahrer Vater, eine wahre Mutter gehen ins »Ausland«. Für wie lange? Es kommt darauf an. Vielleicht eine halbe Stunde, eine Stunde... Vielleicht auch einen Tag oder drei Monate, und wenn sie zurückkehren, verteilen sie ihre Reichtümer. Da seht ihr, ich habe großartige Argumente, die nicht einmal eure Logik erschüttern kann! Und sind die Mütter nicht einverstanden, so sollen sie nur kommen und mit mir diskutieren! Ich werde ihnen Folgendes sagen: »Ihr gebt vor, euer Kind zu lieben, seht euch aber einmal eure Liebe genauer an. Wenn ihr euer Kind wirklich liebt, dann würdet ihr dorthin 'ins Ausland' gehen, zumindest für zehn Minuten oder eine halbe Stunde... Ja, dann wird es eurem Kind an nichts fehlen.« Wer weiß, vielleicht ist Le Bonfin hier ein solches Ausland, wohin ihr kommen sollt, um viel Geld zu verdienen, d. h. Erkenntnis und Licht, die ihr danach in eurer Familie verteilen könnt.[2]

Allein das Bestreben, seine Mitmenschen zu Gott hinzuführen, ist wahre Liebe. Alle anderen Formen von Liebe sind egoistische, sind Tricks, Berechnung. Oft geht man zu jemandem hin, ist freundlich zu ihm, macht ihm Geschenke; doch nur aus Berechnung, um seine Gunst zu erwerben, von seinem sozialen Einfluss zu profitieren. Selten nur handeln Menschen uneigennützig. Auch wenn sie etwas schenken, steckt Berechnung dahinter. Sicher, in Wirklichkeit ist immer ein Beweggrund dahinter. Ja, selbst die Liebe der großen Meister ist eigennützig! Auch sie möchten etwas erreichen, sie möchten die Liebe und den Schutz des Herrn gewinnen. Aber das sind nicht mehr irdische, materielle Dinge. Die Eingeweihten trachten nach dem Ruhme Gottes. Und dies ist auch das Einzige, was erlaubt ist: Gott gleich zu werden, wie Er zu strahlen, wie Er schöpferisch zu sein.

Ich zum Beispiel möchte nicht behaupten, meine Liebe sei absolut uneigennützig, ich kann nur sagen, dass ich einen Austausch, einen Wechsel von Ursache und Zielsetzung vornehme. Es bringt nur Vorteile, den Herrn zu lieben, denn man gewinnt dabei das ewige Leben, erwirbt sich Licht und Freiheit... Das ist nicht mehr wirklich eigennützig, weil das ewige Leben, Licht und Freiheit göttliche Errungenschaften sind. Ihr seht, man ist eigennützig und kämpft gleichzeitig gegen den Eigennutz. Man versucht, den niederen Eigennutz zu besiegen, um einen höheren zu finden. Wenn ihr nur eure Begierden und Triebe befriedigt und eure Personalität zufrieden stellt, ist das ein niederer Eigennutz. Möchtet ihr hingegen andere Bedürfnisse stillen, das Bedürfnis nach Licht, ewigem Leben und allem Göttlichen, dann ist das ein höherer Eigennutz, aber immer ist es Eigennutz. Es heißt, man soll uneigennützig sein, jedoch ist das nur so dahingesagt. Eigentlich müsste man, um die Dinge klar auszudrücken, ein anderes Wort wählen und nicht von Uneigennützigkeit sprechen, sondern von höherem Eigennutz!

Wenn auch noch einige Fragen ungeklärt blieben, meine lieben Brüder und Schwestern, seid unbesorgt, ich komme noch darauf zu sprechen. Ihr seid hier in einer Schule, und jeden Tag gibt es ein Programm, gibt es Probleme, die es zu lösen gilt. Es gilt, gewissenhaft zu lernen, und all die anderen Probleme, die euch beschäftigen, werden auch bald geklärt werden. Seid unbesorgt. Befasst euch für heute nur mit dem Thema der Liebe, wie ihr eure Familie, eure Kinder lieben sollt, das ist alles.

Le Bonfin, 10. August 1963

Anmerkungen

1. Siehe Band 230 der Reihe Izvor »Die Erziehung beginnt vor der Geburt«, Kapitel 6: »Das magische Wort«.
2. Siehe Band 30 der Reihe Gesamtwerke »Leben und Arbeit in einer Einweihungsschule«, Kapitel 2: »Der Bonfin« und Kapitel 3: »Die Arbeit in der göttlichen Schule«.

XXIV

LEERE UND FÜLLE,
VOM SINN DES ENTSAGENS

Lesung des Tagesgedankens:

»Wie ließe sich wohl in eine Flasche, die bis zum Rande gefüllt ist, noch eine andere Flüssigkeit hinzugeben? Man muss sie zuerst leeren! Genauso ist es auch beim Menschen; macht er sich nicht leer von seinen Lastern und üblen Gewohnheiten, wie sollen dann göttliche Eigenschaften in ihm Einlass finden? Er ist ja bereits ausgefüllt!... Darin liegt der tiefere Sinn des Entsagens. Im Leerwerden, dem Aufgeben gewisser Angewohnheiten, wie z. B. Rauchen, Lügen, Verleumden. Um andere Dinge aufnehmen zu können. Sobald man einen Fehler aufgibt, tritt an dessen Stelle eine gute Eigenschaft. Dies ist ein physikalisches Gesetz. Wie soll man einen Menschen füllen, der schon voller Laster ist? Es ist ausgeschlossen! Mag er auch sein ganzes Leben bei dem weisesten Lehrer der Menschheit verbringen, solange er sich nicht leer macht, um wieder gefüllt zu werden, bleibt er unverändert derselbe.«

Wer den Sinn des Opfers, der Entsagung, verstanden hat, dem ist klar, dass sein Verzichten ihm selbst zugute kommt, damit er in seinem Innern eine Leere schafft, in die göttliche Qualitäten einfließen können. Solange der Mensch das nicht einsieht, denkt er: »Aber wenn ich nicht mehr rauche, in keine Kneipe, kein Nachtlokal mehr gehe, habe ich nichts mehr vom Leben!« Ganz im Gegenteil! Wenn es einem gelingt, all das aufzugeben, werden diese nichts sagenden Vergnügungen von beglückenden Freuden höherer Natur ersetzt.

Es ist sehr einfach. Eine Flasche, die bereits voll ist, kann man nicht mehr füllen. Ist sie allerdings mit dem Elixier des unsterblichen Lebens gefüllt, darf man sie nicht leeren! Aber wenn sie nur Schlamm und Moder enthält, wozu all das aufbewahren? Die Menschen verstehen sich leider zumeist nur darauf, Unreinheiten in sich aufzunehmen, nicht aber sich derer zu entledigen. Von Kind an waren sie umgeben von Leuten, die nicht gerade vorbildlich waren und ihnen ihre eigenen falschen Gewohnheiten und irrigen Denk- und Handlungsweisen übermittelten. Um nun von alledem leer zu werden, sich zu erneuern und zu verjüngen, um Einprägungen zu verändern, müssen sie nach anderen Vorbildern suchen, nach Menschen, die wie Sonnen sind. Alle streben im Leben lediglich nach einem Beruf, einer Familie, einem Haus mit allem Komfort und sind damit zufrieden – sie begnügen sich mit solch einem mittelmäßigen Dasein. Dann und wann lesen sie ein Buch, hören Schallplatten, machen einen Spaziergang, begeben sich auch mal zu einer Versammlung, und das ist alles. Auf diese Weise machen sie keine Fortschritte, fügen ihrem Dasein nichts Neues hinzu, nichts Überragendes, Strahlendes! Ja, sie sind sich der Gefahren eines verlangsamten Lebensrhythmus' nicht einmal bewusst! Auch nicht all der körperlichen und seelischen Krankheiten, die sie umlauern und nur auf den Augenblick warten, in sie einzudringen, sie zu beißen und anzunagen. Die kosmische Intelligenz hat den Menschen nicht deshalb so wundervoll geschaffen, damit er herumdöst und einschläft. Sie hat ihn so geschaffen, damit er sich unaufhaltsam immer höher entwickeln kann. Er löst dabei in den Tiefen seines Wesens einen Strom intensiven Lebens aus, der alles Unreine beseitigt. Andernfalls häuft sich Schmutz an und macht aus ihm einen Sumpf.

Ich wurde häufig nach der Reinheit in der Liebe gefragt, wann sie rein und wann sie unrein sei. Dies ist leicht zu beantworten! Betrachtet nur die Vorgänge in der Natur. Was trübe, schmutzig, unrein ist, sinkt stets nach unten; das Reine hingegen steigt nach oben. Beim Menschen ist es genauso. Auch bei ihm sammelt sich das Grobstoffliche unten an, während das, was leicht, rein und licht ist, zum Kopf aufsteigt. Deshalb befinden sich Augen, Ohren sowie Mund, Nase und Gehirn oben, und das andere unten. Diese beiden Bereiche im Menschen, das Unten und das Oben, entsprechen seinen beiden Naturen, der höheren und der niederen Natur, der Individualität und der Personalität. Die von der Personalität manifestierte Liebe kann nicht rein sein; denn die Personalität ist mit der Unterwelt verbunden, und ihre Liebe ist behaftet mit egoistischen, schweren, dunklen Elementen. Die Liebe der Personalität ist nur aufs Nehmen, auf eigene Befriedigung bedacht, sie ist also alles andere als rein! Für Blinde ist alles rein. Nicht so für die Eingeweihten, die die Schwingung, Ausstrahlung und Farbe jedes Gedankens und jedes Gefühls wahrnehmen. Eine grobe, sinnliche Liebe kann nicht rein sein. Die Liebe der Individualität ist dagegen rein, weil sie andere Elemente enthält, Großmut, Intelligenz, Sanftmut und Selbstlosigkeit.

Mit ihrer Liebe übermitteln sich die Menschen allen möglichen Schmutz, der sie daran hindert, klar zu sehen und himmlische Empfindungen zu kosten. Diese Barrieren haben die Schichten der egoistischen und sinnlichen Liebe erzeugt. Wenn die Menschen ihren Neigungen freien Lauf lassen wollen, steht ihnen das frei – aber sie sind damit nicht im Recht. Die Eingeweihten gaben Regeln und Vorschriften nicht, um der Liebe den Weg zu versperren, die Menschen krank zu machen, sondern um zu verhindern, dass sie zu weit in höllische Bereiche hinabsteigen, wo ihnen alles verloren geht. Denn lässt sich der Mensch von der Personalität beherrschen, so verringert sich der Umfang seines Tuns und seines Bewusstseins. Er wird nicht nur dumm und blind, sondern empfängt auch nichts mehr von den Segnungen und all dem Wunderbaren aus der göttlichen Welt.

Egoistische Liebe ist immer unrein. Deshalb ist die Liebe, so wie sie gegenwärtig die meisten Menschen praktizieren, unrein. Männer und Frauen verbringen ihre Zeit damit, sich gegenseitig Schmutz, Krankhaftes und Laster zu geben. Jeder weiß, wie man auf diese gewöhnliche Art liebt. Ihnen jedoch die andere Liebe zu erklären, dazu braucht man Tausende von Jahren. Die Leute können sie nicht verstehen, sich keinen klaren Begriff davon machen und je mehr Erklärungen sie darüber hören, desto unklarer wird alles, denn innerlich fehlt ihnen etwas zum Verständnis, sie haben nicht die Reife.[1]

Der Einweihungslehre zufolge ist Entsagen nicht wirklich ein Entsagen, sondern ein Ersetzen, ein Übertragen und Verlegen in eine andere Welt. Es ist ein Weiterführen derselben Tätigkeit, jedoch mit so reinen, lichtvollen Materialien, dass keine Gefahr mehr darin liegt. Man verzichtet z. B. darauf, die Liebe auf der körperlichen Ebene zu kosten, um sie oben zu kosten, wo sie lichtvoll ist. Wenn man übrigens etwas entsagt, ohne sich in einem anderen, höheren Bereich etwas zu holen, dort zu atmen und sich zu laben, ist das gefährlich, denn es wird daraus Verdrängung. Die Worte Verzicht, Entsagung, Opferbereitschaft müssen richtig verstanden werden! Es geht in Wirklichkeit nicht darum zu verzichten, zu entsagen, sondern lediglich darum, sich auf eine andere Ebene zu begeben, d. h. dasselbe, was man unten tat, oben zu vollziehen, statt Wasser aus einem mit Bazillen verseuchten Sumpf zu trinken, trinkt man es aus einer reinen, kristallklaren Quelle! Nicht zu trinken, bedeutet den Tod. Wenn empfohlen wird, nicht zu trinken, so ist damit lediglich gemeint, man solle kein Abwasser trinken. Trinken soll man schon, aber nur himmlisches Wasser.

Ein Eingeweihter versagt sich in Wirklichkeit nichts. Er isst, trinkt, atmet, liebt, jedoch in Regionen und Bewusstseinszuständen, die dem gewöhnlichen Menschen unbekannt sind. Spricht man von Entsagung, so sind die Leute entsetzt und rufen: »Verzichten würde mich umbringen!« Und es stimmt auch, sie werden tatsächlich sterben, wenn sie nicht einsehen, dass sie verzichten müssen, um Besseres zu bekommen. Man soll trinken, schlafen, atmen, lieben, Kinder zeugen, aber auf bessere Weise. Und wie man es besser macht, das lehrt eine umfassende Wissenschaft, welche die Menschen noch nicht kennen. Ihr seht, wie klar und einfach es ist. Man darf nichts unterdrücken, sondern nur umformen, sublimieren. Es gilt also, die niederen Neigungen durch Neigungen, Gewohnheiten und Wünsche edlerer Art zu ersetzen. Die

Leere und Fülle, vom Sinn des Entsagens

übliche Methode wie Menschen sich allgemein eines Lasters wie Rauchen, Trinken oder der Sinnenlust zu entledigen versuchen, birgt eine große Gefahr, denn sie unterdrücken ihr Verlangen, ohne einen Ersatz dafür. Das stürzt sie in Ungleichgewicht und Leere. Es bedarf eines Ausgleichs! An die Stelle einer niederen Begierde muss eine höhere treten, darum haben diejenigen, die sich daran hindern zu lieben, nichts begriffen. Es geht lediglich darum, den Gegenstand der Liebe mit einem lichtvolleren auszutauschen; andernfalls droht der Tod. Die Natur hat die Dinge sehr weise eingerichtet. Wir essen, trinken, atmen – und nichts darf unterdrückt werden! Man muss seine Bedürfnisse einfach nur verfeinern und in höhere Bereiche übertragen.

Überlegt sehr gut, wenn ihr einem starken Bedürfnis in euch entsagen wollt, denn das ist eine schwerwiegende Entscheidung! Ihr müsst dieses Bedürfnis ersetzen. Um ihm zu genügen, esst, trinkt, liebt und lebt ihr wie bisher – nur auf einer höheren Stufe, wo es für euch ungefährlich ist. Wenn ihr eure Bedürfnisse nicht ersetzt, werdet ihr erliegen.

Nehmen wir z. B. einen Mann, der ein heftiges Verlangen nach einer Frau verspürt; wie kann er diesen Wunsch überwinden? Nun, dank der Frauen – aber anstatt sich nur auf eine einzige zu beschränken, muss er sich für alle Frauen auf einmal interessieren, und alle zusammen werden ihn retten. Er wird sich nicht Tag und Nacht mit nur einer vergnügen, die er doch verlieren wird, sondern sich sagen: »Ich will alle Frauen lieben!« Und da er seinem Trieb nicht mit allen Frauen auf einmal frönen kann, ist ihm aus der Not geholfen. Er liebt weiterhin die Frau in Form aller Frauen und fühlt sich gelöst und glücklich. Auch Frauen können dieselbe Methode anwenden. Statt nur einen Mann zu lieben, lernen sie, alle Männer zu lieben, und alle Männer werden sie mit Freude, Glück und Inspiration erfüllen. Solange sie nicht wissen, wie sie diese Erweiterung des Bewusstseins realisieren sollen, fühlen sie sich unglücklich und werden boshaft und verbittert. Behaltet diese Methode also im Gedächtnis: Wenn ihr eine Begierde, eine Neigung, eine Schwäche, Leidenschaft oder ein Laster nicht in eine höhere Neigung verwandelt, werdet ihr dauernd in innerem Zwiespalt leben, im Widerspruch mit euch selbst, vergesst das nie. Selbst wenn ihr den Menschen, den ihr liebtet, verloren habt, ob er euch nun verließ oder gestorben ist, ihr müsst ihn ersetzen – nicht durch einen anderen, den ihr ebenfalls riskiert zu verlieren – sondern durch eine große Liebe zu etwas Himmlischem, Göttlichem. Dann werden Ruhe und Zufriedenheit wieder in euch einkehren, weil die innere Leere ausgefüllt ist. Die Leute ersetzen gerne einen Ehemann oder eine Ehefrau oder Geliebten durch einen anderen, was in den meisten Fällen keine Lösung bringt.

Mag ich euch diesen Sachverhalt auch noch so eindringlich nahe bringen, so wird er euch doch erst wirklich klar sein, wenn er in euch innerlich klar geworden ist durch viel Meditation und Veränderung der inneren Einstellung. Was mir klar und einfach erscheint, ist es vielleicht noch nicht für euch, weil ihr eine andere Struktur, eine unterschiedliche Sichtweise der Dinge habt. An euch liegt es also, eine innere Arbeit zu leisten, um das von mir Dargelegte in euch klar werden zu lassen. Gelingt euch dies, so seid ihr im Besitz all dessen, womit die Natur euch bedachte. Ihr könnt euch dessen mit derselben Genauigkeit bedienen, als wäret ihr in einem Laboratorium oder einem Kraftwerk. Ihr handhabt die Kräfte und Energien, ohne von ihnen getroffen oder zerschmettert zu werden. In dem Augenblick gibt euch die Natur das Recht, mit allen Männern und Frauen der ganzen Welt nach Belieben zu verfahren. Nur passiert euch dann etwas Merkwürdiges. Es liegt euch nichts mehr daran, von diesem Recht Gebrauch zu machen! Euer Sinn für Ästhetik und Vollkommenheit, für Licht und Reinheit hat sich so entwickelt, dass ihr Bereichen, die an die Hölle grenzen, nicht mehr nahe kommen möchtet. Ihr zieht es vor, in den lichten Ebenen zu verweilen, wo euch leicht und freudig zumute ist.

Ich will euch eine Geschichte erzählen. Eines Tages, als ein König aufs Land ging, sah er auf einer Wiese eine Kuh. Sie gefiel ihm so ausnehmend gut, dass er sie kaufen wollte. Er entsandte einen seiner

Leere und Fülle, vom Sinn des Entsagens

Diener, doch der Besitzer der Kuh war ein Magier, ein alter Weiser, der seine Kuh nicht verkaufen wollte. Sie gab ihm ihre Milch, seine einzige Nahrung, und er wollte sich nicht von ihr trennen. Der Diener kehrte unverrichteter Dinge zum König zurück, und der beschloss, sich die Kuh mit Gewalt anzueignen. Er sandte daher mehrere Diener, die sich ihrer bemächtigen sollten. Doch der Magier streckte die Hand aus, lähmte sie für einige Minuten und schickte sie dann zurück mit den Worten: »Sagt eurem Herrn, dass es aussichtslos ist. Er ist reich und mächtig und soll mir meine Kuh lassen, das Einzige, was ich besitze.« Wutentbrannt sandte der König ein ganzes Heer, aber auch dieses ließ der Magier erstarren und schickte es zurück. Da begann der König nachzudenken und sagte sich: »Dieser Magier muss ein sehr großes Wissen haben. Wenn er so mächtig ist, muss ich ihm sein Geheimnis entreißen.« Er verkleidete sich und begab sich zu dem Magier. »Erhabener Greis«, sagte er, »deine Weisheit ist im ganzen Königreich berühmt; ich komme, um bei dir zu lernen – nimm mich als deinen Schüler an.« Der Magier erkannte den König, las seine Gedanken, ließ sich aber nichts anmerken, sondern stimmte zu, ihn zu unterrichten. Viele Jahre hindurch übte sich der König in Meditation und Atmung, betete und fastete... So lange, bis er eines Tages, da er zufällig an die Kuh dachte, feststellte, dass ihm nichts mehr an ihr gelegen war. Er war selbst ein Magier geworden und hatte absolut kein Verlangen mehr nach der Kuh!

In derselben Weise soll der, welcher sagt: »Ich will alle Frauen!«, alles daran setzen, schön, anziehend und begehrenswert zu werden; er macht sich daran zu üben, zu meditieren, zu beten... Und schließlich verblasst sein Verlangen vor dem, was er alles entdeckt. Er lebt in einer wundervollen Welt, aus der er nicht mehr herabsteigen möchte. So weit sollte man es bringen. Es gibt auf Erden solche Menschen, natürlich nur wenige, die die Sinnlichkeit vollkommen besiegt und überwunden haben, das sind die hohen Eingeweihten. Sie dürfen alles tun, ihnen ist alles gestattet, aber sie selbst wollen die Höhen nicht mehr verlassen, die sie erreicht haben.

Also, meine lieben Brüder und Schwestern, ihr werdet nun darüber nachdenken und verstehen, dass es eine göttliche Philosophie gibt, die fähig ist, euch alles zu bringen. Nur muss man sie wollen, akzeptieren und sein Leben danach richten. Die Menschen meinen, sie wüssten alles und wollen nichts lernen. Aber ich werde euch nach und nach aufzeigen, ob euer Wissen wirklich etwas taugt, wohin es euch führt, dann werdet ihr erschreckt feststellen, dass ihr euch in die Brust werft, stolz wie ein Pfau. Doch stolz worauf? Auf eure Unwissenheit! So wie wir in Bulgarien sagen: »Na gol tumbak srebarni pischtofi«. Das bedeutet: »Silberne Pistolen auf nacktem Bauch!« Aber sicher, er lebt im Elend, hat nur seine Pistolen und meint, damit der ganzen Welt trotzen zu können!

Le Bonfin, 18. August 1975

Anmerkung

1. Siehe Band 7 der Reihe Gesamtwerke »Die Reinheit, Grundlage geistiger Kraft«, Teil 2: »Liebe und Sexualität«.

XXV

DIE FRAGE DER BINDUNGEN

Lesung des Tagesgedankens:

»Die Menschen haben die Verbindung untereinander durchtrennt, und diese Trennung heißt Hass, Feindseligkeit, Rachsucht, Vergeltung, Anarchie.« Schaut nur nach Arabien und Israel oder nach USA und Vietnam... Ihr sagt: »Aber die Verbindung ist nicht durchtrennt, da sie sich ja ständig mit Bomben bewerfen!« Auf der physischen Ebene trifft das zu, dort ist die Verbindung nicht durchtrennt, da sie sich ständig aufeinander stürzen, um sich umzubringen, aber ich spreche von der geistigen Verbindung. Diese Verbindung ist durchtrennt, und das Unterbrechen dieser Verbindung nennt sich Krieg.

Sicher gibt es auch im Krieg Verbindungen. Betrachtet nur zwei Personen, die sich nicht mögen. Sie geraten aneinander, die Verbindung ist nicht durchtrennt, im Gegenteil, sie waren sich noch niemals so nahe... aber um sich an die Gurgel zu springen! Und für andere, die Tausende von Kilometern voneinander getrennt sind, gibt es eine wunderbare Verbindung! Wenn ich zu euch von Verbindungen spreche, betrachte ich sie wie Mechaniker oder Elektriker. Ihr habt zum Beispiel ein Gerät, das nicht funktioniert, weil nur ein Zentimeter Kabel fehlt. Nun, ich bringe dieses kurze Stück Kabel, setze es ein und das Gerät funktioniert wieder, der Strom fließt. Darin liegt alles, in der Verbindung.«

Dieses Thema ist euch nicht neu, meine lieben Brüder und Schwestern, ihr habt bereits Vorträge gehört, in denen die Frage der Verbindungen behandelt wurde. Alles, was im Universum existiert, besteht aus Verbindungen und selbst unser physischer Körper ist nichts als ein Netzwerk von Verbindungen, die man je nachdem Kanäle, Adern, Fasern, Kapillaren, Bahnen usw. nennt. Und diese miteinander verschlungenen Leitungen bilden ein Gewebe. Doch das wisst ihr bereits alles. Wenn ihr hellsichtig wäret, würdet ihr sehen, dass auch alle Männer und Frauen in Verbindungen verstrickt sind, in Verbindungen, die in alle Richtungen hinausreichen. Und dann glauben sie, dass sie voneinander getrennt seien, dass sie frei und unabhängig seien! Bereits wenn ihr an jemanden denkt, sind das Verbindungen, denn die Gedanken sind nichts anderes als Verbindungen, Fäden. Wenn ihr ihm Böses wollt, ist euer Gedanke wie ein Seil, ein Lasso, das ihr auswerft, um ihn herbeizuziehen, ihn zu fangen und ihn zu zerstören. Wenn ihr aber viel Liebe für ihn habt, ist euer Gedanke nichts anderes als eine Leitung, durch die ihr ihn nährt, eine Verbindung, die ihr zwischen ihm und dem, was ihm am besten zu helfen vermag, herstellt. Sei es nun Liebe oder Hass, Gedanken und Gefühle schaffen Verbindungen.

Man spricht immer von den Verbindungen der Liebe, aber es gibt auch Verbindungen des Hasses. Wenn ihr ständig an jemanden denkt und euch fragt, wie ihr ihm schaden könnt, schafft euer Hass Verbindungen, die euch für wer weiß wie lange fest an ihn ketten, vielleicht sogar für die nächsten Inkarnationen. Durch das Verlangen, euch seiner zu entledigen, schafft ihr gewaltige Verbindungen. Hass wie auch Liebe ist eine Verbindung, und ihr werdet denjenigen immer wieder begegnen, die ihr liebt oder hasst. Um keine Verbindung mehr mit jemanden zu haben, darf man weder Hass noch Liebe für ihn zeigen, sondern nur Gleichgültigkeit. Um euch daher eines Feindes zu entledigen, versucht wenigstens, dass er euch gleichgültig wird, sonst wird euer Hass allen möglichen Ärger heraufbeschwören. Und übrigens wird euch auch die Liebe Probleme zu lösen aufgeben, wenn sie nicht rein, spirituell und selbstlos ist.

Aber sprechen wir noch ein wenig über die Liebe, weil dies das interessanteste Thema ist, das aktuellste und wichtigste und es fast niemanden gibt, Mann oder Frau, Jung oder Alt, den diese Frage nicht beschäftigt. Wenn man an Hass denkt, ist alles klar, da gibt es nichts

Die Frage der Bindungen

zu sagen, außer über die fürchterlichen Folgen, die er mit sich bringen kann – was einem nicht immer bewusst ist. Aber wenn es um Liebe geht, versteht keiner etwas. Das ist ein so weiter, reichhaltiger, komplexer Bereich mit so verschiedenen Aspekten, dass es uns noch nicht gelingt, ihn ausreichend zu beleuchten. Seht nur, wie lange ich schon zu euch über die Liebe spreche! Darum werde ich auch heute wieder versuchen, euch diese Frage darzulegen, in der Hoffnung, dass sie endlich klarer für euch wird.

Jeder findet es normal sich zu lieben, zu heiraten und Kinder zu haben. Nichts scheint so natürlich. Niemand ist erstaunt, dass ihr verliebt seid, denn jeder ist von derselben Krankheit befallen. Darum findet man es so seltsam und anormal, dass jemand Veränderungen bringen und die Menschen zu höheren Stufen führen will. Man ist erstaunt, ja feindselig. Und gerade auf diese Frage möchte ich jetzt ein Licht werfen. Wie ich euch in anderen Vorträgen erklärt habe, hat die kosmische Intelligenz selbst bei den Menschen die instinktiven Äußerungen der Liebe geschaffen, genau wie bei den Tieren. Aber dieser Zustand war nicht endgültig, die kosmische Intelligenz hatte andere Pläne mit ihnen: einen entwickelten, spirituellen Zustand. Diese beiden Neigungen werden im Menschen dargestellt durch seine niedere und seine höhere Natur. Die niedere Natur, die Personalität, denkt nur daran zu nehmen, ihre Bedürfnisse zu befriedigen. Die höhere Natur, die Individualität, denkt an das Interesse und das Glück der Anderen. Man findet bereits einige kleine Äußerungen dieser Natur bei den Tieren und sogar bei den wilden Tieren. Ein mütterlicher oder väterlicher Instinkt, der sie drängt, an ihre Nachkommenschaft zu denken, um sie zu ernähren, zu beschützen und sich sogar für sie zu opfern. Diese kleinen Äußerungen sind also ein Beweis, dass die kosmische Intelligenz in jedem Geschöpf eine Eigenschaft hinterlassen hat, die nur noch nicht sehr entwickelt ist, da ein Tier, wenn es seine Nachkommenschaft verteidigt, ja eigentlich in erster Linie seinen Besitz verteidigt. Bei den Menschen ist es oft genauso, aber trotzdem hat sich bei ihnen die höhere Natur wirklich entwickelt. Die Heiligen, Märtyrer und großen Meister zum Beispiel haben unvorstellbare Beweise von Selbstlosigkeit, Opferbereitschaft und Entsagung gegeben.

Wenn ihr den Band 11¹ lest, der die Frage der Personalität und der Individualität behandelt, werdet ihr eine sehr klare Vorstellung von der Natur der Äußerungen haben, die ihr in jedem Augenblick von euch gebt in Form eurer Gedanken, eurer Gefühle, eurer Pläne, eures Verhaltens. Ihr werdet erkennen, dass ihr häufig von der Personalität angeregt werdet, wenn ihr immer die negative Seite der anderen seht, immer misstrauisch und voll Zweifel seid. Selbst wenn ihr bei einem Eingeweihten, einem Meister seid, der euch eure Irrtümer und Fehler aufzeigt, akzeptiert ihr seine Art die Dinge zu sehen nicht. Anstatt zu sagen: »Oh, Meister, Sie haben vielleicht Recht, ich habe nicht gedacht, dass sich die Dinge so verhalten wie Sie sagen, aber ich vertraue Ihnen, da Sie so viel weiter gegangen sind als ich«, verwerfen manche Leute selbst das, was ein Meister ihnen mitteilt, um ihnen zu helfen, und sie klammern sich an ihre eigenen, sehr begrenzten Ansichten.² Nun, wie sollen sie sich unter solchen Bedingungen vervollkommnen?

Diese beiden Naturen, die Personalität und die Individualität, sieht man besonders im Bereich der Liebe hervortreten. Ein junger Bursche liebt ein Mädchen, aber seine Liebe gilt sich selbst, weil er seine Gelüste befriedigen will, so weit, dass er ihr ihre Reinheit, ihre Schönheit, ihre Frische nimmt und sie dann wegwirft wie eine ausgepresste Zitrone, um sich eine frischere zu suchen. Ein anderer hingegen denkt an sie, wie er ihr helfen, sie lehren, sie schützen und sich um ihre Zukunft kümmern kann. Diese Liebe ist seltener, aber sie existiert, und das ist die Liebe der Individualität. Und jetzt der wichtigste Punkt, hört mir gut zu.

Wenn ihr euch in Zukunft in jemanden verliebt, dann beobachtet, was ihr braucht und ihr werdet feststellen, dass euch alles in Wirklichkeit von der Personalität eingegeben wird, was ihr als normal, natürlich und einwandfrei betrachtet habt, denn alle sehen es genauso. In dem Moment entschließt ihr euch, nicht mehr so sehr in den Gefühlen, den Aufwallungen und Vulkanausbrüchen zu leben und einen Teil eurer Energien dazu zu nutzen, um euch weiter zu entwickeln, zu begreifen, schöner zu werden. Ihr lasst die Individualität arbeiten und eure

Die Frage der Bindungen 223

Liebe wird euch die Mittel geben, sehr weit in den Himmel, in die Herrlichkeit vorzudringen. Mit der anderen Liebe hingegen werdet ihr hart, schwer und dumpf, ihr habt kein Licht und keine Inspiration und ihr schadet sogar den anderen. Das ist einfach und klar, ihr mögt euch dagegen auflehnen, nicht damit einverstanden sein, aber das ändert nichts daran, dass es so ist.

Sicher, es ist keine Frage, dass die Liebe der Personalität normal und natürlich ist, und ich habe niemals das Gegenteil behauptet. Was aber für die Personalität natürlich ist, ist unnatürlich für die Individualität, die darauf wartet, sich zu manifestieren, sich zu entfalten. Solange ihr jedoch bei euren primitiven Instinkten bleibt, quält ihr die Individualität, bringt sie um und sie hört auf zu existieren. Ich behaupte nicht, dass die instinktive Liebe nicht ihre Daseinsberechtigung habe, und diejenigen, die sie ausführen, machen es richtig. Das habe ich niemals geleugnet. Aber ich bin immer für den Fortschritt, ich bin dafür, dass man weitergeht, dass die Liebe nicht aufhört, sondern dass man sie höher hinauflenkt. Ich habe den Menschen oft mit einem Wolkenkratzer von hundert oder hundertfünfzig Etagen verglichen. Für die Bewohner der ersten Etagen gibt es noch genug Wasser und die anderen lässt man verdursten, weil für sie nichts mehr da ist. Um das Wasser bis nach oben zu leiten, braucht es einen gewissen Druck. Aber sobald sich ein Druck aufbaut, beeilt man sich, ihn loszuwerden, indem man sich mit einem Mann oder einer Frau tröstet, und für die obere Etage bleibt nichts mehr übrig. Ihr seht, wie unwissend man ist! Man braucht diesen Druck, um das Wasser bis zum Gehirn hinaufzuleiten und man entlädt diesen Druck, weil man es angeblich nicht aushalten kann und sonst leidet... Doch man sollte sich im Gegenteil freuen, dass es diesen Druck gibt und ihn aufrechterhalten, weil er es ist, der euch erlaubt, die unbelebten Zellen dort oben, in eurem Gehirn zu nähren. Man wird dumm, stumpfsinnig, weil es kein Wasser gibt, um diese Zellen zu bewässern.

Wenn manche nicht überzeugt sind, ist das schade für sie. Es gibt andere, die weitergehen wollen und die man daher aufklären muss. Für sie spreche ich und sage ihnen, dass es Möglichkeiten gibt. Und welche Möglichkeiten? Seht, ich sprach vorhin von Verbindungen, von Fäden, von Leitungen. Wisst ihr, welch großartiges Leitungssystem die kosmische Intelligenz seit Jahrtausenden im Menschen angelegt hat? Wenn es nicht funktioniert, dann nur deshalb, weil der Mensch nicht die geringste Energie durch dieses feinstoffliche, ätherische System schickt. Und außerdem, wer unter uns Zeitgenossen weiß überhaupt, dass der Mensch ein besonderes Leitungssystem besitzt, um die Sexualenergie bis zum Gehirn hinaufzulenken? Die Sexualkraft ist eine großartige Kraft. Wenn sie aber nur den physischen Körper, die Personalität, nährt, nährt sie auch Hass und Krieg. Sie ist also zu großartigen Verwirklichungen fähig, aber bis jetzt halten diese Verwirklichungen die Menschen zu weit unten in Getrenntheit und Feindseligkeit fest. Die niedere Liebe ist mit Aggressivität verbunden. Wer in Sinnlichkeit schwelgt, hat das Bedürfnis sich aufzudrängen, zu zerstören. Die höhere Liebe dagegen begünstigt geistige Eroberungen. Es ist immer Venus, die die Kräfte des Mars nährt. Aber beide besitzen sie zwei Aspekte: den höheren und den niederen Aspekt. Und die höhere Liebe, die höhere Venus, erweckt den höheren Mars, der sich wagemutig in die Erkundung der göttlichen Welt stürzt, um sie danach auf der Erde zu realisieren.[3]

Nun, meine lieben Brüder und Schwestern, was werdet ihr nun mit dem, was ich euch mitgeteilt habe, tun? Nicht sehr viel, ich weiß. Ihr habt es aufgeschrieben und lasst es irgendwo liegen und gebt weiterhin eurer niederen Natur Nahrung, bis sie alles verwüstet. Ich weiß, was ihr mir sagen werdet: »Oh Meister, wir stimmen Ihnen zu, wir haben verstanden, wir fühlen, dass es wahr ist, aber Sie wissen nicht, wie schwierig es für uns ist, dies zu verwirklichen.« Ich weiß sehr wohl, dass es schwierig ist, aber trotzdem, die Kenntnis dieser Wahrheiten wird es euch eines Tages ermöglichen, sie zu realisieren. Wenn ihr sie nicht kennt, werdet ihr sie niemals realisieren. Es ist daher besser, sie euch zu offenbaren. Selbst wenn ihr noch unfähig seid, diese Herrlichkeit hervortreten zu lassen, so könnt ihr immerhin einige Versuche machen, bis es euch gelingt, die Hindernisse zu überwinden, die euch an der Verwirklichung dieser Wahrheiten hindern.

Die Frage der Bindungen

Ich weiß, dass eines dieser Hindernisse die Angst ist, eine Angst, die auf Unwissenheit beruht. Man glaubt, dass man auf alle Freuden verzichten muss, auf alles was Spaß macht. Sicher, es wird Verzicht geben, aber ihr werdet auf eine Schwäche verzichten, um eine Kraft zu gewinnen, ihr verzichtet auf eine Dummheit, um Intelligenz zu gewinnen, ihr verzichtet auf etwas, was zu Schwierigkeiten und Tragödien führen würde, um an Dinge heranzukommen, die euch Frieden und Glück bringen. Und glaubt ihr, dass ich einfach so auf irgendetwas verzichte? So dumm bin ich keineswegs. Ich verzichte auf nichts, ich habe nur das eine durch etwas anderes ersetzt. Ihr werft ein: »Aber Sie rauchen nicht...« »Oh, ich rauche etwas anderes, Himmlisches, es ist wunderbar! Und ich probiere Weine... wenn ihr wüsstet!« Man muss nur auf ein kleines Vergnügen verzichten, um das Recht zu erhalten, ein anderes, größeres zu kosten.

Ich komme jetzt zum Ende, doch denkt über dieses Thema nach und auch über die Frage der Verbindungen. Im Universum besteht alles aus Verbindungen. Die Sonne, die Sterne, die Planeten, die Bäume, die Kristalle, die Atome und Elektronen, die sich nach Kraftlinien ordnen, die Gesichter und die geometrischen Figuren, alles ist Verbindung, ist Faden, Gewebe. Und seht auch euren physischen Körper an. Er ist nichts anderes als ein Stoff, den ihr selbst gewebt habt, schön oder hässlich, farbig oder blass, symmetrisch oder asymmetrisch... Alles ist Gewebe. Darum ist es auch so wichtig, dass ihr aufmerksam seid, wenn ihr Verbindungen zu Menschen oder Dingen herstellt, denn ihr seid dabei, euer eigenes Kleid für eine andere Inkarnation zu weben. Darin liegt eine ganze Wissenschaft. Und wenn ihr nicht wisst, wie ihr weben sollt und mit welchem Faden, dann bleibt euch nichts weiter als Dummheiten und Verrücktheiten anzustellen. Wenn ihr euch mit einem Verbrecher verbindet, nun, dann werdet ihr an dem Unglück, das ihm widerfahren wird, teilhaben, weil ihr mit ihm verbunden seid, weil ihr mit ihm zusammenarbeitet. Aber die Menschen denken nie über diese Frage nach, sie verbinden sich mit jedem x-Beliebigen, sogar mit dem Teufel. Also, denkt nach und verbindet euch nur mit hochentwickelten, strahlenden Wesen, mit Eingeweihten, Engeln, Erzengeln und Gottheiten. Sonst werdet ihr nicht einen hellen Tag in eurem gesamten Dasein erleben, alles wird dunkel und erschreckend sein.

Ich habe euch sogar gesagt, dass diese Frage der Verbindungen viel weiter reicht als ihr es euch vorstellen könnt: Jeder Gedanke, jedes Gefühl, jedes Versprechen ist eine Verbindung. Seht nur, selbst wenn die Menschen keine Schnur nehmen, um euch zu binden, so tun sie es doch durch Schriftstücke, Verträge und Unterschriften. Ihr seid gebunden und keine Gerechtigkeit kann euch zu Hilfe kommen, ihr habt unterschrieben. Aber diese Verbindungen existieren noch viel schrecklicher auf der Astral- und der Mentalebene, wo die Leute nur daran denken sich zu binden, um sich gegenseitig auszunutzen. Nun, das sind die Verbindungen, die am schwersten zu durchtrennen sind, auch wenn man sie nicht sieht. Seid ihr jetzt überzeugt? Meditiert also über diese Frage, um euch endlich ihrer Bedeutung bewusst zu werden und seid achtsam, sonst wird euer ganzes Leben vergeudet sein.

Le Bonfin, den 17. August 1975

Anmerkungen
1. Siehe Band 11 der Reihe Gesamtwerke »Der Schlüssel zur Lösung der Lebensprobleme«.
2. Siehe Band 207 der Reihe Izvor »Was ist ein geistiger Meister?«, Kapitel 6: »Der Meister, ein Spiegel der Wahrheit«.
3. Siehe Band 220 der Reihe Izvor »Der Tierkreis, Schlüssel zu Mensch und Kosmos«, Kapitel 5: »Die Achsen Widder-Waage und Stier-Skorpion«.

XXVI

DIE JUGEND UND DIE LIEBE

Teil 1: Neue Impulse

Freier Vortrag

Jeder sollte nun das neue Licht, das herannaht, erkennen und anwenden. Dass alles in Bewegung gerät, ist der Beweis, dass es kommt! Noch nie war es so wie jetzt. Nehmen wir nur einmal die Jugend, diese Jugend, die nicht mehr in die Fußstapfen der Erwachsenen treten will. Schon allein dies beweist, dass Gott einen neuen Himmel und eine neue Erde erschafft, denn Umwälzungen werden von den Menschen ausgelöst. Die jungen Leute heutzutage suchen das Glück in der sexuellen Befreiung. Das sollte man nicht tadeln; im Gegenteil, es ist ein Anzeichen dafür, dass neue Auffassungen im Kommen sind. Im Augenblick natürlich ist noch alles verworren und unklar. Man darf sich nicht vorstellen, jegliche Neuerung sei hervorragend und müsse akzeptiert werden, nein, sie muss zuvor von einer Autorität voller Weisheit und Licht gewogen, überprüft und gebilligt werden.

Einstweilen sieht man, wie gesagt, nur Umwälzungen und Aufruhr, aufbrechende Kräfte. Noch nichts ist in geordnete Bahnen gelenkt, und eine gewaltige Arbeit ist noch zu vollbringen. Es ist wie zu der Zeit, als die Erde sich formte und Vulkanausbrüche die kaum erhärtete Erdkruste wieder aufrissen[1]. Da war Leben weder für die Pflanzen, noch die Tiere, geschweige denn für die Menschen möglich. Die Naturkräfte mussten sich erst beruhigen und intelligente Wesen kommen und sie ordnen, um aus der Erde endlich einen bewohnbaren

Ort für Pflanzen, Tiere und Menschen zu machen. Viele Menschen leben innerlich in diesem Urzustand der Erde. Zorn, Aufruhr und ihre sexuellen Energien, die weder gebändigt noch beherrscht sind, brechen wie Vulkane aus und liefern einen Beweis für das Alter des Menschen. Er lebt noch in jener Zeit, in der die Erde nicht genügend Sicherheit bot, damit intelligente Wesen darauf wirken konnten. Solange ein Mensch noch rohe Kräfte in sich birgt und ungezügelt walten lässt, ist er ein unsicherer Boden für Engel, Erzengel und Eingeweihte. Diese warten ab, bis er sich beruhigt hat und lassen ihm erst dann ihr Licht, ihre Weisheit zukommen. Ist er vernünftig geworden, gelingt es ihm Selbstbeherrschung zu üben, so gleicht er der Erde in ihrem gegenwärtigen Zustand, und sie nehmen sich seiner an, sie pflügen, pflanzen, umhegen ihn, und es blühen Kulturen, eine ganze Bevölkerung lässt sich in ihm nieder, Scharen von Engeln und allmächtigen Wesen.

Was sich gegenwärtig in der Gesellschaft abspielt, ist ein Hinweis dafür, dass die Kräfte, die jetzt am Wirken sind, noch ungeordnet und nicht organisiert sind; aber das wird noch kommen. Machtvolle Wesen werden erscheinen, die diese aufeinander prallenden Strömungen ordnen. Da der neue Himmel schon da ist, bahnt sich das neue Licht seinen Weg. Wenn ihr also von absonderlichen Dingen hört, die sich in der Welt ereignen, so seid ohne Sorge.

Die Jugend beispielsweise hat sich noch nie so verhalten. Früher war sie immerhin fügsamer und gehorsamer. Ich möchte nicht sagen, dass das großartig war, aber es war doch anders. Jetzt ist es ihr eine Wonne, nicht zu gehorchen, sich selbst zu bestätigen und auf jedem Gebiet ihre Unabhängigkeit zu beweisen. Nun, dies zwingt die Erwachsenen zumindest zum Nachdenken.

Die Jugend fordert heute sexuelle Freiheit in der Meinung, dass sie sich so frei entfalten kann, dass sie Glück und Freude findet.[2] Das ist ganz sicher nicht der Fall. Die jungen Leute sind, was die Struktur des Menschen betrifft, völlig unwissend. Und diese Unwissenheit zieht die völlige Zerrüttung ihres inneren Gleichgewichts und ihrer Gesundheit nach sich und zerstört ihre Intelligenz. Ich sage nun nicht, dass sie ihr Verlangen verdrängen sollen, denn davon würde man zermalmt. Die Sexualkraft ist eine Kraft, die seit Millionen Jahren besteht und gegen die man vergeblich ankämpft. Ich predige keineswegs das Verdrängen dieser Kraft. Seht euch nur die verklemmten Menschen an, wie es um sie bestellt ist, was aus ihnen geworden ist! Man darf seine Triebe weder verdrängen noch sie zügellos ausleben, denn indem man ihnen freien Lauf lässt, treten Leiden anderer Art auf. Die wahre Einweihungslehre lehrt, wie man diese Lebenskräfte nicht bekämpft, sondern wie man sie ausrichtet. Auch die Eltern übrigens, die manche Fehler ihrer Kinder zu bekämpfen suchen, erleiden Fehlschläge, denn in der Erziehung darf nicht drangsaliert, sondern nur gelenkt und in Bahnen geleitet werden. Da aber die Eltern dies nicht wissen, setzen sich die Kinder über ihre Befehle hinweg und hören nicht auf sie.

Ja, die Eltern geben sich erst gar nicht die Mühe, ihre Söhne und Töchter in sexuellen Fragen zu unterrichten, früher vor allem war das so, als die Unwissenheit der Jugend in solchen Dingen gang und gäbe war. Seit wenigen Jahren erst wird über Sexualerziehung öffentlich gesprochen. Jedoch bedeutet dies nicht immer einen Fortschritt, denn nunmehr stürzt sich jeder mit Eifer darauf, ein Gebiet zu behandeln, das er noch nicht kennt.

Ich verfolgte vor kurzem im Fernsehen eine Sendung, worin Erzieher, Ärzte und Eltern darüber diskutierten, welches die beste Methode sei, Kindern die Geburt zu erklären. Es wurde ein Film vorgeführt, worin eine Mutter ihrem neunjährigen Jungen erzählte, wie die Dinge sich abspielen. Ich war bestürzt zu sehen, wie sie dabei vorging; welch ein Mangel an Einfühlungsvermögen! Sie gebrauchte allerlei medizinische Ausdrücke, sprach vom Befruchtungszeitpunkt, vom Vorgang des Eisprungs usw., und das arme Kind, das von all dem nichts verstand, sah sie mit großen Augen an... Es tat mir Leid... Dann erklärte sie ihm unverblümt die Rolle des Vaters, sprach von Befruchtung, Schwangerschaft und sagte ihm schließlich ohne Umschweife, wo das Baby herauskommt. Der Junge hörte zu in seiner ganzen Unbefangenheit, begriff aber offensichtlich rein gar nichts.

So darf man nicht vorgehen. Ich hätte es ganz anders gemacht. Zunächst spräche ich zu dem Kind von der Welt der Pflanzen und Blumen, erzählte ihm, wie eine Blüte durch den Blütenstaub befruchtet wird und wie sich danach die Frucht bildet... Anschließend hätte ich von Insekten und Tieren gesprochen, ihm gezeigt, wie dies in der Natur, auf Feld und Wiese geschieht. Das Kind hätte so dann ganz von selbst den Rest, verstanden und das Ganze wäre weit poetischer gewesen, als ihm zu erzählen, wie das männliche Organ steif wird, um in das der Frau einzudringen. Diese Mutter tat ihr Bestes, ihr Kind aufzuklären, sie hat aber völlig versagt. Und auf wie vielen anderen Gebieten sind die Menschen ebenso ungeschickt und erzielen keine guten Ergebnisse!

Gegenwärtig lässt sich feststellen, dass sich in der ganzen Welt, von den Vereinigten Staaten über den hohen Norden, bis nach Indien und in die arabischen Länder, die Pille weit verbreitet. Zunächst geschah es natürlich aus Gründen der drohenden Übervölkerung, aber bald kamen andere, keineswegs bevölkerungsstatistische Beweggründe hinzu, vorab der Wunsch aller Frauen und Männer, ungehindert ihre Begierden zu stillen. Sagt mir, ob ein 15-jähriges Mädchen schon die Pille braucht. Doch man lässt schon Mädchen dieses Alters die Pille nehmen. Und ich weiß, in manchen Schulen sind es sogar die Lehrer, die sie unter ihren Schülerinnen verteilen; ja, die Lehrer...

Ich bin kein Anhänger des Asketentums, aber ich bin auch nicht für die Ausschweifung. Indem man zulässt, dass sich die Jugend verfrüht auf einem Gebiet versucht, das sie so gut wie gar nicht kennt, öffnet man ihr Tür und Tor für alle körperlichen Entartungen. Sie probiert Dinge aus, ohne zu wissen, was sich auf die Dauer daraus für sie ergibt und wird davon haltlos und krank. Im Grunde genommen haben weder die, die den Gebrauch der Pille befürworten, noch jene, die das ablehnen, irgendetwas verstanden. Diejenigen, die sich für die Pille aussprechen, tun es, weil sie wissen, wie schwach die Menschen sind und gaben dieser Schwachheit nach. Und die anderen, die Scheinheiligen, lehnen sie ab, weil sie die alten Sitten und Bräuche verteidigen, die sie selber gar nicht beachten.

Jede Empfindung, jede Erregung, jeder Vulkanausbruch entsteht durch Verbrennung zahlreicher Materialien.[3] Die Menschen tun gerade, als ob ihre Energie unerschöpflich sei. Oh nein, alles ist berechnet. Wenn ein Geschöpf auf die Erde kommt, wird ihm ein bestimmter Vorrat an Energie zugeteilt. Und ist es nun unvernünftig und vergeudet seine Reserven, so wird es nichts mehr nachbekommen. Der Beweis: Zuweilen fehlte einem Menschen nur ein Fünkchen Leben, um seine Arbeit zu vollenden, aber man gibt es ihm nicht! Die Menschen schöpfen aus ihrer Lebensenergie wie aus einem unerschöpflichen Ozean, sie glauben, dass sie sich jede Narrheit erlauben dürfen. So ist es aber nicht, alles ist genauestens berechnet. Unter dem Vorwand, dass es ja nun die Pille gibt, legen sich die Leute weder Maß noch Zügel an. Sie machen sich nicht klar, dass sie dabei sind, ihren ganzen Energievorrat zu verbrennen, alle die Materialien in ihrem Gehirn, und dass sie nach einiger Zeit ausgelaugt und schlaff werden. Nun da die Pille erfunden ist, hält man es nicht mehr für nötig zu überlegen, an sich zu halten, sich zu beherrschen. Stellen wir uns blind – lassen wir uns gehen!...

Die Menschen sind nur deshalb stets bereit, ihre Lebenskraft zu vergeuden, weil alle Welt gewöhnt ist, ausschließlich die Personalität zu nähren. Man verfolgt noch keine gemeinsamen Ziele zum Wohle der Menschheit, zur Ehre Gottes; jeder ist nur auf sein Wohl bedacht, auf sein Vergnügen und findet es normal, es nur dort zu suchen, wo man sich zufrieden stellen kann. Das ist recht und gut, doch man verhält sich wie ein Tier. Wenn man etwas Höheres werden will, muss man gezwungenermaßen nicht nur seine Personalität zufrieden stellen, sondern auch die Individualität, die göttliche Seite. Das heißt, Dinge anstreben, die nicht nur der Befriedigung des eigenen Verlangens dienen. Denn Sinnenlust zwängt den Menschen in einen so engen Handlungsrahmen, dass er zusammenschrumpft, sich so verliert, bis man ihn schließlich gar nicht mehr wahrnimmt. Damit man zu einem Menschen wird, den die anderen wahrnehmen, muss man anders vorgehen.

Wenn ich den hier anwesenden jungen Leuten diese Enthüllungen mache, von ihrer Zukunft und den Schwierigkeiten spreche, die ihnen entstehen, wenn sie auf die bisherige Weise weiterleben, so entschließen sich viele, ihr Leben zu ändern; ihr stellt euch nicht vor, wie sehr mich das beglückt. Welch eine Freude ist es zu sehen, dass diese Jugendlichen auf der Suche nach dem Guten waren und nur nicht wussten, wo es zu finden ist! Der Fehler liegt nicht so sehr bei ihnen; sie wurden keines Besseren belehrt. Doch sie suchen noch nach dem Großen, Schönen, Edlen. Darum arbeite ich so gerne mit jungen Menschen zusammen.

Zum Abschluss möchte ich allen jungen Leuten noch sagen: Ihr habt alle jemanden, den ihr liebt. Nun, so versucht, ihn nicht völlig zu verschlingen; es könnte nämlich sein, dass ihr bei all diesen starken Aufwallungen seiner überdrüssig werdet, nur noch Nachteiliges seht und enttäuscht seid. Dann verliert ihr alle Freude und Inspiration. Warum wollt ihr euch in die Abgründe, bis in die Hölle begeben, um alles auszukosten und zu erfahren? Seid damit zufrieden, das Schöne zu erleben, und diese Schönheit wird nie enden. Jedoch die Menschen, schwach wie sie sind, wollen sofort alles kennen lernen und zerstören; deswegen inspirieren sie sich schon nach kurzer Zeit nicht mehr, gehen sich aus dem Wege, denn sie haben zu viel gesehen, genossen, gekostet und sind übersättigt. Und aus ist es – die große Liebe ist vorbei. Obwohl diese Liebe ihnen allen Segen, ja, den Himmel auf Erden schenkte, opferten sie das alles für ein paar Augenblicke der Lust. Warum versuchen sie nicht, sich so lange wie möglich zurückzuhalten, damit ihnen all die Inspiration und das Elixier der Unsterblichkeit, die sie im Begriffe sind zu kosten, zugute kommen? Aber nein, sie wollen bis zum Ende gehen und... enden dabei sehr schlecht! Wenn sie auch heiraten, Kinder bekommen, leben sie doch nur aus Gewohnheit miteinander weiter, um die Form zu wahren, vor Freunden und Eltern das Gesicht zu wahren, doch innerlich haben sie sich längst auseinander gelebt. Es sind feinste Gefühlsregungen, welche die Liebe aufrechterhalten, das Leben verschönern und verlängern und uns Kraft verleihen.

Sèvres, 1. Januar 1967

Anmerkungen

1. Siehe Band 233 der Reihe Izvor »Eine Zukunft für die Jugend«, Kapitel 1: »Die Jugend ist wie die Erde im Entwicklungsprozess«.
2. Siehe Band 233 der Reihe Izvor »Eine Zukunft für die Jugend«, Kapitel 18: »Sexuelle Freiheit?«.
3. Siehe Band 232 der Reihe Izvor »Feuer und Wasser – Wunderkräfte der Natur«, Kapitel 2: »Das Geheimnis der Verbrennung«.

Teil 2: Die Ehe

Die Menschen wurden von der Natur so geschaffen, dass sie der Zuneigung und Zärtlichkeit bedürfen und des Austauschens. Dies ist ein allgemeines Bedürfnis, niemand kann es bestreiten oder daran zweifeln.

Seht zum Beispiel ein junges Mädchen: Es braucht Zuneigung, und was tut es? Ohne weiter nachzudenken und den Charakter des Jungen, der ihm gefällt, tiefer zu ergründen, erwählt es ihn. Nur um ihr Liebesbedürfnis zu stillen, ist sie also gezwungen, an dem jungen Mann alles andere zu akzeptieren: seinen Charakter, sein Denken und Fühlen, das womöglich grob und rücksichtslos ist und ihr nicht immer zusagt. Sicherlich wird er ihr etwas geben, aber sie muss dafür auch alles andere hinnehmen. Und so ergeht es allen Jungen und Mädchen. Für ein paar Augenblicke der Lust und ein bisschen Freude und Glück nehmen sie allerlei Unannehmlichkeiten in Kauf, und ihr Leben lang beklagen sie sich dann, dass sie unglücklich sind. Sie wissen nicht mehr aus noch ein, und häufig übertreten sie, beim Versuch ihrer unerträglichen Lage zu entkommen, zudem noch viele Gesetze.

Da seht ihr, meine lieben Brüder und Schwestern, wie traurig die Wirklichkeit aussieht! Um eine kurze Befriedigung ihrer Sinne zu erleben, verstricken sie sich alle in ausweglose Situationen. Sie verspüren ein Bedürfnis, und dieses Bedürfnisses wegen opfern sie alles andere, was ihnen lieb und wert ist. Man hat Verlangen nach ein paar Brocken und muss dafür alle Unreinheit und Verbildung desjenigen annehmen, von dem man diese Brosamen möchte. Man sollte wenigstens einen

Die Jugend und die Liebe

Menschen suchen, der rein, lichtvoll und edel ist! Und findet ihr ihn nicht, so geduldet euch, heiratet nicht, sonst werdet ihr es teuer bezahlen. Es gibt leider nicht viele, die daran denken, ihre Reinheit zu bewahren, um etwas Großes zu vollbringen. Um einiger Lustmomente willen, nehmen sie allen Schmutz in sich auf; neben ein paar Lustgefühlen verblasst alles andere.

Bevor sich die Jugend auf irgendwelche Liebesabenteuer einlässt, muss sie die Richtlinien des Einweihungswissens kennen und darf sich niemals dem Erstbesten an den Hals werfen. Es ist besser abzuwarten, sich zu gedulden, bis man den Menschen findet, mit dem man übereinstimmt, der einen in jeder Beziehung ergänzt, selbst in magischer Hinsicht. Dann mögt ihr zusammen gemeinsame Erfahrungen machen oder heiraten und Kinder haben. Begegnet ihr diesem euch ergänzenden Menschen nicht, ist es nicht der Mühe wert, sich leichtsinnig mit irgendwem in ein Abenteuer zu stürzen, denn das kommt euch teuer zu stehen. Wartet ab, sucht weiter, und wenn ihr ihm dann begegnet und euer ganzes Wesen in Einklang mit dem Himmel in einer Liebe schwingt, wie sie nur Dichter beschreiben können, dann ja, dann könnt ihr es tun. Hingegen zehn, zwanzig, hundert Erfahrungen zu machen, dabei zu zerfallen, sich zu beschmutzen, abzustürzen, das ist wirklich zu schade. Da lohnt es sich, selbst jeden Versuch abzulehnen. Will man die große Liebe erleben, soll es auch eine wahre Liebe sein oder gar nichts!

Ich rate daher der Jugend: Beeilt euch nicht damit, überstürzt nichts und vergeudet euer Leben nicht mit dem Erstbesten. Beobachtet, lernt zunächst, versucht in dieser Beziehung klar zu sehen, und sucht erst dann einen Liebsten. Seid vor allen Dingen darauf bedacht, dass er auch tatsächlich bereit ist, gemeinsam mit euch zu arbeiten und denselben Weg zu gehen, sonst verbringt ihr euer ganzes Leben damit, euch gegenseitig zu zerstören. Überprüft genau, ob ihr beide auf allen drei Ebenen, sowohl auf der körperlichen als auch auf der Ebene des Fühlens und Denkens harmoniert oder ob ihr lediglich einer sinnlichen Anziehung nachgebt. Seid ihr in wichtigen Angelegenheiten gegensätzlicher

Meinung, so denkt nicht: »O, das ist unbedeutend, auf die Dauer werden wir einander schon verstehen, es wird sich schon alles ergeben.« Genau das Gegenteil wird eintreffen! Nach einiger Zeit, wenn gewisse Vergnügungen ihre Anziehungskraft verloren haben und auch das Gefühl abgestumpft ist, werdet ihr feststellen, dass eure Vorstellungen und Neigungen sowie euer Geschmack nicht übereinstimmen und schon folgen Auseinandersetzungen, Streit und schließlich Trennung. Das Einvernehmen hinsichtlich der Vorstellungen und Neigungen ist außerordentlich wichtig. Körperliche Anziehung allein, selbst wenn ein bisschen Liebe mit dabei ist, genügt nicht; man ist schnell gesättigt und ihrer überdrüssig. Mangelt es noch dazu an Verstand, hat man sich nichts geistig Anregendes zu sagen, nie etwas Neues zu erzählen, stellt sich bald Langeweile zwischen zwei Liebenden ein.

Es gibt Leute, die sich zwar physisch nicht mögen, jedoch einander sehr zugetan sind, weil sie sich tausend Dinge zu sagen, zu erklären, zu erzählen haben. Wie wunderbar! Das Ideale ist, wenn Einverständnis auf allen drei Ebenen herrscht. Man sollte sich physisch zueinander hingezogen fühlen und außerdem muss Einvernehmen im Bereich der Gefühle und der Neigungen herrschen. Denn liebt einer den Lärm und der andere die Stille, liest der eine gerne, während der andere gern tanzen geht, will einer immer ausgehen, der andere jedoch zu Hause bleiben, wird es schließlich Streit geben. Und außerdem, und das ist am wichtigsten, soll völlige Übereinstimmung der Vorstellungen, des Zieles und des Ideals herrschen. Besteht dieser Einklang auf den drei Ebenen, so gibt es nichts Schöneres, Herrlicheres als die Vereinigung zweier Menschen, denn sie ist eine unerschöpflicher Quelle von Freude, Glück und Verständnis.

Leider aber fehlen den jungen Menschen diese Kriterien. Sie nehmen es zu leicht, haben es zu eilig und überlassen es dem Zufall, einen Partner zu finden. Stellt euch einen Sack vor voller Schlangen, Kröten, Tauben, Krokodile, Mäuse... Ihr sagt euch: »Ich stecke meine Hand hinein und hole mir bestimmt eine Taube heraus!« Da ihr aber nicht in den Sack schaut, wenn ihr eure Hand hineinsteckt, beißt euch im Nu eine Schlange. Man muss schon ganz schön naiv sein, zu glauben, man

Die Jugend und die Liebe 237

erwische blindlings, rein zufällig eine Taube oder ein Eichhörnchen! Die Leute stellen sich vor, die Vorsehung nehme sich vorzugsweise der Blinden an, um ihnen zu helfen, sie zu retten. Dem ist ganz und gar nicht so! Sieht sie einen Blinden auch nur von weitem, macht sie schleunigst kehrt und überlässt es dem Schicksal sich seiner anzunehmen, und das Schicksal, müsst ihr wissen, hat es darauf abgesehen, ihn recht in die Enge zu treiben. Erblickt die Vorsehung hingegen zwei Menschen, die mit offenen Augen ins Leben sehen, so sagt sie: »Ah, das gefällt mir, ihnen werde ich helfen.« Das Unglaublichste ist, dass manche dieser Blinden, nachdem sie von einer Schlange gebissen wurden, erneut nach eben dieser Schlange suchen, um sich ein zweites Mal beißen zu lassen! Ich sah manche Frauen, die unglaublich ausdauernd in dieser Hinsicht waren und sagten: »Ich werde es mit dem gleichen Mann nochmals versuchen, vielleicht bessert er sich.« Aber wer hat jemals gesehen, dass sich eine Viper oder ein Krokodil bessert?

Die körperliche Anziehung ist sicher wichtig, aber nicht die Hauptsache. Wie häufig sah man Menschen sich förmlich vor Liebe verschlingen und bald danach sich hassen! Obgleich sie sich äußerlich nicht verändert hatten... Ein junger Mann z. B. heiratet ein sehr hübsches Mädchen. Sie ist in jeder Beziehung entzückend und er verliert völlig den Verstand. Doch wenig später bemerkt er, dass sie leichtfertig, untreu, launenhaft und dumm ist; seine Liebe schwindet mehr und mehr, selbst ihre Schönheit bedeutet ihm nichts mehr, so sehr ist er von allem Abscheulichen in ihrem Inneren abgestoßen. Aber auch das Gegenteil ist der Fall: Ein junger Mann trifft sich immer wieder mit einem Mädchen, das nicht sehr hübsch ist; nach einiger Zeit bewundert und bestaunt er ihre Weisheit, ihre Güte und Geduld sowie ihre Aufopferung, und sie nimmt ihn immer mehr für sich ein. Alle anderen verblassen vor diesem Mädchen, das ihn nicht anzog, doch ihr inneres Wesen ist wunderbar. Sie ist treu, beständig, ehrlich und immer da, um ihn zu trösten, zu pflegen und ihm zu raten. Die körperliche Ebene spielt keine Rolle mehr für ihn, er betet sie förmlich an, und stellt er sie jemandem vor, während man ihn bedauert oder kritisiert, ein solches

Mädchen gefunden zu haben, denkt er im Stillen: »Ach, die Armen, sie haben keine Ahnung, welch ein Kleinod meine Frau ist!« Viele Männer führen eine elegante Frau wie ein Schmuckstück spazieren. Jeder beglückwünscht einen solchen Mann, ohne zu ahnen, welch ein teuflisches Weibsbild er da geheiratet hat, das ihn quält, ihm Tag und Nacht Leiden bereitet. Nur, sie ist eben wie eine schöne Verzierung, die er stolz herumzeigt, um zu fühlen, dass jedermann ihn darum beneidet. Er leidet, aber das macht ihm nichts aus! Er führt sie aus in die Oper, in Abendgesellschaften, um mit ihr gesehen zu werden. Er wollte nur ein Schmuckstück, aber wie teuer muss er dafür bezahlen.

Ich rate daher allen jungen Männern und Mädchen, die heiraten wollen, keine übereilten Entschlüsse zu fassen, sondern sich zunächst mit den Gesetzen der Liebe vertraut zu machen. Wenn sie dann gelernt haben, wie sie richtig lieben sollen, wie sie sich auf Kinder und deren Erziehung vorbereiten sollen, dann mögen sie sich zur Heirat entschließen. Handeln sie übereilt, dann werden sie danach – wenn Kinder da sind sowie Schwierigkeiten und Krankheiten sich einstellen – wehklagen und außer sich sein, Ärzte aufsuchen, Bücher lesen, um zu erfahren, was zu tun sei. Vorher dachten sie nur ans Vergnügen und sagten: »Wir haben ja Zeit, hinterher wird man schon sehen, wie's weitergeht.« Nein, sie hätten sich vorher informieren sollen![1]

Es ist schon vorgekommen, dass einer unserer Brüder ein junges Mädchen heiratete, das nicht zur Bruderschaft gehörte. Aber dieses Mädchen will ihm nicht auf diesem Wege folgen, nichts von Geistigkeit hören, nicht an sich arbeiten und sich auch nicht weiterbilden. Da ist der Arme dann in einer schwierigen Lage. Ja, manchmal tritt er sogar aus unserer Lehre aus, um einer solchen Schneegans zu folgen. Das beweist, wie dumm er war, und er wird darunter zu leiden haben. Das Gleiche widerfährt auch einer Schwester, die einen Mann heiratet, der ihre Vorstellungen nicht anerkennen will. Sie wird all das opfern müssen, was für ihr Herz, ihre Seele das Wunderbarste war, nur um einem Dummkopf einen Gefallen zu tun und wird deshalb unglücklich. Die Probleme dürfen nicht auf diese Weise gelöst werden, man darf nichts

Die Jugend und die Liebe 239

überstürzen. Ihr sagt nun: »Aber wie schnell ist man alt!« Es ist weit besser, schon alt zu sein, wenn man heiratet, dafür aber den Richtigen zu wählen! Wozu sich beeilen? Um noch schneller alt zu werden aufgrund all der Leiden? Ich sah Frauen drei oder vier Jahre nach ihrer Eheschließung wieder. Sie waren von Sorgen und Entbehrungen so gealtert, dass ich sie nicht mehr wiedererkannte. Findet ihr aber euren Märchenprinzen, werdet ihr sogar in fortgeschrittenem Alter mit einem Male wieder jung... Selbst wenn ihr ihn mit 90 Jahren findet, das macht nichts, ihr verjüngt euch so sehr, dass ihr wie ein Mädchen von zwanzig Jahren werdet.

Tatsache ist, ob man nun abwartet oder nicht, zu unterscheiden weiß oder nicht, solange man geistig wenig entwickelt ist, wird misslingen, was immer man auch tut. Wenn man heiraten will, muss man zumindest vorbereitet sein. Wer wird euch schon nehmen, wenn ihr nicht vorbereitet seid? Ihr sagt: »Ich möchte aber eine Prinzessin, eine Himmelskönigin zur Frau...« Aber wird sie dich denn wollen? Solange einer charakterschwach, geistig arm, unfähig ist, findet er auch nur eine ihm entsprechende Frau. Oder aber ein Mädchen, das zwar hübsch ist, aber nichts Vernünftiges zu sagen weiß, nichts gelesen hat, nichts weiß. Sie ist außerstande ihren Mann zu verstehen, sich mit ihm zu unterhalten, ihm Mut zuzusprechen oder ihn zu trösten; sie verlässt sich nur auf ihren Körper. Nun, dieser Mann wird ihrer bald überdrüssig sein und sie vergessen, weil sie seiner Seele und seinem Geist nichts zu geben hat! Auch wenn sie an den besten jungen Mann gerät, wird sie gerade deshalb die Unglücklichste sein, weil sie innerlich leer ist und ihm nichts zu bieten hat. Er hat vielleicht Freude und Geschmack an künstlerischen und geistigen Dingen; doch da ihr dies völlig fehlt, wird sie leiden, weil sie fühlt, dass er ihr weit überlegen ist. Habt ihr nichts getan, einer solchen Situation gewachsen zu sein, ist es ratsamer, nicht an einen Prinzen oder eine Prinzessin zu geraten!

Als erstes gilt es sich vorzubereiten, damit ihr, was immer auch geschieht, der Lage gerecht werdet, ansonsten, das kann ich euch versichern, geht es auch mit den besten Menschen nicht gut. Sie werden euch verlassen, intelligenterer, gereifterer Geschöpfe wegen, und es bleiben euch nichts als Tränen. Also bereitet euch vor, erwerbt so viele Schätze und Edelsteine, d. h. edle Eigenschaften und Fähigkeiten, damit euch niemand gleichkommt! Dann wird der Mensch, den ihr liebt, bei euch bleiben. Warum sollte er auch jemand anderen suchen? Doch von dieser Seite wird die Frage nie betrachtet. Ein Mädchen möchte einen bestimmten jungen Mann, nun gut, aber wie wird sie ihn halten können? Wenn sie nicht die nötigen Eigenschaften besitzt, wird sie ihn nicht lange behalten. Man muss sich also vorbereiten... jahrelang! Ihr sagt: »Aber dann bin ich alt und hässlich...« Das macht nichts. Äußerlich seid ihr dann vielleicht alt und hässlich, jedoch innerlich so jung und schön, dass euch euer Prinz niemals verlässt. Es gilt, ständig an sich zu arbeiten und sich vorzubereiten, ohne an die Zeit und ans Altern zu denken.

Die Frage der Liebe interessiert jeden und wird für alle Zeiten aktuell bleiben. Die Menschheit wird sich sogar immer mehr mit der Liebe befassen, nur noch in der Liebe leben, nur nach ihr suchen und nur noch Liebe verströmen. Liebe wird zum Mittelpunkt des Daseins werden, auf sie wird sich alles ausrichten. Wissenschaft, Kunst und Religion, sie alle werden das gemeinsame Ziel anstreben, Liebe zu verbreiten, alles mit Liebe zu durchdringen, Liebe zu geben. Darin liegt das wahre Glück, in dem Wunsch, überallhin Liebe zu verschenken. Aber in der Weise, wie die Menschen heute sind und welche Erziehung sie genossen haben, ist es eher gefährlich, ihnen Liebe zu beweisen, es sei denn, man besitzt dazu noch große Weisheit. Wie viele arme Mädchen gibt es, die, von ihrer Großzügigkeit geführt, nur daran dachten, einen Mann glücklich zu machen, jedoch von ihm verzehrt und wie eine ausgepresste Zitrone weggeworfen wurden! Ihr müsst daher, bevor ihr eure Liebe bekundet, erst lernen, wie man liebt, ohne verschlungen zu werden; dann könnt ihr sagen: »Die Torte ist unversehrt, die Gäste gesättigt«, was bedeutet, dass ihr die ganze Welt mit eurer Liebe sättigt, ohne entmagnetisiert, verdüstert und geschwächt zu werden...[2] Ihr werdet im Gegenteil immer leuchtender, intelligenter und stärker. Ihr 'nährt eure Gäste' und bleibt selbst unversehrt. Ohne Weisheit jedoch geht das nicht, man wird ausgepresst und weggeworfen. Möge die Jugend dies beherzigen!

Die Jugend und die Liebe

Einem jungen Mädchen sagte ich einmal: »Lieben Sie den Jungen, der Ihnen gefällt, aber er darf nichts davon wissen!« »Und warum nicht?« »Weil es Ihre Liebe ist, die Sie glücklich macht, Sie antreibt, Ihrem Leben einen Sinn verleiht; wüsste der Junge, der weit davon entfernt ist vollkommen zu sein, um Ihre Liebe, so käme er und würde, ohne es zu wollen, alles verderben... Sie können es ihm schon sagen, aber erst, nachdem Sie innerlich stark geworden sind, sich darauf vorbereitet haben und er ebenfalls; dann laufen Sie keine Gefahr mehr. Bis dahin lieben Sie ihn getrost weiter, nur verbergen Sie Ihre Liebe vor ihm. Wäre er geistig schon fortgeschrittener, bestünde keine Gefahr, aber auf seiner Entwicklungsstufe wird er nur von der Situation profitieren wollen; er würde sich sagen: »Ah, welch günstige Gelegenheit, nehmen wir sie wahr!« Und von Ihrer Jugend, Ihrer Frische bliebe bald keine Spur mehr übrig, und Sie würden enttäuscht sagen »Er hat mich nicht verstanden, ich hasse ihn!« Mit der Liebe wäre es am Ende und auch Sie wären am Ende. Ihre Liebe gibt Ihnen Flügel, sie darf nicht einem Jungen geopfert werden, der Sie nicht versteht. Sobald Ihnen die Liebe Flügel gibt, lieben Sie weiter, nur verbergen Sie es gut! Ob der junge Mann es verdient oder nicht, ist unwichtig. Wesentlich ist nur, dass diese Liebe Sie anspornt, Ihnen Lebensfreude verleiht und den Wunsch in Ihnen weckt, alle Hindernisse zu überwinden. Geben Sie sie also nicht preis! Denken Sie immer daran, dass allein Ihre Liebe zählt, nicht der Mensch, den Sie lieben. Denn Ihre Liebe ist es, die Sie nährt.«

Sèvres, 13. April 1968

Anmerkungen

1. Siehe Band 203 der Reihe Izvor »Die Erziehung beginnt vor der Geburt«, Kapitel 1: »Zuerst müssen die Eltern erzogen werden«.
2. Siehe Band 233 der Reihe Izvor »Eine Zukunft für die Jugend«, Kapitel 19: »Bewahrt die Poesie eurer Liebe«.

Teil 3: Selbstbeherrschung, wozu?

Freier Vortrag

Lesung des Tagesgedankens:

»Alles, was uns stört, betrachten wir als feindlich. Nun, sehen wir uns dieses Feindliche einmal näher an. Dem Urmenschen galt das Feuer als Feind, auch Blitz, Wasser, Sturm und die Erde mitsamt den Tieren. Er kämpfte gegen sie und ließ sein Leben dabei. Doch mit der Zeit begann er diese Kräfte zu zähmen und entdeckte, von welch großem Nutzen sie für ihn sind.

Was dem Menschen hinsichtlich der Naturgewalten klar wurde, hat auch auf anderen Gebieten Gültigkeit, zum Beispiel auf psychologischer Ebene. Anstatt so unbedeutenden Dingen wie Sinnlichkeit, Zorn, Eitelkeit, Eifersucht usw. aus dem Wege zu gehen, solltet ihr diese Bereiche erforschen, kennen lernen und untersuchen, was sie enthalten. Mit diesem Mut, dieser Kühnheit, werdet ihr feststellen, dass das Böse, das ihr für feindlich haltet, in Wirklichkeit ein Freund ist, der euch beschenken will. Die Zeit kommt, wo die Menschheit dem Bösen gegenüber eine andere Haltung einnehmen und mit pädagogischen Methoden unterrichtet wird, die sie von all diesen inneren Begrenzungen frei macht.«[1]

Ich sprach schon häufig über das Thema, auf welche Weise es dem Menschen gelungen ist, seine Einstellung den Naturkräften wie Wasser, Luft, Elektrizität gegenüber zu ändern und sie für

Die Jugend und die Liebe

außerordentliche Errungenschaften zu nutzen. Von außen gesehen kann sich der Mensch, darüber besteht kein Zweifel, großer Siege über die Elemente rühmen. Und da immer nur die äußere Welt für ihn Bedeutung hat, fand er Mittel und Wege, in dieser Hinsicht große Fortschritte zu machen; das ist erfreulich. Jedoch bedrohen die gleichen Gefahren den Menschen auch in seinem Innenleben, welches er völlig vernachlässigt.

Gelegentlich unterhielt ich mich mit Mädchen und Jungen, die Fragen hinsichtlich der Liebe an mich richteten. Sie sahen nicht ein, dass die körperlichen Beziehungen, die sie miteinander hatten, sich nachteilig auswirken könnten. Für sie bedeuteten diese im Gegenteil nur Glück und Freude, wodurch sie sich bereichert und wohler fühlten. Dem ist aber nicht so, und ich versuchte ihnen zu erklären: »Jede körperliche Betätigung ist bereits eine Verbrennung. Schon wenn man denkt und spricht verbrennt man Material – wie viel mehr bei Gemütsaufwallungen! Wenn ihr plötzlich große Freude oder tiefen Schmerz empfindet, verbrennen Stoffe, die Abfälle und Asche hinterlassen. Und danach muss man schlafen, um dem Organismus die Möglichkeit zu geben, wieder zu Kräften zu kommen. Jede Manifestation, jede Gefühlsäußerung, jede Empfindung, stellt eine Verausgabung von Material und Energie dar.[2] Wie können die Menschen da glauben, dass sie bei den Aufwallungen der Liebe nichts verausgaben, nichts verlieren? Da gerade ist die Verausgabung am größten und das Wiedererlangen der Kräfte am schwierigsten. Denn es handelt sich dabei um ungleich feinere Stoffe kostbarster Qualität, sodass der Mensch auf die Dauer seine Intelligenz, seine Schönheit und seine Feinheit einbüßt.

Das will nun nicht heißen, man solle jegliche Regung unterdrücken und ohne Liebe und Zärtlichkeit leben. Nein, die Frage ist, wie man ein sinnvolles, vernünftiges, ästhetisches Leben führt. Wenn man sieht, wie die Leute in sinnlichem Vergnügen schwelgen, ohne auch nur zu versuchen, dabei ein anderes, geistigeres Element hinzuzufügen, wie sollte man da nicht erstaunt, ja sogar empört sein, ist dies doch ein großer Verlust in jeder Hinsicht! Doch die Menschen denken nie daran, dass ihnen etwas verloren geht. Im Übrigen sagen sie es ja: »Diese Organe nützen sich nicht ab.« Gewiss, die Organe nützen sich nicht ab, aber hier im Gehirn nützt sich etwas ab! Das muss man wissen. Solange die Liebe euch stimuliert, inspiriert, euch schöpferisch anregt, ist es gut, andernfalls ist es dumm. Die meisten halten es mit der körperlichen Liebe wie mit dem Essen: Sie glauben sich verpflichtet, ein paar Mahlzeiten einzunehmen, nur aus Gewohnheit, auch wenn sie nichts dabei verspüren.

Ich will euch nun sagen, was ich kürzlich einem jungen Mädchen erwiderte, das wissen wollte, was auf sexuellem Gebiet gut und was schlecht sei, ob es vorzuziehen sei, in Keuschheit zu leben oder aber sexuelle Beziehungen zu haben... Ich sagte zu ihr: »Eigentlich stellen Sie – wie übrigens alle Leute – diese Frage verkehrt. Jeder äußert sich zu dem Problem, stellt es als gut oder schlecht hin... So aber darf man die Dinge nicht darstellen! Diejenigen, die sich entschlossen haben, in Keuschheit und Enthaltsamkeit zu leben, sind sie auf dem rechten Wege? Es kommt darauf an, welches ihr Lebensziel ist, denn es kann zu sehr schlechten, aber auch zu ausgezeichneten Ergebnissen führen. Enthaltsamkeit macht die einen hysterisch, neurotisch und krank und andere stark, ausgeglichen und gesund. Haben jene vielleicht Recht, die ihren Trieben freien Lauf lassen? Sicherlich haben sie ihre Gründe dafür. Und kann sich Gutes daraus ergeben? Sicher kann das viel Gutes bewirken, aber auch sehr viel Schaden anrichten. Man muss sich hüten, die Dinge so einfach einzuordnen, indem man sagt: »Das ist gut... das ist schlecht.« Das Wesentliche bei Gut und Böse ist, wie man diese Kräfte einsetzt, wie man sie ausrichtet. Nichts ist einfach nur gut oder böse, sondern wird gut oder böse.

Die Frage ist zunächst, welches Ideal Sie anstreben, was Sie werden wollen. Wollen Sie zu einer hohen Seele, einem hohen Geist, einem außergewöhnlichen Wesen werden, auf geistiger Ebene Entdeckungen machen, mit dem Himmel kommunizieren, dann natürlich müssen Sie eine große Anzahl physischer Freuden einschränken oder ganz darauf verzichten und lernen, ihre Sexualkraft zu vergeistigen.

Die Jugend und die Liebe

Haben Sie jedoch dieses hohe Ideal nicht, nun, dann wäre es unsinnig, sich zu beherrschen, keusch und rein zu bleiben. Sie würden dadurch nur krank werden, denn alle Ihre Anstrengungen hätten keinen Sinn.« Das Mädchen war über meine Antwort höchst erstaunt, weil niemand das Problem in dieser Weise auslegt. Entweder ist alles gut oder alles böse. Doch ist es vernünftig auf diesem Gebiet jedem die gleichen Ratschläge zu erteilen, dieselben Richtlinien zu geben? Verlangt von einem Sittenstrolch, keusch und rein zu werden... Er wird euch erstaunt anschauen und sagen: »Der ist ja völlig übergeschnappt! Was ist denn das für ein Apostel? Wo kommt denn der her?« Darum gebe ich auch nicht allen Menschen den gleichen Rat.

Kommt beispielsweise jemand zu mir und sagt: »Meister, ich denke, für mich ist es besser nicht zu heiraten und Kinder zu haben, ich fühle mich eher zu einem geistigen Leben hingezogen«, dann schaue ich ihn mir an, seine Konstitution, seine Statur und entgegne ihm: »Nein, nein, für Sie ist es besser zu heiraten, andernfalls wären die Folgen nicht auszudenken. Sie wären unglücklich und jeder hätte darunter zu leiden.« Hingegen zu einem anderen, der heiraten möchte, kann es vorkommen, dass ich sage: »Heiraten Sie, wenn Sie möchten; nur müssen Sie wissen, Sie sind für die Ehe nicht geschaffen und würden sich sehr unglücklich machen.« Viele junge Männer und junge Mädchen kennen sich selbst nicht richtig und wissen nicht, was sie tun sollen. Jeder Mensch hat eine Bestimmung, eine Aufgabe zu erfüllen. Er darf über seine Triebe und Impulse nicht frei entscheiden. Ich habe euch immer wieder gesagt, erteilt einer Katze die weisesten Ratschläge, dass sie zum Vegetarier werden soll, keine Mäuse mehr fressen soll... Sie wird euch zustimmen, »Miau« machen, einverstanden sein, alles ist in Ordnung. Aber während ihr noch am Predigen seid, lässt sich von irgendwoher ein leises Kratzen vernehmen – und schon saust sie ohne die leisesten Gewissensbisse davon, um die Maus zu fangen. Die Maus war ihr wichtiger als alle eure Reden! Nun, wie soll man den Menschen, die in diesem Sinne Katzen sind, erklären, sie dürften keine Mäuse mehr fressen?

Wenn es eine Waage gäbe, in deren eine Schale man all das legen müsste, was man beim Auskosten von Gefühlswallungen, Erregungen und körperlichen Freuden gewinnt, in deren andere Schale das, was man dabei verliert, so würde man feststellen, dass man beinahe alles verliert und fast nichts gewinnt, dass es sich also nicht lohnt, dafür alles zu opfern. Doch weil niemand darüber nachdenkt, dass Empfindungen wieder ausgelöscht und vergessen werden (was man gestern aß, zählt heute nicht mehr), bereitet man sich ein armseliges Leben. Überwindet ihr euch jedoch, haltet an euch, so leidet ihr wohl einen Moment, geht aber einer wundervollen Zukunft entgegen. Ein paar Lustgefühle gehen euch also verloren, doch gewinnt ihr dafür eine vielversprechende Zukunft. Wer nicht weiter überlegt, sagt: »Ich bin glücklich und zufrieden.« Er mag Recht haben, aber er verbaut sich seine Zukunft. Nehmen wir nur das Beispiel eines Trinkers, das eine ganze Philosophie enthält. Er sucht im Wein sein Glück, trinkt und ist zufrieden. Ja, aber wie werden sein Chef, seine Familie, seine Freunde auf die Dauer darauf reagieren?... Er wird in der Gosse enden! Was er empfindet, ist angenehm, hält aber nur kurze Zeit vor; die Zukunft weist in die Gosse.

Ihr kennt sicher die Geschichte aus dem Alten Testament, in der Esau sein Recht des Erstgeborenen seinem Bruder Jakob für ein Linsengericht abtrat...[3] Für eine angenehme Empfindung, eine Lust, opferte er sein Recht als Erstgeborener, und Jakob hatte den Nutzen davon. Das ist eine Geschichte, auf deren Bedeutung gewöhnlich nicht näher eingegangen wird. Die meisten verstehen sich hervorragend darauf, das Wertvollste aufzugeben im Tausch für ein Vergnügen. Ja, darauf verstehen sie sich ausgezeichnet! Der Schüler muss sich jedoch gewisser Vergnügen enthalten können, um Höheres zu erwerben. Ich sage nun nicht, er solle plötzlich, abrupt auf alles verzichten. Es liegt an ihm zu wissen, wie er sich nach und nach von all dem befreien kann, was ihn auf dem Weg zur wahren Weiterentwicklung beeinträchtigt.

Glaubt ihr etwa, jene, die große Meister wurden, hätten ihr Leben in Vergnügen und Überfluss verbracht? O nein, sie lebten in Entbehrung, Verzicht und Schmach. Aber ihre Zukunft überstrahlt jene der ruhmreichsten Fürsten, denn sie gingen den Weg des Verzichts. Für die meisten Menschen ist Verzichten entsetzlich; sie wollen nichts entsagen, sich keiner Lust enthalten, sich jeden Wunsch erfüllen, jedes Bedürfnis befriedigen. Nun gut, aber um ihre Zukunft wird es schlecht bestellt sein...

Le Bonfin, 31. Juli 1975

Anmerkungen

1. Siehe Band 5 der Reihe Izvor »Die Kräfte des Lebens«, Kapitel 4: »Der Kampf mit dem Drachen«.
2. Siehe Band 12 der Reihe Gesamtwerke »Die Gesetze der kosmischen Moral«, Kapitel 10: »Über den rechten Gebrauch der eigenen Energien«.
3. Siehe Band 240 der Reihe Izvor »Söhne und Töchter Gottes«, Kapitel 1: »Ich bin gekommen, damit sie das Leben haben«.

Teil 4: Von der Notwendigkeit einer geistigen Führung

Freier Vortrag

Die Jugend fürchtet immer, sie werde dessen beraubt, was sie liebt; darum meidet sie den Umgang mit geistigen Lehrern und Meistern, aus lauter Angst, man hindere sie daran, glücklich zu sein. Sie verteidigt ihren Geschmack, ihre Ansichten, ihre Wünsche und Pläne, und darum sind später auch so viele Jugendliche unglücklich und enttäuscht. In ihrer Unerfahrenheit stürzten sie sich in allerlei Abenteuer, die ein schlechtes Ende nahmen. Um sie nun von unbegründeter Angst zu befreien, muss man ihnen klar machen, dass man sie keiner Freude und keines Vergnügens berauben will, sondern ihnen im Gegenteil zeigen möchte, wie sie Freude und Vergnügen erleben können, ohne Schaden zu nehmen, ohne dass Verwüstung und Unglück folgen. Denn die Jugend daran zu hindern, diese natürlichen Freuden zu kosten, wäre die größte Dummheit. Es wurde früher von Leuten, die weder Psychologen noch Pädagogen waren, gepredigt, man solle in Enthaltsamkeit, Entbehrung und völliger Keuschheit leben, und das führte natürlich meistens zu verhängnisvollen Ergebnissen.

Man sollte nicht denken, man dürfe, weil man in die Bruderschaft kommt, nicht mehr essen, schlafen, heiraten oder keine Kinder mehr haben... O nein, hier wird gesund gegessen, gut geschlafen, werden glückliche Ehen geschlossen und begabte Kinder zur Welt gebracht. Es ist wunderbar, nichts fehlt, außer... der Dummheit. Wollt ihr sie aber unbedingt finden, so werdet ihr das auch, selbst hier!... Folgendes möchte ich der Jugend nun sagen: Da ihr noch keinerlei Kenntnis der menschlichen Natur besitzt und noch keine innere Unruhe verspürtet, glaubt ihr, alles sei einfach und leicht; wenn ihr aber fühlt, dass Wünsche und Instinkte in euch erwachen, wisst ihr nicht mehr, wie ihr handeln und euch verhalten sollt, und alles wendet sich für euch zum Schlechten. Um Unglück zu vermeiden, braucht ihr bestimmte Kenntnisse. »Aber wir sind jung und haben keine Lust belehrt zu werden, das sagt uns nichts.« Ich weiß, ich weiß, aber man darf es auch nicht auf die letzte Minute ankommen lassen. Seht nur, man weiß nichts, man hat sich nicht vorbereitet, und plötzlich ist das Kind da... Und das arme Mädchen, selber noch Kind, rauft sich die Haare, denn es sind nun zwei Kinder da. Nun bittet sie schnell um Rat, aber es ist zu spät; sie hätte vorher daran denken sollen. Aber nein, vorher mochte sie nichts davon hören! Die Jugend vergnügt sich, macht sich lustig über die Erwachsenen, verlässt Heim und Familie, weil sie unabhängig sein will, aber dann, wenn alles schief geht, sucht sie die Eltern schleunigst wieder auf.[1]

Deswegen weise ich darauf hin, dass es für die Jugendlichen unerlässlich ist, sicher geleitet, aufgeklärt und gut unterrichtet zu werden... Was verlieren sie denn schon, wenn sie auf mich hören? Noch nie habe ich jemanden seiner Freuden, seines Vergnügens beraubt oder ihn um die Früchte seiner Arbeit gebracht, niemals; ich sage nur, dass sich alles besser machen lässt. Da aber niemand weiß, worin dieses »besser« besteht, muss man hierher kommen und es hier lernen. Wozu also dieses widerspenstige, störrische Verhalten? Ich will es euch verraten: Weil im Schicksal dieser Jungen und Mädchen geschrieben steht, dass sie durch viel Leid müssen. Das ist es auch, was sie drängt, so zu handeln – damit sie eines Tages schrecklich leiden! Was wird ihnen hier denn genommen? Es fehlt wohl ein wenig an Bequemlichkeit und Annehmlichkeiten, an Schwimmbädern, Spielkasinos, Tanzlokalen... Aber eine oder zwei Wochen oder gar einen Monat lang werden sie doch wohl darauf verzichten können; sie werden daran nicht zugrunde gehen, sondern viel dadurch lernen. Andernfalls, wenn sie dauernd nur Vergnügungen nachjagen, ohne etwas zu lernen, ist die Lust an diesen leeren Vergnügen bald verflogen, der Ernst des Lebens beginnt mit seinen Aufgaben und Pflichten, auf die sie sich nicht vorbereitet haben, weil sie ihr Leben mit Zerstreuung zubrachten, und dann raufen sie sich die Haare.

Das möchte ich der Jugend sagen: Es wird ihr nichts vorenthalten, vor allem nicht, dass sie liebt und geliebt wird; nur soll sie lernen, richtig zu lieben. Sicher, die herkömmliche Weise zu lieben, kennt jeder, aber es gibt höhere Stufen der Liebe kennen zu lernen, und man muss sie kennen, sonst sehe ich nur Unglück voraus für den, der das Licht dieser Erkenntnis flieht. Ich bin kein Hellseher, aber ich sehe, in welche Richtung die Dinge sich für jeden Einzelnen entwickeln. Seiner Einstellung, seinem Verhalten entsprechend ist mir das, was ihm widerfahren wird, von vornherein klar. Außerdem möchte ich noch hinzufügen, dass diese jungen Menschen nur deshalb jeden guten Rat ablehnen, weil sie von Wesenheiten bewohnt sind, deren Interesse darin besteht, sie vom Licht fern zu halten, um sich auf ihre Kosten zu nähren. Die jungen Menschen glauben, sie selbst hätten für bestimmte Dinge eine Vorliebe oder Abneigung, aber in Wirklichkeit sind es andere, die sich durch sie manifestieren.

Also, die Jugend sollte keine Angst haben, es wird ihr hier nichts genommen! Ein paar junge, nette Mädchen von 15 Jahren sind hier unter uns, die darauf brennen, gewisse Dinge kennen zu lernen. Zu ihnen sage ich: »Das ist völlig normal, ja es ist herrlich, es ist wunderbar, heilig und göttlich – nur finde ich, es ist noch zu früh dafür; erst müsst ihr eure Ausbildung beenden und euch vorbereiten... denn eine Ehe ist eine ernsthafte Angelegenheit. Ihr werdet in nichts zu kurz kommen, nur müsst ihr euch ein wenig gedulden.« Die anderen bringen sich um alles, die nicht wissen, wie sie dumme Ideen, Wünsche und Pläne, für die sie teuer bezahlen werden, durch bessere Ideen, Wünsche und Pläne ersetzen sollen. Sie werden immer unglücklich sein. Jeder hat sein eigenes Temperament, und seiner Wesensart entsprechend liebt er dieses und verabscheut jenes; das ist natürlich. Gäbe es aber nicht etwas darüber, das man Vernunft, Selbstbeherrschung, Wille, Charakterstärke, Einsicht nennt, das kontrolliert, ausrichtet und lenkt, so versicherte ich jedem, er würde unaufhaltsam dem Abgrund entgegengehen. All diese Triebe und Begierden sind urzeitliche Neigungen, wir tragen sie alle seit Tausenden von Jahren in uns, und sie führten nur zu Katastrophen, Metzeleien und Massakern. Warum sich immer nur seiner primitiven Natur hingeben, ungeachtet dessen, dass es darüber etwas gibt, das alles sieht und leitet?

Ich gebe euch ein Gleichnis. Ihr wisst, womit Schiffe früher angetrieben wurden. Im untersten Schiffsraum waren die Heizer, die Kohle in die Heizöfen warfen. Dank ihrer Tätigkeit kam das Schiff vorwärts; sie selbst jedoch sahen die Richtung nicht. Es musste ein Kapitän oben stehen, um die Richtung zu weisen und Befehle zu erteilen; er aber hatte nicht die Möglichkeit, das Schiff vorwärts zu bewegen. Auch dieses Gleichnis trifft auf den Menschen zu. Seine Gemütswallungen, Gefühle und Instinkte sind Brennstoffe, die er in den Ofen werfen muss, damit sich das Schiff vorwärts bewegt. Ist aber niemand oben, der die Richtung weist, wird das Schiff zerschellen... Während einer Überfahrt über den arktischen Ozean fragte eine Dame den Kapitän: »Was geschieht, wenn unser Schiff auf einen Eisberg läuft?« – »Oh« antwortete der Kapitän, »der Eisberg setzt seinen Weg fort, gnädige Frau.« – »Und das Schiff?« Darüber schwieg er, denn es gab nichts zu erklären, das Weitere war klar! So ist es auch mit dem Menschen. Wenn sein ›Schiff‹ – symbolisch gemeint – auf einen Eisberg aufläuft, gibt es dazu nichts mehr zu sagen. Also, der Kapitän ist hier oben im Kopf und die Heizer überall im Körper verteilt, in Magen, Bauch, Geschlecht...

Darum sage ich der Jugend: Wenn ihr nur euren Wünschen, Neigungen, Vorlieben folgt, werdet ihr euch unweigerlich den Kopf einrennen, denn diese Impulse sind blind. Natürlich ist es zunächst ein angenehmes und süßes Gefühl, doch wird es euch auf keinen Fall zeigen, was euch in der Zukunft erwartet. Scharfsinn und Unterscheidungsvermögen sind unentbehrliche Eigenschaften, die ein Jugendlicher noch nicht besitzen kann; es bedarf jahrtausendelanger Erfahrung, sie zu erwerben. Ihr braucht also jemanden, der euch den Weg weist, damit ihr nicht untergeht. Ihr mögt es glauben oder nicht, dies hat sich schon millionenfach bewahrheitet. Dass der Mensch Begierden und Impulse in sich trägt, steht fest, ist nicht zu bezweifeln; jeder wird von instinkthaften Kräften getrieben, ob sie nun vom Magen, vom Gedärm oder Geschlecht ausgeht, immerzu drängt eine Kraft. Aber dies ist kein Grund, sich gehen zu lassen. Verharrt ihr in Unkenntnis, wird es sicherlich noch vieles geben, das euch Freuden bereitet; nur verwandelt sich diese Freude sehr bald in Leid, Bitternis und Bedauern. Die Freuden eines Eingeweihten hingegen bleiben reines Gold. Es geht nicht darum, auf Freuden und Vergnügen zu verzichten, sondern nur darum, deren Natur zu erkennen und sie durch höhere Freuden und Vergnügen zu ersetzen, die reiner, edler und segensreicher sind.

Ich habe noch niemanden daran gehindert, glücklich zu sein. Es gab sittenstrenge Ordensbrüder, Puritaner, die in Unkenntnis der menschlichen Natur viel Schaden anrichteten, indem sie anderen Entbehrungen auferlegen wollten, welche diese nicht zu tragen vermochten. Man muss ein erfahrener Psychologe und Pädagoge sein, um die Menschen zu führen. Aus diesem Grunde vermittle ich euch seit bereits 38 Jahren Richtlinien, die niemals Schaden verursachen können, sofern ihr sie richtig versteht. Hier wird euch nichts vorenthalten; im Gegenteil, liebt ihr einen Menschen, so werdet ihr ihn noch weit besser zu schätzen und zu halten wissen. Ansonsten verliert ihr ihn in kurzer Zeit. Sehr viel Wissen ist erforderlich, um die Liebe zu schützen, zu stärken und rein zu halten, zu vergeistigen und zu vergöttlichen.[2] Dazu bin ich gekommen, um euch dieses Wissen zu vermitteln. Mein Leben lang habe ich nichts anderes getan, als an mir selbst Erfahrungen zu machen, um alles zu überprüfen, zu ersetzen, zu transformieren und zu vergeistigen; und dank dieser Erfahrungen kann ich euch jetzt sehr nützlich sein. Habt ihr aber kein Vertrauen zu mir und befürchtet unglücklich zu werden, wenn ihr hier bleibt, so geht, ich habe nichts dagegen – aber ihr werdet darunter leiden. Eines Tages werdet ihr sehen, wie dumm es war, so leichtfertig zu handeln, weil ihr nicht einmal gesehen habt, wo euer Vorteil lag.

Die Jugend und die Liebe

Meine lieben Brüder und Schwestern, ich versichere euch, dass ihr nirgendwo so einen Freund wie mich findet. Alle werden euch verlassen oder sich von euch abwenden, wenn ihr Hilfe braucht. Ich bin jedoch immer für euch da, um euch anzuhören, euch zu helfen und zu trösten.

Le Bonfin, 3. September 1975

Anmerkungen

1. Siehe Band 203 der Reihe Izvor »Die Erziehung beginnt vor der Geburt«, Kapitel 1: »Zuerst müssen die Eltern erzogen werden«.
2. Siehe Band 207 der Reihe Izvor »Was ist ein geistiger Meister?«, Kapitel 7: »Erwartet von einem Meister nur das Licht« und Band 233 der Reihe Izvor »Eine Zukunft für die Jugend«, Kapitel 12: »Lernt aus den Erfahrungen der Älteren«.

Teil 5: Richtet eure Liebe himmelwärts,
bevor ihr sie an Menschen verschenkt!

Alle heranwachsenden jungen Menschen sehnen sich nach Liebe, möchten Liebe schenken und empfangen; sie fühlen es wie ein dumpfes Drängen, das sie nicht zu erklären und nicht zu lenken vermögen. Seit Jahren befassen sich Mediziner und Psychologen mit dieser Frage, aber selbst sie sehen in dieser Hinsicht nicht völlig klar. Allein das esoterische Wissen bringt das zum Verständnis notwendige Licht.

Die Esoterik lehrt, dass der Mensch aus mehreren Körpern – dem physischen, dem astralen und mentalen usw. – besteht. Beim Kind betätigt sich zunächst nur der physische Körper: Es isst und schläft, bewegt sich fortwährend, fasst nach allem. Vom siebten Lebensjahr an erwacht der Ätherleib: das Erinnerungsvermögen, das Farbempfinden, die Duftwahrnehmung, aber auch menschliches Verhalten. Darum ist diese Zeitspanne auch so außerordentlich wichtig für sein weiteres Leben; denn alles, was um das Kind herum vorgeht, was es sieht und vernimmt, prägt sich in seinen Ätherleib ein, und diese Eindrücke spielen während der Dauer seines Erdenlebens eine große Rolle. Wenngleich es noch nichts versteht und seine Gefühle auch noch nicht so weit entwickelt sind wie beim Erwachsenen, ist das Kind doch sehr empfindsam, und jegliches Geschehen gräbt sich in sein Unterbewusstsein. Darum muss in seiner Umwelt ein jeder darauf achten, dass es keinerlei erschreckenden Geschehnissen,

Die Jugend und die Liebe 255

Perversitäten und Gewalttätigkeiten ausgesetzt ist, die es derart brandmarken, dass es sein Leben lang darunter zu leiden hat, trotz aller Hilfe von Ärzten, Psychiatern usw.

Vom 14. Jahr an entfaltet sich der Astralleib: die Gemütsregungen, Gefühle und Begierden. Da aber im Astralleib sowohl Negatives wie Positives entwickelt ist, äußert sich beides: das Verlangen sich aufzulehnen und zu zerstören, aber auch das Bedürfnis, zu lieben. Natürlich hat auch schon das Kleinkind Gefühle der Anziehung und der Abneigung, doch sind diese weit weniger ausgeprägt als bei einem Vierzehnjährigen. Bei ihm ist das Gefühl Gesetz und Triebfeder. Fühlen Jugendliche in diesem Alter Liebe zu jemand, dann versucht einmal sie zur Vernunft zu bringen, ihnen zuzureden! Es ist nichts zu machen – sie hören auf niemanden, sondern folgen ihren Gefühlen, lassen ihnen freien Lauf. Oder aber, sie hören wohl auf die Erwachsenen, sei es aus Angst, Folgsamkeit oder Achtung, halten aber innerlich an ihrem Gefühl fest; denn es übertrumpft alles! Mit 21 Jahren erwacht der Mentalleib und damit Überlegung und Vernunft. Das junge Mädchen, der junge Mann kann seine Gefühle besser meistern, sie entweder vermindern und eindämmen oder aber sie steigern und zum Ausdruck bringen.

Doch nun wollen wir auf das Erwachen des Astralleibs näher eingehen... Bis zu etwa 14 Jahren denkt das Kind meist nur an sich, ist fast ausschließlich damit beschäftigt, zu essen zu trinken, zu schlafen, an sich zu raffen, zu besudeln. Hätte also die kosmische Weisheit ihm nicht das Bedürfnis eingegeben, die Gesellschaft anderer aufzusuchen, Gedanken auszutauschen, so bliebe der Mensch völlig zurückgezogen, egoistisch, in sich gekehrt, und dies hätte das Aussterben der Gattung Mensch zur Folge. Deswegen erwacht im Menschen ab 14 Jahren der Sinn für Gemeinschaft: Der Heranwachsende braucht das Zusammensein mit anderen, möchte Bekanntschaften machen; er begeistert sich für ein Gesicht, eine Sprechart, eine bestimmte Haltung. Darum verabreden sich die Jugendlichen miteinander, gehen in Tanzlokale: lediglich aus diesem Austauschbedürfnis heraus, das die kosmische Weisheit ihnen eingab, um die Verbreitung des Menschengeschlechts zu fördern, und dem sie sich unterordnen müssen.

Die meisten Leute begehen den Fehler, nur das Physisch-Biologische dieser Frage in Betracht zu ziehen. Im kosmischen Plan hingegen ist mehr beabsichtigt, als Umgang mit anderen zu pflegen, einige Geschenke oder ein paar Zärtlichkeiten auszutauschen, eine kleine Familie zu gründen. Die Menschheit soll einem hohen, geistigen Ziel zugeführt werden: Die Gründung der Universellen Weißen Bruderschaft in der Welt! Da jedoch seit Jahrtausenden die niedere Natur im Menschen vorherrscht, er schlecht beraten und nur ungenügend unterrichtet ist, blieb seine Liebe ichsüchtig und lediglich aufs Nehmen, Besitzen und Beherrschen beschränkt.

Solange sie sehr jung sind, von Idealen beseelt, verspüren die Jugendlichen noch nicht den Wunsch, sich mit einem Jungen oder Mädchen zurückzuziehen, um mit ihm oder ihr allein zu sein, nein, die meisten sehnen sich danach, die ganze Welt zu umarmen. Aber nach einiger Zeit, vom Beispiel anderer angeregt und auch, weil sie niemanden haben, der sie leitet und führt, sind sie nur noch bestrebt, eine kleine, für sich lebende, egoistische Familie zu gründen, welche das Wachstum der großen, weltweiten Familie hemmt, denn jedes ihrer Glieder wird in Engstirnigkeit und Ichbezogenheit unterrichtet, sodass sie sich gegen Gemeinschaft und Verbrüderung auflehnen und die kleine Familie die große zunichte macht. Jedoch in Zukunft wird sich dank dem Wissen, dem Licht dieser Lehre, die aus sehr hohen Sphären stammt, eine derartige Bewusstseinserweiterung im Menschen vollziehen, dass er schreckerfüllt feststellt, nichts beigetragen zu haben zur Verwirklichung des Reiches Gottes und seiner Gerechtigkeit, zur Errichtung des Goldenen Zeitalters und der großen weltweiten Bruderschaft, welche der Welt Wohlergehen, Freiheit und Glück bringen wird.[1]

Die kosmische Weisheit, wie gesagt, flößt dem Jugendlichen ab 14 Jahren das Bedürfnis nach Entfaltung, Gemeinsamkeit, Gefühls- und Gedankenaustausch mit anderen ein. Das junge Mädchen möchte am liebsten die ganze Welt lieben, aber es wird ihm gesagt: »Du bist dumm, du bist verrückt.« Natürlich mag ein solcher Wunsch unangemessen und völlig übertrieben erscheinen, denn sie ist noch schwach,

Die Jugend und die Liebe 257

weiß nicht, dass sie beschmutzt und verschlungen wird. Jedoch allen, die sich einmischen und sie beraten wollen, mangelt es an Einsicht; anstatt sie darüber aufzuklären, wie sie ihr Gefühl richtig steuern kann, verdrängen sie diese Begeisterung, die dann für immer verlischt. Dem Jungen, der ein Ritter werden, Gefangene befreien, sein Leben lang nur hilfreich und gut sein wollte, ergeht es ebenso; ihm wird der Kopf derart voll gepfropft, dass er endlich brav und vernünftig wird und von alledem nichts unternimmt.

Würden weise Erzieher, Eingeweihte, diese Jugend in ihrer ersten Begeisterung leiten, wäre das wahrhaftig ein Segen! So rate ich all den Jungen und Mädchen, die in sich diesen Impuls fühlen, der göttlichen Ursprungs und das Herrlichste ist, was es gibt, ihn ja vor Dummköpfen zu verbergen, da sich diese sonst unverzüglich einmischen, um ihre so genannten guten Ratschläge zu erteilen, wo sie doch in Wirklichkeit nur alles zunichte machen. Sie sollen sich also nichts anmerken lassen; aber damit dieses drängende Sehnen einen Ausdruck findet, sich gelegentlich in der Stille sammeln und ihre Liebe als lichte Gedanken weit hinaussenden über die Welt... abwarten, bis sie imstande sind, gefahrlos auch auf physischer Ebene ihre Liebe zu bekunden, und sie einstweilen nach oben senden! Handeln sie nämlich übereilt, so werden sie von denen, die weder achtsam noch vernünftig sind und häufig zudem noch schlechte Absichten hegen, zugrunde gerichtet. Wie viele Jungen wurden von Frauen 'eingeweiht', die ihre Unerfahrenheit und Unschuld ausnutzten! Es kam auch vor, dass Kindermädchen ihren Spaß daran hatten, die Sexualität der Kleinkinder zu wecken, die ihnen anvertraut waren. Doch überlassen wir es den Psychologen, die sich solcher Fälle annehmen.

Ich rate also den heranwachsenden jungen Menschen, ihr Liebessehnen nicht zu verdrängen, sondern ihm eine Ausdrucksmöglichkeit im Unsichtbaren zu geben. Dann nämlich werden himmlische Wesen sich ihrer annehmen: Diese hohen Geister, die alles überwachen, sehen und bemerken, werden ihnen helfen, diesen Antrieb, der göttlicher Natur ist und nicht missbraucht werden darf, licht und rein zu erhalten. Sie werden ihnen alsdann die Fähigkeit schenken, klar zu sehen und genau zu wissen, wem sie ihre Liebe bezeigen dürfen und wem gegenüber sie sich vorsichtig zu verhalten haben. In diese Frage hat kein Pädagoge einen Einblick, es sei denn, er wurde in der wahren Wissenschaft unterrichtet. Es ist ein derart heikles Gebiet!... Und es ist so überaus wichtig, dass die Jugendlichen von Lehrern unterwiesen werden, die ihnen zeigen, wie und wohin sie ihre erwachende Liebeskraft, ihr erstes Sehnen lenken und ausrichten sollen!

Sèvres, 25. Januar 1976

Anmerkung
1. Siehe Band 233 der Reihe Izvor »Eine Zukunft für die Jugend«, Kapitel 20: »Tretet ein in die universelle Familie«.

Omraam Mikhaël Aïvanhov

LIEBE UND SEXUALITÄT

Gesamtwerke Band 15

PROSVETA VERLAG

I

EINE EHRFÜRCHTIGE HALTUNG

Teil 1

Freier Vortrag

Viele Tausend Dinge haben die Menschen zu lernen, doch gibt es darunter insbesondere eines, das sie völlig vernachlässigt haben: die innere Einstellung, die sie der Natur, den Wesen und dem Herrn gegenüber einnehmen sollten. Ja, vor allem dem Herrn gegenüber! Unsere Einstellung ist das Wesentliche, denn sie bestimmt unser inneres und unser äußeres Leben. Die meisten Menschen haben eine bedauernswerte Lebenseinstellung. Anstatt sich dem Herrn zuzuwenden so wie eine Kompassnadel, die sich immer auf den Polarstern ausrichtet, kehren sie Ihm den Rücken zu. Darum müssen sie so viele Schwierigkeiten und Prüfungen durchmachen. Niemand hat ihnen jemals gezeigt, wie sie die beste innere Haltung finden können.

Vor vielen Jahren in meiner Jugendzeit in Bulgarien, hatte ich mir einen Detektorempfänger gebastelt, da ich mir ein Radiogerät nicht leisten konnte. Um eine Sendung zu empfangen, musste man eine kleine Nadel auf dem Bleiglanzkristall hin- und herschieben, bis die Verbindung hergestellt war. Berührte die Nadel bestimmte Punkte, waren sogleich Worte und Musik zu hören, während man auf anderen Punkten nichts hörte. Über dieses Phänomen habe ich viel nachgedacht. Ich habe erkannt, dass es an unserem inneren Empfänger liegt, der noch nicht richtig eingestellt ist, wenn es uns nicht gelingt, die unzähligen Botschaften und Ströme aufzufangen, die den Raum durchqueren. In gleicher Weise müssen wir uns jeden Tag erneut bemühen, eine rechte Haltung diesem Polarstern, den wir Gott nennen, gegenüber einzunehmen, um Seine Segnungen zu empfangen: Licht, Liebe, Freude, Gesundheit usw...

Solange die Menschen eine grobe und respektlose Haltung bewahren, werden sie keinerlei Fortschritte machen. In den intellektuellen, industriellen und technischen Bereichen, in denen sie sich üben, werden sie wohl zu einigen Ergebnissen kommen, doch für alles andere bleibt nur Leere, Mittelmaß und Dummheit. Die innere Haltung ist wesentlich, liebe Brüder und Schwestern, und zwar nicht nur die Haltung dem Herrn gegenüber, sondern auch die Haltung der Natur und den Geschöpfen gegenüber, die das Universum bevölkern.

Die Menschen denken nie daran, die Gesetze, die sie in der physischen Welt entdeckt haben, auch im spirituellen Bereich anzuwenden. Wie oft habe ich schon über das Resonanzgesetz gesprochen! Nehmt zum Beispiel zwei perfekt gestimmte Klaviere. Wenn ihr eine Taste anschlagt, klingt die entsprechende Saite des anderen Klaviers mit, ohne dass sie berührt wurde. Und von dem rechten Verständnis dieses Gesetzes hängt unsere gesamte Entwicklung ab. Unablässig sage ich zu euch, dass ihr euch dem schönsten, größten und mächtigsten Wesen zuwenden müsst, und zwar um mit Ihm in Einklang zu schwingen, um die Eigenschaften und Fähigkeiten von diesem Wesen, von diesem Prinzip, das alles besitzt, zu erlangen. Solange man diese Haltung nicht anstrebt, wird man von den schädlichsten Strömungen, auf die man sich unbewusst eingestimmt hat, hin- und hergeworfen.

Diesem höchsten Wesen gegenüber, das alles lenkt, das alle Dinge austeilt, müsst ihr eine Haltung einnehmen, die von Achtung, von Bewunderung und von Entzücken geprägt ist. Nun mögt ihr einwenden, dass ihr dieses Wesen nicht seht. Und doch, ihr seht es. Ihr seht die Schönheit der Natur, die Harmonie der Schöpfung. Ihr seht um euch herum Männer und Frauen, doch denkt ihr nie daran, bis zum Urheber all dessen, was ihr seht, aufzusteigen. Der Urheber

Eine ehrfürchtige Haltung

existiert für euch nicht! Nirgendwo wird ein Gefühl für das Heilige gepflegt; man bemüht sich sogar darum, sich dessen zu entledigen, weil man es für unnütz hält. Und dann wird alles mit Füßen getreten und zuschanden gemacht.

Nein, meine lieben Brüder und Schwestern, ihr müsst nun die rechte Haltung dem Herrn gegenüber finden, immer voller Achtung, Bewunderung und Liebe an Ihn denken. Denn dann schwingt ihr in Harmonie mit Ihm, und alles, was Ihm angehört, Schönheit, Licht und Liebe, kommt mehr und mehr auf euch zu. Dann fühlt ihr die gleiche Freude, das gleiche Glück und ihr lebt in der gleichen Freiheit.[1] Diejenigen, die sich lieben, verspüren die gleichen Empfindungen, denn sie haben die gleiche Wellenlänge. Das sind physikalische Gesetze.

Bewahrt ein heiliges Empfinden diesem Wesen gegenüber, das alles mit so großer Intelligenz erschaffen hat, ebenso wie ihr für Musik, für Blumen, für den Gesang eines Vogels oder für die Schönheit einer Frau voll bewundernden Staunens seid. Angesichts eines Steines und eines Schmetterlings seid ihr voller Bewunderung. Wie könnt ihr da ohne Bewunderung für den sein, der diese Dinge erschaffen hat? Er allein verdient eure Bewunderung, doch Er wird gestrichen, verbannt. Und darin liegt der Grund, warum ihr unglücklich, schwach und verletzlich seid. Nun werdet ihr sagen: »Oh, ich werde Bücher lesen, mich bei diesem oder jenem unterrichten, und so werde ich zum Erfolg kommen.« Nein, das wird euch nicht gelingen, denn das, was euch die Bücher und Menschen bringen können, ist nichts neben dem, was euch die Quintessenz der kosmischen Intelligenz bringen kann.

Um zu zeigen, wie fähig und wie intelligent sie sind, stellen die Menschen ihre Diplome, ihre Orden und Medaillen zur Schau. Doch das sind noch keine Beweise für Intelligenz. Ich habe andere Maßstäbe, um zu erkennen, ob jemand intelligent ist oder nicht. Ich habe kürzlich einen Brief von einem hochgebildeten Menschen erhalten, von einem Akademiker, und unter anderem hat er mir geschrieben: »Oft denke ich daran, was Sie uns vor einigen Jahren erzählt haben, als Sie aus der Türkei zurückkehrten. Eines Tages schauten Sie aus dem Fenster Ihres Hotelzimmers in Istanbul, und Sie sahen, wie ein kleiner Mann, ein Türke, der wie ein Bettler aussah, den Nachbargarten betrat. Er hatte einen Teppich bei sich, auf dem er niederkniete, um sein Gebet zu verrichten. Weiter erzählten Sie uns, dass Sie von seiner Haltung, die von Achtung und Anbetung zeugte, derart beeindruckt waren, dass Sie rasch hinabgingen, um ihm Geld zu geben. Doch als Sie dort ankamen, war er bereits fortgegangen, und Sie waren sehr traurig.« Schaut nur, wie unscheinbar kleine Dinge manchem im Gedächtnis bleiben!... »Ich schreibe Ihnen dies«, sagte mir dieser Mensch in dem Brief, »weil es mir nicht gelingt zu beten, ich kann einfach nicht, es ist die Leere.« Und dabei dachte er an den Türken, der sein Gebet auf seinem kleinen Teppich verrichtete. Und ich werde ihm nun antworten: »Mache dir keine Sorgen, eines Tages wirst du zu beten anfangen. Wenn du diesen Türken liebst, wirst auch du beten können.« Selbst wenn man den Eindruck hat, nichts zu empfangen, soll man doch beten, denn das Gebet erweckt geistige Zentren im Menschen. Die Chakras, die Energiezentren, die als Lotusblüten dargestellt werden, geraten in Schwingung, und deren Tätigkeit ruft große Veränderungen in ihm hervor.

Gesegnet seien diejenigen, die meine Worte annehmen und die sich von heute an um eine rechte Haltung bemühen. Ich weiß, dass es nicht leicht ist, diese zu finden. Man muss lange danach streben, und doch tut sich nichts, man empfängt nichts, wie bei dem Bleiglanzdetektor. Und dann, eines Tages, sprudelt etwas hervor, man ist fündig geworden! Darum müsst ihr weitermachen, darauf dringen, ja sogar dem Himmel drohen, doch mit Liebe! Und eines Tages wird etwas ausgelöst, für das es keine Worte gibt, um es zu beschreiben. Es ist so wie bei diesem Türken, der inbrünstig auf seinem kleinen Teppich betete, während ich ihn vom Fenster aus beobachtete. Auch wenn wir beten, ist ständig jemand da, der uns beobachtet und der uns helfen will. Wenn ihr betet oder wenn ihr irgendetwas benötigt, dann wisst ihr gar nicht, wie viele Wesen euch zuschauen und Mitleid mit euch haben. Der Herr selbst ist unendlich weit entfernt und sehr beschäftigt. Doch sind immer Wesen da, die herbeieilen, um euch zu helfen.

Eine ehrfürchtige Haltung

Und ihr fühlt euch getröstet, besänftigt und glücklich. Ich bin damals zwar nicht schnell genug hinabgekommen, um dem Bettler sein Geld zu geben, was ihm geholfen hätte, doch die Wesen der unsichtbaren Welt kommen niemals zu spät an, und sie irren sich auch nie. Ihr bekommt augenblicklich das, was sie euch geben wollen.

Wisst ihr übrigens, dass es im Urwald am Amazonas ein Tier gibt, das, bevor es sich zum Schlafen niederlegt, sich mehrfach verbeugt und dabei seine Vorderpfoten dem Himmel entgegenstreckt? Diejenigen, die das gefilmt haben, haben gesagt, wenn man das sieht, müsse man unwillkürlich denken, es verrichte sein Gebet. Das ist ein kleines Pelztier, das wie ein Bärenbaby aussieht, allerdings mit einem buschigen Schwanz. Soweit ich mich entsinne, wird es Myrmidon genannt. Gewöhnlich bewegt es sich auf seinen vier Pfoten, doch am Abend, bevor es sich zum Schlafen niederlegt, stellt es sich auf seine Hinterbeine, erhebt die Vorderbeine zum Himmel, verneigt sich mehrmals bis zur Erde und schließt dabei die Augen. Dann legt es sich mit einem Ausdruck von Arglosigkeit und Unschuld mit der Schnauze auf einer Pfote nieder und schläft so ein. Das ist doch außergewöhnlich, nicht wahr? Nun ja, es gibt noch so viel Unbekanntes auf der Erde, das man noch nicht kennt und sicher noch entdecken wird.

Das waren also einige Worte zur inneren Haltung... Ich bitte euch, diese Dinge ernst zu nehmen und euch zur Gewohnheit zu machen, jeden Tag zumindest einige Minuten zu dieser ehrfurchtsvollen Haltung zu finden, um die Verbindung mit dem Herrn wiederherzustellen.

Le Bonfin, den 4. August 1974

Anmerkung

1. Siehe Band 12 der Reihe Gesamtwerke »Die Gesetze der kosmischen Moral«, Kapitel 6: »Das Gesetz der Affinität und die wahre Religion«.

Teil 2

Freier Vortrag

Gestern, meine lieben Brüder und Schwestern, habe ich einige Worte über die Ehrfurcht und über die Haltung, die man dem Herrn und der gesamten Schöpfung, allem Leben gegenüber einnehmen soll, an euch gerichtet. Doch war alles, was ich gesagt habe, sehr allgemein. Nun können wir uns mit besonderen Fällen des täglichen Lebens befassen, denn all die Wahrheiten, die ich euch darlege, können im Leben praktische Anwendung finden.

Gestern habe ich euch gesagt, wie wichtig es ist, diese Einstellung dem höchsten Wesen gegenüber einzunehmen, damit Es so, über die Harmonie der Schwingungen, in uns Einzug halten kann und wir Seine Ausstrahlung, Sein Licht, Seine Freude, Seine Kraft und Seine Vollkommenheit in uns empfangen. Wie und in welchem Bereich können wir nun diese Haltung der Achtung, der Liebe und der Bewunderung für Seine Intelligenz, für Seine Schöpfung und für die Schönheit, die allem innewohnt, zum Ausdruck bringen?

Ich will nun ein Thema anschneiden, das mancher gewiss als schlüpfrig ansehen wird, und zwar die Sexualität. Heutzutage wird dies von jedermann eingehend studiert, und unter dem Vorwand, sich zu befreien, ist man Tag und Nacht damit beschäftigt. Dazu muss ich allerdings sagen, dass weiterhin in gleichem Maße Verwirrung und Anomalien bestehen werden, da diese angebliche Befreiung ohne Licht und ohne Einweihungswissen von Leuten durchgeführt wird,

Eine ehrfürchtige Haltung

die nicht wissen, wie der Mensch aufgebaut ist, und die seine Entsprechungen mit dem Universum nicht kennen. Sie tasten sich voran, und so gelingt es ihnen nicht, die Wahrheit genau zu erkennen. Vielleicht werden sie diese eines Tages finden, zur Zeit jedoch erforsche, beobachte und sehe ich, dass die Leute Erfahrungen machen, die auch nicht besser sind als die früheren. Denn solange man die Einweihungslehre nicht kennt, kann man nur klägliche Erfahrungen machen.

Damit ihr nun verstehen könnt, was ich euch heute sagen will, werde ich zuerst einmal ein Beispiel anführen, an dem ihr erkennen werdet, wie ich die Dinge in diesem Bereich sehe. Vor einigen Jahren kam eines Tages ein sympathisches, gut gekleidetes, wohlerzogenes junges Mädchen nach Izgrev. Man hatte sie zu mir geschickt, da es keinem Psychoanalytiker gelungen war, sie zu heilen. Sie war davon besessen, überall männliche Geschlechtsteile zu sehen, auf Gegenständen, Früchten, Blumen, selbst an der Zimmerdecke. Sie versuchte, gegen diese Zwangsvorstellungen anzukämpfen, doch war ihr das unmöglich. Überall sah sie nur diese Bilder, und das quälte sie, da sie sich schuldig, ja verdammt glaubte. So hatte man ihr empfohlen, zu mir zu gehen.

Sie fing an, mir ihre Geschichte zu erzählen, und während sie sprach, fing ich an zu lachen. Das verwunderte sie natürlich, und sie fragte mich, warum ich lachte. Ich sagte ihr darauf: »Das, was Sie da erleben, ist so natürlich und einfach! Sie sind nicht die Einzige, der solche Bilder begegnen. Sie können sich davon sehr schnell frei machen, jedoch nicht indem Sie dagegen ankämpfen, wie Sie es machen. Die Natur ist sehr stark. Seit Millionen von Jahren hat sie die Dinge so eingerichtet, dass Mann und Frau sich gegenseitig anziehen, das werden Sie nun nicht alles ändern können. Die Natur hat die Dinge gut geregelt, nur die Menschen begreifen nicht. Alle Männer und Frauen werden von solchen Bildern heimgesucht. Der Unterschied besteht lediglich darin, dass manche nicht wissen, wie sie damit umgehen sollen, während andere dies wissen. Hören Sie mir gut zu. Wenn diese Bilder vor Ihnen auftauchen, dann betrachten Sie diese in aller Ruhe, anstatt sich zu ängstigen, sich krank machen zu lassen und gegen sie anzukämpfen. Doch ändern Sie Ihren eigenen Standpunkt. Denken Sie, dass dieses Organ etwas Schönes, Kraftvolles und Göttliches ist, denn es dient dazu, Leben weiterzugeben. Dann werden Sie derart voller Bewunderung sein für die Intelligenz und die Weisheit des Schöpfers, dass Sie darüber alles andere vergessen. Es hat Ihnen lediglich als Ausgangspunkt gedient, um sich dem Schöpfer zuzuwenden.«

Um so zu handeln, muss man natürlich einen anderen Standpunkt einnehmen als die Kirchenleute und die Moralisten, für die das Geschlechtsleben immer etwas Schändliches ist, von dem man nur ja nicht sprechen und mit dem man sich nicht beschäftigen darf. Aber warum ist es dann eines der wesentlichen Dinge, mit denen sich die Menschheit beschäftigt? Diese Leute sollen doch logisch denken. Da es nun einmal offensichtlich ist, dass die Menschen weder die Sexualorgane noch das Bedürfnis, diese zu benutzen, jemals loswerden können, muss man die Einstellung ihnen gegenüber ändern und begreifen, dass es geheiligte Organe sind, die man immer mit Achtung und Bewunderung betrachten und sich dabei mit dem Schöpfer verbinden muss. Doch welcher Mann oder welche Frau betrachtet schon diese Organe als etwas Geheiligtes, das man nicht missbrauchen, sondern nur für hohe Zwecke benutzen darf? Und doch, liebe Brüder und Schwestern, dies ist die beste Art und Weise, die Dinge zu verstehen, und so schreitet man voran. Man wird göttlich durch ein heiliges Gefühl.

In einem anderen Vortrag stellte ich die Frage: Warum sind weder das Gehirn noch die Lungen, die Leber oder der Magen in der Lage, Leben zu zeugen? Wenn allein die beiden bekannten Organe dazu in der Lage sind, so sind sie heilig, sie sind göttlich. Warum sie also immer schmähen? Welche Scheinheiligkeit! Wenn davon gesprochen wird, macht man sich darüber lustig, man macht Witze und tut völlig gleichgültig. Doch was wird dann insgeheim gemacht? Wenn man diese Organe verachtet, sollte man sich nicht damit befassen. Da man sich jedoch damit beschäftigt, muss man ein heiliges Gefühl für sie haben. Nun werdet ihr sagen: »Aber was Sie uns da erzählen, ist doch sehr weit hergeholt!« Ja, für die Tiere ist das weit hergeholt, doch für diejenigen, die sich weiterentwickeln wollen, ist das nicht weit hergeholt. Für Schwächlinge und für primitive Leute wäre es vielleicht besser gewesen, nicht hierher zu kommen. Denn es wird sie quälen zu erkennen, wie sehr sie von ihren niederen Begierden abhängig sind; und ich will die Menschen nicht verwirren und unglücklich machen. Doch all diejenigen, die schon weiterentwickelt sind, werden begeistert sein, weil sie entdecken, wie sehr sich ihr Horizont erweitert! Für sie bin ich verpflichtet zu sprechen, um ihnen zu erklären, dass es Mittel und Möglichkeiten gibt, und dass sie mit Geduld und Beharrlichkeit zum Erfolg kommen. Viele haben mir übrigens schon gesagt: »Meister, wir haben das Gefühl, all das, was Sie uns offenbaren, wann auch immer, schon erfahren zu haben. Wir spüren, dass es wahr ist, denn wenn Sie sprechen, findet man in sich etwas wieder, wie ein Echo.« Doch bevor man diese großen Wahrheiten gehört hat, kann man sie nicht entdecken.

Also, meine lieben Brüder und Schwestern, ihr müsst euch angewöhnen, die Dinge unter einem anderen Licht zu sehen, so wie Gott sie sieht.[1]

Die meisten Ordensleute der Vergangenheit, die Asketen und Eremiten, haben eine fatale Lebensanschauung hinterlassen. Sie zogen sich in die Wälder und Gebirge zurück, um den Frauen zu entfliehen, denn ihrer Ansicht nach ist die Frau ein Geschöpf des Teufels. Doch die Ärmsten wurden dann von anderen Frauen, denen der Astralebene, bis in ihre Höhlen hinein verfolgt, und sie konnten ihnen nicht entkommen. Denkt nur an die Versuchungen des heiligen Antonius... Man hätte den Frauen nicht entfliehen und sie als Inkarnation des Teufels ansehen dürfen. Unsere Philosophie hingegen sagt, dass man die Frauen betrachten, bewundern, durch sie die Göttliche Mutter suchen und sich dabei sagen soll: »O Göttliche Mutter, wie ist es Dir nur gelungen, so viele hübsche Mädchen und Frauen zu erschaffen? Alle sind verschieden, es gibt nicht zwei darunter, die sich gleichen, welch eine Fülle!« Und ihr seid voll bewundernden Staunens über diese Intelligenz und diese Pracht.

Wenn der Mann gegen die Frau ankämpft, beraubt er sich des Lebendigen, des Poetischen, hat keinen Antrieb und keine Inspiration mehr, er wird zu einem Eunuchen, er ist tot und begraben. Wie ich diese Asketen und Eremiten bedauere! Mit ihrer irrigen Philosophie haben sie nur Unausgeglichenheit und Tod gefunden. Manche konnten dank ihrer Tugenden und ihrer Willenskraft diesen Anomalien widerstehen, doch ist das keine Philosophie, die man verbreiten sollte. Man muss lernen, die Dinge richtig zu sehen. Wenn Gott Mann und Frau erschaffen hat, dann nicht zu dem Zweck, dass sie einander fliehen. Diejenigen, die das taten, kritisierten damit die Werke des Herrn, als wüssten sie besser als Er, was man tun und lassen sollte. Es war versteckter Hochmut dahinter, ja Hochmut, Unwissenheit, Dummheit! Und so gerieten sie aus dem Gleichgewicht.

Die neue Erziehung der Menschheit muss mit der Betrachtungsweise beginnen. Die Frauen müssen die Männer als eine Manifestation des Himmlischen Vaters ansehen und diese als Ausgangspunkt nehmen, um zum Vater zu gehen, der sie erschaffen hat. Sie sollen sich auch fragen, warum Er sie erschaffen hat und was Er ihnen durch sie geben will. Es gibt noch so viele Dinge zu entdecken! Mit dieser neuen Art und Weise die Männer zu betrachten, werden die Frauen sich inspiriert und von etwas Neuem erfüllt fühlen. Und die Männer, das habe ich bereits gesagt, müssen ebenso die Frauen als Ausgangspunkt nehmen, um zur Göttlichen Mutter zu gehen, und sich dabei fragen: »Wer ist diese Göttliche Mutter, der es gelungen ist, Zauberinnen zu erschaffen, die so entzückend sind mit ihrem Blick, ihrem Lächeln und ihrer Stimme?« Das ist die beste Methode, ansonsten ist man genötigt, entweder die Frauen zu fliehen oder sich auf sie zu stürzen. Und beide Verhaltensweisen sind bedauerlich. Die dritte jedoch ist die der großen Eingeweihten, die es verstehen, alles nützlich einzusetzen. Sie sind der Ansicht, dass alles, was Gott erschaffen hat, dazu dienen soll, dass sie sich weiterentwickeln, dass sie voranschreiten und Gutes tun. Und diejenigen, die diese Verhaltensweise nicht annehmen können, werden früher oder später von Kummer, Enttäuschungen und Gewissensbissen geplagt sein. Gewiss, wenn man außerhalb der Lehre der Universellen Weißen Bruderschaft lebt und die Wahrheit nicht kennt, leidet man nicht allzu sehr, da man meint, man habe die beste Lebensweise gefunden, und man ist beinahe stolz auf sie. Doch im Licht der Lehre betrachtet, bietet sich ein anderes Bild. Darum ist es vorzuziehen, sich nach den neuen Regeln zu richten, denn sie sind die besseren.

Ihr müsst die Männer und Frauen stets als ein Mittel betrachten, euch dem Göttlichen anzunähern. Und wenn ihr spürt, dass ihr es geschafft habt, dann seid nicht ich-bezogen und egoistisch, gebt die Freude, das Glück und die innere Weite an die Person weiter, die euch als Ausgangspunkt gedient hat, bis in diese Höhe zu gelangen. Überschüttet sie mit Licht. So müsst ihr euch nicht zum Vorwurf machen, andere Geschöpfe nur zu eurer eigenen Weiterentwicklung zu benutzen. Wenn ihr die Fülle von oben empfangt, müsst ihr sie dem Menschen zuströmen lassen, der es euch ermöglicht hat, so weit zu kommen. Dann ist alles rein, göttlich und wunderbar.

Die Einweihungswissenschaft bringt uns Schätze und Reichtümer, die die Menschen nicht zu schätzen wissen. Ihre Art Liebe bringt ihnen Leid und wirft sie zu Boden, und dann sagt man, Gott ist Liebe! Aber ist es denn Gott, der die Menschen unglücklich macht? Nein, es sind die Menschen selbst, die noch nicht erkannt haben, was wahre Liebe bedeutet, und so machen sie sich unglücklich. Es ist ihre Art von Liebe, die sie unglücklich macht.

Le Bonfin, den 5. August 1974

Anmerkung

1. Siehe Band 239 der Reihe Izvor »Die Liebe ist größer als der Glaube«, Kapitel 5: »Dir geschehe nach deiner Einstellung«.

II

DIE WAHRE EHE: GEIST UND MATERIE

Freier Vortrag

Lesung des Tagesgedankens:

»Wenn gesagt wird reiner Geist, so ist das nur eine Redensart, denn ein reiner Geist kann im Bereich der manifestierten Dinge, in der Polarisierung, nicht bestehen. Er kehrt in den kosmischen Ozean zurück, mit dem er verschmilzt. Um sich manifestieren zu können, braucht er einen Körper, das heißt einen Träger oder auch, wenn ihr so wollt, eine Frau. Unser physischer Körper ist also unsere Frau, mittels derer wir, das heißt unser Geist, in Kommunikation mit der äußeren Welt treten, darin wirken, sich manifestieren und sich in mannigfaltiger Art und Weise ausdrücken kann. Je erhabener der Geist ist, der sich manifestiert, umso feiner, subtiler und lichtvoller ist sein Körper, also der Träger, die Materie, die ihn umhüllt. Das geht so weit, dass beide beinahe verschmelzen. Doch bleiben Geist und Materie immer zwei unterschiedliche Pole, denn sonst wäre jegliche Manifestation unmöglich.«

Das ist wieder so ein Abschnitt, der euch sonderbar und unverständlich erscheint. Erzählt nur einmal den Menschen, dass wir Geist sind und unser physischer Körper unsere Frau ist! Das ist eine Vorstellung, die sie niemals akzeptieren wollen. Und doch stelle ich die Frage: Wisst ihr, warum in Ehe und Partnerschaft nichts funktioniert? Das liegt daran, dass in Wirklichkeit jede Ehe, die geschlossen wird,

Die wahre Ehe: Geist und Materie 275

ein Ehebruch ist. Denn man heiratet jemanden, der sich außerhalb von einem selbst befindet und der eigentlich nicht passt, da die wahre, die einzig legitime Ehe die Vereinigung von Geist und Körper ist.

Die wahre Ehe, liebe Brüder und Schwestern, wird zwischen dem Geist und der Materie geschlossen. Wenn die Ehe auch in der physischen Ebene existiert, wenn sich die Menschen auch durch eine Art Instinkt dazu getrieben fühlen, sich ein anderes Geschöpf zu suchen, um sich mit diesem zu vereinigen, so muss man doch wissen, dass diese Vereinigung nur die Darstellung, das Abbild, ein Symbol einer anderen Ehe ist, die auf einer höheren Ebene zwischen Geist und Materie zelebriert wird. Geist und Materie sind dem Anschein nach völlig unterschiedlich, doch in Wirklichkeit sind sie ein und dieselbe Sache. Lediglich durch das Phänomen Polarisierung sind sie scheinbar unterschiedlicher, ja entgegengesetzter Natur. Diese einzigartige Realität – nennen wir sie Gott, wenn ihr wollt – ist gezwungen, sich zu polarisieren, wenn sie sich manifestieren will, denn sonst ist keinerlei Manifestation möglich. Andererseits ist jegliche Manifestation, sei sie positiv oder negativ, ausstrahlend oder empfangend, spirituell oder materiell, immer eine Ausdrucksform des Herrn. Nichts existiert außerhalb des Herrn, selbst die Materie ist ein Teil von Ihm. Das ist die wahre Philosophie. Es mag sein, dass sie eure persönlichen Vorstellungen über den Haufen wirft, doch bin ich verpflichtet, sie euch zu offenbaren. Nichts existiert außerhalb des Herrn, weder Geist noch Materie. Es gibt nur Gott, der frei und allmächtig ist, und durch das Universum manifestiert Er sich auf wunderbare Weise.

Was Gott eigentlich genau ist, weiß niemand. Er ist das Absolute, das Nicht-Manifestierte. Er hat weder einen Körper noch eine sonstige Erscheinungsform. Doch als Er sich manifestieren und in der gegenständlichen Welt ausdrücken wollte, hat Er sich polarisiert. Dank dieser Polarisierung konnte Er erschaffen. Die beiden Pole haben dann aufeinander eingewirkt, und aus diesem Wirken ist die Welt, ist das gesamte Universum hervorgegangen. Die Manifestation dieser beiden Pole, Geist und Materie, das ist also der Herr. Und wir,

wir sind etwas in Seinem Kopf. Der Herr denkt, Er erschafft, und wir sind etwas in Seinem Kopf, so wie Gedanken. Wenn ihr das verstehen könnt, dann habt ihr alles verstanden, denn dieser Grundgedanke ist der Schlüssel zu allem.

Gott, dieses Absolute, kann als Leere oder als das Nichts definiert werden, denn Er entzieht sich jeglicher Definition. Was ihr auch immer von Gott sagen mögt, Er ist es niemals. Ihr könnt über Ihn noch so wortgewandte und großartige Reden führen, alles nur erdenkliche Gute oder Schlechte über Ihn sagen, Er ist immer etwas anderes. Und wenn ihr einem Eingeweihten die Frage stellt, was Gott ist, wird er schweigen, denn allein die Stille kann ausdrücken, was Er ist.

In der Kabbala wird das Absolute Ain Soph Aur genannt, das Licht ohne Ende, das unergründliche Licht. Wenn Er sich manifestiert, so geschieht dies durch die zweifache Polarität von Geist (der Gemahl) und Materie (die Gemahlin). Denn Gott hat eine Gemahlin. Die Christen sind die einzigen, die glauben, der Himmlische Vater sei nicht verheiratet. Ihrer Meinung nach hat Er einen Sohn und ist doch Junggeselle! Woher käme demnach der Brauch zu heiraten bei den Menschen, wäre er nicht ein Abbild dessen, was in der höheren Welt geschieht? »Das, was unten ist, ist wie das, was oben ist.« All unsere Lebensäußerungen haben ihr Vorbild in der göttlichen Welt. Die Kabbala sagt, dass Gott eine Gemahlin hat, die Schekina heißt, und dass beide in ihre ewige Liebe versunken die Welten erschaffen. Daher suchen die Menschen, die nach dem Bild Gottes geschaffen sind, alle ein anderes Wesen, um sich mit diesem zu vereinen.[1]

Der Geist ist ein feinstoffliches, unfassbares Prinzip ohne Form und Dimension. Man kann ihn mit einem Parfüm vergleichen, das so flüchtig ist, dass es entweicht und verdunstet, wenn es nicht in einem Fläschchen eingeschlossen ist. Der Geist ist so feinstofflich, dass ein Gefäß nötig ist, um ihn zu halten. Und eben der physische Körper spielt die Rolle dieses Gefäßes, denn die Materie hat die Eigenschaft, den Geist zu verschlingen und festzuhalten. Wäre dem nicht so, dann entstünde nichts Manifestiertes, der Geist würde zu seinem Ursprung

Die wahre Ehe: Geist und Materie 277

zurückkehren, und die Materie bliebe als lebloser Staub zurück. Wenn beide vereint sind, ist der Geist begrenzt, doch belebt er immerhin die Materie, die durch ihn an Leben gewinnt. Doch wenn beide sich im Augenblick des Todes trennen, bleibt die Materie reglos zurück und der Geist entweicht. Selbstverständlich fordert die Ehe von Geist und Materie ein Opfer. Der Geist akzeptiert es, sich zu begrenzen, um die Materie zu beleben, und die Materie akzeptiert es, sich ihm unterzuordnen, um ihm Kinder zu schenken. Alles, was existiert, die gesamte Schöpfung ist ihr Kind.

Die wahre Ehe ist also in Wirklichkeit die Vereinigung unseres Geistes mit unserem physischen Körper, der unsere Frau darstellt. Und die wahre Scheidung, das ist der Tod, der Augenblick, in dem Geist und Materie sich trennen. Ich würde euch gerne die ganze Tragweite und die Subtilität dieses Problems aufzeigen, doch werdet ihr mir dabei folgen können? Die erste Ehe, die mit dem Körper, bedeutet für den Geist bereits eine große Begrenzung. Wenn man sich nun dazu entschließt, im Äußeren noch einen Ehemann oder eine Ehefrau hinzuzunehmen, so schränkt diese zweite Ehe die Freiheit des Geistes noch mehr ein, weil man dem Ehepartner alles recht machen muss, um ihm zu gefallen und ihn zufrieden zu stellen. Durch diese Willfährigkeit wird der Geist geschwächt. Außerdem protestiert die erste Frau (der physische Körper), er lehnt sich dagegen auf und sagt: »Du begehst Ehebruch, du bist untreu!« Und daraus ergeben sich dann vielfältige Störungen und Anomalien, deren Ernsthaftigkeit bisher noch niemand erkannt hat.

Alle, die dieses Problem kennen, ziehen es vor, nicht zu heiraten, denn sie sind sich bewusst, bereits verheiratet zu sein. Ihr Geist ist schon durch ihre erste Frau begrenzt, und sie haben keine Lust, sich noch eine weitere Last aufzubürden. Sie wissen, dass sie mit einer zweiten Ehe genötigt sein werden, viele Gesetze zu übertreten und untreu zu werden, das heißt, ihrer zweiten Frau all die Energien zu geben, die sie für die erste hätten bewahren sollen. So wird es nun mit dieser bergab gehen, sie wird geschwächt werden, sich auflehnen und den Dienst verweigern. Aus diesem Grund haben alle großen Geister, die eine einzigartige und immense Arbeit leisten und frei sein wollten, um Tausenden von Menschen Gutes zu tun, anstatt nur einem einzigen (der im übrigen niemals dankbar ist, denn ihr mögt noch so viel tun für jemanden, er wird immer nörgeln und Gründe finden, euch zu kritisieren), sich immer dafür entschieden, ihre Zeit, ihre Kräfte und ihre guten Eigenschaften für ihre eigentliche Frau zu bewahren, die dadurch gesünder, schöner, aktiver, geschmeidiger, lebhafter, ausdrucksvoller und intelligenter wird.

Das ist nun allerdings kein Grund, euch eurer zweiten Frau gegenüber boshaft zu zeigen, sie zu schlagen oder mit den Worten fortzujagen: »Hörst du, was der Meister gesagt hat, schau, dass du fortkommst!« Nein, wenn ihr bereits verheiratet seid, dann habt ihr Ja gesagt, ihr habt ein Versprechen abgegeben, das ihr nun bis zum Ende einhalten müsst. Ohne triftigen Grund darf man sich nicht einfach von seiner Frau oder seinem Mann trennen, denn sonst trifft man sie oder ihn in der folgenden Inkarnation wieder, und das ist weitaus schlimmer. Man muss sich zwar befreien, doch auf kluge Art und Weise.

Der letzte Satz dieses Tagesgedankens: »Doch bleiben Geist und Materie immer zwei unterschiedliche Pole, denn sonst wäre jegliche Manifestation unmöglich«, hat eine sehr tiefe Bedeutung. Das ist etwas, was den meisten unbekannt ist, dass es nämlich ohne die beiden Pole nichts Manifestiertes geben kann. Ich habe euch oft gesagt: »Man hat mir einen Schlüssel gegeben, der alle Türen des Universums öffnet. Dieser Schlüssel ist der Mensch.« Die griechischen Eingeweihten sagten: »Erkenne dich selbst, und du wirst das Universum und die Götter erkennen.« Viele ägyptische Fresken stellen Personen dar, die einen symbolischen Gegenstand in der Hand halten, der aus einem Kreuz besteht, über dem ein Kreis angebracht ist. Dieses Symbol, das Gelehrte und Archäologen bisher nicht entschlüsseln konnten, ist in der Astrologie das Zeichen von Venus, doch stellt es ebenfalls den Menschen mit geschlossenen Füßen und ausgebreiteten Armen dar. Diese Personen waren niemand andere als Eingeweihte, die den Schlüssel besaßen, mit dem sie alle Türen öffnen und die Mysterien zugänglich machen konnten.

Dieser Schlüssel stellt auch die beiden Prinzipien dar. Der Kreis (für den manchmal auch ein Dreieck genommen wird) steht für die göttliche Welt, das Absolute, den Geist oder auch für die göttliche Dreifaltigkeit, dargestellt durch die drei Seiten des Dreiecks. Das Kreuz steht für die vier Zustände der Materie, der physischen Welt. Dieser Schlüssel, das ist der Mensch, die Vereinigung von Geist und Materie, des männlichen und des weiblichen Prinzips. Nun, das ist genau die Bedeutung des Schlüssels, wie ihn Melchisedek Abraham offenbarte, als er ihm die beiden Prinzipien in Form von Brot und Wein brachte, denn das Brot stellt das männliche und der Wein das weibliche Prinzip dar.

Diese beiden Symbole finden sich überall im Universum wieder, so auch im menschlichen Körper und insbesondere im Mund, wo die Speicheldrüsen wie Weintrauben und die Geschmackspapillen wie Weizenähren aufgebaut sind. Ihr könnt das in dem Vortrag nachlesen: »Von der Liebe kündet der Mund.«[2] Die Worte Jesu: »Wer mein Fleisch isst und mein Blut trinkt...« sind ein Hinweis auf die beiden Prinzipien: Essen und Trinken, Brot und Wein, Getreide und Trauben.

Der Mund selbst stellt einen bedeutenden Schlüssel dar, denn auch er enthält die beiden Prinzipien, da er von der Zunge und dem Lippenpaar gebildet wird, von dem männlichen Prinzip, das immer eins ist, und dem weiblichen Prinzip, das immer zweifach ist. Beide zusammen erschaffen das Kind: das Wort.[3] Ich selbst bin noch weitergegangen. Ich habe mir Getreide und Trauben angesehen und herausgefunden, dass das Korn des Getreides dem weiblichen Geschlechtsorgan ähnelt und dass die Weinbeere Kerne hat, die dem männlichen Geschlechtsorgan ähneln. Jeder hat schon einmal Getreide oder Weintrauben gegessen, doch ohne daran zu denken, Beobachtungen anzustellen oder sich zu fragen, warum die beiden Prinzipien dort auf diese Weise dargestellt sind. Und wenn Mann und Frau ein Kind zeugen, gibt der Mann die weiße Farbe, dieselbe Farbe wie die des Brotes oder des Mehles und die Frau gibt die rote Farbe, die Farbe des Weines. Auch da wieder sind die beiden Prinzipien nötig, um ein Kind zu zeugen.

Man muss versuchen zu begreifen, wie die beiden Pole aufeinander einwirken. Nehmen wir einen Magneten als Beispiel, seine beiden Seiten sind polarisiert. Um einen anderen Magneten anzuziehen, muss man die Nordseite des einen der Südseite des anderen zuwenden, sonst stoßen sich die beiden gleichartigen Pole ab. Auch der Mensch ist polarisiert. Die Füße und der Kopf sind zwei unterschiedliche Pole, so wie auch die rechte und die linke Seite, die Vorderseite des Körpers und der Rücken usw. Stellt euch mit dem Rücken zueinander, so ist das eine Sache, schaut ihr einander an, so ist es eine andere. Wenn man diese Nuancen kennt, kann man sie praktisch nutzen, sogar um Kranke zu heilen. Je nachdem ob man es versteht oder nicht, sich mit den Menschen, mit der Erde oder auch mit der gesamten Natur zu polarisieren, ergeben sich Anziehung oder Abstoßung, Wohltaten oder Anomalien.

Liebespaare zum Beispiel wissen nicht, dass sie in dieser oder jener Stellung diese oder jene wohltuende oder schädliche Kraft anziehen. Und da es Leute gibt, die sich ein Vergnügen daraus machen, die unglaublichsten Stellungen zu praktizieren, ziehen sie jedes Mal eine bestimmte Kraft an und stoßen eine andere ab. Die Eingeweihten können euch von jeder Stellung sagen, ob sie wohltuend oder schädlich wirkt. Doch will ich mich nicht bei diesem Thema aufhalten, das ist eine zu heikle Angelegenheit. Ich will die Menschen lediglich warnen, weil sie Unglück und Krankheit anziehen, wenn sie sich, ohne wahre Kenntnisse zu besitzen, all diesen Praktiken hingeben. Man darf nichts praktizieren, ohne dessen Auswirkungen zu kennen. Im übrigen ziehen es die meisten Eingeweihten vor, die viele Kenntnisse in diesem Bereich besitzen, nichts zu praktizieren.

Es ist sogar besser, gar nichts davon zu kennen, ohne sich vorher geläutert zu haben und edler und vollkommener geworden zu sein. Viele Leute wollen Kenntnisse erwerben, um sich dann nur umso besser zu beschmutzen, zu erniedrigen und um die Gesetze zu übertreten. Auf diese Weise laden sie viel Schuld auf sich und haben ein schlimmes Karma. Wenn man die großen Mysterien kennen lernen will, muss man für dieses Wissen bereit sein. Dann setzt man es immer ein, um Gutes zu tun, anstatt versucht zu sein, damit Übles anzurichten und sich oder anderen den Hals zu brechen.

In Bezug auf die beiden Prinzipien möchte ich noch hinzufügen, dass man sie überall antreffen kann, überall im Universum, in der Natur, den Bergen, den Sternen, im physischen Körper, im Blutkreislauf, in der Atmung und sogar in Kunst und Technik, überall dort, wo ein Ding in ein anderes eindringt und es ausfüllt. Wenn ihr in der Lage seid, überall die beiden Prinzipien zu erkennen, dann besitzt ihr das wahre Wissen. »Erkenne dich selbst, und du wirst das Universum und die Götter erkennen.« Der Mensch spiegelt das Universum wider; alles, was existiert, findet sich im Kleinen bei ihm wieder. Nur hat er sich noch nicht erkannt. Manch einer wird nun sagen: »Oh doch, ich kenne mich! – Aber nein, du kennst nur deinen physischen Körper, dein Niederes Ich. Doch das Höhere Ich, kennst du das? – Aber was ist denn das Höhere Ich? – Was für eine Frage! Dein Höheres Ich ist das Zentrum, der Geist, und dein Niederes Ich ist die Materie, das Kreuz. Zur Zeit kennst du nur die Materie, das heißt deinen Bauch, deinen Magen, deine Bedürfnisse, deine Begierden, deine Sorgen und deine Fehler. Du kennst den Geist nicht, der wirkt und erschafft. Und diesen sollst du nun kennen lernen. Im Augenblick kennst du lediglich die Materie.« Selbst die Wissenschaftler denken an nichts anderes, als in der Materie herumzuwühlen. Sie wissen nicht, dass die Materie nur darum so viele Reichtümer bietet, weil sie der Geist hineingelegt hat.[4]

Nun, es erschüttert wohl eure Vorstellungen zu erfahren, dass ihr bereits verheiratet seid? Sogar die Junggesellen!... Wir alle haben Pflichten unserer eigentlichen Frau, unserem physischen Körper gegenüber. Wir müssen ihn pflegen, ernähren, erziehen und dafür sorgen, dass er immer sauber und bei guter Gesundheit ist, denn wenn man ihn vernachlässigt, zieht das unangenehme Auswirkungen nach sich. Ich bin völlig sicher, dass dies neu für euch ist und dass ihr die Dinge noch niemals von dieser Seite betrachtet habt. Ein Raucher, denkt er wohl an seine Frau, die darunter leidet? Sie ruft euch zu, dass sie unglücklich ist, doch ihr quält sie weiterhin mit eurer Raucherei. Und wenn sich die Leute betrinken, denken sie dann daran, dass sie ihre eigene Frau damit zugrunde richten?

Nun, es scheint mir, je mehr ihr mir zuhört, umso mehr spürt ihr, wie etwas in euch sich abklärt, Form annimmt, klarer wird. Intellektuell seid ihr vielleicht verwirrt, wie im Nebel, ihr begreift nicht alles, doch spürt ihr, wie etwas Wesentliches in eurem tiefsten Innern Gestalt annimmt, etwas das euch nicht täuscht. Vielleicht gelingt es mir nicht, euren Intellekt zu befriedigen, doch spürt ihr, dass ihr auf dem Weg zur Wahrheit seid. Und nun müsst ihr nur noch voranschreiten und arbeiten. Meine Aufgabe besteht nicht so sehr darin, eurem Gehirn Wissen einzugeben, sondern eher darin, es euch zu ermöglichen, einige wesentliche Wahrheiten zu spüren, sie zu leben und zu erleben. Denn nicht euer Verstand interessiert mich, sondern euer Herz, eure Seele und euer Geist. Eines Tages werdet ihr in euch selbst einen sicheren Maßstab besitzen, einen unfehlbaren Führer, der euch den Weg weisen und euch in der richtigen Richtung vorantreiben wird. Dann wird euch niemand mehr vom Weg abbringen, noch euch für üble Zwecke benutzen können.

Le Bonfin, den 20. September 1974

Anmerkungen

1. Siehe Band 236 der Reihe Izvor »Weisheit aus der Kabbala«, Kapitel 10: »Die kosmische Familie und das Mysterium der Heiligen Dreifaltigkeit«.
2. Siehe Band 1 der Reihe Gesamtwerke »Das geistige Erwachen«, Kapitel 5: »Geboren aus Wasser und Geist«.
3. Siehe Band 8 der Reihe Gesamtwerke »Sprache der Symbole, Sprache der Natur«, Kapitel 10: »Wie die beiden Prinzipien im Mund enthalten sind«.
4. Siehe Band 241 der Reihe Izvor »Der Stein der Weisen«, Kapitel 9: »Die alchimistische Arbeit: die 3 über der 4«.

III

DIE SONNE, DIE QUELLE DER LIEBE

Freier Vortrag

Lesung des Tagesgedankens:

»Die Quelle der universellen Liebe ist die Sonne.* Die Sonne hinterlegt ihre Partikel der Liebe und des Lebens überall in der Natur. Und wir nehmen diese Teilchen über Steine, Pflanzen und Tiere in uns auf, ja sogar über Männer und Frauen, denn Männer und Frauen besitzen auch einige Partikel der Sonne, aber sehr wenige, nicht genug. Darum sind sie genötigt, diese anderweitig zu suchen, weil es nicht ausreicht und unvollkommen ist. Ihre Art, miteinander in Austausch zu treten, ist nicht gerade besonders, und so kommt es zu Trennungen, zu Scheidungen und zu Verbrechen.«

»Die wahre Liebe findet sich im Überfluss in der Sonne, und von dort muss man sie sich holen. Solange ihr nicht an der Quelle trinkt, werdet ihr nur Tautröpfchen finden, die sich hier und da an einigen Blättern und Blüten angesammelt haben. Und das ist nicht viel. Es gibt gewiss Stellen am Körper von Mann und Frau, wo die Liebe sich ein wenig niederschlägt. Doch wenn ihr sie allein dort sucht, werdet ihr ständig Hunger und Durst leiden. Das passiert allen, die sich lieben. Sie spüren, dass eine Leere in ihnen bleibt, die sie noch nicht ausgefüllt haben. Darum müssen sie zur Quelle gehen und diese unendliche Liebe schöpfen, die die gesamte Schöpfung nährt. Mögen sie daraufhin einen Mann oder eine Frau lieben, wenn sie wollen. Doch um die Fülle zu finden, müssen sie die Liebe zuerst an der Quelle schöpfen.«

---

* Mehr über die Sonne und ihre Rolle im spirituellen Leben erfahren Sie im Band 10 der Reihe Gesamtwerke »Sonnen-Yoga, die Herrlichkeit von Tiphereth«.

Wenn man diese Worte hört, meine lieben Brüder und Schwestern, versteht man nicht viel. Die universelle Liebe in der Sonne suchen, dabei hat man noch nicht einmal den Wunsch danach! Eine Frau oder ein Mann hingegen, das spricht einen eher an. Aber die Sonne...! Warum ist es dann so selten, Männer und Frauen zu finden, die wirklich glücklich sind? Für einige Tage oder Wochen mögen sie es sein, doch ist das nicht von Dauer. Und wenn ihr ihnen Fragen stellt, werden sie euch sagen, falls sie ehrlich und aufrichtig sind, dass sie sich mit Rücksicht auf ihren Partner oft genötigt sehen, sich den Anschein zu geben, zufrieden und glücklich zu sein. Auf diese Weise gelingt es ihnen, die kleinen Freuden ein wenig länger andauern zu lassen. Doch mit der Zeit werden die Leere und der Abgrund größer, und sie erkennen mehr und mehr, dass sie sich getäuscht haben, dass es nicht mehr geht und dass sie sich trennen müssen. Jedoch alle finden das normal. Sie sagen: »Aber was glauben Sie denn, man kann doch nicht die ewige Liebe erwarten.« Man schwört sich, sich ewig zu lieben, und selbst wenn man weiß, dass es nicht von Dauer ist, muss man es schwören. Man muss also lügen, und das Leben ist nichts weiter als eine große Komödie oder Tragödie... oder eher noch eine Tragikomödie. Und was sagenhaft und unglaublich ist, ist die Hoffnung, dass es gelingen wird, wenn nicht das erste Mal, dann doch das zweite oder das dritte Mal... Wirklich, diese Hoffnung versetzt mich in Erstaunen.

Was die Menschen für Liebe halten, ist oft nur ein Bedürfnis nach Empfindungen, Gefühlswallungen und vulkanischen Eruptionen. Aber das sind nur physiologische, anatomische, biologische und aus überspannter Fantasie entspringende Erscheinungen. Das ist noch keine Liebe. Nun werdet ihr sagen: »Und was ist denn Liebe?« Oh, wenn ich das wüsste, würde ich es euch sagen, doch ich weiß es noch nicht. Mein ganzes Leben lang strebe ich nichts anderes an, als zu wissen, was die Liebe ist. Und jeden Tag sage ich mir: »Ah, heute weiß ich es endlich.« Aber am nächsten Tag erkenne ich, dass ich wieder etwas hinzugelernt habe, und von neuem denke ich: »Jetzt habe ich's, dieses Mal habe ich es begriffen.« Doch in Wirklichkeit weiß ich, dass die Liebe unendlich ist. Darum kann ich auch nicht für mich in Anspruch nehmen, sie zu kennen. Ich sage mir lediglich, dass ich dabei bin, sie kennen zu lernen, das ist alles. Wenn ihr sie hingegen bereits kennt, dann beglückwünsche ich euch dazu und bitte euch, so nett zu sein, mir euer Wissen zu enthüllen, denn ich bin mir darin noch nicht sicher. Die Liebe ist so weit, so reich, so schön und so mächtig, dass ich noch Jahrhunderte brauche, um meine Kenntnisse zu vertiefen. Wenn es euch also gelungen ist, sie bereits kennen zu lernen, dann beglückwünsche ich euch dazu. Allerdings frage ich mich auch: »Wie kommt es, wenn ihr die Liebe kennt, dass ihr noch unglücklich, krank und in der Finsternis seid?« Es ist also nicht die wahre Kenntnis.

Die Liebe bringt uns ewiges Leben, Herrlichkeit und Licht. Solange ihr das nicht habt, kennt ihr die Liebe noch nicht. Denn tatsächlich kommt die wahre Liebe von sehr weit oben, sie ist Gott selbst. Die Menschen aber wissen das nicht. Was sie Liebe nennen, das sind nur kleine Erscheinungsformen dieser Energie an bestimmten Stellen des Körpers. Nein, das sind bloß begrenzte, entstellte, ins Tierhafte herabgesunkene Erscheinungen. Das ist keine Liebe. Um die Liebe kennen zu lernen, muss man zur Quelle gehen. Gott ist die Quelle, und sein Stellvertreter für unser Universum ist die Sonne. Über die Sonne müssen wir also die Liebe anstreben, die das Leben selbst ist und die die gesamte Schöpfung nährt.[1]

Die niedere Form der Liebe verlangt nur Genuss, Befriedigung, Gefühlswallungen und Erregung. In Wirklichkeit ist das keine Liebe, sondern Genusssucht, Besitzstreben und manchmal sogar Gewalt. Das ist die Art von Liebe, an der man so krampfhaft festhält, dass man sogar die Medizin in Anspruch nimmt, dass man zu Pillen, Hormonen und Drüsenextrakten greift, um die sexuelle Aktivität der Menschen zu verlängern, damit sie bis zum neunundneunzigsten Lebensjahr Schweinereien weitermachen. Ich aber will euch zu Regionen hinführen, in denen ihr wahrhaft erfahrt, was Liebe ist. Die wahre Quelle der Liebe ist Gott. Doch nach dem Vorbild der göttlichen Quelle ist auch die Sonne eine immense, großzügige Quelle!

Schaut nur, die gesamte Schöpfung profitiert davon, denn mit ihrer Liebe bringt sie Leben in Gräser, Pflanzen und Bäume, die ständig ihrem Licht ausgesetzt sind und über die wir wiederum unser Leben erhalten. Darum geht der Schüler, der das wahre Leben, die wahre göttliche Liebe kennen lernen will, zur Quelle, zur Sonne. Wenn er sie betrachtet, darüber meditiert und sie liebt, wenn er sie mehr und mehr in sich eindringen lässt wie eine Frucht, die an der Sonne reift, sammelt er deren Lebensenergie an, die er dann an andere weitergeben kann, um sie zu beleben und ihnen Licht zu bringen. Das, und nicht nur Männer und Frauen zu küssen und mit ihnen zu schlafen, ist wahre Liebe. Die Liebe, über die alle Welt spricht und schreibt, die besungen und verherrlicht wird, ist immer wieder die sexuelle, die sinnliche Liebe. Doch ist dies eine Liebe, die alle erdrückt, ja vernichtet, weil sie eine gewaltige, zersetzende Kraft ist. Der Beweis ist: Wenn ihr vor Liebe brennt, schmelzen die besten Materialien dahin, wie zum Beispiel euer Gehirn. Ja, ihr habt noch nie daran gedacht, dass die sexuelle Liebe mit einem Schmelzkessel vergleichbar ist. Die rein sinnliche Liebe ist eine zersetzende Kraft, die die Quintessenzen zum Schmelzen bringt, sie ist das höllische Feuer. Das andere Feuer hingegen, das Feuer der Sonne, zersetzt nicht, sondern es erweckt euch zum Leben und bringt euch Licht.[2]

Übrigens haben die Sonnenstrahlen, die ständig von der Sonne ausgehen und dabei die Erde und alle Geschöpfe im Sonnensystem und darüber hinaus befruchten, tatsächlich die gleiche Quintessenz wie das, was der Mann der Frau gibt, um sie zu befruchten. Nur ist ihre Quintessenz in einem feinstofflichen, lichtvollen Zustand, während sie beim Mann verdichtet ist. Den Eingeweihten allerdings, die das Geheimnis der Sublimierung kennen und die ständig daran arbeiten, ihre Energien zum Himmel zu lenken, gelingt es, Kräfte auszustrahlen, die ebenso feinstofflich sind wie die Sonnenstrahlen. Darum sollte man ein reines, lichtvolles und jungfräuliches Leben führen. Dabei versiegt die Quelle nicht, nichts kommt zum Stillstand, im Gegenteil, alles geht weiter, nur auf eine andere Art. Die Ausstrahlungen sind von einer solchen Feinheit, einer solchen Reinheit, dass sie

Die Sonne, die Quelle der Liebe 287

allen Geschöpfen wohl tun können. Ihr kennt die Kraft der absoluten Reinheit noch nicht, ihr wisst nicht, wie sie die Natur der Ausstrahlungen verändert und sie feiner werden lässt. Deshalb können sie sich auf diese Weise unablässig verbreiten, wie bei der Sonne, deren Strahlung niemals aufhört. Das gilt natürlich nicht für die physische Ebene. All das, was ich euch hier mitteile, verdient all eure Aufmerksamkeit und Achtung.

Zwar bedeutet euch die Sonne nichts; doch ihr werdet sehen, wenn ihr erst genügend Tränen vergossen und Federn gelassen habt, dann werdet ihr schließlich anfangen, diese Liebe der Sonne zu suchen, die euch kein Leid bringt, die euch nichts wegnimmt, die euch ganz im Gegenteil etwas gibt. Aber man sucht die Sonne nicht, weil man bei ihr nicht leidet, während man doch das Bedürfnis hat zu leiden. Also, wo ist das Leid zu finden? Nun, bei den Männern und Frauen. Da ist man sicher, es zu finden, zusammen mit Unglück und Scherereien. Bei der Sonne passiert euch das nie, es sei denn, ihr setzt keinen Hut auf, denn sonst bekommt ihr einen Sonnenstich.

Das erinnert mich an eine Geschichte, die mir vor langer Zeit einmal passiert ist, vor fünfunddreißig Jahren ungefähr. Ja, so lange ist es schon her. Ich war zu Versammlungen eingeladen, wo sich Schriftsteller, Astrologen und Künstler trafen, und natürlich unterhielt ich mich mit all diesen Leuten. Eines Tages kam ein junges Mädchen zu mir, um mir einige Fragen zu stellen. Und nach und nach kamen wir schließlich auf die Liebe zu sprechen. Ich erinnere mich nicht mehr, welche Argumente ich vorgebracht hatte, sondern nur daran, dass sie sehr zufrieden mit meinen Erklärungen fortging. Den genauen Grund weiß ich nicht mehr. Einige Zeit darauf fing ein Schriftsteller während einer dieser Versammlungen an, mich vor allen Leuten zu beschimpfen, ohne dass ich wusste warum. Schließlich erklärte er mir, dass die junge Frau, mit der er sexuelle Magie betrieben hatte, ihn nach der Unterhaltung mit mir sitzen gelassen hatte, weil sie erkannt hatte, wie gefährlich das war. Und da sagte ich ihm vor allen Leuten: »Hören Sie, mein Herr, ich wusste nicht, dass diese junge Frau Ihnen gehörte und dass Sie so besondere Rechte auf sie hatten.

Wenn ich sie unbeabsichtigt vor Ihren Machenschaften gerettet habe, wo ist da mein Verbrechen? Die Sonne hat das Recht zu scheinen, und diejenigen, die keinen Hut aufhaben, fallen um. Sie hätten einen Hut aufsetzen müssen.« Ja, das habe ich zu ihm gesagt. Er war sprachlos, und alle Leute lachten.

Das waren nun einige Worte zur wahren Liebe. Solange ihr euch nicht mit der Quelle, mit der Sonne verbindet, wird eure Liebe niederer, tierischer Natur bleiben. Mit der Sonne jedoch wird sie sich allmählich höher entwickeln und immer unpersönlicher werden. Und schaut, in den letzten Sätzen unseres Tagesgedanken heißt es: »Mögen sie daraufhin einen Mann oder eine Frau lieben, wenn sie wollen. Doch um die Fülle zu finden, müssen sie die Liebe zuerst an der Quelle schöpfen.« Es ist also die kosmische, universelle, unpersönliche Liebe, die auf die andere Liebe einwirkt, sie bessert und veredelt. Und so wird es euch eines Tages gelingen, euren Lebenspartner zu lieben, indem ihr an ihn denkt, an seine Zukunft, sein Glück, seine Schönheit, seine Höherentwicklung, seinen Erfolg und nicht nur, indem ihr versucht, euch auf seine Kosten zu befriedigen. Wenn ihr einmal die Quelle erreicht habt, werdet ihr nicht mehr so lieben können wie zuvor. Wenn ihr dann mit eurer Frau oder mit eurem Mann zusammen seid, werden von euch nur noch Segnungen ausgehen, Ströme und Ausstrahlungen, die so positiv, wohltuend und lichtvoll sein werden, dass es euch selbst in Erstaunen versetzen wird.

Also vergesst niemals, dass die wahre Liebe auch Licht, ewiges Leben und unbegrenzte Kraft bedeutet. Wahre Liebe ist eine Kraft und gleichzeitig ein Licht. Der Beweis ist, dass ihr dann, wenn ihr jemanden verabscheut, ihr nur die schlechten Dinge in ihm seht, seine Schwächen, seine Fehler und seine Untugenden. Liebt ihr ihn jedoch, dann seht ihr alles an ihm, was wunderbar und göttlich ist. Denn die Liebe ist hellsichtig, sie sieht nur die gute Seite. Wenn ihr die Liebe verliert, werdet ihr blind, und ihr seht die guten Eigenschaften nicht mehr. Wenn ich euch also sage, dass die Liebe uns

Die Sonne, die Quelle der Liebe

leuchtet und uns hellsichtig macht, so ist das völlig wahr! Und wenn ihr die ganze Welt liebt, die gesamte Natur, das ganze Universum, dann beginnt ihr Dinge zu sehen und zu begreifen, die ihr bis dahin nicht begriffen habt. Ja, auf diese Weise hilft uns die Liebe, die Dinge zu verstehen.

Le Bonfin, den 20. September 1975

Anmerkungen

1. Siehe Band 10 der Reihe Gesamtwerke »Sonnen-Yoga«, Kapitel 4: »Die Sonne bringt die Samen zum Wachsen, die der Schöpfer in uns gelegt hat – Wie man die Heilige Dreifaltigkeit in der Sonne wiederfindet« und Kapitel 15: »Die Sonne ist Gottes Ebenbild –»Im Geist und in der Wahrheit«.
2. Siehe Band 10 der Reihe Gesamtwerke »Sonnen-Yoga«, Kapitel 21: »Die drei Arten von Feuer«.

IV

DAS ZIEL DER LIEBE IST DAS LICHT

Freier Vortrag

Die Liebe ist ein sehr vielfältiger und weit reichender Bereich. Unter vielerlei Gesichtspunkten kann sie betrachtet werden und ist sie auch schon betrachtet worden, wie z. B. vom organischen, physiologischen, psychologischen, sozialen, moralischen und religiösen Standpunkt aus. Was jedoch noch nicht bekannt ist, das ist der Standpunkt der Einweihungswissenschaft, denn er ist so gut wie noch nie offenbart worden.

Ich habe von sehr gewagten Experimenten gehört, die von amerikanischen Forschern und Medizinern kürzlich durchgeführt wurden. Um alle physiologischen Phänomene zu studieren, die während des Liebesaktes auftreten, bringen sie an verschiedenen Teilen des Körpers von zwei Freiwilligen, einem Mann und einer Frau, Elektroden an und verbinden die beiden so über unzählige Kabel mit Aufzeichnungsgeräten. Diese Apparatur liefert ihnen Diagramme, die sich laufend verändern in dem Maße, wie die zwei sich unter ihrem Kabelwirrwar küssen und so weiter. Da es in den Vereinigten Staaten Leute gibt, die sich für sehr emanzipiert und frei von den alten moralischen Vorurteilen halten, scheint es immer Hunderte von Freiwilligen für derartige Experimente zu geben. Was nun diejenigen betrifft, die diese Forschungen anstellen, darf man wohl nicht zu genau fragen, ob sie wirklich nur die Diagramme anschauen. Es wird ja nicht berichtet, was sich dabei in ihnen abspielt. Es dürften interessante Reaktionen bei ihnen stattfinden, und es ist schade, dass sie nicht auch an solche Apparate angeschlossen sind. Doch welche Beobachtungen sie auch immer machen mögen, sie sind doch noch sehr weit davon entfernt, all das herauszufinden, was uns die Einweihungswissenschaft über die Liebe enthüllt.

Selbst wenn sie den biologischen Aufbau von Mann und Frau perfekt kennen, wissen die Wissenschaftler im Grunde nichts, solange sie nicht erforschen, was sich auf der Ebene der Ausstrahlung, des Fluidums, der ätherischen, feinstofflichen Projektionen abspielt. Sie ahnen noch nicht einmal, dass es derartige Phänomene gibt. Ich hingegen interessiere mich gerade für diese Seite des Menschen, denn sie ist die wichtigere. Bei der Liebe ist es am wichtigsten zu wissen, in welche Richtung die Energien ausgesandt werden und was sie in der Welt an Schäden und Zerstörungen anrichten oder aber was sie aufbauen und realisieren. Wer bemächtigt sich dieser Energien? Sind das nicht Vulkanausbrüche, die sich über manch einen ergießen und die – symbolisch gesprochen – ganze Städte verschütten? Die Männer und Frauen müssen darum Folgendes wissen: Wenn sie lediglich Vergnügen empfinden wollen, dann fangen bestimmte niedere Wesen – sogenannte Elementale, Larven und unterirdische Kräfte der Natur – diese Energien auf und profitieren auf Kosten des Liebespaares.

All das haben die Eingeweihten seit langem erforscht. Wenn der Zweck des Liebesaktes ein niederer ist, wenn Mann und Frau nur das Vergnügen suchen, dann öffnen sie in sich selbst eine Tür, durch die sich die niederen Wesen einschleichen. Und wie viel Schaden und Verwüstung richten sie dann in kurzer Zeit an! Die Liebesenergien sind göttliche Energien und müssen in die göttliche Welt zurückkehren. Wenn diejenigen, die sich lieben, sich dieser Wahrheit bewusst sind, dann lenken viele Kräfte in der Natur diese Energien und nützen sie für das Wohl der ganzen Welt, ja des ganzen Kosmos. Denn es sind lebendige, enorm lebendige Kräfte! In erster Linie zählt also der Zweck. Und wenn Mann und Frau sich im Bewusstsein der Größe dieses Aktes vereinigen, dann können sie mit all ihren Energien eine gigantische Arbeit vollbringen. Denn dann kommen Engel und höhere Wesen in den Genuss dieser Energien und unterstützen die beiden Menschen, die dadurch ständig schöner und stärker werden. Darüber existiert eine ganze Wissenschaft, die einst in Ägypten, in Indien und insbesondere in Tibet bekannt war. Denjenigen, die diese großen

Wahrheiten in die Praxis umsetzten, gelang es sogar, ihr Leben zu verlängern und bestimmte Kräfte zu erlangen, denn die Kraft der Liebe ist die gewaltigste Kraft in dieser Welt. Keine Kraft kann sie übertreffen noch ihr gleichkommen. Die Liebe ist allmächtig.

Beim Durchblättern so mancher Bücher und Artikel, die gegenwärtig veröffentlicht werden, habe ich mich oft gefragt, warum die Autoren sich damit begnügt haben, ihre Umfragen bei den allergewöhnlichsten Leuten durchzuführen, die den Liebesakt in der Art der Tiere praktizieren, anstatt die Eingeweihten zu befragen. Selbstverständlich sind ihre Schlussfolgerungen wahrheitsgetreu, da sie auf den Erfahrungen vieler Menschen gründen. Doch sind sie falsch, weil diese Umfragen die Erfahrungen höher entwickelter Menschen nicht berücksichtigen. Man hätte auch sie um ihre Meinung fragen müssen, und das wäre für viele eine große Entdeckung gewesen. Unterdessen raten die Ärzte jedoch den jungen Leuten zu Geschlechtsverkehr, um, so heißt es, mancher Art von Unausgeglichenheit entgegenzuwirken. Mehrfach hatte ich nun schon Gelegenheit mit jenen zu sprechen, die solche Ratschläge bekommen hatten, und für manche, die diese befolgt hatten, war es nachher noch schlimmer als zuvor. Warum Ratschläge geben, wenn einem die innere Struktur des Menschen so wenig bekannt ist? Das mag zwar für manche eine Lösung sein, aber nicht für alle.

Als Gott Mann und Frau erschaffen hat, hat er sie mit einem ganz außergewöhnlichen System von Kanälen und weit verzweigten Leitungen ausgestattet, durch welche die Sexualkraft ihren Weg nach oben finden kann, wenn man weiß, wie man sie lenken soll. Dieses System ist da, jeder besitzt es, doch ist es verrostet, verstopft oder abgeschaltet. Gott hat den Menschen mit einer so wunderbaren Struktur erschaffen, dass die Wissenschaftler, wenn sie das einmal entdecken, höchst erstaunt sein werden. Da diese Kanäle allerdings fluidaler Natur sind, also noch sehr viel feiner als die des Nervensystems, können nur Hellsichtige sie sehen und den Weg erkennen, den diese Energien nehmen, die von weit unten kommen und nach oben strömen, wo sie dem Gehirn Nahrung zuführen.[1]

Das Ziel der Liebe ist das Licht

Selbst wenn es einem anfangs nicht gelingt, diese Energien zu sublimieren, darf man sich nicht entmutigen lassen. Man sollte niemals unter dem Vorwand aufgeben, dass es schwierig ist. Immer wieder muss man es versuchen und von neuem beginnen, so wie die Spinne, die unermüdlich ihr Netz spinnt. Der Wind hat es zerrissen, doch sie lässt sich niemals entmutigen. Immer wieder beginnt sie von neuem, bis der Wind sich schließlich legt und sie es zu Ende bringt. Die Schüler hingegen werfen beim ersten Misserfolg alles hin, verzichten auf ihr Ideal und kehren zu einem mittelmäßigen Leben zurück, nur weil sie einmal einen Misserfolg hatten. Doch ein Misserfolg, was ist das schon? Man muss aufstehen und weitergehen!

In ihrer Art und Weise sich zu lieben, haben die meisten Menschen die Gewohnheit, lediglich ihren physischen Körper zu befriedigen. Seele und Geist sind ihnen einerlei, alles gilt dem Körper. Sie bewundern und liebkosen ihn, sie sprechen mit ihm und küssen ihn. Sie stellen die unglaublichsten Dinge an, um über ihn ein Höchstmaß an Genuss zu empfinden. Dass Seele und Geist anschließend in Finsternis und Leid geraten, ist ihnen ziemlich egal. Niemals habe ich gesagt, man solle sich nicht gegenseitig viel Liebe geben. Gewiss soll man sich viel Liebe schenken, doch auf einer höheren Ebene, anstatt sich nur im Bereich des Körperlichen zu begegnen, sich zu erregen, zu befriedigen und danach zu schnarchen. Doch will man sich nicht auf eine höhere Stufe begeben! Anstatt sich die Bedeutung des Geschlechtsverkehrs bewusst zu machen, hat man es sehr eilig, sich in die Sümpfe zu verrennen. Man hat keine Zeit zum Nachdenken. Schaut doch nur, wie sich das gewöhnlich abspielt mit so abrupten und hektischen Bewegungen, mit einem von Sinnlichkeit erfüllten Blick. Der Mann will sich sättigen, essen, seine Beute zerreißen. Und die Frau ist so dumm, dass sie sich glücklich fühlt, wenn sie im Blick des Mannes die Begierde entdeckt, sie zu verschlingen. Wäre sie etwas weiter entwickelt, wäre sie entsetzt darüber, was sie erwartet, denn dieser Blick zeigt, dass der Mann bereit ist, sie auszuplündern und ihr alles zu nehmen. Doch sie hat das gern, sie verlangt nichts anderes. Ja, wenn er sie mit Achtung und Bewunderung anschaut, mit Licht und Reinheit in seinem Blick, ist sie nicht einmal zufrieden. »Von dem da, so denkt sie, kann ich nicht viel erwarten.« Und sie verlässt ihn. Denn instinktiv liebt es die Frau, sich wie ein Teigstück in den Händen eines Bäckers zu fühlen, der sie bearbeitet, durchknetet und in die Mangel nimmt. So etwas gefällt ihr, doch Achtung und himmlische Blicke bedeuten ihr nicht viel. Es gibt wohl Ausnahmen, doch im Allgemeinen ist das nur allzu wahr!

Wenn ihr euch jedoch dazu entschließt, eure Klarheit zu bewahren und die Liebe dazu zu benutzen, eine wahrhaft spirituelle Arbeit auszuführen und das Wasser aus den hohen Quellen zu trinken, anstatt – symbolisch gesprochen – an kleinen, von Kaulquappen verseuchten Tümpeln euren Durst zu stillen, dann wird euer Blick, wenn ihr euch daraufhin anschaut, so lichtvoll und strahlend sein, dass er euch tagelang im Gedächtnis bleibt.

Ihr dürft euch daher nicht das Vergnügen zum Ziel setzen. Gewiss werdet ihr euch nun fragen, was euch bleiben wird, wenn ihr nicht das Vergnügen sucht. In Wirklichkeit werdet ihr Vergnügen verspüren, sogar zehnmal größer, aber reiner. Und das Wesentliche ist, dass eure Energien nicht verbrannt werden. Das Ergebnis wird also ein anderes sein, nämlich Licht, Licht und noch mal Licht. Und der Himmel wird sich an der Schönheit dieser Liebe erfreuen.[2]

Manche sagen mir dazu: »Aber Meister, was Sie uns da erzählen, ist unmöglich zu verwirklichen. Jeder sagt, dass die Klarheit das Vergnügen trübt, und je wacher das Denken ist, umso geringer ist das Vergnügen.« In Wirklichkeit wurde dem Menschen jedoch das Denken gegeben, um die wahre Liebe besser zu leben. Ohne das Denken würde ihn seine animalische, primitive Seite völlig beherrschen. Es ist eben die Intelligenz, die über das Denken die Energien kontrollieren, lenken und sublimieren soll. Gewiss, die meisten Menschen finden ihre Freude in den vulkanischen Ausbrüchen der Liebe. Sie wissen nicht, dass diese gleichzeitig höchst zerstörerisch sind und teuer zu stehen kommen, weil dabei in ihnen wertvollstes Material verheizt wird. Ihre Ideen und Pläne, ihre poetische Inspiration, all das wird verbrannt, und sie haben nicht mehr den gleichen Schwung, die gleiche Begeisterung. Doch stellen sie das erst im Nachhinein fest. Bewahrt ihr bei eurer Liebe hingegen die Klarheit des Denkens, das wach bleibt und die Kräfte überwacht, kontrolliert und lenkt, werdet ihr zwar nicht das verspüren, was viele Leute unter Vergnügen verstehen, nämlich eine animalische, grobe Sinnenlust ohne jeglichen Adel und ohne Geistigkeit und daher auch unkontrollierbar, doch dank eures Denkens werdet ihr eine spirituelle Arbeit vollbringen können, und das Vergnügen verwandelt sich in Freude, bewunderndes Staunen, Entzücken, Ekstase... durch das Licht! Es ist schade, dass die Menschen die Mühe nicht auf sich nehmen wollen, einmal auszuprobieren, wie man die Liebe verwandeln kann. Denn selbst wenn sie sich im ersten Moment getröstet, erleichtert und von einem Überdruck befreit fühlen, werden sie im Laufe von einigen Monaten oder Jahren düster und schwerfällig, und sie verlieren ihre Inspiration. Diejenigen hingegen, die sich dazu entschließen, diese gewaltige Urenergie, die eine Gabe Gottes ist, für himmlische, erhabene Zwecke zu nutzen, werden andere Freuden und ein anderes Vergnügen kosten; sie werden voller Staunen erleben, wie sie Entdeckungen über Entdeckungen machen... bis ins Unendliche.

Ja, meine lieben Brüder und Schwestern, man darf nicht auf halbem Wege Halt machen. Man muss über die Grenze des bloßen Vergnügens hinausgehen und aufhören, auf diesem allzu niederen Niveau zu stagnieren. Man muss aufsteigen und die Wolkendecke durchbrechen, bis man die Sonne, bis man das Licht schaut. Bleibt nicht unterhalb der Wolken. Vergesst darum niemals, all euren Tätigkeiten ein lichtvolles Ziel zu geben. Was ihr auch immer tut, ob ihr esst, spazieren geht oder jemanden küsst, bewahrt das Licht als Ziel. Macht nichts einzig und allein zu eurem Vergnügen. Mit der gesamten Menschheit geht es bergab, weil sich alle nur von ihrem Vergnügen leiten lassen. Nun werdet ihr mir sagen: »Aber wenn man keinerlei Vergnügen empfindet, wenn man etwas tut, dann hat alles keinen Sinn mehr!« Doch, denn alles ist miteinander verbunden. Sobald Licht und

Wärme, das heißt Intelligenz und Liebe da sind, folgt das Vergnügen unweigerlich. Es ist lediglich die Qualität des Vergnügens, seine Art und seine Intensität, die sich ändert. Also, meditiert darüber, denkt darüber nach und vergesst niemals, dass ihr bis zum Licht gehen müsst. Solange eure Liebe euch kein Licht bringt, ist dies ein Zeichen dafür, dass es nicht der Mühe wert ist damit weiterzumachen. »Doch«, mögt ihr euch nun sagen, »zehn Mal hat es nichts gebracht, aber vielleicht beim elften Mal«... Nein, ihr werdet euch nur das Kreuz dabei brechen und rein gar nichts damit erreichen.

Wenn ihr auf mich hört und meine Worte in die Praxis umsetzt, werdet ihr erleben, wie euer Leben sich gänzlich wandelt und zu etwas Außergewöhnlichem wird. Im Übrigen spürt ihr das ja bereits; viele von euch haben mir das gesagt. Und würde ich euch erst die Briefe zeigen, die ich empfange! Manche sind so voller Poesie, Tiefe, Intelligenz und Schönheit, dass ich manchmal Lust habe, sie euch vorzulesen, damit ihr miterleben könnt, was in Herz und Seele unserer Brüder und Schwestern vorgeht. Zur Zeit tue ich das nicht, denn ihr könntet meinen, ich tue es aus Eitelkeit. Doch eines Tages werdet ihr all das lesen, und ihr werdet sehen, sie sind einfach wunderbar! Solche Briefe kann man nicht schreiben, wenn nicht wirklich das neue Leben hervordrängen würde, wie beim Schneeglöckchen.

Schaut euch nur das Schneeglöckchen an. Welche Kraft, welche Macht besitzt es, um dem Schnee und selbst der Erde zu befehlen: »Los, macht Platz, ich will herauskommen!« Und dabei ist es so zart, es hat so hauchfeine, empfindliche Blütenblätter. Der geringste Stoß kann es verletzen. Doch die Erde und der Schnee gehorchen ihm. Sie geben ihm den Weg frei, es kommt heraus und beginnt zu blühen. Das ist einfach unglaublich! Welche Kraft ist das, die die Erde dazu zwingt, sich zu öffnen? Das Schneeglöckchen besitzt eine außergewöhnliche Kraft in seinem kleinen Stängel, der hervorspitzt. Und es trägt den Sieg davon; es ist immer die Liebe, die siegt. Und ihr, seid ihr noch nicht stärker und kraftvoller als das kleine Schneeglöckchen? Doch gewiss, ihr wisst nur nicht, wie ihr es anstellen sollt. Sagt zu den Ereignissen, den Umständen, Schwierigkeiten und Begrenzungen: »Los, macht mir den Weg frei! Ich will herauskommen, ich will den Durchbruch schaffen! Ich will den Schöpfer bewundern, ich will beten, macht Platz!« Und ihr haltet durch, ihr lasst nicht locker so wie das Schneeglöckchen, und schließlich schafft ihr den Durchbruch, ihr steht über den Dingen, ihr überwindet alles!

Ich weiß, dass ihr unter schwierigen Bedingungen leben müsst. Doch wenn ihr euch überlastet, entmagnetisiert, düster, beinahe eingeschlossen fühlt, da diese Welt keine guten Bedingungen bietet, dann vergesst niemals, dass ihr die Verbindung wiederherstellt, eure Stärke und eure Widerstandskraft wiederfindet, wenn ihr hierher in die Bruderschaft kommt und mit dem göttlichen Leben in Kontakt tretet, für das wir arbeiten. Danach könnt ihr wieder in die Welt zurückkehren und euch den Schwierigkeiten stellen. Nur diejenigen, die ein waches Bewusstsein haben und ständig mit den höheren Wesen, die uns auf dem Evolutionsweg voraus sind, in Verbindung bleiben, können sich halten, Kräfte schöpfen und Hilfe empfangen. Wenn ihr die Verbindung mit der göttlichen Welt abbrecht, mag es sein, dass ihr euch im ersten Moment sagt: »Oh, wie gut ich mich fühle, ich fühle mich frei!« Und da euch noch ein wenig Vorrat geblieben ist, verzehrt ihr den... Ist er jedoch einmal erschöpft, wisst ihr nicht, wie ihr ihn wieder ersetzen sollt, denn es sind fluidale Substanzen, die aus einer höheren Existenz stammen. Und dann geht es allmählich mit euch bergab. Man darf nicht allzu sehr auf seine eigenen Mittel zählen, denn die sind nicht unerschöpflich. Oder besser gesagt, man sollte sich auf seine eigenen Mittel verlassen, unter der Bedingung, gleichzeitig mit der unerschöpflichen Quelle verbunden zu bleiben.

Wenn wir beisammen sind, wird das Leben schön, denn gemeinsam können wir eine fantastische Arbeit vollbringen. Ihr wisst, wie die Ingenieure leistungsfähige elektrische Batterien bauen, die in allen Bereichen vielfältig eingesetzt werden können. Nun müsst ihr wissen, dass auch wir alle zusammen eine Batterie bilden, die sogar in der ganzen Welt Ereignisse hervorrufen kann. Es sind die Ideen der Menschen, die wahre Batterien bilden können. Man muss sie vereinen, zusammenschließen und in Betrieb setzen. Und das wird kommen, doch sind zuerst einmal einige Batterien mit einer höheren Widerstandskraft nötig, denn der Strom, der da hindurchgehen soll, ist sehr stark. Ich denke bereits daran und mache sogar von Zeit zu Zeit Versuche, ohne dass ihr es bemerkt. Dann schließe ich einige Steckdosen am Netz der höheren Welt an. Zur Zeit kommt ihr hierher, ihr betet, meditiert und singt, ohne zu bemerken, welche Ergebnisse eure Arbeit hervorruft. Schaut jedoch die Veränderungen an, die in der ganzen Welt stattfinden. Ein neues Licht, neue Ideen verbreiten sich, und niemand weiß, wo sie herkommen.

Die Bruderschaft ist eine einzigartige Kraft, und ihr werdet erkennen, was sie bewirkt, wenn ihr eure Arbeit bewusst ausführt. Für genau diese Arbeit werdet ihr vorbereitet. Die Physiker beschäftigen sich damit, alle möglichen Batterien herzustellen, doch wissen sie noch nicht, dass die beste Batterie das menschliche Gehirn ist und dass es eine gewaltige Energie liefern kann, wenn es in eine bestimmte Richtung angeschlossen und darauf ausgerichtet ist. Ihr seid für ein grandioses Werk vorherbestimmt, liebe Brüder und Schwestern, und nicht nur darauf, hierher zu kommen, um ein wenig zu singen, zu gähnen und wieder fortzugehen. Hier wird eine Batterie aus außergewöhnlich starken Gehirnen gebraucht. Vergeudet also nicht weiterhin eure Energien, sondern bewahrt sie sorgsam für ein einzigartiges, gigantisches Werk. Es ist höchst selten, dass sich in der Geschichte eine derartige Gelegenheit geboten hat.

Sèvres, den 13. April 1968

Anmerkungen

1. Siehe Band 219 der Reihe Izvor »Geheimnis Mensch – Seine feinstofflichen Körper und Zentren«, Kapitel 5: »Die Kundalinikraft«.
2. Siehe Band 231 der Reihe Izvor »Saaten des Glücks«, Kapitel 2: »Vergnügen ist noch kein Glück« und Kapitel 3: »Nur die richtige Arbeit macht glücklich«.

V

DAS MÄNNLICHE UND DAS WEIBLICHE PRINZIP UND IHRE ERSCHEINUNGSFORMEN

Freier Vortrag

Die Vorstellungskraft der Frauen ist derart weit entwickelt, dass sie oftmals glauben, in der Realität das zu leben, was sie insgeheim wünschen. Zu allen Zeiten haben sich selbst in den besten Familien unglaubliche Geschichten zugetragen. Die Tochter erzählte zum Beispiel ihren Eltern, sie sei von ihrem Musiklehrer oder ihrem Beichtvater schwanger. Das führte zu einem Skandal, bis sie nach langen Anhörungen endlich gestand, dass sich alles nur in ihrer Fantasie abgespielt hatte. Viele Frauen halten ihre Wünsche für Realitäten, und man tut gut daran, ihre Behauptungen immer zu überprüfen. Die Frauen leben genauso im fluidalen wie im physischen Bereich, und bisweilen ist das, was sie seelisch erleben so stark, dass es für sie einen höheren Stellenwert als die physische Realität bekommt. Sie können das Gefühl haben, sich mit einem Mann zu vereinen, und das kann stärker sein, als hätten sie es real erlebt. Solche Phänomene können auch bei Männern auftreten, doch sind sie sicherlich weniger häufig als bei Frauen.

Daher sage ich immer wieder, dass Männer sehr achtsam mit sehr jungen Mädchen umgehen müssen, denn ihr Verhalten kann bestimmte Wirkungen in deren Vorstellungswelt auslösen. Mädchen haben eine sehr viel weiter entwickelte Vorstellungskraft als Jungen. In ihrem Kopf passieren bereits viele Dinge, bevor die Sexualität tatsächlich in ihnen erwacht, denn sie sind auch sehr neugierig in diesem Bereich. Sie wollen wissen, sie wollen kennen lernen, und oft ist es die Neugier, die sie zu Dummheiten verleitet. Bei den Jungen ist es anders; sie sind nicht von der Neugier, sondern von dem physischen Bedürfnis getrieben, sich von einer Spannung zu befreien. Bei den Mädchen jedoch ist es die Neugier.

Darum müssen Männer, die viel mit sehr jungen Mädchen umgehen, sehr achtsam darauf sein, deren Neugier nicht frühzeitig zu wecken, denn andernfalls könnte das zu Komplikationen führen. Sie müssen an diese jungen, kleinen Mädchen denken, die noch so unschuldig, vertrauensselig und naiv sind, die von nichts etwas wissen und doch auf dem Wege sind, eine Frau zu werden, und die sie verunsichern können. Sie müssen psychologisch und pädagogisch richtig vorgehen und sich ihnen gegenüber so verhalten und sie so ansehen, dass sie die spätere Frau nicht vorzeitig wachrufen. Denn schon die kleinen Mädchen haben immer ein wenig die Tendenz, gefallen zu wollen und Liebe zu gewinnen. Das ist normal, das liegt in dem Wesen der Frau.

Von Geburt an ist die Frau eine Frau. Selbst als Baby wollen sie die Aufmerksamkeit auf sich ziehen, sie wollen geliebt werden. Darum strampeln sie und schreien, damit man auf sie aufmerksam wird. Und wenn sie sehen, dass es ihnen gelungen ist, beruhigen sie sich, sind zufrieden und sagen sich – natürlich unbewusst: »Prima, das ist gelungen!« Ja gewiss, ich habe das schon bei ganz kleinen Mädchen gesehen. In ihrer Art zu schauen und sich zu geben, war bereits die spätere Frau zu spüren. Wenn man Freud Glauben schenken soll, finden sich sexuelle Äußerungen bereits bei den ganz kleinen Kindern. Anfangs hat er sich mit seiner Theorie natürlich Feindseligkeiten zugezogen, denn alle meinten, Kinder seien von engelhafter Reinheit und Unschuld. Doch durch Argumente und Beispiele konnte Freud zeigen, dass selbst bei den ganz kleinen Kindern die Sexualität schon erweckt ist.

Will man also überall dort, wo man vorbeikommt, Gutes tun, so muss man die menschliche Natur gut kennen. Junge Leute können oftmals Instinkte bei noch jüngeren wecken, ohne zu bemerken, dass das eines Tages zu einer Tragödie führen kann; ja zu einer Tragödie. Natürlich müssen dazu noch viele Einzelheiten erklärt werden, und das ist ein sehr weiter, tiefgreifender und subtiler Bereich. Selbst für die Meister stellt dies ein Problem dar. Denn sie sind innerlich von solcher Leuchtkraft und Schönheit, dass manche Frauen den Kopf verlieren können. Denn das, was bei der Frau eine Wirkung auslöst, ist nicht so sehr die Muskulatur des Mannes, seine Kraft und Stärke, seine Jugend, nein. Die Männer ziehen allgemein sehr hübsche junge Frauen vor. Mögen sie dumm, launenhaft und voller Untugenden sein, das macht nichts, vorausgesetzt, sie sind jung, frisch und hübsch. Es muss schon wirklich eine Erbschaft in Aussicht sein, damit ein Mann sich angeblich in eine alte Frau verliebt. Männer sind Materialisten, die nicht sonderlich nach Seele und Geist fragen. Frauen hingegen ziehen oft Männer vor, die weder jung noch schön sind und sogar körperliche Fehler haben, wenn sie nur stark, einflussreich und intelligent sind. Direktoren, Chefs müssen es sein.

Was die Frau also sucht, das ist etwas, das mehr im Geistigen als im Physischen liegt, nämlich Einfluss, Stärke und Intelligenz, damit sie Kenntnisse erwerben und sich geborgen fühlen kann. Die Frau ist sehr viel empfindsamer für die fluidale Seite, für das, was der Mann ausstrahlt. Und oft ist es nicht einmal der Mann, der für sie zählt, sondern das Kind, das sie von ihm haben kann, und dem er seine Gaben und Fähigkeiten mitgibt. Das ist auch der Grund, warum manche Eingeweihte, die insbesondere die Reinheit entwickelt hatten, von den Frauen nicht in Ruhe gelassen wurden. Es lag genau an dieser Ausstrahlung der Reinheit, für die die Frauen sehr empfindsam sind. Da die Frau in ihrer Gesamtheit geschlechtlich ist – alle Teile ihres Körpers, ihre Haut usw. – erwecken die Reinheit und das Licht eines Eingeweihten sexuelle Empfindungen in ihr. Seht euch nur die heilig gesprochenen Frauen an, die Jesus liebten. Gott allein weiß, wie sie ihn liebten! Sie liebten ihn von ganzer Seele, natürlich, doch ebenso mit ihrem ganzen Körper, denn eine Frau kann nicht umhin, trotz all ihrer Spiritualität und ihres Idealismus mit ihrem ganzen Körper zu lieben. Sie wird es nicht sagen und nicht zeigen, denn sie kann es bestens verstecken, aber es ist die Wahrheit.

Doch seien es Männer oder seien es Frauen, wer hat wirklich noch niemals etwas in seiner Fantasie getan? Auf der Straße, in den Metros oder im Autobus, was wird da nicht alles in den Köpfen zusammengebraut! Und was sie sich vorstellen erfüllt sich! Das ist es, was Jesus mit den Worten sagen wollte: »Wenn du die Frau deines Nachbarn begehrst, begehst du bereits Ehebruch mit ihr.« Darum ist es so wichtig, im Inneren Ordnung zu schaffen. Im Äußeren sind viele ohne Tadel, niemand hat je etwas bemerkt; aber innerlich haben sie vielleicht schon mit der ganzen Welt geschlafen. Manche werden nun natürlich sagen: »Ja, zum Glück, sonst würden wir ja vor Kummer umkommen. Wenn man uns schon daran hindert, es im Äußeren zu tun, warum sollten wir es nicht in Gedanken machen?«[1]

Übrigens liegt der Grund, warum die Frau eine weitaus stärkere Fantasie entwickelt hat als der Mann, darin, dass ihr seit Generationen manche Freiheiten verwehrt wurden, die man dem Mann zugestanden hat. In den Familien und in der Gesellschaft ließ man alle Dummheiten der Männer durchgehen, doch die Frauen wurden verdammt und bestraft. So haben die Frauen allmählich ihre Vorstellungskraft entwickelt und dort insgeheim Trost und Ausgleich gefunden. Die Männer hingegen, die die Möglichkeit hatten, ihre Wünsche zu befriedigen, hatten keine Gelegenheit, ihre Vorstellungskraft zu entwickeln. Heutzutage trifft das zwar nicht mehr so sehr zu, denn die Frau ist ebenso frei geworden wie der Mann. In der Vergangenheit jedoch, als man in Bezug auf die Sexualität sehr viel strenger mit ihr war, hat die Frau eine große Vorstellungskraft, aber auch Selbstbeherrschung und die Fähigkeit, sich zu verstellen, entwickelt. Und jetzt besitzt die schwächste Frau eine größere Beherrschung als der stärkste Mann. Sie kann sich dazu entschließen, sich nicht zu beherrschen, doch hängt das von ihr ab. Und wenn sie es will, dann kann sie es. Der Mann hingegen kann es nicht. In diesem Bereich ist er sehr schwach. Wenn etwas in ihm wach wird, kann er sich nicht zurückhalten. Darum ist man auch nachsichtiger mit den Männern. Die Frauen hingegen werden immer beschuldigt, denn sie können sich zurückhalten.

In Wirklichkeit ist die Frau in ihren Bedürfnissen nicht anders als der Mann. Sie ist aus Fleisch und Blut geschaffen, und sie hat die gleichen Bedürfnisse nach Zuneigung und Zärtlichkeit, ja sogar mehr noch als der Mann. Dieser hatte immer so viele Beschäftigungen nebenbei, die ihm Kraft und Energie abforderten, dass er dann, wenn er Gelegenheit hatte, mit seiner Frau beisammen zu sein, schnell und brüsk war. Die Frau hingegen, die warten musste, hatte viel mehr Zeit, ihre Gedanken und ihre Fantasie spielen zu lassen... Sie hatte die gleichen Bedürfnisse wie der Mann, doch da die Verbote groß geschrieben waren, hat sie ihre Vorstellungskraft entwickelt, mit der es ihr gelingt, ihr Bedürfnis nach Liebe zu befriedigen. Denn die Frau hat ein absolutes Bedürfnis nach Liebe. Darum kann sie es auch nicht vertragen, dass ein Mann sie zurückweist. Ihr mögt ein Heiliger sein, ein Prophet oder ein Gott, wenn ihr sie zurückweist, wird sie es niemals verzeihen. Beim Mann ist das anders. Jahrhundertelang galt die Regel, dass er der Frau seine Aufwartung machen musste, während sie ihn immer zuerst einmal abweisen sollte. Selbst wenn sie innerlich zustimmte und darauf brannte, Ja zu sagen, so musste sie ihn doch zurückweisen, um an Achtung und Ansehen zu gewinnen. Der Mann akzeptierte dies, er wartete und führte sein Werben geduldig fort, bis sie nachgab. Doch die Frau ist es nicht gewohnt, dass man sie zurückweist. Dass sie abweisend ist, ist für sie normal, doch weist ihr sie ab, wird sie es euch niemals verzeihen.

Die größte Verletzung, die ihr einer Frau zufügen könnt, besteht darin, sie nicht genügend anziehend und verführerisch zu finden, um sie zu akzeptieren. Wollt ihr sie für euch gewinnen, müsst ihr sie sogar täuschen: »Niemand ist so hübsch, niemand ist so entzückend wie Sie!« Dann gibt sie nach. Auf diese Weise haben die Männer das Mittel gefunden, eine Frau für sich zu gewinnen. Es gibt keine Frau, die widerstehen würde, wenn ein Mann wirklich beharrlich ist. Früher oder später gibt sie nach. Sie ist derart stolz darauf, wenn jemand wirklich lange beharrlich ist! Wenn ein Mann jedoch ihre Liebe missachtet, ist sie tödlich verletzt. Sie denkt nur noch daran, sich zu rächen, und sie wird nicht zwei Pfennige auf seine Größe, seine Reinheit und seinen Edelmut geben. Für sie zählt nur, dass er sie liebt. Wenn er sie liebt, wird sie ihn bis zum Ende verteidigen, selbst wenn er ein Strolch, ein Gauner oder sogar ein Mörder ist, eben weil er sie liebt. Weist sie ein Mann aber zurück, wird sie ihn umbringen, selbst wenn er der Sohn Gottes ist. Gewiss ist das etwas verallgemeinert, aber ich habe das erlebt.

Kommen wir nun aber auf das Thema der Vorstellungskraft zurück. Die Natur hat der Frau eine große Macht gegeben, und die liegt nicht nur in ihrem Körper, in ihrem Charme. Die größte Macht der Frau liegt in ihrer Vorstellungskraft. Ich habe bereits gesagt, dass die Frau im Grunde die gleichen Wünsche hat wie der Mann. Da sie in der Vergangenheit jedoch zumeist genötigt war abzuwarten, bis der Mann seine Liebe als Erster erklärte und ihr den Hof machte, musste sie sich allerlei Tricks einfallen lassen, um seine Aufmerksamkeit auf sich zu lenken und ihn zu ermutigen, ihr seine Liebeserklärung zu machen. Sie tat zwar nichts, bat um nichts und verlangte auch nichts, doch bewirkte sie über ihr Denken und ihre Vorstellungskraft, dass der Mann zu ihr kam. Sie schien immer unschuldig, rein und ohne Tadel zu sein, während der Mann als heftige Natur galt. In Wirklichkeit war sie es jedoch, die ihn, ohne äußerlich etwas zu tun, durch die Kraft ihrer Vorstellung provozierte. Und der Mann ging ihr ins Netz. Sie ging wie eine Magierin vor, wobei sie mit Kräften manipulierte, die dem Mann unbekannt waren.[2]

Mann und Frau besitzen keine unterschiedliche Natur. Immer ist es die gleiche menschliche Natur. Beide haben das Bedürfnis nach Liebe und Zärtlichkeit, nach gegenseitigem Austausch. Doch hat die Natur der Frau mehr Kraft bezüglich der Vorstellung und auch der Liebe gegeben. Der Beweis ist, dass sie sexuelle Beziehungen mit mehreren Männern nacheinander haben kann, ohne sich dabei zu erschöpfen, während dem Mann das im Allgemeinen nicht möglich ist. In den Empfindungen und im Genusserleben hat die Natur der Frau eine größere Kraft gegeben als dem Mann. Beim Mann geht alles schnell, während es bei der Frau langsamer geht, doch mit größerer Intensität und Kraft.

Le Bonfin, den 3. August 1975

Anmerkungen
1. Siehe Band 28 der Reihe Gesamtwerke »Die Pädagogik in der Einweihungslehre, Teil 2 und 3«, Kapitel 3: »Die gestaltende Vorstellungskraft«.
2. Siehe Band 237 der Reihe Izvor »Das kosmische Gleichgewicht – Die Zahl 2«, Kapitel 4, Teil 4: »Der Mann und die Frau«.

VI

EIN MEISTER... EINE MEISTERIN...

Freier Vortrag

In der westlichen Welt begegnet man wenigen Leuten, die einen Meister haben. Hingegen haben viele eine »maîtresse«*, eine Meisterin. Diese ist nichts anderes als ein Meister, der als Frau verkleidet ist, ein weiblicher Meister. Ein Mann, der eine »Meisterin« hat, ist zufrieden, fidel, schwungvoll, und es scheint, dass so alles besser läuft. Natürlich kommt das auf den einzelnen Fall an. Ist er Junggeselle, hat er keine bessere Hälfte zur Seite, die auf der Lauer liegt, ihn überwacht und ihm nachspioniert, kann das gut gehen; er ist entspannt, sorglos und hat seine Ruhe. Ist er jedoch schon verheiratet, sieht man ihn eher sorgenvoll, nachdenklich und... ja in Gedanken vertieft. Was will er denn eigentlich bei diesem Meister, den er »Meisterin« nennt, lernen? Wenn ihr ihm erzählt, dass es doch besser wäre, einen Meister zu haben, wird er euch antworten: »Ein Meister, wozu ist das denn gut? Mit einer Maitresse ist man wenigstens in Stimmung.«

Schaut nur einmal, in was für ein Thema wir heute Abend hineingeschlittert sind! Damit haben wir uns ja noch nie befasst. Nun, das Thema ist lustig und voller Humor, aber höchst interessant.

Wenn es ein Mann vorzieht, lieber eine »Meisterin« als einen Meister zu haben, so liegt der Grund in seinem Glauben, er sei damit glücklicher und das bringe ihm mehr Gefühl und Vergnügen. Ein

---

* Im Französischen: »Un maître... une maîtresse«. Es handelt sich hier um ein mehrdeutiges Wortspiel. Maîtresse (die weibliche Entsprechung zu maître) hat zwar die Grundbedeutung Meisterin, Herrin, Gebieterin, wird im Allgemeinen jedoch im Sinne von Geliebte gebraucht.

Ein Meister... eine Meisterin...

Meister ist alt und zäh; eine Meisterin hingegen ist viel hübscher, sanfter, knackiger! Darüber hinaus rüttelt euch ein Meister auf, er drängt euch dazu etwas zu lernen und das ist grässlich. Für eine Meisterin hingegen besitzt man bereits das nötige Wissen! Es lassen sich also immer gute Gründe finden, sich eine Meisterin anstatt einen Meister zu suchen.

Bei einem Mann sagt man, er hat eine Maitresse, bei einer Frau sagt man einen Geliebten. Das ist doch etwas seltsam, ihr habt das sicher schon festgestellt. Der Grund liegt darin, dass die Frau sehr klug ist und wohl weiß, dass nicht der Mann der Meister ist. Er ist dazu da, sie zu lieben und sie ist dazu da, um zu kommandieren. Ihr seht, diese beiden Worte zeigen auf, wie die Menschen, sogar unbewusst, die Beziehung zwischen Mann und Frau sehen. Und mich interessiert es zu begreifen, nach welchem Schema die Begriffe in den Köpfen der Menschen eingeordnet sind.

Solange ein Mann es vorzieht lieber eine Meisterin als einen Meister zu haben, setzt er die Instinkte, die körperlichen Empfindungen und die Begierden an die erste Stelle. Er hat das Bedürfnis zu »leben«, wie es allgemein heißt, sich zu amüsieren und einen Nervenkitzel zu erleben. Er meint, dies bringe ihm Freude, innere Weite und Glück. Die Täuschung rührt jedoch daher, dass er über diese Begriffe noch nicht so weit nachgedacht hat, um zu wissen, was Glück in Wirklichkeit bedeutet. Natürlich ist das Leben mit einem Meister nicht immer einfach. Man muss lernen, Übungen machen, Opfer bringen, Verzicht leisten, seine Willenskraft entwickeln und sich anstrengen. Doch die Leute mögen sich nicht anstrengen. Sie haben Gelüste, sie haben Hunger, sie wollen etwas konsumieren. Es ist so viel angenehmer, seine Gelüste zu befriedigen, als eine spirituelle Arbeit durchzuführen!

Manche bringen es fertig, gleichzeitig einen Meister zu haben, der ihnen als Dekor dient und dank dessen sie als Spiritualisten gelten, und eine »Meisterin«, um sich zu amüsieren und alle Vergnügungen auszukosten. Verlangt ihr allerdings von ihnen, sich definitiv für das eine oder das andere zu entscheiden, gilt ihre Wahl natürlich der Meisterin, und sie verlassen den Meister. Die Menschen des Ostens hingegen empfinden so viel Achtung und Liebe für ihren Meister, dass sie sich allein bei dem Gedanken an die Existenz ihres Meisters getröstet und gestärkt fühlen, selbst wenn sie unglücklich, arm und krank sind oder im Sterben liegen. Mit Hilfe dieser Art zu denken gelingt es ihnen, alle Prüfungen zu durchstehen. Allein der Gedanke, dass es ihren Meister gibt, fördert ihre Entwicklung, lässt sie voranschreiten, bringt ihnen neue Erkenntnisse und lässt sie stärker werden. Denn Glück und Erfolg eines Menschen hängen sehr davon ab, wie er denkt und wie er die Dinge sieht. Der Gedanke an einen Meister macht die Menschen der westlichen Welt jedoch nicht glücklicher; das zählt für sie gar nicht, das ist unwesentlich. Was soll das Vorhandensein eines Meisters schon im äußeren Leben, am Schicksal und am Seelenleben ändern? Diese Tradition ist im Westen aufgrund einer irrigen Erziehung verloren gegangen. Hier haben die Menschen für nichts und niemand mehr Achtung; weder für die größten Genies noch für den Herrn. Es ist heutzutage erstrebenswert, ja eine Tugend, nichts mehr zu respektieren. Je höflicher, anständiger und respektvoller ihr seid, umso mehr werdet ihr verlacht.

Wenn ich sehe, dass ein Mann sich mit einer Maitresse einlässt, weiß ich sogleich, wo ich ihn einzuordnen habe. Warum ist er nur so dumm? Wie konnte er nur, um seinem Leben eine Richtung zu geben, ein Geschöpf auswählen, das weder besser, noch weiser, noch ehrlicher ist als er selbst? Wäre er klug, würde er einem Meister den Vorzug geben. Um nun jedoch zu vermeiden, dass man mich der Engstirnigkeit und des Fanatismus beschuldigt, nehmen wir trotzdem an, ein Mann habe eine Maitresse. Anfangs fühlt er sich außerordentlich glücklich, als wäre sein ganzes Leben von nun an durch die Gegenwart dieser Frau erfüllt. Warum spielt sich dann in dem Augenblick, wo er auf einen Meister trifft, nicht das gleiche Phänomen in seiner Seele ab? Warum freut er sich durch die einfache Tatsache, einen Meister zu haben, nicht ebenso? Wenn er schon absolut eine Maitresse haben will, so soll er doch in seinem Kopf zumindest den Meister über sie stellen, sodass dieser für ihn immer etwas Höheres darstellt!

Ein Meister... eine Meisterin...

Und wenn es sich um eine Frau handelt, die einen Geliebten hat, stellt sich für sie genau das gleiche Problem. Wenn es in ihrem Kopf und in ihrer Seele keinen Platz für einen Beschützer gibt, für ein Wesen, das sie mit dem Himmel, mit dem Licht verbindet, wird sie leiden. An etwas Großartiges gerät man nicht in der Dunkelheit, sondern im Licht. Doch wie viele streben schon nach dem Licht? Stellt euch vor, ihr befindet euch im Dunkeln und ihr findet einen Sack, in dem sich verschiedene Tiere befinden wie Schlangen, Tauben, Mäuse, Skorpione usw. Ihr könnt nichts sehen, steckt aber die Hand hinein und sagt: »Was soll's, lassen wir den Zufall entscheiden!« Nun, der Zufall kann ein Skorpion sein, und ihr werdet gestochen. Es ist sehr schwierig, die Menschen aufzuklären. Sie müssen ihre Erfahrungen machen, leiden und sich den Hals brechen, bevor sie begreifen. Man kann sie nicht daran hindern. Findet ihr, dass ich übertreibe? Nein, ich untertreibe eher, ich weiß, wie es in der Welt zugeht. Wie viele Leute kommen zu mir und erzählen mir unter Tränen, dass sie nicht mehr ein noch aus wissen. Warum haben sie die Dummheit begangen, nicht den zu suchen und zu erkennen, der sie aufklären und führen konnte, nämlich einen Meister?

Vorhin habe ich von dem Glück gesprochen, das man allein bei dem Gedanken empfinden kann, einen Meister zu haben. Eigentlich ist das eine Frage der psychischen, mentalen Einstellung. Ich bin eines Tages einem jungen Mann begegnet, der von unsagbarer Freude erfüllt war. Er fühlte sich inspiriert, voller Schaffenskraft, er wollte schreiben, malen... Ich fragte ihn, woher dieser Zustand kam, und er antwortete mir: »Ich bin glücklich, weil ich ein Mädchen kennen gelernt habe. Sie wohnt sehr weit weg, und ich kann sie nicht treffen. Doch seit dem Tag, an dem ich sie gesehen habe, ist sie in meiner Seele und in meinem Herzen. Ich lebe mit ihr, und sie verbindet mich mit Schönheit und Poesie.« Ja, innerlich war dieser junge Mann bereits ein spiritueller Schüler, denn eine Vorstellung, ein Bild, ein Gedanke genügte ihm. Er brauchte es nicht, zu dem Mädchen zu gehen und es zu küssen, um glücklich zu sein. Tatsächlich ist die Vorstellung, die man sich von etwas macht, oft von größerer Bedeutung als die Sache selbst. Die Vorstellung, die ihr euch von jemandem macht, ist weitaus wirksamer und hat einen größeren Einfluss auf euer Leben als die Person selbst. Ihr findet das vielleicht schwer verständlich, doch ich versichere euch, dass es wahr ist. Unsere Vorstellungen, unsere Meinungen bezüglich der Dinge oder der Wesen spielen eine höchst bedeutende Rolle in unserem Leben, selbst wenn wir das gar nicht merken. Ob wir uns dessen bewusst sind oder nicht, es ist so.

Wenn ihr absolut einen Geliebten oder eine Geliebte haben müsst, weil ihr Zuneigung, Zärtlichkeit und Liebkosungen braucht, meinetwegen! Doch ist trotzdem ein Meister nötig, um euch zu zeigen, wie ihr dies gefahrlos haben könnt und ohne dabei reinzufallen. Ein Meister kann euch immerhin lehren, wie ihr lieben müsst, denn sonst macht ihr euch nicht nur unglücklich, sondern ihr nährt auch die Hölle mit eurer Liebe. Denn die Hölle ist deshalb so stark, weil die Menschen, denen die Wahrheiten der Einweihungswissenschaft unbekannt sind, sie Tag und Nacht mit ihrer sinnlichen Ausstrahlung stärken. Da sie es weder verstehen, diese Energien zu lenken noch sie zu kanalisieren und zu vergeistigen, kommen sie der Hölle zugute, die so weiterhin auf der Erde regiert und viel Unheil stiftet. Ja, die schlimmsten Katastrophen entstehen durch falsch verstandene und falsch gelebte Liebe.

Mit ihrer ungehemmten Sinnlichkeit nähren die Liebespaare all die schädlichen Wesen, die Larven und die Elementale, die die Menschheit zerreißen und verschlingen. Die spirituelle Liebe hingegen vertreibt diese schädlichen Wesen, nährt aber die Engel und Erzengel, welche die Menschheit retten wollen. Ihr wisst gar nicht wie viele schädliche Wesenheiten sich in den Nachtlokalen und an anderen Orten aufhalten, wo man sich den Ausschweifungen hingibt. Und es sind nicht nur die Larven, sondern auch Menschen, niedere Seelen, die zuschauen und diese Energien aufnehmen. Ja Menschen, die ihre Begierden nicht hatten stillen können, als sie auf der Erde waren. Und nun begeben sie sich an diese Orte und nähren sich von der groben Ausstrahlung jener, die sich den Ausschweifungen hingeben.

Leider entschließt man sich oftmals erst dann dazu, sein Leben dem Himmel zu weihen, wenn man alles verloren, wenn man Bankrott gemacht hat. Doch braucht die göttliche Welt keine Invaliden, sondern junge, kraftvolle und fähige Menschen. Doch wenn sie jung sind, denken alle zuerst nur an ihre Vergnügen. Sie sagen: »Solange ich jung bin, will ich mein Leben genießen und etwas erleben.« Es ist gar nicht daran zu denken, sie in diesem Augenblick für eine göttliche Arbeit einzusetzen. Erst wenn sie alles ausgegeben und vergeudet haben, wenn sie wurmstichig, vom Rheuma geplagt oder bereits gelähmt sind, dann kommen sie an: »Herr, brauchst Du mich? Ich komme, um Dir zu dienen.« Alles ist dahin, die Gesundheit, die Kräfte, die Haare, die Zähne, alles. Und wenn sie nichts mehr haben, dann heißt es: »Herr, willst Du mich?« Pah, Vogelscheuchen! Was soll der Herr mit ihnen anfangen?

Liebe Brüder und Schwestern, ganz ernsthaft, das ist eine bedeutende Angelegenheit. Macht einmal eine Selbstanalyse, und ihr werdet sehen, dass die meisten von euch zuerst einmal ihr Leben leben und sich sagen: »Später, wenn Zeit dafür ist, werde ich dem Herrn dienen und Seine Pläne verwirklichen. Aber bis dahin wollen wir erst einmal das Leben genießen!«

Wenn ich euch erzähle, in welchem Zustand des Glücks und der Freude ich mich in der Zeit befand, als ich meinem Meister begegnete, werdet ihr mir nicht glauben. Und dieser Zustand dauert heute noch an. Nun werdet ihr sagen: »Aber Sie brauchen doch keinen Meister mehr, Sie sind ja nun selbst ein Meister.« Selbst wenn ich ein Meister bin, und selbst wenn ich der größte von allen werden sollte, so hätte ich doch immer den gleichen Respekt, die gleiche Wertschätzung und die gleiche Liebe für alle Meister. Ja das ist so. Als ich meinem Meister begegnete, hatte ich den Eindruck, dass mein Kopf und mein Herz alle Schätze des Universums enthielten.[1] Ich fühlte mich reich, fabelhaft reich. Ich sagte mir: »Mit einem solchen Meister werde ich die ganze Welt besitzen!« Und es mag sein, dass ich eines Tages die ganze Welt besitze. Nicht physisch, nicht materiell, nein, denn schaut nur, meine Tasche ist ja nicht groß genug, um die ganze Welt zu enthalten. Und außerdem ist es nicht die Erde selbst, die ich begehre, sondern die Seelen von allen Menschen, die sie bewohnen.

Ja, ich möchte, dass wir, all diese Menschen und ich, uns eines Tages verstehen, damit ich ihnen Schätze geben kann, deren Existenz sie noch nicht einmal erahnen. Das ist mein Wunsch. Doch die Erde an sich zu besitzen, das habe ich mir noch niemals gewünscht. Viele wollten sie schon erobern, ich brauche sie wohl nicht aufzuzählen. Doch ist ihnen das nie gelungen, denn die Erde gehört Gott allein. Darum habe ich andere Wünsche und andere Bestrebungen. Ich wünsche mir, mit meinen Brüdern und Schwestern der ganzen Welt in Verbindung zu treten, um ihnen endlich die Botschaft zu übermitteln, die mir für sie in der höheren Welt gegeben wurde, um ihnen mitzuteilen, welche Zukunft, welche Bestimmung sie erwartet. Wüssten die Menschen nur, wo ihre wahren Interessen liegen, würden sie anders handeln, sie würden viele Beschäftigungen und Aktivitäten beiseite lassen, die doch nur unnütz, ja sogar schädlich für sie sind. Ich habe ihnen nichts anderes zu zeigen als ihre wahren Interessen. Im Grunde weiß ich nur eines, nämlich wo ihre wahren Interessen liegen. Auf anderen Gebieten bin ich wirklich unfähig; doch um den Menschen ihre wahren Interessen aufzuzeigen, ist niemand geeigneter als ich.

Denkt nun einmal darüber nach, was ein Meister für euer inneres Leben bedeuten kann, nicht für das äußere, sondern für das innere Leben. Ihr wisst noch nicht, zu welch kraftvollem Transformator ein Meister im Kopf eines Schülers werden kann, der an ihn glaubt, selbst wenn dieser Meister selbst gar nicht einmal besonders stark ist. Als ich in Indien war, habe ich folgende Anekdote gehört; es wird wohl eine Legende sein, doch ist sie sehr tiefsinnig. Es handelte sich um einen Meister, der viele Schüler hatte. Es war einer darunter, der ihn so sehr liebte, dass dieser seinen Namen unablässig wie eine Zauberformel vor sich hinsprach. So kam es, dass er in seinem Glauben und seiner Liebe eines Tages anfing, auf dem Wasser zu wandeln. Die anderen Schüler gingen zu dem Meister und erzählten ihm von diesem Wunder, der daraufhin ganz erstaunt den Schüler zu sich rief und ihn fragte: »Man hat mir höchst Ungewöhnliches über dich erzählt, es heißt, du könntest auf dem Wasser gehen. Wie machst du das? – O

Meister, antwortete der Schüler, ich spreche lediglich deinen Namen voller Liebe aus.« Der Meister sagte sich, dass er es wohl ebenso machen könne. Er ging an das Ufer des Flusses, setzte den Fuß auf das Wasser, sprach dabei seinen Namen aus – und ging unter. Er hatte eben nicht die gleiche Liebe. Hätte auch er einen Meister gehabt, der größer war als er selbst und hätte er für diesen Meister den gleichen Glauben, die gleiche Liebe, das gleiche Vertrauen und die gleiche Hingabe verspürt, so hätte er ebenso wie sein Schüler auf dem Wasser gehen können.

Also, meine lieben Brüder und Schwestern, selbst wenn ihr Professor, Minister, König, Priester oder Meister werden solltet, dürft ihr nicht dabei stehen bleiben. Immer müsst ihr ein Wesen lieben und ihm dienen, das größer ist als ihr, damit ihr dadurch Wunder vollbringen und vor allem Gutes tun könnt. Ansonsten werdet ihr untergehen, und es werden eure Schüler sein, die Wunder vollbringen. Jener Meister hatte keine besondere Kenntnis der wahren geistigen Gesetze. Ich bewundere und liebe weiterhin von ganzem Herzen alle Meister der Menschheit. Selbst wenn ich sie übertreffen sollte, würde ich damit fortfahren, denn ich weiß, dass es nicht an den Meistern liegt, sondern dass meine Bewunderung für sie mir alles bringt. Es mag sein, dass sie gar nichts von meiner Existenz wissen und mir so auch nichts geben. Doch meine Liebe und Achtung für sie bringt mir alles. So werde ich dank dieser Liebe und Achtung auf dem Wasser wandeln.

Um euch nun zu zeigen, dass ich gerechter und auch vorurteilsfreier bin als ihr meint, kann ich noch Folgendes hinzufügen: Es kann sein, dass ein Mann eine Maitresse hat, die außergewöhnlich spirituell, rein und klug ist und der es gelingt, aus ihm einen Schriftsteller, einen Künstler oder einen Helden zu machen. In einem solchen Fall ist es natürlich nicht schlecht, eine Maitresse zu haben. Jedoch immer und immer wieder nur die gleichen Dummheiten zu machen, ohne etwas hinzuzulernen... nein! Ihr könnt eine Geliebte haben, vorausgesetzt, sie ist eine uneigennützige Frau, die euch inspiriert und den edelsten und genialsten Menschen aus euch macht, anstatt euch zu erschöpfen und euch das Rückenmark auszusaugen. Ebenso kann eine Frau einen

Liebhaber haben, vorausgesetzt, dass er sie übertrifft, sie formt und zu Gott hinführt. Warum auch nicht? Habt also einen Geliebten oder eine Geliebte, doch unter der Voraussetzung, dass euch dies zu Gott hinführt.

Ein Meister wird euch niemals an sich binden, sondern euch zu Gott hinführen. Und falls ihr euch an ihn klammert und von ihm alles erwartet, wird er zu euch sagen: »Nein, verlasst euch nicht so sehr auf mich. Ich kann euch nicht alles geben. Ich kann euch nicht die Erfüllung bringen, das kann nur Gott allein.« Wenn er kein wahrer Meister ist, wird er anders handeln, doch ein wahrer Meister wird zu euch sagen: »Ich bin nur so etwas wie eine Telefonzelle, die euch ermöglicht, mit dem Herrn, mit den himmlischen Hierarchien oder auch mit anderen höher entwickelten Wesen auf der Erde zu kommunizieren.« Es ist wichtig zu wissen, wo euch das Wesen, das ihr liebt, hinführt. Alles hängt davon ab. Das Wesentliche ist der Punkt, auf den euer ganzes Leben zusteuert. Da die Menschen jedoch keine Maßstäbe haben und unfähig sind, die Natur dieses Menschen zu beurteilen, wenn sie für jemanden Feuer fangen und sich an ihn oder sie binden, und so folgen sie ihm blindlings, ohne zu wissen, was aus ihnen nach einigen Jahren mit ihm werden mag.

Das soll nun nicht heißen, dass die Ehemänner ihre Ehefrauen und die Ehefrauen ihre Ehemänner unter dem Vorwand verlassen sollen, dass man nur einen Meister und daneben keine weitere Liebe haben soll. Nein, das habe ich niemals sagen wollen. Habt, was ihr wollt – eure Ehemänner und Ehefrauen, eure Kinder, eure Arbeiter, eure Fabriken, eure Kleiderschränke und eure Sofas, doch stellt einfach einen Meister über all eure Liebhabereien und Besitztümer.

Le Bonfin, im September 1963

Anmerkung
1. Siehe Band 200 der Reihe Izvor »Hommage an Meister Peter Deunov«.

VII

DIE VESTALINNEN ODER DIE NEUE EVA

Teil 1

Freier Vortrag

Wenn Mönche und Nonnen, Mystiker und Puritaner nichts anderes anstreben, als ihre Quelle zum Versiegen zu bringen, unproduktiv, zu Eunuchen und unfruchtbar zu werden, so ist das ihre Angelegenheit. Die wahren Eingeweihten haben jedoch eine andere Lebensanschauung. Denn was kann man schon von einem Eunuchen erwarten?... Die Eingeweihten hingegen tun ihr Möglichstes, um das Leben ihrer Quelle zu verlängern, damit sie niemals zum Versiegen kommt. Darum bleiben sie ständig kreativ, sie wirken durch ihre Gedanken in der unsichtbaren Welt, sie unterstützen das Leben, sie verbreiten Leben und Licht.

Ich finde es jetzt an der Zeit, den Menschen zu erklären, wie sie diese Lebenskraft bewahren können, diese äußerst wertvolle göttliche Quelle, die so manche bemüht waren zu unterdrücken, da sie sich einbildeten, auf diese Weise heilig, rein usw. zu sein. Als ich jung war, glaubte auch ich das. Doch je mehr die Zeit voranschreitet, umso klarer sehe ich die Wahrheit, nämlich dass gerade die Sexualkraft die Menschen zur Heiligkeit hinführen kann. Ohne dieses Leben, ohne die Liebe, ohne diese strömende Energie gibt es keine Reinheit. Viele bildeten sich ein, rein und keusch zu sein, weil sie eine Beziehung mit Frauen ablehnten. Doch in Wirklichkeit waren sie nur versiegte Quellen, wo es Schimmel und Gärung gibt. Das fließende und nicht das stehende Wasser spült die Unreinheiten hinaus. Ich glaube, dieses

Wasser kann reinigen, beleben, inspirieren und zu neuem Leben erwecken, unter der Voraussetzung allerdings, dass es von einem hohen Ideal gelenkt und ausgerichtet wird, denn sonst ruft es nur Überschwemmungen und Verwüstungen hervor. Die Jugendlichen, ja selbst die Erwachsenen müssen in der neuen Lebensanschauung unterrichtet werden, in dieser neuen Lebensanschauung, die übrigens schon immer existiert hat, jedoch nur für eine Elite, die wusste, was wahre Reinheit, Liebe und Heiligkeit bedeutet. Eines Tages wird dieses Licht die Menschheit überfluten. Wenn die Männer und Frauen sich dann lieben, wird es nicht mehr zu ihrem Schaden sein. Sie werden vor Glück überströmen und ihr Leben wird voller Poesie und Musik sein.

Heute, meine lieben Brüder und Schwestern, möchte ich, dass wir uns ein wenig mit den Vestalinnen befassen. Ich habe euch schon erzählt, wie sehr ihre Tätigkeit oder vielmehr das, von dem man meinte, dass sie es taten, unsinnig und unlogisch war. Denn waren wohl so viele junge Frauen nötig, um ununterbrochen Tag und Nacht das Feuer in Gang zu halten? Nun, in Wirklichkeit war das eine symbolische Handlung. Das Feuer, das sie unterhalten sollten, war nicht das physische Feuer, sondern ein anderes, nämlich das heilige Feuer der Eingeweihten. Dazu erwählte man die Vestalinnen, die dann in den Regeln der wahren Reinheit unterrichtet wurden. Denn es gibt Partikelchen, einen Duft, den nur eine reine und keusche Frau durch ihr ganzes Wesen ausströmen kann. Und diese Ausströmungen atmen die Eingeweihten ein. Die Eingeweihten benötigten diese, so wie man Töne, Farben und Düfte braucht. Es sind Stimulanzien. Gott hat Himmel und Erde erschaffen, und wenn Er die Erde erschaffen hat, so ist sie eben auch notwendig, unter der Voraussetzung, dass man sie in homöopathischen Dosen zu sich nimmt. All die angeblichen Spiritualisten, Idealisten und Mystiker, die alles, was von der Erde stammt, völlig verwerfen, begehen einen Irrtum. Die Erde ist ein lebendiges Geschöpf, das denkt, fühlt und handelt, und mit dem man in Verbindung treten kann, um mit ihm zu sprechen oder auch um sich zu heilen. Also lernten die Eingeweihten, die wussten, dass eine Frau äußerst wertvolle Partikel verströmen kann, diese für ihre Arbeit einzusetzen.

Nun mögt ihr sagen: »Was, sogar Heilige und Eingeweihte sind empfänglich für Frauen?« Ja warum denn nicht? Was wisst ihr schon von den Eingeweihten? Manche bilden sich ein, diese hätten weder Magen noch Geschlecht, noch sonst etwas, sie würden weder essen noch schlafen... Reiner Unsinn ist das! Die Eingeweihten sind wie alle anderen Menschen, sie haben einen Magen, sie haben Geschlechtsorgane und sie verspüren auch bestimmte Dinge. Nun mögt ihr sagen: »Da werden die Eingeweihten aber ärgerlich sein, wenn sie so dargestellt werden!« Das Gegenteil ist der Fall. Die Eingeweihten spielen uns keine Komödie vor. Es sind eher die anderen, die die unglaublichsten Geschichten erfinden. Die Eingeweihten sind wie alle anderen Menschen. Auch sie essen und schlafen, sie können ermüden und sie verspüren den Charme mancher Frauen. Der Unterschied besteht nur darin, dass sie dem nicht erliegen, da sie nur das anstreben, was aufbauend, ewig und göttlich ist.

Die Eingeweihten haben erkannt, dass eine Frau eine Art Labor ist, eine Blume, welche Duftstoffe ausströmt, die dann die Atmosphäre erfüllen. Und sie haben auch erkannt, wenn man manchen Frauen, wie beispielsweise den Vestalinnen, beibringt, diese reinen Essenzen auszuströmen, dass diese dann zu einem Energieleiter der Göttlichen Mutter werden. Wenn die Eingeweihten nun diese Düfte einatmen, werden sie innerlich angeregt und können im Innern ruhende Kräfte freisetzen, um Gutes zu tun. Die anderen allerdings, die von diesem Wissen keine Ahnung haben, begnügen sich damit, sich zu erregen, ohne irgendetwas Gutes zu tun. Die Eingeweihten verachten die Frauen nicht; ganz im Gegenteil, sie erziehen sie, damit sie zu einer Quelle der Inspiration werden.

In der Vergangenheit hat es Frauen gegeben – solche Fälle sind geschichtlich überliefert – die Blumendüfte ausströmten wie von Veilchen, Jasmin und Rosen. Und ich kann euch sogar sagen, dass vor einigen Jahren, als ich mich einmal in Lyon befand und wir mit einer

Gruppe von Brüdern und Schwestern einen Ausflug unternahmen, ein junges Mädchen darunter war, die den Duft einer Blume ausströmte, die auf den Berggipfeln wächst. Der Name dieser Blume ist mir entfallen. Das war wie ein köstliches Parfum, so rein und ergreifend! Zuerst meinte ich, es sei Einbildung. Aber nein, es war tatsächlich dieses Mädchen, das den Duft verbreitete. Ich habe ihr einige Fragen gestellt, um herauszufinden, ob sie ein Parfum benutzte. Sie versicherte mir, dass sie das nicht tat, und ich weiß, dass sie mich nicht anlügen konnte. Sie war wirklich ein Rätsel für mich. Wie konnte sie nur einen solchen Duft verströmen. Gewiss war sie rein; sie hatte noch keinerlei Abenteuer mit den Jungen gehabt. Doch das genügte nicht, um diesen Duft zu erklären. Ich bin vielen Mädchen begegnet, die noch nichts derartiges erlebt hatten und doch keinen Duft verströmten. Dieses Mädchen war von ganz außergewöhnlicher Natur. Und ich sagte mir: »O Herr, wenn alle Mädchen auf der Erde einen derartigen Duft verbreiten könnten, das würde die ganze Welt verändern.« Wenn es ein Mädchen auf der Erde gibt, das einen solchen Duft erzeugen kann, dann können andere es auch. Aber natürlich bedeutet das, seine ganze Lebensweise zu ändern.

Und übrigens, warum, meint ihr wohl, lieben es die meisten Frauen sich zu parfümieren? Das rührt von einer sehr fernen Vergangenheit her, als der Herr im Paradies Eva die Pflege der Vegetation anvertraut hatte. Eva war die erste Botanikerin, sie kümmerte sich um die Bäume und Blumen. Adam war der erste Zoologe, denn er kümmerte sich um die Tiere. Eva beschäftigte sich so sehr mit ihren Blumen, dass die gleichen Düfte von ihr ausgingen, sie war selbst zu einer Blume geworden. Doch nach dem Sündenfall, als Adam und Eva aus dem Paradies vertrieben worden waren, hat Eva diese Gabe verloren. Da ihr das nun fehlte, begann sie im Äußeren bei den Pflanzen Duftstoffe zu suchen. Vor dem Sündenfall gingen diese Düfte von ihr selbst aus, da sie gute Eigenschaften und Tugenden besaß, die sich auf der physischen Ebene in Form von Düften zeigten. Jeder Duft ist eine Tugend in der höheren Welt, der zu einem Duftstoff in der niederen Welt wird, ebenso wie ein Laster in der höheren Welt zu einem ekelhaften Geruch in der niederen Welt wird.

Wenn die Frauen sich parfümieren, wollen sie also ihren natürlichen Duft wiederfinden, den sie verloren haben; doch ist das nicht die beste Methode. Mögen sie sich parfümieren, sich schminken und in Schönheitssalons gehen, das ist schon recht, doch könnte man ihnen beibringen, bestimmte Qualitäten und Tugenden zu entwickeln, würden sie die eigentlichen Düfte und ihre wahre Schönheit wiederfinden. Also, meine lieben Schwestern, verlasst euch nicht auf die Schönheitssalons. Hier gibt es einen Schönheitssalon, wo ihr keine fantastischen Summen für Anwendungen ausgebt, die nur vierundzwanzig Stunden lang wirken und eure Haut zum Welken bringen. Ja, doch unter der Voraussetzung, dass ihr mir glaubt und diese Eigenschaften, Tugenden und Kräfte herbeiruft, damit sie in euch einziehen und sich dort entfalten. Das ist der wahre Schönheitssalon! Und wo sucht ihr ihn?

Die Frau ist ein Wunderwerk, und um nichts in der Welt möchte ich meine Meinung über sie ändern. An dem Tag, an dem ich keine gute Meinung mehr über sie haben sollte, wird es um mich geschehen sein. Nun mögt ihr sagen: »Sie würden doch nur reiner sein.« Nein, ich würde schmutziger sein, und ich reinige mich ganz im Gegenteil jetzt bei dem Gedanken, dass die Frau eine Tochter Gottes ist und alle Möglichkeiten besitzt, himmlische Inspirationen zu bringen. Auf diese Weise entwickle ich mich und schreite voran. Und die anderen sollen meinetwegen weiterschlafen! Den Spiritualisten, die die Frauen verachten, bleibt keinerlei Material, um irgendetwas zu verwirklichen. Denn es ist die Frau, die dieses Material bringt. Nur muss man es dort holen, wo es am feinstofflichsten ist. Ich weiß wohl, dass diese feinstoffliche Seite nicht allen Männern gefällt. Wenn es nicht etwas Substanzielles zu halten gibt, sagt ihnen das nicht zu. Anscheinend ist das Substanzielle angenehmer. Nun gut, ich widerspreche dem nicht; doch wenn sie den Wunsch hätten, ein wenig auf der feinstofflichen Seite zu arbeiten, wäre es vielleicht doch besser für sie.

Es ist die Frau, die die ganze Welt verwandeln wird. Wenn das noch nicht geschehen ist, so liegt es nur daran, dass sie sich ihres Auftrags nicht recht bewusst geworden ist. Sie kümmert sich um

Schmuck, um ihre Toilette, um Nichtigkeiten, anstatt sich um die Besserung der Menschheit zu kümmern. Aber die Welt braucht Frauen, die entschlossen sind, ihre Macht über die Männer zu nutzen, nicht um sie zu verführen, sondern um sie edler werden zu lassen, indem ein Mädchen zum Beispiel sich weigert, einem Jungen einen Kuss zu geben, solange dieser raucht und grob und rücksichtslos ist. Was wird der arme Kerl nicht alles tun, um einen Kuss zu bekommen! Doch heute sind die Frauen so leicht zu haben, dass sie sich ganz von allein anbieten, und die Männer bleiben, wie sie sind, sie bessern sich nicht. Die Frauen müssen sich zusammentun, so wie in dem Theaterstück »Lysistrata« von Aristophanes, wo die Frauen beschlossen hatten, ihre Männer nicht mehr zu empfangen, solange diese nicht aufhörten, Krieg zu führen. Gewiss ist das nur eine Komödie, doch steckt ein tiefer Sinn dahinter. Die Frauen haben einen großen Einfluss auf die Männer, doch wollen sie diesen nicht für gute Zwecke einsetzen, da sie dann selbst genötigt wären, einige kleinere Entbehrungen hinzunehmen. Sie sind schwach, sie kapitulieren, denn sie brauchen diese Herren und Krieger. So weiß ich wohl, dass meine Worte keine große Aussicht auf Erfolg haben. Aber vielleicht fangen doch zumindest einige Frauen an, nachzudenken und zu begreifen, dass sie ein hohes Ideal in ihren Kopf und in ihr Herz einpflanzen müssen.

Es heißt, die Menschen seien aufgrund einer Verfehlung Evas aus dem Paradies vertrieben worden. Nun muss eine neue Eva erscheinen, um diese Verfehlungen wieder in Ordnung zu bringen, damit die Menschen ins Paradies zurückkehren. Diese neue Eva, das ist die neue Frau, die innerhalb der Universellen Weißen Bruderschaft entsteht. Wenn ich von der »neuen Eva« spreche, dürft ihr natürlich nicht an das Pariser Nachtlokal denken, das anscheinend auch diesen Namen trägt. Ich spreche von einer neuen Art von Frauen, die sich dazu entschließen, ihr Leben in den Dienst einer göttlichen Idee zu stellen.

In der Einweihungswissenschaft heißt es, dass der Mann mit dem Geist und die Frau mit der Materie verbunden ist. Das bedeutet nicht, dass der Mann nur Geist und die Frau nur Materie ist. Nein, beide sind aus Geist und Materie, doch ist die Frau symbolisch sehr viel mehr der Materie zugewandt und der Mann dem Geist. Der Beweis ist, dass der Mann bei der Zeugung eines Kindes den Geist, das heißt das Leben, den Samen spendet, während die Frau die Materie hinzugibt. Die Frau erschafft nicht, sie formt; und der Mann formt nicht, er erschafft. Aus diesem Grunde sagte ich zu euch, dass alle Spiritualisten im Irrtum sind, welche die Frau verwerfen und verachten, so als gäbe es nur Männer auf der Erde und als solle alles nur von ihnen gemacht werden.

Manche mögen nun sagen: »Aber die Frau schwindelt, sie ist neugierig, flatterhaft, eitel und trügerisch. Man kann ihr keinerlei Vertrauen schenken.« Nun, dann möchte ich euch eine Frage stellen: Wenn die Frau so viele Fehler hat, warum schenkt ihr die Göttliche Mutter dann weiterhin all die Dinge wie Charme, Schönheit und Anziehungskraft? Ja, wenn ihr diese Frage der Göttlichen Mutter stellt, wird sie euch antworten, dass all diese Fehler rein oberflächlich sind und dazu dienen, dem Mann eine Lektion zu erteilen. Doch eines Tages wird die Frau sich wandeln. Wenn der Mann sich wandelt, wandelt sich auch die Frau. All die Fehler der Frau sind nur Mittel zu Verteidigung, denn sonst wäre sie verloren. Es ist also die Göttliche Mutter, die diese Hilfsmittel gefunden hat, damit diese netten Frauen nicht untergehen. Sie hat zu ihnen gesagt: »Nur zu, schwindelt und täuscht ein wenig, seid ein wenig eitel...« Nur so haben die Frauen bestehen können. Für die Göttliche Mutter haben diese Fehler keine Bedeutung. Im Vergleich zu all dem, was die Frau tut, im Vergleich zu ihrer Liebe und ihrer Aufopferung für die Kinder sind das nur Kleinigkeiten, die von der Göttlichen Mutter fortgewischt werden. Ja, das ist die Wahrheit, die Fehler der Frau sind ihre Waffen. Sonst wäre es aus mit ihr, sie hätte nichts abbekommen, da der Mann alles für sich nahm, sogar das Wort. Er saß am Tisch und sie stand daneben, um ihm schweigend zu dienen. Tag und Nacht musste sie überlegen, wie sie so bestehen konnte, und nicht einmal nur für sich selbst, sondern für die Kinder, um diese zu retten. Denn der Mann, der ständig auf der Jagd oder im Krieg war, kümmerte sich nicht um die Kinder. Es ist den Müttern zu verdanken, dass die Menschheit noch besteht. Ihre Neugier, ihre Schwindeleien und ihre Eitelkeit sind daneben doch nur Kleinigkeiten.

Aber manche halten sich für klüger als der Herr selbst. Sie meinen, der Herr habe einen Irrtum begangen, als er die Frau erschaffen hat, während sie selbst sogar den Herrn an Intelligenz übertreffen. Doch in Wirklichkeit konnten all diese Denker und Mystiker, die die Frau verdrängt und ihr keinen Platz in ihrer Lebensanschauung gelassen haben, ihren Ideen auf der physischen Ebene keine Form geben, weil sie nicht mehr die Mittel dazu besaßen. Sie selbst waren dazu nicht in der Lage. Es sind die Frauen und nicht die Männer, die den Schlüssel für die Materie besitzen. Daher können auch nur die Frauen das Reich Gottes und seine Gerechtigkeit verwirklichen. Es muss ein großer Eingeweihter die Idee, den geistigen Samen bringen, und alle Frauen müssen diesen Samen, dieses künftige Kind dann mit ihrem feinstofflichen Fluidum, mit ihren Quintessenzen einhüllen. Zur Zeit sind die Frauen dafür nicht zu gebrauchen, denn anstatt sich zusammenzutun, um diese Idee zu verwirklichen, kümmert sich jede für sich darum, irgend jemanden zu ihrem Vergnügen zu verführen, um sich ein kleines Glück aufzubauen. Sie bekämpfen einander sogar, sie raufen sich, um diesen oder jenen Mann zu ergattern. Solange die Frauen uneins und zerstreut sind und nur an ihre Vergnügungen denken anstatt daran, die Idee des Gottesreiches auf Erden zu verwirklichen, kann es keine Wirklichkeit werden.[1]

Aber natürlich sind sie nicht an allem schuld. Bisher wurde ihnen nur die Familie und die Kinderschar gezeigt, und sie tun treu ihre Pflicht. Doch nun müssen alle Frauen auf der Erde angesprochen werden, und das wird gelingen. Es wird ihnen gezeigt werden, wozu sie fähig sind, und wenn sie sich erst einmal ihrer Fähigkeiten bewusst sind, dann werdet ihr sehen, zu was sie in der Lage sind! Die Männer mögen Ideen haben, doch wenn die Frauen nicht da sind, um diesen einen Körper zu geben, werden sie nicht verwirklicht. Schaut in die Geschichte, immer hat die Frau die Dinge verwirklicht. Der Mann brachte die Ideen ein, doch konnte ohne die

Die Vestalinnen oder die neue Eva

Frau keine Idee verwirklicht werden. Eine Idee mag grandios sein, doch muss man sie in die Materie bringen. Sonst bleibt sie oben in ihrer Welt. Und allein die Frau hat die Fähigkeit, sie sichtbar und greifbar werden zu lassen.

Im Übrigen wisst ihr selbst, dass eine Frau, die nie zur Schule, ja nicht einmal in den Kindergarten gegangen ist, euch ein Kind mit Augen, Mund, Nase und Ohren schenken kann, und alles ist vollkommen ausgebildet. Sie hat keinerlei Wissen, weder in Chemie, Physik, Politik noch in Wirtschaft. Doch ist alles schön wirtschaftlich angeordnet, die Arme und Beine, die Zähnchen, die hervorkommen... Versucht nun einmal zu begreifen, was eine Frau ist! Wo befindet sich diese Intelligenz in ihr, die es versteht, all die chemischen Elemente zu kombinieren und zu dosieren? Sie mag zwar nicht fähig sein, eine mathematische Aufgabe zu lösen, doch gelingt ihr etwas, zu dem kein Mathematiker fähig ist!...

Sèvres, den 1. Januar 1970

Anmerkungen
1. Siehe Band 214 der Reihe Izvor »Liebe, Zeugung, Schwangerschaft«, Kapitel 13: »Das Reich Gottes, Kind der kosmischen Frau«.

Teil 2

Freier Vortrag

Zu dem, was ich euch heute Morgen gesagt habe, möchte ich noch einige Worte hinzufügen, denn ich weiß, dass ihr denkt: »Aber wie kann man denn nur im 20. Jahrhundert von Vestalinnen sprechen? So etwas kann es doch gar nicht mehr geben!« Oh, doch, auch im 20. Jahrhundert kann es noch Vestalinnen geben. Zwar müssen sie nun kein Feuer mehr in Gang halten und auch nicht mehr denselben Regeln folgen, doch haben sie in ihrem Kopf das Ideal, dass es ihnen gelingen möge, die himmlischsten Dinge auszustrahlen.

Ich lasse allen Frauen die Freiheit zu tun, was sie wollen, ich nötige und zwinge niemanden. Ich stelle lediglich die Dinge so dar, wie sie in der Vergangenheit waren und wie sie heute sein können, auch wenn ich wohl weiß, dass es nur wenige auf sich nehmen werden, ihr Leben einzig dem Licht, der Reinheit und der Freiheit zu weihen. Selbst wenn die Schwestern in der Bruderschaft ein Leben wie alle anderen führen wollen, wird sie niemand daran hindern. Doch sie werden dann auch leiden wie alle anderen, sie werden die gleichen Sorgen und Enttäuschungen erleben wie alle anderen...

Gewiss, in der Vergangenheit wurden viele Frauen, die nicht heirateten, weil sie keusch und jungfräulich bleiben wollten, schließlich verbittert, böse und gehässig. Doch lag das nur daran, dass die Sache mit der Keuschheit falsch verstanden wurde. Wahre Keuschheit darf

Die Vestalinnen oder die neue Eva 325

die Frau nicht unglücklich, vertrocknet und unproduktiv werden lassen. Selbst ohne zu heiraten, ohne körperliche Beziehungen mit einem Mann zu haben, kann eine Frau außerordentlich lebendig, ausdrucksvoll und schön werden. Das hängt nur davon ab, wie sie die Dinge auffasst. Wenn sie in sich diese lebendige Kraft, die Liebe, unterdrückt, dann richtet sie sich natürlich zugrunde. Denn auf diese Weise unterdrückt sie das Göttlichste, um angeblich rein und heilig zu werden, und so verfault alles im Inneren. Dabei ist es die Liebe, die wäscht und reinigt wie eine Quelle, die durch ihr Strömen allen Schmutz fortspült. Das Problem besteht also nur darin, dass man es nicht versteht zu lieben. Die Liebe wird unterdrückt, und dann verkümmert man, man verdrängt. Und so entstehen lauter Kandidaten für den Psychoanalytiker.

Selbst in der Religion wurde dieses Problem immer wieder falsch dargestellt. Man predigte Keuschheit und Enthaltsamkeit, und die armen Frauen, die dies gutgläubig und blind befolgten, erlebten, wie ihr Leben zur Hölle wurde. Wer die anderen im Bereich der Liebe beraten will, muss schon ein guter Psychologe sein, denn man hat eine große Verantwortung. Nun mögt ihr sagen: »Aber Sie begeben sich auch in dieses gefährliche Unternehmen und erklären dabei nichts.« Doch, ich habe euch das Nötige erklärt. Und es liegt an euch, das Übrige selbst herauszufinden. Wenn ihr wirklich ehrlich und aufrichtig seid, wenn ihr die Vollkommenheit anstrebt, werdet ihr klar erkennen, wie ihr lieben müsst. Andernfalls werdet ihr natürlich immer wieder aus dem Gleichgewicht geraten, und mir wird dann die Schuld zugeschoben. Ich kann euch jetzt keine detaillierten Ratschläge geben und euch sagen, wie ihr dies oder jenes tun müsst; und ich will es auch nicht. Ich sage euch nur, was wichtig und wesentlich ist. Und wenn ihr die Sache nicht gut durchdenkt, wenn ihr über meine Ratschläge nicht meditiert, werdet ihr sie niemals begreifen, selbst wenn ich euch alles im Einzelnen erkläre.

Also, wenn ich von den Vestalinnen spreche, heißt das nicht, dass die Frauen des 20. Jahrhunderts irgendwo abgeschlossen leben und ein Feuer in Gang halten müssen, aber dass sie nachdenken, meditieren und sich jeden Tag mit der Bitte an den Himmel wenden, dass sie zu Gefäßen und zu Energieleitern der göttlichen Reinheit und Schönheit werden, damit sie den Menschen beistehen können. Und da nichts von dem, was man denkt, will und wünscht, in der Dunkelheit verborgen bleibt, werden all ihre Gedanken und Gefühle über ihren Blick, über ihre Haut und über ihre Gesten zum Ausdruck kommen. Wenn sie dann sehen, dass die Menschen zu ihnen kommen, um geistige Nahrung und Inspiration zu finden, werden sie glücklich sein, weil endlich die wahre Liebe in die Herzen aller vordringt.

Aber natürlich denken viele Frauen, dass es verlorene Zeit ist, sich damit abzugeben, die gesamte Menschheit zu inspirieren. Sie haben es eilig, schleunigst jemanden zu ergattern, der ihnen nur Qualen bereitet und sie auch noch schlägt, und sie werden ihre Schönheit und ihren Charme verlieren. Diejenigen aber, die sich entscheiden, während vieler Jahre ihre Zeit dem Ziel zu widmen, göttlich zu werden, sehen Ergebnisse. Aus ihrem Blick, ihren Worten und ihren Gesten wird etwas hervorstrahlen, das die ganze Welt in bewunderndes Staunen versetzt. Allerdings muss man sich jeden Tag darin üben. Jeden Tag muss man einige Minuten darauf verwenden, die wahre Schönheit anzuziehen und aufzunehmen.[1]

Die Männer hingegen streben nicht so sehr nach Charme und Schönheit, sondern nach Kraft und Stärke. Die Frauen jedoch suchen nach Schönheit. Das wird ihnen zum Vorwurf gemacht, und dabei ist es doch kein Verbrechen. Ganz im Gegenteil, denn wenn die Frauen sich nicht um die Schönheit bemühten, wären alle künftigen Generationen von abstoßender Hässlichkeit. Es ist die Mutter, die die Schönheit ihren Kindern geben muss. Denn sie ist es, die sie formt und gestaltet. Darum muss sie sich Schönheit wünschen. Die Kirche hat oft den Wunsch der Frauen nach Schönheit verurteilt. Sie hat nicht begriffen, dass es die Aufgabe der Frau und der Mutter ist, die Schönheit in der Menschheit aufrechtzuerhalten. Die Männer denken nicht an die Schönheit; wenn nun auch die Frauen nicht daran denken würden!... Man darf also die Frauen nicht kritisieren, wenn sie schön sein wollen. Man muss ihnen nur erklären, wo die wahre Schönheit zu finden ist, damit dann, wenn sie heiraten und Kinder haben sollten, es wahrhaft göttliche Kinder werden.[2]

Sèvres, den 1. Januar 1970

Anmerkungen

1. Siehe Band 18 der Reihe Gesamtwerke »Erkenne Dich selbst – Jnani-Yoga«, Kapitel 1: »Die Schönheit«.
2. Siehe Band 318 der Reihe Broschüren »Die wesentliche Aufgabe der Mutter während der Schwangerschaft«.

VIII

MATERIALISMUS, IDEALISMUS UND SEXUALITÄT
»WIE IM HIMMEL SO AUF ERDEN«

Freier Vortrag

Im Laufe von Jahrhunderten und Jahrtausenden ist eine Vielzahl von Religionen, Denkrichtungen und philosophischen Strömungen in der Geschichte aufgetaucht. Aber man kann all diese Strömungen in zwei Kategorien einteilen. Die eine drängt den Menschen dazu, sich von der Erde zu lösen, während die andere ihn dazu drängt, sich an die Erde zu klammern.

Man kann sagen, das philosophische System, das bei den Menschen den Wunsch erweckt, die Erde zu verlassen, da sie angeblich ein Tal der Leiden und der Finsternis ist, ist der Buddhismus. Dieser hat im Übrigen viele weitere spirituelle Bewegungen beeinflusst, insbesondere manche gnostische Sekten wie z. B. die Katharer usw. Die Lebensanschauung hingegen, die die Menschen dazu bewegt, sich an die Erde zu klammern, sodass sie diese gar nicht mehr loslassen wollen, ist natürlich der Materialismus.

»Und das Christentum«, werdet ihr nun fragen, »wo ist das einzuordnen?« Oh, das Christentum ist eine ganz eigene Angelegenheit, denn das Christentum weiß selbst nicht einmal, was es eigentlich ist. Es kennt sich nicht. Denn das Christentum und die Lehre Christi sind zweierlei. Wenn ich damit zufrieden wäre, was die Kirche und die Theologen über die Evangelien erzählen, hätte ich nicht direkt in den Gedanken Jesu nachgeforscht. In früheren Vorträgen habe ich euch bereits erklärt, wie ich mich jahrelang darin geübt habe, in das

Materialismus, Idealismus und Sexualität... 329

Denken Jesu einzudringen, um zu verstehen, was er wirklich sagen wollte. Dazu habe ich euch einige Beweise geliefert. Selbstverständlich sind das für euch noch keine greifbaren Beweise. Doch wenn man nachdenkt, wenn man die Dinge beobachtet und vergleicht, ist man zumindest doch versucht, diese Erklärungen zu akzeptieren. Denn sie passen am besten, sie erscheinen am meisten zutreffend und anwendbar.[1]

Damit ihr nun besser versteht, was ich euch gerade über die beiden philosophischen Grundrichtungen gesagt habe, werfen wir einmal einen Blick auf den Menschen. Wenn ein Kind zur Welt kommt, hat es nichts anderes im Sinn, als sich an der Erde festzuklammern. Es tut dies so sehr, dass es sogar auf allen Vieren krabbelt, es will alles berühren, was es sieht, und auch alles in den Mund stecken. Langsam wächst es heran, sein Herz erwacht, die Mädchen bekommen allmählich eine Bedeutung für ihn, er verliebt sich und will ein Heim gründen. Zu dieser Zeit ist er noch fest mit der Erde verhaftet, die er mit seinen Nachkommen bevölkern und der er seine Werke hinterlassen will. Erst sehr viel später, wenn er all seine Energien verausgabt hat, der Ärmste, und wenn er erkennt, dass es ihm nicht gelingen wird, all seine Wünsche zu verwirklichen, wenn er alt wird, geht eine Veränderung in ihm vor. Die Erde interessiert ihn nicht mehr so sehr; er fängt an, an das Jenseits zu denken und sein Hab und Gut zu verteilen. Er, der einige Zeit zuvor nur an Essen und Trinken dachte und daran, Kinder zu zeugen und Reichtümer anzuhäufen, als solle er ewig auf der Erde bleiben, ist nun derart unpersönlich, gleichgültig, kalt, müde und allem überdrüssig geworden, dass er sich darauf vorbereitet, alles aufzugeben und in die jenseitige Welt hinüberzugehen. Was ist geschehen? Am Ursprung dieser Wandlung steht ganz einfach das Schwächerwerden des Sexualinstinkts.

Und ihr werdet nun sehen, wie die Sexualkraft beim Menschen die Art seiner Lebensanschauung beeinflusst. Solange der Mensch diese Kraft besitzt, lebt er bereitwillig auf dieser Erde; lässt diese Kraft jedoch nach, dann will er sterben. Aus diesem Grunde lehrten manche Eingeweihte der Vergangenheit, die all diese Phänomene kannten, die wussten, wo sie herkamen und wovon sie abhingen, ihre Schüler, dass sie die Äußerungen der Sexualkraft unterdrücken, keinerlei Liebesbeziehungen haben, den Wünschen und Begierden entsagen, keine nackten Körper sehen und keinerlei Verkehr mit dem anderen Geschlecht haben sollten, wenn sie die Erde mit ihren Leiden und Begrenzungen verlassen wollten, um in eine Welt der Glückseligkeit und des Lichts zu gelangen. Andernfalls wären sie demnach sofort von diesem Räderwerk erfasst und dazu getrieben, sich auf der Erde festzusetzen.

Darin, meine lieben Brüder und Schwestern, liegt also der Ursprung der verschiedenen philosophischen und religiösen Richtungen. Die Grundlage bildet die Sexualkraft, die geschlechtliche Liebe und dann die Haltung, die die Menschen dieser Kraft gegenüber eingenommen haben und aus der zwei Formen der Lebensanschauung hervorgegangen sind. Die eine, die diese Kraft auslebt, und die andere, die versucht, sie zu unterdrücken. In Wirklichkeit gibt es natürlich noch viele andere Lebensanschauungen, doch können sie alle mehr oder weniger einer dieser beiden Grundrichtungen zugeordnet werden. Wenn ihr nicht leidend der Erde verhaftet bleiben wollt, wenn ihr in das ewige Leben, in die Unsterblichkeit eingehen wollt, dürft ihr nicht mehr daran denken, die Art zu erhalten, denn das schafft Bande, die euch an die Erde binden. Ihr seid an Vater oder Mutter eurer Kinder gebunden, ihr seid physisch an eure Kinder gebunden, denn sie sind Fleisch von eurem Fleisch und Blut von eurem Blut. Selbst im Seelischen bestehen Bande mit ihrem Charakter, mit ihrer Seele und mit ihrem Geist. Darum lehrt der Buddhismus, dass selbst dann, wenn der Mensch ins Jenseits hinübergeht, wenn er meint, er habe alles hinter sich gelassen und sei nun frei, doch noch Bande zu seinen Kindern, zu seiner gesamten Verwandtschaft bestehen. So kann er die niederen Regionen der Astralebene noch nicht verlassen. Eine Zeit lang bleibt er nahe bei den Menschen, vor allem seinen Familienmitgliedern, er beobachtet sie, gibt ihnen Ratschläge, nimmt an ihrem Leben teil und ernährt sich sogar durch sie. Um frei werden zu können, darf man dieser Lehre

Materialismus, Idealismus und Sexualität...

zufolge weder heiraten noch Kinder haben. Denn jene, die bereit waren, Kinder und eine Familie zu haben, damit ihr Name weiterbestehe, werden nun von ihrem Namen, von ihrer »Firma«, wie es heißt, angezogen. Immer wieder müssen sie zur Erde zurückkehren, weil die Familie dort unten an sie denkt und sie zurückruft. Also hindern all diese Bande, die die Menschen mit der Erde geknüpft haben, sie daran, in den himmlischen Regionen zu verweilen.

Die Eingeweihten, denen diese Tatsachen bekannt sind, haben für all diejenigen eine Lehre aufgestellt, die wirklich in keiner Weise mehr auf der Erde verwurzelt sein wollen. Dies ist die Lehre der Askese, des Idealismus und der Keuschheit. Selbstverständlich entspricht sie der Wahrheit, denn sie gründet auf okkultem Wissen. Ob sie jedoch nützlich und unserer Zeit angepasst ist, das ist eine andere Frage. Es kann eben sein, dass sie nicht mehr passt. Das sind Probleme, die es zu lösen gilt.

Befassen wir uns nun einmal mit der Lebensanschauung der Materialisten, der Epikureer und all derjenigen, die nur daran denken, auf der Erde zu bleiben und sich sogar aller Erkenntnisse der Wissenschaft zu bedienen, damit sie die Mittel finden, ihr Leben zu verlängern. Es mag sein, dass auch diese Menschen die Wahrheit auf ihrer Seite haben. Wir müssen also versuchen, die beiden Seiten gegeneinander abzuwägen, sie untersuchen und dann herausfinden, ob nicht eine dritte Lehre die beste sein könnte.

Diejenigen, die nichts weiter wollen als auf der Erde leben, essen, trinken und Kinder in die Welt setzen, sich bereichern und überall Zweigstellen zu errichten, um die ganze Welt in ihre Hände zu bekommen, machen sie dabei nicht auch etwas Gutes? Doch gewiss, sie sind mit den Regenwürmern vergleichbar. Die Würmer sind nützlich, denn sie fressen Erde, lassen sie ihren Körper passieren und stoßen sie hinten wieder aus. Auf diese Weise wird die Erde bearbeitet und belebt und nützt den Pflanzen und der Vegetation. Die Materialisten machen es wie die Regenwürmer, sie essen und essen, das heißt, sie bearbeiten die rohe, unbelebte Materie, der sie etwas von ihrer Vitalität abgeben. So wird sie für eine weitere Arbeit aufbereitet. Man darf die Materialisten also nicht schlecht machen. Sie sind nützlich, denn sie verwandeln die Erde, indem sie diese durch sich hindurchpassieren lassen. Der Schöpfer hat viele Arbeiten vergeben, und wer diese Aufgabe gewählt hat, ist für den Planeten sehr nützlich. Schaut nur, es gibt doch so viel Materie umzuwandeln. Ist dies einmal geschehen, benutzen die Spiritualisten diese auf einer höheren Stufe, sie bearbeiten eine feinere Materie. Denn die Spiritualisten arbeiten an den Gedanken und Gefühlen, die sie für andere Wesen in der höheren Welt umwandeln. Es besteht also eine geschlossene Kette von Geschöpfen, die daran arbeiten, die Materie umzuwandeln. Die Pflanzen wandeln die Minerale um, die Tiere tun dies mit der pflanzlichen Materie, die Menschen wandeln die tierische Materie um, und so geht es immer weiter bis hin zu Gott. Ich habe euch bereits erklärt, dass Gott die Früchte der Cherubim und der Seraphim isst. Das ist natürlich nur ein Bild, um euch das Verständnis zu erleichtern.

Worin besteht nun die dritte Lösung, von der ich vorhin gesprochen habe? Das Christentum könnte die rechte Lebensanschauung sein, wenn die Christen begreifen würden, dass sie sich bei aller Spiritualität und Religiosität gleichzeitig um die Erde kümmern müssen, dass sie an dieser mit ihrem Denken, Fühlen und Handeln arbeiten müssen, um einen Garten daraus zu machen, in den Gott kommt, um darin zu gehen. Weder diejenigen, die sich nur auf der Erde festsetzen wollen, noch diejenigen, die nur daran denken, sie zu verlassen, werden wirklich etwas bewirken können. Die dritte Lösung jedoch, die der wahren Lehre Christi entspricht und die auch die unsere ist, besteht darin, der Erde nicht zu entfliehen, nicht zu desertieren, sondern sie mit allem, was im Himmel besteht, zu durchdringen, um diesen so auf die Erde herabzubringen, damit sie zu einem Paradies wird, zum Reich Gottes.[2] Obwohl man dann mit der Materie arbeitet, ist man kein Materialist. Man ist aber auch kein Buddhist, kein Asket, da man der Erde nicht entfliehen will. Das ist die Lehre, die Jesus der Menschheit bringen wollte.

Materialismus, Idealismus und Sexualität...

In einer Überlieferung heißt es, dass Jesus in jungen Jahren nach Indien gegangen ist, wo er Gespräche mit den Brahmanen führte. Dabei sagte er zu ihnen: »Eure Lehre ist schön und gut, doch warum seid ihr auf die Erde gekommen, etwa um sie gleich wieder zu verlassen?... Nein, sondern um sie zu bearbeiten, denn der Herr hat euch als Arbeiter hierher gesandt. Wenn ihr eure Aufgabe beendet habt, könnt ihr natürlich in eure Heimat zurückkehren, um euch ein wenig auszuruhen oder neue Inspirationen aufzunehmen, bevor ihr wieder herabkommt, um eure Arbeit fortzuführen. Doch seid ihr hierher gekommen, um zu arbeiten.« Er hat ihnen Vorwürfe gemacht und zu ihnen gesagt: »Ihr seid Angsthasen und Schwächlinge, denn ihr denkt nur daran zu entfliehen. Wenn ihr im Nirwana bleiben solltet, warum seid ihr dann herabgekommen?« Jesus hat heftige Auseinandersetzungen mit den Brahmanen gehabt. Diese haben ihn sogar verfolgt, um ihn zu töten. Doch da ist er fortgegangen und hat sich einer Karawane angeschlossen, die nach Palästina aufbrach. Dort angekommen, begann die gleiche Geschichte mit den Schriftgelehrten, den Pharisäern und den Sadduzäern Israels. Aber dieses Mal wollte er dem Tod nicht entfliehen. Jesus war ein großer Revolutionär, doch den Christen sind nicht alle Einzelheiten seines Lebens bekannt. Sie wissen nicht, dass er nach Indien gegangen ist und dort Gespräche mit den Brahmanen geführt hat. Überall wo er hinging, löste er Revolutionen aus. Natürlich kann ich euch keine Beweise dafür liefern, und das mag ein umstrittenes Thema bleiben. Aber das macht nichts, ich sage es euch, und ob ihr es glaubt oder nicht, das ist eure Angelegenheit.

In Wirklichkeit hat Jesus nicht wirklich die Lehre des Buddha kritisiert, denn Buddha war immerhin kein kleines Kind. Er hatte eine außerordentlich lichtvolle Lehre gebracht, die jedoch nur für eine Epoche gültig war. Jeder Meister, der sich inkarniert, bringt einen neuen Aspekt der Wahrheit. Und Jesus hat, anstatt wie Buddha darin fortzufahren, die Menschen in die Kausalebene zu führen, die so weit von ihnen weg ist, sie zu der Arbeit hingeführt, die sie hier auf der Erde vollbringen sollen. Darum habe ich euch gesagt, dass die Zusammenfassung der Lehre Jesu das Gebet ist, das er hinterlassen hat.

Dieses Gebet stellt ein ganzes Programm dar: Vater unser, der Du bist im Himmel, geheiligt werde Dein Name, Dein Reich komme, Dein Wille geschehe wie im Himmel so auf Erden... Die Buddhisten haben niemals gesagt, dass die Erde wie der Himmel werden solle. Sie wollten im Gegenteil die Erde verlassen, um in den Himmel zu gelangen. Sie dachten nicht einmal daran, dass es möglich sei, die Erde umzuwandeln. Jesus glaubte jedoch daran, dass die Menschen sich vereinen könnten, um die Erde so zu gestalten, dass sie zu einer Wohnstätte für die Geister des Lichtes wird. Er glaubte daran und hat eine ganzes Programm hinterlassen, das es nun zu verwirklichen gilt.

Damit es auf der Erde wie im Himmel wird, genügt es allerdings nicht, zu beten und zum Herrn zu sagen: »Dein Wille geschehe wie Himmel so auf Erden.« Denn auf diese Weise wird niemals etwas in Ordnung gebracht. Wir selbst müssen dieses Programm durch unsere Arbeit verwirklichen. Man darf sich nicht einbilden, dass man den Herrn dazu überreden kann, herzukommen und alles in Ordnung zu bringen, indem man die Arme verschränkt und darüber meditiert, wie man die Erde verlassen kann. So wird das nie etwas! Nur durch die Arbeit jedes Einzelnen wird sich dieses Gebet verwirklichen. Und da im Himmel Ordnung, Harmonie, Liebe und Glück herrschen, muss man sich darum bemühen, hier auf die Erde dieselbe Ordnung, Harmonie, Liebe und dasselbe Glück einzuführen.

Wenn nun manche Christen unter dem Einfluss des Buddhismus die Erde verlassen wollen, so ist das eine andere Sache. Doch sie sollen wissen, dass Jesus niemals eine solche Lehre verbreitet hat und dass diese Vorstellung erst später eingeführt wurde. Eine Religion blüht niemals so rein, wie sie anfangs ist. Immer wird sie von anderen Lehren und Religionen beeinflusst. Die jüdische Religion zum Beispiel wurde von den benachbarten Religionen der Assyrer und der Babylonier beeinflusst. Das war wohl ein wenig der Fehler Salomons, der dies zugelassen hatte. Ihr wisst ja, dass Salomon viele Frauen hatte, von denen die meisten aus fremden Ländern kamen und verschiedene Religionen hatten. Und da jede der Frauen an ihren Göttern hing, ließ er zu, dass all diese Götter angebetet wurden wie Baal, Belphegor, Astarte usw.

Die Religion Jesu, meine lieben Brüder und Schwestern, ist allerhöchste Spiritualität, ausgerichtet auf eine Arbeit, die auf der Erde zu vollbringen ist. Und was nun all diejenigen betrifft, die sich in Klöster und Grotten geflüchtet haben, so ist das schön und gut, doch sie dachten nur an ihre Seele, sie wollten immer die eigene Seele retten, und das ist keine Liebe und entspricht nicht der Lehre Christi. Sie sind von orientalischen Religionen beeinflusst, die immer einen individualistischen Charakter haben. Die Spiritualisten des Ostens sind Individualisten, und selbst wenn sie beieinander sind, wenn sie gemeinsam essen oder beten, denkt jeder nur daran, seine Fähigkeiten, seine Chakras oder seine Hellsichtigkeit weiterzuentwickeln. Jetzt, nachdem sie mit den westlichen Ländern in Kontakt gekommen sind, vor allem mit England, fangen sie an, von Kollektivität und von Verbrüderung der Menschen zu sprechen. Aber dennoch sind sie sehr individualistisch geblieben.

Auf jeden Fall stellte die Lehre Jesu in der Vergangenheit, als das Ideal der Verbrüderung in keiner Religion bestand, wirklich eine Ausnahme dar. Als Jesus sagte: »Jerusalem, Jerusalem, wie oft wollte ich schon deine Kinder versammeln, so wie eine Henne ihre Küken unter ihren Flügeln versammelt...«, wollte er damit bereits ein Leben in Brüderlichkeit und Harmonie unter den Menschen ausdrücken. Und als er betete, alles möge auf der Erde so sein wie im Himmel, so tat er dies, weil in der höheren Welt alle Geschöpfe wie ein einziges Wesen sind. Sie haben Verständnis und Liebe füreinander, während hier auf der Erde alle zerrissen, getrennt, zerstreut und feindlich gesinnt sind. Unter solchen Voraussetzungen kann die Ordnung, die in der höheren Welt besteht, nicht auf die Erde kommen.

Jesus hat die Lehre der Liebe gebracht, während die anderen eine Lehre der Weisheit, der Erkenntnis, des Getrenntseins und der Stärke gebracht haben. Sicher werdet ihr mir nun sagen, dass Buddha den Gedanken des Mitgefühls gebracht hat. Ja das stimmt, doch hat niemand dies mit der gleichen Tragweite und Klarheit wie Jesus gebracht. Darin stellt Jesus wirklich eine Ausnahme dar. Darum wurde er übrigens auch gekreuzigt, denn er wollte die bestehende Ordnung verändern. Dadurch, dass er Umgang pflegte mit den einfachen Leuten, und sogar mit Kriminellen und mit Straßenmädchen, warf er alle Regeln über den Haufen. So etwas war noch nie da gewesen. Er aß zusammen mit Leuten, die man steinigen sollte, er lud sie sogar ein und ließ sich von ihnen einladen. Darum konnten diejenigen, die darüber wachten, dass die Trennung der sozialen Klassen aufrechterhalten wurde, ihn nicht akzeptieren. Und als sie sahen, dass er es wagte, die heiligsten Dinge den einfachen Leuten zu offenbaren, entschlossen sie sich, ihm den Tod zu bringen. So ist Jesus gekreuzigt worden, weil er mit seiner Religion der Liebe Schranken umwarf, die man seit Jahrhunderten bemüht war aufrechtzuerhalten. Daher meine ich, dass Jesus ein wahrer Gigant, ein Prometheus ist. Er hat der Menschheit das Feuer der Liebe gebracht; und so musste er selbstverständlich gekreuzigt werden, denn das ist das Los eines jeden Prometheus.[3]

Vorhin habe ich euch gesagt, dass die Sexualkraft die Menschen auf der Erde hält, ohne ihnen jedoch Licht zu bringen, ohne sie mit den erhabenen Regionen der höheren Welt zu verbinden. Und das genügt nicht. Die Weisheit hingegen, die in manchen Eingeweihten erstrahlt, kann sie den höheren Regionen näher bringen. Doch dann haben sie keinerlei Lust mehr, weiterhin auf der Erde zu leben, und das ist auch nicht ratsam. Alle, die diese von Gott gegebene Kraft völlig unterdrücken wollen, denken dann nur noch ans Sterben. Sie wollen alles aufgeben, denn nur die Sexualkraft kann sie wirklich ans Leben binden und ihre Liebe für das Leben erwecken. Wenn diese Kraft in euch strömt, ohne dass ihr jedoch zulasst, dass sie Überschwemmungen und Verwüstungen anrichtet, wenn ihr damit nur die göttlichen Blumen der höheren Regionen im Garten Gottes begießt, dann wird das Leben für euch so wunderbar, dass ihr es nicht mehr verlassen wollt. Unterdrückt ihr hingegen diese Kraft, dann verliert das Leben seinen Sinn, und ihr wollt sterben. Die Sexualkraft und die Liebe sind eng mit dem Leben verflochten. Damit ihr also wirklich die Schönheit des Lebens verspüren könnt, muss die Sexualkraft harmonisch strömen. Niemals dürft ihr diese Kraft unterdrücken. Die Mystiker, die Mönche und die Nonnen, die sie unterdrückt haben, haben damit

Materialismus, Idealismus und Sexualität...

den größten Irrtum begangen. Gewiss sind sie dadurch gerechtfertigt, dass sie das Nirwana anstrebten. Doch strebten sie danach auf eine so weichliche und schwächliche Art und Weise, dass man sich fragt, wann sie wohl dort ankommen werden. Denn wenn man das Nirwana anstrebt, muss die Liebe dennoch ihr Wörtchen mitreden. Darum verbindet sich jeder, der wahrhaft vom Licht geführt ist mit dem Himmel und mit dem Schöpfer, und gleichzeitig geht er sparsam mit dieser Kraft um, um sie dem Reich Gottes zu widmen. Er hat also beides: Je intensiver er das Leben lebt, desto mehr verschmilzt er mit dem Schöpfer und dem Himmel. Und je mehr er mit dem Himmel verbunden ist, umso mehr wirkt er auf der Erde. Also ist nur diese Lösung wirklich vollkommen, denn so lebt ihr gleichzeitig für den Himmel und wirkt auf der Erde. Andernfalls hat das Leben weder Hand noch Fuß, es hat keinen Sinn.

Leider haben die Menschen das noch nie begreifen können. Ständig entscheiden sie sich für das eine oder das andere. Das heißt, sie sind entweder völlig materialistisch eingestellt oder aber völlig... Was soll ich sagen, vergeistigt? Nein, denn sterben zu wollen, ist keine Geistigkeit; aber ich finde keine Worte, um mich auszudrücken. Auf jeden Fall werden diejenigen, die in sich die Sexualkraft unterdrücken, um sich fortan nicht mehr zu inkarnieren, sich trotzdem inkarnieren, und wer weiß wie viele Male! Ja sie werden wiederkommen, um zu lernen, sie nicht zu unterdrücken. Sie werden vom Himmel auf die Erde zurückgeschickt mit den Worten: »Ihr Ignoranten! Wer hat euch denn gelehrt, diese Kraft sinnlos zu unterdrücken, die Gott mit so viel Weisheit seit Millionen von Jahren erschaffen hat? – Ja, aber wir haben Bücher gelesen, in denen steht...« Lasst die Bücher beiseite! Welche Wahrheiten sind denn schon in den Büchern zu finden? Das weiß Gott allein! Es wird nicht einmal überprüft, was darin steht, es wird blindlings geglaubt. Und dann hat man den Schaden! Und da die Autoren dieser Bücher inzwischen ins Jenseits gegangen sind, könnt ihr euch noch nicht einmal bei ihnen beschweren. Im Übrigen schmoren sie vielleicht in der Hölle in irgendeinem Kochtopf, um für ihre

Verbrechen an der Liebe zu bezahlen. Es steht geschrieben, dass die einzige Sünde, die nicht vergeben wird, die Sünde wider den Heiligen Geist ist. Nun, genau das ist die Sünde gegen die Liebe. Denn der Heilige Geist ist die Liebe, und diese Sünde gegen die Liebe wird niemals vergeben.[4]

Es muss euch also klar sein, dass ihr diese Kraft niemals zerrütten, unterdrücken oder zugrunde richten dürft, denn sie ist die stärkste und göttlichste Kraft. Ihr müsst sie nur kanalisieren, benützen und heiligen, sonst könnt ihr nicht mehr auf der Erde existieren und wollt sterben. Im Übrigen dürft ihr nicht meinen, ihr wäret glücklicher, wenn ihr im Jenseits angekommen seid. Nein, denn wenn ihr euch hier auf der Erde dumm anstellt, werdet ihr es auch dort tun. Im Jenseits sammelt man keine Kenntnisse, man überprüft sie nur. Ja, dort wird unaufhörlich überprüft; man überprüft das Ausmaß seiner Dummheit oder die Tiefe seiner Klugheit, man erlebt die Herrlichkeit seiner künstlerischen Bestrebungen... Doch seine Kenntnisse sammelt man hier auf der Erde. Und wenn man hier nicht damit begonnen hat, kann man dort erst recht nicht damit anfangen. Im Jenseits kann man die Dinge nur sehen, man kann etwas feststellen, aber man kann nichts daran machen oder irgendetwas korrigieren. Man erkennt zum Beispiel, dass man eifersüchtig, hochmütig, jähzornig oder ängstlich war. Doch man kann nichts daran ändern. Um etwas zu ändern, muss man wieder herabkommen, das heißt, einen neuen Körper annehmen, um alle Dummheiten wieder in Ordnung zu bringen. Das ist eine weitere Tatsache, die euch noch unbekannt war. Ihr meintet wohl, wenn sie die Erde verlassen, würden die größten Trottel zu Größen der Weisheit. Stellt euch das nur einmal vor!... Und das erklärt, warum ein Dummkopf, der seit einigen Jahrhunderten tot ist, weiterhin Schwachsinn von sich gibt, wenn er von einem Medium herbeigerufen wird. Wie wollt ihr erklären, dass er in all den Jahrhunderten nichts dazugelernt hat, dass er noch nicht einmal gelernt hat, sich gewählter auszudrücken? Doch lassen wir das. Es gäbe zu viel darüber zu sagen.

Der Grund dafür, dass sich eine Philosophie verbreitet hat, der zufolge man alle Verbindungen mit den Frauen abbrechen müsse, keine Kinder in die Welt setzen, sondern keusch und allein bleiben soll – als verknöcherter Junggeselle – liegt darin, dass die Menschen zu einer Zeit den Wunsch hatten, die Erde zu verlassen, um ein unendliches Leben der Glückseligkeit im Nirwana zu verbringen. Diejenigen hingegen, die diese Vorstellung nicht akzeptieren wollten, fuhren einfach damit fort, zu heiraten, Kinder zu haben und sich in der Materie festzusetzen. In Wirklichkeit haben jedoch weder die einen noch die anderen Recht, und ich möchte keinem von ihnen nachfolgen. Ich will nicht ins Nirwana gehen und meine Brüder und Schwestern verlassen, das ist klar. Ich will das nicht, denn ich komme von dort. Ich hatte genug von diesem Glück, und als ich zu den Menschen herunterschaute, wie sie weinten, klagten und litten, habe ich um Erlaubnis gebeten, zu ihnen hinabzugehen. Aber natürlich will ich euch auch das nicht beweisen, das ist im Übrigen gar nicht notwendig. Lassen wir also dieses Thema.

Bemüht ihr euch nun, diese Philosophie anzunehmen, lasst die Bücher und alles, was die anderen euch sagen mögen, beiseite, denn das ist nur die eine Hälfte der Wahrheit. Alle diejenigen, denen es nicht gelungen ist, die Dinge klar und mit einem weiten Überblick zu überschauen, bleiben immer in begrenzten Anschauungen stecken, die die Wahrheit nicht wiedergeben. Ich bringe euch die dritte Lösung. Diese verbindet euch mit der Quelle und zwar mit eurer ganzen Seele und eurem Geist. Gleichzeitig verlasst ihr nicht die Erde, sondern ihr tut hier eure Arbeit. Genau das ist die dritte Lösung, und eines Tages werdet ihr erkennen, dass es die beste ist. Bisher vergaßen alle diejenigen, die in den Himmel gehen wollten, vollständig die Erde. Aber das ist keine Lösung. Die Lösung besteht darin, beides zu haben, Himmel und Erde, das heißt, den Kopf im Himmel und die Füße auf der Erde, gleichzeitig Realist und Mystiker zu sein. Aber solche Beispiele findet man nicht, alle sind entweder das eine oder das andere. Man hat zum Beispiel noch nie einen Mystiker oder einen

Mönch gesehen, der beim Essen gesagt hätte: »Oh, wie köstlich, wie großartig!« Nein, im Gegenteil, alle essen, als müssten sie sich dazu zwingen, als hätte die Nahrung für sie keinerlei Geschmack, denn anscheinend darf man beim Essen keinerlei Genuss empfinden, das wäre nicht religiös, nicht mystisch! Wenn manche sähen, wie ich esse, wäre ich schon klassifiziert. Sie würden sagen: »Aber das ist doch kein Spiritualist! Schaut nur, wie er begeistert ist, wie er in Lobrufe ausbricht beim Essen. Nein, so etwas darf man nicht. Ein Spiritualist darf nicht mit einem so guten Appetit essen!« Nun, ihre Meinung ist mir gleichgültig. Ich denke, dass man sogar beim Essen Himmel und Erde miteinander verbinden kann.

Ich weiß nicht, ob meine Erklärungen euch überzeugen. Doch werdet ihr euch vielleicht bald dazu genötigt sehen, wenn ihr nämlich feststellt, dass ich für viele Probleme Lösungen gefunden habe, die andere nicht gefunden haben, weil sie es nicht wagten oder nicht beides verbinden konnten. Entweder ließen sie ihrer Sexualkraft freien Lauf und endeten in Zügellosigkeit, oder aber sie unterdrückten diese vollständig und wurden zu Eunuchen. Wenn man diese Kraft jedoch unterdrückt, richtet man sich zugrunde, man verliert den Sinn und die Freude am Leben, ja man wird böse, kalt und verbittert. Und was kann man schon von einem Eunuchen erwarten? Meint ihr, er würde Symphonien komponieren oder Gedichte schreiben? Ein Eunuche besitzt keine Kreativität mehr, das ist das Ende, der Tod.

Natürlich wird die dritte Lösung den Schülern zuerst einmal Probleme bereiten, denn das ist eine völlig neue Methode, und alles Neue ist nicht so einfach zu verwirklichen. Wenn die Menschen mit etwas nicht zurechtkommen, haben sie die Gewohnheit, dies zu unterdrücken, auszuschalten. Doch etwas oder jemanden auszuschalten, war noch niemals eine Lösung. Einen Feind zum Beispiel, der euch stört, einfach auszuschalten, ist keine Lösung. Ihr müsst zulassen, dass er euch stört, dabei aber das Mittel finden, so stark und mächtig zu werden, dass es euch gelingt, ihn zu übertreffen und mit ihm zu machen, was ihr wollt. Doch dürft ihr ihn nicht einfach ausschalten, denn damit schaltet ihr in euch selbst etwas aus. Da die Menschen diese Gesetze nicht kennen, unterdrücken sie die Sexualkraft in sich, um scheinbar ihre Ruhe zu haben. Doch schaut einmal... Mit Flüssen und Wildbächen geht man immer das Risiko einer Überschwemmung ein. Was ist also zu tun? Soll man sie einfach entfernen? Das wäre wohl nicht klug. Anstatt sie unter dem Vorwand der Überschwemmungsgefahr zu entfernen, kann man sie doch auch benutzen, oder nicht? Dann könnt ihr damit eure Felder bewässern oder auch Strom erzeugen. Wenn ihr sie jedoch irgendwie verschwinden lasst, herrscht Dürre und ihr verhungert. Und in gleicher Weise unterdrückt ihr viele Dinge in euch, wenn ihr die Sexualkraft unterdrückt.

Nun mögt ihr sagen: »Aber es ist so schwierig, mit dieser Kraft zu arbeiten!« Nun, gerade weil es schwierig ist, verheißt das eine großartige Zukunft und verspricht große Errungenschaften. Oh, mein Gott, wie oft habe ich euch das schon gesagt! Aber die Leute wollen den Stier nicht bei den Hörnern packen. Denn genau das ist der Stier: die Sexualkraft! Das Sternzeichen Stier entspricht der Venus, doch wird die Sexualkraft gleichzeitig vom Mond beeinflusst, das heißt von der Vorstellungskraft. Im Übrigen besteht symbolisch eine Beziehung zwischen den Hörnern des Stieres und der hornförmigen Sichel des Mondes. Den Stier bei den Hörnern zu packen bedeutet also, die Sexualkraft und die Vorstellungskraft zu beherrschen.[5] Wer diese Arbeit nicht auf sich nehmen will, wird immer wieder vom Stier überrannt. Es geht jedoch nicht darum, den Stier zu töten, sondern nur darum, ihn zu Boden zu werfen und ihn zu zähmen. Ich habe nicht gesagt, man solle den Stier töten, denn wie ich euch gerade erklärt habe, darf man diese lebenspendende Kraft nicht völlig unterdrücken, da man sonst nur noch den Wunsch hat zu sterben. Wenn ich übrigens Leute sehe, die sehr traurig sind und nicht mehr den Wunsch zu leben haben, weiß ich sogleich, dass in diesem Bereich etwas nicht stimmt, denn es ist nicht normal, so traurig zu sein, dass man sterben will. Die Liebe bringt Fröhlichkeit und Lebensfreude mit sich. Wenn jemand diese Freude nicht mehr besitzt, so zeigt dies, dass das Wasser umgeleitet ist und dass jemand anders seinen Garten damit bewässert oder auch dass beim Zufluss ein Mangel besteht. Das ist eine Angelegenheit von großer psychologischer Bedeutung.

Jahrhundertelang hat die Religion völlig irrige Theorien gelehrt, und jetzt haben die Leute in diesem Bereich solche Komplexe, dass man sie gar nicht mehr davon heilen kann. Was sie auch tun, sie haben Gewissensbisse und fühlen sich gequält. Um die Jugend zu retten, ist nun eine umfassende Erziehung nötig, die vielleicht jahrelang dauert. Man darf niemals die Sexualkraft unterdrücken, sondern man muss im Gegenteil viele Möglichkeiten, viele Methoden, viele Kenntnisse, einen starken Willen und eine große Kraft besitzen, um ihr einen Weg nach oben zu öffnen. Es gibt nichts, was gewinnbringender, nützlicher und wunderbarer wäre als diese Kraft. Es ist eine göttliche Kraft, die von sehr weit oben, von Gott selbst ausgeht. Die Stellen, wo sie sich zeigt, das sind nur Gefäße; und man darf die Gefäße nicht mit der Quelle verwechseln. Es ist wie mit dem Regen, er wird in Gefäßen, in Zisternen aufgefangen, doch er kommt von weit oben.

Die Leute sind heutzutage so weit von der Wahrheit entfernt, dass sie schnell bei der Hand sind, Vorwürfe zu machen, wenn sie sehen, dass ein Mädchen oder ein Junge viel von dieser Kraft besitzen. Als dürften diese jungen Leute nichts spüren! Also müssten sie tot sein! Das ist die Vorstellung der Erwachsenen. Doch alle, die so denken sind Unwissende, denn sie wissen nicht, dass es gerade diese Kraft ist, die alles bewässert und zum Wachsen und Blühen bringt. Was ist das nur für eine Einstellung heutzutage! Wenn man einen Jungen sieht, der in diesem Bereich sehr stark ist, wird er von allen getadelt, kritisiert oder beklagt, während er doch der Allerprivilegierteste ist, denn er besitzt ein Kohlenbergwerk oder eine Erdölquelle. Doch anstatt ihm zu helfen, machen ihn alle kaputt, sie verbauen ihm den Weg, und niemand ist da, der sagt: »Bravo, mein Junge, welch ein Glück für dich, diesen Reichtum zu besitzen! Nur musst du wissen, dass dieser Reichtum zu einer Quelle des Unglücks wird, wenn du nicht klug damit umgehst.« Genau so müsste man mit ihm sprechen, aber statt dessen wird er beklagt. Und wenn man einen völlig kalten Jungen sieht, dann freut man sich. Doch was wird er schon mit seiner Kälte machen? Rein gar nichts! Auch ich bin so erzogen worden, noch schlimmer als ihr. Wenn ihr nur wüsstet, wie wir vor sechzig Jahren in

Bulgarien erzogen wurden!... Solange also die Quellen noch fließen und ihr davon profitieren könnt, müsst ihr damit arbeiten. Denn wenn die Quellen einmal versiegt sind, dann bleibt euch nichts anderes übrig, als euer Bündel zu schnüren und ins Jenseits hinüberzugehen. Denn dann seid ihr unnütz geworden, Leichen! Und hier braucht man keine Leichen. Allein diese Kraft läutert, reinigt und den Durst.

Nun mögt ihr sagen: »Aber es gibt sehr alte Menschen, die diese Kraft nicht mehr besitzen und doch so nett, strahlend und rein sind.« Es stimmt, sie besitzen diese Kraft nicht mehr, doch haben sie so klug und vernünftig gelebt, dass selbst dann noch die Wirkungen zu sehen sind, wenn die Quelle bereits versiegt ist. Solange die Quellen flossen, haben sie viele Zisternen gefüllt für die Zeit ohne Regen. Nun sind sie noch im Alter voller Leben wie junge Leute, weil sie klug gelebt haben. Was hingegen die anderen betrifft, die sich dumm den Ausschweifungen hingegeben haben, so rate ich euch nicht, sie aufzusuchen, wenn sie einmal alt geworden sind, falls sie überhaupt so weit kommen!

Im Leben liegt alles ausgebreitet vor euch, doch erkennt ihr es nicht. Alles, was ich euch sage, finde ich dort in dem Buch der Natur. Ich erfinde nichts. Nun, meine lieben Brüder und Schwestern, es ist jetzt wohl klar. Ohne sich in Einzelheiten und Ausnahmen zu ergehen, kann man sagen, dass es zwei Lebensanschauungen in der Welt gibt, nämlich den Materialismus und den Idealismus (mit dem Buddhismus, dem Manichäismus, den Katharern und manchen Aspekten des Christentums, denn dieses wird noch sehr schlecht verstanden). Und diese beiden Lebensanschauungen entsprechen zwei Phasen des Lebens, nämlich der Jugend und dem Alter, den Jungen, die sich für das Leben, die Erde und die Kinder interessieren, und den Alten, die bereits daran denken, in die andere Welt hinüberzugehen. Auch da gibt es Ausnahmen, doch interessieren die mich hier nicht. Wesentlich ist die Erkenntnis, dass es diese beiden Strömungen, diese beiden Lebensanschauungen gibt, dass aber die Wahrheit in der dritten Lösung zu finden ist, die das Gute dieser beiden Tendenzen in sich vereint. Wollt ihr noch weitere Erklärungen? Da könnt ihr sicher sein, die werden noch kommen.

Im Moment spüre ich, dass ihr von all den Erklärungen, die ich euch gebe, doch nur einige aufnehmt, diejenigen nämlich, die eurem Niveau entsprechen. Die anderen lasst ihr noch beiseite. In einigen Tagen oder einigen Wochen seid ihr dann bereit, weitere Erklärungen aufzunehmen. Auf diese Weise vervollständigt ihr euer Wissen. Ich weiß, dass keiner von euch all das, was ich zu euch gesagt habe, aufnehmen kann, sondern immer nur hier und da einige Brocken. Und der Rest wird weder angenommen, noch akzeptiert und auch nicht verarbeitet. Das Gehirn stellt eine Art Magen da, dem bestimmte Arten von Nahrung zuträglich sind, die er dann auch gut verdaut, und alles andere wird zurückgewiesen. Fragt zum Beispiel eine Frau, woran sie sich in ihrem Leben am besten erinnert. Das wird sicher nicht Mathematik, Physik oder Philosophie sein, sondern der Tag ihres ersten Rendezvous mit ihrem Schatz, Geburtstage, Küsse, Versprechen und Geschenke. Was für ein erstaunliches Gedächtnis sie hat!

Le Bonfin, den 17. Ausgust 1966

Anmerkungen

1. Siehe Band 241 der Reihe Izvor »Der Stein der Weisen«, Kapitel 13: »Die Entfaltung des göttlichen Keims«.
2. Siehe Band 241 der Reihe Izvor »Der Stein der Weisen«, Kapitel 3: »Ihr seid das Salz der Erde«.
3. Siehe Band 240 der Reihe Izvor »Söhne und Töchter Gottes«, Kapitel 13: »Ein Sohn Gottes ist allen Menschen ein Bruder«.
4. Siehe Band 9 der Reihe Gesamtwerke »Im Anfang war das Wort«, Kapitel 10: »Die Sünde wider den Heiligen Geist ist die Sünde wider die Liebe«.
5. Siehe Band 14 der Reihe Gesamtwerke »Liebe und Sexualität«, Kapitel 2: »Den Stier bei den Hörnern packen – Der Hermesstab«

IX

HERZ UND INTELLEKT, DIE UNIVERSELLE WEISSE BRUDERSCHAFT

Freier Vortrag

Im Mittelalter nahm das Herz, das Gefühl eine vorrangige Stellung ein. Das war eine mystische und religiöse Epoche. Der beherrschende Einfluss des Gefühls und der Religion hat im Bereich der Kunst zu fantastischen Ergebnissen geführt. Doch bringt es natürlich Unausgewogenheiten wie Aberglaube, Fanatismus und Intoleranz mit sich, wenn man sich einzig nach dem Herzen ausrichtet. Darum wollte die Menschheit sich aus der Abhängigkeit vom Gefühl frei machen und den Intellekt entwickeln. Jetzt wird auch der Intellekt seinen Höhepunkt erreichen und überall seine Spuren hinterlassen. Das ist großartig und wunderbar, ebenso wie für das Herz. Wenn jedoch eins ohne die Unterstützung des anderen wirkt, wird es immer Lücken und Unausgewogenheiten geben.* Daher ist auch unsere gegenwärtige Kultur, in der der Intellekt vorherrscht, von Kälte und Egoismus gekennzeichnet. Man ist intelligent, und man will das ausnutzen. Der Intellekt sagt ständig zum Menschen: »Sei doch nicht dumm, behalte alles für dich, deine Zeit, deine Energien... Kümmere dich nicht so viel um die anderen, du hast viel mehr deine Ruhe, wenn du alleine bist.« Doch wenn dieser Mensch in seinem Herzen und in seiner Seele keinen Platz für den Austausch mit den anderen gelassen hat, wird er eines schönen Tages erkennen, dass er dadurch ärmer geworden ist.

* Siehe die ergänzende Bemerkung am Ende des Kapitels.

Wer immer nur auf seinen Intellekt hört, wird sich in der Bruderschaft nicht zu Hause fühlen. Er wird keinen Nutzen, keinen Vorteil darin entdecken, und nach kurzer Überlegung wird er in seine Höhle zurückkehren. Er wird sich sagen: »Was sind denn das nur für Leute? Das ist nichts Besonderes, die haben mir nichts gebracht.« Ja, die haben mir nichts gebracht, das ist ihr Argument! Und wie wollen diese Intellektuellen nun Eigenschaften wie Geduld, Großmut, Güte und Sanftmut entwickeln? Diese kann man nicht entwickeln, wenn man allein zu Hause bleibt.

Man muss begreifen, welche Vorteile das Leben in der Gemeinschaft und in der Bruderschaft mit sich bringt, denn da findet man sich in ungewohnte Bedingungen gestellt. Man trifft dort auf Menschen, die sich auf unterschiedlichen Stufen ihrer Entwicklung befinden. Und zuerst einmal muss man sie mit ihrer Natur, ihren Kräften und mit den Wesen, mit denen sie verbunden sind, verstehen lernen. Selbst wenn sie unangenehm und wenig anziehend sind, muss man sie lieben können und die Charakterstärke aufbringen, sie zu ertragen und etwas für sie zu tun. In der Bruderschaft hat ein Schüler also die Möglichkeit, sich weiterzuentwickeln, indem er das Vergnügen und die angenehmen Dinge beiseite stellt. Gegenwärtig sind alle Leute davon getrieben, nur das für sie persönlich Nützliche und Angenehme zu suchen. Aber man sollte nur das anstreben, was für den spirituellen Fortschritt gut ist. Diejenigen, die diesen spirituellen Fortschritt nicht anstreben, werden die Bruderschaft im Übrigen früher oder später wieder verlassen. Denn bei uns fehlen natürlich manche materiellen Voraussetzungen, und es ist auch selten, in einer Gemeinschaft etwas Angenehmes zu finden oder Gesichter, die in euch Erinnerungen an die Vergangenheit erwecken, an eine Begeisterung, eine Liebe oder eine Inspiration. Das ist sehr selten... Alle diejenigen also, die nur das Angenehme suchen, haben wenig Chancen, es hier zu finden. Wenn sie allerdings Methoden und Voraussetzungen suchen, um sich weiterzuentwickeln und Fortschritte zu machen, so glaube ich kaum, dass sie anderswo das finden werden, was man hier dafür finden kann.

Herz und Intellekt, die Universelle Weiße Brudeschaft 347

Wenn ihr anfangt, die Dinge so zu sehen, wie ich sie sehe, werdet ihr alle Schwierigkeiten segnen, die ihr habt. Nur die Schwachen und Trägen streben nach Wohlbefinden und Ruhe. Unter solchen Bedingungen kann sich der Mensch nicht weiterentwickeln. Beim geringsten Verdruss, beim geringsten Feind, der herannaht, gibt er bereits auf, bevor dieser überhaupt angekommen ist. Man braucht nur einmal »pfff« zu machen, und schon bricht er zusammen! Die Menschen werden immer weichlicher. Sie können nichts mehr ertragen, da sie nicht in der wahren Lebensanschauung erzogen wurden. Und selbst wenn man ihnen diese Lebensanschauung bringt, dann klagen sie: »Oh nein, das ist nichts für mich, das ist zu schwierig.« Mein Gott, wie soll man nur die Menschen aufklären? Und dabei gibt es in der Universellen Weißen Bruderschaft eine großartige Lehre, die in der Lage ist, Helden und Genies hervorzubringen. Doch es heißt nur: »Nein, das ist nichts für mich.« Aber was sind das nur für Leute!

In der Bruderschaft versucht der Schüler jedes Geschöpf mit seinen Bedürfnissen, Schwächen und Schwierigkeiten zu verstehen. Und wenn er dann diese Menschen sieht, die leiden und unglücklich sind, die sich erheben wollen und es doch nicht können, dann regen sich Liebe und Mitleid in seinem Herzen. Er sagt sich: »Wie kann ich meinen Brüdern und Schwestern in ihrem Leid und in ihrem Unglück beistehen?« Und dann beginnt er, all die Schätze hervorzuholen, die seit Jahrtausenden in ihm verborgen liegen und die Gefahr laufen, in der Vergessenheit zu vermodern, um sie um sich herum zu verteilen.

Nun will ich damit nicht sagen, dass man ewig zusammenleben und aneinander kleben muss. Nein, das wäre übertrieben. Man muss sogar allein sein können, um Energien zu sammeln, um sich zu entspannen, zu beten und zu meditieren. Doch wenn man dann wiederhergestellt ist, wenn man sich durch all das, was man in der Einsamkeit und in der Stille empfangen hat, bereichert und gestärkt fühlt, hat man das Bedürfnis, die anderen zu treffen, um ihnen etwas zu geben und mit ihnen zu sprechen. So ist man im Gleichgewicht, man befriedigt in sich eine Seite, die der Zurückgezogenheit bedarf und eine andere, die den Austausch mit den Menschen braucht.

Schaut nur einmal, in welchem Zustand sich all diejenigen befinden, die sich für das Alleinsein entschieden haben. Sie sind wie ausgelöscht, voll Traurigkeit und sie haben sogar etwas Beunruhigendes in ihrem Blick. Doch bei denen, die ständig mit aller Welt zusammen sind, ist es nicht besser.

Wenn sich eine Frau ein wenig unwohl fühlt oder wenn sie nichts zum Anziehen hat, um auszugehen, bleibt sie zu Hause. Das Bedürfnis, sich abzusondern, ist also bereits das Zeichen eines Mangels. Man fühlt sich nicht bereit, sich den anderen zu zeigen, und so bleibt man daheim. Aber stellt euch eine Frau vor, die Kleider und Schmuck bekommen hat. Ihr erster Gedanke ist es sogleich, sich irgendwo zu zeigen. Und das Gleiche gilt auch für andere Ebenen. Fühlt sich jemand innerlich reich und schön, so treibt ihn dies dazu, sich den anderen zu zeigen, um seine Qualitäten und seine Pracht vor ihnen auszubreiten. Wer sich hingegen arm und hässlich fühlt, ist bemüht, sich zu verstecken.

Wie oft habe ich schon Folgendes festgestellt. Eine junge Frau und ein junger Mann sind sich in der Bruderschaft begegnet. Bevor sie sich kennen gelernt hatten, kam jeder eifrig hierher. Doch danach fühlen sie sich gegenseitig angezogen, und plötzlich wollen sie unter diesem oder jenem Vorwand irgendwohin. Sie kommen also zu mir, um mir zu erklären, dass sie eine Berufung verspüren, als Lehrer zu den Schwarzen zu gehen, oder aber sie wollen ins Ausland, um die Ideen der Bruderschaft zu verbreiten... Ich will das gerne glauben, ich möchte immer alles glauben, was man mir sagt. Doch wenn ich die Dinge analysiere, entdecke ich etwas anderes. Ich entdecke, dass sie nun, wo sie diese Anziehung für einander verspüren und diese Anziehung nicht rein spirituell ist, sie sich genieren, in der Bruderschaft zu bleiben. Sie haben nicht mehr den Wunsch, etwas zu lernen und sich innerlich zu erheben. Und um ihre Ruhe zu haben, gehen sie an einen Ort, wo sie niemand kennt. Selbstverständlich werden sie niemals sagen, dass sie sich aus diesem Grunde entfernen. Aber wäre es nicht so, wäre ihre Liebe von großer Poesie und Spiritualität, dann wäre es ihr Wunsch, dass all diejenigen, die sie kennen, sie nun sehen und voller Bewunderung sagen: »Schaut nur, wie strahlend sie sind! Wie wunderbar ist es doch, zwei Menschen zu sehen, die sich lieben!« Aber da sie spüren, dass das, was sie tun, nicht besonders schön ist, wollen sie fortgehen und geben dafür großartige Gründe an. Selbstverständlich lasse ich ihnen ihre Freiheit, ich hindere sie nicht daran fortzugehen, doch ich weiß, wie die Dinge dann laufen werden. Sie werden sich Hals über Kopf in das Vergnügen stürzen, und weil dann niemand mehr da ist, der sie aufklärt und führt, gleiten sie immer weiter ab und geraten in die niederen Sümpfe. Wenn man ihnen dann eines Tages begegnet, wird man sie in Lumpen sehen, da sie alles auf dumme Art und Weise aufgezehrt und vergeudet haben.

Ihr erkennt noch den Nutzen, hier in der Universellen Weißen Bruderschaft zu sein, damit alle Brüder und Schwestern, die gemeinsam an ihrer Weiterentwicklung arbeiten, eine Atmosphäre schaffen, die den anderen hilft, sich nicht völlig ihren niederen Neigungen hinzugeben. Also sollte man hierher kommen, weil man sich sagt: »Ich habe Neigungen, die ich nicht überwinden kann; doch ich gehe in die Bruderschaft, weil dort Brüder und Schwestern sind, die eine spirituelle Arbeit vollbringen, und weil ich dadurch weniger das Bedürfnis habe, meinen Durst an den Quellen der Hölle zu stillen.« Aber nein, gerade wenn man anfängt, in Zügellosigkeit und Leidenschaften zu geraten, möchte man nicht mehr herkommen, eben um besser abzugleiten und sich zu beschmutzen.

Ich bin nicht gegen die Liebe, auch nicht gegen die körperliche Liebe. Ich bin lediglich gegen alles, was die Menschen ohne Intelligenz und ohne Sinn für Schönheit tun. Die Menschen sollen sich lieben und Kinder bekommen. Doch ist es wünschenswert, dass sie dies auf schönere, lichtvollere und göttlichere Weise tun.

Diejenigen, die den Nutzen der Großen Universellen Weißen Bruderschaft noch nicht erkannt haben, sollten sich jetzt Mühe geben, diesen zu erkennen, denn ihre ganze Zukunft hängt von dieser herrlichen Gemeinschaft ab. Das Bewusstsein der Gemeinschaft, der Universellen Weißen Bruderschaft, wird sich immer mehr den Weg in Herz und Geist der Menschen bahnen. Die Geschehnisse werden so ablaufen, dass sich das gemeinschaftliche Leben über die ganze Erde verbreiten wird. Die Wissenschaft wird weiterhin existieren und immer vollkommenere Mittel bereitstellen, die es ermöglichen, in alle Himmelsrichtungen zu reisen, um dort die fernen Brüder und Schwestern zu besuchen und sich an der Vielfalt, der Schönheit und der Fülle zu erfreuen. Um jedoch dabei ein tiefes Glück zu empfinden, darf man nicht mit leeren Händen kommen. Das heißt, man darf nicht zu diesen Menschen gehen, ohne ihnen etwas Gutes mitbringen zu können. Aus diesem Grunde müsst ihr euch hier durch die Lehre bereichern, damit ihr ihnen den Weg zeigen könnt, wie man leben und wie man lieben kann. Glaubt mir, demjenigen, dem es nicht gelingt, die anderen auf die eine oder andere Weise glücklich zu machen, wird immer etwas fehlen.

Wenn ihr es wissen wollt, liebe Brüder und Schwestern, dann kann ich euch sagen, dass auf der Stufenleiter der Freude... denn die Freude hat Abstufungen, wie im Übrigen viele andere Dinge auch; wenn man isst, empfindet man eine bestimmte Freude; wenn man atmet, wenn man spazieren geht, wenn man etwas liest, wenn man singt, wenn man seine Liebste küsst und so weiter, empfindet man jedes Mal eine andere Art von Freude, eine Freude anderer Natur. Auf dieser Stufenleiter der Freude also ist die größte Freude, die größte Fülle, das Einswerden mit Gott. Gott hat den Geschöpfen unendliche Möglichkeiten gegeben, sich zu freuen. Die größte Freude hat er jedoch demjenigen vorbehalten, dem es schließlich gelingt, mit Ihm eins zu werden und dann, nachdem er diese Verschmelzung gekostet hat und beginnt, die Göttlichkeit auszustrahlen und diese bewusst auszuströmen, zum Nutzen für alle Geschöpfe im Universum und vor allem für die Menschen, ihnen zu helfen, den Weg zu zeigen, ein Erlöser für sie zu sein. Das ist die höchste Stufe der Freude.[1]

Natürlich gibt es Tausende und Millionen anderer Freuden, doch ich sage es euch noch einmal, die größte Freude besteht darin, dem Göttlichen zu dienen und mit Ihm eins zu werden, mit Ihm und mit den Engeln und Erzengeln, Seinen Dienern, ohne daran zu denken, die Menschheit zu verlassen, wie so manche, die nicht mehr herabsteigen und den Menschen helfen wollten, nachdem sie einmal das Nirwana gekostet hatten. Nun, jeder von euch hat die Freiheit, seine eigene Freude zu wählen. Werdet ihr sie aber in Kneipen und Nachtlokalen finden? Werdet ihr sie in Juwelen oder im Fußball finden? Das ist eure Angelegenheit...

Die Universelle Weiße Bruderschaft ist eine einzigartige Heimstatt, eine Schule, in der man göttliche und wesentliche Wahrheiten empfängt, ohne die das Leben seinen Sinn verliert. Das nicht zu schätzen ist eine Katastrophe!

Viele Menschen spielen mit dem Gedanken, ihrem Leben ein Ende zu bereiten, da sie die Einsamkeit nicht ertragen können. Obwohl sie von vielen Menschen umgeben sind, fühlen sie sich einsam, da sie verschlossen und egoistisch sind. Es gibt jedoch keinen Grund, sich einsam zu fühlen, wenn Liebe und Licht da sind. Wenn sie sich einsam fühlen, so liegt dies daran, dass sie sich selbst außerhalb von Liebe und Licht gestellt haben. Nun mögt ihr sagen: »Aber nein, es gab dafür diesen und jenen Grund...« Was wisst ihr schon davon? Ich kenne eure Art, die Dinge zu analysieren, doch ich will euch eine andere Analyse aufstellen und euch exakt sagen, wie sie es angestellt haben, um genau dorthin zu gelangen. Ihr werdet dann sehen, dass alles eine Verflechtung von Gedanken, Gefühlen und Handlungen ist, die sie seit langem in diese Richtung führten. Es ist sehr gefährlich, wenn man es nicht versteht, die rechten Schlüsse zu ziehen.

Hier werden euch alle Schätze des Universums gebracht. Was verlangt ihr noch mehr? Nun müsst ihr euch nur noch an die Arbeit machen. Macht euch also Tag und Nacht an diese Arbeit, arbeitet mit den Mitteln, die Gott euch mitgegeben hat. Arbeitet lichtvoll und grandios, und mögen die Flüsse strömen, die Quellen sprudeln, möge die Sonne scheinen und der ganze Raum zur Ehre Gottes singen!

Sèvres, den 17. April 1965

Ergänzende Bemerkung

Der menschliche Intellekt hat seinen Auftrag verfehlt. Das ist eine Angelegenheit, an die niemand denkt. Der Intellekt wird geschätzt, man singt ihm Lobeshymnen, dabei hat er in Wirklichkeit seinen Auftrag verfehlt, der darin bestand, dem Herzen die Ehre zu geben und uns dessen Aufgabe und Bedeutung verständlich zu machen. Der Intellekt hat den Menschen listig, egoistisch und durchtrieben werden lassen. Dabei bestand seine Aufgabe darin, die Großartigkeit und die Möglichkeiten des Herzens wissenschaftlich und philosophisch darzulegen und aufzuzeigen, dass durch Liebe und Güte das Reich Gottes auf der Erde verwirklicht werden kann. Bis heute hat sich der Intellekt unabhängig vom Herzen entwickelt, und das wird zu einer weltweiten Zerstörung führen, da er nur darauf aus ist, zu betrügen und zu entzweien. Ja, immer wieder ist es der Intellekt, der Intellekt, der Intellekt... und er wird alles zugrunde richten, weil er nicht von den moralischen Qualitäten des Herzens geführt wird. Mit diesem hat er die Verbindung abgebrochen, und darin besteht sein größter Irrtum. Darum ist er dazu verurteilt, unterzugehen. Den Menschen wird eine fürchterliche Lektion erteilt werden. Hier in der Lehre der Universellen Weißen Bruderschaft lernt der Schüler, wie der Intellekt dem Herzen die Ehre geben soll. Und dank der Zusammenarbeit von Herz und Intellekt wird er zu einem vollständigen Wesen.

Sèvres, den 11. Januar 1976

Anmerkung

1. Siehe Band 231 der Reihe Izvor »Saaten des Glücks«, Kapitel 20: »Die Vereinigung auf höherer Ebene«.

X

STREBT NACH SEELE UND GEIST

Teil 1

Freier Vortrag

Es ist nicht nötig, dass man euch erklärt, was aus biologischer Sicht männlich und weiblich ist. Man findet sogar unter gebildeten und kultivierten Leuten solche, die in ihrem Innersten sehr primitiv geblieben sind und bei denen die Instinkte und die Sinnlichkeit an erster Stelle stehen. Ihre Begierden und Gelüste sind so stark, dass sie diesen nicht widerstehen können. Die Frau sucht dann nur ganz bestimmte Beziehungen mit den Männern, und das Gleiche gilt für den Mann in Bezug auf die Frauen.

Auf einer etwas höheren Stufe findet man die Kategorie der Männer und Frauen. Doch auch das ist noch nicht gerade großartig, denn selbst wenn ihre Hauptbeschäftigung nicht mehr rein die von männlichen Wesen und die von weiblichen Wesen ist, so sind ihre Bedürfnisse doch immer noch sehr körperbezogen. Noch etwas höher kommt man zu der Kategorie der Brüder und Schwestern, die eine höhere Bewusstseinsstufe darstellen, wo man sich nicht mehr als ein Wesen sieht, das von den anderen Wesen getrennt ist. Wer als Mann liebt, betrachtet sich als verschieden, als getrennt von den anderen. Er braucht eine Frau, die ein von ihm völlig verschiedenes Wesen ist. Darum ist sein Verhalten ihr gegenüber übrigens auch nicht das eines Bruders gegenüber einer Schwester. Bei einem Bruder erweitert sich das Bewusstsein. Er umarmt die anderen, so als gehörten sie alle einer Familie an. Zwischen Bruder und Schwester gibt es nicht mehr das Gefühl des Getrenntseins, das dazu führen kann, dass ein Mann sich auf eine Frau stürzt wie auf ein Opfer oder wie auf eine

Beute. In seinen Augen wird diese Frau zu einer Schwester, zu einem Familienmitglied. Und so ändert sich sein Verhalten ihr gegenüber unweigerlich. Zu einem Bruder oder zu einer Schwester zu werden, stellt daher einen Fortschritt in der Entwicklung dar, eine Erweiterung des Bewusstseins und damit ein besseres Verhalten. Was sich dabei verändert hat, ist einfach nur die Art und Weise, wie man sich gegenseitig betrachtet. Wenn sie, obwohl sie körperlich nicht derselben Familie angehören, das Bewusstsein erlangt haben, eine einzige geistige Familie zu bilden, die die gesamte Menschheit einschließt, dann sind ihre Wünsche von mehr Reinheit und Uneigennützigkeit geprägt. Sie wollen sich nicht mehr gegenseitig verschlingen, und sie bemühen sich einander beizustehen.

Der Schüler aber, der zuerst nur ein Mann war – oder eine Frau – und der nun zu einem Bruder geworden ist – oder zu einer Schwester – muss in der Art und Weise wie er seine Liebe lebt, noch weitergehen. Denn dem Bruder gelingt es noch nicht, alle Probleme zu lösen. In seinem Innersten rumort noch immer etwas. Ebenso verspürt die Schwester noch manche Versuchungen. Darum muss der Bruder wie der Geist werden und die Schwester wie die Seele. Dann erweitert sich das Gesichtsfeld ihrer Liebe derart, dass es die ganze Menschheit, ja alle Geschöpfe umfasst. Und dann fühlen sie sich so weit, so groß und so edel, dass nichts Ungutes sie mehr berühren kann, denn Seele und Geist stehen über allem. Damit diese Seele und dieser Geist schließlich unbegrenzt, allmächtig und allwissend werden, muss sich ihr Ideal allerdings noch so sehr erweitern, dass es das gesamte Universum umfasst. So werden sie dann göttlich.

Mögen die Brüder und Schwestern nun also so weit kommen, sich in der Bruderschaft auf immer edlere und göttlichere Weise zu betrachten. Das bedeutet bereits eine gigantische Arbeit. Anstatt sich weiterhin gegenseitig als Mann und als Frau zu betrachten, was so viele anstößige und widerliche Geschichten zur Folge hat, sollten die Schüler zumindest hier so weit kommen, sich als Brüder und Schwestern derselben Familie zu betrachten. Dann hört die Sexualkraft auf, die den Menschen so arg zu schaffen macht, in ihnen Gelüste und

Begierden zu nähren und verwandelt sich in Wünsche geistiger Art, wie z. B. zu geben, zu helfen, Beistand zu leisten, Trost und Licht zu bringen. Sie werden zu Dienern und Dienerinnen des Himmels. Diese Wandlungen im seelischen Bereich führen zu enormen Veränderungen bis in den physischen Körper hinein, welche die heutige Wissenschaft noch nicht erforscht hat.

Zu allen Zeiten haben sich die Eingeweihten mit dieser Kraft der Liebe befasst. Zuerst lernten sie einmal, wie sie ihren Partner oder ihre Partnerin betrachten mussten, und solange es ihnen nicht gelang, ihn oder sie als ein göttliches Wesen anzusehen, enthielten sie sich der körperlichen Beziehungen. Jahrelang arbeiteten sie darauf hin, göttlich zu werden und ihren Partner oder ihre Partnerin als göttlich zu betrachten. Und auch die Frau machte dieselbe Arbeit. Wenn es ihnen dann gelungen war, die Sexualkraft zu beherrschen und sich gegenseitig als ein Teil der Gottheit, die Frau als Teil der Göttlichen Mutter und den Mann als Teil des Göttlichen Vaters anzusehen, erst dann begannen sie damit, sich körperlich zu lieben und sich zu vereinigen. Und so berührten sie den Himmel. Ganze Tage lang lebten sie in dieser Liebe, ohne dessen überdrüssig zu werden und vor allem, ohne dass dies die geringsten Missverständnisse wie Eifersucht und Enttäuschungen zwischen ihnen nach sich zog. Das war unglaublich, unbeschreiblich; durch den Menschen, den sie in ihren Armen hielten, kommunizierte sie unablässig mit dem Himmlischen Vater und er mit der Himmlischen Mutter. Und all die physiologischen Vorgänge waren dabei so vollkommen vergeistigt, dass sie ein erhabenes Licht und eine erhebende Ausstrahlung erzeugten.[1]

Die Eingeweihten haben erkannt, dass die Freude und das Glück, die sie durch ihre Liebe erfahren, unvergänglich ist, wenn sie diese auf die höchsten Stufen erheben. Die Eingeweihten entsagen der Liebe nicht, doch begnügen sie sich auch nicht mit deren rein physiologischer Seite, mit dem Instinkt, der rasch erweckt und schnell befriedigt ist und so viele Anomalien, Ungereimtheiten, ja sogar Hass mit sich bringt. Solange die Menschen auf der Stufe der Instinkte stehen bleiben, können sie weder ihrer Liebe Dauerhaftigkeit verleihen, zu Erkenntnis gelangen, frei werden, noch in Glückseligkeit und Unsterblichkeit leben.

Zur Zeit gleicht die Liebe einem Gemetzel. Die Leute fallen brutal über einander her, ohne jegliche Vorbereitung, ohne Ästhetik und ohne Poesie. Man hat Hunger, also verzehrt man etwas; man hält einen Schmaus und ist dann eine Zeit lang satt. Dann bekommt man wieder Hunger, und von neuem muss man sich auf die Nahrung stürzen. Viele Leute, selbst diejenigen, die einer angeblich kultivierten Gesellschaft angehören, betreiben den Liebesakt wie die Wilden, ohne Poesie, ohne Schönheit, ohne Harmonie. Sie tun sich aneinander gütlich, das ist alles. Selbstverständlich haben sich die Menschen im Allgemeinen bemüht, ihre Liebe zumindest äußerlich schöner zu gestalten und sich mit Farben und mit Musik zu umgeben. Sie versuchen, ihrem Partner ein etwas weniger primitives, ein verfeinertes Verhalten zu bieten, aber das ist noch nicht die wahre Liebe, das ist nur äußerer Zierrat.

Man kann die Philosophie in drei Bereiche einteilen, in Ethik, Logik und Ästhetik. Die Ethik beinhaltet alles, was der Religion, der Moral, dem Bereich von Gefühl und Herz angehört. Die Logik erforscht all das, was mit der Wissenschaft zusammenhängt, den Bereich der Intelligenz und der Überlegung. Und die Ästhetik, das mag euch erstaunen, steht mit dem Willen in Verbindung. Denn alles, was der Mensch an Malerei, Skulptur, Architektur und Poesie schafft, gehört der Kunst an. Nun ist aber die Kunst nichts anderes als eine nach außen gerichtete Konkretisierung unserer Gedanken und Gefühle. Und damit gehört sie in den Bereich des Willens.

Versuchen wir nun zu erkennen, wo diese drei Bereiche im Leben zu finden sind. Stellen wir uns einmal vor, dass ihr ein Haus baut. Zuerst besorgt ihr das Baumaterial, Ziegelsteine, Zement, Eisenträger, Bretter, alles, was man so braucht. Das sind grobe und schwere Teile, die keinerlei Schönheit an sich haben. Dann beginnt der Bau, mit Fundament, Außenwänden, Dach, Türen und Fenstern... und erst ganz am Schluss kümmert ihr euch um die ästhetische Seite, um Malerarbeiten, Vorhänge, Teppiche und Bilder. Erst am Schluss konnte die Schönheit hinzukommen.

Wenn ihr euch ums Kochen kümmert, ist zuerst alles noch ein unsauberes Durcheinander. Und am Schluss, wenn ihr das Gericht aus dem Ofen holt, ist es bereits appetitlich. Doch kurz bevor ihr es serviert, garniert ihr es noch etwas, damit es auch hübsch anzusehen ist. Beobachtet nun auch, wie die Natur gearbeitet hat. Zuerst hat sie in Fülle erschaffen, ohne sich um die Ästhetik zu kümmern, und weder die Menschen noch die Tiere waren schön. Sie waren grob, von enormer Gestalt und sogar schrecklich anzuschauen. Und seht nun, wie sich all das weiterentwickelt hat. Auch ein Kind ist bei seiner Geburt schön, völlig ausgeformt und wohlproportioniert, während es zu Beginn nur ein Häufchen Gelatine war. Die Natur beginnt nicht, sondern vollendet ihr Werk mit der ästhetischen Seite. Sie beginnt mit der Logik, sie organisiert, erstellt Pläne, zeichnet geometrische Strukturen, arbeitet vorausschauend und stellt Berechnungen an. Danach kommt die Ethik hinzu, denn nun bringt sie in ihre Schöpfung viel Liebe und Güte hinein. Schließlich macht sie sich an die Feinarbeit, gibt allem den letzten Schliff, und ihr Werk wird ein Schmuckstück, ein Wunder.

Und nun soll die Ästhetik auch in der Liebe zum Ausdruck kommen, denn sie befindet sich noch im Stadium der Tiere und der Urmenschen. Manche werden natürlich der Meinung sein, ihre Art zu lieben sei tadellos, sie solle ewig so bleiben wie sie ist. Und sie werden weiterhin ein großes Vergnügen daran haben, denn wenn man isst, trinkt und sich amüsiert, verspürt man trotz allem ein großes Vergnügen, das ist nicht zu leugnen; doch fehlt dabei alles Weitere, die gesamte göttliche Dimension. Wäre der Mensch wirklich in der Lage zu lieben, auf göttliche Art und Weise zu lieben, würde er noch weitaus mehr Glück dabei verspüren. Und genau in dieser Richtung müssen die Schüler voranschreiten und sich weiterentwickeln, indem sie sich immer wieder fragen: »Auf welche Art und Weise liebe ich gerade? Welcher Natur ist meine Liebe? Was sind meine Wünsche und Absichten? Die Liebe, die ich verspüre, muss ich anheben, um ihr die feinsten und lichtvollsten Ausdrucksformen zu geben, damit ich schließlich das ewige Leben erfahren kann. Wenn ich in der instinktiven Liebe verbleibe, werde ich immer wieder Höhen und Tiefen, Freude und Trauer erleben. Darum muss ich so weit kommen, meine Liebe zu veredeln, zu kultivieren und zu verfeinern, um sie auf eine höhere Entwicklungsstufe zu heben.« So muss ein Schüler denken.[2]

Ihr müsst eure Art und Weise, die Menschen zu betrachten, ändern und sie von einer immer höheren Warte aus anschauen. Anstatt euch also, wenn eine Frau euch begegnet, als ein Wesen männlichen Geschlechts zu fühlen, das ein Wesen weiblichen Geschlechts sieht, was Begierden in euch hervorruft, derer ihr dann bald nicht mehr Herr werdet, betrachtet sie als eine Ausdrucksform der Göttlichen Mutter. Dann werdet ihr sie in einem ganz anderen Licht sehen. Wie viele Wunder werdet ihr dann in einer Frau entdecken! Wenn ein Maler, ein Dichter oder ein Bildhauer eine Frau betrachtet, kann er seine Blicke nicht mehr von ihr abwenden, denn er sieht Schönheiten in ihr, derer die anderen niemals gewahr werden. Wenn ihr meine Ratschläge befolgt, werdet auch ihr das erleben, denn je weiter man sich entwickelt, umso mehr sieht man in der Frau entzückende Ausdrucksformen, die man niemals wahrgenommen hatte, solange man sie noch als ein Wesen weiblichen Geschlechts betrachtete. Wenn man sie als eine Manifestation der Göttlichen Mutter ansieht, kann man gar nicht anders, als sich zu freuen, glücklich zu sein und sich inspiriert zu fühlen, ohne sich dabei Dummheiten hinzugeben. Darum ist den Eingeweihten alles erlaubt, denn selbst wenn sie einmal Bilder von nackten Männern oder Frauen sehen sollten, bringt deren Schönheit sie dem Himmel näher. Ein rein auf seine Geschlechtlichkeit ausgerichteter Mensch hingegen erliegt diesen Versuchungen sofort. Daher muss man den Sinn für Ästhetik entwickeln, denn dadurch nehmen wir die Realität auf eine viel umfassendere, reichere und tiefere Weise wahr. Ohne diesen Sinn sieht man sozusagen gar nichts; ohne ihn bleibt die Natur ein verschlossenes Buch.

Stellt euch nun einen Mann vor, der, sagen wir mal... den Schmerz des Männergeschlechts verspürt. Er zieht los, um sich ein weibliches Wesen zu suchen, ohne zu bedenken, dass diese Haltung ihn daran hindern wird, den Charme und die Pracht aller Frauen zu sehen, denen er begegnet. Er wird weder Bewunderung noch Inspiration verspüren, er wird keinerlei Antrieb haben, etwas Schönes zu schaffen, zum Dichter oder Musiker zu werden... Er wird im Gegenteil unglücklich und verärgert darüber heimkehren, nichts gefunden zu haben. Oder sollte er doch jemanden gefunden haben, so sprechen wir besser nicht davon, das wäre vielleicht noch schlimmer! Neun Zehntel der Menschheit sind ständig auf der Suche, schmachten vor sich hin, verspüren eine Leere, und während all dieser Zeit sehen sie nichts von all der Pracht um sie herum. Sie sind unglücklich, wollen sich umbringen und sind garstig mit allen anderen einfach nur, weil ihnen der Sinn für wahre Schönheit fehlt. Ein Schüler oder ein Eingeweihter hingegen, der in den Straßen oder Parks spazieren geht, oh! auch er wird unglücklich sein, doch weil er spürt, dass er nicht alles bewundern und betrachten kann, denn in der großen Menschenmenge, die unablässig vorüberströmt, sieht er göttliche Wesen, die vorbeiziehen. Er ist wie geblendet von all der Schönheit, die sich seinen Blicken darbietet, und voller Bewunderung kommt er wieder nach Hause. Wie lässt sich diese Freude erklären? Nun, er lebt in einer anderen Welt, er hat andere Methoden und eine andere Art zu schauen. Er gehört der besonderen Kategorie der Menschen des Geistes und der Seele an. Aber natürlich ist das unglaublich und irreal für diejenigen, die nur auf der Stufe des männlichen und weiblichen Geschlechts leben, denn sie beurteilen alles nur nach ihrer Sichtweise.

Also, meine lieben Brüder und Schwestern, erst wenn man anfängt zu wachsen, größer zu werden, erlebt man die Herrlichkeiten des Lebens und alle Schätze, die den Kindern Gottes bereitet sind. Diejenigen aber, die nicht höher hinaufsteigen und die Dinge von einer anderen Warte aus betrachten wollen, werden ewig leiden. Sie sehen sich so, als lebten sie in einem Dschungel. Nun, dann werden sie sich gegenseitig zerfleischen und verschlingen wie im Dschungel. Hier hingegen, mit der neuen Philosophie, die ich euch bringe, gibt es keinen Dschungel. Hier zerfleischt man sich nicht, hier massakriert man sich nicht gegenseitig, hier ist man voller Bewunderung. Wenn es euch gelingt, mich zu verstehen, werdet ihr es schaffen, euch wie Wesen mit einer solchen Lichtkraft zu manifestieren, dass die Brüder niemals Missbrauch treiben mit dem göttlichen Blick, den ihnen eine Schwester geschenkt hat, und die Schwestern werden niemals Missbrauch treiben mit dem Funken, den ein Bruder in ihrem Herzen entzündet hat. Dann schreiten alle gemeinsam im Licht voran, alle sind glücklich, und niemand wird je zu Schaden kommen. Dies ist eine Schule hier, ein Tempel. Hier könnt ihr lernen, über euch selbst hinauszuwachsen und zu außergewöhnlichen Menschen zu werden.

Nehmt das Beispiel eines jungen Burschen und eines Mädchens, die einander gefunden haben. Sie haben eine großartige, reine und idealistische Liebe füreinander. Sie schreiben sich, sie treffen sich, und die kleinen Geschenke, die sie sich machen, ein Haarlöckchen, eine unscheinbare Blume oder das kleinste Blütenblatt einer Rose sind für sie wie ein Talisman, der mit einem Meer von Düften aufgeladen ist. Sie fühlen sich glücklich, stimuliert, inspiriert... Er ist ein Ritter, und sie ist Dornröschen. Sie führen ein Leben voller Poesie, sie gehen miteinander spazieren, sie schauen sich an, und alles wird schön. Doch an dem Tag, an dem sie ein wenig weiter gehen, verschwindet die ästhetische Seite, und dafür kommt die prosaische, biologische, instinktive Seite hervor. Jeder kennt das. Nun werdet ihr sagen: »Ja gut, was erzählen Sie uns denn? Man kann doch nicht andauernd bei der ästhetischen Seite und dem feinstofflichen Austausch stehen bleiben.« Das behauptet ihr, ich aber denke, dass derjenige, der im ästhetischen und poetischen Bereich bleiben wird, sich darauf vorbereitet, ein Künstler, ein Genie, ein Dichter oder Musiker zu werden. Wenn ihr hinabsteigen wollt, meinetwegen, doch dann verlasst ihr den Bereich der wahren Schönheit, und eure Freude wird weniger groß sein. Das ist nur allzu wahr!

Ihr alle habt diese Erfahrung schon einmal gemacht, nicht wahr? Aber warum habt ihr dann nicht nachgeforscht und eine Analyse der Situation gemacht? Anfangs, allein dadurch, dass ihr irgendwo ein Gesicht erblickt habt, eröffnete sich für euch eine gänzlich neue Welt voller Hoffnungen und Pläne. Doch sobald ihr diese Region der Ästhetik verlassen hattet, war bald alles verdorben, es verlor an Schönheit und Reinheit. Darum sage ich euch: »Bewahrt ein wenig Abstand in der Liebe, denn gerade dieser Abstand wird euch Erfüllung und Inspiration bringen. Und so wird eure Liebe ununterbrochen andauern, ohne Schäden zu verursachen. Sobald ihr jedoch diesen Abstand aufgebt, müsst ihr die Taschentücher bereithalten.«

Die Natur hat uns schon immer belehrt. Die kosmische Intelligenz hat uns immer wieder Lektionen mit Beispielen aus unserer eigenen Erfahrung erteilt. Doch waren wir nicht in der Lage, diese zu verstehen. Man rechtfertigt sich mit den Worten: »Was soll's, ich bin nun einmal so gebaut!« Das ist aber ein rein biologisches Argument. Wir alle sind »so gebaut«. Doch wo bleibt da unsere Intelligenz, die allein Abhilfe schaffen und einige Veränderungen in der biologischen Ordnung bewirken kann? Mit ihrer Hilfe hat die Menschheit so viele Entdeckungen gemacht, die ihr das Los erleichtert haben. Nehmt ihr die Intelligenz, und sie wird auf die Stufe der Tiere zurückfallen. Es ist die Intelligenz, das geistige Prinzip, die alles kultiviert, verbessert und vervollkommnet. Wenn ihr sie aufgebt und euch sagt: »Was soll's, ich bin nun einmal so gebaut!«, wird es euch niemals gelingen, den geringsten Fortschritt zu machen. Man darf nie so argumentieren, denn ist das ein Grund nachzugeben und zu kapitulieren, dass man nun einmal so gebaut ist? Nein, wir müssen das Element in uns suchen, das alles verbessern und vervollkommnen kann, nämlich das göttliche Prinzip, den Geist, und diesen als Führer, als Stütze annehmen und mit ihm arbeiten. Man darf nicht sagen: »Was soll's, alter Junge, das ist nun mal der Instinkt.« Natürlich darf man den Instinkt nicht verdrängen, aber man muss ihn kultivieren.

Le Bonfin, den 17. August 1970

Anmerkungen
1. Siehe Band 233 der Reihe Izvor »Eine Zukunft für die Jugend«, Kapitel 10: »Die göttliche Welt ist unsere innere Welt«.
2. Siehe Band 241 der Reihe Izvor »Der Stein der Weisen«, Kapitel 10: »Der Stein der Weisen, Frucht einer mystischen Vereinigung«.

Teil 2

Freier Vortrag

Manche Puritaner oder Asketen haben den Männern geraten, die Frauen mit der Begründung zu meiden, sie seien eine Inkarnation des Bösen, Töchter des Teufels. Aber wie soll denn die göttliche Liebe mit derartigen Vorstellungen von der Frau im Mann erwachen? Damit ist er nur ständig niedergeschlagen und angewidert. Warum sollte man nicht eher denken, dass sich unter der äußeren Erscheinung dieser oder jener Frau eine Gottheit verbirgt, die diese Gestalt angenommen hat, oder eine verkleidete Prinzessin? Die Menschen verstehen es nicht, in der Schönheit zu leben. Und unsere Lehre bringt euch eben die Schönheit. Nehmt eine bestimmte Lebensweise an, und ihr werdet immer im Bereich der Schönheit sein. Die Menschen waten ständig im Hässlichen herum, wie sollen sie dabei glücklich sein? Sie betrachten sich gegenseitig nur als Organe, Eingeweide, Fleisch, nichts weiter. Sie sehen nicht, welche Pracht sich dahinter verbirgt, und diese Haltung hat katastrophale Folgen. Möge man uns nun die Schönheit zeigen, denn allein die Schönheit kann uns retten und uns glücklich machen. Wir haben ein absolutes Bedürfnis nach der Schönheit.

Wenn ihr von nun an die Männer und Frauen als Geister und als Seelen anseht, werdet ihr erleben, welche Veränderungen das in euch bewirken wird, denn ihr werdet euch dadurch genötigt sehen, euch ihnen gegenüber anders zu betragen. Hinter ihrer Kleidung, hinter ihren Körperformen oder hinter ihrem Gesicht werdet ihr ihren Geist und ihre Seele entdecken, Söhne und Töchter Gottes. Wenn ihr es versteht, euch an die Seele und den Geist zu halten, werden euch alle Menschen höchst wertvoll erscheinen, die ihr vernachlässigt, verlassen und verachtet habt. Droben im Himmel, von wo sie so verkleidet hergekommen sind, werden sie als außergewöhnliche Wesen angesehen, die Gottheit in sich enthalten.

Für mich zum Beispiel hat es geringe Bedeutung, ob ihr gelehrt, schön und reich oder aber ein wenig hässlich, arm und ungebildet seid. In meinen Augen ist eure Seele das Wesentliche. Warum suche ich nicht die Gesellschaft der gelehrtesten, reichsten und schönsten Menschen? Weil mich die Seelen der Menschen interessieren. Oft hat man mich schon kritisiert: »Aber warum umgibt er sich denn mit Leuten, die keinerlei Einfluss in der Gesellschaft haben, die weder reich noch gebildet sind und die nichts für ihn tun können? Warum schätzt er gerade jene Leute?« Und wie handelte Jesus? Er suchte die Seelen und die Geister. Solange ihr die Leute nach ihrem Reichtum, ihrer Stellung, ihrem Bücherwissen oder ihrer äußeren Schönheit beurteilt, habt ihr das Wesentliche nicht erfasst. Für mich zählen allein Seele und Geist, von der anderen Seite aus betrachtet, sind die Seelen und Geister Prinzen und Prinzessinnen.

Fangt ihr einmal an, Seele und Geist zu schätzen, beweist das, dass ihr euch wahrhaft weiterentwickelt habt, denn damit habt ihr das Wesentliche erfasst. Und der Himmel, der euch sieht, wird sich dazu entscheiden, euch zu helfen, denn er weiß, dass es dann wirklich der Mühe wert ist. Haltet ihr hingegen an banalen Wertmaßstäben fest, lässt er euch weiterhin sich abstrampeln und sagt sich: »Schau zu, wie du mit diesen Leuten zurechtkommst. Du wirst schon sehen, was sie für dich tun werden, nämlich nichts!« Auf Seele und Geist Rücksicht zu nehmen bedeutet, bereits mit der geistigen Welt verbunden zu sein, und diese kann euch nicht ohne Beistand lassen.

Indem man seine Sichtweise ändert, ändert man auch sein Schicksal. Darum habe ich beschlossen, die Frauen als Seelen zu betrachten oder vielmehr als Gottheiten. Und ich bin der Erste, der den Nutzen davon hat, denn unablässig bin ich dadurch inspiriert, innerlich weit und voller Begeisterung. Selbst die hässlichste und vulgärste Frau ist für mich eine Seele, eine Tochter Gottes, und so kann ich mit ihr eine Arbeit vollbringen. Indem ich etwas für ihre Seele tue, komme ich mit Gott selbst in Verbindung. Und Gott wird mich niemals verlassen.

Ihr müsst eure Aufmerksamkeit und eure Liebe für dieses Wissen vergrößern und eine geheiligte Haltung den Wahrheiten gegenüber finden, die man euch offenbart. Heutzutage verlieren die Menschen immer mehr den Sinn für das Heilige. Sie wollen alles entmystifizieren, da es angeblich zu viel Mythos gibt. Darin besteht also ihre Arbeit, und sie machen alles kaputt ohne zu erkennen, was sie damit verlieren. Denn dann verschließt sich ihnen die Natur, und sie empfangen keinerlei Offenbarung. Die Natur enthüllt sich nur denjenigen, die den Sinn für das Heilige bewahrt haben. Wenn ihr also hier eine geheiligte Haltung pflegt, kann ich euch voraussagen, dass euch außerordentliche Offenbarungen zuteil werden. Das werden nicht nur Offenbarungen von mir sein, die nicht besonders viel Substanz enthalten, wenn sie nicht gleichzeitig von euch selbst kommen. Wenn ihr die richtige Einstellung finden könnt, werden die Offenbarungen auch aus euch selbst kommen, und ihr werdet Wahrheiten erkennen, die ihr zuvor noch niemals erfasst habt.

Sèvres, den 29. Dezember 1970

XI

GEBT DER LIEBE IHRE REINHEIT ZURÜCK

Teil 1

Freier Vortrag

Wenn man jemanden liebt, fragt man sich nie, wie man ihn oder sie eigentlich liebt. Man sagt einfach: »Ich liebe ihn, ich liebe sie...« Dass man verliebt ist, das ist sicher, daran zweifelt niemand. Doch denkt man nicht über die Natur dieser Liebe nach, denn jede Begierde, jeder Wunsch, jedes Bedürfnis und jede Lust wird Liebe genannt. Wenn man etwas oder jemanden liebt, dann ist alles vorbei, man ist dieser Liebe unterworfen und ergeben. Sobald diese »Liebe« da ist, muss man ihr nachgeben, und selbst das Nachdenken ist nicht mehr erlaubt. Der Intellekt schweigt. Gegenüber dem Herzen, das nun mit seiner Liebe beschäftigt ist, hat er nichts mehr zu melden. Das Herz sagt zu ihm: »Sei still! Jetzt spreche ich, jetzt spricht die Liebe! Was hast du da noch zu sagen?« Doch in Wirklichkeit würde die Liebe sich in schöneren Formen und Farben zeigen, wenn Herz und Intellekt zusammenarbeiten würden.

Je weiter unten sich ein Mensch auf der Stufenleiter der Evolution befindet, umso eher gibt er dem Drängen seiner Liebe nach, ohne zu analysieren, ob sie auch uneigennützig, rein oder sinnvoll ist. Wenn er einmal verliebt ist, gibt es kein Nachdenken mehr. Darum gibt es auch so viele Romane, Theaterstücke und Filme, die von den Abenteuern jener erzählen, die lieben. Doch was täten im Übrigen die Romanschreiber, die Dichter und Dramatiker, wenn es nicht diese derart spannenden Themen gäbe? Wie viel Material, wie viele wunderbare Möglichkeiten hat man doch nun, sich mit Hoffnungslosigkeit, Rache und Meuchelmord zu befassen! Das ist interessant, vielfältig und amüsant. Da gibt es Arbeit für alle, sogar für Fabrikanten von Särgen und auch für die Feuerwehr. Da hat nun jemand Feuer gelegt, um Rache zu nehmen, weil seine Liebe nicht erhört wurde. Dann ertönen die Sirenen und das Martinshorn, »tatü tata, tatü tata«, und alle machen Platz, um die Feuerwehr vorbeizulassen, die das Feuer löschen soll, das ein verliebter Trottel angezündet hat!

Man darf sich nicht allein vom Herzen führen lassen, sondern man muss auch nachdenken und im Innern Fähigkeiten erwecken, die in der Lage sind zu kontrollieren, auszugleichen und zu überprüfen. Die Liebe ist eine großartige Antriebskraft, doch es mischen sich zu viele leidenschaftliche Elemente darunter, und so muss man sie davon frei machen, damit ihre wahre, eigentliche Natur zur Entfaltung kommen kann. Jede Liebe birgt etwas Göttliches in sich, aber man muss sie zuerst reinigen, weil sie immer von unreinen Dingen umgeben ist, so wie irgendein Tierchen bei seiner Geburt, ein Kälbchen oder ein Zicklein. Wenn diese zur Welt kommen, sind sie nicht gerade sauber, und die Mutter säubert sie. Auch bei einem Kind ist das so. Und mit der Liebe ist es das Gleiche. Sie ist wie ein Kind, das Göttliches in sich birgt, denn hinter welcher Art von Liebe auch immer steht Gott. Doch muss man sie zuerst säubern, reinigen, erziehen, stärken und befreien, bis das Göttliche hervorkommt. Selbst eine völlig egoistische, niedere, sinnliche Liebe enthält eine göttliche Quintessenz. Dahinter steht immer Gott, doch zu viel Ballast hat sich darum herum angesammelt. Sie musste bestimmte Orte durchqueren, wo es nicht gerade sauber zuging, so wie in Schornsteinen oder auf schlammigen Wegen. Selbst die besten Dinge, die aus dem Himmel zu uns kommen, müssen die Schichten durchqueren, die wir angehäuft haben, unsere niederen Gedanken und Wünsche und vielerlei irrige Gehirngespinste. So sind all diese Dinge zur Zeit mit Schmutz bedeckt. Aber es sind Edelsteine, die wir nur säubern müssen.

Solange der Mensch nicht daran denkt sich zu reinigen, werden alle Impulse, alle Regungen und Kräfte, die vom Himmel zu ihm kommen, verunstaltet, wenn sie die Regionen in ihm passieren, die er noch nicht gereinigt hat. Schaut euch zum Beispiel einen Sonnenstrahl an, der auf eine Wasseroberfläche fällt. Schon das Wasser stellt ein Hindernis dar, es verändert seine Bahn und zwar umso mehr, je dicker die Wasserschicht ist. Oder nehmt zum Beispiel eine Petroleumlampe, deren Glas verrußt ist. Ihre Flamme ist dann nicht mehr so leuchtend, intensiv und schön, und man muss das Glas säubern. Wir sind ungefähr mit einer solchen Petroleumlampe vergleichbar. Das Licht, das in uns ist und aus uns hervorstrahlen will, das ist die Liebe und die Weisheit, die all die Schichten durchqueren müssen, die wir angesammelt haben. Je dicker, undurchlässiger und unreiner die Schichten um unser wahres Wesen herum sind, umso weniger Licht kommt durch.

Also das ist einfach und klar, selbst die Kinder verstehen, dass man sich säubern, reinigen und an sich selbst arbeiten muss, damit all die Schichten, die unsere verschiedenen Körper bilden – der physische, ätherische, astrale und mentale Körper – so klar und rein werden, dass das Licht, der Gottesfunken in uns, der die Finsternis durchbrechen will, endlich hervorstrahlt.[1] Dass dies nicht oft geschieht, liegt an unserer Angewohnheit, uns immer wieder dichtes, undurchlässiges Material anzusammeln: Eifersucht, Hass, Bosheit, Rachegelüste, grobe Sinnlichkeit und Habgier. All diese Unreinheiten bilden einen Panzer, einen Körper aus derart dichten und groben Elementen, dass gerade einige Strahlen, einige Funken, ein Lichtschimmer hindurchdringen. Die Eingeweihten hingegen, die diese Dinge begriffen und in früheren Inkarnationen bereits dafür gearbeitet haben und die weiterhin bewusst auf diesem Weg zur Vollkommenheit voranschreiten, schaffen es, die Materie ihres Körpers derart zu läutern und zu vergeistigen, dass Gott, der in ihnen wohnt, sich mehr und mehr durch sie hindurch offenbart.

Nun bitte ich euch, an der Reinheit zu arbeiten, sie euch zu wünschen und darüber zu meditieren, denn sie allein ermöglicht es euch, gefahrlos sehr weit voranzuschreiten. Bittet um Reinheit in all ihren Erscheinungsformen, denn vor der Reinheit und in der Reinheit können alle Mysterien enthüllt werden. Die Mysterien, die die Menschen schon immer entdecken wollten und die mit sieben Siegeln verschlossen sind, werden offenbart werden, doch nur durch die Reinheit.

Und lasst euer Herz niemals aufhören zu lieben. Immer und ohne Unterlass muss man die gesamte Schöpfung mit allen Geschöpfen und vor allem den Schöpfer selbst lieben. Immer wieder muss man sich fragen, in welcher Form man lieben soll und welche Richtung man dieser Liebe geben muss. Allein die Liebe ist in der Lage, euch zu inspirieren und zu beleben, ja nur sie allein, denn sie ist der Wohltäter, sie ist Gott selbst. Nun besteht natürlich die Gefahr, dass man eure Liebe ausnutzen wird. Doch da soll euch die Weisheit zu Hilfe kommen. Wenn ihr euch Leuten gegenüber befindet, die eure Liebe missbrauchen könnten, solltet ihr eure Liebe nicht zeigen, sie aber auch nicht abtöten. Bewahrt sie in eurem Innern, wo sie ihr Werk vollbringt, ohne sich zu zeigen. Tötet eure Liebe nicht, denn sonst sterbt ihr selbst.

Die ganze Welt hat nur das Bedürfnis nach zwei Dingen, nämlich danach zu lieben und geliebt zu werden, Liebe zu geben und wieder zu empfangen. Darum muss man sich von all den Traditionen frei machen, die nur die Seele daran hindern, sich zu entfalten. Nun mögt ihr sagen: »Dann geben Sie also der Jugend Recht, die alle Regeln überschreiten und die freie Liebe leben will?« Nein, denn dahinter stehen weder Wissen, Weisheit noch spirituelle Richtlinien. Ihr Bestreben zu lieben und geliebt zu werden ist großartig, das ist das Leben, doch unter der Voraussetzung, im Licht zu stehen und nach Art der Eingeweihten zu handeln.[2]

Le Bonfin, den 10. August 1963

Anmerkungen

1. Siehe Band 7 der Reihe Gesamtwerke »Die Reinheit, Grundlage geistiger Kraft«, Kapitel 1: »Die Reinheit in den drei Welten«.
2. Siehe Band 233 der Reihe Izvor »Eine Zukunft für die Jugend«, Kapitel 18: »Sexuelle Freiheit?«.

Teil 2

Freier Vortrag

Für die meisten Menschen hat es nichts Unreines an sich, wenn sie sich küssen, sich liebkosen oder selbst wenn sie noch weiter gehen. Das kann gewiss rein sein, doch hängt alles nur davon ab, was sich dabei in ihrem Kopf abspielt. Wenn sie nichts anderes wollen, als sich amüsieren, genießen und von der Situation profitieren, nähren sie eigennützige Absichten, was auf der Astralebene Unreinheiten bewirkt. Damit beschmutzen sie sich und auch ihren Partner. Haben sie jedoch den Wunsch, dem geliebten Menschen zu helfen, ihn zu heilen, zu heiligen und zu erlösen, dann werden beide durch dieses Gefühl geläutert.

Nicht die Geste oder die Handlung machen rein oder unrein, sondern die Absicht, der Gedanke in eurem Kopf sowie das Gefühl, der Wunsch, der euch antreibt. Selbst die größten Eingeweihten hatten einen Vater und eine Mutter, die unbedingt das tun mussten, was nötig ist, um ein Kind zur Welt zu bringen. Doch konnten sie eben deshalb ein göttliches Kind, einen Erlöser der Menschheit zur Welt bringen, weil sie die Absicht hatten, ein solches Kind zu zeugen. Wenn man sich in die niederen Bereiche der Astralebene abgleiten lässt, ist es mit der Reinheit vorbei. Und wäre man hellsichtig, sähe man, dass man sich an Unrat nährt. Um rein zu sein, muss man den Willen haben aufzusteigen, um so Elemente von großer Feinheit und Lichtkraft aufzufangen.[1] Wenn man dieses hohe Ideal nicht hat, bleibt man im Bereich des Unreinen, selbst wenn man sich unter dem Vorwand, rein zu bleiben, mit einigen Küssen und Liebkosungen begnügt. Die Auswirkungen werden die gleichen sein, wie wenn man mit einem Mann oder einer Frau geschlafen hätte, weil man nur das Bedürfnis hatte, sich zu befriedigen und weil jeglicher Kontakt, jeglicher Austausch, hinter dem keine spirituelle, keine göttliche Absicht steht, die gleichen Wirkungen hervorruft.

Es sind Fälle bekannt, in denen ein Schwarzmagier lediglich die Hand einer Frau berührt, und allein diese Berührung genügt, dass die Hölle über sie hereinbricht, sie windet sich kreischend auf dem Boden... und manchmal genügt sogar weniger als eine Berührung. Der Schwarzmagier haucht sein Opfer an, und die höllischen Geister dringen in sie ein. Es sind also nicht die Gesten, die mehr oder weniger von Bedeutung sind, sondern das, was der Mensch in seinem Inneren nährt. Ein Meister wird euch weder küssen noch berühren, und doch kann er euch allein durch seine Gegenwart mit himmlischem Licht und mit himmlischer Liebe erfüllen.[2]

Die Reinheit zieht göttliche Wesen und Engel an. Doch wissen die Leute nicht einmal, was Reinheit eigentlich bedeutet. Sie essen und trinken, egal wie, es ist ihnen einerlei, welche Gedanken und Gefühle sie hegen, und dann sprechen sie von Reinheit! Nein, erst wenn man gesunde Nahrung, uneigennützige Gefühle und lichtvolle Gedanken in sich hereinlässt, kann man von Reinheit und von Heiligkeit sprechen, nicht vorher. Ein Unwissender kann niemals völlig rein sein. Nun werdet ihr sagen: »Wie kann das möglich sein? Junge Mädchen sind doch gerade deswegen rein, weil sie unwissend sind!« Ja, im Augenblick hat es den Anschein, dass sie rein sind, doch dürfen wir nicht weiter nachfragen, was sich in ihrem Kopf abspielt! Und selbst wenn diese Reinheit real ist, wird sie nicht lange andauern. Wenn sie unwissend sind, werden sie wenig später von einem Lüstling vernascht werden. Wahre Reinheit hat jedoch große Widerstandskraft, nur kann man sie nicht ohne Weisheit und Klugheit erlangen.

Sèvres, den 3. Januar 1976

Anmerkungen

1. Siehe Band 7 der Reihe Gesamtwerke »Die Reinheit, Grundlage geistiger Kraft«, Kapitel 1: »Man muss sich erheben, um die Reinheit zu finden« und Band 10 der Reihe Gesamtwerke »Sonnen-Yoga«, Kapitel 10: »Steigt über die Wolken! – Die Sephira Tiphereth«.
2. Siehe Band 207 der Reihe Izvor »Was ist ein geistiger Meister?«, Kapitel 10: »Die magische Gegenwart eines Meisters«.

XII

DIE LIEBE VERWANDELT DIE MATERIE

Freier Vortrag

Will man die Materie geschmeidiger machen, um sie leichter bearbeiten zu können, muss man eine Kraft auf sie einwirken lassen, die sie erweichen kann. Wenn ihr trockenen Ton vor euch habt, gießt ihr Wasser darauf, damit er feucht und weich wird. Habt ihr Zucker oder Salz und gebt ihr Wasser darauf, so löst ihr diese Stoffe auf. In anderen Fällen lässt man Hitze statt Wasser einwirken. Im geistigen Bereich entspricht die Liebe dem Wasser oder der Wärme, die es ermöglichen, die Materie zu bearbeiten. So wie Wasser oder Wärme dringt die Liebe in die Partikel der Materie ein, bringt sie zum Schmelzen und wandelt sie.

Wenn ihr einen Gegenstand ergreifen und an euch nehmen wollt, dann zieht ihr ihn zu euch heran, um Herrschaft über ihn auszuüben und ihn zu bearbeiten. Das Gleiche macht die Liebe, die Wärme, die in die Teilchen der Materie eindringt. Man kann auch sagen, dass ihr eine Leine benutzt, ihr zieht und der Gegenstand kommt dann auf euch zu. Die Liebe erfasst etwas, um es sich anzueignen und letztendlich Herrschaft darüber auszuüben.

Erinnert euch an die Analyse, die ich vor einiger Zeit zum Thema der unterschiedlichen Haltung von Mann und Frau im Bereich des Liebeslebens für euch gemacht habe. Die Frau wartet ab, sie unternimmt keine besonderen Schritte, aber durch ihr Lächeln und ihren Blick wirft sie etwas aus, dann zieht sie, und der Mann kommt. Er ist gefangen. Der Mann hingegen macht es auf die Art der Bergsteiger. Er befestigt Steigeisen, und dann klettert er. Doch in beiden Fällen ist das Ziel das gleiche, man will seine Beute ergreifen. Die Frau bewegt sich nicht vom Fleck, sie zieht den Mann an. Dieser hingegen verlässt seinen Platz, um zur Frau zu gehen.

Mit Wärme und Liebe durchdringt ihr einen Gegenstand oder einen Menschen. Das ist vergleichbar mit etwas, das ihr auswerft wie einen Angelhaken, der eindringt, hängen bleibt und ihr herrscht dann darüber. Um nun die Materie zu beherrschen, eure eigene Materie, müsst ihr sie mit gewaltiger Liebeskraft anziehen, die Partikel, die Elektronen ergreifen und sie euch dienstbar machen, damit ihr mit ihnen machen könnt, was ihr wollt. Solange es euch nicht gelingt, einen Menschen oder ein Tier zu ergreifen, entziehen sie sich, und ihr könnt sie nicht beherrschen. Herrschaft bedeutet, dass man den Wesen oder den Dingen sein Gesetz diktieren kann. Sogar im geistigen Bereich könnt ihr euren Zellen Befehle erteilen. Und sie gehorchen euch, weil ihr sie bereits mit eurer Wärme, eurer Liebe und euren Gedanken ergriffen habt.

Es geht also darum, die Partikel eurer Materie, die sich euch widersetzen, zu ergreifen, sie einzufangen. Könnte der Mensch nur einen Blick darauf werfen, was sich in seinem Inneren abspielt, im Magen, in der Lunge, in den Geschlechtsteilen usw., würde er nichts als winzige Tierchen entdecken, die in alle Richtungen herumkrabbeln und nur tun, was ihnen gerade einfällt. Und das Ergebnis davon ist, dass er, der angeblich der König dieses Reiches ist, in Wirklichkeit ständig von seinem Volk bekämpft wird, von Übeltätern, Halunken und Anarchisten. Darum ist er unglücklich, leidend und völlig aus dem Gleichgewicht geworfen. All dies gegensätzliche Wollen seiner Untertanen und ihr ständiges Gezänk schlagen sich auf seinen Zustand nieder. Damit der Mensch wieder zu Harmonie, Glück und Frieden finden kann, muss er seine Zellen dazu bringen, in die richtige Richtung zu marschieren. Er muss sie zähmen, so wie manche Tiere gezähmt werden, die man dann im Zirkus auftreten lässt, wie Löwen, Elefanten, Bären, Panther usw. Warum sollte der Mensch das Gleiche nicht auch mit seinen eigenen Körperzellen machen?[1] Wenn man Tiere, ja sogar Raubtiere zähmen und erziehen kann, könnt ihr es auch schaffen, eure eigenen Raubtiere, eure Zellen zu erziehen, damit sie gemeinsam in die rechte Richtung marschieren. Doch dafür ist viel Arbeit nötig, viel Willenskraft und vor allem viel Liebe. Durch die Kraft eures Wunsches und eurer Liebe fangt ihr sie ein, trainiert ihr sie und sie werden eure Diener. Diese Arbeit nennt man Arbeit an der Materie, doch muss man wissen, dass diese Materie bewohnt ist. Gerade darin, dass die Materie bewohnt ist, liegt der Grund, dass ein großes Wissen nötig ist, um ihrer Herr zu werden. Denn alles ist lebendig, und damit diese Geschöpfe euch gehorchen, müsst ihr sie mit euren Energien, mit euren fluidalen Kräften durchdringen. Ihr müsst sie einfangen, damit sie alle die gleiche Richtung einschlagen, damit selbst die Zellen eurer Füße die gleiche spirituelle Richtung nehmen, für die ihr euch entschieden habt. Und damit ändert sich alles, weil ihr spürt, dass alles miteinander in Harmonie ist. Das, meine lieben Brüder und Schwestern, ist die erste Stufe zur Beherrschung der Materie.

Seit Tausenden von Jahren liegt die Lösung für alle Probleme der Menschen vor den Augen. Alles ist da, alles ist um uns herum aufgezeichnet. Darum muss man lernen, die Dinge zu erkennen und zu verstehen, erkennen, dass sie das Spiegelbild spiritueller, himmlischer und göttlicher Realitäten sind, und niemals daran zweifeln, dass Gott in die geringsten Dinge des Lebens die Lösung für die größten Probleme hineingeschrieben hat.

Die Liebe ist die erste Stufe zur Macht. Probiert es aus, und ihr werdet es sehen. Wenn ihr einmal verwirrte, erregte oder wütende Menschen vor euch habt, dann berührt nur ihre Hand oder ihre Schulter, ohne etwas zu sagen, und konzentriert euch darauf, ihnen viel Liebe zu geben. Die Menschen arbeiten selten mit dieser Art von Liebe. Sie kennen die andere Art von Liebe, die auch stark und mächtig ist, die jedoch nicht die gleichen Wohltaten mit sich bringt. Man muss lernen, sich der Macht der selbstlosen Liebe zu bedienen, die keinerlei Sinnlichkeit noch Leidenschaft enthält, die aber Wunder bewirken kann. Auf diese Weise könnt ihr sogar die ganze Welt verbessern. Man denkt, es sei unmöglich, auf die Menschheit einzuwirken, um sie zu bessern und ihr zu helfen, da man sich sagt: »Die Menschen sind so zahlreich, das ist unmöglich.« Gewiss, es ist unmöglich, das ist ein gigantisches Unterfangen. Doch wenn man wüsste, wie man es anstellen muss, wäre es möglich. Versucht zum Beispiel euch einmal vorzustellen, dass die ganze Menschheit in einem Wesen konzentriert ist, oder stellt euch die Menschheit als ein Wesen vor, das neben euch steht, ihr reicht ihm die Hand und schenkt ihm viel Liebe. In diesem Augenblick strömen kleine Partikel von eurer Seele in alle Richtungen aus, und was ihr diesem Wesen tut, wirkt sich auf alle Menschen aus, die anfangen, andere Gedanken und andere Wünsche zu hegen. Gäbe es Hunderte, ja Tausende von Menschen auf der Erde, die diese Übung ausführten, würdet ihr sehen, wie ein neuer Hauch, ein göttlicher Hauch, die Menschen durchströmen würde, die eines schönen Tages, ohne recht zu wissen warum, völlig verwandelt erwachen würden.

Tatsächlich entspricht das, was in den Einweihungsschulen der Vergangenheit gelehrt wurde, genau dem, was ich euch hier erkläre, nämlich wie man die Materie durch den Geist beherrschen kann. Ja, es geht nur um diese eine Sache, doch an Erklärungen, Darstellungsweisen und Aspekten gibt es unendlich viele. Es geht nur darum, eine Sache zu begreifen und zu verwirklichen, nämlich die Vereinigung, das Verschmelzen, die Vollkommenheit.[2] Doch was muss man alles hören und wissen, bis es gelingt, dies zu verwirklichen! Alles Wissen dient einem einzigen Zweck: mit dem Göttlichen eins zu werden, mit dem Urgrund des Seins zu verschmelzen.

Und ihr seid nun auf der Suche nach wer weiß was... Aber man braucht nicht zu suchen, es gibt nichts zu suchen. Es gibt nichts über der Einheit mit Gott, darüber, mit Ihm in Harmonie zu schwingen. Alle Erkenntnisse in den verschiedenen Bereichen der Wissenschaft sollen nur dazu beitragen, dies zu verwirklichen. Kein Zweig der Wissenschaft kann uns etwas Größeres bringen. Im Gegenteil, alles, was die Wissenschaft entdeckt, soll nur dazu benutzt werden, die beste aller Tätigkeiten auszuführen, nämlich die Vereinigung mit Gott anzustreben.

Le Bonfin, den 26. Juli 1967

Anmerkungen

1. Siehe Band 12 der Reihe Gesamtwerke »Die Gesetze der kosmischen Moral«, Kapitel 19: »Die beste pädagogische Methode ist das Beispiel«.
2. Siehe Band 241 der Reihe Izvor »Der Stein der Weisen«, Kapitel 9: »Die alchimistische Arbeit: die 3 über der 4« und Kapitel 10: »Der Stein der Weisen, Frucht einer mystischen Vereinigung«.

XIII

LIEBE UND IDENTIFIKATION

Freier Vortrag

Wenn zwei Menschen sich lieben und einen Austausch pflegen, gleichen sich ihre Auren an. Wenn ihr also regelmäßig einen Meister aufsucht, wenn ihr ihn liebt und euch mit ihm eins fühlt, dann entsteht auch ein Austausch zwischen ihm und euch, und eure Aura wird gereinigt, gestärkt und wird weiter. Darin liegt der Vorteil, wenn man geistig hochstehende, weitentwickelte Menschen liebt. Manche definieren die Liebe als das Aneinanderreiben von zwei Hautoberflächen. Mein Gott, was für eine armselige, beschränkte Definition! In Wirklichkeit ist Liebe nichts anderes als ein Angleichen der Möglichkeiten, eine Osmose.* Vermischt man warmes Wasser mit kaltem Wasser, so geht die Wärme des einen auf das andere über und umgekehrt, was dann lauwarmes Wasser ergibt. Dieses Gesetz, das für alle festen, flüssigen und gasförmigen Substanzen gilt, findet auch im Bereich des feinstofflichen Austauschs Anwendung. Liebe ist also nichts anderes als ein Angleichen der Auren. Selbst wenn ihr große Meister liebt, die nicht mehr auf der Erde weilen, wie Jesus, Buddha, Krishna, Zarathustra, findet ein Austausch, eine Osmose statt und ihr habt den Nutzen davon. Wenn ihr das Glück habt, mit einem lebenden Meister Umgang zu pflegen, seiner Aura nahe zu sein und euch von dieser durchdringen zu lassen, so ist das noch besser. Für ihn allerdings besteht eine Gefahr; wenn man nämlich spürt, dass er eine starke, lichtvolle Aura besitzt, will man in zu großer Nähe mit ihm leben und ihm alles nehmen, denn man kennt keinerlei Maß.

* Siehe die ergänzende Bemerkung am Ende des Kapitels.

Wenn die Schüler sich auf ihren Meister konzentrieren, empfangen sie die Strahlung seiner Reinheit und seines Lichts. Doch glaubt mir, für die Meister ist das nicht gerade eine großartige Sache, denn was empfangen sie als Austausch dafür! Unter ihren Schülern befinden sich oftmals Frauen, die ihre Gefühle in keiner Weise beherrschen und die ihnen abscheuliche Gedanken und Wünsche zusenden. Da sie es jedoch auf sich genommen haben, Opfer zu bringen und gelernt haben, die Dinge zu verwandeln und zu vergeistigen, ertragen sie alles und beklagen sich nicht. Auf diese Weise gelingt es ihnen, ihren Schülern zu helfen.

Ihr könnt noch gar nicht ermessen, welche großen Opfer ein Meister bringt, wenn er mit den Menschen Umgang pflegt. Die Menschen hingegen bringen keine Opfer. Sie ziehen einen Nutzen daraus, einen Meister zu haben, denn auf diese Weise entledigen sie sich ihrer Unreinheiten und ihrer Unvollkommenheiten und der Meister gibt ihnen reines Wasser, Licht... Für einen Meister, einen Heiligen, einen Eingeweihten bedeutet es das größte Opfer, wenn er es auf sich nimmt, sich unter den Menschen aufzuhalten, denn unablässig verliert er dabei – oder besser gesagt – gibt und verteilt er ohne Unterlass. Zum Glück ist er mit dem Himmel verbunden, und so empfängt er das Leben von dort oben. Würde er nur das empfangen, was von unten kommt, würde er bald so werden wie die gewöhnlichen Leute. Ein Eingeweihter gibt also nach unten und empfängt von oben. Die Schüler haben ständig den Nutzen davon, sie bessern sich, sie werden reiner, intelligenter und aufmerksamer. All das sind Eigenschaften, die sie durch ihren Meister erhalten.

Das Wissen wirft ein weiteres großes Licht auf das Thema der Liebe. Ihr seht nun, warum man lieben muss. Doch um einen schwachen oder kriminellen Menschen zu lieben, muss man sehr weit entwickelt sein, damit man weiß, wie man ihm etwas schenken kann, ohne von ihm irgendeine Unreinheit abzubekommen. Und das ist sehr schwierig. Ihr könnt Menschen lieben, die spirituell weniger entwickelt sind als ihr, doch ist es besser, wenn sich eure Liebe auf Menschen richtet, die euch überlegen sind. Wenn ihr sehr reich, lichtvoll und stark seid, könnt ihr es euch erlauben, denen etwas zu geben, die weit unten stehen. Ihr besitzt ja so viel, dass es überläuft. Doch wenn ihr nicht sehr viel besitzt, ist das nicht empfehlenswert, denn ihr lauft Gefahr, viel Unreines und Schädliches aufzunehmen.

Die Engel und Erzengel, die göttlichen Wesen und Gott selbst lieben uns und stehen auf einer so hohen Stufe in Bezug zu uns. In den Evangelien heißt es: »Gott liebte die Welt so sehr, dass er Seinen eingeborenen Sohn schickte.« Das ist der Beweis, dass Er uns liebt. Wenn Gott und die Erzengel uns lieben, warum sollten wir nicht auch die Wesen lieben, die auf der Evolutionsleiter unter uns stehen, zum Beispiel ein Pferd, einen Hund oder eine Katze? Wie so manche Menschen, die die Tiere den Menschen vorziehen. Im Übrigen ist es oftmals so, dass man die Geschöpfe, die einem weit überlegen sind, nicht besonders liebt. Man empfindet Respekt, Achtung und Bewunderung für sie, jedoch keine Liebe. Man findet es einfacher, jemanden zu lieben, der einem nicht zu sehr überlegen ist.

Doch gibt es eine Nuance, die ihr vielleicht noch nicht bemerkt habt. Nehmen wir zuerst den Fall, in dem sich eure Liebe auf weniger hoch entwickelte Geschöpfe richtet. Zwar wollt ihr sie beschützen, ernähren und pflegen, doch wollt ihr etwa so wie diese Wesen werden und euch dessen berauben, was ihr jetzt seid? Ihr liebt sie, gewiss, doch ihr wollt euch nicht mit ihnen identifizieren. Stellt euch vor, ihr habt einen Hund und er wird krank. Ihr macht euch Sorgen, ihr bemüht euch Tag und Nacht darum, ihn zu heilen und zu retten. Das ist also gewiss Liebe, doch bedeutet das nicht, dass ihr so werden und leben wollt wie er. Ihr findet ihn sogar schmutzig und wollt ihn nicht an euren Tisch oder in euer Bett lassen. Ihr ernährt ihn, ihr streichelt ihn und dann sagt ihr: »Hopp, geh' auf deinen Platz!«, was zeigt, dass ihr keine Lust habt, euch mit ihm zu identifizieren.

Was ist nun aber Liebe? Das ist nichts anderes als ein Verschmelzen, eine Identifikation mit dem geliebten Wesen. Liebe ist nichts anderes als mit dem Gegenstand der Liebe eins werden zu wollen. Nun hat man aber keine Lust, einem Wesen zu gleichen, mit diesem zu verschmelzen und so zu werden wie es, wenn es unter einem steht.

Liebe und Identifikation

Handelt es sich jedoch um ein höheres Wesen, so ist das anders. Man will nichts weiter, als ihm zu gleichen, ebenso schön, klug und stark zu werden. Das ist Liebe. Selbst wenn sich das nur durch Achtung, Respekt und Bewunderung zeigt, sobald ihr ebenso werden wollt, handelt es sich um Liebe. Wenn es wahre Liebe ist, wollt ihr sogleich mit dem geliebten Wesen eins werden. Ihr könnt also nur Geschöpfe lieben, die euch überlegen sind. Immer wollt ihr wie ein Engel, ein Weiser, ein Eingeweihter oder eine Gottheit werden. Doch ihr hättet keine Lust, wie ein Insekt zu werden, trotz all der Zuneigung, die ihr diesem Tierchen entgegenbringen mögt.

Unter all den Dingen, durch die sich die Menschen des Ostens und des Westens unterscheiden, gibt es eines, an das man sich schon so sehr gewöhnt hat, dass man gar nicht mehr darauf achtet, nämlich die große Bedeutung, die im Osten einem Meister beigemessen wird, die Art und Weise, wie man ihn betrachtet und wie man sich ihm gegenüber verhält. Für diese Menschen hat ein Meister eine so große Bedeutung, dass allein die Tatsache, einen Meister zu haben, ihr ganzes Leben ändert, ja verwandelt. Oftmals hat der Meister kaum mit ihnen gesprochen, er kümmert sich nicht um sie. Doch sie wissen, dass es ihn gibt, sie sind glücklich und machen Fortschritte, weil sie ihn lieben, an ihn glauben und mit ihm verbunden sind. Sie wissen, dass ein Schüler durch die Liebe zu seinem Meister dessen Eigenschaften, Tugenden und geistigen Energien empfängt und sich so allmählich seinem Meister angleicht.

Im Westen findet man sehr selten so eine Mentalität. Wenn man dort einen Meister hat, dann nur, um ihn zu kritisieren, zu verdächtigen und Tag und Nacht mit ihm zu streiten – natürlich nicht im Äußeren, sondern im Inneren, gedanklich. Man braucht eine Zielscheibe, und diese Zielscheibe ist der Meister. Es ist ja so interessant, mit ihm zu streiten! Aber das ist auch sehr schlimm und sogar sehr gefährlich, denn diese Haltung hindert den Schüler nicht nur daran, sich weiterzuentwickeln, da er weder den Frieden, das Wissen noch die Freude des Meisters empfängt, sondern der Himmel wird ihm auch noch einige Strafen schicken, weil er es nicht verstanden hat, die guten Voraussetzungen, die ihm zu seiner Entwicklung gegeben wurden, zu nutzen. Da ist es wohl besser, keinen Meister zu haben. Wenn man sich einen Meister auswählt, sollte man sich zumindest entsprechend ihm gegenüber verhalten. Ich ziehe es vor, dass ihr mich verlasst und einem anderen Meister folgt, wenn ihr dabei nur eure Einstellung ändert. Es geht nicht einfach nur darum, den Meister zu wechseln. Die Einstellung ist es, die man verbessern muss, und zwar nicht für den Meister, sondern für euch selbst. Ob ihr den Meister achtet und liebt oder nicht, das berührt ihn nicht weiter, denn er versteht es, beide Haltungen zu nutzen. Gewiss wird er ein wenig enttäuscht und traurig sein, wenn er sieht, dass ihr es nicht versteht, all das, was er in Jahrhunderten angesammelt hat, für eure Entwicklung zu nutzen. Doch wird er diese Enttäuschung umwandeln, und ihr seid es, die dann leiden werden.

Wenn man ständig mit seinem Meister uneins ist, ist es besser, nicht sein Schüler zu sein, denn diese Haltung nützt niemandem, weder dem Schüler, noch dem Meister, der Menschen sucht, die er unterrichten kann, Arbeiter, die er für ein himmlisches Werk einsetzen kann. Also, meine lieben Brüder und Schwestern, das Bewusstsein muss noch etwas weiter werden, denn für viele ist diese Angelegenheit noch nicht klar. Sie wissen nicht, was ein Meister ist.

In einer Familie dreht sich alles um den Vater, denn er ist der Kopf. Wenn nicht alle mit dem Haupt, dem Kopf verbunden sind, herrscht Durcheinander und Streiterei, alles fällt auseinander und mit der Familie geht es bergab. Ebenso kommt es in einem Land zu großen Wirren, wenn das Oberhaupt verschwindet. Selbst die Räuber, ja sogar die Tiere haben das begriffen. Sie suchen einen Kopf, der sie führt. Warum haben die intelligenten Leute noch nicht begriffen, dass auch im spirituellen Leben ein Kopf nötig und unerlässlich ist? Ohne den Kopf, herrscht Chaos. Doch alle sind ständig damit beschäftigt, diesen Kopf zu massakrieren.

Ein Meister, das heißt ein Kopf, einer, der diese Aufgabe wirklich erfüllt, der sich bewusst ist, welchen Wert diese göttliche Arbeit hat, ist ständig mit dem Himmel verbunden, und selbst wenn er wegen anderer Aufgaben einmal verreisen muss, bleibt er in ständiger Verbindung mit dem Himmel und seiner Bruderschaft.[1] Wenn er selbst abwesend ist, sind daher immer andere Wesen aus der unsichtbaren Welt da, die sich über ihn manifestieren, um ihn zu repräsentieren und um die Gemeinschaft zusammenzuhalten und zu stützen. Ein Kopf, d. h. ein Meister, ist also niemals abwesend, denn immer springen andere aus der höheren Welt für ihn ein. Ein Schüler verliert also niemals irgendetwas, wenn er Vertrauen hat und seinen Meister liebt. Immer findet er Unterstützung, Beistand, Aufklärung und Belebung, wenn nicht durch den Meister selbst, dann durch die, mit denen dieser ständig verbunden ist und die immer anwesend sind. Viele haben das schon erlebt. Wenn ich anderweitig beschäftigt und nicht einmal über ihre Schwierigkeiten unterrichtet war, wurde ihnen doch geholfen. Sie meinten, das käme von mir. Aber das war nicht ich, der ihnen da half, das waren Freunde aus der unsichtbaren Welt, die sich über mich manifestierten. Sie sind weder stolz noch eitel, und es stört sie nicht, meine Gestalt anzunehmen, um sich vor den Brüdern und Schwestern zu zeigen. Und ich bin der Letzte, der etwas davon erfährt.

Doch ihr müsst wissen, dass ihr euren Meister lieben und ihm vertrauen müsst, wenn euch von ihm geholfen werden soll. Denn selbst wenn ich euch helfen will, sind es die anderen aus der höheren Welt, die nicht wollen. Sie sagen dann: »Nein, sie verdienen es nicht, sie denken nicht recht und sie haben keine Liebe, so bekommen sie auch keine Hilfe!« Denn der Himmel mag eine solche Haltung nicht. Ich selbst bin sehr nachsichtig und sage mir: »Das macht nichts, sie sind noch jung, sie werden wachsen«, und ich empfange sie weiterhin und helfe ihnen. Aber die himmlischen Wesen akzeptieren das nicht: »Nein, nein, sie müssen lernen, die universelle Ordnung der Dinge zu achten, nämlich den Kopf.« Und da ich der Repräsentant von etwas oder von jemandem bin, schickt eure Achtung und eure Liebe, wenn es schon nicht für mich ist, zumindest zum Himmel, den ich repräsentiere. Und ihr werdet sehen, dass dieser euch belohnen wird.

Le Bonfin, den 14. Juli 1973

Ergänzende Bemerkung:

Von denen, die sich lieben, sagt man, dass sie eins geworden sind, ein Fleisch. Ja, doch stimmt das nur in dem Fall, in dem sie in ihrem inneren, seelischen und gefühlsmäßigen Leben in harmonischer Schwingung miteinander sind, selbst wenn sie in diesem Augenblick körperlich nicht vereint sind. Dieses Einssein ist nicht nur mit einem Mann oder einer Frau möglich, sondern mit allen Männern und Frauen, die im selben Moment auf derselben Wellenlänge schwingen. Sie bilden eine kollektive Einheit von außergewöhnlicher Stärke.

Stellt euch einmal einen lasterhaften, kriminellen Mann vor, der sich mit einer Frau vereint, die ihm gleicht. Sie haben dann eine gleiche Schwingung der Kriminalität, Treulosigkeit und Sinnlichkeit, und in diesem Moment sind sie mit all denen verbunden, die die gleichen Laster haben. Es ist also ein ganzes Kollektiv, das mit diesen beiden Menschen eine Einheit bildet, ja, in solchen Fällen ist es oftmals sogar die Hölle selbst. Doch das gilt auch für das Gegenteil. Darum sollte ein Schüler gut überlegen, wenn er jemanden lieben und heiraten will. Es genügt nicht, eine Anziehung zu verspüren. Man muss wissen, mit wem man sich verbindet, denn über diesen Menschen kommuniziert man entweder mit dem Himmel oder mit der Hölle.

Sèvres, den 3. Januar 1967

Anmerkung
1. Siehe Band 10 der Reihe Gesamtwerke »Sonnen-Yoga«, Kapitel 5: »Alle Geschöpfe haben ihr Zuhause – Der Rosenkranz der 7 Perlen« und Kapitel 6: »Der Meister im Rosenkranz der 7 Perlen – Jedes Geschöpf soll eine Wohnstätte haben und sie schützen – Die Aura«.

XIV

DIE AUFGABE EINES SCHÜLERS

Freier Vortrag

Heute möchte ich einmal darlegen, wie den Bewohnern von Agartha die Liebe gelehrt wird.[1] Wie ich euch früher schon gesagt habe, kennen die Bewohner von Agartha keine Krankheit, und sie leben sehr lange, da sie die Dimensionen und den Sinn der Liebe erkannt haben. Sie nähren und heilen sich durch Liebe und sie begreifen alles durch die Liebe. Und das liegt daran, dass sie eine andere Auffassung davon haben. Die Eingeweihten, von denen sie unterrichtet werden, erklären ihnen, dass sie zuerst einmal den Herrn lieben müssen, denn der Herr wirkt dann wie eine Art Transformator, wie eine Kraft, die alles harmonisiert. Da der Herr für die Menschen jedoch ein abstraktes Wesen ist, erklärt ihnen ihr Lehrer, dass es einen Repräsentanten des Herrn gibt, nämlich die Sonne. Er zeigt ihnen, wie man sich mit der Sonne verbindet, sie liebt und so wird wie sie. So wird ihnen die Aufgabe, sich mit dem Herrn zu verbinden, mit Hilfe der Sonne erleichtert, denn diese ist leichter zugänglich. Durch ihr Licht, ihre Strahlung, ihre Wärme kann man sie sehen und spüren.[2]

Dann wird den Schülern erklärt, dass auf der menschlichen Ebene der Meister den Herrn und die Sonne repräsentiert. Und sie lernen, ihn zu lieben und ihn als Transformator für ihre Gedanken, Gefühle und Wünsche anzusehen. Indem sie ihren Meister selbstlos lieben und als ein Ideal, ein Vorbild betrachten, schreiten sie rasch der Vollkommenheit entgegen. Von ihm geht nicht nur keinerlei Unreinheit aus, sondern der Meister nimmt auch noch alles

Unreine seiner Schüler auf sich. Wenn die Schüler dann später einen Lebenspartner wählen, werden sie aufgrund dieser drei Transformatoren, dem Herrn, der Sonne und ihrem Meister, gut geführt. So ist das also in Agartha. Indem die Schüler all ihre Liebe dem Herrn, der Sonne und dem Meister schenken, haben sie innerlich einen festen Halt, eine Kraft, die imstande ist, sie zu lenken und ihnen Licht zu bringen. Doch hier auf der Erde bleiben die Menschen weiterhin in Sumpf, Leid und Unglück stecken, selbst wenn sie einen großen Meister, die Sonne und den Herrn haben, weil sie die Mittel nicht akzeptieren wollen, die ihnen gegeben werden, um glücklich zu sein. Sie suchen irgendeinen Laffen oder ein »Schätzchen«, das ist alles, was für sie zählt. Und so gelingt es ihnen nicht, ihre Instinkte und Leidenschaften umzuwandeln, da sie die Verbindung mit den drei Kräften, mit dem Herrn, der Sonne und dem Meister, die allein ihnen wirklich helfen können, abgebrochen haben.

Alle haben sich in diese Art von Liebe gestürzt, die sie zugrunde richtet, und niemand ist da, der sie unterweisen und beraten könnte. Es heißt nur: »Schau, wie du zurechtkommst, man muss der Natur gehorchen.« Gewiss, doch die Natur hat so viele verschiedene Stufen! Ich habe bereits zu euch von den beiden Naturen des Menschen gesprochen.[3] Tatsächlich gibt es mehr als nur zwei, doch um das Verständnis zu erleichtern, sprechen wir von zweien, von der niederen Natur, die den Menschen immer wieder zum Tierhaften hinführt, und von der himmlischen, göttlichen, die sich der ersteren entgegenstellt. So kann die Natur also von ihrer höheren Seite her verhindern, dass die niedere Seite sich zeigt und Zerstörungen anrichtet. Genau darum muss man die höhere Seite entwickeln, nachdenken und sich sagen: »Meine niedere Natur treibt mich heute dazu, dieses oder jenes zu tun, um sie zu befriedigen. Das ist normal, das ist eine gute Sache, denn die kosmische Intelligenz hat den Geschöpfen diese Neigungen mitgegeben. Doch hat sie ihnen auch andere, höhere Neigungen mitgegeben, die sich eines Tages durchsetzen und die Führung übernehmen sollen.«

Die Aufgabe eines Schülers

Die meisten Menschen halten es für völlig gerechtfertigt, wenn die Natur ihnen einen Impuls gibt, diesem freien Lauf zu lassen, und sie sagen sich: »Ja was denn? Das ist doch natürlich, wir gehorchen der Natur!« Gewiss gehorchen sie der Natur, doch der niederen Natur. Wenn sich ein Tiger auf seine Beute stürzt, um sie zu verschlingen, hat er keine Schuldgefühle, denn die niedere Natur lenkt und beherrscht ihn. Das Gleiche gilt für manche Menschen, sie vergewaltigen Frauen und bringen sie um, ohne sich schuldig zu fühlen, weil sie völlig von ihrer niederen Natur beherrscht sind. Erst wenn die höhere Natur in ihnen erwacht, können sie sich für die Taten, zu denen sie die niedere Natur verleitet hat, schuldig fühlen, vorher nicht. Die kosmische Intelligenz hat dem Menschen also diese beiden Naturen mitgegeben, damit die höhere Natur letztendlich fähig wird, die Oberhand zu gewinnen und alles bis zur Vollkommenheit, zur Herrlichkeit und zum Sieg des Göttlichen hinzuführen. Natürlich hat man die Freiheit, sich der niederen Natur zu verschreiben, sich gehen zu lassen und zu sagen: »Das ist natürlich und normal.« Doch in diesem Fall wird man sich niemals von den Tieren unterscheiden.

Die Aufgabe des Schülers besteht darin, der höheren Natur Vorrang vor der niederen Natur zu geben. Auf diese Weise wird er Schritt für Schritt zu einem Meister. Derjenige ist ein Meister, der es geschafft hat, die niedere Natur vollkommen zu bemeistern und sie in den Dienst der höheren Natur zu stellen. Er hat sie weder vernichtet noch abgetötet, sondern er hat sie in seinen Dienst gestellt.

Le Bonfin, den 1. August 1975

Anmerkungen

1. Siehe Band 25 der Reihe Gesamtwerke »Der Wassermann und das Goldene Zeitalter«, Kapitel 8: »Die Politik im Licht der Einweihungswissenschaft«.
2. Siehe Band 10 der Reihe Gesamtwerke »Sonnen-Yoga«, Kapitel 4: »Die Sonne bringt die Samen zum Wachsen, die der Schöpfer in uns gelegt hat – Wie man die Heilige Dreifaltigkeit in der Sonne wiederfindet« und Kapitel 15: »Die Sonne ist Gottes Ebenbild – Im Geist und in der Wahrheit«.
3. Siehe Band 213 der Reihe Izvor »Die menschliche und göttliche Natur in uns«.

XV

ÖFFNET EUCH,
UND MAN WIRD EUCH LIEBEN

Freier Vortrag

Manche Menschen, die sich ständig beklagen, habe ich einmal beobachtet und erkannt, dass es ihre eigene Haltung ist, die sie unglücklich macht, denn sie sind nicht in der Lage, sich zu öffnen, zu lieben oder nur einmal einige Worte der Ermunterung oder des Trostes zu sagen. Sie sind nicht in der Lage zu geben, immer warten sie darauf, dass die anderen auf sie zukommen. Doch die anderen sind oft sehr beschäftigt, sie haben Kummer und Sorgen und keine Zeit, an sie zu denken und zu ihnen zu gehen. Und so beklagen sie sich: »Niemand kommt mich besuchen, keiner liebt mich, niemand interessiert sich für mich.« Und warum sind es immer die anderen, die sie lieben und sich für sie interessieren sollen? Sie werden so lange unglücklich sein, bis sie begriffen haben, dass es kein Gesetz gibt, das besagt, dass ein Mensch ständig von den anderen verwöhnt und verhätschelt werden soll. Schaut nur einmal, wie man mit den Kindern umgeht. Solange sie noch klein sind, kümmern sich die Eltern um sie; sie werden ernährt, getragen, gekleidet und gewaschen. Doch später muss das Kind alleine zurechtkommen und selbständig laufen, essen und sich ankleiden. Symbolisch gesehen befindet sich der Schüler anfangs in der Lage eines Kindes. Es ist der Meister, der ihn trägt, ihn ernährt und sich um ihn kümmert. Doch kann der Meister den Schüler nicht ewig in seinen Armen tragen oder auf seinem Rücken. Dieser soll ihm nachfolgen, und wenn er das nicht will, dann soll er sich jedenfalls nicht darüber beklagen, dass der Meister ihn nicht holen kommt.

Öffnet euch, und man wird euch lieben

Wie oft habe ich schon darauf gedrungen, dass ihr ein wenig von eurer Personalität abrückt, von eurer Ichbezogenheit, um einmal etwas für die Anderen zu tun. Natürlich ist oftmals die Erziehung daran schuld. Die Eltern sagen zu ihren Kindern: »Sei doch nicht dumm, mache nicht immer den ersten Schritt. Warte bis die Anderen zu dir kommen.« Nun, die Leute werden vielleicht zu ihnen kommen, aber nur, wenn sie einen Nutzen darin sehen... Wenn ihr zum Beispiel Bäcker seid, wird man wegen Brot zu euch kommen. Doch um ein gefragter Mensch zu sein, muss man immer wieder etwas geben. Wenn ihr nichts gebt, wenn ihr verschlossen und kalt seid, wer wird dann schon zu euch kommen? Die Menschen lieben nur das Lebendige, Herzliche, Strahlende; sie meiden alles Trübe und Leblose.

Die Liebe bringt das Glück. Wenn ihr nicht liebt und auch nicht geliebt werdet, welches Glück könnt ihr dann erwarten? Selbst wenn ihr reich und mächtig seid, wenn euch niemand liebt und wenn ihr nicht liebt, so ist alles trostlos. Das ist der Tod. Was ich euch hier sage, ist von grundlegender Bedeutung. Es sollte nicht einmal nötig sein, darüber zu sprechen. Die Menschen müssten das von Kindheit an wissen. Doch sie wissen es nicht, und das ist traurig.

Wenn ihr nicht vergehen und ins Jenseits hinübergehen wollt, dann fangt an zu lieben! Nehmt irgendetwas, nehmt eine Katze oder einen kleinen Vogel, bringt diese bei euch unter und schenkt ihnen eure Liebe. Dieser Vogel wird vielleicht die universelle Liebe in euch zum Strömen bringen. Nehmt eine Katze, eine Schildkröte oder was immer ihr wollt, doch fangt endlich an zu lieben! Man liebt niemanden, nur sich selbst, und dieses »Selbst« ist ein so kleiner Kreis, dass niemand dort Zutritt findet. Man muss sich selbst ein wenig vergessen und anfangen zu lieben, die Blumen, die Berge, die Sterne... Dann erweitert sich der Kreis, ihr werdet reicher, ausdrucksvoller, tiefer. Was sagt ein junger Mann zu seiner Geliebten? Er schaut sie an und ruft aus: »Wenn ich dich anschaue, spüre ich, wie meine Seele weit wird, das ganze Universum ist in meinem Herzen, alles singt!« Nun werdet ihr sagen, dass er übertreibt. Ja und nein. Lasst euch nur von den Verliebten belehren, und ihr werdet sehen, dass sie euch beibringen werden, glücklich zu sein.

Natürlich gibt es viele Gründe, warum sich die Menschen den anderen gegenüber reserviert, ängstlich und kalt zeigen. Manchmal stimmt etwas in ihrem inneren Aufbau nicht, manchmal liegt es auch an der Erziehung, manchmal haben sie auch Störungen im psychischen Bereich oder aber eine zu große Schüchternheit, die es zu heilen gilt. Doch meistens ist es die Ichbezogenheit, eine Ichbezogenheit, die aus der Unwissenheit herrührt. Sie wissen einfach nicht, dass es ganz und gar nicht in ihrem Interesse liegt, eine solche Haltung zu haben. Wenn sie nun glücklich damit wären, gäbe es nichts dagegen zu sagen. Es ist nicht empfehlenswert, in der Zurückgezogenheit ohne Austausch mit den anderen zu leben. Das ist sogar ein sehr schlechtes Zeichen, doch gibt es Leute, die damit glücklich sind. Und im Augenblick spreche ich nicht von ihnen, sondern ich spreche von denen, die sich mit dieser Situation unglücklich fühlen. Und da sie unglücklich sind, müssen sie etwas ändern.

Wenn ihr unglücklich seid, bedeutet dies, dass ihr Gesetze übertreten habt, dass ihr euch zu Kräften oder Wesenheiten in Opposition befindet. Und dies ist ein Zeichen, dass ihr etwas ändern müsst. Ihr solltet also anfangen, ein wenig auf die anderen zuzugehen. Es liegt bei euch, den ersten Schritt zu tun. Wartet nicht darauf, dass der Berg zu euch kommt, sondern geht zum Berg hin. Wenn ihr das versucht, entwickelt ihr Demut, und ihr werdet stärker, weil es euch gelingt, einen Schritt zur Selbstüberwindung zu tun. Doch wenn ihr nichts tut, werdet ihr eines Tages den völligen Zusammenbruch erleben, ihr werdet völlig erschlagen sein, denn das Nervensystem kann eine solche Last nicht lange ertragen. Der erste Schritt zur Änderung besteht also darin, ein klein wenig zu unternehmen, euch auf den Weg zu machen und jemanden zu besuchen. Das machen die Menschen übrigens oft ganz instinktiv. Wenn ein Mann verärgert ist, weil er eine Auseinandersetzung mit seiner Frau hatte, geht er hinaus an die frische Luft, er geht auf der Straße spazieren, um andere Gesichter zu sehen. Bald darauf ist eine Veränderung in ihm eingetreten, er geht heim, umarmt seine Frau, und sie haben ihren Streit vergessen – einfach weil er hinausgegangen ist. Wenn die Leute in manchen Fällen also instinktiv spüren, was sie tun müssen, warum erkennen sie dann nicht, dass sie die gleichen Methoden in anderen Situationen bewusst anwenden und auf die anderen zugehen können, anstatt sich in einer Ecke vor Kummer zu verzehren und ständig etwas von den anderen zu erwarten?[1]

Selbst in der Bruderschaft sage ich zu einigen Brüdern und Schwestern, die ich völlig in sich selbst gekehrt sehe: »Kommt doch ein wenig da heraus! Mein Gott, ihr habt euch so verbarrikadiert. Wenn man so mürrisch und unfreundlich ist, zieht man doch niemanden an. Ihr dürft den anderen nicht vorwerfen, dass sie nicht auf euch zukommen. Werdet ein wenig angenehmer, und ihr werdet sehen, ob die anderen nicht kommen. Schaut einmal eine aufgeblühte Rose an. Sie verbreitet einen köstlichen Duft, und alle strömen herbei, um ihn einzuatmen, sogar die Bienen und die Schmetterlinge. Einfach nur, weil sie aufgeblüht ist! Warum bleibt ihr verschlossen und ohne Duft?«

Gewiss werden mir manche entgegnen: »Also, wenn man Sie so reden hört... Sie sind sich wohl nicht über die Gefahren im Klaren! Die Leute werden sich auf uns stürzen.« Nun gut, wenn ihr so große Philosophen seid, dann macht, was ihr wollt. Ich werde euch zu nichts zwingen. Versucht aber, mich recht zu verstehen, ohne ständig zu sagen: »Ja, aber dies... ja, aber das...« Wenn man unbedingt kritisieren will, findet man natürlich immer irgendetwas, selbst an dem, was ich gerade gesagt habe. Doch in Wirklichkeit ist das, was ich euch gerade erkläre, entsprechend der Lehre, die mir mitgegeben wurde, völlig in Übereinstimmung mit dem Ziel, das wir uns gesetzt haben, nämlich die Menschen zu lehren, sich zu vervollkommnen und zu entfalten, um das neue Leben zu leben. Wenn man allerdings ein anderes Ziel und andere Vorstellungen hat, kann man natürlich diese Ideen durch andere, entgegengesetzte ersetzen. Wir aber, die wir die universelle Bruderschaft und das Reich Gottes wollen, wir müssen alles auf dieses eine Ziel ausrichten, und das ist das Licht, die Herrlichkeit, die Entfaltung, die Schönheit, die Freude und die Liebe. Hätte ich ein anderes Ziel, würde ich meine Lebenseinstellung ändern, das könnt ihr mir glauben.

Die Ziele und die Mittel dürfen sich nicht im Wege sein und sich widersprechen. Alles, was ich euch erkläre, alle Mittel und Methoden, die ich euch gebe, entsprechen in idealer Weise dem Ziel, das wir uns gesetzt haben, und ich bin glücklich, die Menschen in diese Richtung mitzuziehen. Das will nicht heißen, dass es nicht auch andere Wege gibt. Es gibt deren Hunderte, doch führen sie woanders hin, und sie bringen andere Dinge mit sich. Jeder muss im Leben seine Wahl treffen. Wenn ihr das nicht wählen wollt, was ich gewählt habe, dann wählt, was ihr wollt, doch ihr werdet die Resultate sehen. Wenn ihr dann krank und von allen verlassen seid, werdet ihr vielleicht endlich erkennen, welch großer Irrtum es war, verschlossen zu bleiben. Überall in der Welt raten die Eltern ihren Töchtern und Söhnen: »Seid nicht zu vertrauensselig, sonst passiert euch dieses oder jenes...« Und in der Welt sind diese Ratschläge natürlich richtig, denn dort gibt es Diebe, Lügner, Betrüger und Halunken. Doch ich glaube nicht, dass ihr hier betrogen oder sonst einen Schaden erleiden werdet, wenn ihr euch öffnet, manche Brüder und Schwestern besucht und ein wenig lächelt. Denn beim geringsten Anzeichen würde ich darüber Bescheid bekommen und den Dingen ein Ende setzen. Ihr seht also, dass keine großen Gefahren auf euch warten.

Ihr müsst mit den Menschen Umgang pflegen und mit ihnen leben, dabei jedoch nicht an ihren Schwächen und ihrer Finsternis teilhaben. Ihr müsst in der Lage sein, mit ihnen umzugehen und ihnen zu helfen, ohne dabei eure guten Eigenschaften und Tugenden zu verlieren. Im Gegenteil, ihr gebt ihnen einige Partikel, einige Strahlen aus eurem Herzen und eurer Seele, und ihr seid stolz darauf, ihr fühlt euch stärker, weil ihr etwas zur Besserung des Menschengeschlechts beitragen konntet. Wenn die Schüler nach diesen Regeln der Einweihungswissenschaft vorgehen, können sie ihren Eltern, ihren Freunden, ja der ganzen Gesellschaft helfen, ohne dabei selbst schwächer zu werden. Doch ist dazu das Einweihungswissen nötig, denn ohne dieses Wissen ist es nicht möglich, Umgang mit der Welt zu haben und dabei unversehrt und unverletzlich zu bleiben. Die das behaupten, sind keine guten Psychologen, wissen nicht, was sie dabei verlieren werden. Es wäre unsinnig zu sagen: »Ich bin stark und mächtig, ich werde standhalten und mich nicht beschmutzen.« Es hat auf der Erde niemals einen Menschen gegeben, dem das gelungen wäre, ohne große Kenntnisse zu besitzen und ohne sich darin geübt zu haben, seinen Willen zu entwickeln. Wer seine Kräfte überschätzt, wird so wie die anderen der Welt erliegen, denn diese ist so reich und verführerisch, dass man nach einiger Zeit wie verzaubert ist. Und sobald eine Tür geöffnet ist, dringen alle Unreinheiten ins Innere ein, ohne dass man sie noch vertreiben könnte. Sie tun ihr Werk, und es ist vorbei. Darum sage ich euch, um zu wissen, wie man unter den Menschen leben kann, muss man das Einweihungswissen besitzen.

Le Bonfin, den 1. September 1967

Anmerkung
1. Siehe Band 231 der Reihe Izvor »Saaten des Glücks«, Kapitel 11: »Das Land Kanaan«.

XVI

TANTRA-YOGA

Teil 1

Freier Vortrag

Ich habe den Eindruck, meine lieben Brüder und Schwestern, je mehr man zu den Menschen von der Liebe spricht, umso weniger haben sie eine klare Vorstellung von ihr und umso weniger verstehen sie sie. Denn sie sind es gewohnt, in den Bereichen des Unterbewusstseins zu verbleiben, wo die gewöhnliche Art der Liebe zu Hause ist, die jeder kennt und praktiziert. In Wirklichkeit kommt die Liebe aus den Bereichen des höheren Bewusstseins, und wenn die Menschen sie zuerst immer nur in weitaus niedrigeren Regionen verspüren, wo sie sich lediglich als Wärme und Bewegung äußert, so liegt das daran, dass sie in sich noch nicht die Organe entwickelt haben, die es ermöglichen, die Liebe oben an ihrer Quelle zu erfassen. Die Menschen leben die Liebe auf der Ebene des Unterbewusstseins, ein wenig im Bereich des Bewusstseins und des Selbst-Bewusstseins; doch das ist noch nicht die wahre Liebe.

Nehmen wir als Beispiel die Elektrizität. Sie ist eine Energie, die zu Hitze wird, wenn man sie durch ein Bügeleisen fließen lässt. Durch eine Lampe wird sie zu Licht, durch einen Ventilator zu Bewegung usw. Das Gleiche gilt für die Liebe. Es gibt nur eine Energie, die kosmische Energie nämlich, das von Gott ausströmende Leben, das je nach dem Apparat oder besser gesagt dem Organ, durch das es zum Ausdruck kommt, die eine oder andere Gestalt annimmt. Die Eingeweihten, die das erkannt haben, bemühen sich darum, die Liebe

Tantra-Yoga

in ihrer ursprünglichen Reinheit aufzufangen, so wie sie aus der Höhe herabströmt, um ihr Herz und ihre Seele damit zu erfüllen. Zeigt sich diese jedoch auf der niederen Ebene, dann lassen sie sie in Ruhe. Sie sagen einfach: »Das ist normal und natürlich, man kann es nicht anders machen.« Doch bevor sie unten ankommt, haben sie die Liebe bereits gekostet, erfasst und aufgefangen.

Die Liebe ist eine Energie, die überall in der Natur verbreitet ist. Sie geht von der Sonne aus, die sie überall verteilt, in der Luft, den Bäumen, den Bergen, den Meeren, den Früchten... Einige Tropfen dieses Nektars sind auch irgendwo in die Männer und Frauen hineingelegt, doch wie wenig ist das! Leider suchen die Menschen die Liebe aber gerade dort, und alle Komplikationen kommen von dieser Armseligkeit und Begrenzung. Und sie leiden und weinen, sie raufen sich die Haare, sie begehen Dummheiten, ja Verbrechen, während sie auf der Suche nach der großen Liebe sind. Alle suchen die große Liebe, eine Liebe, die sie zerrüttet, die sie unglücklich macht und zu Verbrechern werden lässt. All diejenigen, die die große Liebe gefunden haben, haben schließlich ein tragisches Ende gefunden. Es ist gar nicht nötig, euch dafür Beispiele aus der Geschichte zu zitieren. Die Menschen suchen eine Liebe, in der sie in Brand geraten und die von ihnen nur ein Häufchen Asche übrig lässt. Sie wissen nicht, dass es eine andere Liebe gibt, ein anderes Feuer, das nicht nur nicht zerstört, sondern das Leben erweckt. Als der Schöpfer uns in seinen Werkstätten erschaffen hat, da hat Er uns Apparate, Instrumente mitgegeben, die es uns ermöglichen, diese Liebe zu finden und zu leben, doch muss man sie viel weiter oben, in der Sonne suchen, von wo aus sie sich über alle Geschöpfe ergießt.

Natürlich ist die Sonne nicht der Ursprungsort der Liebe, sondern nur eine Station, wo diese einige Minuten lang Halt macht. Die Liebe kommt aus viel größeren Höhen, aus größerer Ferne, doch nimmt sie ihren Weg über die Sonne, wo sie bestimmte Kräfte aufnimmt, sich in bestimmte Kleider hüllt, um dann in unsere Welt zu den Menschen herabzuströmen. Und das ist »die starke Kraft aller Kräfte«, von der Hermes Trismegistos spricht. Diese starke

Kraft aller Kräfte ist die göttliche Liebe, das göttliche Leben, das göttliche Licht... Wie man sie auch nennen mag, es ist immer wieder dieselbe Kraft, die sich von ihren verschiedenen Seiten zeigt, als Wärme, als Licht oder als Bewegung. An sie muss man denken, diese Kraft muss man jeden Morgen beim Sonnenaufgang schöpfen. Doch anstatt diese starke Kraft aller Kräfte zu schöpfen, die die Sonne überall in der Natur verteilt, denken die Menschen ständig nur an irgendeine Frau oder irgendeinen Mann, und die Sonne, die da ist, beachten sie nicht. Denn sie haben es noch nötig zu leiden und sich die Haare zu raufen, sie brauchen noch all die Komplikationen. Anstatt zuerst einmal die Schätze der Sonne zu schöpfen und dann zu den Männern und Frauen zu gehen, um sie an diese weiterzugeben, stürzen sie sich auf sie, um ihnen das Wenige, was sie davon besitzen, zu nehmen. Und das ist schade, denn dann bleibt ihnen gar nichts mehr. Natürlich ist das auch eine Art Liebe, aber eine tierhafte Liebe. Die Menschen streben lediglich diese Art von Liebe an, denn sie bringt ihnen umwerfende Gefühlserlebnisse. Doch das ist immer eine kostspielige Angelegenheit.

Will man sich gefahrlos und ohne unliebsame Folgen in die physische Liebe vertiefen, dann muss man sehr weit entwickelt sein. So wie die tibetanischen Yogis, die es mit Hilfe von Techniken zur Sublimierung der Sexualkraft, in Indien Tantra-Yoga genannt, in der Selbstbeherrschung so weit gebracht haben, dass sie es wagen können, gefahrlos in den Bereich des Unterbewusstseins einzutauchen, in den Bereich der Instinkte, der Leidenschaften, der Sinnlichkeit, des Ozeans der sinnlichen Genüsse... Weil sie nun sehr stark und rein sind, wagen sie es, in die Tiefen ihrer Natur einzutauchen. Dank ihres Wagemutes bringen sie von dort wertvolle Perlen mit zurück, so wie die Fischer, die in den Ozean hinabtauchen, um Perlenaustern heraufzuholen, ohne im Algengeflecht hängen zu bleiben oder von den Haien gefressen zu werden. Doch sind derartige Experimente nicht für alle ratsam. Man muss schon diese gewaltige Kraft beherrschen, wenn man es wagen will, sich mit ihr einzulassen. Und das rate ich euch nicht. Ich erkläre euch die Dinge lediglich.

Erst wenn ihr sehr weit in das Überbewusstsein vorgedrungen seid und die Liebe gekostet habt, die im gesamten Universum verbreitet ist und die die Quintessenz Gottes ist, könnt ihr machen, was ihr wollt. Dann kann euch nichts mehr schaden oder beschmutzen, ihr könnt keinerlei Sünde mehr begehen. Habt ihr es jedoch noch nicht so weit gebracht, dann lasst besser die Finger davon. Es gibt nur sehr wenige Menschen auf der Erde, die es sich erlauben können, in die Tiefen ihrer Natur hinabzusteigen, um alles umzuwandeln, zu vergeistigen und lichtvoll und schön zu machen. Das ist es, was gemeint ist, wenn es heißt, »die beiden Enden miteinander zu verbinden«, nämlich oben und unten, das Höhere und das Niedere. Ist es euch allerdings noch nicht gelungen, in die höhere Welt aufzusteigen, und steigt ihr doch in die niedere Welt hinab, dann wird euch diese vernichten. Denn ihr seid weder geschützt noch gerüstet, ihr besitzt nichts, womit ihr das Material der Hölle in Perlen, Gold oder Edelsteine umwandeln könntet.

Darin besteht das Mysterium des Bösen und der Hölle. Erst wenn man den Gipfel erreicht hat, kann man den Sinn des Bösen* begreifen. Vorher bleibt einem das Böse verschlossen, unbegreifbar und unlösbar. Für die Problematik des Bösen kann man keine Lösung durch Nachdenken, Studieren oder Lesen finden. Diese Problematik befindet sich weit über dem menschlichen Verstand. In Wirklichkeit existiert das Böse gar nicht. Das Böse gibt es nur für die Schwachen. Das Böse existiert nur für diejenigen, die nicht vorbereitet sind und die es nicht verstehen, sich seiner zu bedienen. Das ist eine Tatsache, die sehr mächtig ist. Für die Söhne Gottes und die großen Meister jedoch ist das Böse, von dem in der Religion so viel gesprochen wird, ohne dass man etwas davon versteht, ein wertvolles, reichhaltiges Material, das sie nutzen und für ihre Arbeit einsetzen.

Als ich in Indien war, habe ich erfahren, dass es Yogis gibt, die Siddhas genannt werden. Das sind Menschen, für die nichts schmutzig oder unrein ist. Sie ernähren sich von Abfällen, von den Eingeweiden

---

* Siehe ergänzende Bemerkung am Ende des Kapitels.

der Tiere, von Exkrementen, von allem und jedem, denn sie haben den Willen, alles umzuwandeln, um so gewaltige magische Kräfte zu erlangen. Und sie erlangen diese Kräfte tatsächlich, davon habe ich mich selbst überzeugen können. Nur ist es nicht unbedingt nötig, so weit zu gehen.

Das, was ich euch heute darlege, ist sehr tiefgehend und heilig, und ich weiß nicht, wie ihr es aufnehmen werdet. Doch selig sind diejenigen, die sich mit der wahren Liebe der höheren Welt befassen wollen, in den Regionen, wo sie ihren Ursprung hat. Diese Liebe ist im gesamten Universum verbreitet, doch müssen wir die Organe, die Zentren erwecken, die Gott uns mitgegeben hat, sodass wir sie auffangen und uns von ihr nähren können.

Le Bonfin, den 8. August 1970

Ergänzende Bemerkung

Unten findet man keine Reinheit, unten ist der Bodensatz. Dass es jedoch Menschen gibt, für die es nichts Unreines gibt, da sie im spirituellen Leben so weit vorangeschritten sind, dass sie alles umwandeln und ins Göttliche erheben können, das ist eine andere Angelegenheit. Für diejenigen, die es geschafft haben, so wie der universelle Geist zu denken, gibt es nichts Unreines, nichts Hässliches und nichts Böses, denn für den kosmischen Geist ist das Universum ein harmonisches Ganzes, in dem es keine Dissonanz gibt. Betrachtet man die Welt von einem niederen Standpunkt aus, ist natürlich nicht alles vollkommen und schön. Schaut man hingegen von sehr hoch oben, wo man die Unermesslichkeit überblickt, dann ändert sich alles. Selbst wenn es sich um Unglücke oder Kriege handelt, sieht man sie aus einer anderen Sicht.

Wenn ihr Essen zubereitet und dabei die Nahrungsmittel zerkleinert und verrührt, dann würden diese, hätten sie ein Bewusstsein, sagen, dass ihr grausam, ungerecht und erbarmungslos seid, sie einem solchen Martyrium auszusetzen. Ihr jedoch seht die Dinge anders und habt keine Schuldgefühle. Ihr sagt einfach nur: »Ich backe ein Brot, das allen munden wird.« Oder würde man die Trauben fragen, die in der Obstpresse zerquetscht werden, was würden sie wohl sagen? Dabei will man doch nur Wein herstellen!

Das Universum wird von einer Intelligenz gesteuert, die für uns zu hoch ist. Darum dürfen wir sie nicht kritisieren. Nun mögt ihr sagen: »Ja, dann rechtfertigen Sie ja alle Verbrechen und alle Kriege!« Nein, ich rechtfertige sie nicht, ich bin der Meinung, dass es sie nicht geben soll und wirke auch darauf hin, dass es sie nicht mehr gibt. Ich lege euch hier nur den Standpunkt der kosmischen Intelligenz dar. Für sie sieht alles anders aus, alles glänzt, alles ist intelligent, alles singt, alles ist in Harmonie.

Sèvres, den 15. Januar 1967

Teil 2

Freier Vortrag

Heute Morgen habe ich euch einige Worte über die Techniken zur Vergeistigung der Sexualkraft gesagt, die in Indien und in Tibet Tantra-Yoga genannt werden. Darunter sind verschiedene Methoden zusammengefasst, und ich habe euch eine dargelegt, damit ihr eine Vorstellung von diesem Wissen bekommen könnt. Jahrelang erforscht der Yogi, was Liebe bedeutet. Er meditiert, fastet und macht Atemübungen. Wenn er gut vorbereitet ist, wählt man für ihn ein Mädchen aus, das ebenfalls in diesen Praktiken unterrichtet ist. Dann wohnt er vier Monate lang in einem Zimmer mit ihr. Er stellt sich völlig in ihren Dienst, indem er sie vergöttlicht, indem er denkt, sie ist eine Manifestation der Göttlichen Mutter. Doch dabei rührt er sie nicht an. Dann schlafen sie in demselben Bett, vier Monate lang auf der linken Seite, dann weitere vier Monate lang auf der rechten Seite, und das alles immer, ohne sich zu berühren. Wenn sie schließlich die größte Selbstbeherrschung erlangt haben, fangen sie an, sich zu küssen und sich auch zu vereinigen. Doch geschieht das in einer solchen Reinheit, dass diese Vereinigung Stunden andauern kann, ohne dass es zu einem Samenerguss kommt.

Natürlich können sich nur wenige Menschen eine Vorstellung davon machen, was das bedeutet, denn im Allgemeinen hat man es sehr eilig, diese Kraft ausströmen zu lassen, wenn man nur im Geringsten spürt, dass sie erwacht ist. Dem tantrischen Wissen zufolge

Tantra-Yoga

bedeutet die Vergeudung dieser Quintessenz den Tod, während deren Vergeistigung ewiges Leben schenkt. Auf diese Weise haben manche Eingeweihte Unsterblichkeit erlangt. Ja, das sind keine leeren Worte, sie sind unsterblich geworden.

Doch ich sage es euch noch einmal, ich bin nicht ganz einverstanden mit diesen Techniken, insbesondere wenn sie von den Menschen des Westens ausgeführt werden sollen. Manche Yogis sind in ihren Experimenten sehr weit gegangen mit dem Ziel, die Sexualkraft umzuwandeln, doch ist es meiner Ansicht nach nicht notwendig, bis hin zu diesen Praktiken zu gehen. Es gibt andere Methoden, die ich euch noch aufzeigen werde. Dann werdet ihr sehen, dass unsere Lehre bei weitem all diese überlieferten Übungen zu angeblicher Reinheit und Keuschheit übertrifft, die aus dem Mann eine Art Eunuchen machen wollten, ebenso wie sie auch all die Lehren übertrifft, die unter dem Vorwand Tantra-Yoga zu betreiben, die Leute zu allerlei sexuellen Übertreibungen anhalten. Im vorigen Jahrhundert gab es in England einen Okkultisten, Aleister Crowley, der gleiche Erfahrungen wie die Tibetaner machen wollte, sich dabei in die schwarze Magie verstrickte und einige Frauen, mit denen er seine Experimente machte, in den Wahnsinn trieb. Sicher hatte er manche Kräfte, doch wie weit ist er dabei abgeglitten!

Darum rate ich euch nicht, meine lieben Brüder und Schwestern, euch auf derartige Experimente einzulassen, denn ihr würdet dabei Federn lassen. Man muss schon sehr fortgeschritten sein, geübt und voller Selbstbeherrschung, und selbst dann noch ist es äußerst riskant. Die beste Lösung, die euch vor vielen Gefahren bewahrt ist, Distanz zu bewahren, Distanz und homöopathische Dosen, das heißt, euch mit einem Blick, einem Lächeln, einigen Worten und einem Händedruck zu begnügen. Wenn ihr danach strebt, die Distanz zu verkleinern, euch anzunähern und zu vereinigen, ist die Gefahr da. Seid ihr einmal in dieses Feuer eingetaucht, verliert ihr zuerst die Kontrolle, ihr seid nicht mehr Herr eurer Energien. Und dann geht die Poesie der Liebe verloren, die hässliche Seite erscheint. Es ist besser, Distanz zu wahren und in der Illusion zu leben, die Frauen seien das Schönste, was es auf der Welt gibt, und die Männer seien edle Ritter, denn sobald man zu nahe Bekanntschaft mit ihnen macht, fällt man in die graue Realität und ist enttäuscht. Nehmt ein wenig Abstand. Aus der Ferne ist man immer voller Bewunderung; denn was zählt ist, dieses bewundernde Staunen zu verspüren. Warum sollte man es also nicht sorgsam das ganze Leben lang bewahren?[1]

Nun werdet ihr mir entgegnen: »Ja, aber man lebt dann in der Illusion!« Es ist besser in Illusionen zu leben und sich ständig begeistert, stark und tatkräftig zu fühlen und niemals aufzuhören, an sich zu arbeiten, als in der Realität zu leben und von deren Hässlichkeit erdrückt zu werden. Ich will weiterhin in Illusionen leben, ich mache das bewusst, denn ich will die Hässlichkeit bestimmter Realitäten gar nicht kennen lernen. Ich suche die Poesie, denn das Einzige, was mir dabei hilft zu leben, zu meditieren und zu arbeiten, ist die Schönheit, die Herrlichkeit. Nun mögt ihr sagen: »Nun ja, aber wenn Sie es nur einmal probieren wollten, dann würden Sie es erleben!« Nein, ich will es eben gar nicht von nahem erleben, denn ich ahne bereits, was mich dann erwartet. Ich würde sofort mein bewunderndes Staunen verlieren.

Schaut euch doch nur die Mehrzahl der Leute an. Sie haben alle Realitäten der Liebe erforscht, und nun sehen sie nichts mehr. Sie sind von entzückenden Frauen umgeben, und anstatt voller Bewunderung zu sein, diese Schönheit mit den Augen zu trinken und in Begeisterung zu geraten, schauen sie nicht einmal mehr hin! Wenn ich hingegen unterwegs bin, versetzt mich allein der Anblick all der schönen Frauen ins Paradies. Vor etlichen Jahren hatte ich bisweilen Gelegenheit, mit Freunden in Frankreich, Italien, Spanien und Griechenland an den Stränden spazieren zu gehen. Unter den vielen Frauen, denen wir begegneten, suchte ich mir immer eine heraus, eine einzige genügte mir schon, die etwas Lichtvolles, Poesiehaftes ausstrahlte. Dann sagte ich zu meinen Freunden: »Schaut euch nur dieses Wunder an!«, und den ganzen Tag lang war ich entzückt und voller Inspiration. Sie schauten mich an und verstanden meinen Zustand nicht. Und wenn es bisweilen vorkam, dass die junge Frau, die ich betrachtete, vom Strand aus zu mir herüberkam, um mir etwas zu sagen, unternahm ich niemals etwas, um sie wiederzusehen, weil ich diesen Zustand des bewundernden Staunens nicht zerstören wollte. Denn oftmals ist man mit etwas weniger Abstand nicht mehr so sehr inspiriert wie von weitem.

Ja, warum sollte man von der Schönheit all der Mädchen und Frauen nicht begeistert sein, da sie doch Geschöpfe Gottes, Ebenbilder der Göttlichen Mutter sind! Das wäre eine Beleidigung der Göttlichen Mutter. Ihre Töchter, an denen sie so lange gearbeitet hat, um euch Freude und Inspiration zu schenken, und ihr solltet nicht von bewunderndem Staunen erfüllt sein?... Sie ist zutiefst gekränkt und sagt: »Oh, so weißt du also meine Gemälde zu schätzen! Nun gut!« Und sie entzieht euch manche Freuden. Da sie jedoch seit langem sieht, wie ich vor ihren Kunstwerken in Begeisterung gerate, schenkt sie mir fantastische Freuden.

Warum raten die Moralregeln und die Religion dazu, aus angeblicher Schicklichkeit, die Frauen nicht zu betrachten? Ich erinnere mich daran, wie ich eines Tages mit einem Mann und seiner Frau oberhalb eines Strandes an der Côte d'Azur spazieren ging. Und während ich umherschaute und voller Begeisterung war, wagte es dieser arme Ehemann nicht, den Blick zu heben. Ich sagte zu ihm: »Schauen Sie doch nur, die wunderschönsten Gemälde der Welt!« Er jedoch schaute nicht hin, vielleicht aus Rücksicht auf seine Frau. Oh ja, viele sind so, schicklich, schamhaft, »religiös«, versteht ihr, denn vor den anderen darf es nicht so erscheinen, als interessiere man sich dafür und noch weniger, als finde man Gefallen daran. Nur darf man nicht zu sehr nachforschen, was sie nachher im Geheimen machen. Ich hingegen mache genau das Gegenteil. Vor allen Leuten gerate ich in Begeisterung und insgeheim mache ich gar nichts. Diese Haltung geht natürlich nicht mit den alten Traditionen konform. Senkt den Blick, und man wird euch für einen Heiligen halten. Doch wie handelt ihr, wenn ihr dann allein seid? Dafür gibt es unfehlbare Zeichen, und die kenne ich...

Ich mag die Konventionen nicht, und ich übertrete sie alle. Ich handle entsprechend der Moral der Zukunft. Und diese Zukunft rückt näher. Die Zeit kommt, in der man, anstatt in eines der Extreme, in Puritanismus oder Zügellosigkeit zu verfallen, überall die Werke der Göttlichen Mutter und des Göttlichen Vaters schätzen wird. Und ohne dabei das Bedürfnis zu verspüren sie zu besudeln, wird man sie betrachten, sich daran erfreuen und glücklich sein.

Le Bonfin, den 8. August 1970

Anmerkung
1. Siehe Band 233 der Reihe Izvor »Eine Zukunft für die Jugend«, Kapitel 19: »Bewahrt die Poesie eurer Liebe«.

XVII

LEERE UND FÜLLE: DER GRAL

Freier Vortrag

Manche spirituellen Lehren empfehlen Übungen, um das Denken anzuhalten, um Leere zu schaffen. Das ist prinzipiell gut, man schafft eine Leere, um aufnahmefähig und passiv zu werden und um himmlische Elemente anzuziehen und aufzunehmen. Doch es besteht eine Gefahr, denn falls das Terrain im Inneren nicht vorbereitet ist, falls ihr euch nicht geläutert habt, werdet ihr durch diesen Zustand der Leere und der Passivität das anziehen, was eurem inneren Zustand entspricht, nämlich Larven, niedere Wesenheiten und Krankheiten.

Man muss Leere schaffen und sich in einen Zustand der Aufnahmebereitschaft bringen, um zu einem Gefäß zu werden, in das der Himmel all seine Pracht einfließen lassen kann. Doch zuerst muss man das Terrain vorbereiten. Falls ihr euch ohne die nötige Vorbereitung einfach allen Strömungen aussetzt, seid ihr hilflos. Erinnert euch an die Vorträge, die ich euch über das männliche und das weibliche, das aktive und das passive Prinzip gehalten habe. Dabei habe ich euch erklärt, dass ihr es für eure spirituelle Weiterentwicklung verstehen müsst, euch dieser beiden Prinzipien zu bedienen. Um hellsichtig oder ein Medium zu werden, ist es nötig, eine Haltung der Passivität und der Aufnahmebereitschaft zu pflegen.[1] Hat man allerdings vorher den Willen nicht entwickelt, die Fähigkeit zu kämpfen, um sich zu schützen, dann kann man sich nicht verteidigen, wenn sich böswillige und finstere Wesen einstellen, wie es oft vorkommt.

Überall in der Welt irren schauderhafte Geschöpfe herum, die durch die Gedanken und Gefühle von verbrecherischen Menschen oder von Schwarzmagiern erschaffen wurden. Diese versuchen überall dort einzudringen, wo sie eine offene Tür finden, das heißt schwache verteidigungsunfähige Menschen. In den psychiatrischen Anstalten kann man allerlei Leute antreffen, die voll von solch schädlichen Wesenheiten sind, weil sie durch Hellsichtigkeit und Medialität mit der unsichtbaren Welt in Kontakt treten wollten. Mir sind viele solcher Fälle bekannt und ich rate daher niemandem, sich darauf einzulassen ohne vorher durch Studium und durch Übungen das männliche Prinzip entwickelt zu haben, um so gewappnet und geschützt zu sein. Die meisten Leute sind sich nicht im Klaren darüber, wie gefährlich es ist, sich ohne entsprechende Vorbereitung in diese Regionen der unsichtbaren Welt vorzuwagen, die von Geschöpfen bevölkert sind, die den Menschen oftmals feindlich gesinnt sind und die nur darauf warten, eine Beute zu finden. Manche Leute, die gerade einmal einige Bücher gelesen oder einige Okkultisten besucht haben, versuchen nun, prophetische Eigenschaften zu entwickeln, um damit Geld zu verdienen, und werden krank oder wahnsinnig. Die okkulten Wissenschaften sind voller Versprechungen: mit Hilfe dieses Parfüms, jenes Talismans oder eines bestimmten Edelsteines werdet ihr dies oder das erlangen! Und alle lassen sich anlocken und in die Irre führen. Ihnen ist nicht mehr zu helfen.

In der Universellen Weißen Bruderschaft werden nicht die okkulten Wissenschaften, sondern die Einweihungswissenschaft, die spirituelle Wissenschaft gelehrt. In den okkulten Wissenschaften sind gut und böse vermischt, darum mag ich das Wort »okkult« nicht aussprechen. Mir sind viele Okkultisten bekannt, die sich auf die finsteren Bereiche dieser Wissenschaften eingelassen haben, weil sie ihr Wissen dazu benutzen wollten, Geld, Frauen und Macht zu erlangen. Das ist bereits schwarze Magie. Man darf diese Wissenschaften niemals dazu benutzen, seine Begierden zu befriedigen, sondern nur dazu, sich zu vervollkommnen und der Menschheit zu helfen. Doch heutzutage wimmelt es nur so von okkulten Büchern,

Leere und Fülle: Der Gral

und Leute voller Wünsche und Begierden stümpern damit herum, um bequeme und schnelle Mittel zu finden, diese zu befriedigen. Darum ist die Schwarze Magie derart in der ganzen Welt verbreitet. Für die Weiße Magie, für die Theurgie hingegen, finden sich nur wenige Anwärter, denn es gibt nur wenige Menschen, die sich ihrer niederen Wünsche entledigt haben und in Verbindung mit der göttlichen Welt treten wollen.[2]

Also, meine lieben Brüder und Schwestern, erst wenn ihr euch zuvor gereinigt und gestärkt habt, sodass die finsteren Wesenheiten nicht in euch eindringen können, könnt ihr euch gefahrlos darin üben, in euch eine Leere zu schaffen. Übrigens zeigen bestimmte Symbole des Christentums wie die Gralsschale, dass die Praktiken zur inneren Leere nicht allein den Traditionen des Ostens wie dem Buddhismus und dem Zen angehören. Der Gral beinhaltet ein großes Wissen. Die Schale ist ein weibliches Symbol, mit dem angedeutet wird, dass sich der Schüler in einen Zustand der Aufnahmebereitschaft bringen muss, um die kosmische Quintessenz anzuziehen, die dem Blut, dem Geist Christi entspricht. Wenn der Geist Christi in den Schüler herabgekommen ist, wird dieser zum heiligen Gral. Sein ganzes Wesen ist wie ein Kelch, in den Christus eingezogen ist.

Die Überlieferung berichtet uns, dass der Gral aus einem Smaragd bestand. Der Smaragd ist ein sehr wertvoller Edelstein, dessen grüne Farbe dem weiblichen Prinzip, der Venus, par excellence entspricht. Das bedeutet, dass der Christusgeist nicht in irgendeinen beliebigen Kelch herabströmen kann, der schmutzig ist oder aus einem groben Material besteht. Er wird, symbolisch gesprochen, nur bei einer himmlischen Frau Wohnung nehmen, das heißt, in einem Körper, der von allem Makel gereinigt ist. Das Blut Christi in dem Kelch ist ein Symbol des männlichen Prinzips, denn rot ist die Farbe des Mars. Ihr seht, die Kenntnis der Symbole ermöglicht höchst interessante Entdeckungen in Bezug auf das innere Leben. Rot und grün sind zwei komplementäre Farben. Wenn ihr eine Zeit lang etwas Grünes fest ins Auge fasst, werdet ihr etwas Rotes erscheinen sehen, denn diese beiden Farben ziehen sich an. Ein schmutziges Grün wird daher ein schmutziges Rot anziehen... Und ein schmutziger Kelch, das heißt ein unreiner Mensch, wird teuflische Wesenheiten anziehen.

Warum werden böse Geister durch den Geruch von Weihrauch vertrieben? Weil dessen Geruch rein ist. Doch verbreitet nur einige üble Gerüche und unverzüglich werden sie angezogen, so wie manche Tierchen von Speiseresten angezogen werden, die ihr irgendwo zurücklasst. Diejenigen, die der Schmutz anzieht, werden von der Reinheit vertrieben, und umgekehrt. Daher muss das männliche Prinzip zuerst einmal das Terrain vorbereiten, damit sich das weibliche Prinzip im Zustand völliger Reinheit befindet und keine schädlichen Wesenheiten eindringen können. Man muss also zuerst mit dem männlichen Prinzip arbeiten, das heißt lernen und sich weiterentwickeln. Und erst wenn man einen bestimmten Grad an Selbstbeherrschung erreicht hat, darf man die Polarität wechseln und sich hingeben, um den Heiligen Geist zu empfangen. Ihr müsst euch also bewusst sein, wie wichtig die Arbeit mit den beiden Prinzipien ist. Ihr müsst wissen, wann ihr aufnehmend und wann ihr aussendend sein müsst, wann ihr Strömungen empfangen und wann ihr welche aussenden müsst. Wenn die Menschen ein ungeordnetes Leben führen, wenn sie unausgeglichen, nervös und verspannt sind, so zeigt dies, dass sie nicht verstanden haben, wie sie mit den beiden Prinzipien arbeiten müssen, wie sie diese dosieren und aufeinander abstimmen sollen.

Die Vorstellung, dass man es verstehen muss, abwechselnd mit dem männlichen und dem weiblichen Prinzip zu arbeiten, findet sich auch in der Kabbala, und zwar in der Symbolik der vier Buchstaben des Namens Gottes: Jod, He, Vau, He. Der erste Buchstabe Jod י stellt das männliche Prinzip dar. Dann folgt das He ה, das die Form einer Schale hat – einer Schale, das auf dem Kopf steht; den Grund dafür erkläre ich euch ein anderes Mal. Der dritte Buchstabe Vau ו ist eine Wiederholung des männlichen Prinzips und der letzte Buchstabe He ה eine Wiederholung des weiblichen Prinzips. Alles nimmt immer seinen Anfang mit dem männlichen Prinzip. Aus diesem Grunde hat Gott zuerst Adam erschaffen und dann Eva. Denn immer muss man

Leere und Fülle: Der Gral

mit dem männlichen Prinzip beginnen, das heißt mit dem Geist, der vor allen anderen Dingen da ist. Die Materie ist daraufhin lediglich ein Formwerden, eine Verdichtung, ein Auskristallisieren des Geistes.[3]

Das waren einige Worte zur Symbolik des Grals. Dieses Symbol enthält eine ganze Lehre. Es lehrt uns, dass man immer zuerst die entsprechenden Voraussetzungen schaffen muss, bevor man eine Arbeit beginnt... Wenn ihr eine Flüssigkeit in ein Gefäß gießen wollt, nehmt ihr dazu kein schmutziges Gefäß, und falls es schmutzig ist, wascht ihr es. Auch gießt ihr die Flüssigkeit nicht aus, bevor ihr ein Gefäß habt, denn sonst wird alles auf den Boden verschüttet. Ihr seht also, dass alles folgerichtig ist.

Die Menschen müssen passende Methoden finden, um sich weiterzuentwickeln. Doch viele wollen sich nicht unterweisen lassen, sie wollen keinen Meister haben, sie wollen frei sein! Und oftmals sage ich zu ihnen: »Sie, die Sie doch frei sein wollen, warum akzeptieren Sie die Herrschaft Ihres Bauches und Ihres Geschlechts? Wenn Sie Hunger haben, warum haben Sie es dann eilig, sich Ihrem Magen zu unterwerfen? Da Sie doch keinerlei Autorität akzeptieren wollen, ist das unlogisch.« Wenn das, was fordert, im Inneren sitzt, dann wird gehorcht, doch wenn es von außen kommt, wird kein Rat und keine Vorschrift angenommen... Ist das wohl besser?...

Le Bonfin, den 12. August 1970

Anmerkungen

1. Siehe Band 228 der Reihe Izvor »Einblick in die unsichtbare Welt«, Kapitel 4: »Die Hellsichtigkeit: Aktivität und Rezeptivität«.

2. Siehe Band 226 der Reihe Izvor »Das Buch der göttlichen Magie«, Kapitel 1: »Die Wiederkehr magischer Praktiken und ihre Gefahr«.

3. Siehe Band 237 der Reihe Izvor »Das kosmische Gleichgewicht – Die Zahl 2«, Kapitel 4, Teil 1: »Adam und Eva: Geist und Materie« und Kapitel 4, Teil 2: »Adam und Eva: Weisheit und Liebe«.

XVIII

DIE LIEBE IST ÜBERALL IM UNIVERSUM VERBREITET

Freier Vortrag

Ich weiß, dass die meisten Erklärungen, die ich euch geben kann, euch nicht nützlich sind oder aber euch erst in späteren Inkarnationen nützlich sein werden. Denn alles hängt vom persönlichen Entwicklungsstand ab. Seid ihr entsprechend vorbereitet, dann könnt ihr diese Wahrheiten in die Praxis umsetzen. Ansonsten bin ich mir wohl bewusst, dass meine Erklärungen nur für sehr wenige von euch sind. Und warum gebe ich sie euch dann? Um denen einige Regeln und Begriffe zu geben, die in der Zukunft kommen werden und bereit sind, die Liebe in göttlicher Weise zu leben. Doch im Allgemeinen sind diese Vorträge nicht für alle gedacht. Für manche ist es sogar unmöglich, sie zu verstehen, um wie viel weniger erst, sie in die Tat umzusetzen! Doch selbst wenn dies gegenwärtig unmöglich ist, kann man für die kommenden Generationen sprechen, für Menschen außergewöhnlichen Geistes, die sich inkarnieren werden.

Männer und Frauen suchen einander, doch warum tun sie dies? Fragt ihr einen Mann, wird er euch antworten, er liebe bei einer bestimmten Frau besonders ihre Brust oder ihre Beine... den Mund oder die Nase... Tatsächlich benutzt die Natur diese ansprechenden und appetitlichen Formen zu einem bestimmten Zweck. Da sie nicht will, dass das Menschengeschlecht ausstirbt, hat sie Schenkel und Brüste entsprechend gestaltet, damit die Männer und Frauen dazu getrieben werden, die Erde zu bevölkern. Doch die Formen sind nur äußerer Schein. Was die Männer und Frauen in Wirklichkeit anzieht, befindet sich hinter diesen Formen, jenseits davon, es ist eine Ausstrahlung, ein Fluidum. Und wenn diese Ausstrahlung oder das Fluidum nicht mehr da ist, fühlen sie sich nicht mehr angezogen. Warum sind es oftmals nicht die hübschesten oder wohlgestaltetsten Frauen, von denen man sich angezogen fühlt? Man bewundert sie zwar, doch sucht man nicht ihre Nähe, man verliebt sich nicht in sie. Andere Mädchen hingegen, die weder besonders hübsch noch gut gebaut sind, hinterlassen einen außergewöhnlichen Eindruck. Daran sieht man, dass die Anziehung nicht allein vom Körperlichen abhängt, von der Schönheit und der Ebenmäßigkeit des Körpers, sondern von etwas Geistigem, Magischem. Darum sagen die Leute, das sei unerklärlich. Aber nein, es ist erklärbar, allerdings nur für die Wissenden. Die Schwingung, das Fluidum, das euch glücklich macht und euch Erfüllung schenkt, könnt ihr in der Region finden, aus der es kommt. Denn es kommt von woanders her, nicht der Mensch selbst hat es hergestellt. Es ist so wie mit der Intelligenz, auch sie kommt von woanders her, von einer Quelle, von einem Schöpfer, der sie austeilt. Denn wenn es der Mensch selbst wäre, der sie herstellt, warum bleibt er dann derart dumm? Warum kann er sich nicht ein wenig mehr davon fabrizieren? Ihr seht also, dass die Intelligenz nicht allein von uns abhängt, wir empfangen sie aus einer anderen Quelle. Und auch dieses Fluidum, die Liebe, existiert irgendwo im Überfluss. Doch vergisst man es zu holen und man sucht es dort, wo es nur in beschränktem Maße vorhanden ist, nämlich bei den Männern und Frauen, wo man es nicht finden kann. Manchmal kommt es natürlich vor, dass ihr einem so reinen und lichtvollen Menschen begegnet, dass er euch mit dem Universum der höheren Welt in Verbindung bringen kann, doch das ist so etwas Seltenes!... Versteht mich also recht, falls es einmal vorkommen sollte, dass euch diese Beschränktheit anwidert, dann sucht die Liebe dort, wo sie sich wirklich befindet, und ihr werdet euch wahrhaft genährt fühlen.

Ich weiß wohl, dass all diese Worte auf manche wenig Wirkung haben werden, die weit davon entfernt sind zu begreifen, wie wahr es ist, was ich sage. Erklärt zum Beispiel einer Katze, dass sie keine Mäuse mehr fressen soll. Sie hört euch zu und macht »miau!«, das heißt gut, ich hab's verstanden, ich versprech's dir. Doch plötzlich raschelt es irgendwo, eine Maus huscht vorüber, und schon lässt euch die Katze sitzen, um sich auf die Maus zu stürzen. Dabei hatte sie euch doch aufmerksam zugehört und euch ihr Versprechen gegeben... Nun kommt sie zurück, leckt sich den Bart und sagt noch einmal: »Miau!«, was bedeutet: es ist stärker als ich –, ja, das ist die genaue Übersetzung – ich kann meine Katzennatur nicht von heute auf morgen ändern. Das besagt also, solange man noch eine Katze ist, wird man auch Mäuse fressen. Aber diejenigen, die ein hohes Ideal haben, sollten sich in diesem Sinne anstrengen, man wird ihnen helfen, und nach einiger Zeit beginnen sie, sich besser zu fühlen. Das, was zumindest besser sein wird, ist ein Gefühl des Stolzes, das Gefühl, keine Gesetze mehr zu übertreten, losgelöst und frei zu sein. Es gibt keine Worte, um dieses Gefühl des Stolzes auszudrücken. Vorher hingegen hatte man immer ein etwas schlechtes Gewissen, man fühlte sich ein wenig schuldig, herabgesunken...

Nur primitive Menschen sind sehr stolz auf ihre sexuellen Glanzleistungen. Im Übrigen beruht all ihr Stolz und Hochmut allein darauf. Und an dem Tag, an dem sie in diesem Bereich nichts mehr machen können, brechen sie zusammen. Solange sie noch fähig sind, rühmen sie sich wie jener Märchenheld: Es war einmal ein König, der in diesem Bereich Außergewöhnliches leistete. Jede Nacht wanderten mehrere Frauen durch sein Bett, und niemals wurde er müde. Doch eines Tages kam es ihm zu Ohren, dass einer seiner Untertanen ihn noch übertraf. »Oh, oh« rief der König aus, »er soll herkommen, damit ich überprüfen kann, ob das auch wahr ist.« Man führte ihn also herbei und der König, der sehr großzügig war, ließ ihn zuerst gut essen, und dann gab er ihm, eine nach der anderen, vierzehn bezaubernde Mädchen. Nach dem vierzehnten hatte er es eilig aufzubrechen. »Aber wo willst du denn hin,« fragte ihn der König, »warum bist du so in Eile?« – »Ich muss nach Hause, die ehelichen Pflichten rufen mich!« Der König war zutiefst verblüfft, nach vierzehn Mädchen dachte er noch an seine Frau! – Nun, sagen wir einmal, dass dies ein Märchen ist und in den Märchen ist alles möglich. Sicher ist allerdings, dass die primitivsten Menschen sich niemals einen Vorwurf daraus machen, mit noch so vielen Frauen zu schlafen oder sie sogar zu vergewaltigen. Diejenigen jedoch, die ein wenig weiter entwickelt sind – und das ist heutzutage immerhin der Fall für die meisten Menschen – machen sich immer einige Vorwürfe. Sie spüren, dass sie schwach sind und sich nicht beherrschen konnten. Oder aber sie denken, dass sie die Frau zumindest entschädigen müssen, weil sie sich ungerecht, gewalttätig und grausam erwiesen haben. Darum sollen diese Menschen nun wissen, dass sie sich keine Vorwürfe mehr machen werden, wenn es ihnen gelingt, sich an der unerschöpflichen Quelle in der höheren Welt zu nähren. Es wird für sie sogar eine große Freude sein, sich rein zu fühlen und Tag und Nacht diese Liebe der höheren Welt zu schöpfen.

Ich will das Glück all der Männer und Frauen, die ihre Freude und ihre Entfaltung in der gegenseitigen Umarmung finden, weder zerstören noch schmälern. Doch ich muss ganz offen sagen, dass bei dieser Angelegenheit nichts jemals ganz rein ist, denn jeder durchdringt und beeinflusst alle Zellen seiner Organe sowie den Inhalt seiner Zellen entsprechend seinem Charakter, seinen Neigungen, seiner moralischen Gesinnung und seiner guten und schlechten Eigenschaften. Daran denken die Menschen jedoch niemals, bevor sie eine körperliche Beziehung eingehen. Einer Frau genügt es, wenn sie es nur mit einem Mann zu tun hat. Sie weiß nicht, was der Mann ihr dabei weitergibt und dass er vielleicht etwas Ansteckendes auf sie überträgt. Wenn er nur zu bestimmten Dingen fähig ist, dann ist sie schon befriedigt. Und auch die armen Männer sind so unwissend, dass sie nach nichts weiter fragen, wenn nur eine Frau für sie da ist. Sie wollen gar nicht wissen, in welchen Sumpf sie hineingeraten sind und welche Krankheit sie sich dabei einhandeln. Ja, so geht es in der Welt zu, alle leben in Unwissenheit und in Blindheit.[1]

Reinheit ist etwas höchst Seltenes. Wäre die Liebe rein, die sich die Menschen geben, dann wären die Folgen göttlicher Natur. Doch es ist offensichtlich, dass sie das nicht sind, und daran sieht man, dass ihre Liebe nicht rein ist. Und ihr meint nun, die Männer und Frauen hätten die Reinheit als Idealvorstellung? Mitnichten, ihr Ideal besteht darin, genießen zu können. Ob das rein oder unrein ist, hat keinerlei Bedeutung. Doch ich bin verpflichtet, Licht in diese derart vernachlässigte Angelegenheit zu bringen, damit die Schüler nicht mit Verrücktheiten und Dummheiten anfangen, ohne zu schauen, mit wem sie sich einlassen. Ein Schüler, sei es ein Mann oder eine Frau, denkt nach. Er ist vorsichtig, vernünftig und hat es nicht allzu eilig, sich in waghalsige Experimente zu stürzen.

Selig sind diejenigen, die dies verstanden haben und die diese Art von Liebe verwirklichen können, denn sie werden reich dafür belohnt werden. Die Vorteile sind unbeschreiblich. Es entstehen Verbesserungen in allen Bereichen des Lebens, sogar im physischen Körper. Die Liebe bringt einem alles, denn sie bringt das Leben mit sich. Zuerst muss das Leben da sein, denn es lässt alles Übrige in Erscheinung treten. Das zeigt sich bereits beim Kind, denn es hat zuerst das Leben. Es besitzt weder Intelligenz noch Kraft noch sonstige Eigenschaften, es lebt einfach nur. Doch in diesem Leben ist bereits alles angelegt, und nach und nach gehen die anderen Eigenschaften daraus hervor. Nehmt das Leben weg und alles Andere verschwindet mit ihm. Schaut euch jemanden an, der viel Blut verloren hat. Er liegt ausgestreckt da, ohne zu sprechen und ohne sich bewegen oder umherschauen zu können. Doch flößt ihm wieder Leben ein, indem ihr ihm Blut spendet, und all seine Fähigkeiten kommen zu ihm zurück, denn das Leben bringt sie mit sich. Darum muss man sich um das Leben kümmern, man muss es läutern und schützen, denn sonst geht es auch mit allem anderen bergab.[2]

Niemals habe ich gesagt, die Eheleute sollten aufhören, miteinander einen Austausch zu pflegen. Wenn ich von Keuschheit und Enthaltsamkeit spreche, so tue ich dies vor allem für diejenigen, die noch nicht verheiratet und damit frei sind zu wählen. Wer verheiratet ist, hat Pflichten, der Mann gegenüber der Frau und umgekehrt. Wenn einer von beiden plötzlich Entscheidungen trifft, die den anderen unglücklich machen, dann fangen die Tragödien an, und mich klagt man an, die Familien zu zerrütten.

Jeder entnimmt meinen Worten, was ihm im Augenblick passt und gefällt, ohne an den anderen zu denken, der vielleicht schwächer ist oder mehr Bedürfnisse hat. Immer habe ich betont, dass in Bezug auf die sexuellen Beziehungen die Paare ihre Entscheidungen gemeinsam treffen müssen; nicht getrennt, sondern gemeinsam. Es ist wünschenswert, dass die Männer und Frauen, selbst wenn sie verheiratet sind, ihre Liebe vergeistigen und auf eine höhere Ebene anheben können. Doch muss dies mit dem Einverständnis des anderen geschehen. Doch leider laufen die Dinge nicht oft auf diese Weise ab. Entweder ist die Frau unglücklich, weil ihr Mann zu spintisieren anfängt, oder aber der Mann leidet, weil sich seine Frau einen Heiligenschein aufsetzt. Und natürlich bin ich es, der nachher dafür Schelte abbekommt. Ich kann euch versichern, dass die Brüder und Schwestern nicht an mich denken. Sie bedienen sich meiner, so wie es ihnen gerade passt, und davon habe ich nun genug. Ich will nun endlich, dass ihr begreift, dass ich dann, wenn ich von der Sublimierung der Sexualität spreche, dies als Lehrer und spiritueller Führer tue und dass ich diese Angelegenheit für diejenigen darlegen muss, die in der Lage sind, in ihrem Verständnis der Liebe etwas weiter zu gehen. Und die anderen, mein Gott, sollen tun, was sie können!

Wenn ich jemanden sehe, der wie ein Koloss gebaut ist, sage ich ihm nicht, er solle wie ein Asket leben. So fanatisch bin ich nicht, ich weiß, dass diese Angelegenheit der jeweiligen Person gemäß behandelt werden muss. Ich muss also denen helfen, denen es möglich ist, sich zu vervollkommnen und ihnen Methoden anbieten, denn sonst lassen sie sich in die Irre führen, und das ist schade. Wie viele Menschen habe ich gesehen, die etwas suchten ohne selbst zu wissen was sie suchten. Und da niemand in der Lage war, sie aufzuklären, gingen sie schließlich in die Irre. Viele Jugendliche zum Beispiel haben angefangen Drogen zu nehmen, weil sie dem Alltag entfliehen und mit der Welt der Schönheit und der Poesie in Kontakt treten wollten, und weil sie niemanden gefunden hatten, der ihnen den Weg weisen konnte. Man muss eine Droge nehmen, sicher, doch eine andere Droge: die Sonne, die Meditation und die Atemübungen. Nur diese Drogen sind unschädlich.

Nun, meine lieben Brüder und Schwestern, behaltet davon, was ihr wollt, ich jedoch muss meine Arbeit tun und bestimmte Wahrheiten offenbaren, die für diejenigen unerlässlich sind, die schon vorbereitet sind.

Videlinata (Schweiz), den 17. Februar 1975

Anmerkungen

1. Siehe Band 14 der Reihe Gesamtwerke »Liebe und Sexualität«, Kapitel 8: »Die zwölf Tore von Mann und Frau«.
2. Siehe Band 315 der Reihe Broschüren »Die Quelle des Lebens«.

XIX

SUCHT DIE LIEBE AN IHRER QUELLE

Teil 1

Freier Vortrag

Die meisten Ehen scheitern letztendlich, und doch halten der Mann und die Frau instinktiv in ihrem Unterbewusstsein die Hoffnung aufrecht, dass es einmal wunderbar und göttlich sein wird und dass sie einmal ihrer Schwesterseele begegnen und Erfüllung finden werden. Woher kommt denn diese Hoffnung? Sie rührt her von einer Erinnerung aus ferner Vergangenheit, von einem tief in ihrem Inneren verborgenen Wissen. Denn oben in der göttlichen Welt vollzieht sich die Vereinigung des männlichen und des weiblichen Prinzips in größter Reinheit und Pracht. Doch weil Mann und Frau sich zu weit unten vereinigen, finden sie keine Erfüllung. Bisweilen erleben sie eine Sekunde lang ein Gefühl der Ekstase... Leider kommt das jedoch nur selten vor, und sie enden immer mit der Erkenntnis, dass sie zwei verschiedene, getrennte Wesen sind und dass ihre Hoffnung nur eine Illusion war.[1] Doch in Wirklichkeit stimmt das nicht, ihr Glaube und ihre Hoffnung waren keine Täuschung. Sie sind enttäuscht, weil sie nicht die Wahrheit bezüglich der wahren Ehe erfasst haben. Die wahre Ehe ist dann gegeben, wenn Mann und Frau sich mit ihrer Seele und ihrem Geist vereinigen. Wenn sie sich oben vereinigen, ist das Glück möglich, und alles verwirklicht sich gänzlich, was sie sich erhoffen.

Die Menschen tragen diese Wahrheiten tief in sich verborgen, und nicht in ihrem Glauben und in ihren Bestrebungen irren sie, sondern im Suchen. Der Irrtum der Menschen besteht darin, dass sie das

Glück immer wieder zu weit unten finden wollen. Doch dort findet sich nur Grobes und Unreines, das Glück ist dort nicht zu finden. Das Glück findet man oben, in der Reinheit und im Licht.

Alle Einweihungsriten haben keinen anderen Zweck als den Schülern beizubringen, wie sie sich verehelichen sollen. Gegenwärtig besteht die Ehe darin, sich für einige Zeit einen Gefährten oder eine Gefährtin auszuleihen und mit ihm oder ihr Erfahrungen zu sammeln, bis man eines Tages zur Ehe fähig ist. Die Frau, die ihr dann in jenem Augenblick habt, ist sicher nicht eure wirkliche Frau, jemand anders ist ihr eigentlicher Ehemann. Und falls die beiden sich eines Tages begegnen, wird sie euch verlassen, was immer ihr auch unternehmen mögt. Für euch selbst ist es das Gleiche. Ihr seid verheiratet und einige Zeit später begegnet ihr einer anderen Frau und meint, nun endlich die richtige gefunden zu haben. Doch dann zeigt sich, dass sie es auch nicht ist... Es ist nötig, dass man sich täuscht und Illusionen nachläuft um zu lernen, zu leiden und schließlich zu begreifen, was die wahre Ehe bedeutet.

Die Ehe ist nicht von den Menschen erfunden worden, es gab sie schon vor ihnen überall in der Natur, denn sie ist ein kosmisches Phänomen. Der tiefere Sinn der Ehe – ich spreche hier von der wahren Ehe[2] – ist selbst für Theologen und Spiritualisten nicht fassbar. Bildet euch nicht ein, ihr hättet ihn erfasst, weil ihr verheiratet seid. Die Verheirateten werden die Letzten sein, die begreifen, was die Ehe ist. Alle Ehen, die man so sieht, sind nichts weiter als Trugbilder, als grobe und ungeschickte Imitationen der wahren Ehe, von der man noch nicht herausgefunden hat, worin sie eigentlich besteht. Die Leute praktizieren die Liebe, doch finden sie nicht die wahre Liebe, denn dazu ist es nötig, vollständiges Wissen, Reinheit und Willenskraft zu besitzen – und das in absoluter Form.

So fragt man sich, was geschehen ist, dass der Mensch diesen Grad an Verblendung erreicht hat. Es existiert eine dermaßen große, reiche, schöne und lichtvolle Realität, eine erhabene Intelligenz, die alles im Universum übertrifft und die von einer Güte, Großmut und Liebe ohnegleichen ist. Sie hat uns alles geschenkt, das Leben, den

Körper, die Gesundheit, die Nahrung, das Wasser, die Luft, die Sonne, die Blumen, die Früchte und derart immense Schätze, dass man sie gar nicht alle aufzählen kann. Doch diese erste Ursache, dieses göttliche Wesen, das uns erhält und das bereit ist, uns ewiges Leben, Wissen, Macht und den endgültigen Sieg zu schenken, wird vom Menschen vergessen, der sich einbildet, er könne Glück, Kraft, Gesundheit und vollständige Befriedigung bei einem Geschöpf aus Fleisch und Blut finden, das begrenzt, unwissend, schwach, kümmerlich und krank ist. Was geht in den Köpfen der Menschen vor, dass sie mit all ihren Kräften, von ganzem Herzen und mit all ihren Gedanken ein schwaches Wesen lieben, das ihnen nur Leid, Bedauern und Belastung einbringen kann?... Wie konnten sie nur derart das Wesentliche vergessen?

Nun werdet ihr mir sicher alle möglichen Einwände entgegenhalten: »Dieses Wesen, von dem Sie sprechen, ist so weit weg! Das ist so, als würde es gar nicht existieren. Man kann es weder sehen, noch hören noch berühren. Den Menschen hingegen, der real da ist, schön gekleidet, geschminkt und parfümiert, den kann man sehen, berühren und liebkosen.« Ich weiß im Voraus, wie ihr mir erklären werdet, warum ihr ein so begrenztes, armseliges und unwissendes Wesen dem Schöpfer aller Welten vorzieht, damit es euer Leben erfülle. Selbst eure Seele und euer Geist sind infiziert von dem Wesen, dem ihr den Vorzug gebt und dem ihr einen Platz in eurem Herzen eingeräumt habt.

Ich weiß, dass ihr meine Worte nicht akzeptieren werdet und dass ihr sagen werdet, dass ich nicht Recht habe. Doch versteht mich recht, niemals habe ich gesagt, dass man keinen Mann oder keine Frau lieben sollte, man darf diese nur niemals an die erste Stelle setzen. Wenn ihr dem Herrn einen Platz in eurem Herzen gegeben habt, und falls dann noch ein wenig Platz im physischen Raum bleibt, eine Ecke in eurem Bett vielleicht, dann könnt ihr noch ein anderes Geschöpf hinzunehmen, um eurer Einsamkeit ein Ende zu bereiten. Doch an erster Stelle gilt es, das Wesen aller Wesen anzuerkennen, zu lieben und zu schätzen, das alles austeilt. Möge Er zuerst in eurer Seele sein, als größte Herrlichkeit aller Herrlichkeiten, als strahlendstes Licht allen Lichtes, dann könnt ihr, wenn ihr wollt, noch jemand anderen hinzunehmen. Dagegen gibt es nichts einzuwenden, ihr könnt jemanden heiraten. Doch räumt niemals eurem Mann oder eurer Frau die erste Stelle ein, denn dann könnt ihr was erleben! Alles ist dann auf den Kopf gestellt, euer Kopf schleift dann im Staub und eure Beine zappeln in der Luft herum.

Ein echter Schüler nimmt zuerst den Herrn in seinem Herzen, seiner Seele, seiner Intelligenz und seinem Geist auf, und dann sucht er sich ein Geschöpf, das am ehesten in der Lage ist, ihn dazu zu bringen, dass er sich an den Schöpfer erinnert. Bei diesem hält er inne und nimmt es als Partner auf der physischen Ebene, weil in diesem etwas ist, das ihn der Quelle näher bringt. Es ist für ihn ein Botschafter aus der göttlichen Welt. Auf diese Weise wird alles anders. Sich jedoch in jemanden vergaffen, der einem nicht den Herrn ins Gedächtnis ruft, der einem kein Licht spendet, der einen weder reiner noch edler werden lässt, ja der sogar noch Unfrieden, Eifersucht, Grausamkeit und Zerstörungssucht in einem aufkommen lässt, das ist doch unsinnig! Ich habe viele Menschen gesehen, die jemanden geheiratet haben, der sie vom Himmel trennte, der sie daran hinderte, sich mit der höheren Welt zu verbinden, zu beten, zu meditieren und zu lernen, ja selbst einfach nur gut zu sein. Diese Menschen ließen sich in dummer Weise einfach fortziehen, ohne zu erkennen, in welchen Abgrund sie bald darauf stürzen würden. Oh, ja, es fehlte ihnen an Unterscheidungsfähigkeit, an Maßstäben. Ich bin weder gegen die Ehe noch gegen sonstige Vereinigungen, Freundschaften oder anderweitigen Austausch. Bevor man sich allerdings darauf einlässt, muss man einige Kenntnisse besitzen. Dabei jedoch die Quelle der Liebe zu vergessen, an der man Tag und Nacht seinen Durst stillen kann, um sich endlich erfüllt zu fühlen, nicht mehr daran zu arbeiten, sich mit dieser zu verbinden und statt dessen seinen Durst an kleinen Tümpeln und Pfützen zu stillen, in der Hoffnung, darin Begeisterung und Erfüllung zu finden, welch ein Wahnsinn wäre das!

Wenn man bereits bei einem Eingeweihten in die Lehre gegangen ist, dabei eine Arbeit vollbracht und das Wesentliche begriffen hat, wenn man es versteht, sich an der unerschöpflichen Quelle des Lichts, der Liebe, Güte und Großmut zu nähren, ja dann kann man zu anderen Geschöpfen gehen, um ihnen beizustehen, ihnen Licht zu bringen und sie zu beleben. Doch wäre es unbegreiflich, diese erhabene Realität zu ignorieren und sich von ihr zu trennen, um in Sümpfen zu versinken, wo es von Kaulquappen und von vielerlei Schmutz nur so wimmelt. Und doch tun die meisten Menschen genau das. Sie denken an gar nichts anderes und dann sieht man, wie sie sich die Haare raufen, wie sie anfangen zu jammern und wie sie sich bemühen, frei zu werden, ohne dass sie wissen, wie sie es anstellen sollen. Und am Ende fangen sie an, sich zu schlagen und sich gegenseitig den Garaus zu machen.

Zuerst einmal muss man bei denen in die Lehre gehen, die Wissen besitzen, und dann erst kann man sich dazu entscheiden, sein eigenes Leben aufzubauen. Doch man bleibt in Unwissenheit, und wie die Tiere lässt man sich vom Unbewussten treiben. Man stürzt sich in leidenschaftliche und dumme Abenteuer, weil alle es so machen. Warum muss man es denn allen anderen nachmachen? Wenn man es so macht wie alle anderen, wird man genauso unglücklich sein, man wird die gleichen Scherereien haben und ebenso elend und krank sein wie sie. Ist das etwa ein herrliches Leben?... Man muss es nicht allen anderen nachmachen, sondern der kleinen Zahl von Eingeweihten nachfolgen, die auf der Erde leben und die den Sinn des Lebens, Licht, Wahrheit, Freiheit und Frieden gefunden haben. Diese Menschen können euch helfen, sie kennen die Methoden und sie besitzen die Mittel dazu.

Nun, meine lieben Brüder und Schwestern, es mag euch unwahrscheinlich und ungeheuerlich erscheinen, aber ich habe es ausgesprochen und es ist jetzt zu spät, es rückgängig zu machen. Natürlich kann ich die Tonbandaufnahme löschen, doch ich kann das nicht löschen, was ihr in eurem Gehirn registriert habt, dafür ist es zu spät. Merkt euch also gut: Solange ihr die Liebe nicht dort sucht, wo sie sich tatsächlich befindet, nämlich an der Quelle, und solange ihr lediglich woanders einige kleine Tropfen sucht, die ihr trinkt, wie sie gerade kommen, und die weder besonders klar noch rein sind, solange werdet ihr unglücklich bleiben und die Liebe nicht finden. Sucht ihr sie jedoch dort, wo sie sich befindet, in der göttlichen Welt, in Gott selbst, so wird sie ständig bei euch sein und euren Durst stillen. Ihr werdet sie spüren, ihr werdet sie trinken und essen und unaufhörlich davon erfüllt sein. Ihr werdet sogar verblüfft sein und euch sagen: »Wie kann das angehen? Ich habe weder Frau noch Kind, und diese Liebe erstrahlt in mir.«

Zuerst müsst ihr die Liebe an ihrer Quelle suchen und dann könnt ihr, wenn ihr wollt, auch noch überall dort suchen, wo sich einige Tropfen dieser Liebe niedergeschlagen haben. Doch wie mager und armselig wird das sein verglichen mit der Quelle! Was kann man schon mit einigen Tautropfen anfangen? Nun werdet ihr sagen: »Wir können sie trinken und uns daran laben!« Ja, doch wenn ihr dann am folgenden Tag weiter Tropfen holen wollt, werdet ihr nichts mehr finden. Ihr glaubt, ihr hättet die Liebe gefunden, weil ein Mädchen euch anlächelt, euch küsst und euch ewige Liebe schwört. Und am Tag darauf setzt sie euch vor die Tür, weil sie jemand anderen gefunden hat. Die menschliche Liebe ist so wechselhaft! Die Eingeweihten begnügen sich nicht mit einigen Tautropfen, sie gehen direkt zur unerschöpflichen Quelle. Jeden Tag stillen sie dort unaufhörlich ihren Durst, und zwar so sehr, dass sie auch anderen davon abgeben können. Warum sollte man dieses Reservoir und diese Fülle vergessen und ein klein wenig Liebe irgendwo erbetteln, einige Worte, einige Blicke, ein Lächeln und einige Küsse, in der Hoffnung, darin Erfüllung zu finden? Heute mögt ihr einmal gut gespeist haben, doch morgen habt ihr wieder Hunger...

Und erzählt mir nur keine Geschichten: »Ich brauche Liebe.« Meint ihr, ihr seid damit allein? Meint ihr, ich bräuchte keine? Vielleicht brauche ich sogar mehr als ihr. Nur besteht zwischen euch und mir ein kleiner Unterschied, denn ich habe gelernt, wo sie zu suchen und zu finden ist, während ihr sie woanders sucht. Das ist ein winziger, unbedeutender Unterschied... doch macht er den ganzen Unterschied aus! Man will mich überzeugen, dass man vor Liebe brennt und dass man Liebe braucht. Dieses Bedürfnis habe ich jedoch schon seit Tausenden von Jahren, das besteht nicht erst seit gestern oder heute. Doch habe ich gelernt, die Liebe dort zu suchen wo sie zu finden ist, unermesslich, grandios und unerschöpflich. Warum sollte ich nun diese Philosophie aufgeben? Mehrere Male in meinem Leben sind Frauen mit dem Versprechen auf mich zugekommen, sie würden mich glücklich machen. Das ist immer so: ein Unglücklicher will einen anderen glücklich machen. Ein Mann sagt: »Ich werde dich glücklich machen, mein Liebling!« Doch er, der noch nicht weiß, was Glück ist, wie könnte er etwas geben, was er nicht besitzt?... Es gibt vielleicht keinen Menschen auf der Erde, der so viel Liebe braucht wie ich. Doch als ich erkannt habe, dass kein Mensch imstande ist, mir das zu geben, was ich mir wünsche, habe ich mich woanders hingewandt. Könnt ihr es nun nicht ebenso machen?

Alle haben es eilig, sich an jemanden zu binden, der weder Wissen über Gott besitzt, noch an Ihn glaubt, auf Ihn hofft oder Ihn liebt. Das ist doch unglaublich! Man will sich mit Leuten verheiraten, die nichts haben, Leute wie Steine! Und schließlich wird man selbst zu einem Stein. Was können schon zwei Steine miteinander machen? Auf jeden Fall kein Haus bauen! Sie können nichts weiter als unter dem Einfluss der Unwetter aufeinanderstoßen. Und von Zeit zu Zeit mögen dabei einige Funken aufsprühen, weiter nichts. Bevor man jemanden heiratet, muss man schauen, was dieser Mensch in seinem Kopf und in seiner Seele birgt. Und wenn ihr dort nicht viel vorfindet, dann heiratet besser nicht, es sei denn, ihr habt enorm viel Glaube, Hoffnung, Liebe, Wärme, Güte, Geduld und guten Willen. Wenn das der Fall ist, dann heiratet, aber nicht weil ihr von diesem erdverhafteten, erloschenen Menschen etwas erwartet, sondern um ihn wieder zu beleben, ihm beizustehen und ihm Licht zu spenden. Dann ist es eine göttliche Tat. Doch im Allgemeinen heiratet man nicht zu diesem Zweck. Selbst wenn der Andere im Inneren arm ist, will man ihm noch etwas nehmen, Geborgenheit und Schutz bei ihm finden. Und so kommt es, dass nach einiger Zeit beide doppelt arm sind. Habt ihr jedoch wirklich den Wunsch, ein Opfer zu bringen und seid ihr genügend gerüstet, um durchzuhalten, dann heiratet. Euer Opfer wird Beachtung finden und in das Buch des Lebens eingeschrieben werden. Die unsichtbare Welt wird darüber begeistert sein, dass ihr etwas geben wollt, ohne eine Gegenleistung zu erwarten. Und für euren Partner wird es ein Segen sein, denn es wird euch gelingen, ihn zu beleben, ihm Licht zu bringen, ihn zu läutern und ihn dazu zu bringen, einen besseren Lebenswandel zu führen. Das ist eine Tat voller Würde, Adel und Größe.

Solche Fälle von Großmut und Opferbereitschaft finden sich vor allem unter den Frauen. Doch leider reicht der Wunsch nicht aus, jemanden retten zu wollen, und oftmals gelingt es ihnen nicht, da sie weder Wissen noch Methoden noch körperliche Widerstandskraft besitzen. Man muss Kenntnisse, Mittel und Methoden haben, wenn man einen Trunksüchtigen oder einen Vagabunden erlösen will, denn sonst wird er der Stärkere sein. Dann wird nicht nur er sich nicht ändern, sondern er wird auch noch seine Frau zugrunde richten. Wie oft ist es schon vorgekommen, dass Frauen, die derart gute Absichten hatten, einen Mann von der Trunksucht zu befreien, schließlich vor Kummer gestorben sind! Ihr Ehemann verbrachte die Nächte in der Kneipe, und wenn er heim kam, schlug er sie noch. Es ist gar nicht so einfach, jemanden zu retten. Man muss sehr stark sein, um durchzuhalten und bis zum Erfolg weiterzumachen. Ihr dürft eure Fähigkeiten nicht überschätzen, sondern ihr müsst euch mäßigen und euch sagen: »Ich möchte diesen Menschen erlösen, doch fehlen mir dazu die Mittel.« Dann wendet ihr euch an ein stärkeres Wesen, an einen Engel oder einen Eingeweihten. Ihr fleht den Himmel an, diesem schwachen Geschöpf, das ihr liebt, zu helfen. Um selbst einzugreifen, muss man sehr stark sein. Und wenn man selbst die Mittel nicht besitzt, muss man sie woanders suchen.

Nun, meine lieben Brüder und Schwestern, ich habe zu euch über das Problem von Liebe und Ehe gesprochen, denn es ist nötig, dass ihr in Bezug auf dieses so wichtige Thema große Klarheit besitzt. Oftmals ist es gerade dieser Bereich, der einem zum Fallstrick wird, an dem man scheitert und in dem man all sein himmlisches Erbe verliert. Darum muss Klarheit in den Gedanken herrschen. Zuerst müsst ihr die Liebe anstreben, die Gott selbst ist, und sie definitiv in euch aufnehmen. Wenn ihr euch daraufhin imstande fühlt, jemand anderem zu helfen, könnt ihr die Liebe auf der physischen Ebene anstreben. Doch lebt niemals auf ihre Kosten.

Wenn ihr in Bezug auf die Liebe klare und genaue Vorstellungen habt, könnt ihr die Lichtkräfte nutzen und mit ihnen zusammenarbeiten. Ein rechtes Verständnis der Liebe ist für eure Zukunft absolut unerlässlich. Falls ihr diesbezüglich den Zusammenhang nicht erkennt, so sehe ich ihn doch ganz klar. Von eurer Vorstellung der Liebe hängt eure Zukunft ab.

Vor einiger Zeit sind ein Bruder und eine Schwester zu mir gekommen, und wir führten ein langes Gespräch über ihre derzeitige Situation. Ich sagte zu dem Bruder: »Sie lieben diese Schwester und wollen sie heiraten... – Ohne sie kann ich nicht leben. – Aber Sie sind doch schon verheiratet und haben sogar Kinder. – Ja.« Da habe ich ihm erklärt: »Die Sachlage ist völlig klar. Es gibt zwei Wege, der eine ist der des Vergnügens und der persönlichen Befriedigung, wobei man sich nicht um die anderen kümmert. Falls Sie diesen Weg einschlagen – um angeblich glücklich zu sein – müssen Sie dabei bestimmte Gesetze übertreten. Sie schlagen dann den allergewöhnlichsten Weg ein, den Weg der Schwachen, der Egoisten, der sinnlichen Menschen. Sie werden dabei Schuld auf sich laden und schließlich Gewissensbisse haben, dass Sie Ihre Zukunft auf dem Unglück anderer aufgebaut haben. Und letztendlich werden Sie weder glücklich noch zufrieden sein. Kurze Zeit nachdem Sie in Besitz genommen haben, was Sie begehren, wird die Begierde gestillt sein und Sie werden Ihre Entscheidung bedauern. Darum rate ich Ihnen von diesem Weg ab. Eine kurze Zeit lang würden Sie Momente der Befriedigung erleben, doch dann werden Unstimmigkeiten auftreten und Sie werden Ihre Schuld abtragen müssen. Es gibt einen zweiten Weg, den der Größe, der Opferbereitschaft, des Verzichts, den göttlichen Weg, den viele beschritten haben und durch den sie zu bemerkenswerten Menschen geworden sind. Auf diesem Weg werden Sie lernen, nachdenken, kämpfen und erkennen, dass Sie all diese Begierden, die Wallungen, die Leidenschaften und dieses Hin- und Hergerissensein überwinden müssen. So werden Sie Herr der Situation. Auf diesem lichtvollen Weg der Pflichterfüllung und der Erfüllung des göttlichen Willens werden Sie kein Bedauern verspüren, sondern ein Gefühl des Friedens und des Triumphes.«

Zu der Schwester hingegen, die dieser Bruder heiraten wollte, habe ich Folgendes gesagt: »Wie kommt das?! Unter zwei Milliarden Männern auf der Erde konnten Sie keinen finden, der noch nicht verheiratet ist? Warum haben Sie es auf einen Menschen abgesehen, der bereits gebunden ist, wobei Sie eine ganze Familie entzweien und zerstören? Wollen Sie darauf eines Tages stolz sein? Sie hätten ihn in Ruhe lassen müssen. – Aber wir lieben uns doch! – Ja, diese Art von Liebe kenne ich, doch das muss ein Ende finden.«

Dem Mann habe ich weiterhin erklärt: »Falls Sie Ihrem Wunsch nachgeben, werden Sie in einer späteren Inkarnation wiederkommen, um Ihre Schuld Ihrer Frau gegenüber abzutragen. Stellen Sie sich vor, wie Ihre Frau darunter leiden wird, wenn Sie sie verlassen, obwohl sie das nicht verdient hat. Glauben Sie etwa, das Schicksal wird Sie dafür ungestraft lassen? Sie werden Schuld auf sich laden und es lohnt sich nicht, sich auf diese Weise zu belasten. Sie empfangen hier eine Lehre, ein Licht, Sie bekommen die nötigen Kenntnisse, um Ihre Lage in Ordnung zu bringen, und Sie wollen all das beiseite lassen. Wären Sie nicht in dieser Schule, würde ich verstehen, dass Sie die gleichen Verrücktheiten begehen wie alle anderen, man könnte es Ihnen verzeihen. Doch in Ihrem Fall ist es nicht zu entschuldigen, denn Sie genießen das außerordentliche Privileg zu wissen, wie Sie richtig zu handeln haben.«

Abschließend habe ich mich an beide gewandt: »Nun liegt es an Ihnen sich zu entscheiden. Falls Sie dem Weg folgen, der Sie lockt, kann ich Ihnen Punkt für Punkt voraussagen, was Sie erwartet...« Und sie sind mit dem Entschluss fortgegangen, meinem Rat zu folgen. Das war wunderbar, denn das hatte ich nicht erwartet. Zu dem Bruder sagte ich daraufhin, er möge seine Frau zu mir bringen, denn ich habe

Methoden, um eine solche Situation wieder ins Lot zu bringen. Aber um ihm zu zeigen, wie alles wieder in Ordnung kommen kann, ist die Gegenwart seiner Frau notwendig.

Alle kennen derartige Konflikte. Überall gibt es nichts als Ehebruch und hintergangene Frauen und Männer, und niemand denkt daran, dass man sich ein schweres Karma auflädt, wenn man den anderen so leiden lässt, und dass man sich später reinkarnieren muss, um die Sache wiedergutzumachen.

Ja, meine lieben Brüder und Schwestern, auch euch sage ich es: Ihr seid euch gar nicht im Klaren darüber, welch ein Glück ihr habt, in dieser Lehre zu sein. Hättet ihr diese nicht kennen gelernt, dann weiß Gott allein, in welcher Lage, in welch innerem Elend, in welchen Einschränkungen und in welchem Unglück ihr nun wäret! Durch diese Lehre hingegen nährt und stärkt ihr unaufhörlich die gute Seite in euch, bis ihr eines Tages die Fülle erlangt. Man muss immer zuerst überlegen und die Sache durchdenken, bevor man allen Launen seiner niederen Natur nachgibt.

Ich fordere euch also alle auf, einmal nachzudenken. Das Problem der Liebe ist von größter Bedeutung, denn von der Liebe hängt alles Andere ab. Alles hängt ab von der Art und Weise, wie man die Liebe sieht und wie man sie äußert. Bisher hat man darauf nicht Acht gegeben. Alles baut auf der Liebe auf, das gilt selbst im anatomischen und im physiologischen Bereich, obwohl die Liebe nicht von den Organen herrührt, wo sie sich zeigt, sondern von sehr viel höheren Regionen. Durch anatomische und physiologische Studien der Geschlechtsorgane weiß man, dass der Mensch funktionell unfähig ist, wenn diese nicht richtig funktionieren. Alles kommt von dort her, das gesamte Leben des Menschen hängt von diesen Zellen ab, ihr Aufbau und ihr Zustand spiegelt sich in allen anderen Bereichen wider. Diese Zellen, die man die Organe der Liebe nennt, bestimmen, ob ein Mensch zu etwas taugt oder ob er dumm ist.

Le Bonfin, den 23. September 1967

Anmerkungen
1. Siehe Band 237 der Reihe Izvor »Das kosmische Gleichgewicht – Die Zahl 2«, Kapitel 17: »Der Mythos des androgynen Menschen«.
2. Siehe Band 8 der Reihe Gesamtwerke »Sprache der Symbole, Sprache der Natur«, Kapitel 8: »Die wahre Ehe«.

Teil 2

Freier Vortrag

Man mag eine noch so große Liebe für die Menschen haben und den Wunsch, ihnen zu helfen, man muss doch feststellen, dass sie noch nicht bereit sind, all die Wahrheiten, die sie erlösen könnten, zu akzeptieren und zu begreifen. Darum muss man noch viele Problempunkte beiseite lassen – vor allem das Problem der Liebe – indem man den Augenblick abwartet, wo sie fähig sind zu verstehen.

Es ist schwierig, Wahrheiten zu erklären, die einer völlig neuen Ordnung der Dinge angehören. Handelt es sich um die gewöhnliche Art der Liebe, die allen bekannt ist und die von allen anerkannt und akzeptiert wird, so ist jeder dazu fähig, selbst dumme, stumpfsinnige und kranke Menschen. Sie mögen dabei auf grobe Art und Weise vorgehen, vielleicht wie die Tiere, doch sie können es. Frauen wie Männer, alle werden bereits mit diesem Wissen geboren. Selbst die Allerjüngsten wissen, welche Stellung sie einnehmen müssen, sie wissen, wie sie vorgehen müssen, sie kennen die Gesten... Es ist wie mit einem Kind, dem ihr einen Bonbon gebt. Woher weiß es, dass es den in den Mund stecken soll?... Um die Liebe zu begreifen und kennen zu lernen, von der die Eingeweihten sprechen, braucht man jedoch Jahre. Und Jahre darauf erscheint es einem noch wirrer, derart ist dieses Thema neu, noch nie dagewesen.

Ich habe euch einmal gesagt, dass jede Funktion des Menschen einen kosmischen Vorgang widerspiegelt. Ich erklärte euch, was dabei dem Sonnenlicht entspricht, ich erklärte euch seine Natur und seine

Aufgabe, wie die Sonne die Erde befruchtet und wie das männliche und weibliche Prinzip arbeiten, um Leben hervorzubringen. Als ich dann sagte, was im Menschen dem Sonnenlicht entspricht, waren einige schockiert. Nun, ihr versteht wohl, dass mir das gezeigt hat, dass noch nicht alle von euch bereit sind, die großen Wahrheiten der Einweihungswissenschaft zu empfangen. Ich muss alles, was ich sage dosieren, denn ich laufe ständig Gefahr, mich Menschen gegenüber zu befinden, von denen ich nicht weiß, wie sie mich verstehen und was sie mir auf Grund ihres Unverständnisses antun werden. Macht mir also keine Vorwürfe, wenn ich euch nicht alles offenbare. Ich gebe euch das, was ihr braucht, um zu überlegen, nachzudenken, zu erspüren, zu verstehen und um etwas Wahres und Tiefgreifendes zu erfassen, das euch dazu treibt, weiter zu forschen, sobald ihr innerlich etwas freier geworden seid. Ohne euch nun alles zu sagen, enthülle ich euch also einen Teil der Wahrheit, damit ihr euch an die Arbeit machen könnt.

Was die körperliche Liebe betrifft, so könnt ihr zahlreiche Details in Büchern über Medizin, Hygiene und Sexualerziehung finden. Es existiert eine ganze Literatur zu diesem Thema, die ich allerdings noch nie durchgeschaut habe, weil ich zum einen keine Zeit dafür habe, doch vor allem, weil es mich nicht interessiert, von der Liebe ausschließlich vom anatomischen, physiologischen oder, wenn ihr so wollt, »technischen« Standpunkt aus sprechen zu hören. In diesen Büchern kann man alles finden, abgesehen von dem, was ich euch darlege, nämlich die göttliche Seite der Liebe. Denn die Liebe ist keine Spielerei, sondern eine gigantische, großartige Arbeit zur Erneuerung, Wiederherstellung, Neubelebung und zum Göttlichwerden.

Die Liebe wird mehr und mehr als ein Vergnügen angesehen, ein Zeitvertreib, um sich ein wenig zu entspannen, und gerade darum wirkt sie zersetzend, destruktiv und verfinsternd auf die Menschen. Für einige Augenblicke der Freude, des Vergnügens und der Gefühlsausbrüche müssen sie teuer, ja zu teuer bezahlen. Doch das wissen sie nicht, sie meinen, man könne diese Vergnügungen unendlich lange genießen, ohne dafür zu bezahlen oder etwas im Austausch zu geben. So kommt es, dass sie auf der einen Seite befriedigt und erfüllt sind, während sie auf der anderen Seite eine Leere spüren. Und das liegt daran, dass sie in diesem Heizkessel der Liebe alle für Leben und Gesundheit nützlichen und nötigen Quintessenzen verbrannt haben. Denn wenn ihr bestimmte Empfindungen verspürt und euch bestimmte Genüsse erlaubt, so bedeutet dies, dass ihr dabei Material verheizt, und dann seid ihr dabei zu bezahlen. Würden die Liebespaare Berechnungen anstellen, so würden sie erkennen, dass all das, was sie vergeudet haben, weitaus wertvoller war als was sie gewonnen haben. Und sie haben fast alles ausgegeben und fast nichts dabei gewonnen.

Vor allem die Mädchen wissen nichts vom Wert der Frische, der Ausstrahlung und der Reinheit, die von ihnen ausgehen. Sie sind bereit, dies dem Erstbesten hinzugeben für eine Einladung, für eine kleine Rolle in einem Film oder für ein Foto in einem Magazin. Sie wissen nicht, dass sie ein wertvolles Gut, mit dem sie die ganze Welt bekommen könnten, gegen ein Nichts eintauschen. Wenn ihr ihnen Jahre später wieder begegnet, seht ihr, dass sie all ihren Charme verloren haben. Sie sind weichlich, schlecht gekleidet und finster, und sie schminken sich, um ihre Hässlichkeit zu verbergen.[1] Sie gehen nun in Schönheitsinstitute, während sie vorher solche Verkünstelungen nicht nötig hatten, weil auf ganz natürliche Weise eine wunderbare Quintessenz von ihnen ausging.

Diese Mädchen lassen sich auf alles Mögliche ein, um bei Idioten und Lüstlingen einen guten Eindruck zu machen. Niemals wurde ihnen beigebracht, viel mehr die Achtung der Eingeweihten, der Weisen und der Lichtgeister aus der höheren Welt zu gewinnen, die sie auf die Erde geschickt haben, um ein Werk, eine bestimmte Aufgabe zu erfüllen. Sie sind sich des Wertes dessen, was sie besitzen, nicht bewusst und wollen sich dessen entledigen. Und falls doch einmal eine von ihnen das bewahren will, befleißigen sich alle um sie herum, sie zu kritisieren und sich über sie lustig zu machen: »Wie kannst du nur diese alten Vorurteile beibehalten?« Und ohne zu wissen, was sie dabei verlieren wird, lässt sich dieses arme Mädchen schließlich in die gleichen Abenteuer ein wie die anderen. Solange ein Mädchen hübsch und strahlend ist, ist sie wie eine Königin, sie kann alles bekommen. Hat sie jedoch ihre Strahlkraft verloren, wird sie aufs Abstellgleis geschoben, so wie dies oft mit manchen Sängerinnen und Schauspielerinnen geschieht. Ihre Popularität ist nicht von Dauer, weil andere kommen, die frischer sind als sie, denen die Menge nun ihren Applaus und ihre Gunst gibt. Die Schönheit wurde den Frauen nicht gegeben, um damit die sinnlichen Gelüste der Männer zu befriedigen, sondern um diesen zu helfen, sich auf eine höhere Stufe zu erheben. Die Schönheit ist dazu da, den Plänen des Himmels zu dienen, so wie dies im Übrigen für alle guten Eigenschaften der Menschen gilt. Daher wird vom Schüler erwartet, ein hohes Ideal zu haben und, ist er schön, seine Schönheit zu weihen, ist er intelligent, seine Intelligenz zu weihen, ist er reich, seinen Reichtum zu weihen, anstatt immer nur einen persönlichen Profit daraus ziehen zu wollen.

Ob ihr nun mit unseren Ansichten einverstanden seid oder nicht, wenn ihr hierher kommt, so müsst ihr doch finden, dass sich unsere Lebensanschauung völlig von allen anderen unterscheidet, die man sonst auf der Welt antreffen kann. Wenn doch nur die gesamte Menschheit sie annehmen oder zumindest ausprobieren wollte! Gewiss wird es einem nicht gleich auf Anhieb gelingen, doch es ist schon anerkennenswert, wenn man sich wenigstens bemüht, von der Liebe eine rechte Sichtweise zu bekommen.

Was suchen die Liebespaare bei ihrem geliebten Partner? Lieben sie etwa das Gesicht, den Oberkörper, die Beine, die Arme oder die Augen? Nein, denn das sind lediglich einfache Hilfsmittel, über die die Liebe zum Ausdruck kommt. Das, was sie suchen, das ist die Liebe selbst. Es kommt übrigens oft vor, dass die Liebe zu jemandem aufhört, der jedoch immer noch dieselben Arme, Beine und Brüste hat wie zuvor. Und dennoch sucht man die Liebe nun bei einer anderen. Das beweist, dass es nicht der physische Körper ist, sondern über diesem die Liebe, das heißt dieses Gefühl der Fülle, des Glücks, der Freude, der inneren Weite, des erweiterten Bewusstseins. Nun stellt euch einmal vor, ihr habt die Liebe gefunden, ohne in eine bestimmte Person verliebt zu sein. Sie ist einfach da, überall im Universum ist sie vorhanden. Ihr trinkt sie, ihr atmet sie, ihr seid erfüllt. In dem Augenblick, wo ihr sie gefunden habt, braucht ihr weder Beine, Arme noch Brüste, denn ihr habt sie als Quintessenz, als überall verbreitetes Leben gefunden. Ständig seid ihr mit ihr zusammen und ihr fühlt euch nie mehr müde. Bis zu dieser Stufe des Verständnisses müsst ihr gelangen. Ihr aber glaubt mir nicht und sagt: »Das ist nicht möglich, das ist nicht möglich!« Doch, es ist möglich, es ist nur eine Frage der Stufe, auf der man steht. Es muss gelingen sich so weit zu erheben, bis man erkennt, dass die wahre Liebe die universelle Liebe ist, die überall in Fülle vorhanden ist und die man unablässig in sich aufnehmen kann, denn sie ist eine feinstoffliche Quintessenz, die nichts anderes ist als Gott selbst – ja, Gott selbst.

Da nun aber das, was man an einem Menschen eigentlich liebt, diese Quintessenz, dieses Leben, diese feinstoffliche Ausstrahlung ist, kann man das alles in weit größerer Fülle zum Beispiel in der Sonne finden oder auch in den Meeren, den Wäldern, ja sogar überall in der Luft, indem man einfach nur atmet. Alle Eingeweihten, die daran gearbeitet und entsprechende Versuche gemacht haben, entdeckten diese wahre Liebe, die sie brauchten. Alle brauchen sie, es gibt nicht ein einziges Geschöpf auf der Erde, das ohne Liebe leben könnte. Wenn mir jemand sagt, er habe das Problem gelöst, er brauche keine Liebe mehr, so würde ich es nicht glauben. Es gibt kein einziges Wesen, das keine Liebe bräuchte. Denn Liebe ist Leben. Ohne sie ist man tot, geistig tot, unproduktiv.

Als ich in Griechenland war, wollte ich die Klöster des Berges Athos besuchen und mit den dortigen Mönchen sprechen. Und obwohl ich die Kunstwerke sehr bewundert habe, so habe ich von diesem Ort doch einen starken Eindruck von Fadheit und Traurigkeit zurückbehalten. Denn die Mönche lebten dort nach völlig irrigen Vorstellungen, und zwar insbesondere, dass man das weibliche Prinzip verbannen müsse, denn alles Weibliche sei schlecht und teuflisch. In ihrer Ablehnung des Weiblichen gehen sie sogar so weit, dass nicht nur keine Frau ihren Bereich betreten darf, sondern sie haben nicht einmal das Recht, eine Ziege zu halten, weil das ein weibliches Tier ist. Nun sagt mir, ob der Herr sich so eine Lebensanschauung hat ausdenken können! Und wenn Er sich das ausgedacht hat, warum hat Er sich dann damit beschäftigt, die Frauen zu erschaffen? Die Christenheit wird eines Tages wirklich manche ihrer Vorstellungen korrigieren müssen, denn viele müssen darunter leiden. Die Christen stecken entweder voller Verdrängungen und verschaffen so den Psychoanalytikern Arbeit, oder aber sie fallen ins andere Extrem und führen ein Leben voller Zügellosigkeit. Aber natürlich sind sie weder in dem einen noch in dem anderen Fall der Wahrheit nahe.

Ich bin weder für das eine noch für das andere Extrem. Ich bin weder für die Asketen, die radikal die Liebe verdammen noch für die Lüstlinge, die Tag und Nacht nur daran denken, sich sinnlichen Genüssen hinzugeben. Ich habe andere Lösungen, es sind die besten und die ausgewogensten, und die will ich euch vermitteln.

Betrachtet von nun an die Liebe als eine göttliche Energie, eine Energie, die aus der höheren Welt herabströmt und dabei, je nachdem durch welche Art von Gefäß sie sich manifestiert, verschiedene Wirkungen hervorruft. Liebe ist wie Wasser, das von den Höhen der Berge herabströmt. Dort oben ist es kristallklar und rein, doch auf seinem Weg nimmt es eine gelbliche oder rötliche Farbe an je nachdem, durch welches Gelände es fließt. Ebenso ist die Liebe eine reine, kristallklare Kraft, die sich in göttlicher Weise äußert. Lasst ihr sie jedoch zu weit herabfließen, werdet ihr sehen, dass sie auch andere Eigenschaften und andere Arten sich zu äußern hat. Würdet ihr es im Übrigen verstehen, euch selbst zu beobachten, dann würdet ihr all das in euch selbst, in euren Gefühlen und sonstigen Lebensäußerungen entdecken. Wenn ihr jemanden zärtlich liebt, welche Kraft ist das dann, die euch lehrt, wie ihr ihn oder sie anschauen und liebkosen, wie ihr nett sein und Geschenke machen sollt?... Und wenn ihr wütend seid, welche Kraft ist es dann, die euch lehrt, Ohrfeigen auszuteilen, zu kratzen, zu beißen oder zu schlagen?... Es ist doch auch eigenartig, niemand hat jemals einem Jungen erklärt, wie er ein Mädchen küssen soll, und doch tut er es. Alle tun es, alle wissen wie das geht, das ist nichts Neues. Doch welche Schlüsse hat man daraus gezogen? Keine.

Tatsächlich ist es immer dieselbe Kraft, ob es sich nun um Liebe oder um Zorn handelt, sie entspricht der roten Farbe. Doch einmal zeigt sie sich in der Gestalt der Venus, sie handelt mit Takt, Poesie und Zartheit, ein andermal wird sie zu einer Marskraft und kann dann erschreckend sein. Doch immer ist es dieselbe Kraft. Dessen wird man übrigens gewahr, wenn sich die Liebe auf einem zu niederen Niveau äußert. Dann verwandelt sie sich in Gewalt, man will sich durchsetzen, man wird hart, grausam und denkt nicht mehr an den anderen. Man strebt nur danach, sich selbst zu befriedigen, seine eigenen Begierden zu stillen. Diese Liebe ist dann natürlich nicht mehr besonders ästhetisch, heilsam, großmütig und göttlich. Äußert man die Liebe jedoch auf einer höheren Stufe, ist man genötigt, mit Takt, Zärtlichkeit und Feingefühl vorzugehen, und man kümmert sich weitaus mehr um das Glück und die Zukunft des geliebten Menschen. Darin liegt der Unterschied. Auf der niederen Stufe der Liebe denkt man nicht an den anderen, man zerreißt ihn, frisst ihn auf, tut sich gütlich an ihm, wirft ihn fort, und dann ist es vorbei. Das ist eine raubtierartige Liebe. Auf den höheren Stufen der Liebe hingegen ist man bereit, für den geliebten Menschen Wunder zu vollbringen. Warum sollte man sich also nicht darum bemühen, diesen höheren Grad der Liebe zu entwickeln, auszudrücken und in Erscheinung treten zu lassen?

Alle diejenigen, die sich mit den unterschiedlichen Erscheinungsformen näher befasst haben, haben außerdem bemerkt, dass die sinnliche Liebe, die nichts weiter als ein Stillen egoistischer Begierden ist, keinerlei Licht mit sich bringt. Eine mehr vergeistigte Liebe hingegen erweckt im Menschen schlafende Kenntnisse. Er macht Entdeckungen, er spürt, wie vage Erinnerungen an die Oberfläche seines Bewusstseins steigen. Man muss sich darüber klar werden, welche Folgen jede dieser beiden Arten der Liebe mit sich bringt. Die tierhafte, primitive Liebe verunstaltet, erniedrigt und zersetzt etwas im Menschen, während die Liebe wie die Eingeweihten sie leben, aufbaut, bessert, heilt und reinigt. Gleichzeitig kommen sie dadurch zu fantastischen Entdeckungen. Das sind subtile, doch reale Tatsachen, die man nicht leugnen kann. Alles hängt also davon ab, wie man die Liebe sieht.

Ich glaube nicht, dass diejenigen, die sich mit dem Thema Liebe befasst haben, dieses oft unter diesem Gesichtspunkt behandelt haben. Meistens sprechen sie eher von Ausschweifungen und Anomalien. Meine Aufgabe ist es jedoch, euch für eure Entwicklung unerlässliche Wahrheiten zu sagen, mit denen sich noch niemand befasst hat, nämlich wie man durch die Liebe Fortschritte machen und sich bessern kann. Alles andere, all der Abfall, all der Auswuchs, mit dem man sich voller Leidenschaft befasst, interessiert mich nicht.

Die gewöhnlichen Kriterien für die Menschen bestehen in groben und heftigen Empfindungen. Alles, was keine solchen Empfindungen auslöst, hat keinen Wert. Sie wissen nicht, dass man im Gegenteil durch feinfühlige, subtile Liebesempfindungen wächst, Wahrheiten entdeckt und lichtvoll, intelligent und stark wird.

Ihr wisst, wie die Wilden Feuer machen. Sie nehmen zwei Hölzer, die sie gegeneinander reiben. Die Reibung erzeugt zuerst Wärme und dann, nach einiger Zeit, entsteht Licht. Schaut nun einmal, welchen Schluss man aus diesem Phänomen ziehen kann. Es werden also zwei Hölzer gegeneinander gerieben. Diese Reibung ist Bewegung. Die Bewegung bringt Wärme hervor und die Wärme verwandelt sich in Licht. Symbolisch gesehen kann man nun sagen, dass die Menschen es in der Frage der Liebe bei der Bewegung bewenden lassen. Gewiss, diese Bewegung erzeugt Wärme, doch müssen sie über dieses Stadium hinausgehen. Sie müssen über das bloße Empfinden hinausgehen, um zur Erkenntnis zu gelangen, um in die Mysterien des Universums vorzudringen und das innere Licht zu vermehren. Die Liebe kann sie so weit bringen, unter der Voraussetzung allerdings, dass sie aufhören, diese nur als eine angenehme Gefühlserregung anzusehen. Wenn ihr euch innerlich bereichern wollt, dann wendet euch dieser Liebe zu, die überall vorhanden und die Gott selbst ist, die einzige Liebe, die euer ganzes Sein erfüllen und ausfüllen kann. Die andere Art der Liebe ist nicht fähig, euch gänzlich zu befriedigen. Nur einige Zellen werden befriedigt, einige Lücken ausgefüllt, doch euer Sein als Ganzes bleibt voller Sehnsucht, voller Hunger und Durst, denn es ist ständig die gleiche Leere. Die Liebespaare selbst können euch das bestätigen. Wer sein ganzes Sein erfüllen möchte, muss sich an der göttlichen Liebe nähren, an der Unermesslichkeit, an der Unendlichkeit... Denn ein kleines, unbedeutendes Vergnügen kann nicht das ganze Sein des Menschen erfüllen.

Bildet euch nicht ein, ich würde euch nur simple Theorien darlegen. Es wäre zu einfach, euch Moralpredigten zu halten und nachher genau das Gegenteil zu tun. Ich aber lebe in dieser Liebe; Tag und Nacht bin ich in diese unendliche Liebe eingetaucht, die mich ständig klar und wach sein lässt... Das ist ein Zustand, den man nicht beschreiben kann... Doch bemüht euch wenigstens darum, so weit zu kommen, ihn euch zu wünschen. Wenn ihr es schafft, die reine Liebe zu kosten, braucht ihr die körperliche Liebe nicht mehr. Ihr habt dann ein derartiges Empfinden, an der Quelle des Lebens zu trinken, dass alle Körper euch wie Leichen vorkommen werden. Alle Menschen in der Welt zerbrechen sich den Kopf darüber, wie sie das Problem nach den alten Vorstellungen lösen können. Sie wechseln den Partner, die Stellungen, die Umstände, die Methoden; und doch, wie ihr hier in Frankreich sagt: »Je mehr man das ändert, umso mehr bleibt es das Gleiche!«

Man braucht Abwechslung, damit bin ich einverstanden, jedoch nicht im Bereich der Quantitäten. Es geht nicht darum eine Menge von Erfahrungen oder von Partnern zu haben, sondern darum, Abwechslung dadurch herbeizuführen, dass man jedes Mal die Qualität der Liebe verbessert und seine Vorstellungen erweitert, indem man sich bis in die höchsten Regionen erhebt. Geht nur hin und fragt diejenigen, die ständig wechseln, ob sie dabei Erfüllung gefunden haben. Sie werden euch ihre Enttäuschung gestehen. Im ersten Moment legen sie ihre Hoffnung auf das Neuartige, sie kosten einige Bröckchen Freude, weil sie in Hoffnungen leben, die sich niemals erfüllen, und sie hoffen weiter... Natürlich kann man ihr Glück immer wieder verlängern, indem man ihnen ihre Hoffnung lässt. Da es jedoch letztendlich immer wieder die Enttäuschung ist, die sie erwartet, hilft ihnen das auch nicht weiter.

Ich will euch noch einen weiteren Vorteil von dieser Auffassung der Liebe aufzeigen. Wenn ihr die rein sexuelle, primitive und instinktive Liebe anstrebt, seid ihr von dem Menschen abhängig, der sie euch verschaffen soll. Ihr seid nicht mehr frei, und daraus resultiert viel Kummer, Traurigkeit und Zorn, denn die Dinge hängen nicht allein von euch ab. Um nun die Gunst des Partners zu erlangen, muss man manche Konzessionen machen und manche Opfer bringen, was man oftmals besser nicht täte. Der wesentliche Vorteil hingegen, die wahre Liebe zu leben und sich Tag und Nacht daran zu nähren, besteht darin, dass ihr alle Menschen liebt. So bewahrt ihr eure Freiheit und seid von niemandem abhängig. Das ist ein fantastischer Vorteil. Die Eingeweihten, die sich weigern, von der Gnade – von wem auch immer – abzuhängen, haben diese Form der Liebe entdeckt, bei der es ihnen an nichts fehlt. Sie sind erfüllt und frei.

Ihr seht, es ist wieder einmal die Liebe, die mir all diese Wunder offenbart. Ich habe das nicht aus Büchern, denn ich habe gar nicht die Zeit, Bücher zu lesen. Es ist nur allzu wahr, dass die Liebe euer Lehrmeister sein kann!... der Hass übrigens ebenso. Versucht einmal, mir etwas mehr Glauben zu schenken, und euer Leben wird sich völlig ändern. Versucht auch ihr, in diese Liebe eingetaucht zu sein, anstatt ständig traurig und unglücklich zu bleiben.

Schaut nur, was eine Frau macht, die von ihrem Mann verlassen wurde. Anstatt die gute Seite dieser neuen Situation zu sehen und sich zu sagen: »Endlich bin ich frei!«, weint und klagt sie und zündet der heiligen Jungfrau Kerzen an, falls sie an diese glaubt, damit diese ihr den Mann zurückbringt. Warum freut sie sich nicht im Gegenteil und denkt, dass sie nun endlich das tun kann, was sie sich seit langem gewünscht hat und was sie nicht tun konnte, weil ihr Mann sie daran hinderte? Aber nein, stattdessen macht sie sich krank, bringt sich

Sucht die Liebe an ihrer Quelle 437

selbst ins Krankenhaus einfach nur, weil sie Liebe braucht. Doch was für eine Liebe konnte ihr dieser arme Kerl schon bringen? Er besaß selbst keine Liebe und konnte ihr auch keine geben. Der Beweis ist doch, dass er sie woanders suchen gegangen ist. Man muss vernünftig überlegen. Wie soll ein Armer euch reich machen? Das ist so wie mit dem jungen Mann, der zu einem Mädchen sagt: »Liebling, ich werde dich glücklich machen.« Er selbst ist unglücklich, er weiß nicht, was Glück ist, und er will sie glücklich machen! Als ob das so einfach wäre. Er meint wahrscheinlich, es würde genügen, mit ihr ins Bett zu gehen, um sie glücklich zu machen. Doch damit wird er ihr eher seine Krankheiten, Laster und üblen Gewohnheiten geben, aber das Glück... Wirklich, das ist zum Lachen!

Seid mir nicht böse, wenn ich so zu euch spreche. Ich versichere euch, dass mein einziger Wunsch darin besteht, euch glücklicher zu machen. Natürlich nicht so wie dieser kleine Geck, der seiner Liebsten das Glück verspricht, sondern mit einem beständigen, dauerhaften, ewigen Glück. Denn ich weiß, dass ihr Schwierigkeiten, Enttäuschungen und Kummer habt. Das Leben ist sehr schwierig, das lese ich euren Gesichtern ab. Das gilt nicht für alle, doch manche von euch können nicht vor mir verbergen, dass ihre Lebensbedingungen nicht gerade günstig für ihre Weiterentwicklung sind. Wie kann ich euch nun behilflich sein? Ich kann euch keine Millionen und auch keine Geliebten verschaffen. Ich kann euch lediglich eine Wahrheit geben, die mehr wert ist als all das, nämlich wie man sich beständig mit der Quelle verbindet, wie man diese Liebe trinkt, die überall gegenwärtig ist, in die wir eingetaucht sind. Doch ihr seid wie ein Mensch, dem das Wasser bis zum Halse steht und der schreit: »Ich habe Durst, ich habe Durst!« Er bräuchte nur den Mund aufzumachen und zu trinken, doch er hält ihn verschlossen und verdurstet. Diese Liebe umgibt und umströmt uns und dennoch, alle stöhnen, jammern und suchen sie weiterhin. Es ist so wie Paulus sagt: »In IHM leben, weben und sind wir.« Ihr seid in die Liebe eingetaucht, so wie die Fische im Meer, und ohne es zu merken, lebt ihr bereits in ihr. Wenn ihr nur ein wenig einige Fensterchen öffnen könntet, wärt ihr sofort von dieser wunderbaren Kraft der Liebe überflutet. Doch leider seid ihr von solch einem Panzer umgeben, dass nichts eindringt, von einem Panzer aus dummen Ansichten, die ihr von der Masse der Unwissenden angenommen habt. Ihr habt euch derart isoliert, abgeschnitten und verschlossen, dass nichts Lichtvolles, Göttliches mehr eindringen kann. Und gerade in diesem Punkt kann ich euch helfen, so dass ihr euch ein wenig öffnet und die Liebe hereinlasst. Das ist einfach und leicht.

Um Weisheit zu erlangen, braucht man Tausende von Jahren; um alle Fähigkeiten zu erlangen, braucht man auch Tausende von Jahren. Doch für die Liebe muss man nicht so viel Zeit aufwenden, man kann sie sofort erlangen, es genügt, sich dafür zu entscheiden. Annehmen oder nicht annehmen, sich öffnen oder sich nicht öffnen, lieben oder nicht lieben, das hängt von euch ab, ihr könnt es sofort tun. Das ist die Art und Weise, wie ich arbeite. In diesem Augenblick akzeptiere ich es zu lieben. Ich weiß, dass ich für alles andere wie Weisheit und besondere Fähigkeiten sehr viel Zeit benötigen werde, lieben jedoch kann ich heute schon, jetzt in diesem Augenblick. Also stürze ich mich darauf und die Liebe ist da! Und auch ihr, wartet nicht lange, stürzt euch sogleich hinein in diese Liebe, und Kummer, Traurigkeit und Schwierigkeiten, alles ist vergessen und ausgelöscht. »Und unsere schlechten Lebensbedingungen?« Auch die werden sich ändern, denn die äußeren Umstände dauern nicht ewig, alles wandelt und ändert sich. Klammert euch an die Hoffnung, und alles wird sich bessern, ihr werdet die hübscheste Frau haben, die besten Kinder, Paläste und Milliarden... Das ist natürlich symbolisch gemeint, und die Leute haben Symbole nicht gerne. Sie ziehen Dinge vor, die man berühren und in die Hand nehmen kann. Darin liegt all ihr Unglück. Bleibt man jedoch im Bereich des Symbolischen, ist alles wunderbar.

Meine lieben Brüder und Schwestern, dies hier ist eine Schule, in der man hohe Wahrheiten lernt und man darf sich dazu nicht äußern, bevor man sie nicht ausprobiert hat. Alle tun ihre Ansicht kund mit einem Kopf, der voller alter Ansichten und Traditionen steckt, die sie von der Familie, der Gesellschaft usw. übernommen haben und die ihnen die eigentliche Wahrheit verdecken. Unter diesen Umständen erscheinen ihnen die Wahrheiten der Einweihungswissenschaft natürlich unwahrscheinlich, nicht verwirklichbar, utopisch, ja sogar dumm. Kluge und intelligente Menschen jedoch äußern sich niemals zu etwas, das sie nicht tiefgehend untersucht und ausprobiert haben. Sie sagen: »Das ist möglich, doch da ich mich gegenwärtig noch nicht dazu äußern kann, will ich es ausprobieren und untersuchen und dann werde ich Ihnen meine Ansicht dazu sagen.« Dummköpfe hingegen tun ihre Meinung sogleich kund. Ihrer Meinung nach ist es unmöglich... ihrer Meinung nach ist es grotesk... ihrer Meinung nach... Schaut nur in die Geschichte und ihr werdet sehen, dass sich selbst unter den Gelehrten viele negativ zu den Entdeckungen anderer geäußert haben und dass sie einige Zeit später ihr Urteil zurücknehmen und zugeben mussten, dass die anderen Recht hatten. Jetzt werden die Wissenschaftler übrigens immer klüger und vernünftiger, denn sie haben viele derartige Erfahrungen gemacht. Und um sich nicht in Verlegenheit zu bringen, äußern sie sich nicht mehr so schnell. Gebt darum auch ihr nicht gleich euer Urteil zu diesem Thema ab, von dem ich euch einige euch unbekannte Aspekte enthülle. Bis hin zur Vollendung sind es viele Stufen, doch bleibt man ewig auf denselben niederen Stufen und tritt auf der Stelle. Nein, die Menschheit wird immer weiter zu den höheren Stufen aufsteigen und es werden noch große Veränderungen kommen.

Selbstverständlich meine ich damit nicht all die Umtriebe der Jugend im sexuellen Bereich in den Vereinigten Staaten und den skandinavischen Ländern usw. Ich kann nicht sagen, das sei nun perfekt und man habe die besten Lösungen gefunden mit Gruppensex, Partnertausch, Pille und Abtreibung. Nein, aber das sind wohl Versuche, die noch einige Jahre andauern werden. Die Jugend hat den Willen, etwas zu verändern, doch heißt das nicht, dass sie wirklich die Lösung gefunden hat.

Mir ist die Einweihungswissenschaft bekannt, in der die Veränderungen aufgezeichnet sind, welche die kosmische Intelligenz seit Millionen von Jahren für die Menschheit vorgesehen hat. Und ihr könnt euch gar nicht vorstellen, in welcher Pracht und in welchem Glück die Menschheit leben wird, wenn die Voraussetzungen für diese Veränderungen einmal gegeben sind. Das ist das Goldene Zeitalter. Ich glaube, dass das Goldene Zeitalter kommen wird, allerdings nicht mit Spinnern, Übergeschnappten und Verrückten, nein. Es wird durch Menschen kommen, die folgende drei Eigenschaften entwickelt haben werden: wahre Erkenntnis, uneigennützige Liebe und Selbstbeherrschung. Solche Menschen werden kommen. Es gibt auf der Welt außergewöhnliche Menschen, die immer wieder verkannt, verhöhnt oder ins Gefängnis gesteckt werden. Wenn sie jedoch einmal an die Öffentlichkeit treten, wird sich das Gesicht der Erde verändern. Diejenigen aber, die ihren persönlichen Ehrgeiz befriedigen wollen, die nur an ihren Erfolg, ihren Ruhm und ihren Reichtum denken, sie werden alle ohne Ausnahme hinweggefegt werden.

Selbst wenn ihr von dem, was ich heute gesagt habe, nicht viel verstanden habt, so werdet ihr das nächste Mal, wenn ihr diesen Vortrag erneut anhört, die Dinge besser verstehen. Und das dritte und vierte Mal noch besser. Ich weiß im Voraus, dass ihr nicht darauf vorbereitet seid, derartige Wahrheiten im Laufe einer Stunde zu verstehen. Ihr hört zu, ihr nehmt auf, doch was wird dann verwirklicht und verarbeitet? Sehr wenig. Man muss die Vorträge erneut anhören oder nachlesen. Viele haben mir das übrigens bestätigt. Man kann nicht glauben und hoffen, dass all diese großen, noch unbekannten und zum ersten Mal an die Öffentlichkeit gebrachten Wahrheiten mit einem Male verstanden und verwirklicht werden. Ich jedenfalls glaube das nicht, denn ich kenne die Realität, ich kenne die Menschen, ihre Natur, ihre Langsamkeit. Ich weiß wie sehr sie in ihre materiellen Beschäftigungen und Verpflichtungen vertieft sind. Und selbst wenn sie begreifen, wie erhaben und göttlich das ist, sagen sie: »Ich kann nicht, Meister, ich kann nicht, ich habe bereits andere Verpflichtungen.« Wie sollte ich also glauben, ihr ganzes Leben würde sich ändern, nur weil sie einen Vortrag von mir gehört haben?

Gewiss, manchmal kommt das vor, es gibt Ausnahmen, doch das ist selten. Jemand hört einen Vortrag, und es ist aus: Sein Leben ist völlig verwandelt. Das liegt daran, dass er in vorhergehenden

Inkarnationen bereits eine große Entwicklung durchgemacht hat. Nun genügt es ihm, eine Wahrheit zu hören, damit alles zur Auslösung kommt. Doch für die meisten Menschen sind Hämmer und Keulen nötig, man muss schlagen und hauen, und selbst dann sagen sie vielleicht nach zwanzig, dreißig oder vierzig Jahren: »Ja ja, ich verstehe jetzt, es gibt Gesetze, die man beachten muss.« Aber warum muss man denn Jahre damit warten? Ich sage euch, dass wir nicht viel Zeit haben, wir müssen uns beeilen, denn große Umwälzungen bereiten sich vor. Wie werdet ihr dann die Spannungen und Entbehrungen durchstehen? Das Nervensystem ist schon so empfindlich!

Ihr seht, meine lieben Brüder und Schwestern, jeden Tag behandeln wir ein anderes Thema, und doch ist es immer wieder das gleiche Ziel und die gleiche Richtung. Es ist wie ein Fluss, schaut nur, das Wasser wechselt ständig, nie ist es das gleiche, doch immer ist es die gleiche Richtung – hin zum Meer.

Sèvres, den 1. Februar 1975

Anmerkung
1. Siehe Band 241 der Reihe Izvor »Der Stein der Weisen«, Kapitel 5: »Den Geschmack des Salzes kosten: die göttliche Liebe«.

XX

NUTZT DIE KRÄFTE DER LIEBE IN RECHTER WEISE

Teil 1

Freier Vortrag

Die Leute erzählen so viele Geschichten über die Eingeweihten! Doch in Wirklichkeit wissen sie nichts. Wie oft habe ich euch schon gesagt, dass die Eingeweihten in Bezug auf die Sexualität genauso beschaffen sind wie andere Menschen. Oftmals ist bei ihnen diese Seite sogar noch lebendiger, kraftvoller. Der Unterschied zwischen den Eingeweihten und den anderen besteht nur darin, dass diese wissen, wie sie ihre Energien nutzen und lenken können. Für sie ist alles nützlich und sinnvoll. Sie verstümmeln sich nicht, sie werden keine Eunuchen so wie viele Mönche, die den Frauen entflohen und schließlich vertrockneten, weil sie dadurch für Schönheit und Poesie nicht mehr empfänglich waren. Von den anderen wurde das Mystizismus und Heiligkeit genannt. Mitnichten!... Man darf nichts verstümmeln, nichts wegnehmen, nichts abschneiden, man muss lediglich wissen, wie man die Sexualkraft lenken und nutzen kann.

Wenn ihr an einem Fluss ein Stauwehr errichtet, kann dieser über die Ufer treten und alles verheeren. Euer Stauwehr hindert das Wasser nicht am Fließen. Das Gleiche gilt für den Menschen. Wenn er die Energien, die in ihm aufsteigen, zurückstaut, dann häufen sich in seinem Unterbewusstsein Spannungen an, und es kommt der Moment, wo alles fortgeschwemmt wird. Solange man die Natur des Menschen nicht kennt, meine lieben Brüder und Schwestern, kann man keinen

Erfolg haben. Darum unterdrückt eure Energien nicht, sondern gebt ihnen einen Kanal, damit sie all euer Erdreich bewässern, so wie die Ägypter, die in früheren Zeiten Kanäle gezogen haben, sodass das Wasser des Nils das Land befruchten konnte. Tatsächlich hat die Natur selbst bereits Kanäle im Menschen angelegt, über die die Sexualenergien hinauf zum Gehirn geleitet werden können. Gegenwärtig sind es die Menschen so wenig gewohnt, in dieser Weise vorzugehen, sodass die Kanäle verstopft sind und die Energien nach unten abfließen, wo sie vergeudet sind.[1]

Selbst die Eingeweihten können erregt sein und bestimmte Wünsche verspüren. Doch der Unterschied zwischen einem gewöhnlichen Menschen und einem Eingeweihten besteht darin, dass dieser auf alles achtet, was in ihm vorgeht. Er überwacht sich und weiß Abhilfe zu schaffen. Die anderen hingegen lassen allem seinen Lauf und nachher sind sie selbst natürlich die Opfer. Den Naturkräften Wasser, Luft und Feuer gegenüber sind die Menschen nicht untätig geblieben. Seit Jahrtausenden sind sie bemüht zu erforschen, wie sie sich dagegen schützen, und sogar mehr, wie sie diese nutzen können. Doch es ist traurig, dass das geistige Leben von diesen Entdeckungen nicht profitiert. Sie wurden im Gegenteil zu egoistischen und persönlichen Zwecken gemacht, um sich zu bereichern, die anderen zu beherrschen und sie sogar zu vernichten.

Das wesentliche Problem ist, wie man lieben soll, und gerade darin kennt sich niemand aus. Den Leuten wird erklärt, die Liebe sei ein Instinkt, dem man nachgeben muss. Aber keineswegs, man weiß noch gar nicht, was die Liebe eigentlich ist, und dass Gott alles in die Liebe hineingelegt hat. Selbstverständlich soll man lieben, doch man muss lernen, diese Liebe richtig einzusetzen. Wenn sich zwei Menschen lieben, warum müssen sie dann alles so schnell vergeuden? Warum begreifen sie nicht, dass das, was ihnen geschieht, größtes Glück und höchste Entfaltung verheißt, wenn sie es nur lernen, ihre Blicke, ihre Worte und ihre Ausstrahlung zu nutzen, um zu verstehen, um edler zu werden und reiner? An demselben Tag noch, an dem die Männer und Frauen ihre Liebe entdecken, stürzen sie in einen

Abgrund hinein. Nachher erkennen sie einander nicht mehr und lehnen sich gegenseitig ab. Sie sind eben zu schnell vorgegangen. Warum bewahrt man nicht ein wenig Abstand und nutzt all die Ausstrahlung, um immer weiter aufzusteigen, sich inspirieren zu lassen und die ganze Welt in Erstaunen zu versetzen? Man sollte nachher sagen können, wenn man sie sieht: »Wer sind nur diese beiden Menschen? Ein Licht, etwas Göttliches geht von ihnen aus!« Das ist das Ziel der Liebe. Um es allerdings zu erreichen, muss man alle Aspekte dieser großartigen Kraft kennen.

Lasst euch nicht von Romanen und Filmen beeinflussen, denn das sind Geschichten, die euch nur zu Dummheiten verleiten. Ihr müsst das Einweihungswissen anstreben, damit ihr die Kraft der Liebe nutzen könnt, um Licht zu erlangen. Ihr dürft sie nicht vergeuden, indem ihr sogleich miteinander schlaft, so wie es heute üblich ist. Wenn man einmal ein Dutzend Liebhaber oder Geliebte gehabt hat, was kann man dann noch an Sauberem und Schönem zustande bringen? Nichts; man ist unbrauchbar geworden, es ist vorbei. Ihr sollt lieben, doch ihr müsst wissen, wie ihr dies zum Wohle eurer Seele, eures Geistes und eures ganzen Wesens tun müsst. »Ja, aber wir fühlen uns doch getrieben, das brennt!« Umso besser! Wie oft habe ich euch doch schon gesagt, je mehr Spannung da ist, umso besser steigt das Wasser in diesem Wolkenkratzer hoch, den der Mensch darstellt. Ohne diese Spannung kann das Wasser nicht aufsteigen, und die Bewohner im Gehirn haben kein Wasser. Doch die Leute sind so unwissend, dass sie den Druck ablassen wollen, um ihre Ruhe zu haben. Doch damit wird in Wirklichkeit alles zunichte gemacht, denn die Bewohner im Gehirn haben kein Wasser, weil der Druck nicht ausreicht. Es gibt nichts Schöneres, Mächtigeres und Göttlicheres als die Liebe. Doch die Menschen sind im Begriff, diese so wertvolle Gabe, die ihnen der Schöpfer mitgegeben hat, zu vergeuden.

Allein die wahren Eingeweihten haben die Offenbarung der Liebe erlangt, dank derer sie heilen, Prophezeiungen machen und Wunder wirken konnten. Ich glaube an nichts anderes als an die Macht dieser Kraft, der Liebe, denn diesbezüglich wurde mir höchst Erstaunliches offenbart. Ich weiß, dass die Liebe die einzig wahre Kraft ist, die dem Menschen alles geben kann, was er sich wünscht, denn in ihr haben alle Kräfte ihren Ursprung. Ja, alle Kräfte, die in der Physik bekannt sind und die benutzt werden, sind nichts anderes als verschiedenartige Wandlungsformen der Wärme, das heißt der Liebe. Alle Dinge haben ihren Ursprung im Feuer, in der Wärme, in der Liebe. Wenn ihr es versteht, mit dieser Kraft zu arbeiten, werdet ihr alles erlangen. Doch leider, anstatt damit zu arbeiten, trachten die Menschen nur danach, sich ihrer zu entledigen. Aber man darf sie nicht vergeuden, denn ich sage euch, diese Kraft ist Hirnsubstanz. Ihr verliert eure grauen Zellen dabei, ja es ist euer Gehirn, das dabei verloren geht.

Es ist nur allzu klar, liebe Brüder und Schwestern, man muss lieben, doch muss man dabei seine Energien in die Zweige des Lebens lenken, anstatt sie immer nur in die Wurzeln sickern zu lassen. Leitet diese Energie, die in euch brodelt ins Gehirn – das sind die Zweige – damit sie es nährt und bewässert und Blüten und Früchte hervorbringt. Damit das gelingt, muss man ständig mit der unerschöpflichen Quelle verbunden bleiben und sich nicht damit begnügen, aus einem Fläschchen zu trinken – das heißt, seinem Mann oder seiner Frau – das man fortwerfen muss, wenn man es geleert hat. Mit dem lebendigen Wasser der Quelle muss man seinen Durst löschen.

Bemüht euch, solange ihr hier seid, wo ihr gute Bedingungen vorfindet, die Energien der Liebe in andere Bahnen zu lenken, damit sie die höheren spirituellen Zentren erwecken, anstatt sie immer wieder nur den seit prähistorischen Zeiten altbekannten Weg nehmen zu lassen. Natürlich wird euch das nicht gleich am ersten Tag gelingen. In den ersten Tagen und in den ersten Jahren wird das schwierig sein, doch die unsichtbare Welt wird euch immer mehr helfen, und eines Tages werdet ihr es schaffen!

Le Bonfin, den 20. Juli 1967

Anmerkung

1. Siehe Band 221 der Reihe Izvor »Alchimistische Arbeit und Vollkommenheit«, Kapitel 12: »Die Sublimierung der Sexualkraft«.

Teil 2

Freier Vortrag

Befassen wir uns nur einmal damit, wie Verliebte vorgehen, um ihren Partner für sich zu gewinnen. Ganz gleich, ob es sich um einen Mann oder eine Frau handelt, man muss sich diesen Menschen gefügig und ihm Komplimente machen, seiner Eitelkeit schmeicheln, kurz, ihn in seiner Personalität treffen. Ansonsten, das weiß man, wird man nichts erreichen. Und alle beide wissen, wie sie es anstellen müssen durch Gesten, Worte, Geschenke, wobei sie immer die Personalität des anderen ansprechen. Sie ignorieren, dass es in diesem Menschen auch eine höhere Natur gibt, die Individualität, die erweckt, gestärkt und genährt werden muss, und sie tun alles, um nur die instinkthafte Natur zufrieden zu stellen. Handelt es sich darum, bei ihren Geliebten all die erhabenen, ideellen, lichtvollen, vollkommenen Eigenschaften zu erwecken und diese auch nur mit einem Wort, einem Blick oder einem Lächeln zu nähren, dann verstehen sie rein gar nichts davon. Jedoch verstehen sie es, all das in Erregung und zur Auslösung zu bringen, was es ihnen ermöglicht, ihre niederen Bedürfnisse zu befriedigen. Darum drückt sich die menschliche Liebe immer noch auf eine tierhafte, instinktive und leidenschaftliche Weise aus. Es ist äußerst selten, darin etwas Poetisches, Wunderbares und Göttliches zu finden.

Die Einweihungswissenschaft muss den Menschen nun zeigen, wie sie die höhere Natur im geliebten Menschen nähren können. Stellt euch zwei Menschen vor, die sich lieben und sich tiefgreifend mit

Nutzt die Kräfte der Liebe in rechter Weise

dieser Lehre befasst haben. Tag und Nacht sind sie in dieses Licht eingebettet, und sie leben ihre Liebe auf einem höheren Niveau. Jeder denkt an den anderen und fragt sich immer wieder, wie er den anderen unterstützen, ihm Licht bringen, ihn stärken und seine Zukunft gestalten kann. Das ist eine höhere Stufe der Liebe. Im Allgemeinen jedoch denkt jeder nur an sich selbst, sucht nur seine Befriedigung, und es ist ihm gleichgültig, was mit dem anderen geschieht. Man macht ihn kaputt, bringt sein Leben durcheinander, verbaut seine Zukunft, ruiniert seine Schönheit, seine Ehre oder seine Stellung, das ist alles einerlei, wenn man nur seinen Hunger stillt. So geht es in der Welt zu!

Haben die Menschen diese Dinge erforscht? Haben sie sich in der Einweihungswissenschaft Kenntnisse angeeignet, um zu unterscheiden, welcher Natur das Bedürfnis ist, das sie treibt, welchen Schwingungsgrad es besitzt und in welche Kategorie es einzuordnen ist? Ist es göttlich, menschlich, höllisch, ist es egoistisch, selbstlos, schön, hässlich? Nein, sie haben ein Bedürfnis, und das ist alles, was sie interessiert. Kommt es aus dem Himmel oder aus den höllischen Regionen? Das wissen sie nicht, und sie wollen es auch gar nicht wissen. Es sind also Tiere. Sie sind sogar schlimmer als die Tiere, denn diese folgen nur ihrem natürlichen Instinkt und auch nur zu bestimmten Zeiten des Jahres, während die Menschen Tag und Nacht so sehr von ihrer Sinnlichkeit besessen sind, dass sie ihr ausschweifende und lasterhafte Formen geben, die von der Natur nicht vorgesehen sind.

Welche Haltung soll nun der Schüler in diesem Bereich einnehmen? Um besser zu handeln, muss er nachdenken, sich Fragen stellen und sich analysieren. Er wird sich fragen: »Ich liebe dieses Mädchen, doch was wird ihr meine Liebe bringen? Werde ich ihr helfen, Fortschritte zu machen und freier zu werden, oder werde ich ihr das Leben schwer machen?« Doch er denkt nicht nach, und wenn dann ein Kind unterwegs ist, verlässt sie der Bursche, und sie muss sehen, wie sie das Kind alleine aufzieht. Das geschieht, wenn man sich keine Fragen stellt. Es heißt nur: »Ich habe Hunger!« Und das ist alles. Und ein Mädchen, denkt es seinerseits oft an die Zukunft des Jungen? Sie entfesselt in ihm die niedersten Kräfte, denn Frauen besitzen magische Kräfte, die selbst den kältesten Burschen aufrütteln können, und dann hat der Ärmste keine Ruhe mehr. Doch das ist ihr ziemlich gleichgültig. Sie ist stolz auf ihren Erfolg, denn das stellt ihren Charme unter Beweis.

Oft amüsieren die Frauen sich damit, ihre Macht über die Männer auszuprobieren. Und da diese in diesem Bereich bedeutend schwächer sind als sie selbst, fällt es ihnen nicht schwer, Erfolg zu haben. Wenn sie dann spüren, dass sie Charme besitzen, dem die Männer schwerlich widerstehen können, nutzen sie das aus, um diese zu Fall zu bringen, anstatt ihre Fähigkeit dazu einzusetzen, sie zu inspirieren, ihnen den Weg zu weisen und sie edler und ehrenhafter werden zu lassen. Sie wären überglücklich, würde es ihnen gelingen, selbst Heilige, Propheten und Eingeweihte zu Fall zu bringen! Nicht aus Boshaftigkeit, nein, sondern weil sie das Bedürfnis haben auszuprobieren, wie weit sich ihr Herrschaftsbereich ausdehnt. Sie sind stolz, wenn sie spüren, wie in den Straßen und den Theatern aller Augen auf sie gerichtet sind. Doch machen sie das mit der größten Unschuldsmiene und in völliger Unbescholtenheit. Immer gelingt es ihnen, den Schein zu wahren, das ist großartig! In Wirklichkeit haben sie den gleichen Wunsch nach Genuss, Vergnügen und Befriedigung wie die Männer, nur zeigen sie das nicht. Die Männer sind darin naiver; kaum dass sie etwas spüren, weiß gleich alle Welt Bescheid!

Die Schüler müssen also lernen, mehr an den Partner zu denken. Da man ihnen übrigens auch das Gesetz von Karma und Reinkarnation beigebracht hat, wissen sie, dass sie später auf die Erde zurückkommen müssen, wenn sie in diesem Leben nicht richtig handeln, um ihre Fehler wiedergutzumachen, und das oft unter großem Leid. Und sei es also nur, um größeres Unglück zu vermeiden, bemühen sich die Schüler, ihren Mann oder ihre Frau auf immer edlere und selbstlosere Weise zu lieben. Aber natürlich müssen alle beide aufgeklärt sein und diese Gesetze kennen, denn sonst können meine Ratschläge niemals auf vollkommene Weise angewandt werden.

Nutzt die Kräfte der Liebe in rechter Weise

Zum Beispiel habe ich euch bereits einmal den folgenden Rat gegeben: Wenn ein Mann und eine Frau, die sich lieben, einander in den Armen halten, sich anschauen und miteinander sprechen, dann sollte er, anstatt den Namen seiner Liebsten auszusprechen, sich an die Göttliche Mutter wenden. Auf diese Weise verbindet er sie mit dieser, und er selbst vergeistigt seine Liebe. Doch vor allem darf die Frau daran keinen Anstoß nehmen, wie das manchmal vorkommt. Stellt euch nur vor, der Mann hat sich ins Bett gelegt und ist schon halb eingeschlafen, nun spricht er einen Namen aus, und es ist nicht der seiner Frau! Oh, weh! Das bringt diese in Zorn, denn sie meint nun, er habe sich in ein anderes Herzchen verliebt und sie macht ihm eine gewaltige Szene. Doch solch ein Missgeschick dürfte zumindest den Schülern nicht passieren. Wenn ihr während des Schlafes stammelt: »Oh, Göttliche Mutter...«, dann wird eure Frau sagen: »Nun gut, wenn es die Göttliche Mutter ist, so mag es angehen.« Sie wird sogar ausgesprochen zufrieden und verständnisvoll sein, weil die Göttliche Mutter weit weg ist!

Was nun die Frau betrifft, so spricht auch sie nicht den Namen ihres Liebsten aus, sondern sie wendet sich an den Himmlischen Vater. Anstatt also ihren Austausch auf die niederen Aspekte zu beschränken, wo man nie weiß, was man da alles an verfaulten und gärenden alten Dingen aufnehmen mag, sollten sich der Mann und die Frau mit der Quelle, mit Gott verbinden. So werden sie wie Lampen, die ständig Licht ausstrahlen. An diese Quelle der Vollkommenheit muss man sich anschließen und nicht an einen armen Kerl, der zu einer Frau sagt: »Liebling, ich werde dich glücklich machen.« Ihr schaut ihn euch an, er ist schwach, unwissend und unglücklich. Wie will er sie glücklich machen?

Anstatt von den Schätzen, die Gott ihnen geschenkt hat, dem Leben, der Wärme, der gegenseitigen Anwesenheit und Liebe, der Strahlkraft, nur zu ihrem eigenen Vergnügen zu nehmen, werden sie nun von Mann und Frau verwendet, um immer weiter und immer höher zu streben. Indem sie sich gegenseitig mit der Göttlichen Mutter und dem Himmlischen Vater verbinden, schöpfen sie Kräfte aus den unerschöpflichen Reservoirs, eine reine und unvergängliche Liebe. So fühlen sie sich erquickt, von Licht durchdrungen, gestärkt, verjüngt und glücklich.

Ihr findet das etwas eigenartig... Ganz wie ihr wollt. Ich wende mich damit lediglich an einige von euch, an diejenigen, die schon bereit sind, diese Ideen zu verstehen und anzuwenden. Mögen all die anderen ihre Liebe weiterhin so praktizieren, wie sie es immer gemacht haben. Sie werden sehen, ob diese Liebe von Dauer ist. Schaut im Übrigen nur einmal, wie es in den scheinbar mustergültigsten Ehen zugeht, in denen Mann und Frau sich seit dreißig oder vierzig Jahren aus verschiedenen Gründen niemals getrennt haben. Wenn ihr sie danach fragt, dann hätten sie manchmal doch gerne ein wenig gewechselt. Doch statt dessen haben sie heimlich in ihrem Herzen – er einem Hollywoodsternchen und sie einem Schlagersänger – einen Platz gegeben.

Es ist ein Irrtum zu glauben, die menschliche Liebe könne ewig andauern. Sie ist aus rostendem, unbeständigem Material gemacht und zerbröselt mit der Zeit. Schenkt niemals jemandem euer Vertrauen, der zu euch sagt: »Ich werde dich ewig lieben.« Einen Monat später hat er bereits jemand anderen gefunden. Vertraut allgemein nicht auf die Versprechen der Menschen. In einem Augenblick, wo sie ein wenig angeheitert sind, versprechen sie alles Mögliche. Doch wenn sie dann wieder nüchtern sind, ändern sie ihre Meinung und sagen: »In was für einem Zustand war ich nur, um ein solches Versprechen zu geben?« Was erzählt man nicht alles unter dem Einfluss seiner Emotionen! Wenn sie miteinander im Bett liegen, geben sich die Liebespaare die unwahrscheinlichsten Gelübde, Versprechungen und Erklärungen, und eine Stunde später liegen sie sich in den Haaren und streiten. Wie soll man da an den ewigen Bestand der menschlichen Liebe glauben? Allein die göttliche Liebe dauert ewig. Schöpft darin eure Kraft und ihr werdet sehen, dass ihr Millionen und Milliarden Jahre lieben könnt, ohne es jemals leid zu werden, ohne zu ermüden noch Widerwillen zu empfinden, weil das die einzige Liebe ist, die ständig neu, köstlich und wunderbar ist. Man kann das mit Worten gar nicht ausdrücken!

Es lohnt sich wirklich, sich darauf vorzubereiten, ein Kanal für die göttlichen Energien zu werden, damit der Himmel endlich über Mann und Frau seine Schätze ausgießt. Die großen Meister sind nichts anderes als Kanäle, durch die sich himmlische Wesen manifestieren und nicht sie selbst. Darum werden es die Menschen nie leid, sie aufzusuchen, sie zu betrachten, sie zu lieben, ihnen zu glauben und ihnen zu folgen. Wären sie es selbst, die sprächen und euch belehrten, so hättet ihr bald genug davon und ihr würdet sie verlassen, weil das, was menschlich ist, menschlich bleibt. So wie Paulus sagt: »Was ins Vergängliche gesät ist, bringt Vergängliches, und was ins Unvergängliche gesät ist bringt unvergängliche Früchte.« Das Unvergängliche, das ist das Ewige, das ist unsere göttliche Natur. Und doch vergessen die Menschen sie, sie suchen keinen Schutz bei ihr, sie suchen sie nicht, sie verbinden sich nicht mit ihr, sie wissen nicht, wie sie zu finden ist. Immer bleiben sie bei der kurzlebigen, zerbrechlichen und vergänglichen Seite des Lebens. Sie haben kein hohes Ideal. Immer brauchen sie etwas Materielles, Berührbares. Sie wollen berühren, liebkosen und umarmen.

Mir ist klar, dass die berührbare, materielle Seite wichtig und unerlässlich ist und dass es ohne sie sogar schwierig ist, die spirituelle Seite zu finden. Doch darf man sie nur als ein Mittel, als einen Ausgangspunkt ansehen und nicht als das Ziel. Stellen wir uns einmal vor, dass ihr eine körperliche Anziehung zu einem Mann oder zu einer Frau verspürt. Nun, anstatt euch da hineinzustürzen, darin zu ertrinken und zu sterben, nützt dies als eine Gelegenheit, einen Vorwand, um sehr weit zu gehen, um euch spirituell zu erheben. Ebenso mag es vorkommen, dass ihr ein Theaterstück seht, ein Buch lest oder eine Zeitschrift durchblättert und dass dies in euch bestimmte Reaktionen auslöst. Anstatt euch nun davon mitreißen zu lassen und dabei zu Fall zu kommen, nehmt das als einen Startpunkt, als ein Sprungbrett, und versucht, euch in der Kontemplation des Göttlichen so weit zu erheben, dass ihr verblüfft seid darüber, wenn ihr wieder herunterkommt, wie viele

Schätze ihr dabei angesammelt habt und wie euch das, was euch aus dem Gleichgewicht brachte, letztendlich dazu gedient hat, euch zu stimulieren, zu helfen und zu ermutigen, Fortschritte zu machen.

Ihr seht nun, wie notwendig diese Lebensanschauung ist. Wenn ihr eine beunruhigende Empfindung verspürt, warum solltet ihr dieser blindlings folgen, ohne zu wissen, wohin das führt? Denkt daran, dass in der Einweihungswissenschaft alles benutzt wird. Freut euch darum, dankt dem Himmel und sagt: »Oh, was für eine Chance, was für ein Segen! Das ist eine Situation, in der sich alle die Haare raufen, und ich habe die Möglichkeit, einen Sieg zu erringen. Danke Herr, ich habe verstanden. Also, los geht's!« Dann wendet ihr die Methoden an, die ich euch gegeben habe. Auf diese Weise gewöhnt ihr euch daran, alles zu überwinden, nichts kann euch mehr beunruhigen oder besiegen. Ihr werdet kraftvoll und stark, ihr werdet göttlich.

Wie oft habe ich diese Dinge bereits erklärt, aber ich habe das Gefühl, dass es euch nicht gelingt, mich zu verstehen. Denn anstatt an euch selbst zu arbeiten, lasst ihr euch blindlings gehen, einfach nur, weil ihr euch getrieben fühlt. Aber in Wirklichkeit werden alle getrieben! Nur gibt es verschiedene Richtungen. Und manche fühlen sich dazu getrieben, diese Kraft dazu einzusetzen, sich sehr hoch hinaufbefördern zu lassen, um bis in den Himmel zu steigen und sehr reich zu werden. Warum sollte man in sklavischer Schwäche und Abhängigkeit bleiben und sagen: »Das war stärker als ich«? Man muss nun einen anderen Weg finden. Wenn man sich allerdings daran gewöhnt hat, sich gehen zu lassen und dem Gefühl, der Begierde und dem Vergnügen gedankenlos den Vorzug zu geben, ist es schwierig, von heute auf morgen Herr seiner selbst zu werden. Doch wenn man sich in der göttlichen Schule der Einweihungslehre befindet, fängt man an, nachzudenken und zu verstehen, und es gelingt immer besser, sich zu beherrschen, sich auszurichten und schließlich zu triumphieren. Und dabei muss man nicht der Liebe entsagen, man liebt, ohne dass man es nötig hat, sich mit jemandem irgendwo herumzuwälzen!

Nutzt die Kräfte der Liebe in rechter Weise 453

Doch gegenwärtig haben die Leute nur eines im Sinn, nämlich alle moralischen Schranken niederzureißen, die von den Eingeweihten früherer Zeiten errichtet worden sind, um zu verhindern, dass die Menschen in Leidenschaft und Zügellosigkeit leben. Denn die Eingeweihten wussten, wie viele glanzvolle Kulturen untergegangen sind, dahingerafft von seelischen und körperlichen Krankheiten, weil sie sich der Unzucht oder orgiastischen Kulten hingaben. Die heutige Generation will sich nun wiederum von allen Tabus frei machen und sich aller Regeln entledigen. Und diese Bewegung hat ein solches Ausmaß angenommen, dass sie durch nichts mehr zu bremsen ist. Allein das Licht der Einweihungslehre kann die Menschen auf diesem halsbrecherischen Sturz in die Tiefe noch aufhalten. Dieses Licht wird sie erkennen lassen, dass diese Leidenschaft, diese Vergnügungen und Ausschweifungen all ihre göttlichen Energien aufsaugen und verzehren. Denn um dieses Feuer, von dem sie erfasst sind, zu nähren, müssen sie alle Energiereserven, all ihr Brennmaterial, alle Möbel des Hauses bis hin zu Tischen und Stühlen verheizen. Es ist eine Feuersbrunst, die man mit der ureigenen Substanz seines Wesens unterhält. Es ist unmöglich, dafür die Sachen des Nachbarn zu nehmen oder Holz aus dem Wald. Dieses Feuer nährt sich an den eigenen Reserven, dem ureigensten Brennmaterial. Um jeden Tag, so wie sie es tun, die Gefühlswallungen und die berauschenden vulkanartigen Erregungen in sich aufrechtzuerhalten, müssen die Leute ihre wertvollsten Energien und Quintessenzen verbrennen. Ohne sich dessen bewusst zu sein, verlieren sie jedes Mal einen Teil ihrer Intelligenz, ihrer Reinheit, ihrer Kraft und ihrer Schönheit, und am Ende, wenn sie alles verausgabt haben, finden sie sich abgestumpft, hässlich, schwach und krank wieder.

Natürlich frage ich mich, wer diese Wahrheiten glauben und begreifen kann. Die Moralregeln werden nicht mehr beachtet, weil es nicht bekannt ist, dass diese ursprünglich auf einer wunderbaren Einweihungswissenschaft begründet sind.[1] Blindlings und dumm will man all seinen Launen nachgeben, ohne sich bewusst zu werden, dass dies den Niedergang der Menschheit bedeutet. Denn wenn man Stauwehre und Deiche einreißt, sind Überschwemmungen und Zerstörungen die Folge. Ganze Länder werden so verwüstet, das kann nicht ausbleiben.

Meine lieben Brüder und Schwestern, ihr müsst dies ein für alle Mal verstehen, ihr müsst wissen, wo euch jeder eurer Wünsche hinführen wird. Wenn ihr spürt, dass ihr ärmer, schwächer und unglücklicher werdet, so heißt das, dass ihr euch auf dem falschen Weg befindet. Schlagt also einen anderen ein! Aber nein, ihr lasst euch auf alles Mögliche ein, nur weil es süß und angenehm ist. Das ist der absolute Maßstab. Doch es sind die Dummköpfe, die das Vergnügen als Maßstab nehmen. Bei uns ist der einzige Maßstab die Arbeit: handeln, aufbauen, schöpferisch aktiv sein... Und mit einem Mal spürt man in dieser Arbeit, ohne danach gesucht zu haben, ein Vergnügen... und das ist immens, unbeschreiblich! Ohne Unterlass fühlt man innere Weite, man ist glücklich und voller Entzücken. Sollte es sich nicht lohnen, das zumindest einmal zu versuchen?

Videlinata (Schweiz), den 21. März 1975

Anmerkung
1. Siehe Band 12 der Reihe Gesamtwerke »Die Gesetze der kosmischen Moral«.

XXI

EINE ERWEITERTE AUFFASSUNG DER EHE

Freier Vortrag

Geht man eine Verbindung mit nur einer Frau oder einem Mann ein, erlebt man zwar Momente der Freude, doch erfährt man auch Kummer und Leid. Wäre man weit genug entwickelt, würde man alle Frauen und alle Männer lieben und sich nicht allein an eine oder einen von ihnen hängen. Ihr werdet fragen: »Warum, um noch mehr Gelegenheit zu haben, sich zu amüsieren?« Nein, sondern um besser für die ganze Welt zu arbeiten. Wenn ein Mann heiratet, ist seine Frau derart fordernd, dass sie seine ganze Aufmerksamkeit in Anspruch nimmt. Sie erlaubt es nicht einmal, dass er den Herrn liebt. Sie ist eifersüchtig und will ihn ganz für sich haben. Und so geht die Freiheit verloren. Mit den Männern ist es im Übrigen das Gleiche, sie nehmen die ganze Aufmerksamkeit und Liebe der Frau für sich in Anspruch.

Darum lasst mich nur in Frieden mit den Ehemännern und Ehefrauen! Alle haben die gleiche Tendenz, sie wollen besitzen, behalten und sich die anderen dienstbar machen. Darum ist es in manchen Fällen besser, nicht zu heiraten, damit man frei ist, um zu arbeiten und, anstatt eine Frau glücklich zu machen – was im Übrigen unmöglich ist – die ganze Menschheit glücklich zu machen. Nun werdet ihr sagen: »Was denn? Man kann eine Frau nicht glücklich machen?« Nein, man mag wohl tausend Frauen glücklich machen, aber nicht eine einzelne. Warum? Weil eine Frau, was ihr auch für sie tun mögt, niemals zufrieden sein wird. Nach dem Tod ihres Mannes kommt es bisweilen vor, dass sie mit Zufriedenheit zurückblickt. Doch zu seinen Lebzeiten ist der Ärmste immer ein unfähiger Dummkopf, und der Nachbar macht alles besser. Er kauft seiner Frau, was sie haben will, einen Kühlschrank, eine Waschmaschine, Pelze... Selbst wenn ihr euch für sie vierteilt, niemals wird es euch gelingen, eine Frau zufrieden zu stellen; aber Tausende, ja.

Nun glaubt jedoch nicht, ihr sollt euch von eurer Frau oder von eurem Mann trennen. »Ja, aber wenn man Sie so reden hört, kann man zu diesem Schluss kommen.« Keinesfalls, es ist gut, zu heiraten und Kinder zu bekommen, doch muss man ein wenig seine Sichtweise ändern und sich sagen: »Ah, mein Mann stellt einen Aspekt des Himmlischen Vaters dar, welch ein Segen!« Ihr kennt die Karikaturen, wo eine dicke Frau hinter einer Tür ihren Mann mit einem Nudelholz in der Hand erwartet. Der arme Kerl kommt nach Hause und »peng!« bekommt er eins auf den Kopf und bricht zusammen. Natürlich steht sie ihm jetzt bei, damit er wieder zu sich kommt. Nun, das sind Komödien... Ihr lacht, doch nehmt den Gedanken ernst, dass man seine Sichtweise ändern muss. Von da ab ändert sich alles, die Frau erträgt und akzeptiert die Unvollkommenheit ihres Mannes, da sie sich sagt: »Schauen wir nur, was aus ihm werden wird...«, und sie lebt in der Hoffnung zu erleben, wie er eines Tages wirklich göttlich wird. In Erwartung dieser guten Zukunft gibt es natürlich einige Unannehmlichkeiten in Kauf zu nehmen. Doch sollte sie sich auch sagen: »Wenn ich ausgerechnet diesen Ehemann bekommen habe, so habe ich das wohl auf Grund früherer Inkarnationen verdient, denn es herrscht eine Gerechtigkeit im Leben. Ich will ihn also für diese Inkarnation akzeptieren, ich muss lernen und mich bessern.« Und so bereinigt sie eine alte Schuld, anstatt neue Schuld auf sich zu laden, indem sie sich von ihm frei machen will. Denn wenn sie sich falsch verhält, lädt sie erneut Schuld auf sich, und in einer späteren Inkarnation wird sie wiederum mit ihm zusammen sein, um die Sache auf die eine oder andere Art wiedergutzumachen.

Es lohnt sich also, diese Lebensanschauung anzunehmen, um frei zu werden. Denn auch der Mann kann sich fragen: »Warum habe ich mir unter zwei Milliarden Frauen gerade diese ausgesucht?« Wenn er nachdenkt, wird er herausfinden, dass dies kein Zufall ist. Es gab so viele andere. Aber nein, ausgerechnet diese, weil er wegen dieser Frau eine innere Arbeit vollbringen wird, die es ihm ermöglicht, bestimmte Eigenschaften und Tugenden zu entwickeln. Doch wie ihr seht, wird nicht so gedacht, weil die Kenntnisse über die Reinkarnation fehlen, das Gesetz von Ursache und Wirkung, das Karma.

Man muss noch hinzufügen, dass die Frau ihren Mann, wenn sie ihn als Manifestierung des Himmlischen Vaters betrachtet, bereits auf magische Weise mit diesem verbindet. Und meint ihr, das würde kein Ergebnis bringen? Dann irrt ihr euch, denn wenn sie so handelt, beginnen die Eigenschaften des Himmlischen Vaters bereits auf den Mann einzuströmen und eine Wandlung vollzieht sich in ihm, ohne dass er recht weiß warum. Das liegt daran, dass die Frau, indem sie ihn liebt, ihn mit dem Himmlischen Vater verbindet, wenn sie sagt: »Oh, wie schön, intelligent und klug du bist!« Er mag wohl nichts von alledem sein, doch diese Worte wirken in seinem Kopf fort, und er bemüht sich in dieser Hinsicht, um sie nicht zu enttäuschen. Die Frau, die aufgeklärt ist, bessert sich auf diese Weise auch selbst, da sie sich ebenso bemüht. Gleichzeitig bewirkt sie in ihrem Mann eine Wandlung.

Früher ließen sich die Leute sehr viel seltener scheiden, und heute können sie nicht einmal mehr einen Monat lang zusammenbleiben, vor allem in den Vereinigten Staaten. Sie sind zu persönlich und egoistisch, sie denken nur an ihren eigenen Vorteil. Wenn das so weitergeht, wird es in den Familien bald keine Stabilität mehr geben. Die Psychologen und die Philosophen müssen dieses Problem lösen, und sie werden das finden, was wir vor langer Zeit schon dargelegt haben. Etwas anderes werden sie nicht finden können. Mögen also die Verheirateten sich nicht trennen, ohne dies reiflich überlegt zu haben, denn es gibt andere Lösungen. Der Herr hat den Menschen für alle Situationen Lösungen gegeben, man muss sie nur finden. Und diejenigen, die nicht verheiratet sind, sollten es nicht zu eilig damit haben. Mögen sie sich die Sache zuerst einmal gründlich anschauen, denn ist man einmal verheiratet, ist es besser, sich nicht scheiden zu lassen. Man muss lernen, wie man ein vorbildliches Familienleben lebt, in Harmonie und Liebe.

Man kann in der Ehe glücklich sein, das ist möglich, unter der Voraussetzung allerdings, dass man weiß, wie man einander zu betrachten hat, wie man die göttliche Seite sucht und nicht nur die äußere. Wenn ihr in eurem Partner nicht das Göttliche sucht, für das ihr Opfer bringen, ja alles aufopfern müsst, so wird euch auch das Äußere nicht befriedigen. Schaut nur: Nehmt dem Mann die Seele, das Leben, dann ist er nur noch ein Leichnam, und seine Frau sagt sofort: »Begrabt ihn...« Und doch liebt sie ihn! Ja, aber man liebt das Lebendige, man liebt das Leben und nicht den Körper. Nun, und das Lebendige, das ist der göttliche, der spirituelle Teil des Menschen, doch das wird immer wieder vergessen. Man darf also nicht nur um des physischen Körpers willen heiraten, sondern um des Gedanken- und Gefühlsaustausches willen. Der physische Körper bleibt immer derselbe und nach einiger Zeit hat man genug davon. Das innere Leben hingegen verändert und erneuert sich ständig, so wie fließendes Wasser... Würde der Körper nicht in sich die Seele bergen mit ihren guten Gefühlen, Vorhaben und Gedanken, was wäre er dann? Wie lange kann man schon mit einer dummen und böswilligen Frau zusammenleben, selbst wenn es die allerhübscheste ist?

Diejenigen, die geheiratet haben, müssen ihre ehelichen Pflichten erfüllen und daran arbeiten, ihre Situation zu verbessern. Wenn sie dann eines Tages frei sein wollen, können sie das unter der Voraussetzung, dass sie keinerlei Schuld mehr zu begleichen haben. Man begegnet vielen Männern und Frauen, die unter Unkenntnis der Karmagesetze sagen: »Ich werde nicht heiraten!« Doch einige Zeit darauf wird ihnen jemand zugeführt und sie kapitulieren, sie heiraten. Das ist also nicht so einfach. Meint ihr, alle, die ledig bleiben wollen, bleiben es auch? Ganz und gar nicht! Es steht geschrieben: Wenige werden frei bleiben. Es gibt allerdings auch Menschen, die aus Strafe ledig sind, denn für sie bedeutet das nicht Freiheit, sondern es ist ihnen eine Last. Für andere wiederum ist es ein Segen. Das kommt ganz darauf an...

Ihr wisst noch nicht, was Ehe eigentlich bedeutet. Die Ehe ist ein großes Mysterium. Bevor die Menschen begonnen haben, Ehen zu schließen, gab es diese bereits in der Natur, im Kosmos. Die wahre

Eine erweiterte Auffassung der Ehe

Ehe ist die zwischen Geist und Materie. Und aus dieser Ehe entspringt die gesamte Schöpfung. Diese Ehe findet sich folglich in jedem Atom, und wenn man dort Mann und Frau scheidet – bei der Atomspaltung – legt diese Trennung alles in Schutt und Asche. Der wütende Ehemann vernichtet seine Frau. Verheiratet lebten sie in Frieden und waren schöpferisch tätig. Werden sie aber gewaltsam getrennt, bewirken sie Explosionen und Katastrophen.

Die Ehe ist ein kosmisches Phänomen. Zuallererst wird sie oben zwischen dem Himmlischen Vater und Seiner Gemahlin, der Mutter Natur geschlossen. Und die Menschen, die nach dem Bilde Gottes geschaffen sind, wiederholen unbewusst das Geschehen aus der höheren Welt. Doch die Christenheit ist noch weit davon entfernt, diese Dinge zu verstehen. Für sie ist der Himmlische Vater ein Junggeselle. Warum heiraten wir dann?... Wenn wir etwas tun, was der Herr niemals getan hat, so sind wir nicht Sein Ebenbild. Die Christen akzeptieren die Göttliche Mutter nicht. Alle anderen Religionen außer dem Christentum akzeptieren sie. Doch dieses Christentum entspricht nicht der wahren Lehre Christi. Der Kabbala zufolge hat Gott eine Gemahlin mit Namen Schekina, die aus Seiner eigenen Quintessenz hervorgegangen ist und auf die Er einwirkt, um die Welten zu erschaffen. Die Christen meinen, es würde den Herrn herabsetzen, wenn man sagt, dass auch Er verheiratet ist. Warum hat Er es dann den Menschen erlaubt? Woher nehmen sie denn diesen Gedanken der Ehe?

In Wirklichkeit ist alles, was hier unten geschieht, ein Abbild dessen, was oben geschieht. »Was unten ist, ist wie das, was oben ist,« sagte Hermes Trismegistos. Folglich ist das, was hier unten bei den Menschen ist, so wie das, was oben im Himmel bei den Erzengeln ist. Denn auch die Erzengel schließen Ehen. Aber natürlich verlaufen ihre Hochzeiten nicht genauso wie hier bei uns mit Kaffee und Kuchen. Auch die Sonne vermählt sich mit der Erde, und dank dieser Ehe gehen Kinder daraus hervor, nämlich Bäume, Früchte, Blumen und alle Geschöpfe.

Wäre die Kraft nicht mit der Materie vereint, würde diese verschwinden oder bliebe gestaltlos. Es ist also die Kraft, der Geist, der ihr Gestalt gibt und sie formt. Und da sich hier alles genau widerspiegelt, vollzieht sich das gleiche Phänomen zwischen Mann und Frau. Der Mann modelliert die Frau. Dieser Vorgang wiederholt sich immer wieder in der gesamten Schöpfung, angefangen bei den Atomen bis hin zum Bäcker, der den Teig knetet. Unter millionenfach wechselnder Gestalt ist es immer die Vereinigung von Geist und Materie.

Anstatt sich nun mit einer Frau zu verheiraten, die sie nie zufrieden stellen können und die ihnen die Freiheit nimmt und sie daran hindert, der Menschheit zu helfen, suchen die Eingeweihten die Lösung des Problems der Liebe, indem sie das große Buch der Natur entziffern, wo Gott sie bereits offenbart hat. Schaut euch nur die Bienen und die Schmetterlinge an. Im Allgemeinen verstehen die Menschen die Ehe nach Art der Raupen, die das Blattwerk fressen und den Bäumen Schaden zufügen. Ein Schmetterling hingegen ist wie ein Eingeweihter, er frisst nicht die Blätter, sondern sucht die Blüten auf, ohne sie zu beschädigen. Er ernährt sich von Nektar.[1] Auch die Biene besucht die Blüten, wo sie nur Pollen und Nektar aufnimmt. Dann macht sie sich an die Arbeit, um Honig daraus zu bereiten, der das allerbeste Nahrungsmittel ist. Die Biene ist also wie ein Eingeweihter von hohem Rang, der alle Blüten – das heißt alle Frauen – liebt, ohne ihnen Schaden zuzufügen. Er nimmt von ihnen nur ein winziges Atom, und in seinem Labor bereitet er daraus Honig, der der ganzen Menschheit zugute kommt. Wie ihr seht, sind die Lösungen für alle Probleme da, dort in der Natur muss man sie suchen.

Die Ehe, meine lieben Brüder und Schwestern, spiegelt das größte Mysterium wider, das zwischen Gott und seiner Gemahlin Isis, der Natur, zelebriert wird. Daher müssen die Menschen das, was sie bisher blind und unbewusst getan haben, von nun an mit einem Verständnis für dessen tiefe Bedeutung tun. Der Mann muss lernen, wie er der Frau die Eigenschaften des Himmlischen Vaters bringen kann, und die Frau muss von dem Bewusstsein durchdrungen sein,

Eine erweiterte Auffassung der Ehe

dass sie ihrem Mann die Eigenschaften der Göttlichen Mutter bringen muss. Darin dürfen sie nicht nachlassen. Und in diesem Bewusstsein, dass sie sich gegenseitig das geben und übermitteln, was sie jeweils nicht besitzen, werden sie sich ewig lieben. Selbst wenn sie sehr, sehr alt geworden sind, werden sie sich nur noch mehr lieben als am ersten Tag ihrer Ehe. Denn nun ist es nicht mehr das Fleisch, der Körper, den sie lieben, sondern Seele und Geist. Was macht es da schon, wenn der Körper faltig und gealtert ist? Hinter diesen Falten strahlt eine großartige Seele hervor. Und eine Seele ist von unschätzbarem Wert. Man sagt: »Seele meiner Seele...« Doch wenn ein Mann das nun zu einer Frau sagt, denkt er nur an ihre Beine! Er sagt es, um ihr ein wenig Sand in die Augen zu streuen. »Seele meiner Seele«, und dabei ist er Tausende Kilometer von ihrer Seele entfernt.

Heiraten ist etwas Wunderbares, doch um nachher nicht zu leiden, müsst ihr noch Folgendes wissen: Betrachtet niemals eure Frau oder euren Mann als euer Eigentum, denn sonst werdet ihr in große Widersprüche geraten, weil immer ein Augenblick kommt, wo ihr feststellen müsst, dass er oder sie euch nicht gehört. Und dann leidet ihr entweder selbst darunter, oder aber ihr lasst euren Partner darunter leiden. Ihr dürft niemals meinen, eure Frau gehöre euch. Sie existierte bereits, bevor sie euch kennen lernte, und sie wird nach der Zeit mit euch weiterexistieren. Jemand anderer als ihr hat sie erschaffen. Zur Zeit ist sie lediglich eure Lebensgefährtin. Darum schlagt euch also die alten Vorstellungen aus dem Kopf, die nichts als Tragödien heraufbeschwören.[2] Nehmt es als gegeben, dass eure Frau eure Gefährtin für dieses Leben ist und dass sie frei ist. Will sie etwas für euch tun, so freut euch darüber. Doch kein Gesetz kann sie dazu zwingen. Nur infolge ihres persönlichen Einverständnisses ist sie mit euch verbunden. Vor euch hatte sie bereits andere Ehemänner; ihr seid nicht ihr Gemahl für die Ewigkeit.

Wären ein Mann und eine Frau seit ewigen Zeiten zusammen, so würden sie in vollkommener Harmonie miteinander leben. Da sie jedoch in ständigem Widerspruch zueinander leben, sieht man, dass sie sich gar nicht kennen. Vielleicht begegnen sie sich sogar zum ersten Mal. Die Frau hat schon so viele Männer gehabt, dass sie sich gar nicht mehr zurechtfinden würde, wollte sie die alle aufzählen. Und er, wie viele Frauen er schon gehabt hat! Und es ist nicht gesagt, dass es in der nächsten Inkarnation wieder dieselbe Frau sein wird. Darum ist es unnütz, sich Illusionen hinzugeben oder sich zu quälen. Männer und Frauen sollten sich sagen: »Wir sind Lebensgefährten, wir wollen unser Bestes tun und ehrlich miteinander sein, das ist alles!« Und wenn es ihnen gelingt, sehr gute Beziehungen miteinander aufzubauen, werden sie erneut zusammenkommen. Ihr seht nun, wie die Dinge klarer werden.

Versteht, dass nichts euer Eigentum ist, weder der Mann, noch die Frau, noch die Kinder. Für eure Kinder seid ihr die Erzieher, das ist alles. Sie wurden euch gegeben, damit ihr sie erzieht und zwar in rechter Weise, sonst werdet ihr bestraft. Es reicht nicht aus, Kinder in die Welt zu setzen und sich nachher nicht mehr darum zu kümmern. Man hat sie zu seinem Vergnügen bekommen, und nachher sollen andere sich um sie kümmern. Nein, so geht das nicht, denn auch damit lädt man sich karmische Schuld den Kindern gegenüber auf.

Ihr seht, meine lieben Brüder und Schwestern, diese Wissenschaft ist unendlich wie das Leben. Ich habe das Gefühl, dass ich noch nicht genug über dieses Thema zu euch gesprochen habe. Das gilt im Übrigen für jedes Thema. Aber ich hoffe, dass es uns mit der Gnade des Himmels und mit eurem guten Willen gelingen wird, mehr und mehr Licht in diese Probleme zu bringen, damit ihr zu freien und glücklichen Söhnen und Töchtern Gottes werdet. Ja, glücklich und frei, im Frieden, selbst mit euren Frauen, euren Männern und euren Kindern!

Sèvres, den 1. November 1965

Anmerkungen
1. Siehe Band 28 der Reihe Gesamtwerke »Die Pädagogik in der Einweihungslehre, Teil 2 und 3«, Kapitel 7: »Die Raupe und der Schmetterling«.
2. Siehe Band 14 der Reihe Gesamtwerke »Liebe und Sexualität«, Kapitel 7: »Die Eifersucht«.

XXII

ES STEIGT VON DER ERDE HERAUF UND VOM HIMMEL HERAB...

Freier Vortrag

Die Alchimisten suchten nach dem Stein der Weisen, um unedles Metall in Gold zu verwandeln. Doch das war nur der äußere Aspekt des Problems.[1] In Wirklichkeit suchten sie gar nicht so sehr nach dem Gold. Hinter diesen Verwandlungsvorgängen der Metalle verbargen sie Phänomene des inneren Lebens, seelische und spirituelle Vorgänge. Der wahre Stein der Weisen ist die Liebe, die göttliche Liebe, und wenn der Mensch diese Liebe gefunden hat und es ihm gelingt, sie in rechter Weise zu leben, dann gelingt es ihm auch, alles Unreine und Grobe in seinem Inneren in edle und lichtvolle Materie umzuwandeln.

Es handelt sich also nicht darum, die Liebe abzuschaffen, sie zu unterdrücken oder zu verdrängen, sondern darum, Methoden und Mittel zu finden, um sie in rechter Weise auszudrücken. Die Liebe ist eine Energie, die von sehr weit oben kommt. Sie ist dem Wesen nach der Sonne gleich, und die Aufgabe des Menschen besteht darin, diese Energie aufzunehmen, durch sich hindurchströmen zu lassen und sie schließlich wieder zum Himmel zurückzusenden, von wo sie hergekommen ist. Auf der Smaragdtafel steht geschrieben: »Es steigt von der Erde herauf und vom Himmel herab, und es erhält seine Kraft aus den höheren Dingen und aus den niederen Dingen... Das ist die Kraft, die die Kraft aller Kräfte besitzt...« Vom Himmel zur Erde und von der Erde zurück zum Himmel, das ist der normale Verlauf dieser Kraft. Da jedoch bei den meisten Menschen der Weg nicht frei, sondern mit Unreinheiten verstopft ist, wird diese Kraft aus ihrer Bahn geworfen und fließt in unterirdische Bereiche ab, wo sie den Dämonen als Nahrung dient.

Versteht mich recht, die Eingeweihten geben sich nicht damit ab, diese Energie am Herabströmen zu hindern. Sie versuchen das nicht einmal, denn sie sind nicht so dumm, gegen Gott selbst anzukämpfen. Das sind nur einige puritanische Dümmlinge, die dagegen ankämpfen und die immer wieder zu Boden geworfen und zermalmt werden, weil sie gegen das göttliche Prinzip, gegen die Sonnenkraft ankämpfen, gegen diesen Strom, der Christus selbst ist, wenn er sagt: »Ich bin der Weg, die Wahrheit und das Leben.« Wenn sich aufgrund von Leidenschaften und Gemütserregungen Schichten von Unreinheiten im Menschen angesammelt haben, kann diese Energie nicht mehr aufsteigen, sie versickert in der Erde und ist verloren. Ist der Mensch jedoch rein, Herr seiner selbst und wirklich mit Gott verbunden, geht die Energie, die unaufhörlich herabströmt, nicht verloren sondern strömt wieder hinauf. Es ist also ein ununterbrochener Kreislauf.

Wenn der Mensch einmal die Werke Gottes versteht, wenn er erkennt, wie die Welt aufgebaut ist, wenn er sieht, dass der Ausgangspunkt und der Zielpunkt der Himmel ist, dann stellt die Erde für ihn kein Hindernis mehr dar. Die Liebe kommt aus dem Himmel und muss dorthin zurückkehren. Es gibt nicht zwei, drei oder vier Arten von Liebe, es ist immer dieselbe, aber auf unterschiedlichen Stufen erkannt und gelebt. Es heißt, Gott ist Liebe; noch nie hat es geheißen, dass auch der Teufel Liebe sei. Die Liebe kommt von Gott. Und wenn sie beim Herabströmen auf keinen Widerstand stößt, fließt sie in rechter Weise, ohne Hitze oder Fieber hervorzurufen. Die Liebe, die euch erhitzt, ist eine Liebe, die in ihrem Fluss behindert wird. Seht einmal: Ihr befindet euch mit Fieber im Bett. Das Fieber wird von Unreinheiten hervorgerufen, durch die das Blut und die Vitalkräfte in ihrem Fluss behindert werden. Und das Fieber wird nun durch die Anstrengungen des Organismus erzeugt, der diese Hindernisse ausscheiden will.

Versteht nun also, liebe Brüder und Schwestern, dass ihr die gegebene Ordnung nicht ändern könnt, die Gott selbst mit einem bestimmten Ziel geschaffen hat, mit einem glanzvollen Ziel, von dem ihr euch noch gar keine Vorstellung machen könnt. Wenn ihr das einmal erkennt, werdet ihr voller Staunen und Begeisterung für die Pläne Gottes sein. Ich bin dabei in keiner Weise maßgebend, ich bin nur dazu da, euch die Dinge zu erklären. Und wenn ihr unzufrieden seid, dann tragt dem Herrn eure Klage vor. Sagt Ihm, dass ihr darüber schockiert seid, wie Er die Sexualorgane erschaffen hat, dass das hässlich und dumm ist und dass ihr andere Pläne habt, um eine sinnvollere Welt zu erschaffen. Nur zu, streitet mit Ihm, und ihr werdet sehen, was für eine Antwort Er euch geben wird.

Da die Dinge nun einmal so sind und ihr nichts daran ändern könnt, verliert nicht eure Lebenszeit damit zu diskutieren und dagegen anzukämpfen. Akzeptiert diesen Aufbau, diese Struktur, diese göttliche Weisheit. Akzeptiert das, verneigt euch vor ihr und seid ohne Kritik. Bemüht euch nur darum herauszufinden, wie ihr handeln müsst, damit ihr zu Kanälen dieser großartigen Kraft werdet, die die Welt verwandeln wird, die Blei und Asche in Gold, Edelsteine und Diamanten umwandelt. Allein durch die Kraft der Liebe und durch kein anderes Mittel wird diese Wandlung stattfinden. Macht euch also auf, findet heraus, welche Haltung, welche Gedanken, Gefühle und Absichten ihr hegen müsst, damit diese göttliche Energie kontrolliert und ausgerichtet werden kann. Es gibt keine andere Lösung. Wollt ihr diese Energie in euch knebeln, so wird sie nicht nur alles zum Zerspringen bringen, sondern ihr werdet dadurch geistig tot, steril und ihr vertrocknet.

Diese Energie kommt von oben, und das Problem, das sich stellt, besteht darin, sie wieder nach oben zurückfließen zu lassen, das ist alles. Das wird dann möglich sein, wenn ihr euch nicht mehr darum kümmert, sinnlichen Vergnügungen nachzuhängen, sondern wenn ihr bereit seid, dafür zu arbeiten. Das Unglück der Menschen besteht darin, dass sie nicht begriffen haben, dass die Liebesenergie nicht nur für Vergnügungen da ist, sondern dass sie auch dazu dienen kann, bestimmte Fähigkeiten zu erwecken, die es ihnen möglich machen, eine psychische und spirituelle Arbeit von höchster Bedeutung durchzuführen. Diese Arbeit besteht eben darin, diese Energie zum Himmel zurückfließen zu lassen. In dem Augenblick wendet ihr die Regel von Hermes Trismegistos an: »Du sollst das Feine vom Groben mit großem Geschick trennen.« Wenn ihr esst, schluckt ihr nicht alles hinunter. Je nachdem entfernt ihr Gräten, Schale oder Kern. Man kann nicht essen, ohne zu trennen und auszuwählen. Doch noch nie wurde verstanden, dass man in gleicher Weise das Reine vom Unreinen trennen muss, wenn man im Bereich der Gedanken, Gefühle und Empfindungen isst. Man muss dabei das fortnehmen, was dem Vergnügen angehört und nur das behalten, was der spirituellen, lichtvollen und göttlichen Arbeit entspricht.

Das Geheimnis der Beherrschung und der Vergeistigung besteht darin, nicht das Vergnügen, sondern die Arbeit zu suchen. Nun werdet ihr sagen: »Aber wenn ich mir nun vorstelle, dass ich meinen Liebsten in den Armen halte... Wenn ich dabei nicht an Vergnügen denke, wie langweilig wird das sein!« Ihr versteht nichts. Außer dem Vergnügen gibt es innere Freude, innere Weite, Inspiration, Begeisterung und Ekstase. Ist das nicht besser als das Vergnügen? Wenn ein Mann und eine Frau beieinander sind und sich ein göttliches Gefühl schenken, ohne dabei in Erregung zu geraten und sich in den unterirdischen Gängen zu verirren, wird dieses Einssein und dieser zärtliche Austausch derart ausdrucksvoll und schön! Sicher ist auch das ein Vergnügen, aber ein höheres, ein göttliches Vergnügen, das ihnen Unsterblichkeit schenkt. Ansonsten kennt ihr ja das Lied*: »Amour, amour, quand tu nous tiens...« Wer nur das Vergnügen sucht, wird von Leidenschaft ergriffen, die ihn so sehr gefangen hält, dass er ihr nicht mehr entkommt und ihr Sklave wird. Leider verstehen alle die Liebe auf diese Weise. Die Liebe, die sie umklammert hält, die Liebe, die in ihnen brennt und sie auszehrt und kraftlos zurücklässt. Sie sagen: »Endlich habe ich die Liebe gefunden, die ich suchte...« Dabei täten sie besser daran zu sagen: »Oh je, welch ein Unglück ist mir begegnet...«

---

* »Oh Liebe, wenn du uns umfängst...«, französisches Liebeslied, das von Leid und Freude der Liebe handelt.

Es steigt von der Erde herauf und vom Himmel herab...

Der Augenblick ist gekommen, meine lieben Brüder und Schwestern, euch darauf vorzubereiten, die Mysterien der Liebe zu verstehen, so wie Gott sie geschaffen hat, nämlich in Licht, Frieden, Ausgeglichenheit, Freude und voll Entzücken, und nicht in großen vulkanartigen Gefühlsausbrüchen. Macht euch bereit, eine göttliche Arbeit für die gesamte Menschheit zu vollbringen. Das ist es, was der Himmel von euch erwartet, eine Arbeit zu machen. Doch ihr macht nichts mit eurer Liebe. Ihr behaltet sie nur für euer Vergnügen. Darum werden diese Energien zu einem Gift. Von nun an müsst ihr sie zur Quelle zurückströmen lassen und sagen: »Mein Herr und mein Gott, ich weihe diese Energien Dir zur Ehre und für die Ankunft Deines Reiches...« Doch die Liebespaare denken niemals daran, dass sie ihre Liebe dem Himmel weihen können. Sie glauben, der Austausch, den sie miteinander haben, gehe nur sie etwas an; wenn sie sich gütlich daran tun, so sei das ihre Sache, und der Himmel habe nichts damit zu tun. Nun gut, aber dann hat die Hölle etwas damit zu tun. Denn wenn man in diesem Bereich »ich« sagt, so ist das bereits ein Teil der Hölle. Bei der Liebe lassen die Leute den Himmel mit dem Gedanken beiseite, das, was sie tun, sei schändlich – aber warum tun sie es dann? – und der Himmel soll sie nicht sehen. Aber vor der Hölle verbergen sie sich nicht; ihr gegenüber schämen sie sich nicht, und darum kommt auch die Hölle und zehrt alles auf. Schaut mir nur einmal die Menschen an, nichts für den Himmel und alles für die Hölle! Selbst die Kirche gibt den Menschen keinerlei Erklärungen in diesem Bereich. Sie begnügt sich damit, immer wieder zu sagen: »Wachset und mehret euch«[2], und alle begatten sich im Schutze der Dunkelheit zur größten Freude der Hölle. Es wird vom Sakrament der Ehe gesprochen, doch in Wirklichkeit geben sich die Menschen mit ihrem Ehemann oder ihrer Ehefrau, selbst wenn sie sich nach allen Regeln geheiratet haben, Ausschweifungen hin, zu denen sie die Hölle einladen. Sie liegen miteinander im Bett und probieren alle nur erdenklichen Stellungen aus, um ein Höchstmaß an Empfindungen zu verspüren und um sich wie die Tiere daran zu weiden. Und das wird dann die Heiligkeit der Ehe genannt! Arme Menschheit!...

Wo sollte die menschliche Liebe wohl herstammen, wäre es nicht Gott selbst, der sie uns geschenkt hat? Es heißt, Gott ist Liebe, doch man weiß nicht, was das für eine Liebe ist. So trennt man die körperliche und sinnliche Liebe von der göttlichen Liebe. Aber es gibt keine Trennung, sondern nur Abstufungen, denn es ist dieselbe Kraft, dieselbe Energie, die von sehr hoch oben kommt. Ihr besitzt noch nicht genügend Klarheit bezüglich der Zahl 1, die unteilbar und untrennbar ist. Nun, aber das ist die Liebe: die Zahl 1. Die Zahl 1 erzeugt die anderen Zahlen. Die 2, die 3, die 4, das sind nur Erscheinungsformen, Stufen der 1. Gott ist 1, die Liebe ist 1, und Gott ist Liebe. Alles, was nicht 1 ist, ist nur eine Erscheinungsform, ein Aspekt der 1. Darum muss man zur Einheit zurückkehren.[3] Wir befinden uns in der Vielgestalt, an der Peripherie, und wenn von der Rückkehr zur Einheit die Rede ist, bedeutet dies, dass man zu Gott zurückkehren muss, zu dieser Liebe, die 1 ist. Wenn ich euch sage, dass wir die Liebe zum Himmel zurückführen müssen, dann liegt der Grund darin, dass die Liebe zu ihrer Quelle zurückkehren muss. Man hat nicht verstanden, was es bedeutet, dass Gott Liebe ist, so wie man auch noch nicht verstanden hat, was das Wort »Einheit« bedeutet, dass wir zur Einheit zurückkehren müssen. Für mich jedoch ist das völlig klar! Die Einheit, das ist Gott, und Gott ist Liebe, und zu dieser Liebe müssen wir zurückkehren.

Le Bonfin, den 9. August 1962

Anmerkungen

1. Siehe Band 241 der Reihe Izvor »Der Stein der Weisen«, Kapitel 10: »Der Stein der Weisen, Frucht einer mystischen Vereinigung«.
2. Siehe Band 4 der Reihe Gesamtwerke »Das Senfkorn – Symbole im Neuen Testament«, Kapitel 12: »Wachset und mehret euch...«.
3. Siehe Band 235 der Reihe Izvor »Im Geist und in der Warheit«, Kapitel 5: »Von der Vielfalt zur Einheit«.

XXIII

DAS GLÜCK LIEGT IN DER ERWEITERUNG DES BEWUSSTSEINS

Freier Vortrag

Schaut einmal die Kinder an. Warum lieben sie Puppen und Spielsachen? Weil sie das Gefühl brauchen, dass jemand bei ihnen ist. Für sie sind die Spielsachen lebendige Wesen, die ihnen beistehen und sie ermutigen. Sie schlafen auch viel leichter ein, wenn sie ihr Häschen oder ihren Teddybär bei sich haben. Und für die Erwachsenen ist das nicht sehr viel anders. Manche von ihnen können auch nicht einschlafen, wenn sie nicht ein nettes Mädchen an ihrer Seite haben, eine Puppe, die ihnen Vertrauen schenkt. Die Menschen sind noch wie Kinder, sie sind noch nicht erwachsen geworden. Sie brauchen immer noch die Anwesenheit von jemandem. Oft ist es nicht einmal mehr ein Mann oder eine Frau, sondern ein Vogel oder eine Katze. Das Alleinsein macht ihnen keine Angst mehr, weil eine Katze da ist, die vor sich hin schnurrt. Das gilt vor allem für die Frauen, bei ihnen ist das weitaus schlimmer als bei den Männern. Das Alleinsein macht am meisten den Frauen zu schaffen, und so brauchen sie einen Papagei, ein ganz kleiner genügt schon. Ja, damit sind sie zufrieden...

Die Menschen sind unglücklich, wenn sie allein sind. Einer der wenigen Punkte, in dem sich fast alle einig sind, ist der, dass das Alleinsein eines der schlimmsten Dinge ist. Also suchen sie sich jemanden, der mit ihnen lebt, da sie meinen, dass sie dann glücklicher seien. Doch oftmals ist es so ganz und gar nicht besser und das Alleinsein wäre ratsamer gewesen. Dieses Bedürfnis, jemand anderen zu finden, um sich endlich glücklich und erfüllt zu fühlen, ist dem Menschen gegeben worden, damit er aus sich selbst herausgeht. Schaut doch nur, um ihn dazu zu bringen, sich ein wenig zu bewegen und zu arbeiten, hat ihm die kosmische Intelligenz den Magen gegeben. Hätte er den nicht, niemals würde er irgendetwas tun. Doch aufgrund seines Magens, seines Hungers und Durstes, was unternimmt er da doch alles! Den ganzen Tag lang läuft er hin und her, er schläft nicht, er stürzt sich in den Kampf... Um sich zu ernähren ist er bereit, die Welt bis hin zu den Sternen aus den Angeln zu heben.

Die kosmische Intelligenz hat also vorhergesehen, dass die Menschheit im Nichtstun verloren wäre, wenn sie kein Mittel fände, die Menschen zur Arbeit zu bewegen, und so hat sie ihnen einen Magen mitgegeben. Doch damit nicht genug, die Art musste erhalten werden, und dafür hat ihnen die kosmische Intelligenz das Bedürfnis nach Liebe und danach, der Einsamkeit zu entfliehen, gegeben. Dieses Bedürfnis, ein anderes Geschöpf zum Zusammenleben zu finden, bringt die Menschen gleichzeitig dazu, ihren Wirkungskreis ein wenig zu erweitern. Hat man den Wunsch einen Lebensgefährten zu finden, um eine Familie zu gründen, ist man gezwungen, die Anstrengung auf sich zu nehmen, ein wenig aus sich herauszugehen, großmütiger, nachsichtiger und verständnisvoller zu sein. Der Irrtum der Menschen liegt nur darin, dass sie nicht begriffen haben, dass sie ihren Familienkreis noch ein wenig erweitern und ihre Liebe auf weitere Geschöpfe, ja auf das gesamte Universum ausdehnen sollten. Aber nein, so weit sind sie nicht gegangen, und darum sind sie trotz Frau und Kinder und trotz des Landes, dem sie angehören, immer noch unglücklich. Denn es ist ihnen noch nicht gelungen, ihren Gesichtskreis bis in die Unendlichkeit auszudehnen.

Die Menschen brauchen den Austausch untereinander, um glücklich zu sein. Doch das Glück hat sich noch nicht eingestellt, weil sie zu begrenzt sind. Natürlich weiß ich, dass sie es seit Hunderten und Tausenden von Jahren gewohnt sind, die Dinge derart eng zu sehen, dass sie natürlich erstaunt sind, wenn sie mich hören und sagen: »Aber was erzählt er denn da? Wohin will er uns treiben?« Ich will euch zum Glück hintreiben. Und das Glück besteht darin, die ganze

Unendlichkeit zu lieben und nicht bei einem, zwei, selbst zehn oder hundert Menschen stehen zu bleiben. Liebt weiterhin diejenigen, die ihr liebt, doch liebt darüber hinaus auch die Engel, die Erzengel, die himmlischen Hierarchien und den Herrn. Eure Familie und eure Freunde werden dadurch eine Bereicherung, Stärkung, Verschönerung und Läuterung erfahren aufgrund der erhabenen Regung, die ihr in eurem Herzen und eurer Seele nährt. Erweitert den Kreis eurer Liebe, um euch mit all den höheren Geschöpfen auszutauschen, von denen ihr Inspiration, Unterstützung und Schutz erhaltet.

Ja, liebe Brüder und Schwestern, wahres Glück findet sich in der Erweiterung des Bewusstseins, in der Erweiterung und Vergeistigung der Liebe und darin, dass sie göttlich wird.[1] Denn ich habe euch bereits gesagt, dass die Weisheit euch nicht glücklich machen kann. Mit der Weisheit allein werdet ihr niemals glücklich sein. Es ist sogar möglich, dass ihr damit zum traurigsten und niedergeschlagensten Wesen werdet, weil die Weisheit euch ständig die Fehler und Verbrechen der Menschen vor Augen halten wird. Es liegt nicht in der Natur der Weisheit, das Glück zu bringen. Wenn ihr denkt, weise zu sein, mögt ihr stolz darauf sein und ein wenig Zufriedenheit darin finden. Doch wahres Glück findet ihr nicht dabei. Es ist die Liebe, die uns das Glück bringt. Denn selbst wenn ihr unwissend, arm und schwach seid, so seid ihr doch glücklich. Ihr wisst gar nicht warum, aber ihr seid glücklich. Um also wahrhaft glücklich zu sein, muss man lieben können. Und damit das Glück groß, weit und vollständig ist, muss eure Liebe ebenso groß, weit und unendlich sein. In dem Maße wie eure Liebe vollkommener wird, wird auch euer Glück größer und vollkommener. Glück findet man weder in Reichtum, Wissen, Macht noch Ruhm. Die Leute irren sich, wenn sie meinen, sie würden glücklich sein, wenn sie dieses oder jenes hätten. Ich habe euch schon gesagt, damit findet man ein paar Brocken, einige Krümel Glück, aber nicht mehr.

Solange die Menschen nicht durch das Einweihungswissen aufgeklärt werden, leben sie ewig in der Täuschung. Immer wieder werden sie traurig und enttäuscht sein und sich fragen: »Was habe ich denn nur? Was fehlt mir denn noch, um diese Leere auszufüllen?« Und sie werden die Frau oder die Geliebte wechseln, sie werden Haus, Beruf und Auto wechseln, sie werden andere Länder bereisen, doch es wird unverändert die gleiche Leere bleiben.

An dem Tag, an dem ihr diese großen Wahrheiten als etwas schätzen lernt, das von nichts anderem übertroffen werden kann, werdet ihr gerettet sein. Als ich jung war, mangelte es mir vielleicht an Intelligenz, Weisheit und Begabung, doch etwas an mir war außergewöhnlich, die Tatsache nämlich, dass die großen esoterischen Wahrheiten für mich an erster Stelle standen. Alles andere bedeutete mir nichts. Und nun sehe ich die Ergebnisse, ich sehe, dass ich mich nicht getäuscht habe. Alle anderen hingegen, für die alles Mögliche wichtiger ist als diese großen Wahrheiten, werden immer arm, schwach und unglücklich sein. Fangt darum an, die Wahrheiten, die ich euch enthülle, mehr zu schätzen, denn sie sind es, die euch wandeln und euch wahres Glück schenken werden.

Videlinata (Schweiz), den 29. Februar 1976

Anmerkung
1. Siehe Band 11 der Reihe Gesamtwerke »Der Schlüssel zur Lösung der Lebensprobleme«. Kapitel 5: »Die Individualität bringt das wahre Glück«.

XXIV

»WAS IHR AUF ERDEN BINDET, WIRD AUCH IM HIMMEL GEBUNDEN SEIN«

Freier Vortrag

In der Heiligen Schrift steht geschrieben: »Was ihr auf Erden bindet, wird auch im Himmel gebunden sein, und was ihr auf Erden löst, wird auch im Himmel gelöst sein.« Das sind Worte von außergewöhnlicher Bedeutung. Sei es bewusst oder unbewusst, was ihr auf der physischen Ebene macht, wirkt sich auch auf die anderen Ebenen aus. Bindet ihr jemanden auf der physischen Ebene, so bindet ihr ihn ebenso auf der astralen und mentalen Ebene. Und löst ihr ihn auf der physischen Ebene, so tut ihr dies auch auf der astralen und mentalen Ebene.

Dazu will ich euch sehr einfache Beispiele geben. Wenn eine Mutter fortgehen und ihr Kind in seinem Kinderwagen lassen muss, dann bindet sie es fest, damit es nicht herausfällt. Das Kind ist also auf der physischen Ebene angebunden, aber auch auf der Astralebene; es fühlt sich unfrei, es weint und schreit. Wenn die Mutter zurückkehrt, befreit sie es auf der physischen, aber auch auf der astralen Ebene, und es freut sich. Wenn ihr jemanden in einen Kerker einsperrt, fühlt er sich auch auf der astralen und mentalen Ebene eingeschränkt; er leidet und ist unglücklich. Doch es gibt die verschiedensten Arten, jemanden zu binden, zum Beispiel durch Worte, Gesten oder Formeln. Das sind die wahren Bande. Und darin liegt der wahre Sinn der Worte Jesu an seine Jünger. Er wollte ihnen sagen: »Ihr, die ihr nun die Macht des Wortes kennt, ihr könnt Menschen und Wesen auf der physischen Ebene binden, um sie so auf der geistigen Ebene zu binden, und ihr könnt sie auf der physischen Ebene lösen, um sie auch auf der geistigen Ebene zu lösen. Das heißt, ihr könnt von nun an böse und verbrecherische Menschen binden, alle diejenigen, die das Kommen des Reiches Gottes auf Erden verhindern, damit sie keinen Schaden mehr anrichten können. Und wenn ihr seht, dass ein Sohn Gottes gebunden ist und von bösen Menschen gequält wird, so befreit ihn, damit er Gutes tun kann.«

Formeln, Worte und Gesten, ja alles, was in der physischen Ebene ausgeführt wird, spiegelt sich bis in den Himmel wider und ruft dort Wirkungen hervor. Aus diesem Grunde ist es sehr wichtig, Gebetsformeln auszusprechen. Ihr betrachtet zum Beispiel die aufgehende Sonne und sagt dabei: »So wie die Sonne über der Welt aufgeht, möge auch die geistige Sonne der Liebe, Weisheit und Wahrheit in meinem Herzen, meiner Seele und meinem Geist aufgehen.« Die ausgesprochenen Worte begünstigen deren Verwirklichung, und wie die Sonne auf der physischen Ebene aufgeht, geht auch eine andere Sonne auf der geistigen Ebene auf. Ebenso könnt ihr die Zeit des zunehmenden Mondes nutzen und am Abend ein Gebet sprechen: »So wie der Mond zunimmt, möge sich auch mein Herz mit Liebe, mein Intellekt mit Licht, mein Wille mit Stärke und mein physischer Körper mit Gesundheit und Lebenskraft füllen.« Wenn ihr diese Worte aussprecht, ist die gesamte Natur da und hilft euch. Im Frühjahr betrachtet ihr die ersten Blätter und Blüten und sagt dabei: »So wie die gesamte Natur erblüht, möge sich auch mein Wesen entfalten und erblühen und die ganze Menschheit im ewigen Frühling leben.« Auf diese Weise werdet ihr zu einem weißen Magier, ihr werdet ein Sohn Gottes, und überall erschafft ihr durch das schöpferische Wort, durch das Wort, das die Welt erschaffen hat, eine neue Welt, eure Welt, überall.

Wann wird man endlich in der Lage sein zu nutzen, was in den Evangelien geschrieben steht? Es steht dort geschrieben, aber es ist totes Wissen, denn niemand nutzt es. Jetzt kommt die Zeit, wo man endlich erwacht, um mit den positiven Kräften zu arbeiten und so daran mitzuwirken, einen neuen Himmel und eine neue Erde zu schaffen.[1]

»*Was ihr auf Erden bindet, wird auch im Himmel...* 475

Falls ihr euch ständig unzufrieden, unglücklich und gequält fühlt, müsst ihr euch sagen, dass dies an den sichtbaren oder unsichtbaren Banden liegt, die ihr geknüpft habt. Und das ist eine Frage, mit der ihr euch unablässig befassen müsst: »Welche Bande habe ich in diesem oder in einem früheren Leben geknüpft?« Darin findet ihr alle Erklärungen für euren gegenwärtigen Zustand. Wenn ihr einen Elektroboiler oder ein Bügeleisen erhitzen oder einen Ventilator in Gang setzen wollt, dann steckt ihr den Stecker in die Steckdose, das heißt, ihr stellt eine Verbindung her, und der Apparat kommt in Gang. Wenn ihr den Strom unterbrecht, hält er wieder an. Alle machen das und alle sehen das, doch wer versteht es schon, diesen Vorgang auf das Leben zu übertragen? Bewusst oder unbewusst treten wir unaufhörlich jeden Tag mit der Erde, den Bäumen, Tieren, Flüssen, Bergen und Sternen, mit den sichtbaren und den unsichtbaren Geschöpfen, ja mit dem gesamten Universum in Verbindung. Und diese Verbindung ist von absoluter Wichtigkeit. Darum seid ihr alle aufgefordert, die Bande, die ihr geknüpft habt, zu überprüfen, um die guten zu behalten, die schlechten abzubrechen und herauszufinden, welche neuen Bande ihr mit anderen Geschöpfen knüpfen könnt.

Wenn eine Flasche nicht mit einem unerschöpflichen Reservoir verbunden ist, ist sie nach einiger Zeit geleert, und sie muss wieder aufgefüllt oder durch eine andere volle ersetzt werden. Wie kann dieses Problem nun gelöst werden? Stellt euch einen Mann vor, der eine Frau liebt. Beide sind einer Flasche vergleichbar. Wenn sie nicht mit der Quelle verbunden sind, müssen sie sich eines Tages trennen, denn jeder hat dann den Inhalt des anderen erschöpft. Und wenn kein Inhalt mehr da ist, was bleibt einem dann noch anderes übrig, als sich gegenseitig wegzuwerfen?* Hier kommt nun das magische Wissen über die Verbindung zum Einsatz. Denkt nun, dass eure Freundin einzigartig ist und dass es an euch liegt, sie mit der göttlichen Quelle, dem Himmlischen Vater, der Sonne, den Engeln, den Erzengeln und allen Meistern der Menschheit zu verbinden. Die Liebe gibt euch alle

---

* Siehe die ergänzende Bemerkung am Ende des Kapitels.

Möglichkeiten, doch da ihr nicht aufgeklärt seid, klammert ihr euch an den geliebten Menschen, anstatt ihn mit dem Himmel zu verbinden. Ihr seid euch nicht bewusst, dass ihr ihn so mit der Hölle verbindet und ihn den zerstörenden Kräften ausliefert. Mit der Zeit bemerkt ihr, dass es mit diesem Menschen nun abwärts geht, dass er sein Licht verliert. Doch wer ist schuld daran? Warum habt ihr ihn nicht mit dem Himmel verbunden? Nun seid ihr besorgt und fragt euch, was mit ihm los ist. Dabei ist es ganz einfach, ihr habt ihn mit den niederen Regionen in Verbindung gebracht. Ihr müsst ihn jedoch mit den himmlischen Regionen verbinden, ihn hoch hinauf tragen, damit er dort oben trinken und atmen kann. Das Gleiche muss er mit euch machen, und dann seid ihr keine Flaschen mehr sondern Quellen.

Meine lieben Brüder und Schwestern, ihr steht vor großen Problemen. Und es gibt kein größeres Problem als Freundschaft, Liebe und Zuneigung. Hierauf muss mehr Licht geworfen werden. Wenn man jemanden liebt, darf man nicht zu sehr an sich selbst denken, denn dann vergisst man alles Göttliche und Heilige und man zieht den geliebten Menschen in die niederen Regionen seiner Wünsche und Begierden hinab. Liebe besteht jedoch gerade darin, Opfer zu bringen, über sich selbst hinauszuwachsen, etwas Großes für den geliebten Menschen zu tun. Und es gibt nichts Größeres, als ihn mit der Quelle zu verbinden.

Geht auf den Menschen zu, den ihr liebt, schaut ihn an, nehmt ihn in eure Arme und hebt ihn in eurer Vorstellung in den Himmel. Verbindet ihn mit der Göttlichen Mutter, mit Christus, mit dem Himmlischen Vater oder dem Heiligen Geist. Dann braucht ihr euch keinerlei Vorwürfe mehr zu machen, Lichter entflammen in euch, und ihr verspürt große Freude und Glück. Selbst wenn ihr mit einem Unbekannten zusammen seid, sagt ihm nichts davon, doch versucht, ihn mit der Quelle des Lichts zu verbinden, wünscht ihm, er möge das neue Leben erkennen, wünscht ihm einen Frieden zu finden, wie er ihn noch nie gekostet hat. Selbst wenn er euch nicht verstehen kann, kehren eure guten Gedanken zu euch zurück. Denn wenn die anderen das

Licht und die Liebe, die ihr ihnen zugesandt habt, nicht aufnehmen, kehren diese zu euch zurück. Auf diese Weise habt ihr den ganzen Tag lang eine sinnvolle Beschäftigung, und ein Tag nach dem anderen bringt immer mehr Schönheit in euer Leben. Andernfalls zieht all das Leben, alle Herrlichkeit des Lebens ungenutzt vorüber... Für die Schüler gibt es immer Arbeit, es gibt Aufgaben, die dem Leben einen unbeschreiblichen Sinn verleihen.

Wenn ein Mann und eine Frau nicht mit der Quelle verbunden sind, ist ihre Liebe nicht göttlich und kann nicht von Dauer sein. Alle sprechen von Liebe, und alle erheben Anspruch darauf zu wissen, was das ist. Doch eines Tages erkennen sie, dass die wahre Liebe ihnen noch nie begegnet ist. Wahre Liebe ist etwas Dauerhaftes, das über den Tod hinausgeht. Das ist das größte Geheimnis, meine lieben Brüder und Schwestern. Das größte Geheimnis besteht darin, mittels des geliebten Menschen direkt an der Quelle zu trinken.[2] Dann kann eure Liebe von Dauer sein, denn ihr schöpft euer Leben an der Quelle. Selbst im Alter fühlt ihr euch durchströmt von Energien, die von solch einer Frische, Reinheit und Leuchtkraft sind, dass ihr einander ständig voll bewundernden Staunens betrachtet. Ihr werdet weder eure Falten noch eure weißen Haare sehen, sondern nur eine Seele und einen Geist, die voller Schönheit und Jugendlichkeit erstrahlen. Die anderen hingegen, die nicht an der Quelle trinken, fühlen sich bereits mit achtzehn alt und abgestumpft, und sie trennen sich, weil in der Flasche kein Tropfen mehr geblieben ist. Manchmal nehmen sie sogar die Flasche und werfen sie zu Boden, sodass sie in Stücke bricht.

Meine lieben Brüder und Schwestern, es ist wesentlich, dass ihr begreift, von welch großer Bedeutung die geknüpften Bande sind, ja, binden und lösen... Die Liebe bindet und die Weisheit löst. Durch eure Liebe bindet ihr die Geschöpfe und durch eure Weisheit macht ihr sie wieder los, ihr befreit sie.

Le Bonfin, den 28. August 1960

Ergänzende Bemerkung

Ihr nehmt einen Apfel, schält ihn, schneidet ihn in Stücke und esst ihn auf. Dabei empfindet ihr etwas. Beißt ihr direkt in den Apfel, so bringt euch das eine andere Empfindung. Und nun geht einmal zu einem Apfelbaum, zieht einen Ast zu euch heran und beißt in einen Apfel, ohne ihn abzupflücken. Dabei ist die Empfindung wieder etwas anders, denn ihr spürt, dass dieser Apfel noch voller Leben ist, und ihr fühlt euch wohl dabei, ihr verspürt einen auserlesenen Geschmack, eine Freude, die der Baum auf euch überträgt, weil er mit der Erde verbunden ist und deren Kräfte aufnimmt. Während ihr esst, verbindet ihr euch mit den Kräften der Erde, die ihr in euch aufnehmt. Über die Frucht hat euch der Baum dazu gedient, mit der Erde in Kontakt zu treten.

Und welcher Unterschied besteht nun darin, ob man einen Mann oder eine Frau kostet, die noch mit dem Baum verbunden oder aber von ihm getrennt sind? Stellt euch einmal vor, dieser Mann oder diese Frau hat die Verbindung mit dem Himmel durchtrennt, sie sind wie vom Baum getrennte Äpfel. Sie haben bereits einen Teil ihrer Energien und ihres Magnetismus verloren. Und was esst ihr dann? Gewiss findet ihr einige Bröckchen zum Knabbern, und ihr werdet einige Empfindungen dabei verspüren. Doch werdet ihr nicht die Empfindung haben, mit der Unermesslichkeit der Quelle der göttlichen Liebe verbunden zu sein. Liebt ihr hingegen ein Wesen, das mit dem Baum des Lebens verbunden ist, nehmt ihr andere Energien auf, und ihr habt das Empfinden, mit dem Herzen des Universums, mit dem kosmischen Ozean eins zu sein. Das ist etwas, über das die Leute nie nachdenken. Was mag daran schon bedeutsam sein, ob das bereits seit langem abgeschnitten, ausgerissen, verschrumpelt und ausgetrocknet ist? Nun, das ist von großer Bedeutung. Doch spreche ich hierbei nicht von der Materie, sondern vom spirituellen Aspekt, denn dieser ist von Bedeutung.

Wenn ihr Früchte und Gemüse esst, sind sie bereits seit langem tot. Ihr meint, ihr hättet ein gutes Mahl zu euch genommen, weil euer

Magen nun voll ist. Doch das genügt nicht. Er ist zwar voll, doch mit Leichen von Obst und Gemüse. Natürlich ist es nicht möglich, das anders zu machen. Es ist wie mit dem Wasser. Es ist nicht so einfach, zu einer Quelle zu gehen und dort Wasser zu trinken. Man ist genötigt, eine Flasche mit mehr oder weniger verunreinigtem oder gechlortem Wasser zu nehmen. Kann man jeden Tag auf einen Berg steigen, um Wasser zu trinken? Sicher nicht, doch ich spreche hier von der spirituellen Seite. Diesbezüglich ist es viel einfacher, eine Quelle zu finden und jeden Tag zu ihr hinaufzusteigen.

Sèvres, den 31. Dezember 1963

Anmerkungen

1. Siehe Band 230 der Reihe Izvor »Die Himmlische Stadt – Kommentare zur Apokalypse«, Kapitel 16: »Der Neue Himmel und die Neue Erde«.
2. Siehe Band 12 der Reihe Gesamtwerke »Die Gesetze der kosmischen Moral«, Kapitel 15: »Lasst die Verbindung nicht abbrechen«.

XXV

LIEBT GOTT, UND IHR WERDET AUCH EUREN NÄCHSTEN BESSER LIEBEN

Freier Vortrag

Wenn wir uns bemühen, an die anderen und nicht immer nur an uns selbst zu denken, wie viele Erkenntnisse würde uns das zu allen Problemen des Lebens geben! Die Menschen verstehen die Dinge so wenig, weil sie niemals von ihrem Standpunkt abrücken wollen. Denn sie messen alles, wiegen alles, äußern über alles ihre Meinung entsprechend ihrem Standpunkt, ihrem Geschmack, ihren Neigungen und ihren Vorlieben, ohne jemals dabei die anderen zu berücksichtigen.

Selbst in den Familien ist das nicht besser. Die Ehepartner sind ständig dabei, sich gegenseitig kaputtzumachen, als ginge es nur darum, den anderen an die Wand zu drücken, ihn zu beherrschen und ihn auszunutzen. Es besteht kein Verständnis und kein Nachgeben, nur unglaublicher Egoismus! Die Frau will sich niemals in die Lage ihres Mannes versetzen, ständig fordert sie und kritisiert, ist zänkisch und untreu. Und er will ihr alles nehmen, sie ausplündern, ihr die Schönheit rauben und sie misshandeln. Dafür brauche ich euch keine Beispiele zu geben, ihr kennt das zur Genüge, ihr wisst, wie es da zugeht. Darum muss man bei der Familie beginnen und den Männern und Frauen beibringen, sich gegenseitig zu verstehen, zu schätzen, zu achten und zu lieben, um eine gemeinsame Arbeit zu vollbringen. Der Mann muss sich immer wieder sagen: »Ist meine Frau wohl glücklich, fehlt ihr auch nichts, habe ich ihr keine Versprechungen gemacht, die ich nicht gehalten habe?« Und die Frau muss sich natürlich die gleichen Fragen stellen. Die Schwierigkeiten, Katastrophen und größten

Unglücke kommen daher, dass die Menschen ihr Bewusstsein nicht erweitern wollen und sich fragen, wie wohl die anderen denken und fühlen. Wenn sie sich daran gewöhnen, nur einmal für einige Minuten ihren Standpunkt loszulassen und ihre Voreingenommenheit zu vergessen, wie viele Dinge werden ihnen dann offenbar! Ihr Horizont wird sich erweitern, und ein enormes Tätigkeitsfeld wird sich vor ihnen auftun.

Nun will ich euch eine Methode nennen. Um die Schranken eures Bewusstseins zu überschreiten, müsst ihr euch in eurem Bewusstsein zuerst sehr hoch hinaufbegeben und an das allumfassende Wesen denken, das alle Geschöpfe in sich trägt und sie ernährt. Dann fragt ihr euch, wie dieses Wesen die Zukunft der Menschheit sieht, wie Seine Pläne mit ihr und ihrer Weiterentwicklung aussehen. Wenn ihr euch bemüht, euch diesem unendlich großen und lichtvollen Wesen anzunähern, findet eine große Arbeit im Unterbewusstsein, im Bewusstsein und im Überbewusstsein statt, und es ist mit Worten nicht auszudrücken, was ihr dabei an Empfindungen und Erfahrungen erlebt. Diese Übung müsst ihr so lange machen, bis ihr spürt, dass es euch gelingt, euch auszulöschen als Persönlichkeit, nicht mehr als ein Staubkorn zu existieren, euch mit dem Lichtmeer, das Gott ist, zu verschmelzen. Nur dort allein kann man sicher sein, Erkenntnis, Freiheit und Glück zu finden. Wenn diese Übung für euch zur Gewohnheit geworden ist und wenn es euch gelingt, köstliche Minuten in inniger Einheit mit den höchsten Wesen zu kosten, dann könnt ihr anfangen, in das Bewusstsein der Menschen herabzusteigen, um ihre Leiden und Ängste zu fühlen und um ihre Bedürfnisse, ihre guten Eigenschaften, ihre Fehler und ihre Krankheiten kennen zu lernen. Daraufhin könnt ihr sogar bis in das Bewusstsein der Tiere hinabsteigen.

Wenn ihr diese Übung zur Grundlage eures Lebens macht, wenn ihr genügend Geduld und Liebe besitzt, euch ständig zu bemühen, euer Bewusstsein zu erweitern und Gott zuzustreben, wenn ihr euch bemüht, drei, vier, zehn, ja, hundert Mal am Tag ein wenig von euch selbst abzurücken und in Seiner Unermesslichkeit aufzugehen, dann werdet ihr alles erlangen; das ist nur eine Frage der Zeit. Andernfalls ist es, als würdet ihr den Kontakt mit dem Stromwerk abbrechen. Dann habt ihr kein Licht mehr, ihr lauft Gefahr, mit Dingen oder anderen Menschen zusammenzustoßen, ihr könnt hinfallen, euch verletzen, ja sogar sterben. Nun werdet ihr entgegnen: »Aber schauen Sie doch nur diesen oder jenen Menschen an, er glaubt nicht einmal an Gott, er liebt Ihn nicht, und doch ist er glücklich, bei guter Gesundheit, und alles gelingt ihm.« Ja, dem Anschein nach, aber man muss etwas weiter schauen. Wenn ein Holzwurm einen Balken annagt, zerstört er diesen nicht gleich mit einem Schlag. Er nagt und frisst, und eines Tages ist die Katastrophe da.

Diejenigen, die nicht an Gott glauben, mögen wohl eine gewisse Zeit lang Erfolge haben, denn sie besitzen Intelligenz, einen starken Willen und Lebenskraft. Sie verstehen es mit Unternehmungsgeist, sich durchzuschlagen und sich durchzusetzen. Wenn sie die Verbindung zu Gott abbrechen, verschwinden ihre Fähigkeiten nicht mit einem Schlag, aber der Vorrat erschöpft sich, und nach einiger Zeit fängt etwas in ihnen an zu verrotten, die unerwünschten Wesen nisten sich ein wie die Holzwürmer, die am Holz nagen und es zerfressen. Aufgrund ihrer Gewalttätigkeit und ihrer Berechnungen haben sie noch Erfolge, doch das dauert nicht lange. Da das Licht nicht mehr da ist und sie nicht von einem Strom neuer Kräfte genährt werden, wird Herz und Intellekt dieser Menschen von Gärungen, Mikroben und Würmern zerfressen, und eines Tages brechen sie schließlich zusammen. Die Unwissenden aber schauen auf vorübergehende Zustände und ziehen ihre Schlüsse daraus: »Schaut doch, es ist unnütz, an den Herrn zu glauben und mit Ihm verbunden zu sein. Ich kenne jemanden...« Ja, aber man muss weiter schauen und wissen, wie die Gesetze wirken. Einige Jahre später hat dieser »jemand« dann oftmals Bankrott gemacht.

Man darf sich nicht durch den Schein täuschen lassen. Würde der Mensch sehr lange leben, sähe er, wie die reichen Familien degenerieren und auseinander fallen. Man darf keine voreiligen Schlüsse ziehen, wenn man nur die Dauer eines Menschenlebens betrachtet.

Es ist normal, dass Menschen mit einem starken Willen und großen Fähigkeiten Erfolg haben. Doch wären sie gleichzeitig mit der göttlichen Welt verbunden und würden fortwährend frisches Wasser an der Quelle des Lebens schöpfen, um ihre Seele, ihr Herz und ihren Intellekt zu nähren, so würden sie damit ihrer Familie und ihrer Nachkommenschaft helfen und ein einzigartiges Beispiel in der Geschichte darstellen. Es ist nötig, dass es den Menschen der neuen Generation gelingt, erfolgreich zu sein, doch ohne dabei die Verbindung mit dem Himmel abzubrechen. Mögen sie ihre Arbeit tun, doch mit dem Ziel, überall eine göttliche Prägung zu hinterlassen, eine Spur des neuen Lebens.

»Seid vollkommen, wie euer Vater im Himmel vollkommen ist,« sagte Jesus.[1] Heutzutage finden es alle ungeheuerlich, Gott als Vorbild nehmen zu wollen. Er ist so groß und so weit von uns entfernt! Lieber folgt man einem Narren nach, das ist zumindest einfach. Nach einigen Wochen ist man ebenso närrisch wie dieser oder sogar noch mehr!

Wenn ihr Gott liebt, werdet ihr alles erlangen, was ihr euch wünscht, weil ihr werdet wie Er. Denn darin besteht die Macht der Liebe. Ich warte darauf, dass die Wissenschaft sich endlich mit der Liebe befasst, um zu untersuchen, in welcher Art und Weise sie sich manifestiert, und um zu entdecken, wie sie sich auf die Gesundheit, das Blut und das Gehirn auswirkt, ja sogar außerhalb von uns auf die Bäume, die Pflanzen, die Kristalle, die Sterne, die Engel und sogar auf Gott selbst. Nichts anderes lohnt sich mehr erforscht zu werden. Wenn man die Liebe beiseite lässt, kommt es letztendlich immer wieder zu Katastrophen. Natürlich nicht sofort, doch wenn man auch nur um ein Millionstel Grad von bestimmten Prinzipien und Wahrheiten abweicht, kommt man schließlich im Laufe von Jahren Milliarden von Kilometern von der rechten Richtung ab.

Liebe ist nichts anderes als eine Osmose zwischen denen, die sich lieben. Wenn ihr Gott liebt, wirkt eure Liebe bereits darauf hin, euch Ihm anzugleichen, zwischen Ihm und euch kommt ein Austausch in Gang. Stellt euch vor, ihr liebtet einen schwachen, kränklichen und ein wenig dummen Menschen, während ihr selbst bei guter Gesundheit, sehr rein, sehr weit entwickelt, lichtvoll und intelligent seid. Ihr tretet mit ihm in einen Austausch, und eines schönen Tages wird man sehen, wie er stärker und lichtvoller wird, wie er aufstrebt, reicher wird und von eurer Liebe profitiert, während ihr einige Federn lassen müsst. Seine Schwächen strömen in euch ein, während eure Energien auf ihn übergehen, bis auf beiden Seiten ein gleiches Niveau erreicht ist. Auf die Dauer werdet ihr ihm völlig gleich und er euch, sogar im Gesicht. Wenn ihr jemanden liebt, werdet ihr ihm schließlich gleichen. Die Chemie zeigt uns, dass überall im Leben eine Osmose, ein Austausch stattfindet, und nicht nur zwischen den Menschen, sondern überall im Universum. Die Sterne haben einen Austausch miteinander, bis sie sich gleichen. Darum kann man vorhersagen, dass die Erde einst zu einer Sonne werden wird, denn zwischen beiden findet ein beständiger Austausch statt. Die Erde gewinnt und die Sonne verliert etwas dabei, doch tut sie das freiwillig, denn sie besitzt viel Liebe. Wahre Liebe ist in erster Linie ein Opfer.

Wenn ihr euch auf den Herrn ausrichtet und Ihn liebt, jedoch nicht so, wie Ihn das Alte Testament darstellt als streng, unerbittlich, als verzehrendes Feuer, sondern indem ihr denkt, dass Er die Unermesslichkeit ist, ein Meer aus Licht und Leben, dann findet ein Austausch, eine Gleichschaltung zwischen euch und Ihm statt. Ihr beginnt, intensiver zu schwingen, und in eurer Gedanken- und Gefühlswelt gehen große Wandlungen vor sich. Sogar eure Gesundheit bessert sich. Im Übrigen, anstatt immer nur Medikamente einzunehmen, um gesund zu werden, ist es besser, an die Quelle des Lebens zu denken. Nun werdet ihr sagen: »Gut, aber ich möchte schnell gesund werden.« Sicher, durch Medikamente erreicht ihr eine schnelle Besserung, doch nur für den Augenblick, und die Widerstandskraft eures Körpers wird dadurch derart geschwächt, dass er sich bald nicht mehr selbst wehren kann.[2]

Vor kurzem habe ich im Fernsehen eine Sendung mit Biologen gesehen, die über die Gefahren des Antibiotika-Missbrauchs sprachen. Sie sagten, das genetische Erbgut der Menschheit sei bedroht und es bestehe die Gefahr, dass immer mehr Missgeburten auftreten. Sie erklärten auch die Gefahren der radioaktiven Strahlungen... Möge Gott Seine Kinder beschützen, denn die Menschen sind verrückt geworden und führen die Erde in die Zerstörung! Die Wissenschaftler geben nun zu, dass wir auf eine Katastrophe zusteuern, doch sie, in deren Macht es steht, dieser Situation ein Ende zu bereiten, wagen es noch nicht, die Stimme zu erheben und zu sagen: »Wissenschaftler der ganzen Welt, hört her, vereinigen wir uns, um die Menschheit zu retten!« Sie könnten einen enormen Einfluss haben, doch sie begnügen sich damit, ergebnislose Reden zu führen.

Meine lieben Brüder und Schwestern, der beste Schutz für den Menschen ist es, zur göttlichen Quelle zurückzukehren. Dann können ihm selbst Atombomben nichts mehr anhaben, weil die Schwingungen von Seele und Geist die Schwingungen des Atomstaubs, der sich in der Luft verbreitet, an Intensität und Stärke übertrifft. Wenn ihr einen wirklichen Rettungsanker haben wollt, dann verbindet euch mit der Sonne und liebt den Herrn. Die Sonne ist stärker als die Atombomben. In der Sonne finden übrigens unaufhörlich Explosionen statt, die milliardenfach stärker sind als unsere armseligen Atomexplosionen. Wenn man sich mit der Sonne verbindet, kann man sich gegen atomare Strahlung immun machen. Das müssen die Menschen wissen. Gegenwärtig will niemand uns glauben. Man wird uns glauben, wenn die Katastrophen da sind, doch dann wird es zu spät sein. Die einzig wirksamen Heilmittel sind auf der physischen Ebene die Sonne und auf der mentalen, spirituellen Ebene die Liebe zu Gott.

Durch ihre Gefühle von Hass oder Eifersucht sowie durch ihre Grausamkeit und Bosheit senden die Menschen – ohne sich dessen bewusst zu werden – Schwingungen aus, die auf der Oberfläche der Erde eine Zone höchst gefährlicher Finsternis bilden, in der viele Wesen ersticken. Um aus dieser Schicht herauszufinden, müssen wir die Intensität unserer Schwingungen erhöhen, und das können wir nur durch die Liebe zu Gott. Solange ihr Geschöpfe liebt, die weniger weit entwickelt sind als ihr selbst, vermindert ihr die Intensität eurer Schwingungen, da eine Angleichung stattfindet, und ihr bleibt so innerhalb dieser dichten Schicht der Finsternis, von der die Erde eingehüllt ist. Ihr müsst daher wissen, wen ihr lieben sollt. Selbstverständlich könnt und sollt ihr sogar die Menschen lieben. Doch um euch nicht an sie anzugleichen, müsst ihr zuerst den Herrn lieben. Denn wenn ihr den Herrn liebt, könnt ihr daraufhin lieben, wen ihr wollt, es wird für euch ohne Gefahr sein. Immer werdet ihr über der Finsternis stehen, ihr lauft nicht mehr Gefahr, dort hineinzugeraten, weil ihr stärker sein werdet.

Wenn ein Rettungsschwimmer ins Wasser springen muss, um einen Ertrinkenden zu retten, dann streckt er ihm seine Füße hin, damit dieser sich daran festhalten kann. Will der andere jedoch seine Arme ergreifen, versetzt er ihm einen Schlag, damit er das Bewusstsein verliert. Nur so kann er ihn retten. Andernfalls würde er mit ihm ertrinken. In gleicher Weise müsst auch ihr eure Arme für Gott frei halten und eure Füße den Menschen lassen! Gebt ihnen nicht all eure Liebe, sonst geht ihr mit ihnen ins Verderben. Es kommt also darauf an, auf welche Weise man liebt. Doch die Menschen kümmern sich nicht darum, das Wissen um die Liebe zu erlernen. Ohne sich weiter Gedanken zu machen, lieben sie irgendwie, irgendwen, irgendwann und auf irgendeine Weise, und nachher sagen sie, dass die Liebe nur Unglück bringe. Aber das ist nicht wahr! Es ist ihre Unwissenheit in Bezug auf die Liebe, die all das Unglück mit sich bringt, aber nicht die Liebe selbst, denn die Liebe, das ist Gott. Gott ist Liebe, wie könnte Er das Böse bringen? Das ist unmöglich. Das Böse kommt von unserer Unwissenheit. Man muss also zuerst Gott lieben und sich von Seinen Schwingungen durchdringen lassen. Dann kann man die anderen gefahrlos lieben und ihnen helfen. Da wir dann mit der Quelle verbunden sind, können wir unsere Kräfte ausgeben, ohne schwächer zu werden, denn das Wasser in uns erneuert sich ständig. Brechen wir jedoch diese Verbindung ab, werden die anderen bald unsere Kräfte erschöpfen, denn unsere Reserven reichen nicht ewig.

Doch kommen wir auf das zurück, was ich am Anfang sagte. Wenn ihr lernen wollt, von Zeit zu Zeit aus euch selbst herauszugehen und von eurer begrenzten Sichtweise abzurücken, müsst ihr Gott suchen und euch bemühen, mit Ihm zu verschmelzen und lernen, die Welt und alle Geschöpfe durch Seine Augen zu sehen. So werdet ihr alles in einem anderen Licht sehen. Das ist die beste Übung, die es gibt, denn damit entwickelt ihr gleichzeitig euren Willen, euren Verstand und eure Liebe.

Zu Beginn ist diese Übung natürlich ziemlich eintönig. Man ist entschlossen, den Herrn zu lieben, doch man spürt nichts, man langweilt sich und lässt seine Fantasie umherschweifen. Doch lasst nicht nach und denkt daran, dass euer ganzes Leben davon abhängt, dass ihr dabei Freude, Intelligenz, Stärke und Schönheit erlangen werdet, und diese Übung wird für euch zu einem so köstlichen Erlebnis, dass alles andere daneben verblasst. Und dann könnt ihr auch den anderen besser helfen und sie lieben. Wenn ihr reich seid, innerlich ausgeglichen und in Frieden, dann könnt ihr Milliarden von Menschen helfen, ohne auch nur euer Zimmer zu verlassen, denn Schwingungen kennen keine Grenzen. Die harmonischen Schwingungen, die ihr dann aussendet, strömen in die Atmosphäre hinaus und beeinflussen alle Geschöpfe, die sie berühren. Ohne dass es überhaupt jemand weiß, werdet ihr so zu einem Wohltäter der Menschheit, ihr hebt die gesamte Schöpfung auf ein höheres Niveau, bis hin zu den Tieren, Pflanzen und Steinen. Selig, wer diese Philosophie begreift und nach ihr handelt, denn so wird er frei von allem Elend und allen Begrenzungen! Und es gibt keine Worte um die Herrlichkeit eines Menschen auszudrücken, dem es gelingt, sich zu befreien.

Sèvres, den 21. Januar 1962

Anmerkungen

1. Siehe Band 215 der Reihe Izvor »Die wahre Lehre Christi«, Kapitel 3: »Seid vollkommen wie euer Vater im Himmel vollkommen ist...«.
2. Siehe Band 239 der Reihe Izvor »Die Liebe ist größer als der Glaube«, Kapitel 4: »Dein Glaube hat dir geholfen«.

XXVI

LEBT MIT LIEBE

Freier Vortrag

Ich weiß, dass ihr findet, dass ich zu oft auf dieselben Themen zurückkomme. Ihr seid diese Methode nicht gewohnt, und ihr würdet lieber etwas zu neuen Themen hören. Tatsächlich muss man sich jedoch immer wieder mit derselben Sache befassen, wobei man sie allerdings in verschiedener Weise betrachtet. Morgens und abends, vor und nach dem Essen, in der Nacht... und so entdeckt ihr verschiedene Seiten an ihr, dass sie lebt und sich verändert. Betrachtet einen Garten im Frühjahr, im Sommer, dann im Herbst und im Winter. Immer ist es derselbe Garten, doch wie unterschiedlich bietet er sich dar! Und bei der Spiritualität muss man auch immer wieder auf dasselbe Thema zurückkommen und es von allen Seiten beleuchten.

Wie oft habe ich euch schon gesagt, dass ihr mit Liebe essen müsst und auch lächeln, denken, und leben mit Liebe! Aber das vernachlässigt ihr, das sagt euch nicht zu, weil ihr es noch nicht einmal ausprobiert habt. Wenn ihr einmal damit anfangt, werdet ihr erkennen, wie wunderbar es ist, mit Liebe zu essen, zu schauen, zu atmen, zu studieren... und zu danken.

Gestern bin ich einem Mann begegnet, der angeblich sehr unglücklich war. Ich habe zu ihm gesagt: »Haben Sie heute schon gedankt?« – »Gedankt? Wem und wofür?« – »Können Sie gehen... atmen?« – »Ja.« – »Haben Sie gefrühstückt?« – »Ja.« – »Und können Sie den Mund aufmachen, um zu reden?« – »Ja.« – »Nun, dann danken Sie dem Herrn, denn es gibt Leute, die können weder gehen, noch essen, noch den Mund auftun. Sie sind unglücklich, weil Sie noch nie daran gedacht haben zu danken. Um Ihren Zustand zu ändern, müssen Sie zuerst einmal anerkennen, dass es nichts Wunderbareres gibt als die Tatsache, zu leben, zu gehen, zu schauen und zu sprechen.« Aber die Menschen vernachlässigen all das, vor allem die angeblich intelligenten und gelehrten. Und so müssen sie Prüfungen und Leid durchmachen, um endlich zu lernen, dankbar zu sein.

Das größte Verbrechen der Menschen ist ihre Undankbarkeit. Dann verschließt sich der Himmel vor ihnen und schenkt ihnen weder Glück noch Freude. Wisst ihr, wie viele Milliarden von Wesenheiten, Elementen und Partikeln eingesetzt werden, um nur einen einzigen Menschen am Leben zu erhalten? Ihr seid euch nicht darüber im Klaren, und ständig seid ihr aufgebracht und unzufrieden. Seid dankbar! Dankt dem Himmel gleich morgen früh, wenn ihr aufsteht. Wie viele Menschen erwachen nicht mehr oder erwachen gelähmt! Sagt also: »Danke Herr, auch heute hast Du mir wieder Leben und Gesundheit geschenkt. Ich will Deinen Willen erfüllen.« Aber niemand tut das. Die Menschen kennen nichts anderes als fordern, verlangen, Ansprüche stellen, schreien, die ganze Welt anschnauzen und sich auflehnen. Sie sind unfähig, danke zu sagen. Aber was haben sie denn der Menschheit oder dem Herrn Gutes getan, um das Recht zu haben, so anspruchsvoll zu sein? Wenn die unsichtbare Welt sich zur Menschheit herniederbeugt und einen Menschen sieht, der zu danken versteht und immer wieder sagt: »Danke, Herr!... Danke, Herr!...«, dann sind alle erstaunt und begeistert. Wollt ihr ihnen nicht diese Überraschung bereiten?... Seid doch nicht so geizig!

Stellt einmal eine Statistik auf, um zu sehen, wie viele Leute dankbar sind. Es sind sehr wenige. Doch alle sind bereit, zu fordern, Ansprüche zu stellen und sich zu empören. Überall auf der Erde gibt es Fabriken, in denen der Virus der Auflehnung hergestellt wird. Das ist ein Virus, den die Labors noch nicht untersucht haben. Und wie sehr er sich verbreitet, dieser Virus der Meckerer! Überall schleicht er sich ein. Bald wird die ganze Erde damit verseucht sein. Allein hier in der Universellen Weißen Bruderschaft lernt man, ein Gegengift gegen diesen Virus herzustellen, um die Menschen zu beruhigen, zu besänftigen und zu heilen. Was der Welt am meisten fehlt, das ist der Geist des Friedens. Es wird viel von Frieden gesprochen, doch immer wieder wird Krieg geschürt.[1]

Zu Anfang habe ich euch gesagt, dass ihr mit Liebe leben, essen und atmen müsst. Ihr meint, dass ihr all das wisst, doch ihr irrt euch. Wenn ihr einmal anfangt, wirklich mit eurem ganzen Sein zu verstehen, was es bedeutet, mit Liebe zu leben, werdet ihr voller Staunen sein. Die Liebe wird unaufhörlich von morgens bis abends, ja selbst wenn ihr schlaft, in euch erstrahlen. Man kann die Leute sogar mit Liebe ausschimpfen. Ich habe mich darin geübt, nach außen hin unerbittlich streng zu sein und gleichzeitig im Innern viel Liebe zu haben. Das ist schwierig, doch es kann einem gelingen. Übrigens habe ich immer wieder gesagt, dass die Mütter auf diese Weise ihre Kinder ausschelten, ja, sogar schlagen sollen, wenn es sein muss. Doch dabei müssen sie sich innerlich immer voller Liebe fühlen. Doch im Allgemeinen ist es das Gegenteil. Wenn die Mütter ihre Stimme heben, die Brauen runzeln und ein grimmiges Gesicht machen, dann ziehen wirklich Zorn und Grausamkeit in ihnen ein, und sie teilen Schläge mit einem wahren Hass aus. Das Kind bemerkt dies, es sieht die Augen seiner Mutter und wird diesen Blick niemals vergessen.[2] So wird es sich nicht nur nicht ändern, sondern eines Tages auch noch auf Rache aus sein.

Meine lieben Brüder und Schwestern, lebt mit Liebe. Mit Liebe leben bedeutet, in einem sehr hohen Bewusstseinszustand zu leben, der sich in allen Handlungen des Lebens widerspiegelt und der alles harmonisiert, da er den Menschen in einem Zustand völliger Ausgeglichenheit hält. Das ist ein Bewusstseinszustand, der eine Quelle der Freude, Kraft und Gesundheit ist. Seid den ganzen Tag lang dankbar. Die Dankbarkeit neutralisiert alle Gifte. Sie ist das größte Gegengift, das ich in den Labors entdeckt habe, die Gott mir gegeben hat. Dankt, dankt ohne Unterlass, stundenlang, und alles Schlechte in euch wird sich auflösen. Davon habe ich mich selbst überzeugt. Und ihr wisst, dass ich nicht auf der faulen Haut liege. Tag und Nacht mache ich außergewöhnliche und sehr subtile Experimente, von denen ihr nicht einmal etwas ahnt. Und ich sage euch nichts, was ich nicht selbst lange ausprobiert habe.

Sèvres, den 23. Januar 1966

Anmerkungen

1. Siehe Band 208 der Reihe Izvor »Das Egregore der Taube – Innerer Friede und Weltfrieden«.
2. Siehe Band 226 der Reihe Izvor »Das Buch der göttlichen Magie«, Kapitel 13: »Schützt eure Wohnstätte«.

Teil 2

Freier Vortrag

Wenn die Erzieher am Ende des Schuljahres erschöpft sind, liegt das einfach daran, dass sie die Kinder nicht lieben. Sie denken nicht daran, mit ihnen auf göttliche Weise zu arbeiten. Denn täten sie das, würden sie von den Schutzengeln, in deren Obhut die Kinder stehen, reichlich belohnt, und würden sich nicht so müde fühlen. Die meisten Lehrer sehen in ihrem Beruf kein anderes Ziel, als Geld zu verdienen. Sie sind wie Söldner, und sie sind sich nicht wirklich bewusst, welch gigantischer Auftrag es ist, auf die Seele eines Menschen einzuwirken, der ihnen vom Himmel anvertraut wurde. Denn die spirituellen Elemente, die man bewusst in Herz und Seele der Kinder hineinlegen soll, wirken dann weiterhin ihr ganzes Leben lang auf sie ein und erinnern sie an die Männer und Frauen, die auf ihre Seele eingewirkt haben. Doch so, wie die Dinge heute liegen, erinnern sich die Kinder gar nicht mehr an ihre Lehrer, oder wenn sie es doch tun, dann nur, um sich noch Jahre später über sie lustig zu machen oder sie zu verabscheuen. Deren Arbeit hat so keinen Sinn, denn sie enthält weder Licht, noch Bewusstsein noch Liebe.

Ich habe eine andere Auffassung von Pädagogik. Diese wende ich übrigens bei euch an, obwohl ich kein Lehrer bin und ihr keine Kinder seid. Ich bin mir bewusst, dass andere euch auf die Erde geschickt haben, damit ihr euch weiterentwickelt. Und ich weiß, wenn ich meine Arbeit gut mache, also mit Liebe, dann werden die Geister der höheren Welt, die alles sehen, mich belohnen und mir beistehen, da sie sich sagen: »So einen Menschen gibt es selten, solche sieht man nicht oft auf der Erde, er arbeitet nicht des Geldes wegen!« Und so gewinne ich letztendlich dabei.

Ja, wenn die Lehrer am Jahresende müde sind, so liegt das daran, dass sie die eigentliche Bedeutung ihrer Arbeit nicht verstanden haben. Es gibt keine Aufgabe, die wesentlicher wäre als die Erziehung. Doch wenn wirklich jemand der Erziehung bedarf, so muss man nicht unbedingt bei den Kindern anfangen, sondern eher bei den Eltern und den Erziehern selbst. Denn wenn ihr wüsstet, wie viele falsche Vorstellungen sie oftmals den Kindern in den Kopf setzen! Die Lehrer und Lehrerinnen, die sich ihrer Verantwortung bewusst sind und den Kindern wirklich etwas Göttliches mitgeben wollen, sind selten.

Der Grund, warum die Leute ständig müde sind, liegt darin, dass sie ohne Liebe arbeiten. Es ist die Liebe, die stärkt, belebt, zu neuem Leben erweckt. Wenn man diese Liebe nicht besitzt und lediglich für Geld arbeitet, um so seinen Lebensunterhalt zu verdienen, bringt das keine guten Ergebnisse. Gewiss verdient man ein wenig Geld, doch mit der Gesundheit geht es bergab, man wird nervös und verspannt. Wenn man einen großartigen Beruf ausübt und am Ende doch Depressionen davon bekommt, so ist das ein Zeichen, dass man die Sache nicht recht begriffen hat. Die Erzieher müssen verstehen, dass sie Kinder vor sich haben, die ihnen vom Himmel anvertraut worden sind, und dass sie mit ihnen eine göttliche Arbeit vollbringen müssen. Als ich das einmal einigen Erziehern erklärt habe, haben sie ihre Haltung geändert. Sie haben sich bemüht, in sich diese Liebe zu erwecken, den Sinn für die Verpflichtung und dieses Licht, und sie haben den Unterschied festgestellt. Sie waren nicht mehr so müde wie zuvor.

Arbeitet stundenlang mit Liebe, und ihr werdet keine Müdigkeit spüren, doch arbeitet nur einige Minuten lang ohne Liebe, voller Zorn und Aufruhr, dann ist in euch alles blockiert, und ihr seid am Ende.

Es sind zur Zeit Ideologien im Umlauf, die unter den Arbeitern der ganzen Welt Aufruhr und Unzufriedenheit verbreiten. Sie finden einen fantastischen Anklang, denn sie sind wie Funken, die alles in Brand setzen. Stiftet Aufruhr, und der Erfolg ist euch sicher. Doch sagt zu den Leuten, dass Unzufriedenheit schädlich ist, und dass man ganz im Gegenteil mit Liebe arbeiten muss, es wird erfolglos sein. Die Menschen sind noch nicht reif genug, um ihre wahren Interessen zu erkennen.

Man muss erkennen, wie wirksam und machtvoll die Liebe ist. Alles, was ihr macht, tut es mit Liebe oder tut es besser nicht! Denn alles, was ihr ohne Liebe macht, ermüdet euch; und so dürft ihr euch nachher nicht wundern, wenn ihr erschöpft seid. Ohne Liebe verwandelt sich alles, was ihr tut, in Gift. Macht darum alles mit Liebe! Versucht es, es hängt allein von euch ab. Eine Schwester hat mich einmal danach gefragt, wie man unermüdbar werden kann, und ich habe zu ihr gesagt: »Ich will Ihnen gerne das Geheimnis verraten, doch werden Sie es nicht umsetzen können. Das Geheimnis besteht darin, alles, was man tut mit Liebe zu tun. Dann strömen einem die Kräfte zu. Andernfalls ist man schnell verbraucht, erschöpft und festgefahren.«[1]

Ja, meine lieben Brüder und Schwestern, ihr seid hier in einer göttlichen Schule, wo ihr lernt, euch neu aufzubauen und euch neue Formen zu schaffen. Doch ihr habt die Bedeutung dieser Aufgabe noch nicht erkannt. Freut euch darauf, euer Leben neu zu gestalten.

Wenn man die Herzen der Kinder gewinnt, gewinnt man damit Verjüngung und ewiges Leben. Darum ist eines der schlimmsten Dinge, die Kinder, die man zu erziehen hat, nicht zu lieben. Manche Erzieherinnen und manche Mütter, die über ihre Kinder erzürnt sind, senden ihnen hasserfüllte Blicke zu. Mein Gott, welche Unwissenheit! Denn die Kinder erinnern sich ihr ganzes Leben lang an diese Blicke. Die Kinder wissen sehr genau, was ein Blick beinhaltet. Es ist wohl manchmal notwendig, ihnen eine Ohrfeige oder einen Klaps zu geben, doch muss das ohne den geringsten Hass im Blick geschehen.

Lebt mit Liebe

Denn Kinder vergessen die Schläge, die sie bekommen haben, aber sie erinnern sich ständig an den Blick, den ihr ihnen zugeworfen habt. Ich habe sogar folgenden Rat gegeben: Wenn ihr ein Kind bestrafen müsst, das eine Dummheit begangen hat, dann geht zu ihm hin und sprecht freundlich mit ihm, sagt ihm, dass es Schläge bekommen wird, weil es Gesetze und Regeln gibt, die ihr nicht abschaffen könnt. Umarmt es dann und weint sogar mit ihm, wenn es sein muss, und dann gebt ihm den Klaps! Auf diese Weise begreift das Kind, dass die Bestrafung notwendig und gerechtfertigt ist, denn ihr habt mit ihm zusammen geweint, und ihr habt es liebevoll umarmt. Und so gebt ihr ihm göttliche Begriffe über die absolute Gerechtigkeit mit. Ansonsten wird es euch beschuldigen, ungerecht zu sein, es wird euch verabscheuen und sich auf Grund des Hasses, den es in eurem Blick gesehen hat, eines Tages rächen.

Kinder haben einen sehr feinen Sinn für Gerechtigkeit. Später, wenn sie älter werden, verlieren sie das, doch solange sie noch sehr jung sind, sind sie voller Leidenschaft, für alles, was gerecht ist. Schaut zum Beispiel einmal, was geschieht, wenn eine Mutter oder eine Lehrerin ein Kind bevorzugt. Sie hat vielleicht ihre Gründe dafür, möglicherweise hat dieses Kind mehr gute Eigenschaften als die anderen, doch sie muss vermeiden, dies zu zeigen. Sie hat das Recht, lieber zu haben, wen sie will, nur zeigen darf sie das nicht! Sonst fühlen sich die anderen Kinder verletzt und lieben sie nicht mehr.

Nun, ihr seht, dass man eher die Erzieher selbst erziehen muss als die Kinder, und das nicht nur in dieser Hinsicht...

Le Bonfin, den 29. August 1967

Anmerkung
1. Siehe Band 225 der Reihe Izvor »Harmonie und Gesundheit«, Kapitel 8: »Wie man Müdigkeit vermeidet«.

XXVII

DIE WAHREN WAFFEN: LIEBE UND LICHT

Freier Vortrag

Lesung des Tagesgedankens:

»Man meint, man könne einen Feind besiegen, indem man ihn bekämpft. Doch das Gegenteil ist der Fall. Um ihn zu besiegen, muss man sich von ihm entfernen und sich auf eine höhere Stufe stellen, um so ein anderes Bild von ihm zu schaffen, welches dann das schädliche Bild besiegt. Man kann seine Feinde nicht besiegen, indem man überall ihr Bild mit sich herumträgt, denn so sind sie früher oder später die Sieger. Man kann die Bösen nicht durch Bosheit, die Verleumder nicht durch Verleumdung, die Eifersüchtigen nicht durch Eifersucht und die Zornigen nicht durch Zorn besiegen, denn auf diese Weise identifiziert man sich mit ihnen und stellt sich auf dieselbe Stufe.«

Diese Zeilen, die ich euch vorgelesen habe, werden euch völlig unsinnig erscheinen. Die Menschen haben die Gewohnheit, ständig Rache zu nehmen für das Böse, das man ihnen antut. Wenn sie eine Ohrfeige bekommen, geben sie eine zurück, oder auch zwei! Ein Fußtritt... zwei Fußtritte! Diesen Racheinstinkt haben sie noch aus einer weit zurückliegenden Zeit beibehalten, als sie noch Tiere waren. Und im Übrigen besteht selbst heute kein großer Unterschied. Im Äußeren ist man wohl ein wenig zu einem biederen Mann oder zu einer netten Frau geworden, doch im Inneren!... Man glaubt, seine Feinde mit den gleichen Mitteln zu besiegen, die sie selbst angewandt haben. Will man dieses Problem aber einmal vom Standpunkt der

Die wahren Waffen: Liebe und Licht   497

Einweihungswissenschaft aus betrachten und fragen, was sie dazu sagt, so wird sie eine Antwort geben, die ganz und gar nicht dem gleicht, was die Menschen denken und praktizieren.[1]

Zuerst einmal ist es sehr schlecht, ständig das Bild seines Feindes in seinem Kopf herumzutragen. Denn dadurch verstärkt ihr es und gebt ihm Nahrung, bis es eines Tages so stark wird, dass es großen Schaden in euch anrichtet. Und auch den anderen gegenüber zeigt ihr euch von einer schlechten Seite. Wenn ihr ihnen dauernd von eurem Feind erzählt, zeigt ihr, daß ihr schwach und nachtragend seid. Aber die Menschen geben sich niemals damit ab, diese Haltung zu analysieren, und so machen sie damit weiter. Um sich ein wenig Erleichterung zu verschaffen und ein Gift loszuwerden, das sie in ihrem Inneren tragen, suchen sie immer irgendwelche Freunde auf, denen sie es einimpfen können. Sie bemerken nicht einmal, dass sie denen damit wehtun. Dann gehen sie wieder fort, weil sie sich für den Augenblick erleichtert fühlen oder um woanders genauso weiterzumachen.

Aus der Sicht der Einweihungswissenschaft und der Weisheit ist das ein sehr übles Verhalten. Darum muss man die Menschen darüber aufklären. Ich habe noch nie gesagt, dass man sich nicht bemühen sollte, seine Feinde zu besiegen, nur muss man dazu andere Mittel finden.

Hier auf dieser Seite heißt es, dass ihr euch dann, wenn ihr euren Feinden mit den gleichen Mitteln antwortet, die sie euch gegenüber angewandt haben, auf eine Stufe mit ihnen stellt. Ja, denn ihr sendet Schwingungen gleicher Natur aus und seid damit verletzlich. Sie können euch durch den Raum hindurch treffen und euch Schaden zufügen. Manchmal fühlt ihr euch sehr schlecht, ohne zu wissen warum. Das mag zwar auch aus anderen Gründen sein, doch kann es ebenso gut von jemandem kommen, der euch negative Gedanken zusendet. Und da ihr nicht wisst, wie ihr euch davor schützen könnt, bekommt ihr diese Ströme ab und fühlt euch schlecht. Um euch nun zu schützen und unverwundbar zu werden, dürft ihr nicht auf diesem Niveau verbleiben, auf dem euer Feind, wenn er stark genug ist, euch treffen kann. Ihr müsst höher und höher aufsteigen, so wie Vögel, wie Flugzeuge oder wie Hubschrauber. Nun, wenn ich hier von »aufsteigen«

spreche, so ist das natürlich nicht im physikalischen Sinne gemeint, wie wenn man auf einen Baum, eine Leiter oder ein Dach steigt. Aufsteigen, das bedeutet hier, Regionen zu erreichen, die edler, reiner, lichtvoller und göttlicher sind. Wenn ihr dann mit Hilfe eures Willens und durch Meditation und Gebet hinaufgestiegen seid, kann euch euer Feind nicht mehr erreichen, weil eure Schwingungen anders geartet sind als seine, und so seid ihr geschützt.

Wenn euch Leute verleumden und schlecht über euch reden, dann steigt in die himmlischen Regionen zum Licht auf. Da ihr euch nun so schützt und hinter dem Licht, der Liebe und der himmlischen Macht verbarrikadiert, können euch die üblen Gedanken nicht nur nicht mehr erreichen, sondern sie fallen auf die anderen zurück, die nun davon gebissen und erdrückt werden. Auf diese Weise gelingt es den Eingeweihten, den Weisen und großen Meistern, ihre Feinde durch ihre reine, edle, ehrenhafte und strahlende Lebensweise zu besiegen. Denn es gibt eine Rückschlagwirkung. Doch kann dies nicht geschehen, wenn ihr genauso seid wie euer Feind, nämlich schwach, boshaft, sinnlich und unrein. In diesem Falle bekommt ihr allen Schmutz ab, den die anderen euch zusenden. Steigt ihr jedoch viel weiter hinauf, wirkt eure Lebensführung nicht nur als Schutz, sondern alles Boshafte und Negative wird so auf den zurückgeworfen, der es ausgesandt hat. Wenn Schwarzmagier und Geisterbeschwörer Erfolg haben, dann nur deshalb, weil die Menschen so schwach und unwissend sind, dass die schlechten Einflüsse auf sie einwirken können. Denn solange man nicht fähig ist, sich mit dem Licht zu verteidigen, läuft man Gefahr, etwas abzubekommen. Wagen sie sich allerdings an Eingeweihte heran, an Menschen, die ein himmlisches Leben führen, dann schlägt der Blitz bei ihnen ein, und oftmals verschwinden sie dann. Es ist nicht besonders leicht, jemanden zu treffen oder zu besiegen, der fest mit dem Himmel verbunden ist, der ein hohes Ideal hat, der sich dem Licht geweiht hat und dafür arbeitet. Wenn ihr also geschützt, verteidigt und in Sicherheit sein wollt, was immer man auch gegen euch sagen oder unternehmen mag, dann müsst ihr euer Leben ändern, euch anders ausrichten, und in eine andere Region aufsteigen, wo ihr geschützt seid.

Und wenn ihr wollt, dass euer Triumph noch schneller kommt und noch größer ist, dann vergrößert eure Liebe, Großmut und Güte. Manche Menschen haben es geschafft, sich über jeglichen Groll zu erheben. Ob man sie verleumdet, verabscheut oder gegen sie arbeitet, das ist ihnen egal. Sie glauben an die Macht des Lichtes. Während ihrer spirituellen Arbeit senden sie jeden Tag Lichtstrahlen zu allen Geschöpfen. So spüren schließlich selbst ihre Feinde so sehr ihre Überlegenheit, dass sie nicht mehr anders können, als sich ihnen zu beugen, sie um Verzeihung zu bitten und ihre Freunde zu werden. Anstatt ihre Feinde also zu vernichten, gelingt es solchen Menschen, ihre Feinde durch Größe, Edelmut und die Macht des Lichtes zu besiegen. Auf diese Weise gewinnen sie Freunde. Ihr dürft auch nie vergessen, dass ihr eure Feinde niemals endgültig besiegt habt, falls es euch auch gelingt, sie auf die gewöhnliche Art und Weise zu besiegen, nämlich durch physische Stärke, durch Gewalt oder durch die Macht des Geldes. So sind sie niemals wirklich besiegt, denn sie behalten ihre Feindseligkeit gegen euch. Sie können euch euren Sieg nicht verzeihen, und ihr werdet erneut Unannehmlichkeiten mit ihnen haben, falls nicht in dieser Inkarnation, dann in der nächsten. Denn so hört der Kampf niemals auf.

Stellt euch vor, ihr hättet euren Feind umgebracht, so ist damit doch nur sein physischer Körper verschwunden. Tatsächlich kann man niemals einen Menschen völlig vernichten, denn er besitzt eine unsterbliche Seele, und aus dem Jenseits sendet er euch weiterhin seinen Hass zu. So geht der Krieg weiter und es gibt kein Ende. Diese Art und Weise vorzugehen, die sich die Menschen von Generation zu Generation weitergegeben haben, stammt noch aus prähistorischer Zeit und kann keine Lösung der Probleme bringen. Es ist ein Irrtum, alle sind in diesem Irrtum gefangen, ganze Länder haben diese irrige Vorstellung, sie könnten ein anderes Land durch Waffengewalt oder durch Spionage besiegen. Das mag wohl für eine gewisse Zeit möglich sein, doch danach ist einmal der andere der Sieger. Schaut nur in die Geschichte und seht, was sich zwischen Frankreich und Deutschland, zwischen Bulgarien und Griechenland, zwischen den Armeniern und den Türken abgespielt hat... Wie kann man die Dinge nun in Ordnung bringen? So, wie es Frankreich gemacht hat. Die Franzosen haben den Deutschen die Hand gereicht, und nun hat die Sache ein Ende. Ansonsten hätte man sich aufs Neue darauf gefasst machen müssen, dass die Deutschen nachher wieder auf Rache aus wären.

Es ist der Instinkt, der einen zur Rache treibt, und nicht die Weisheit. Man wird geschlagen, und ohne nachzudenken schlägt man zurück. Dazu will ich euch eine Geschichte erzählen. Drei Yogis lebten zurückgezogen im Wald. Sie beteten, meditierten und wollten vollkommen werden. Eines Tages kommt jemand vorbei und gibt dem ersten von ihnen eine Ohrfeige. Was tut dieser? Er steht auf und gibt zwei Ohrfeigen zurück. Also bei dem braucht es viel Hoffnung bis zur Vollkommenheit! Auch der zweite bekommt eine Ohrfeige. Er steht auf, um darauf zu antworten, doch er setzt sich wieder hin. Er hat zumindest Beherrschung gelernt. Der dritte hingegen bemerkt nicht einmal, dass er eine Ohrfeige bekommt und verbleibt in der Meditation. Ihr seht also, es gibt verschiedene Stufen. Der erste gehört der Kategorie der gewöhnlichen Menschen an, die entsprechend dem Prinzip Gerechtigkeit – oder auch der Ungerechtigkeit – handeln. Der zweite gehört der Kategorie derjenigen an, die sich beherrschen, weil sie nachdenken. Er hat sich gesagt: »Es lohnt sich nicht zurückzuschlagen, so werde ich die Dinge nur verschlimmern.« Der dritte hingegen ist so weit entwickelt, dass er seinen Feind gar nicht mehr sieht.

Und nun will ich noch weitergehen und euch sagen, dass eure Feinde ein Segen für euch sind. Nun denkt ihr: »Also jetzt verliert er wohl völlig den Kopf! Die Feinde, ein Segen?« Das beweist nur, dass ihr noch nicht viel verstanden habt. Ja, ein Segen, denn eure Feinde können euch helfen, kraftvoll, stark und lichtvoll zu werden. Doch da es euch an Licht fehlt, erkennt ihr das nicht und gebt auf. Wäret ihr hingegen intelligent, würdet ihr zu einer Gottheit werden. Feinde sind versteckte Freunde, denn sie sind es, die euch zwingen, euch zu üben und euch weiterzuentwickeln.[2]

Die wahren Waffen: Liebe und Licht

Ich will euch eine weitere Geschichte erzählen. Es geht dabei um einen Lehrer, der von etwas schwächlichem, kümmerlichem Körperbau, dabei jedoch sehr intelligent war. Eines Tages befand er sich auf dem Dorfplatz und diskutierte mit anderen jungen Leuten. Es war ein stämmiger Bursche darunter, der ein wenig dümmlich war, wie das oft vorkommt, denn körperlich starke Menschen sind selten auch auf intellektuellem Gebiet stark. Und der war nicht damit einverstanden, was der Lehrer sagte. Da die anderen anscheinend den Argumenten des Lehrers zustimmten, geriet der Bursche in Zorn und stürzte sich auf ihn, um ihn zu schlagen. Und der arme Lehrer ging zu Boden. Traurig und unglücklich ging er heim. Als er nun nach Hause kam, sah er, dass die Kuh ein Kälbchen zur Welt gebracht hatte. Er war ganz gerührt, streichelte es und nahm es in seine Arme. Da es noch so klein war, konnte er es hochheben. Darüber vergaß er ein wenig sein Missgeschick. Am folgenden Tag ging er wieder zu dem Kälbchen, um es in seine Arme zu nehmen. Und so tat er dies immer wieder mehrere Monate lang, bis das Kalb zu einem Stier herangewachsen war, den er immer noch in seine Arme nahm. Eines Tages sagte er sich dann: »Nun bin ich stark, nun will ich einmal den Burschen aufsuchen, der mich geschlagen hat, und jetzt kann er was erleben!« Er ging also auf den Dorfplatz, wo der andere wieder einmal inmitten seiner Kameraden das große Wort führte. Er ging auf ihn zu und sagte: »Na, kennst du mich noch?« – »Oh, gewiss kenne ich dich noch. Du hast doch vor einiger Zeit eine ordentliche Tracht Prügel bezogen!« – »So, so, das habe ich wohl...«, und dann fasste er ihn bei der Wade und hob ihn mit den Worte hoch: »Sprich dein letztes Gebet, ich werde dich auf die Erde schmettern, und es wird nichts von dir übrig bleiben.« – »Oh, vergib mir, lass mich am Leben, ich habe einen Irrtum begangen, es tut mir leid...« – »Nun gut, unter diesen Voraussetzungen...« Und er stellte ihn ruhig wieder auf die Erde. Unter dem Gelächter der anderen nahm der Bursche seine Beine in die Hand, und der Lehrer ging zufrieden, stolz und als Sieger wieder nach Hause.

Warum will man seine Feinde mit den gleichen kleinlichen und gemeinen Waffen bekämpfen? Warum wollt ihr ihnen nicht eure Überlegenheit zeigen, anstatt euch auf ihr Niveau herabzubegeben und euch zu beschmutzen? Ich zum Beispiel, ich weiß, dass ich in meiner Lage nicht ohne Feinde sein kann. Da ist zum Beispiel ein Ehepaar, und der Mann, der ein Bedürfnis nach einem spirituellen Leben hat, kommt in die Bruderschaft. Seine Frau ist darüber wütend, schimpft über mich und will sich sogar bei der Polizei beklagen. Ohne irgendjemandem etwas Böses getan zu haben, habe ich auf diese Weise eine Menge Feinde, die ich nicht einmal kenne; und das ist fatal. Sobald man anfängt, für das Licht zu arbeiten, ist der eine fasziniert und der andere wütend auf einen. Manchmal ist es auch die Frau, die in die Bruderschaft kommt, und dann ist der Mann am Schimpfen. Aber wieso bin ich schuld daran?... Doch in solchen Fällen wird gar nicht danach gefragt, ob man schuldig ist oder nicht, man wird einfach gehasst, ohne dass jemand weiß warum. Also, was soll ich da machen? Soll ich gegen diese Leute etwas sagen? Soll ich sie ausrotten? Nein, ich muss ihnen nur viel Licht zusenden.

Man muss wissen, dass sich die beiden Prinzipien Licht und Finsternis immerzu in der Welt manifestieren und dass sie einander ständig bekämpfen. Wenn ihr also der Finsternis angehört, wird euch das Licht angreifen, und gehört ihr dem Licht an, greift euch die Finsternis an. Darauf muss man sich gefasst machen. Aber das ist kein Grund, untätig zu werden und nichts Gutes mehr zu tun. Trotz Unverständnis und Neid muss man weitermachen und einzig mit den Mitteln des Lichtes kämpfen. Denn, das sage ich euch noch einmal, wenn man mit dem gleichen Hass und der gleichen Grausamkeit zurückschlägt, nimmt man es in Kauf, in eine niedere Region hinabzusteigen, wo diese feindseligen Kräfte einander zerreißen, zerstören und zerfleischen, und dabei wird man natürlich schwach, hässlich und düster. Bei dem Versuch euren Feind zu besiegen, verliert ihr eure Kraft, eure Schönheit und euer Licht. Und ihr verliert auch eure Freunde, weil sie finden, dass ihr nicht mehr so angenehm und charmant seid wie vorher, und so ziehen sie sich zurück. Ihr seht also, wohin euch das führt. Eine solche Haltung kommt euch teuer zu stehen. Aber erklärt das nur einmal den Menschen! Sie sind so unwissend, dass sie es vorziehen, sich mit ihren alten Methoden gegenseitig zu vernichten. Ich zeige euch hier eine Methode, die um so viel besser ist, dass ihr immer siegreich triumphieren werdet, wenn ihr mich versteht. Denn dabei geht ihr mit höheren, noch unbekannten Kräften und Energien um. Feinde sind eine Versuchung, in die man von der unsichtbaren Welt geführt wird, denn man hat Lust, ihnen zu antworten, um zu zeigen, dass man stärker ist als sie. Das ist also eine Versuchung, doch es kann auch ein Segen sein, denn sie sind dazu da, damit sie euch zum Üben zwingen. Und anstatt der Trägheit zu verfallen und euch auf euren Lorbeeren auszuruhen, übt ihr euch. Ja, Tag und Nacht... denkt an das Kälbchen.

Aber natürlich sind sehr viel Liebe und Güte nötig, um zu dieser Bewusstseinsstufe zu gelangen. Und weil es die Menschen noch nicht geschafft haben, diese Tugenden zu entwickeln, sind sie ständig auf Rache aus, finden das gerecht und meinen, sie seien im Recht. Schaut nur, was man überall in der Welt sieht: Auge um Auge, Zahn um Zahn. Meint nur nicht, es sei Jesus, der nun regiert! Nein, es ist Moses, überall ist es Moses. Selbstverständlich hat man die Freiheit, zu tun, was man will und seine Feinde so zu besiegen, wie man sich das denkt. Doch wird man früher oder später erkennen, dass man sie nicht wirklich besiegt hat. Selbst wenn ihr sie umbringt, ist es damit nicht vorbei. Von neuem werdet ihr mit ihnen zu tun bekommen, denn das ist das Gesetz des Karma. Ihr bringt euren Feind um, dann bringt er euch um, und das geht ständig so weiter, bis einer von beiden fähig sein wird, sich größer und großmütiger zu erweisen und zu vergeben. Dann ist es endlich vorbei, die Kette ist unterbrochen. Doch glaubt ihr etwa, dass man mich verstehen wird, wenn ich das eines Tages der ganzen Welt enthülle? Es wird dann heißen: »Oh, der Ärmste, was der nur erzählt!« Denn alle sind so gefangen in ihrer Leidenschaft und ihren Instinkten, die sie Patriotismus nennen. Sie denken nicht nach, sie kennen nichts anderes als ihre instinktive Seite, und das bringt keine Lösung.

Natürlich ist es viel schwieriger, sich darin zu üben, an sich selbst zu arbeiten, als sich zu rächen. Man muss sich anstrengen, und es dauert seine Zeit; hingegen ein Gewehr zu nehmen und jemanden umzubringen, das ist schnell geschehen. Und die meisten Menschen entscheiden sich immer wieder für die leichten und schnellen Lösungen. Die Eingeweihten hingegen entscheiden sich für das Schwierige und Langwierige. Darin liegt der Unterschied.

Jetzt ist der Augenblick gekommen, den Menschen neue Vorstellungen zu bringen, damit sie aus der Hölle, in die sie sich hineinmanövriert haben, wieder herausfinden. Man hat natürlich die Freiheit, dort zu verbleiben, wenn einem das lieber ist. Doch alle, die da herauskommen wollen, können neue Methoden erlernen. Glaubt mir, es wird euch niemals gelingen, einen Feind durch Demütigungen, Schläge oder Gewaltanwendung zu besiegen. Immer wird er aufsässig bleiben, bereit zuzubeißen und auf den Moment der Rache warten. Durch die Methoden der Liebe und des Lichtes hingegen besiegt ihr ihn endgültig, und er wird sogar bereit sein, euch zu Diensten zu stehen. Das erfordert viel Arbeit und Anstrengung. Aber man muss die Anstrengung lieben, man darf nicht den leichten Weg einschlagen, denn was leicht ist, bringt einem nichts und erweist sich letztendlich als das Schwierigste.

Le Bonfin, den 4. April 1975

Anmerkungen

1. Siehe Band 9 der Reihe Gesamtwerke »Im Anfang war das Wort«, Kapitel 9: »Vater, vergib ihnen, denn sie wissen nicht, was sie tun« und Band 12 der Reihe Gesamtwerke »Die Gesetze der kosmischen Moral«, Kapitel 20: »Wenn dich jemand auf die rechte Backe schlägt…«.
2. Siehe Band 231 der Reihe Izvor »Saaten des Glücks«, Kapitel 18: »Von der Nützlichkeit der Feinde«.

XXVIII

LASST EURE LIEBE NIEMALS ERKALTEN

Freier Vortrag

Heute Morgen habe ich euch versprochen, liebe Brüder und Schwestern, euch ein großes Geheimnis zu enthüllen. Und Geheimnisse liebt ihr ja, nicht wahr? Doch nachher könnt ihr nichts damit anfangen. Die kleinen Geheimnisse, nun, damit wisst ihr schon etwas anzufangen, aber die großen?...

In Wirklichkeit kennt ihr bereits das Geheimnis, das ich euch heute enthüllen will, jedoch noch nicht die höheren Aspekte. Ihr kennt es, doch ihr habt es noch nicht verstanden, und darum kommt ihr nicht zu großen Ergebnissen. Selbst wenn ich es euch heute noch einmal darlege, weiß ich nicht, was ihr damit anfangen werdet. Das will nicht heißen, dass ich skeptisch oder pessimistisch geworden bin, aber nach meinen Beobachtungen und Erfahrungen muss ich feststellen, dass die Menschen, was man ihnen auch geben mag, immer nur für sehr kurze Zeit zufrieden, glücklich und befriedigt sind. Bald darauf sind sie von neuem unbefriedigt, unzufrieden und traurig. Habt ihr das auch schon festgestellt? Was habt ihr doch schon alles bekommen, besessen und gekostet!... Doch nichts ist von Dauer, weder die Freude, die Zufriedenheit noch das Erfülltsein. Wieder und wieder fängt man an zu suchen und zu graben. Gestern zum Beispiel wart ihr voller Glück, innerer Weite und in Ekstase. Und euren Worten nach war das endgültig. Doch heute beim Erwachen hat euer Bewusstsein wieder seine gewöhnlichen Dimensionen angenommen, so wie ein Fluss nach einem Hochwasser. Er wollte die ganze Welt überfluten, aber nun nimmt er wieder seinen normalen Lauf, ist beruhigt, besänftigt und still. Dieses »Über die Ufer treten« hat nicht lange gedauert.

Es ist also das ewig gleiche Problem, wie könnt ihr dauerhaftes Glück finden, das unveränderlich ist, das nur von euch selbst abhängt, das ihr fest an der Hand und in eurer Seele habt und das euch nicht mehr entschlüpft! Manche suchen dafür Talismane, Gegenstände, die ihren Zustand oder ihre Lage beeinflussen, ohne dass sie sich selbst weiter bemühen müssten. Das ist im Übrigen der Grund, warum man Apparate und Maschinen erfunden hat. Doch leider lassen selbst die wirksamsten Talismane nach einiger Zeit in ihrer Wirkung nach. Es gibt keine Talismane, Steine oder Pentakel, die ewig wirksam sind. Damit etwas ewigen Bestand hat, muss es unter dem Einfluss des Geistes stehen, denn allein der Geist ist ewig; alles andere wandelt und ändert sich.[1] Macht euch also keine Illusionen. Nichts ist dauerhaft, weder eure Gesundheit, euer Reichtum noch eure Liebe. Viele Männer und Frauen schwören sich, sich ewig zu lieben, und schon einige Tage darauf fangen sie an, sich zu schlagen, sich scheiden zu lassen und sich gegenseitig umzubringen. Das ist so wie mit den beiden Freunden, die sich begegnen, der eine sagt zum anderen: »Hallo, alter Freund, ich habe dich ja schon lange nicht mehr gesehen, was treibst du so?« Darauf antwortet der: »Ich fange an, mich scheiden zu lassen. – Was soll denn das heißen? – Nun ja, ich habe geheiratet!« Die Heirat war für ihn der Beginn der Scheidung. Er war klug, denn er sah den Verlauf der Ereignisse bereits voraus.

Nun, und was sucht ihr jetzt? Selbst die Geheimnisse, die euch enthüllt wurden, wisst ihr nicht zu schätzen, weil sie eurer Meinung nach unwirksam waren. Und wenn ich euch nun sage, dass das Geheimnis, über das ich heute zu euch sprechen möchte, Liebe heißt... Nicht wahr, das macht keinerlei Eindruck auf euch, ihr seid sogar enttäuscht, genau wie ich vorhergesagt habe. Ihr denkt nun: »Das soll das Geheimnis sein!« Ja, es gibt kein größeres Geheimnis. Aber ihr habt schon so oft im Fernsehen, im Radio, im Theater oder in Romanen sagen hören: »Liebe, wenn du uns gefangen hältst...«, dass dieses Wort »Liebe« keinerlei Bedeutung mehr für euch hat. Und doch ist die Liebe die größte Kraft, aber sie hat viele Abstufungen.

Die Liebe kann man nicht definieren oder erklären, zu viel ist darin enthalten. Sie ist gleichermaßen eine Kraft, ein Prinzip, ein Gefühl, eine Antriebsfeder, eine Intelligenz und ein Bewusstseinszustand. Alles ist in der Liebe enthalten. Doch damit sie wirksam wird, muss man sie richtig verstehen und sie benutzen wie ein Instrument oder wie eine magische Kraft und immer wieder darauf zurückgreifen. Wenn zum Beispiel nichts mehr geht, wenn ihr mutlos, traurig und enttäuscht seid, wenn es euch an allem fehlt, wenn die ganze Welt gegen euch zu sein scheint, wenn ihr im Inneren ein solches Durcheinander und eine solche Finsternis spürt, dass ihr nicht mehr ein noch aus wisst, dann kann euch nur noch die Liebe helfen. Was euch auch immer passieren mag, die einzige Lösung besteht darin, weiter zu lieben, die ganze Schöpfung, die gesamte Menschheit zu lieben. Die größte Philosophie, das größte Licht und die größte Weisheit sind in diesen Worten verborgen, weiterhin zu lieben.

Überall im Leben kann man zwei konträre Strömungen beobachten, die aufeinanderstoßen: Positiv und Negativ, Gut und Böse, Licht und Finsternis, Liebe und Hass usw. Ich will heute nicht versuchen, dieses Problem vom philosophischen Standpunkt aus anzugehen, um euch zu zeigen, dass die Existenz dieser beiden gegensätzlichen Pole nur scheinbar besteht und dass es ein Prinzip der Einheit gibt, das beide eint, da sie lediglich Erscheinungsformen ein und derselben Wesenheit sind.[2]

Hier will ich nur einen mehr praxisbezogenen Aspekt dieses Problems anschneiden, nämlich dass die Menschen im Allgemeinen dazu neigen, der negativen Seite weitaus mehr Aufmerksamkeit zu widmen als der positiven. Diese Neigung ist sehr schädlich für sie, denn je mehr sie die negative Seite betrachten, umso weniger sehen sie die andere. Darum können sie sich nicht weiterentwickeln. Wenn man sich ausschließlich mit der negativen Seite der menschlichen Natur befasst, verändert man mit der Zeit derart seinen Charakter, dass es einem nicht mehr möglich ist, zu lieben und verständnisvoll, großmütig und nachsichtig zu sein. Dummheit, Grausamkeit und Bosheit existieren natürlich. Und selbst wenn sie in der Welt nicht mehr existieren würden, gäbe es sie zumindest noch in der Hölle.

Und nun schaut euch einmal die Folgen dieser Gewohnheit an, ständig zu kritisieren und immer nur die schlechte Seite der Menschen und Dinge zu sehen. Ich will euch nur ein kleines Beispiel dazu geben. Ich stelle jemandem eine Frage: »Was zeige ich Ihnen hier?« Er antwortet: »Ein halbleeres Glas.« Auf dieselbe Frage antwortet ein anderer: »Ein halbvolles Glas.« Der eine sieht also die Leere und der andere die Fülle. Die Art der Antwort legt bereits die Zukunft für diese beiden Kategorien von Menschen fest. Schaut man auf die Leere, wird alles leer, das heißt, man sieht überall nur die Fehler und Mängel. In Bezug auf den Menschen kann man der Ansicht sein, er sei ein halbleeres, aber ebenso gut ein halbvolles Glas, und das ist weitaus besser. Und warum? Weil die Leere auf euch einwirkt, sie macht euch leer. Die Fülle hingegen erfüllt euch. In der Fülle lässt sich Material finden, mit dem man sein ganzes Leben lang arbeiten und Erkenntnisse sammeln kann. Darum ist es nötig, andere Gewohnheiten anzunehmen und auch die Kinder in diesem Sinne zu erziehen. Natürlich muss man ihnen auch die Mängel aufzeigen, damit sie darauf reagieren können. Doch darf man sich nicht ausschließlich damit befassen und darüber alles Gute vergessen!

Es ist unglaublich, wie die Menschen sind! Den ganzen Tag lang denken sie an nichts anderes als daran, sich mit Negativem vollzustopfen. Sie haben noch nicht einmal bemerkt, dass sie sich dadurch erniedrigen. Ständig schauen sie auf die Fehler der anderen, angeblich, um sie zu korrigieren, sie zu bessern. Aber ich sage ihnen: »Nein, das ist nicht die richtige Methode! Wenn ihr die anderen bessern wollt, dann fangt bei euch selbst an, denn durch euer Beispiel könnt ihr den anderen zeigen, dass sie im Irrtum sind und nichts verstanden haben. Ja, durch euer Beispiel und durch eure Vollkommenheit! Denn dadurch, dass man an sich selbst arbeitet, arbeitet man auch an den anderen. Sie bemerken, dass ihr außergewöhnlich seid und sie übertrefft, und das bessert sie, denn sie bekommen Lust, es euch nachzumachen. Sich hingegen immer nur mit dem Abfall, mit den Lastern der anderen zu befassen, das ist jämmerlich. Dann

Lasst eure Liebe niemals erkalten

seid ihr zu bedauern, denn so bleibt ihr düster und unsympathisch wie jene, mit denen ihr euch beschäftigt. Bessert ihr euch also zuerst einmal und lasst die anderen in Ruhe.

Schaut nur einmal meine Situation an. Wollte ich mich ständig mit den Schwächen der Brüder und Schwestern in der Bruderschaft befassen, wäre ich seit langem an Vergiftung gestorben. Deshalb kümmere ich mich nicht darum, das ist ihre Angelegenheit. Ich beschäftige mich damit, selbst vollkommener zu werden, und dadurch kommt es auch zu einer kleinen Besserung in der Gemeinschaft. Man muss lernen, sich nicht um die anderen zu kümmern, sie jedoch zu akzeptieren und zu tolerieren und Tag und Nacht mit Geduld unablässig zu arbeiten, bis es einem gelingt zu zeigen, dass es etwas Großartiges dabei zu gewinnen gibt. Wenn sie das noch nicht wissen, könnt ihr es ihnen auch mit Worten nicht beibringen.«

Wenn ihr mutlos und enttäuscht seid, wenn ihr keinerlei Stütze, Güte oder Großmut mehr seht, dann ruft eure Liebe zu Hilfe. Konzentriert euch auf diesen Reichtum, diese Fülle und diese Pracht, die in der Welt existieren, und die ebenso wahr sind. Dann kommt die Liebe und bringt euch all diese Elemente, und ihr findet wieder Freude am Leben. Mit einem Schlag seid ihr stark, lichtvoll, schön und ausdrucksvoll. Das Gedächtnis, die Kräfte, die Jugend kehren zu euch zurück, denn das ist die Liebe: die Fülle.

Doch die Menschen, die so klug und gelehrt sind, haben nicht erkannt, dass sie die Liebe herbeirufen können, wenn sie in negative Zustände geraten sind, damit diese sie aus dieser Lage befreit und sie auf einen neuen Weg bringt. Sie besorgen sich alle nur erdenklichen Medikamente, mit denen sie sich vergiften; nur an die Liebe denken sie nicht. Würden sie daran denken, die Liebe herbeizurufen, würde sich alles augenblicklich ändern. Ihr könnt lieben, ihr könnt hassen, das hängt allein von euch ab. Die Liebe ist da, sobald ihr es nur wollt. Die einzige Sache, die von eurer Entscheidung abhängt, ist zu lieben oder nicht zu lieben.

Um Wissen zu erlangen, muss man sehr lange lernen. Um Fähigkeiten zu erlangen, muss man sehr lange üben. Zu lieben jedoch, das kann euch sogleich gelingen. Wie oft habe ich das schon erlebt! Man hat mir die übelsten Dinge vorgesetzt, und ich hatte allen Grund, die ganze Welt zu hassen. Aber ich sagte mir: »Nein, warte, wenn du die Liebe aufgibst, dann wird es mit dir selbst vorbei sein!« Und ich habe mich fest daran geklammert, ich habe die Liebe beibehalten. Mögen die Menschen auch böse, verlogen oder undankbar sein oder euch verfolgen, das ist ganz normal, sie sind nun einmal so. Doch solltet ihr deswegen in Finsternis versinken? Die Menschen sind so wie sie sind, daran könnt ihr nichts ändern. Euer Problem ist es, ganz einfach weiterhin zu lieben. Und diese Liebe schenkt euch dann Wissen, Fähigkeiten und Ehre, sie führt euch bis zur Vollkommenheit, bis zur Göttlichkeit. Ist das etwa nichts? Ihr seht, die Menschen denken nicht gut nach. Beim geringsten Ärger geben sie die Liebe auf.

Das, was ich euch heute darlege, ist das größte Geheimnis. Wenn ihr die Schwierigkeiten und Hindernisse überwinden und sogar das ewige Leben erlangen wollt, müsst ihr fortfahren zu lieben, und nicht nur diesen oder jenen Menschen, sondern die ganze Menschheit, die gesamte Schöpfung, das ganze Universum. Benutzt diese Liebe als einen Schutz, denn sie ist das einzige Mittel, um nicht unterzugehen. Und kümmert euch nicht darum, ob die Menschheit eure Liebe verdient oder nicht. Wenn ihr einmal alles aufgeben wollt, dann sagt euch: »Nein, ich halte durch, denn sonst bin ich es, der dabei zugrunde geht. Die Menschheit und die ganze Welt wird weiterbestehen. Ich kann die boshaften Menschen nicht einfach verschwinden lassen. Und selbst wenn ich es könnte, würden andere nachkommen. Insekten, Mücken, Wespen und Schlangen verbreiten sich immer wieder. Ich bin dumm, wenn ich so denke. Darum rufe ich die Liebe: »Komm her zu mir, meine geliebte, einzigartige Liebe, du unfehlbares Gegengift, du Allheilmittel!« Und die Liebe kommt, sie strömt in euch ein und bringt alles wieder in Ordnung. Dort, wo alles andere untergeht, hält nur noch die Liebe stand. Das ist die Lösung, und wenn man das noch nicht begriffen hat, dann nur, weil es zu einfach ist.

Nun werdet ihr sagen, dass jeder Mensch liebt. Ja, gewiss, doch ist das eine Art von Liebe, die zumeist nur Betrübnis bringt. Zwar hat auch diese Liebe ihre gute Seite, doch ist sie ganz und gar nicht endgültig und absolut. Hingegen mit der unpersönlichen Liebe für alles, was Gott geschaffen hat, tretet ihr in Kontakt mit dem Ozean des Lebens, in dem ihr Kraft, Gesundheit, Licht und Freude schöpft. Und so werdet ihr widerstandsfähiger, klarer und besser. Und schließlich erkennt ihr, dass diese Liebe ganz einfach bedeutet, die am besten passende Haltung dem Leben, das heißt Gott, der Natur und den Menschen gegenüber zu finden. Solange ihr diese Haltung nicht gefunden habt, werdet ihr ohne Freude und Inspiration sein, und schon an eurem Blick und an eurem Gesichtsausdruck wird man sehen, dass ihr einen äußerst trostlosen Weg eingeschlagen habt.

Aber natürlich bin ich einverstanden damit, wenn gesagt wird, dass man im Leben große Risiken eingeht, wollte man die Augen vor der schlechten Seite der Menschen verschließen.[3] Jeder ist bestens beraten, wenn er denkt, dass er auf der Hut sein muss. Doch nehme ich hier einen anderen Standpunkt ein, nämlich den Standpunkt des Spirituellen und des Magischen, ein Thema, mit dem man sich nicht gerade eingehend befasst. Was mich interessiert und einer näheren Betrachtung wert ist, ist die Frage, was im tiefsten Inneren eines Menschen vor sich geht, der die Gewohnheit hat, immer nur die schlechte Seite zu sehen. Welche Gesetze sind hier wirksam, welche Kräfte werden dabei geweckt und in Gang gesetzt! Wer nur die Fehler der anderen sehen will, um nachher damit hausieren zu gehen, und wer dabei noch Gefallen daran findet, sie in all ihrer Hässlichkeit darzustellen, löst in sich die gleichen negativen Erscheinungen aus. Er läuft Gefahr, all diejenigen, die er kritisiert hat, eines schönen Tages an Schwächen zu übertreffen, und gleichzeitig lädt er ihnen gegenüber Schuld auf sich. Denn wenn er die anderen durch seine Gedanken, Gefühle, Worte oder Schriften beschmutzt, verletzt er das Gesetz der Liebe.

Selbst wenn die Menschen gefallen sind, müsst ihr ihnen helfen, sich wieder aufzurichten. Ihr dürft ihnen durch euer Verhalten nicht hinderlich sein, sich zu läutern, wieder aufzustehen und sich weiterzuentwickeln. Auch wenn diese Menschen nicht hellsichtig sind, spüren sie im Übrigen die schlechten Ströme, die ihr ihnen zusendet, und sie werden Abstand zu euch nehmen oder euch verabscheuen. Nehmt ihr hingegen die Gewohnheit an, an ihre gute Seite zu denken, diese zu spüren und auch aufzuzeigen, stärkt ihr diese bei ihnen und erweckt diese Eigenschaften in euch selbst. Auf diese Weise erlangt ihr all das, was ihr an den anderen bewundert, früher oder später auch selbst. Das ist ein magisches Gesetz. Wenn ihr jemanden verdächtigt, verspürt er einen kalten Strom und ist auf der Hut. Vielleicht weiß er gar nicht, wo dieser Strom herkommt, aber instinktiv bringt er sich in Sicherheit, er geht euch aus dem Weg, und ihr verliert seine Freundschaft. Wenn ihr jemanden anziehen wollt, sodass er euch liebt, dann sagt immer Gutes über ihn. Er weiß auch dann nicht, warum er es fühlt, aber er wird zu euch hingezogen sein, ihr seid voller Charme für ihn. Wie viel Unwissenheit herrscht diesen Wahrheiten gegenüber! Wie viele Menschen schaden sich gegenseitig durch die schlechten Gedanken, die sie füreinander hegen!

Meine lieben Brüder und Schwestern, ihr müsst lernen zu erkennen, was ihr durch eure Haltung verliert oder gewinnt. Die Eingeweihten sind Menschen, die immerhin einige Berechnungen anstellen. Sie mögen nichts verlieren, sie wollen etwas gewinnen. Das, was sie gewinnen, das sind allerdings die Segnungen Gottes, die sie nachher an die ganze Menschheit weitergeben. Sie behalten nichts für sich selbst. Das größte Geheimnis besteht also darin, positiv zu sein, um so gegen das Negative anzukämpfen, natürlich ohne dabei die Augen zu verschließen, um es nur nicht mehr zu sehen. Doch darf man sich nicht ständig damit befassen und so sein Leben zerstören, weil die Leute boshaft sind.

Was ihr sonst auch tun mögt, ihr werdet nicht glücklich sein, weil Glück nicht allein durch Wissen, durch Tätigkeiten oder durch Reichtum kommt. Das Glück ist mit der Liebe verbunden, und allein die Liebe macht glücklich, das müsst ihr wissen. Nur wenn man liebt, ist man wahrhaft glücklich. Manche mögen nun sagen, dass sie im Gegenteil sehr unglücklich sind, seitdem sie lieben. Auch das mag

Lasst eure Liebe niemals erkalten

wahr sein, doch welcher Natur ist diese Liebe? Tatsächlich bringt allein die Liebe Glück und Leben. Selbst wenn ihr sonst keinerlei Grund habt, glücklich zu sein, seid ihr einfach glücklich, weil die Liebe da ist, allerdings die selbstlose Liebe, denn diese bindet euch nicht; ihr seid frei, vollkommen frei!

Die anderen Arten der Liebe sind immer mit Verpflichtungen, Versprechen und Unterschriften verbunden, und letztendlich entsteht immer eine Abhängigkeit. Doch ihr könnt nicht lange glücklich sein, wenn ihr nicht frei seid. Wenn ihr jedoch die ganze Menschheit und die gesamte Schöpfung liebt ohne etwas zu erwarten, dann seid ihr frei und dabei gleichzeitig von etwas erfüllt, das euch glücklich macht. Dann wird alles andere leicht, ihr macht alles viel besser, weil die wahre Liebe da ist. Die andere Art der Liebe verpflichtet euch und bringt euch durcheinander. Ihr wollt zum Beispiel etwas lesen, und es gelingt euch nicht, das Gelesene zu verstehen, weil die andere Liebe euch zu sehr in Anspruch nimmt, da sie vielerlei Gedanken in euch aufkommen lässt. Sie kann euch also nicht in jeder Situation helfen. Allein die selbstlose, göttliche Liebe kann euch bei allem, was ihr macht, helfen. Ständig ist sie da, um euch zu unterstützen, ihr seht Ergebnisse und Fortschritte, und ihr fühlt euch reich. Alle anderen Arten der Liebe binden euch, halten euch gefangen und hindern euch daran, das zu tun, was ihr tun wollt. Denn das sind Kräfte und Mächte, die euch bedrängen, ja »vergewaltigen«, die euch ihren Willen aufdrängen, bis ihr schließlich nachgebt. Und ihr gebt ihnen nicht nur nach, sondern ihr verliert dabei all eure Energien, ihr seid am Boden und ausgelaugt.

Die wahre Liebe macht euch niemals müde, im Gegenteil, ständig nährt, stärkt und stützt sie euch. Sie ist unerschöpflich, denn sie ist die Unendlichkeit und die Unermesslichkeit, sie ist die unerschöpfliche Quelle, an die ihr euch anschließt. Ihr schöpft diese Liebe an ihrer Quelle. Die anderen Arten der Liebe hingegen befinden sich viel weiter unten und weiter von der Quelle entfernt, sozusagen in Flaschen oder Dosen abgefüllt. Dass sich die Menschen aber auf so kleine, schwache und begrenzte Dinge verlassen, zeigt, dass sie nicht sehr klug sind. Sie stützen sich nie auf das Unermessliche, Göttliche und Unerschöpfliche.

Nun werdet ihr sagen: »Was ist denn nur in ihn gefahren, dass er so zu uns spricht? Und er merkt das nicht einmal!« Oh, meint ihr wohl, mir sei nicht klar, wie unsinnig es erscheinen mag, sich derartig mit diesem Thema zu befassen, wo doch die ganze Welt seit Jahrtausenden treu und beständig immer nur in eine Richtung marschiert? Aber ich weiß auch, dass es große Eingeweihte gab und immer noch gibt, die in die Geheimnisse der lebendigen Natur eingedrungen sind, wodurch sie andere Aspekte der Liebe entdeckt haben. Sie haben erkannt, dass der Schöpfer den Menschen entsprechend ihrer Entwicklungsstufe große Möglichkeiten gegeben hat, die Liebe zu manifestieren. Doch haben diejenigen, die in diese großen Mysterien eingedrungen sind, sie für sich behalten. Sie haben ihr Wissen nur an Schüler weitergegeben, die bereit waren, so weit zu gehen. Alle anderen hingegen folgten treu den Traditionen ihrer Vorfahren. Ich weiß, dass die meisten mich nicht verstehen werden und dass sie noch lange in der gewöhnlichsten Art und Weise ihrer Liebe Ausdruck geben werden. Aber selbst wenn ich nicht erwarte, dass man mich versteht und mir folgt, so bemühe ich mich doch darum, in der Hoffnung, dass in der Zukunft manche nach anderen Gesetzen leben und lieben wollen.

Der Herr hat die Geschöpfe so geschaffen, dass sie sich gegenseitig lieben, weil diese Liebe notwendig und nützlich ist, aber sie ist nicht absolut. Daher brecht die Bande zu eurem oder eurer Liebsten nicht ab, macht euch aber auch keine Illusionen. Bildet euch nicht ein, darin alles zu finden und dass ihr nun die Verbindung zum Herrn abbrechen könnt, um euch ausschließlich auf diese erbärmliche kleine Liebe zu konzentrieren. Warum solltet ihr sie nicht durch ein neues Verständnis, durch die Verbindung, die ihr zu Gott herstellt, ins Licht stellen, sie bereichern und erweitern? Denn erst dann kann eure Liebe wirklich schön, lichtvoll und sinnvoll werden. Gebt euch keinen Täuschungen hin, ohne diese neuen Vorstellungen und Elemente wird eure Liebe früher oder später in Zerstörung, Gewissensbissen und Bedauern enden. Ich erwarte nicht von euch, dass ihr auf eure Liebe zu einem Mann oder zu einer Frau verzichtet. Ich wäre ja höchst unwissend, dumm und versponnen, wenn ich das täte. Jede Sache hat ihren Wert und ihren Platz, aber selbst wenn ich diesen Wert anerkenne, kann ich mich nicht damit zufrieden geben. Darum sage ich euch: »Behaltet, was ihr habt, doch fügt dem das neue Verständnis der höheren, unermesslichen, kosmischen, allmächtigen Liebe hinzu. So werdet ihr andere Freuden und ein anderes Glück erleben, andere Hoffnungen, Horizonte, Türen und Welten werden sich vor euch auftun, und ihr werdet begeistert sein.«

Wenn es heißt, dass Gott Liebe ist, dann ist eben von dieser Liebe die Rede, von der Liebe, die die Welten erschafft. Unsere menschliche Liebe ist davon nur ein schwacher Abglanz in der niederen Welt, wodurch sich zwar die Beziehungen und Gesetze erklären lassen, die in der höheren Welt wirksam sind, doch sie ist nicht alles. Darum sagt euch von nun an, was euch auch widerfahren mag: »Ich liebe immer weiter, ich lasse die Quelle nicht versiegen.« Wenn ihr verwirrt, enttäuscht oder verärgert seid, dann betrachtet eure Augen, eure Augenlider, euren Mund, die Farbe eurer Haut, und dann ruft die Liebe herbei, ruft sie mit all eurer Seelenkraft! Wenn ihr euch dann nach einigen Minuten wieder betrachtet, werdet ihr eine Veränderung feststellen. Ihr seid ausdrucksvoll geworden, es strömt etwas aus euch hervor, etwas Sanftes, Zärtliches, Feines... und das wird euch Mut machen, denn ihr könnt für das Ästhetische nicht verschlossen bleiben. Wenn ihr einmal einen Spiegel nehmt um zu sehen, wie sehr euch die negativen Zustände hässlich erscheinen lassen, dann bin ich sicher, dass ihr sie meiden werdet, weil ihr euch so grässlich findet. Dagegen werdet ihr eifrig bemüht sein, Zustände großer Erhabenheit zu erleben, damit auch diese sich auf eurem Gesicht widerspiegeln. Doch die Leute erforschen sich nicht, sie schauen sich auch nicht an. Sicher, das gilt nicht unbedingt für die Frauen!

Einige Leute, die zu mir zu Besuch gekommen sind, haben gesehen, dass es in meinem Häuschen viele Spiegel gibt, und anscheinend bin ich daraufhin in ihrer Achtung gesunken. Ihrer Meinung nach hat der Teufel den Spiegel erfunden und ihn gerade den Frauen gegeben, um sie ins Verderben zu ziehen. Aber ich bin ja keine Frau und laufe also nicht Gefahr, dadurch ins Verderben zu geraten. Ganz im Gegenteil, wenn ich mich im Spiegel betrachte, gewinne ich dabei und entwickle mich weiter. Nun werdet ihr sagen, dass man im Innern andere Spiegel haben kann. Oh, gewiss, und ich empfehle euch weitaus mehr diese Art von Spiegel. Aber ist man es wirklich gewohnt, in den inneren Spiegel zu schauen? Wenn man sich nicht einmal mit Hilfe der materiellen Spiegel erforscht, wie will man das dann mit dem inneren Spiegel tun? Den althergebrachten Moralregeln zufolge ist es nicht schicklich, sich oft in einem Spiegel zu betrachten. Aber wie kommt es wohl, dass ich manche versteckte Zustände bei anderen erraten kann? Das kommt daher, dass ich zuerst an mir selbst erforscht habe, wie sich diese Zustände zeigen. Solange ihr euch nicht selbst erforscht, werdet ihr nichts an den Gesichtszügen anderer ablesen können, und jeder kann euch täuschen. Die Gesichter werden euch nichts verraten, weil ihr euch nie selbst betrachtet und erforscht habt. Ihr seht, bevor ihr mich kritisiert, weil ich mich anscheinend manchen althergebrachten Moralregeln nicht unterordne, ist es besser, mich erst einmal um eine Erklärung zu bitten. Denn es kann sein, dass ihr durch diese Erklärungen etwas lernt und dabei feststellt, dass ich mich nur einiger Vorstellungen entledigt habe, die nichts an neuem Leben mit sich bringen, die der Intelligenz kein neues Licht bringen, das Bewusstsein nicht erweitern und den Willen nicht befreien. Und die Wahrheiten, die ich gefunden habe, stimmen mit der höheren Moral überein.

Immer habe ich mehr das angestrebt, was voll ist, als das, was leer ist. Denn das, was voll ist, bringt immer etwas mit sich. Ihr könnt euch auch mit der Leere befassen, unter der Voraussetzung jedoch, diese als Fülle anzusehen. Denn dann werdet ihr zu großen Erkenntnissen kommen und feststellen, dass sie aus einer feineren, ätherischeren

Substanz besteht als die Fülle. Um zu erfassen, was die Leere eigentlich ist, muss man sehr hoch aufsteigen, bis man erkennt, dass die Leere eine Fülle ist. Diese Erfahrung der Leere wird im Osten gelehrt, wo die Leere nicht als etwas Negatives, Schädliches oder Gefährliches angesehen wird, sondern als etwas Reiches, Höheres. Selbst das Böse kann euch die größten Schätze bringen, nur muss man natürlich sehr vorsichtig vorgehen, wenn man sich damit befasst. Dazu muss man sehr viel Klarheit und Reinheit besitzen. Nur die großen Eingeweihten, die Hierophanten, die die höchste Entwicklungsstufe erreichten, konnten bis in die Hölle hinabsteigen und deren Schätze nutzen, da sie dafür gut gerüstet waren. Ihr habt ja schon gesehen, wie Feuerwehrmänner, Höhlenforscher, Minenarbeiter oder Taucher ausgerüstet sind, oder auch diejenigen, die Wespennester entfernen oder die mit Giftgasen umgehen. In gleicher Weise kann man dem Bösen entgegentreten, unter der Bedingung, dass man stark und gerüstet ist.

Doch kommen wir auf die höhere Liebe zurück, von der ich zuvor gesprochen habe. Ruft sie mit all eurer Kraft des Herzens, der Seele und des Geistes herbei, und sie wird zu euch sagen: »Was auch immer geschehen mag, ob die Menschen es verdienen oder nicht, hört nicht auf zu lieben!« Oft spüre ich, dass manche von euch zu sich selbst sagen: »Soll das wirklich ein Meister sein? Er sieht ja gar nicht, in welch einem Zustand ich mich befinde, was ich gerade hinter mir habe und in was für einem Sumpf ich stecke! Wie er mich empfängt und wie er mir zulächelt! Nein, er ist bestimmt nicht hellsichtig, denn er bleibt immer gleich, nett und freundlich.« Ich lese diese Gedanken an ihrem Gesicht ab. Nun, aber wenn ich aufhören wollte, die Menschen zu lieben, weil sie nicht vollkommen sind oder weil sie es nicht verdienen, dann bin ich es, mit dem es abwärts geht. Sie sollen also wissen, dass ich dies nicht aus Liebe zu ihnen tue, sondern aus Liebe zu mir selbst. Allein mein Vorwärtskommen und meine Zukunft zählen für mich. Weil ich ihnen zulächle und sie liebevoll empfange, trotz der Dummheiten, die sie hier und dort begehen, glauben sie, dass ich nichts spüre und nichts sehe. Und ich sage zu ihnen: »Aber lasst mich doch in Ruhe, ich weiß, was ich tue. Das ist nicht unbedingt für euch, dass ich so bin. Ich mache das für mich, weil ich mich so besser fühle. Und wenn ihr auf Grund meiner Haltung etwas dabei gewinnt, dann ist das umso besser für euch!« Und damit ist das Problem für mich gelöst. Wenn die anderen mich nun nicht verstehen wollen und darauf beharren, ihre alte Philosophie beizubehalten, dann sage ich nicht: »Das ist mir egal!«, denn ich bin wohlerzogen und höflich, aber ich mache einfach weiter, denn auf diese Weise sammle ich Schätze, die ich nachher wieder verteilen kann.

Wenn ihr es so machen wollt wie ich, umso besser für euch, da auch ihr dabei gewinnen werdet. Denn das Reich Gottes besteht darin zu lieben. Ich habe so viele Leute getroffen, die nur Fähigkeiten oder nur Wissen anstrebten. Sie dachten gar nicht an die Liebe, die sie als völlig unnütz und unbrauchbar ansahen. Doch ich habe die drei gegeneinander abgewogen: das Wissen, das Können und die Liebe. Gewiss sage ich nicht, man soll das Wissen und das Können vernachlässigen, doch muss man die Liebe an die erste Stelle setzen, weil die Liebe das Zentrum, das Herz von allem ist, aber auch weil sie allein von unserem Willen abhängt. Jeder kann lieben, selbst ein Ungebildeter oder ein Kind. Um Wissen zu erlangen, braucht man jedoch ein Gehirn, das entsprechend vorbereitet und strukturiert ist. Und um Fähigkeiten zu erlangen, ist auch viel Willenskraft, Zähigkeit und Beständigkeit nötig. All diese Eigenschaften sind nicht jedem gegeben, doch jeder ist fähig zu lieben, das ist doch die einfachste und natürlichste Sache. Und im Übrigen steht die Liebe in Verbindung mit den anderen beiden Fertigkeiten, denn sie bringt Können und Wissen. Wenn ihr völlig am Boden zerstört und verzweifelt seid, dann ruft die Liebe, und mit einem Mal richtet ihr euch wieder auf und sagt: »Es wird gehen, ich schaffe es!« Und schon sind die Fähigkeiten wieder da, vielleicht nicht, um Tote zu erwecken, aber doch um euch zuerst einmal selbst wieder auf die Beine zu bringen. Dann könnt ihr später auch die anderen zu neuem Leben erwecken. Die Liebe verhilft euch auch zu einem besseren Verständnis, denn ein Teil der Wärme und des Feuers dieser Liebe verwandelt sich in Licht und ermöglicht es euch, klarer zu sehen.

Lasst eure Liebe niemals erkalten

Durch die Liebe könnt ihr also Können und Wissen erlangen. Doch wenn ihr die Liebe vernachlässigt und euch nur um die zwei anderen Fertigkeiten kümmert, dann werden diese, falls ihr sie erlangt, sehr gefährlich sein. Wissen ohne Liebe wird euch verächtlich, arrogant und hochmütig werden lassen. Und durch die Fähigkeiten ohne Liebe werdet ihr hart, grausam und unerbittlich. Wozu sind sie also gut, wenn ihr dadurch zu einem Ungeheuer werdet? Wozu dient euch das Wissen, wenn ihr kalt und unnahbar werdet? Durch die Liebe hingegen wird euer Wissen die Menschen aufklären, und ihr werdet eure Fähigkeiten dazu einsetzen, die Menschen zu heilen, sie zu retten und zu neuem Leben zu erwecken. Die Liebe ist fähig, überallhin Versöhnung und Harmonie zu bringen, und darum arbeite ich mit ihr. Stellt euch einmal vor, ich hätte weder Wissen noch Fähigkeiten, so habe ich mit der Liebe immer noch Glaube und Hoffnung. Und mit Glaube und Hoffnung kann man weiterleben, ohne Wissen und Kräfte zu besitzen.

Izgrèv, den 25. Dezember 1967

Anmerkungen

1. Siehe Band 226 der Reihe Izvor »Das Buch der göttlichen Magie«, Kapitel 5: »Die Talismane«.
2. Siehe Band 210 der Reihe Izvor »Die Antwort auf das Böse«, Kapitel 2: »Das Gute und das Böse – Zwei Kräfte, die das Rad des Lebens drehen« und Kapitel 3: »Jenseits von Gut und Böse«.
3. Siehe Band 239 der Reihe Izvor »Die Liebe ist größer als der Glaube«, Kapitel 10: »Worauf das wahre Vertrauen gründet«.

XXIX

AUF DEM WEG
ZUR GROSSEN FAMILIE

Teil 1

Freier Vortrag

Lesung des Tagesgedankens:

»Mit Nationen, Ländern und Völkern verhält es sich ebenso wie mit jedem Menschen und jedem Ding, das entsteht, heranwächst, dann altert und schließlich seinen Platz anderen überlassen muss. Alle folgen der gleichen Entwicklungslinie, sie geben, was sie zu geben haben, und danach vergehen sie wieder. Man hat den Eindruck, dass sie sich ausruhen, um eines Tages wieder zu erwachen und von neuem Kostbarkeiten hervorzubringen. Dies konnte man bei allen Kulturen erleben, ja, sogar die Religionen sind diesem Schicksal unterworfen. Jede erlebt eine Zeit des Aufschwungs, erreicht dann eine Zeit der Größe und der Verbreitung, eine Blütezeit. Doch dann erstarren sie und verlieren die Schlüssel zum Leben. Schaut nur auf die Mysterien des Altertums, selbst die Tempel des alten Ägypten, die die Schlüssel zur Erkenntnis und zur Macht besaßen, was ist von ihnen übrig geblieben? Was ist aus all den Hierophanten geworden? All das Wissen, wo ist es hingekommen? Alle mussten sich dem unwandelbaren Gesetz des Lebens unterwerfen. Jedes Ding und jedes Wesen, das entsteht, muss einmal sterben und seinen Platz anderen überlassen. Allein das, was keinen Anfang hat, hat auch kein Ende.

Doch wenn ich so spreche, dann spreche ich lediglich von der Form. Die Form ist nicht von Dauer und muss ihren Platz einer anderen Form überlassen. Das Prinzip jedoch, der Geist, ist ewig; und er ist es, der sich immer wieder in neuen Formen inkarniert.«

Erinnert ihr euch, meine lieben Brüder und Schwestern, über dieses Thema habe ich bereits zu euch gesprochen. Ich habe euch erklärt, dass Gott der Form keinen ewigen Bestand gegeben hat. Die Form ist vergänglich, kurzlebig und kann der Macht der Zeit nicht standhalten. Allein das Prinzip, der Geist, der der göttlichen Welt angehört, ist unzerstörbar und ewig. Die Menschen, denen diese Wahrheit nicht bekannt ist, versuchen immer wieder, der Form ewigen Bestand zu geben. Das sieht man zum Beispiel bei den Religionen, die sich jahrhundertelang an bestimmte Riten und Glaubensregeln klammern, ohne sich darüber klar zu werden, dass Dogmen und Riten Formen sind, die nicht von Dauer sein können. Das Leben ist wie ein sprudelnder Quell, der ständig neuer Formen bedarf, um sich auszudrücken. Das Leben selbst zerstört die Formen, weil es neue Organe und neue Gefäße braucht, um neue Schätze, ein neues Licht und neue Herrlichkeit zu offenbaren. Und so müssen die Formen nach einiger Zeit vergehen, um neue Nuancen und feinere Erscheinungsformen zuzulassen.[1]

Schaut euch den Menschen an; wenn er jung ist, ist die Materie seines Körpers sehr geschmeidig, formbar und lebendig. Und in dieser Materie kann sich der Geist immer mehr über den Willen, das Herz und den Intellekt ausdrücken. Aber es kommt immer der Augenblick, wo die Form härter wird und erstarrt, und der Geist, der nicht mehr die Möglichkeit hat, sich durch diese alte, verbrauchte Form zu zeigen, muss sie verlassen, um in einer anderen, neuen Form wiederzukommen. Man muss die Natur beobachten, um daraus für alle Bereiche gültige Schlüsse zu ziehen. Die Kirche zum Beispiel, die seit zweitausend Jahren hartnäckig dieselben Formen beibehält, befindet sich im Irrtum. Man muss die Form immer wieder verbessern und verfeinern, damit sie immer mehr und immer besser die neuen Strömungen, die vom Himmel kommen, ausdrücken kann. Denn der Himmel hat die

Dinge nicht für die Ewigkeit festgelegt. Schaut, was unter den Menschen alles an Neuem erscheint. Warum sollte sich die Form diesen neuen Bedürfnissen und Tendenzen nicht anpassen? Die Wassermannära, die nun kommt, wird all die Formen und Werte, von denen die Menschen glaubten, sie seien für die Ewigkeit aufgestellt, umstoßen und zerbrechen. Das, was die Menschen denken, entspricht nicht dem, was die kosmische Intelligenz denkt. Sie hat andere Pläne. Darum wird nun der Geist durch die Strömung des Wassermanns alles umstoßen, um ihnen zu zeigen, dass sie den Geist nicht dadurch begrenzen dürfen, dass sie ihn ständig in denselben Formen einmauern.

Wenn man die Geschichte der Menschheit studiert, sieht man, dass alle Kulturen mit ihren Glaubenslehren, Weltanschauungen und politischen Regimen gezwungen waren, sich zu wandeln. Das will nicht heißen, dass der gegenwärtige Stand der Dinge einen großen Entwicklungsfortschritt bedeutet. In gewisser Hinsicht schon, doch in anderer Hinsicht nicht. Im wissenschaftlichen, technischen und industriellen Bereich kann man wohl einen Fortschritt feststellen, aber im Bereich der Moral werden eher Rückschritte gemacht. Doch ich kann euch versichern, dass in einigen Jahren alle jetzt gültigen Werte erschüttert werden, und ich wünsche euch, dass ihr dann noch da seid um Augenzeuge davon zu sein.

Jetzt möchte ich euch noch eine Idee darlegen, die, das weiß ich bereits, keinerlei Platz in eurem Verständnis, in euren Herzen und in euren Seelen finden wird. Das tut mir jetzt schon Leid, aber ich spreche darüber, um wenigstens den Boden vorzubereiten.

Gestern habe ich einige Worte über den Begriff der Familie zu euch gesagt, und ihr habt daraus geschlossen, dass die Institution der Familie für mich keinerlei Wert habe und dass man all das ins Wanken bringen müsse. Nein, das meine ich nicht, aber ich habe euch nicht alles erklärt, und ich sehe nun, dass dann, wenn ich nicht alles genau erkläre, allerlei Missverständnisse auftreten. Seit Jahrtausenden wird die Familie als wesentlicher Grundstein für die Gesellschaft angesehen. Das ist heute jedoch nicht mehr ganz so, da die Familie immer mehr auseinander fällt. Und das ist nicht meine Schuld, denn bevor ich auch nur irgendetwas dazu gesagt habe, haben bereits andere das Zerstörungswerk begonnen. Trotz alledem bleibt die familiäre Zelle von großer Bedeutung, denn jeder arbeitet für seine Familie, verteidigt seine Familie usw. Das ist gut so, meinetwegen, doch da ich die Dinge etwas tiefer gehend betrachte, gebe ich euch noch einige Erläuterungen.

Die Familie ist von der Natur selbst geschaffen worden. Die kosmische Intelligenz hatte vorausgesehen, dass diese Form des Zusammenlebens für die Geschöpfe eine gute Sache war, da sie sich so gegenseitig halfen, unterstützten, schützten und miteinander arbeiteten. Das war so etwas wie eine Festung, etwas Beständiges und Solides. Eine Familie konnte sogar einer anderen den Krieg erklären, denn in der Vergangenheit lebten die Familienmitglieder, die weitaus zahlreicher waren als heute, zusammen und bildeten ganze Stämme. Dieses Gefühl der Verbundenheit, das Bedürfnis zusammen zu sein, um einander zu helfen und sich zu schützen, ist den Familienmitgliedern also von der Natur mitgegeben worden. Das kann man sogar bei den Tieren beobachten. Doch den Plänen der Natur zufolge sollte dies nicht ewig so weitergehen. Die Form, innerhalb derer die Familie erschaffen wurde, muss sich erweitern, sich veredeln und lichtvoller werden. Darum muss man nun langsam erkennen, dass die Familie, so wie man sie heute versteht, das Kommen der Universellen Weißen Bruderschaft in der Welt verhindert. Sie ist es, die das Entstehen der großen Familie verhindert, da sie zu sehr auf allzu kleine Dinge ausgerichtet ist, auf kleine Verlockungen, Gewinne und persönliche Interessen.

Die Familie ist also der Ausgangspunkt für alle Entgleisungen und für alle egoistischen Unternehmungen. Und nun ist der Augenblick für die Menschen gekommen, ihre Auffassung zu erweitern und zu verstehen, dass sich alle Familien in der großen Familie vereinen müssen, denn sonst wird es weiterhin nur die kleinen Sippen geben, die miteinander in Fehde liegen. Unfrieden und Anarchie bestehen aufgrund dieser Geisteshaltung der Menschen, für die es nichts

Größeres und Umfassenderes gibt, als ihre kleine Familie und ihr elender, kleiner Eigennutz. Und sie denken, das sei wunderbar und großartig und alle Welt müsse das noch fördern. Seht nur, wie die Kinder erzogen werden, sie lernen nur wie man erfolgreich werden, sich durchschlagen und die anderen ausstechen kann! Das sind keine göttlichen Ideen, die ihnen da beigebracht werden, sondern rein egoistische und selbstsüchtige Ziele. Gelegentlich lehrt man sie, dass sie untereinander ein wenig Liebe, Großmut und Nachsicht zeigen sollten. Doch selbst das sieht man nicht allzu häufig zwischen ihnen, sie zerfleischen sich sogar.

Eine Familie ist eine Zelle, das ist klar. Doch wie funktionieren die Zellen im menschlichen Organismus? Alle arbeiten gemeinsam für das Wohl des gesamten Organismus. Die Familien hingegen sind voneinander getrennt mit unterschiedlichen Vorstellungen, Plänen und Absichten, wodurch ständig Unfrieden und sogar Krieg hervorgerufen wird. Man muss nun in seinem Verständnis weitergehen und alle Familien müssen sich in der großen universellen Familie zusammenfinden. Das bedeutet nun nicht, dass sie sich als Einzelfamilien auflösen müssen, nein, sie sollen nur vereint auf ein gemeinsames Ziel hinarbeiten. So wie alle Zellen miteinander verbunden sind und gemeinsam für die große Zelle, den Menschen und seine Gesundheit arbeiten, so werden alle Familien dafür arbeiten, damit der gesamte Organismus der Menschheit gesund ist.

Als ich gestern sagte, dass die spirituelle Seite an erster Stelle stehen soll, da war genau das damit gemeint, die große Familie, die Universelle Weiße Bruderschaft. Und die kleine Familie steht dahinter, an zweiter Stelle. Solange die kleine Familie den ersten Platz einnimmt, kann nichts in Ordnung kommen. Darum muss diese irrige überholte Einstellung eines Tages durch eine neue ersetzt werden. Die Familie wird also nicht verschwinden, sondern sich erweitern; sie wird in die große Familie einmünden, und das wird das Reich Gottes und Seine Gerechtigkeit sein, das Goldene Zeitalter. Und wisst ihr, wo ich das gelernt habe? Dort, wo ich herkomme. Die Bewohner von Agartha

Auf dem Weg zur großen Familie

haben diese große Familie verwirklicht. Ganz Agartha ist eine Familie. Dort gibt es nicht zwei, drei oder vier Länder, die ständig miteinander im Krieg liegen und sich gegenseitig zerstören, wie hier auf der Erde. Ja ja, die Menschen haben die Weisheit gefunden!...

Die kosmische Intelligenz hat den Menschen auch dazu erschaffen, dass man ihn erforscht und die an seiner Funktionsweise beobachteten Gesetze in andere Bereiche überträgt. Wenn der Organismus gut funktioniert und gesund ist, so zeigt dies, dass die Zellen ihre Selbstlosigkeit beweisen; sie arbeiten nicht nur für sich selbst, der Magen verdaut nicht für sich selbst, das Herz schlägt nicht für sich selbst, die Lungen atmen nicht für sich selbst, und ebenso die Beine, die Augen, die Ohren, das Gehirn, sondern für das Ganze, für das Wohl des gesamten Körpers, für den ganzen Menschen. Bei den Menschen hingegen heißt es: Jeder ist sich selbst der Nächste. Alle sind voller Egoismus und Grausamkeit! Darum ist die Menschheit ein kranker, ein sterbenskranker Organismus. Eine gute Funktion des Organismus hängt davon ab, ob das Gesetz der Opferbereitschaft und Selbstlosigkeit geachtet wird. Wenn in einem Organ eine Erscheinung von Egozentrik auftritt in Form von aufsässigen Zellen, die einen Staat im Staate bilden wollen, dann wird es krank. Solche Zellen sind wie ein Tumor, wie ein Krebsgeschwür, das den Organismus zerfrisst, weil sie nicht dem Gesetz der Liebe gehorchen. Sie wollen für sich selbst leben.

Auf diese Weise spricht die kosmische Intelligenz zu uns durch den Menschen selbst und gibt uns Erklärungen und Auskünfte. Doch man sammelt seine Kenntnisse lieber in den Büchern von wurmstichigen, kranken Leuten, als ob diese Leute die Wahrheit besäßen. Und dort, wo die Natur alles hineingeschrieben hat, wo wir eine lebendige Bibliothek vor uns haben, im Menschen nämlich, der von Gott erschaffen wurde, darin liest und lernt niemand.

Damit der Mensch gesund, stark, schön und leistungsfähig ist, müssen die Zellen nach dem Gesetz der Liebe und der Opferbereitschaft arbeiten.[2] Warum will man nun nicht begreifen, dass dies großartige Gesetze sind, auf deren Grundlage man auch die Menschheit aufbauen muss? Denn dann wird es euch besser gehen! Anstatt euch mit allen möglichen Medikamenten zu vergiften, nehmt das Prinzip der Liebe, der Selbstlosigkeit, der Opferbereitschaft und der Redlichkeit in euch auf, und euer Organismus wird in Ordnung kommen, ohne dass ihr irgendetwas einnehmt. Aber das sind natürlich Verordnungen, die die Ärzte den Kranken niemals geben. Sie verschreiben diese Spritze, jene Ampulle, dieses Gurgelwasser und jenes Zäpfchen, und nicht das Gesetz der Liebe, des Verzichts und der Opferbereitschaft. Und doch ist das die wahre Medizin. Man muss sein Leben auf diese Gesetze gründen, denn dann fangen alle Zellen an, in Harmonie zu arbeiten, und ihr erlangt so Gesundheit, Kraft, Freude, Glück und Frieden. Andernfalls könnt ihr euch alle Apotheken einverleiben, ihr werdet nur immer kränker, da ihr nichts Lebendiges, Göttliches in euch aufgenommen habt. Ihr habt euch zu sehr auf äußere Heilmittel verlassen, die keinerlei Leben in sich haben. Darum sage ich euch, dass das Leben alles bewirkt, das Leben heilt und reinigt alles.

Man muss das Leben in sich aufnehmen, denn das Leben bringt alles in uns in die rechte Ordnung. Die meisten Menschen haben vergessen, welche Kraft das Leben besitzt. Sie glauben nur noch an die Kraft der Medikamente, die tot sind und das Leben am Strömen hindern. Nehmt das Leben in euch auf, lasst es durch euch hindurchströmen, und dann wird dieses Leben eure Wunden heilen, das Blut reinigen usw. Nehmt nicht viele Medikamente ein, sondern sorgt nur dafür, dass die Intensität des Lebens in euch zunimmt. Aber man ist so unwissend, dass man gar nicht weiß, wie man das Leben zum Strömen bringen kann. Man glaubt nicht einmal daran, dass das Leben alles bewirken kann, man glaubt nur an den Tod. Aber ich sage dazu: »Gebt einmal all die Medikamente einem Leichnam, wird er deswegen aufstehen, herumgehen und sprechen? Nein, denn die Medikamente wirken nicht, wenn man tot ist, sondern nur, wenn man lebendig ist.« Darum muss man Leben geben, damit alles funktioniert.

Doch kommen wir auf die Familie zurück. Ich bin nicht gegen die Familie, ich bewundere die Familie. Auch ich habe eine Familie, sie ist notwendig, nur darf man nicht alles für sie opfern, denn sie ist

Auf dem Weg zur großen Familie

nicht alles. Die Familie ist dazu da, ihren Mitgliedern zu helfen, sich in die große, universelle Familie einzugliedern. Das müsst ihr lernen; ihr müsst die Bedeutung der großen Familie erkennen und wissen, dass die Mitglieder jeder Familie für diese große Familie arbeiten müssen. Bisher hat die Familie ihren Auftrag verfehlt, und darum fällt sie nun mehr und mehr auseinander. Wie viele Familien gibt es noch, wo man in Harmonie zusammenlebt? Der Begriff der Familie muss jetzt so erweitert werden, dass er die ganze Erde umspannt, dass die ganze Menschheit zu einer Familie wird. Das soll nicht heißen, dass ihr euch nicht um eure Familie kümmern und sie nicht mehr ernähren, nicht mehr für Wohnung, Haushaltsgeld und Erziehung sorgen sollt, doch mit diesem erweiterten Bewusstsein macht ihr das besser als zuvor. Ihr erklärt ihr, dass alle Probleme dadurch gelöst werden, dass diese universelle Familie ins Leben gerufen wird. Bisher ist es noch keiner Familie gelungen, Unglück, Krieg und Elend zu verhindern; und das wird so weitergehen. Wenn sich die Familien jedoch zu einer großen Familie zusammenfinden, wird Schluss damit sein; es wird dann keinen Krieg und kein Elend mehr geben.

Eine Lösung, eine wirkliche Lösung muss man in der großen Familie suchen. Solange ihr euch auf die kleine Familie beschränkt, könnt ihr niemals etwas zum Wohle der ganzen Welt beitragen. Das, was ihr dann tut, ist nur für euch allein. Es ist sogar fraglich, ob ihr so wirklich etwas für euer eigenes Wohlergehen tut. Wenn ihr euch nur um euch selbst kümmert, dann weiß Gott allein, ob ihr etwas für euer eigenes Wohlergehen tut. Arbeitet ihr hingegen dafür, dass alle Familien sich in der großen Familie zusammenschließen, dann arbeitet ihr nicht nur für die ganze Welt, sondern auch für euch selbst. Denn wenn diese Idee Wirklichkeit wird, wird sie der ganzen Welt Segnungen bringen, die auch euch selbst zugute kommen. Andernfalls werdet ihr niemals etwas Gutes für irgend jemanden tun, nicht einmal für eure Kinder, denn mit eurer Art, sie zu lieben, vermittelt ihr ihnen zu egoistische und persönliche Vorstellungen. Eines Tages wird euch dann ihr Geist den Vorwurf machen, dass ihr ihnen keine göttlichen Ideen mitgegeben und dadurch ihre Entwicklung verzögert habt. Also Vorsicht, denn das ist von großer Tragweite! Alle bilden sich großartig ein, ihre Pflicht zu erfüllen, Gutes zu tun und überhaupt ein wunderbar guter Mensch zu sein. Doch in Wirklichkeit ist es gar nicht so sicher, dass sie viel Gutes tun. Wenn man ihr Verhalten vom himmlischen Standpunkt aus beurteilt, dann tun sie gar nichts Gutes, denn sie begnügen sich damit, ihre Familienmitglieder in Engstirnigkeit, Egoismus und Dunkelheit zu halten.

Nur mit diesen neuen Vorstellungen könnt ihr eurer Familie Gutes tun, und all die Familienmitglieder, denen ihr so ein neues Licht und die ihr dem Herrn näher gebracht habt, werden euch in den folgenden Inkarnationen aufsuchen, um euch dafür zu belohnen. Denn glaubt nicht, dass ihr immer mit den Mitgliedern eurer Familie zusammen sein werdet. Dies ist nur für eine Inkarnation der Fall, und weiß Gott, wo sie dann sein werden! Das hängt von vielen Faktoren ab. Eine Familie für ein Leben zu haben, das lohnt sich nicht. Es lohnt sich aber, eine Familie für die Ewigkeit zu haben. Und ich arbeite darauf hin, eine Familie für die Ewigkeit zu haben, und ich werde sie haben! Eure Familie nur für euch selbst zu behalten, das gefällt euch, doch so werdet ihr sie verlieren. Alle werden euch verlassen und sich nie wieder bei euch inkarnieren, weil sie eine zu schlechte Erinnerung daran zurückbehalten werden. Mit meiner Art und Weise zu arbeiten, werde ich euch hingegen auch noch in späteren Inkarnationen um mich haben. Auf Grund all dessen, was ich euch gebe, werdet ihr mich selbst auf anderen Planeten aufsuchen, um mir zu danken. Denn das, was ich bemüht bin, euch zu geben, ist weitaus mehr als das, was euch eure Familie geben kann.

Ihr seid noch nicht überzeugt? Nun gut, ich will euch noch ein Argument geben, und ihr werdet sehen, dass Jesus die gleiche Meinung zum Thema Familie hatte. Eines Tages, so heißt es im Evangelium, als Jesus wieder einmal zur Menge sprach, wollten seine Mutter und seine Brüder, die draußen vor dem Hause standen, ihn sprechen. Jemand teilte ihm dies mit, doch Jesus antwortete ihm darauf: »Wer ist meine Mutter und wer sind meine Brüder?« Dann streckte er seine Hand zu seinen Jüngern aus und sagte: »Diese sind meine Mutter und meine Brüder. Denn wer immer den Willen meines Vaters im Himmel tut, ist mein Bruder, meine Schwester und meine Mutter.« Ihr seht also, für Jesus bestand die Familie aus den Kindern Gottes, den Söhnen und Töchtern Gottes, die eine gigantische Familie auf der Erde, sogar bis hin auf die anderen Planeten bilden. Das ist es also, was Jesus unter dem Begriff Familie verstand, und darum bin auch ich für die große Familie.[3]

Also, kommt mir nicht mehr mit der kleinen Familie! Wisst ihr übrigens, warum man so großen Wert auf die eigene Familie legt? Jetzt werdet ihr sagen: »Nun, aus Liebe, aus Anhänglichkeit.« Nein, man denkt dabei nur an sich selbst, um ein wenig für das Alter vorzusorgen, um sich von Menschen umgeben und geliebt zu fühlen, weil man sehr egoistisch ist! Schaut dagegen die Tiere an. Sobald das Junge selbst zurechtkommen kann, wird es von der Mutter fortgejagt. Die Tiere sind selbstloser als die Menschen, die nur daran denken, die Kinder unter dem Vorwand zu vereinnahmen, dass sie sie lieben. Aber das hat nichts mit Liebe zu tun, denn sie denken nur an sich selbst. Diese Anhänglichkeit ist nichts anderes als Egoismus, denn sie beruht auf Angst. Natürlich ist die Mutter voller Bewunderung für ihr Kind, weil sie denkt, es wird ein Genie, eine Gottheit. In Wirklichkeit mag es wohl eher ein Taugenichts werden, aber na ja... Auf jeden Fall sind die Tiere in diesem Bereich den Menschen voraus. Die Tiermutter beschützt das Junge, solange es schwach ist und sie braucht. Doch dann lässt sie es sich alleine zurechtfinden. Aber bei den Menschen ist das kaum zu glauben! Der Sohn ist sechzig Jahre alt, er ist womöglich Präfekt oder Minister, und seine Mutter sagt noch zu ihm: »Zieh dich warm an, mein Kleiner, zieh dich warm an!« Immer noch sorgt sie sich darum, dass er sich nicht erkältet, dass er ordentlich isst usw. Was ist das nur für ein Mutterinstinkt! Da fragt man sich, ob das eine Tugend oder eine Schwäche ist. Ihr mögt nun sagen, das sei doch viel Liebe und Anhänglichkeit. Also, wenn ihr wollt, dass ich das einmal analysiere... Doch lassen wir das für ein anderes Mal.

Erforscht euch nun in dem Licht dieser Erklärungen und versucht zu erkennen, wie ihr eure Familie betrachtet, welche Gefühle, Beweggründe und Ziele ihr diesbezüglich habt. Das, was es mir übrigens ermöglicht, diese Dinge so zu sehen, das ist ein Standpunkt, den mir der Himmel gegeben hat. All mein Reichtum befindet sich in einem Punkt, ja, in einem Punkt, der weder eine Dimension noch ein Gewicht hat, einen Punkt, genau das habe ich immer gesucht. Mein ganzes Leben lang habe ich dafür gearbeitet, einen Punkt zu erreichen. Niemand weiß, wo sich dieser Punkt befindet, doch er wird mir alles bringen, den Himmel und die Erde. Es ist der höchste Punkt, von dem aus ich alles sehen und überblicken kann.[4]

Ich will euch ein Beispiel dazu geben. Da ist ein Professor mit drei Doktortiteln, und der arbeitet in seinem Labor im Erdgeschoss. Unterdessen ist sein zwölfjähriger Sohn auf einen Turm oder einen Baum geklettert. Er ist noch ganz klein, er hat kein Diplom, doch von dort oben kann er sehr weit sehen, und er ruft. »Papa, ich sehe Onkel und Tante kommen.« – »So, und was siehst du noch?« – »Ich sehe, dass der Onkel eine Tasche trägt...« Und so kommt es, dass der Vater dem Kind Fragen stellt, denn er sieht nichts, weil er sich zu weit unten befindet. Das Kind hingegen, das hoch oben sitzt, gibt ihm Auskunft. Und wer ist dieses Kind? Das bin ich. Ich bin wie ein zwölfjähriges Kind, doch hat man mich auf einen sehr hohen Aussichtspunkt gesetzt, von wo aus ich viele Dinge sehe. Und so kann ich all den Professoren und Wissenschaftlern Auskünfte geben, die viele Überlegungen und Berechnungen anstellen, dabei aber nichts sehen. Denn ich, der Zwölfjährige, ohne Befähigungen und Diplome, ohne Stellung in dieser Welt, ich habe eine sehr gute Position, um weit zu schauen. Ihr seht, es lohnt sich also, sich darum zu bemühen, diesen Standpunkt zu erreichen. Und dieser Standpunkt zeigt mir, was die Familie ist. Warum wurde das bisher nicht erkannt? Es gibt doch Denker, Psychologen und Soziologen. Doch noch nie haben sie erkannt, dass die Familie nichts ist ohne die andere, die große Familie. Noch nie haben sie an diese universelle Dimension der Familie gedacht. Immer nur wurde der begrenzte, individuelle, persönliche Aspekt gesehen.

Die nun kommende Konstellation des Wassermanns wird die Menschheit zwingen, die universelle Dimension in ihr Denken einzubeziehen.[5] Denn der Wassermann bringt den Begriff des Universellen mit sich. All die fantastischen Entdeckungen, die von der Wissenschaft in letzter Zeit gemacht wurden, sind vom Wassermann inspiriert. Und das wird noch so weitergehen. Doch danach wird man auf die wahren Entdeckungen stoßen, auf die inneren Entdeckungen. Man wird entdecken, dass der Mensch unsterblich ist, dass seine Liebe alles bewirken kann und dass das Licht der einzige Schatz ist, den es zu erwerben lohnt. Merkt euch also gut: Die Liebe kann alles bewirken, das Licht macht alles offenbar, und anstatt euch immer nur auf äußere Mittel, auf Apparate und Maschinen zu verlassen, entwickelt mit Hilfe des Willens die inneren Kräfte.

Le Bonfin, den 19. September 1975

Anmerkungen

1. Siehe Band 26 der Reihe Gesamtwerke »Der Wassermann und das Goldene Zeitalter«, Kapitel 1: »Die Prinzipien und die Formen«.
2. Siehe Band 5 der Reihe Gesamtwerke »Die Kräfte des Lebens«, Kapitel 9: »Das Opfer« und Band 17 der Reihe Gesamtwerke »Erkenne Dich selbst – Jnani-Yoga«, Kapitel 5: »Das Opfer«.
3. Siehe Band 240 der Reihe Gesamtwerke »Söhne und Töchter Gottes«, Kapitel 13: »Ein Sohn Gottes ist allen Menschen ein Bruder«.
4. Siehe Band 235 der Reihe Izvor »Im Geist und in der Wahrheit«, Kapitel 1: »Das Gerüst des Universums« und Kapitel 3: »Die Verbindung mit dem Zentrum« und Kapitel 4: »Die Eroberung des Gipfels«.
5. Siehe Band 25 der Reihe Gesamtwerke »Der Wassermann und das Goldene Zeitalter«, Kapitel 1: »Das Wassermann-Zeitalter«.

Teil 2

Freier Vortrag

Da die Menschen nicht in der Einweihungswissenschaft unterrichtet sind, wissen sie nicht, dass alles, was sie denken, fühlen, begehren und wünschen, in die unsichtbare Welt einströmt und dort gute oder schlechte Kräfte und Energien auslöst. Und doch genügt die Kenntnis dieser Wahrheit dafür, dass jeder Mensch verstehen kann, dass er seinem Leben eine neue Ausrichtung geben muss. Denn das innere Leben, das Leben der Gedanken ist für die Gestaltung der Zukunft, der persönlichen und der der ganzen Menschheit, von wesentlicher Bedeutung. Das Allererste, was ein Schüler daher in einer Einweihungsschule lernt, ist, seine Gedanken, Gefühle und Wünsche zu überwachen, zu erkennen, welche Richtung sie nehmen und welches Ziel sie anstreben, damit er sich mit den segensreichen Kräften der Natur verbinden und so auf seine eigene Entwicklung und auf die der ganzen Welt hinarbeiten kann.

Doch bis dahin bleibt jeder in seiner Ecke, wo er alle nur erdenklichen chaotischen Kräfte auslöst. Wenn er dann schließlich dadurch leidet, krank oder durcheinander wird, ist er der Letzte, der auf den Gedanken kommt, dass er selbst an seinem Unglück gearbeitet hat. Auf der Erde befinden sich vier Milliarden solch unwissender Menschen, die jeden Tag unaufhörlich und unbewusst destruktive Kräfte in Gang setzen. Und wenn man versucht, sie darüber aufzuklären, dann schauen sie einen nur mit großen Augen an und denken: »Von welchem Stern ist der denn nur heruntergefallen? Gedanken und Gefühle kann man nicht sehen und nicht anfassen, wie sollten sie Ereignisse auslösen?« Solange die Menschen so unwissend sind, wird sich die Situation nie ändern.

Um sich eines Tages Harmonie, Frieden und die Herrlichkeit des neuen Lebens wünschen zu können, müssen die Menschen leiden. Solange sie nicht unter Druck geraten und gepeinigt werden, begreifen sie nicht und entschließen sich auch nicht, für das Reich Gottes zu arbeiten. Die zwei Weltkriege haben noch nicht genügt, um ihnen als Lehre zu dienen, denn der dritte Weltkrieg bahnt sich bereits an. Doch dieses Mal glaube ich, werden alle begreifen und sich das Goldene Zeitalter wünschen. Zur Zeit sind es nur hier und da eine Hand voll Menschen. Das ist sehr wenig, und niemand hört auf sie, man hört ihnen noch nicht einmal zu. Die ganze Welt muss endlich darum bitten, es sich wünschen, ja, das Goldene Zeitalter fordern! Allerdings kann es ohne einen Wandel der Geisteshaltung nicht kommen. Seit Jahren zeige ich euch, worin dieser Wandel bestehen muss. Hunderte von Dingen muss man an sich überprüfen und verbessern. Wenn die Menschen jedoch stur immer weiter in dieselbe Richtung marschieren, dann sind sie selbst schuld! Mir wird man nicht vorwerfen können, ich hätte meine Pflicht nicht getan und ihnen nicht den rechten Weg aufgezeigt.

Als ich neulich den Vortrag über die Familie gehalten habe, waren einige Brüder und Schwestern völlig am Boden zerstört, so sehr widersprach das ihren Überzeugungen, Gewohnheiten und Traditionen. Aber dafür kann ich nichts. Ich muss die Wahrheit offen legen und das Bewusstsein erweitern. Und wie viele Dinge sind noch klarzustellen, zu berichtigen und zurechtzurücken! Seit Tausenden von Jahren haben sich so viele irrige Vorstellungen angehäuft, die dem Glück der Menschen im Wege stehen. Schaut doch nur, alle kümmern sich lediglich darum, ihre eigenen Schäfchen ins Trockene zu bringen, um ihren Lebensunterhalt zu sichern, zu essen, sich zu kleiden, Geld zu verdienen, zu heiraten, Kinder zu haben... Sie denken nur an sich selbst. Von Zeit zu Zeit wird auch einmal etwas für die Gesellschaft getan, doch im Allgemeinen dreht sich alles nur um sie selbst. Und so bessert sich die Lage für die Menschheit nicht, weil man nicht an die Gemeinschaft, sondern immer nur an sich selbst denkt. Man wähnt sich in Sicherheit, wenn nur die eigenen Geschäfte gut geregelt sind, doch das ist ein Irrtum.

Wir leben in einer Gemeinschaft, und wenn innerhalb dieser Gemeinschaft Revolutionen, Aufstände oder Kriege ausbrechen, kann unser individuelles Gut nicht in Sicherheit sein. Also, selbst wenn wir die eigenen Geschäfte gut geregelt haben, sind sie in Wirklichkeit doch niemals wirklich geregelt, da aufgrund der Gemeinschaft immer wieder Widrigkeiten auftreten und alles kaputtmachen können. Über dem Kopf eines jeden Menschen hängt ständig ein Damoklesschwert. Die Geschichte liefert uns ein gutes Zeugnis davon. Es hat Leute gegeben, die waren so mächtig und so reich, dass es schien, als könne nichts sie erschüttern. Doch dann traten Unruhen innerhalb der Gemeinschaft auf, wobei sie schließlich alles verloren, sogar ihr Leben. Verbessert man jedoch das gemeinschaftliche Leben, gewinnt jeder Einzelne dadurch an Sicherheit, weil dieses gemeinschaftliche Leben, das alles bestimmt, dem Einzelnen Sicherheit und Wohlstand verschafft. Nur auf diese Weise kann jeder Einzelne ein sorgloses Leben führen. Nur hat man das noch nicht begriffen. Und so hat man sich auch noch nicht dazu entschlossen, für die Gemeinschaft zu arbeiten. Nun werdet ihr sagen: »Doch, doch, alle politischen Parteien arbeiten für die Gemeinschaft.« Nun ja, das ist eine sehr begrenzte Gemeinschaft. Ein Land ist wie ein Individuum. Allein kann es keine Sicherheit schaffen, denn andere können darüber herfallen. Das ist also noch keine ideale Denkweise.

Die einzige Lösung besteht darin, für die weltweite Gemeinschaft zu arbeiten. Und daher müssen die Führungskräfte aller Länder begreifen, dass es notwendig ist, eine Weltregierung zu bilden. Alle Länder müssen sich zu einem Land zusammenschließen, und die ganze Erde muss zu einer Familie werden. Nun werdet ihr sagen: »Das ist unmöglich, aus diesem oder jenem Grund ist es nicht machbar...« Ich weiß bereits, was ihr alles sagen werdet. Für den Augenblick habt

Auf dem Weg zur großen Familie 535

ihr natürlich Recht, aber ich arbeite für die Zukunft. In der Zukunft wird diese Vereinigung stattfinden, da die Ereignisse die Menschen zu diesen Vorstellungen hinführen werden. Unglück, Elend und Krieg wird die Leute dazu bringen, ihren Standpunkt zu ändern. Da durch die Bücher und die Vorträge bereits Vorarbeit geleistet wird, wird eine Grundlage da sein, die von denjenigen aufgegriffen und verstärkt werden kann, die dann die Autorität und die Mittel besitzen. Daher müssen wir in dieser Richtung weiterarbeiten. Nur eine Gemeinschaft, die nach den besten Prinzipien gestaltet ist, kann die Zukunft und das Fortbestehen der Individuen sicherstellen. Um so weit zu kommen, muss jeder Einzelne seine begrenzte, egozentrische Sichtweise gegen eine erweiterte, allumfassendere Sichtweise austauschen. Und dabei wird er nichts verlieren, sondern im Gegenteil etwas gewinnen.

Es ist nun an der Zeit, diese neue Lebensanschauung, die der Wassermann in die Welt bringt, zu akzeptieren und sie dadurch wachsen zu lassen, dass wir ihr einen immer größeren Platz in unserem Denken, unserem Herzen, unserer Seele und unserem Geist einräumen. Die Gedanken und Gefühle aller aufgeklärten Menschen bilden eine Lichtkraft, die ausstrahlt und auf die Gehirne aller Menschen einwirkt. So wird eines Tages die ganze Welt unter diesem Einfluss stehen und von diesem neuen Licht entzündet sein. Darum habe ich euch auch immer wieder gesagt, dass die Entwicklung der Menschheit beträchtlich behindert wird, wenn man nicht an die Kraft der Gedanken glaubt. Wir aber, die wir wissen, wie wirksam die Gedanken, die Meditation, das schöpferische Wort und das Gebet sein können und welch wohltuende Auswirkungen sie auf die Menschheit haben können, wir nehmen teil an dieser lichtvollen Arbeit, damit sich die Universelle Weiße Bruderschaft in der ganzen Welt verbreitet. Denn tatsächlich strebt die Universelle Weiße Bruderschaft nur eines an, nämlich dass die ganze Welt eine Familie bilden möge.

In allen Religionen wird der Glaube gelehrt, dass die Menschen Kinder eines Himmlischen Vaters und einer Himmlischen Mutter sind. Man glaubt und glaubt, doch was nützt es zu glauben, wenn man handelt, als glaube man an nichts? Selbst mit den Christen ist das nicht anders. Dabei baut ihr Glaube so sehr auf das brüderliche Band auf, das zwischen den Menschen bestehen soll, denn ihr Gebet beginnt mit eben den Worten: »Vater unser, der Du bist im Himmel...« Gott ist ihr Vater, sie sind alle Brüder und Schwestern, und dann seht nur einmal, wie sie sich untereinander verhalten! Geht nur in die Gerichte, und ihr werdet sehen, ob sie Brüder und Schwestern sind. Sie handeln allen Geboten, die in den Evangelien gegeben werden, zuwider. Sie sind einander mehr und mehr feindlich gesinnt, sogar innerhalb der Familien.[1]

Die Universelle Weiße Bruderschaft setzt sich dafür ein, dass die ganze Welt wirklich zu einer Familie wird, dass alle sich lieben, sich zulächeln und, wo sie auch hingehen mögen, mit offenen Armen empfangen werden: »Oh, lieber Bruder, oh, liebe Schwester!...« Selbst wenn sie sich nicht kennen. Jetzt hingegen muss man einen Kniefall machen, wenn man in einem fremden Land Aufnahme finden will. Oft wird man auch gar nicht akzeptiert. Es herrscht keinerlei Brüderlichkeit. Doch hier bilden wir die Bruderschaft, und diese Brüderlichkeit soll sich nun in der ganzen Welt verbreiten; und sie verbreitet sich. Schaut nur, seit die Universelle Weiße Bruderschaft hier in Frankreich gebildet wurde, haben sich in der öffentlichen Meinung bereits viele Dinge geändert. Man spricht schon unsere Sprache. Überall präsentiert man die Ideen unserer Lehre, in den Zeitungen, im Radio und im Fernsehen. Früher verlachten die Leute diese Ideen und machten sich darüber lustig. Doch jetzt werden sie akzeptiert, und das ist nur der Anfang.

Die Universelle Weiße Bruderschaft vollbringt ein gigantisches Werk in der Welt. Davon ist zwar noch nicht viel zu sehen, doch in einiger Zeit wird das sichtbar werden. Alle werden dann unsere Sprache sprechen, das versichere ich euch. Was sollte also Schlechtes daran sein, wenn auch ihr bewusst an dieser Arbeit mitwirkt? Ihr solltet sogar stolz darauf sein, euch sagen zu können: »Mein Leben bekommt nun einen Sinn, weil ich für die ganze Welt arbeite.« Doch anstatt an einem immens großen und schönen Werk mitzuarbeiten und

Auf dem Weg zur großen Familie 537

endlich zu etwas nütze zu sein, begnügen sich die Leute mit einem unbedeutenden, mittelmäßigen und unscheinbaren Leben. »Nun, ja«, werdet ihr jetzt sagen, »aber von dieser Arbeit sieht man nichts.« Vielleicht kann man sie nicht sehen, dafür kann man sie aber fühlen!

Ich lade euch ein, an Aktivitäten teilzunehmen, bei denen ihr spürt, dass euer Leben so interessant und so lichtvoll wird, dass ihr selbst darüber erstaunt sein werdet. Man muss verstehen lernen, dass wahre Ehre, wahre Stärke und wahres Glück in dem Gedanken und dem Wunsch liegen, eine göttliche Arbeit zu tun, denn auf diese Weise zieht ihr höhere Kräfte an, die zu euch herabströmen. Und hier habt ihr dazu alle Möglichkeiten, ihr habt die Philosophie, die Bedingungen und die Atmosphäre. Worauf wartet ihr also, um mit dieser Arbeit zu beginnen? Um bei irgendwelchen Raufereien mitzumachen, dazu ist jeder sofort bereit, aber an einem himmlischen Werk mitarbeiten – nur das nicht, nie im Leben!

Nun muss ich euch noch sagen, dass diese an ein Wunder grenzende Arbeit, die hier auf der Erde vollbracht werden soll, bereits in der höheren Welt entschieden und beschlossen worden ist. Der Himmel hat beschlossen, dass alle menschlichen Werte eine Änderung erfahren sollen. Nur kann der Himmel nicht direkt auf der Erde eingreifen, denn die dazwischen liegenden Regionen wirken wie Trennwände. Himmel und Erde sind nicht wirklich voneinander getrennt, aber da beide aus einem Material von unterschiedlicher Dichte bestehen, muss man jedes Mal, wenn man in diesen verschiedenen Bereichen aktiv werden will, entsprechend ausgerüstet sein. Die Geistwesen der unsichtbaren Welt sind sehr stark, aber sie können nicht wirkungsvoll auf der physischen Ebene handeln, da sie nicht aus physischer Materie bestehen. Bei spiritistischen Sitzungen ist es die Aufgabe des Mediums, die fluidale Materie bereitzustellen, die Ektoplasma genannt wird, und mit deren Hilfe die Geister sich manifestieren können. Wenn man ihnen diese Materie gibt, können sie damit in wenigen Sekunden ein ganzes Haus einreißen, während sie ohne diese nicht einmal ein Blättchen Zigarettenpapier fortbewegen können.

Ebenso können auch die höchsten Geistwesen der göttlichen Welt nicht in die Angelegenheiten der Menschen eingreifen, wenn ihnen die Menschen selbst nicht die Möglichkeiten dazu liefern. Stellt euch eine starke Festung vor; solange im Inneren kein Verräter da ist, der den Feinden das Tor öffnet, können diese niemals dort eindringen. Eines Tages fragte ich vor der versammelten Bruderschaft: »Wisst ihr, wer ich bin?« Natürlich wurde erwartet, dass ich sage: »Ich bin Jesus... ich bin der heilige Paulus... oder Dschingis Khan!« Denn so feierlich, wie ich das vortrug, erwartete man eine große Offenbarung. Aber ich sagte: »Ich bin der Verräter Nr. 1!« Das war vielleicht eine Enttäuschung! Denn ein Verräter, das ist nichts Großartiges! Aber gar so schlecht ist das wiederum auch nicht, denn die gesamte Erde ist nichts anderes als eine Festung, in die die himmlischen Heerscharen nicht eindringen können. Es ist also ein Verräter nötig, und ich habe es auf mich genommen, dieser Verräter zu sein, um ihnen die Tore zu öffnen.

Also, ihr versteht nun langsam, was es bedeutet, ein Verräter zu sein... Die Geistwesen der höheren Welt können auf der Erde nicht viel ausrichten, denn hier sind die Menschen ebenso stark wie alle himmlischen Heerscharen, und wenn sie sich stur stellen wollen, dann ist nichts zu machen. Darum sucht der Himmel jemanden, der ihnen den Weg frei macht. In Wirklichkeit sind also alle Spiritualisten Verräter, dank deren Hilfe der Himmel sich bei uns einschleichen kann. Darum sollt auch ihr zu Verrätern werden, die es den göttlichen Geistwesen ermöglichen, hier einzudringen und die Erde umzuwandeln.

Seht euch auch folgendes Beispiel an. Wenn Jesus einen Kranken heilen wollte, fragte er ihn: »Glaubst du?« Warum tat er das? Er hätte ihn doch auch so heilen können. Aber nein, ein kleines Tor musste offen sein, damit die Heilkräfte eindringen und die Ordnung wiederherstellen konnten. Solange ihr also keinen Glauben habt, kann der Himmel absolut nichts für euch tun, da ihr verschlossen seid.[2] Oftmals beklagt ihr euch, dass der Himmel euch nicht gesund macht oder euch zu Hilfe kommt. Dabei tut ihr selbst nichts dafür, ihr gebt nichts und macht nichts auf, damit der Himmel zu euch kommen und Wunder wirken könnte. Ihr fleht: »Oh, Herr!« Doch was soll der Herr tun, wenn ihr selbst nichts tut?

Auf dem Weg zur großen Familie

Nun, meine lieben Brüder und Schwestern, entschließt auch ihr euch, Verräter zu werden. Wir müssen jetzt eine Bruderschaft weit fortgeschrittener Menschen bilden, die dafür arbeiten, dass die himmlischen Heerscharen hier eindringen, um die ganze Erde umzuwandeln. Und ich kann euch versichern, dass sich immer mehr Arbeiter uns anschließen werden, um uns zu helfen.

Le Bonfin, den 25. September 1975

Anmerkungen
1. Siehe Band 239 der Reihe Izvor »Die Liebe ist größer als der Glaube«, Kapitel 11: »Liebt einander, wie ich euch geliebt habe« und Band 240 der Reihe Izvor »Söhne und Töchter Gottes«, Kapitel 13: »Ein Sohn Gottes ist allen Menschen ein Bruder«.
2. Siehe Band 238 der Reihe Izvor »Der Glaube versetzt Berge« und Band 239 der Reihe Izvor »Die Liebe ist größer als der Glaube«.

Bücher von Omraam Mikhael Aivanhov
Reihe Gesamtwerke

Band 1 – Das geistige Erwachen

Geboren aus Wasser und Geist / „Bittet, so wird euch gegeben. Suchet, so werdet ihr finden. Klopfet an, so wird euch aufgetan." / In den Augen offenbart sich die Wahrheit / Die Ohren bergen die Weisheit / Der Mund kündet von der Liebe / Liebe, Weisheit, Wahrheit (Mund, Ohren und Augen) / Peter Deunov, der Meister der Universellen Weißen Bruderschaft in Bulgarien / Die lebendige Kette der Universellen Weißen Bruderschaft.

Band 2 – Die spirituelle Alchimie

Sanftmut und Demut / Wenn ihr nicht sterbt, werdet ihr nicht leben / Lebendiger und bewusster Austausch / Der treulose Verwalter / »Sammelt euch Schätze...« / Das Wunder von den zwei Fischen und den fünf Broten / Die Füße und der Solarplexus / Das Gleichnis vom Weizen und vom Unkraut / Die spirituelle Alchimie / Die geistige Galvanoplastik / Die Rolle der Mutter während der Schwangerschaft.

Band 3 – Die beiden Bäume im Paradies

Das theozentrische, das biozentrische und das egozentrische System / Die beiden ersten Gebote / Was das menschliche Gesicht offenbart / Die magische Kraft der Gesten und des Blickes / »Schreitet voran, während ihr das Licht habt!« / Der Rat des Weisen / Das Gleichnis von den fünf klugen und den fünf törichten Jungfrauen / Das Öl der Lampe / Die beiden Bäume im Paradies – 1. Die Achsen Widder-Waage und Stier-Skorpion – 2. Die Schlange in der Genesis – 3. Die Heimkehr des verlorenen Sohnes.

Band 4 – Das Senfkorn – Symbole im Neuen Testament

»Das ist aber das ewige Leben, dass sie Dich, den einzig wahren Gott, erkennen...« / Der weiße Stein / »Und wer auf dem Dach ist...« / »Wer mir nachfolgen will, nehme sein Kreuz auf sich« / Der Geist der Wahrheit / Die drei großen Versuchungen / Das Kind und der Greis / »Ach, dass du kalt oder warm wärest!« / »Das ist ein köstlich Ding, dem Herrn danken...« / Das Senfkorn / Der Baum über dem Fluss / »Wachset und mehret euch...«.

Band 5 – Die Kräfte des Lebens

Das Leben / Charakter und Temperament / Gut und Böse / Der Kampf mit dem Drachen / Anwesenheit und Abwesenheit / Gedanken sind lebendige Wesenheiten / Die unerwünschten Wesen / Die Kraft des Geistes / Das Opfer / Das hohe Ideal / Frieden.

Band 6 – Die Harmonie
Die Harmonie / Die Medizin muss auf einer esoterischen Philosophie gegründet sein / Die Zukunft der Medizin / Der Schüler muss die Sinne für die geistige Welt entwickeln / Was uns das Haus lehrt / Wie Gedanken sich in der Materie verwirklichen / Die Meditation / Menschlicher Intellekt und kosmische Intelligenz / Sonnengeflecht und Gehirn / Das Harazentrum / Das geistige Herz / Die Aura.

Band 7 – Die Reinheit, Grundlage geistiger Kraft
Jesod spiegelt die Tugenden aller anderen Sephiroth wider / Wie die Reinheit zu verstehen ist / Die Ernährung, Ausgangspunkt einer Studie über die Reinheit / Die Auswahl / Die Reinheit und das geistige Leben / Die Reinheit in den drei Welten / Der Lebensstrom / Friede und Reinheit / Von der magischen Kraft des Vertrauens / Die Reinheit der Worte / Man muss sich erheben, um die Reinheit zu finden / »Selig, die reinen Herzens sind« / Die Tore des himmlischen Jerusalem / Liebe und Sexualität / Die Quelle / Das Fasten / Wie man sich waschen soll / Von der wahren Taufe / Wie man während der Atemübungen mit den Engeln der vier Elemente arbeitet.

Band 8 – Sprache der Symbole, Sprache der Natur
Die Seele / Der Mensch und seine verschiedenen Seelen / Der Kreis (das Zentrum und die Peripherie) / Zeit und Ewigkeit / Die zwölf Aufgaben des Herkules / Der Große Frühling / Der erste Tag des Frühlings / Die wahre Ehe / Warum der Mensch beim Sündenfall die Tiere mit sich gezogen hat / Wie die beiden Prinzipien im Mund enthalten sind / Der Heilige Geist / Die Sprache der Symbole.

Band 9 – Im Anfang war das Wort – Kommentare zu den Evangelien
»Im Anfang war das Wort« / »Man füllt keinen neuen Wein in alte Schläuche« / »Vaterunser« / »Suchet zunächst nach dem Reich Gottes und Seiner Gerechtigkeit« / »Die Ersten werden die Letzten sein« / Weihnachten / Der Sturm, der sich gelegt hat / »Die höchste Zuflucht« / »Vater, vergib ihnen, denn sie wissen nicht, was sie tun« / Die Sünde wider den Heiligen Geist ist die Sünde wider die Liebe / Die Auferstehung und das Jüngste Gericht / »Im Haus meines Vaters gibt es viele Wohnungen« / Der Körper der Auferstehung.

Band 10 – Sonnen Yoga – Pracht und Herrlichkeit von Tiphereth
Surya Yoga – Die Sonne, Mittelpunkt des Universums / Wie man die ätherischen Elemente aus der Sonne aufnehmen kann – Unsere Seele nimmt beim Betrachten der Sonne deren Gestalt an / Unser höheres Ich wohnt in der Sonne / Die Sonne bringt die Samen zum Wachsen, die der Schöpfer in uns gelegt hat – Wie man die Heilige Dreifaltigkeit in der Sonne wiederfindet / Alle Geschöpfe haben ihr Zuhause – Der Rosenkranz der sieben Perlen / Der Meister im Rosenkranz der sieben Perlen – Jedes Geschöpf soll seine Wohnstätte schützen – Die Aura / Der heliozentrische Standpunkt / Liebt wie die Sonne! /

Ein Meister muss wie die Sonne im Mittelpunkt bleiben – Worte, die man beim Sonnenaufgang sprechen kann / Steigt über die Wolken! – Die Sephira Tiphereth / Die Geister der 7 Lichtstrahlen / Das Prisma als Sinnbild des Menschen / Der neue Himmel und die neue Erde / Die Sonne kann das Problem der Liebe lösen – Die Telesma-Kraft / Die Sonne ist Gottes Ebenbild – »Im Geist und in der Wahrheit« / Christus und die Sonnenreligion / Tag und Nacht – Bewusstsein und Unterbewusstsein / Die Sonne ist der Begründer der Kultur / Die Sonne und die Lehre von der Einheit / Die Sonne ist der beste Pädagoge, weil sie ein Vorbild darstellt / Die drei Arten von Feuer / Richtet alles auf ein einziges Ziel aus.

Band 11 – Der Schlüssel zur Lösung der Lebensprobleme

Die Personalität ist der niedere Ausdruck der Individualität / Der Mensch soll zu seiner Individualität zurückfinden – Sinn und Ziel von Jnani-Yoga / Vom Nehmen und Geben (Sonne, Mond und Erde) / Personalität und Individualität: Die Begrenzung der unteren Welt – Die unendliche Weite der höheren Welt / Die Individualität bringt das wahre Glück / Man kann die Natur der Personalität nicht ändern – Der Sinn der Gärung aus einweihungswissenschaftlicher Sicht / Die Personalität will nach eigenem Gutdünken leben – Die Individualität wünscht Gottes Willen zu tun / Das Gleichnis vom Baum / Zwei Arbeitsmethoden zur Bewältigung der Personalität / Wie sich der Mensch von seiner Personalität ausbeuten lässt / Aus der Sicht der Individualität / Über den Sinn des Opfers in den Religionen / Die Individualität allein vermag das durch die Personalität gestörte Gleichgewicht wieder herzustellen / »Gebt dem Kaiser, was des Kaisers ist!« / Die Personalität ist der Sockel der Individualität / Sucht nach himmlischen Verbündeten zum Kampf gegen die Personalität! / Vom richtigen Einsatz der Kräfte der Personalität / Wie man die innwendigen Tiere bezähmt / Die natürliche und die widernatürliche Natur / Die Sexualkraft kann zur Förderung der höheren Natur genutzt werden / Das Wirken für die weltweite Verbrüderung.

Band 12 – Die Gesetze der kosmischen Moral

Ihr werdet ernten, was ihr gesät habt / Die Wahl ist wichtig: Sucht die Arbeit und nicht das Vergnügen / Schöpferische Tätigkeit als Mittel zur inneren Entwicklung / Die Gerechtigkeit / Das Gesetz der Affinität und der Frieden / Das Gesetz der Affinität und die wahre Religion / Naturgesetze und moralische Gesetze / Die Reinkarnation / Macht nicht auf halbem Wege halt / Über den rechten Gebrauch der eigenen Energien / Wie man die Quintessenz erlangt / Die Moral der Quelle / Warum wir unsere Vorbilder in den höheren Regionen suchen sollen / Durch seine Gedanken und Gefühle wirkt der Mensch schöpferisch auf die unsichtbare Welt ein / Lasst die Verbindung nicht abbrechen / »Bist du Licht, dann gehst du zum Licht« / Das ätherische Doppel – Neuen Muster vorgeben / Die Moral bekommt ihre volle Bedeutung in der jenseitigen Welt / Die beste pädagogische Methode ist das Beispiel / »Wenn dich jemand auf die rechte Backe schlägt…«.

Band 13 – Die neue Erde
Gebete / Zum Tagesablauf / Die Ernährung / Das Verhalten / Die Problematik des Bösen / Anleitungen zur Reinigung und Läuterung / Mitmenschliche Beziehungen / Beziehungen zur Natur / Die Sonne – Die Sterne / Die Arbeit mit dem Denken / Die geistige Galvanoplastik / Der Solarplexus / Das Hara-Zentrum / Übungen mit dem Licht / Die Aura / Der Lichtkörper / Einige Sprüche und Gebete / Die Gymnastikübungen.

Band 14/15 – Liebe und Sexualität
Band 14: Die beiden Prinzipien männlich und weiblich / Den Stier bei den Hörnern packen / Die Kraft des Drachens / Geist und Materie, die Sexualorgane / Die Eifersucht / Die zwölf Tore von Mann und Frau / Die Vergeistigung der Sexualkraft / Lernt richtig zu essen, um lieben zu lernen / Die Rolle der Frau in der neuen Kultur / Die Bedeutung der Nacktheit in der Einweihung / Liebe ist im ganzen Weltall enthalten / Wie kann man den Begriff der Ehe erweitern? / Die Schwesterseele / Die Frage der Bindungen.

Band 15: Die wahre Ehe: Geist und Materie / Die Sonne, Quelle der Liebe / Die Vestalinnen oder die neue Eva / Gebt der Liebe ihre Reinheit zurück / Die Liebe verwandelt die Materie / Die Aufgabe eines Schülers / Tantra-Yoga / Nutzt die Kräfte der Liebe in rechter Weise / Das Glück liegt in der Erweiterung des Bewusstseins / "Was ihr auf Erden binden werdet..." / Die wahren Waffen: Liebe und Licht / Auf dem Weg zur großen Familie.

Band 16 – Alchimie und Magie der Ernährung – Hrani-Yoga
Auszug aus dem Inhalt: Die Bedeutung des Kauens und der Atmung / In Stille essen / Das Segnen der Nahrung / Bedeutung und spirituelle Dimension der Ernährung / Meditation vor der Mahlzeit / Der erste Bissen – Die Bedeutung des Anfangs / Fleischliche Nahrung und vegetarische Nahrung / Die Nahrung, ein Liebesbrief des Schöpfers / In Stille essen, um die Stimme der Nahrung zu vernehmen / Die Mahlzeit, magische und heilige Zeremonie / Dankbarkeit und erhabene Gedanken ermöglichen es, in der Nahrung enthaltene feinstoffliche Elemente aufzunehmen / Die Nahrung und die Engel der vier Elemente / Sich durch die Haut ernähren / Weiße und schwarze Magie / Das Mysterium des heiligen Abendmahls, die Kommunion / Indem man bewusst isst erlangt man Macht über die Materie.

17/18 Erkenne Dich selbst – Jnani-Yoga
Band 17: »Erkenne dich selbst« / Die synoptische Tafel / Der Geist und die Materie / Die Seele / Das Opfer / Die Nahrung der Seele und des Geistes / Das Bewusstsein / Das Höhere Selbst / Die Wahrheit / Die Freiheit.

Band 18: Die Schönheit / Die spirituelle Arbeit / Die Kraft des Denkens / Die Erkenntnis: Herz und Intellekt / Die Kausalebene / Konzentration – Meditation – Kontemplation – Identifikation / Das Gebet / Die Liebe / Der Wille / Die Kunst – Die Musik / Die Gestik / Die Atmung.

19-22 Wird nicht ins Deutsche übersetzt

23/24 Die neue Religion – Eine universelle Sonnenreligion
Band 23: Der Strom des Lebens / Der Mensch und seine zwei Naturen / »Ihr seid Götter« / Die heliozentrische Revolution: Die Bruderschaft / Der Meister / Die Sonne, Abbild der heiligen Dreifaltigkeit / Ein neuer Typ Mensch: Die symbolische Bedeutung des Prismas / Die Nahrung: Das Wort / Wie man an seiner eigenen Materie arbeiten kann – Der Körper der Auferstehung / Die Gesetze des Schicksals.
Band 24: Die Lehre der Kraft / Der Sinn des Reichtums und des Besitzes in der Einweihungswissenschaft / Die Liebe ist Eins / Die wahre Ehe – Wie man die Auffassung von Ehe erweitert / Die Rolle der Frau in der neuen Kultur / Die wahren Grundlagen der Religion / Die geistige Schöpfung – Die Suche nach dem Stein der Weisen / An die Jugend und die Familien / Das Reich Gottes auf Erden.

Band 25/26 – Der Wassermann und das Goldene Zeitalter
Band 25: Das Wassermann-Zeitalter / Der Geist der Brüderlichkeit ist im Kommen / Jugend und Revolution / Kommunismus und Kapitalismus / Die wahre Ökonomie / Gold und Licht / Aristokratie und Demokratie / Die Politik im Licht der Einweihungswissenschaft
Band 26: Die Prinzipien und die Formen / Die wahre Religion Christi / Die Idee der Pan-Erde / Der kosmische Körper / Das Reich Gottes und seine Gerechtigkeit / Das neue Jerusalem.

Band 27 – Die Pädagogik in der Einweihungslehre
Zuerst sollten die Eltern unterwiesen werden / Die Rolle des Unterbewusstseins bei der Kindererziehung / Erziehung und Bildung – Die Macht des Vorbildes / Die Jugend auf die Zukunft vorbereiten / Das Erlernen der Gesetze / Das Kind und der Erwachsene / Die Rolle eines Meisters / Die Nachahmung als Faktor der Erziehung / Die Einstellung gegenüber einem Meister / Die Methoden eines Meisters / Die Arbeit in der Einweihungsschule.

Band 28/29 – Die Pädagogik in der Einweihungslehre
Band 28: Weshalb man ein spirituelles Leben wählen sollte / Der Sinn des Lebens, die Entwicklung / Die gestaltende Vorstellungskraft / Lesen und Schreiben / Der Selbstmord / Eine neue Einstellung dem Bösen gegenüber / Die Raupe und der Schmetterling / Die Liebe, ein Bewusstseinszustand / Die Geburt auf den verschiedenen Ebenen / Die Sonne als Vorbild / Mann und Frau in der neuen Kultur

Band 29: Die Gesetze der spirituellen Arbeit / Unsere Verantwortung / Das neue Leben erbauen / Das lebendige Wissen – Lasst die Quelle sprudeln – Die spirituelle Atmosphäre – Die Medizin der Zukunft – Lebt in der Poesie! / Seid vollkommen wie euer Vater im Himmel vollkommen ist / Die Wirklichkeit der unsichtbaren Welt / Nehmt teil an der Arbeit der Universellen Weißen Bruderschaft.

Band 30/31 – Leben und Arbeit in einer Einweihungsschule
Band 30: Zum »Tag der Sonne« / Le Bonfin / Die Arbeit in der göttlichen Schule / Hrani Yoga und Surya-Yoga / Der Geist dieser Lehre / Materie und Licht / Die Reinheit, Voraussetzung für das Licht / Der Sinn der Einweihung
Band 31: Das neue Leben / Materialisten und spirituelle Menschen / Der wahre Sinn des Wortes Arbeit / Wie man mit Schwierigkeiten umgeht / Die Beschäftigung des Schülers mit seiner niederen Natur / Eitelkeit und Hochmut / Meister und Schüler / Wie man über die Vorstellung von Gerechtigkeit hinauswächst / Hierarchie und Freiheit / Die Allmacht des Lichtes

Band 32 – Die Früchte des Lebensbaums
Wie man das Studium der Kabbala in Angriff nehmen sollte / Die Zahl 10 und die 10 Sephiroth / Der Lebensbaum: Struktur und Symbole / Die Erschaffung der Welt und die Emanationstherorie / Der Sündenfall und der Wiederaufstieg des Menschen / Die vier Elemente / Abendstunden am Feuer / Wasser und Feuer / Ein paar Worte über eine Schale Wasser / Das lebendige WORT / Die esoterische Kirche des Johannes / Binah, das Reich der Beständigkeit / Der Geist des Menschen ist nicht an die Vorbestimmung gebunden / Der Tod und das Leben im Jenseits / Menschliche und kosmische Atmung / Die Kardinalfeste / Der Mond und sein Einfluss auf den Menschen / Die vollendeten Seelen / Das Land der Lebendigen / Der Zauberstab / Die Naturgeister / Gegenstände als Gefäße für das Leben / Der Gralskelch / Die Errichtung des inneren Tempels.

Vom selben Autor
Taschenbuch-Reihe Izvor

200 – Hommage an Meister Peter Deunov

201 – Auf dem Weg zur Sonnenkultur
Die Sonne, Begründerin der Kultur / Surya-Yoga / Die Suche nach dem Zentrum / Die nährende Sonne / Der Solarplexus / Der Mensch, Abbild der Sonne / Die Geister der sieben Lichter / Die Sonne als Vorbild / Die wahre Sonnenreligion.

202 – Der Mensch erobert sein Schicksal
Das Gesetz von Ursache und Wirkung / »Du sollst das Feine vom Dichten sondern« / Entwicklung und Schöpfung / Menschliche und göttliche Gerechtigkeit / Das Gesetz der Entsprechungen / Die Gesetze der Natur und die Gesetze der Moral / Das Gesetz der Einprägung / Die Reinkarnation.

203 – Die Erziehung beginnt vor der Geburt
Zuerst müssen die Eltern erzogen werden / Die Erziehung beginnt vor der Geburt / Ein Entwurf für die Zukunft der Menschheit / Kümmert euch um eure Kinder / Eine neues Verständnis der mütterlichen Liebe / Das magische Wort / Ein Kind braucht immer eine Beschäftigung / Die Kinder müssen auf ihr künftiges Leben als Erwachsene vorbereitet werden / Der Sinn für das Zauberhafte soll dem Kind erhalten bleiben / Liebe ohne Schwäche / Erziehung und Unterricht.

204 – Yoga der Ernährung
Die Ernährung betrifft das ganze Wesen / Hrani-Yoga / Die Nahrung, ein Liebesbrief des Schöpfers / Die Auswahl der Nahrung / Der Vegetarismus / Die Ernährung und ihre Moral / Das Fasten / Vom Abendmahl / Der Sinn der Segnung / Die Arbeit des Geistes an der Materie / Das Gesetz vom Austausch.

205 – Die Sexualkraft oder geflügelte Drache
Der geflügelte Drache / Liebe und Sexualität / Die Sexualkraft, Voraussetzung für das Leben auf Erden / Vom Vergnügen / Die Gefahren des Tantrismus / Lieben ohne Gegenliebe zu erwarten / Die Liebe ist im ganzen Universum verbreitet / Die geistige Liebe, eine Nahrung auf höherer Ebene / Das hohe Ideal – Transformator der Sexualkraft / Öffnet der Liebe einen Weg nach oben.

206 – Eine universelle Philosophie
Einige Erklärungen zum Begriff »Sekte« / Keine Kirche ist ewig / Hinter den Formen den Geist suchen / Die Kirche des heiligen Johannes und ihre Ankunft / Die Grundlagen einer universellen Religion / Die Große Universelle Weiße Bruderschaft / Wie man den Begriff »Familie« erweitert / Die Bruderschaft, ein höherer Bewusstseinsgrad / Die Kongresse der Bruderschaft in Le Bonfin / Jeder Aktivität eine universelle Dimension geben.

207 – Was ist ein geistiger Meister?
Wie man einen wirklichen geistigen Meister erkennt / Von der Notwendigkeit eines geistigen Führers / Spielt nicht den Zauberlehrling! / Spiritualität nicht mit Exotik verwechseln / Vom Ausgleich zwischen geistiger und materieller Welt / Der Meister, ein Spiegel der Wahrheit / Erwartet von einem Meister nur das Licht / Der Schüler vor dem Meister / die universelle Dimension eines Meisters / Die magische Gegenwart eines Meisters / Die Identifizierung / »Wenn ihr nicht werdet wie die Kinder«.

208 – Das Egregore der Taube. Innerer Friede und Weltfriede
Ein besseres Verständnis des Friedens / Die Vorteile der Völkervereinigung / Aristokratie und Demokratie / Kopf und Magen / Vom Geld / Über die Verteilung des Reichtums / Kommunismus und Kapitalismus, zwei sich ergänzende Philosophien / Eine neue Auffassung der Wirtschaft / Was jeder Politiker wissen sollte / Das Reich Gottes.

209 – Weihnachten und Ostern in der Einweihungslehre
Das Weihnachtsfest / Die zweite Geburt / Die Geburt auf den verschiedenen Ebenen / »Wenn ihr nicht sterbt, so werdet ihr nicht leben!« / Die Auferstehung und das Jüngste Gericht / Der Auferstehungsleib.

210 – Die Antwort auf das Böse
Die beiden Bäume im Paradies / Das Gute und das Böse - Zwei Kräfte, die das Rad des Lebens drehen / Jenseits von Gut und Böse / Das Gleichnis vom Unkraut und vom Weizen / Die Philosophie der Einheit / Die drei großen Versuchungen / Die Frage der Unerwünschten / Über den Selbstmord / Das Böse durch Licht und Liebe besiegen / Sich spirituell stärken, um die Prüfungen zu überwinden.

211 – Die Freiheit, Sieg des Geistes
Die psychische Struktur des Menschen / Die Beziehungen zwischen Geist und Körper / Schicksal und Freiheit / Der befreiende Tod / Die Freiheit des Menschen liegt in der Freiheit Gottes / Die wahre Freiheit / Sich begrenzen, um sich zu befreien / Anarchie und Freiheit / Über den Begriff der Hierarchie / Die innere Synarchie.

212 – Das Licht, lebendiger Geist
Das Licht, Essenz der Schöpfung / Die Sonnenstrahlen: ihre Natur und ihre Aktivität / Das Gold, kondensiertes Sonnenlicht / Das Licht macht es möglich zu sehen und gesehen zu werden / Die Arbeit mit dem Licht / Das Prisma, Bild des Menschen / Die Reinheit öffnet dem Licht die Türen / Das intensive Leben des Lichts leben / Der Laserstrahl im geistigen Leben.

213 – Die menschliche und göttliche Natur in uns
Menschlich... oder tierisch? / Die niedere Natur, eine umgekehrte Spiegelung der höheren Natur / Auf der Suche nach unserer wahren Identität / Über die Möglichkeit, den Begrenzungen der niederen Natur zu entgehen / Die Sonne, Symbol der göttlichen Natur / Die niedere Natur beherrschen und als Energiequelle benutzen / Der höheren Natur mehr Äußerungsmöglichkeit geben: sich bessern / Die Stimme der göttlichen Natur / Der Mensch kann sich nur dann entfalten, wenn er seiner höheren Natur dient / Die höhere Natur in sich selbst und anderen fördern / Die Rückkehr des Menschen in Gott.

214 – Liebe, Zeugung und Schwangerschaft
Die geistige Galvanoplastik / Mann und Frau - Abbild des männlichen und weiblichen Prinzips / Die Ehe / Lieben ohne Besitzanspruch / Wie man der Liebe eine edlere Ausdrucksform gibt / Nur die geistige Liebe schützt die menschliche Liebe / Der Liebesakt aus der Sicht der Einweihungslehre / Die Sexualkraft, Bestandteil der Sonnenenergie / Die Zeugung eines Kindes / Die Schwangerschaft / Die Kinder von Verstand und Herz / Die Frau soll ihren wahren Platz wieder einnehmen / Das Reich Gottes, Kind der Kosmischen Frau.

215 – Die wahre Lehre Christi
»Vater unser, der Du bist im Himmel« / »Ich und der Vater sind eins« / »Seid vollkommen, wie euer Vater im Himmel vollkommen ist« / »Suchet zunächst das Reich Gottes und seine Gerechtigkeit« / »Wie im Himmel so auf Erden« / »Wer mein Fleisch isst und mein Blut trinkt, hat das ewige Leben« / »Vater vergib ihnen, denn sie wissen nicht, was sie tun« / »Wenn dich jemand auf deine rechte Backe schlägt...« / »Wachet und betet«.

216 – Geheimnisse aus dem Buch der Natur
Das Buch der Natur / Tag und Nacht / Quelle und Sumpf / Die Vermählung, ein universelles Symbol / Die Arbeit mit den Gedanken zur Gewinnung der Quintessenz / Die Macht des Feuers / Die entschleierte Wahrheit / Der Hausbau / Rot und Weiß / Der Strom des Lebens / Das neue Jerusalem / Lesen und Schreiben.

217 – Ein neues Licht auf das Evangelium
»Man füllt nicht jungen Wein in alte Schläuche« / »Wenn ihr nicht werdet wie die Kinder« / Der ungerechte Verwalter / »Sammelt euch Schätze« / »Gehet ein durch die enge Pforte« / »Wer auf dem Dach ist...« / Der Sturm, der sich gelegt hat / »Die Ersten werden die Letzten sein« / Das Gleichnis von den fünf törichten und den fünf klugen Jungfrauen / »Das ist das ewige Leben, dass sie dich erkennen, der du allein wahrer Gott bist!«.

218 – Die geometrischen Figuren und ihre Sprache
Die Symbolik der Geometrie / Der Kreis / Das Dreieck / Das Pentagramm / Die Pyramide / Das Kreuz / Die Quadratur des Kreises.

219 – Geheimnis Mensch
Die menschliche Evolution und die Entwicklung der spirituellen Organe / Die Aura / Das Sonnengeflecht / Das Harazentrum / Die Kundalinikraft / Die Chakras.

220 – Der Tierkreis, Schlüssel zu Mensch und Kosmos
Der vom Tierkreis abgegrenzte Raum / Die Entwicklung des Menschen und der Tierkreis / Der planetarische Zyklus der Stunden und Wochentage / Das Kreuz des Schicksals / Die Achsen Widder-Waage und Stier-Skorpion / Die Achse Jungfrau-Fische / Die Achse Löwe-Wassermann / Wasser- und Feuerdreieck / Der Stein der Weisen: Sonne, Mond und Merkur / Die 12 Stämme Israels und die 12 Heldentaten des Herkules in Verbindung mit dem Tierkreis.

221 – Alchimistische Arbeit und Vollkommenheit
Die geistige Alchimie / Der menschliche Baum / Charakter und Temperament / Das Erbe aus dem Tierreich / Die Angst / Die Klischees / Die Veredelung / Die Verwendung der Energien / Das Opfer, Umwandlung der Materie / Eitelkeit und göttlicher Ruhm / Hochmut und Demut / Die Sublimierung der Sexualkraft.

222 – Die Psyche des Menschen
»Erkenne dich selbst« / Eine synoptische Tafel / Von Seelen und Körpern / Herz, Intellekt, Seele und Geist / Die Schulung des Willens / Körper, Seele und Geist / Äußeres und inneres Erkennen / Vom Intellekt zur Intelligenz / Die wahre Erleuchtung / Der Kausalkörper / Das Bewusstsein / Das Unterbewusstsein / Das höhere Ich.

223 – Geistiges und künstlerisches Schaffen
Kunst, Wissenschaft und Religion / Die göttlichen Quellen der Inspiration / Die Aufgabe der Phantasie / Dichtung und Prosa / Die Stimme / Chorgesang / Die beste Weise, Musik zu hören / Magie der Gestik / Die Schönheit / Idealisieren als Mittel zum Erschaffen / Das lebendige Meisterwerk / Der Aufbau des Tempels / Nachwort.

224 – Die Kraft der Gedanken
Von der Wirklichkeit der spirituellen Arbeit / Wie man sich die Zukunft vorstellen soll / Die psychische Verschmutzung / Leben und Kreisen der Gedanken / Wie die Gedanken sich in der Materie verwirklichen / Nach dem Gleichgewicht von materiellen und spirituellen Mittel suchen / Die Kraft des Geistes / Einige Gesetze, die bei der geistigen Arbeit zu beachten sind / Das Denken als hilfreiche Waffe / Die Kraft der Konzentration / Die Grundlagen der Meditation / Das schöpferische Gebet / Die Suche nach dem Gipfel.

225 – Harmonie und Gesundheit
Das Wesentliche ist das Leben / Die Welt der Harmonie / Harmonie und Gesundheit / Die spirituellen Grundlagen der Medizin / Atmung und Ernährung / Die Atmung / Die Ernährung auf den verschiedenen Ebenen / Wie man Müdigkeit vermeidet / Die Pflege der Zufriedenheit.

226 – Das Buch der göttlichen Magie
Die Wiederkehr magischer Praktiken und ihre Gefahr / Der magische Kreis: die Aura / Der magische Stab / Das magische Wort / Die Talismane / Über die Zahl 13 / Der Mond, Gestirn der Magie / Die Zusammenarbeit mit den Naturgeistern / Blumen und Düfte / Wir alle üben Magie aus / Die drei magischen Hauptgesetze / Die Hand / Der Blick / Die magische Kraft des Vertrauens / Die wirkliche Magie ist die Liebe / Ihr solltet niemals versuchen, Rache zu üben / Exorzismus und Weihe von Gegenständen / Schützt eure Wohnstätte.

227 – Goldene Regeln für den Alltag
Das kostbarste Gut: das Leben / Bringt materielles und geistiges Leben in Übereinstimmung / Widmet euer Leben einem erhabenen Ideal / Der Alltag, Materie, die der Geist umwandeln soll / Das Essen als Yogaübung betrachten / Die Atmung / Wie man wieder zu Kräften kommt / Liebe macht unermüdlich / Der technische Fortschritt schenkt dem Menschen mehr Zeit für die spirituelle Arbeit / Gestaltet euer inneres Zuhause / Die Außenwelt ist ein Spiegelbild eurer Innenwelt / Eure Zukunft wird so sein, wie ihr eure Gegenwart lebt / Kostet die Fülle der Gegenwart / die Bedeutsamkeit des Anfangs / Sucht das Licht, bevor ihr handelt / Achtet immer auf die erste

Bewegung / Werdet euch eurer Denkgewohnheiten bewusst / Aufmerksamkeit und Wachsamkeit / Das Leben spirituell ausrichten / Legt mehr Wert auf die Praxis als auf die Theorie / Nicht auf das Talent, sondern auf moralische Qualitäten kommt es an / Seid zufrieden mit eurem Schicksal und unzufrieden mit euch selbst / Spirituelle Arbeit bleibt nie ohne Ergebnisse / wie man den physischen, den astralen und den mentalen Körper erneuern kann / Seid jeden Tag auf geistige Nahrung bedacht / Überprüft regelmäßig euer Leben / Bringt Ziel und Mittel in Übereinstimmung / Korrigiert eure Fehler möglichst schnell / Verschließt die Tür vor den niederen Wesenheiten / Ideen bestimmen unser Handeln / Unsere Anstrengungen zählen mehr als die Ergebnisse / Akzeptiert Misserfolge / Mit Hilfe der Vorstellungskraft an sich selbst arbeiten / Musik als Unterstützung für die spirituelle Arbeit / Der segensreiche Einfluss einer spirituellen Gemeinschaft / Verlasst euch nur auf eure Arbeit / Lebt in der Poesie / Sich selbst gut kennen, um richtig zu handeln / »Anfang gut, alles gut!« / Vermeidet es, eurer Unzufriedenheit Luft zu machen / Geht anderen mit vollen Gefäßen entgegen / Die Hand als Ausdrucks- und Verständigungsmittel / Euer Blick soll das göttliche Leben ausstrahlen / Erzählt eure Sorgen nicht weiter / Vermeidet Kritik – das positive Wort / Beherrscht eure Zunge / usw.

228 – Einblick in die unsichtbare Welt

Das Sichtbare und das Unsichtbare / Das begrenzte Wahrnehmungsvermögen des Intellekts und das unbegrenzte Wahrnehmungsvermögen der Intuition / Der Zugang zur unsichtbaren Welt: von Jesod nach Tiphereth / Die Hellsichtigkeit: Aktivität und Rezeptivität / Sollte man sich von Hellsehern beraten lassen? / Liebt, und eure Augen werden sich auftun / Die Botschaften des Himmels / Sichtbares und unsichtbares Licht / Die höchsten Entwicklungsstufen der Hellsichtigkeit / Das spirituelle Auge / Gottesvision / Der wahre Zauberspiegel: die universelle Seele / Traum und Wirklichkeit / Der Schlaf, Spiegelbild des Todes / Wie man sich im Schlaf schützen kann / Die Reisen der Seele im Schlaf / Physische und psychische Zuflucht / Die Quelle der Inspiration / Die Apperzeption sollte höher geschätzt werden als die Vision.

229 – Wege der Stille

Lärm und Stille / Die Verwirklichung der inneren Stille / Lasst eure Sorgen vor der Tür / Eine Übung: in Stille essen / Die Stille, ein Energiespeicher / Die Bewohner der Stille / Harmonie als Voraussetzung der inneren Stille / Die Stille, Voraussetzung für das Denken / Suche nach Stille, Suche nach dem Zentrum / Menschliches und Göttliches Wort / Das Wort eines Meisters in der Stille / Stimme der Stille, Stimme Gottes / Die Offenbarungen des Sternenhimmels / »Das stille Kämmerlein«.

230 – Die Himmlische Stadt
Besuch auf Patmos / Einführung in die Offenbarung / Melchisedek und die Lehre von den beiden Prinzipien / Briefe an die Gemeinden von Ephesus und Smyrna / Brief an die Gemeinde von Pergamon / Brief an die Gemeinde von Laodizäa / Die Vierundzwanzig Ältesten und die vier Heiligen Tiere / Das Buch und das Lamm / Die 144.000 Diener Gottes / Die Frau und der Drache / Erzengel Michael streckt den Drachen nieder / Der Drache speit Wasser auf die Frau / Das Tier, das aus dem Meer emporsteigt und das Tier, das aus der Erde emporsteigt / Das Hochzeitsfest des Lammes / Der für tausend Jahre gefesselte Drache / Der Neue Himmel und die Neue Erde / Die Himmlische Stadt.

231 – Saaten des Glücks
Das Glück ist eine Gabe, die gepflegt werden muss / Vergnügen ist noch kein Glück / Nur die richtige Arbeit macht glücklich / Die Philosophie der Anstrengung / Licht ist das, was glücklich macht / Der Sinn des Lebens / Frieden und Glück / Seid »lebendig«, um glücklich zu sein / Erhebt euch über die Lebensbedingungen! / Entwickelt eure Sensibilität für die göttlich Welt / Das Land Kanaan / Der Geist steht über den Gesetzen des Schicksals / Sucht das Glück in höheren Regionen! / Die Suche nach Glück ist die Suche nach Gott / Für Selbstsüchtige gibt es kein Glück / Gebt, ohne etwas dafür zu erwarten! / Liebt, ohne Gegenliebe zu verlangen! / Von der Nützlichkeit der Feinde / Der Garten von Seele und Geist / Die Vereinigung auf höherer Ebene / Wir sind die Schöpfer unserer Zukunft.

232 – Feuer und Wasser, Wunderkräfte der Schöpfung
Wasser und Feuer, Grundprinzipien der Schöpfung / Das Geheimnis der Verbrennung / Die Entdeckung des Wassers / Wasser und Zivilisation / Eine lebendige Kette: Sonne-Erde-Wasser / Die Arbeit des Schmiedes / Das Gebirge, Mutter des Wassers / Vom physischen Wasser zum spirituellen Wasser / Nährt eure Flamme / Das Feuer ist das Mittel der Verwirklichung / Der Kreislauf des Wassers: Die Reinkarnation / Der Zyklus der Wassers: Liebe und Weisheit / Die Flamme der Kerze / Wie man das Feuer anzündet und erhält / Das Wasser, Medium universalis / Der Zauberspiegel / Der Baum des Lichtes / Das Herabsteigen des Heiligen Geistes / Bilder als Begleiter auf unserem Lebensweg.

233 – Eine Zukunft für die Jugend
Die Jugend ist wie die Erde im Entwicklungsprozess / Die Grundlage unserer Existenz ist der Glaube an einen Schöpfer / Der Sinn für das Heilige / Die Stimme der höheren Natur / Den richtigen Weg einschlagen / Studieren genügt nicht, um dem Leben einen Sinn zu geben / Der Charakter ist wichti-

ger als das Wissen / Erfolg wie Misserfolg meistern / Erkennt, wonach Seele und Geist streben / Die göttliche Welt ist unsere innere Welt / Warum wird man in diese oder jene Familie hineingeboren? / Lernt aus den Erfahrungen der Älteren / Vergleicht euch mit spirituell Höherstehenden, um voranzukommen / Die Liebe unterstützt den Willen / Gebt euch nie geschlagen! / Lasst euch nicht durch eure Fehler entmutigen / Der wahre Künstler der Zukunft / Sexuelle Freiheit? / Bewahrt die Poesie eurer Liebe / Tretet ein in die universelle Familie.

234 – Die Wahrheit, Frucht der Weisheit und der Liebe
Die Suche nach der Wahrheit / Die Wahrheit, Kind der Weisheit und der Liebe / Weisheit und Liebe oder Licht und Wärme / Die Liebe des Schülers, die Weisheit des Meisters / Der Kern der Wahrheit / »Ich bin der Weg, die Wahrheit und das Leben« / Der blaue Strahl der Wahrheit / Die wirklich wahre Wahrheit / Bleibt der Wahrheit treu / Über Geschmack lässt sich nicht streiten / Objektive und subjektive Welt / Die Vorrangstellung der subjektiven Welt / Wissenschaftlicher Fortschritt und moralischer Fortschritt / Wahrheit der Wissenschaft und Wahrheit des Lebens / Wie man lernt, alles so zu sehen, als sei es zum ersten Mal. / Traum und Wirklichkeit / Die Wahrheit jenseits von Gute und Böse / Die Wahrheit wird euch frei machen.

235 – Im Geist und in der Wahrheit
Das Gerüst des Universums / Das Göttliche Amt für Gewichte und Maße / Die Verbindung mit dem Zentrum / Die Eroberung des Gipfels / Von der Vielfalt zur Einheit , Teil 1 und Teil 2 / Die Errichtung des Gebäudes / Die Kontemplation der Wahrheit: Die entschleierte Isis, Teil 1 und Teil 2 / Das Lichtkleid / Die Haut, Organ der Erkenntnis / Der Duft des Garten Eden / Im Geist und in der Wahrheit / Das Bild als einfache Stütze für das Gebet / Überreste sind nichts als Spuren ohne Geist / Nur im Geist begegnet man den Wesen wirklich / Die Sonne, Quintessenz jeder wahren Religion / Die Wahrheit der Sonne: Das Geben / Das Reich Gottes ist in uns.

236 – Weisheit aus der Kabbala –
Der lebendige Strom zwischen Gott und Mensch
Vom Menschen zu Gott: Der Hierarchiebegriff / Darstellung des Lebensbaumes / Die Engelshierarchien / Die Namen Gottes / Die Sephiroth der mittleren Säule / Ain Soph Aur: Licht ohne Ende / Die Materie des Universums: das Licht / »Als der Ewige den Kreis zog über den Fluten der Tiefe...« / »Das Reich Gottes gleicht einem Senfkorn« / Die kosmische Familie und das Mysterium der Heiligen Dreifaltigkeit / Der Körper des Adam Kadmon / Malkuth, Jesod, Hod, Tiphereth: Die Erzengel und die Jahreszeiten / Der Sephirothbaum, Symbol der Synarchie / Jesod: Die Grundlage des spirituellen Lebens / Binah / Chokmah, das schöpferische Wort / Jesod, Tiphereth, Kether: Die Sublimierung der Sexualkraft / Das Gebet Salomons.

237 – Das kosmische Gleichgewicht – Die Zahl 2
Die kosmische Waage – Die Zahl 2 / Das Pendeln der Waage / Die 1 und die 0 / Der jeweilige Platz des Männlichen und des Weiblichen / Gott steht über dem Guten und dem Bösen / Der weiße und der schwarze Kopf / Zyklische Schwankungen und Gegenpole: Das Gesetz der Gegensätze / »Um die Wunder einer einzigen Sache zu verbringen« – Die Symbole der 8 und des Kreuzes / [...]

238 – Der Glaube versetzt Berge
Glaube, Hoffnung und Liebe / Das Senfkorn / Wahrer Glaube und persönliche Überzeugung / Wissenschaft und Religion / Der Glaube geht immer dem Wissen voran / Die Wiederentdeckung des verborgenen Wissens / Die Religion ist nur eine Form des Glaubens / Unsere göttliche Abstammung / Der Beweis für die Existenz Gottes ist in uns / Die Identifikation mit Gott / Gott ist das Leben / Gott in der Schöpfung [...]

239 – Die Liebe ist größer als der Glaube
Die Ungewissheiten des modernen Menschen / Der zerstörerische Zweifel: Einheit und Polarisation / Der heilsame Zweifel / »Dein Glaube hat dir geholfen« / »Dir geschehe nach deiner Einstellung« / Nur unser Tun bezeugt unseren Glauben / Bewahrt euren Glauben an das Gute / [...]

240 – Söhne und Töchter Gottes
»Ich bin gekommen, damit sie das Leben haben« / Das Blut, Träger der Seele / »Wer sein Leben retten will, wird es verlieren« / »Lass die Toten ihre Toten begraben« / »Gott hat die Welt so sehr geliebt, dass er seinen einzigen Sohn hingab« / Jesus, Hohepriester nach der Ordnung Melchisedeks / Der Mensch Jesus und das kosmische Prinzip des Christus / Weihnachten und Ostern: Zwei Seiten aus dem Buch der Natur / [...]

241 – Der Stein der Weisen
Über die Deutung der Schriften / »Was zum Mund hineingeht, das macht den Menschen nicht unrein...« / »Ihr seid das Salz der Erde«, Teil 1 und Teil 2 / »Wenn das Salz seinen Geschmack verliert...« / Den Geschmack des Salzes kosten: die göttliche Liebe / »Ihr seid das Licht der Welt« / Das Salz der Alchimisten / »Und wie alle Dinge aus dem Einen entstammen...« / [...]

242 – Unerschöpfliche Quellen der Freude
Gott, Ursprung und Ziel unserer Reise / Sich auf den Weg machen / Das Leiden als Antrieb / Gottes Antworten in sich selbst suchen / In der Schule des Lebens: Die Lektionen der Kosmischen Intelligenz / »Wie ein Fisch im Was-

ser« / Gegenüber himmlischen Wesenheiten eingegangene Verpflichtungen / Ohne Angst voranschreiten / Einzig das Licht des Geistes darf uns führen / Unsere Zugehörigkeit zum Lebensbaum / [...]

243 – Das Lächeln des Weisen
Der Weise lebt in der Hoffnung / Wie ein Hirte über seine Schafe wacht / Die Grenzen unserer Seele schützen / Die Erwartung, die uns wach hält / »Wenn die Auge rein ist, wird dein ganzer Körper im Licht sein« / Der Ernst, die Tränen, das Lachen, das Feiern / Die Lampe des Weisen ist voller Heiterkeit / Die Sprache des Eisens und die Sprache des Goldes / Sieg über das Leiden: Das Lächeln Gottes / Jedes Opfer prägt uns den Stempel der Sonne auf [...]

244 – Dem Licht entgegen
Um nicht mehr sagen zu müssen: wenn ich gewusst hätte…! / »Lass deine linke Hand nicht wissen, was deine rechte tut.« / Programm für den Tag und Programm für die Ewigkeit / »Seid nicht besorgt um den morgigen Tag« / Allein die Gegenwart gehört uns / Bevor die Sonne untergeht / Der Übergang ins Jenseits / Das Leben ohne Grenzen / Die Bedeutung der Bestattungsrituale / Unsere Beziehungen zu den Familiengeistern / Was ist der Wille Gottes? / Im Dienste des göttlichen Prinzips / Zum Altar des Herrn aufsteigen / Schreitet beständig voran / An der Schwelle eines neuen Jahres.

Vom selben Autor
Reihe Broschüren

301	Das neue Jahr
302	Die Meditation
303	Die Atmung
304	Der Tod und das Leben im Jenseits
305	Das Gebet
306	Musik und Gesang im spirituellen Leben
307	Das hohe Ideal
308	Das Osterfest – Die Auferstehung und das Leben
309	Die Aura
310	In die Stille gehen
311	Wie Gedanken sich in der Materie verwirklichen
312	Die Reinkarnation
313	Das Vaterunser
314	Das Gesetz der Gerechtigkeit und das Gesetz der Liebe
315	Die Quelle des Lebens
316	Die Nahrung, ein Liebesbrief des Schöpfers
317	Die Kunst und das Leben
318	Die wesentliche Aufgabe der Mutter während der Schwangerschaft
319	Die Seele, Instrument des Geistes
320	Menschliches und göttliches Wort
321	Weihnachten und das Mysterium der Geburt Christi
322	Die spirituellen Grundlagen der Medizin
323	Meditationen beim Sonnenaufgang
324	Der Friede, ein höherer Bewusstseinszustand
325	Das Ideal des brüderlichen Lebens
326	Die ganze Schöpfung wohnt in uns
327	Der Preis der Freiheit

Verlage und Auslieferungen

Hauptverlag:
Editions Prosveta S.A. – 1277, Av. Jean Lachenaud – 83600 Fréjus
Tel. 04 94 19 33 33, contact@prosveta.fr, www.prosveta.fr

Verlage und Auslieferungen international:

AUSTRALIEN

PROSVETA AUSTRALIA
108 Grand Ocean Boulevard
Port Kennedy WA 6172
Tel. (61) 8 9594 1145
prosveta.au@aapt.net.au

BELGIEN UND LUXEMBURG

PROSVETA BENELUX
Chaussée de Merchtem 123
1780 Wemmel
Tel. (32) 2 460 108 53
prosveta@skynet.be,
www.prosveta.be

BENIN

ETS Evera-Librairie
Abomey-Calavi
Tel. +229 977 759 50
etsevera@gmail.com

BOLIVIEN

VIRGINIA BELTRÁN
Reemanso 2 Núrnero
9080 Santa Cruz – Bolivia
mavibel@gmail.com

CHILE

AGRUPACIÓN VEHADI
Paula González Morel
Tel. +56 982 948 670 / 998 901 258
vehadi.chile@gmail.com

DEUTSCHLAND

PROSVETA VERLAG GMBH
Grabenstr. 14, 78661 Dietingen
Tel. +49 7427 3430
kontakt@prosveta.de
www.prosveta.de

ENGLAND UND IRLAND

PROSVETA, THE DOVES NEST
Duddleswell Uckfield
East Sussex TN 22 3JJ
Tel. (44) (01825) 712 988
orders@prosveta.co.uk
www.prosveta.co.uk

GABUN

Librairie Tiphéret
BP 1554 www.pyrinoskosmos.gr
Libreville
Tel. +241 662 241 35
a.dirat@gabontelecom.ga

GRIECHENLAND

PYRINOS KOSMOS
Egeou 29 – Koropi
G-19400 Athens Attica
Tel. +30 210 360 28 83

HAITI

PROSVETA DÉPÔT HAITI
Angle rue Faustin 1er
et rue Bois Patate #25 bis
6110 Port-au-Prince
rbaaudant@yahoo.com

INDIEN

VIJ BOOKS
2/19 Ansari Road, Darya Ganj
New Delhi 110 002
www.vijbooks.com
vijbooks@rediffmail.com
Tel.: + 91-11-43596460 / 1147340674

BOOK MEDIA (MALAYALAM)
Coondacherry P.O.
Pala, 686579 Kottayam - Kerala
Tel. (+91) 94 47 53 62 40

ISRAEL

prosveta.il@hotmail.com
Hadkeren Publishing House
PO Box 8426
6 108 301 Tel-Aviv – Jaffa
info@hadkeren.co.il - www.hadkeren.co.il

ITALIEN

PROSVETA COOP. A R.L.
Casella Postale 55
06068 Tavernelle (PG)
Tel. (39) 075-835 84 98
prosveta@tin.it, www.prosveta.it

KAMERUN

Librairie Bibliothèque,Vera Book Center
Yaoundé au Carrefour MEEC
BP 17506 Etétak – Yaoundé
Tel. +237 699 959 044 / 694 546 116
verabookcenter@gmail.com

KANADA

PROSVETA INC.
3950 Albert Mines – Canton de Hatley – (QC)
J0B 2C0
Tel. +1 819 564 82 12
prosveta@prosveta-canada.com
www.prosveta.ca

KOLUMBIEN

PROSVETA COLOMBIA
Calle 174 Número 54B
50 Interior 6
Villa del Prado – Bogotá
Tel. (57 1) 6 14 53 85
Tel. 6 72 16 89
Mobil: (57) 311 8 10 25 42
prosveta.colombia@hotmail.com

KONGO

Librairie Providence
19 Rue Maleke Moukondo (Mfilou)
Brazzaville
Tel. +242 066 193 927
librairieprovidence2021@gmail.com

LETTLAND

Cilveka Pasatjaunosanas, biedriba
Ravija Astahova
Anniņmuižas bul. 43 – 135
Riga, Latvija LV-1069
Tel. +371 292 93298
ravija@inbox.lv

LIBANON

PROSVETA LIBAN
P.O. Box 90-995
Jdeitet-el-Metn, Beirut
Tel. (03) 448560
prosveta_lb@terra.net.lb
www.prosveta-liban.com

LITAUEN

LEIDYKLA MIJALBA
Gedimino G 26 B – 44319 Kaunas
Tel. 370.687 8760
info@mijalba.com
www.mijalba.com

NEUSEELAND

PROSVETA NEW ZEALAND LTD
49 Stottholm Road
Titirangi 0604
Aotearoa New Zealand
Tel. +64 686 727 89 / +64 220 212 414
johnson.susan34@gmail.com
www.oma-books.co.nz

NIEDERLANDE

STICHTING PROSVETA
NEDERLAND
t.a.v. K. Laan
Zeestraat 50
2042 LC Zandvoort
Tel. +31 235 716 473
laan@prosveta.nl, www.prosveta.nl

NORWEGEN

PROSVETA NORDEN
Postboks 150 Sentrum
N-0102 Oslo
Tel. (47) 90 27 43 33
info@prosveta.no, www.prosveta.no

ÖSTERREICH

HARMONIEQUELL VERSAND
Ulmenweg 8, A 5302 Henndorf
Tel. und Fax +43 6214 7413
info@prosveta.at, www.prosveta.at

PERU

Contact Prosveta
Viviana Hermosa Mattos
Tel. + 51 999 355 919
vivihermosa@gmail.com

POLEN

Księgarna – Galeria Nieznany Świat
ul. Kredytowa 2, 00-062 Warszawa
tel. +48 827-93-49, www.nieznany.pl

PORTUGAL

PUBLICAÇÕES MAITREYA
4100 - 027 Porto
flora@publicacoesmaitreya.pt

RUMÄNIEN

EDITURA PROSVETA SRL
Str. N. Constantinescu 10
Bloc 16A – sc A
Apt. 9 Sector 1, 71253, Bucarest
Tel. +4 072 770 59 17
prosveta_ro@yahoo.com
www.prosveta.ro

RUSSLAND
EDITIONS PROSVETA
Elena Jitniouk
ul. Partizanskaya, d.22, kv. 87
Moskow 121351
Tel. +8 903 795 70 74
prosveta@prosveta.ru,
www.prosveta.ru

SCHWEIZ
ÉDITIONS PROSVETA
Société coopérative
Chemin de la Céramone 13
1808 Les Monts-de-Corsier
Tel. +41 21 921 92 18
prosveta@prosveta.ch
www.prosveta.ch

SERBIEN
EDITION BABUN D.O.O.
Ana Bešlić, Tel. +381653193913
babun.info@gmail.com

Izdavačko Preduzeće Paleja D.o.o
(Editions Paleja), Željko Mojsilović
Put za Trešnju 1. deo br. 9, Ripanj
Beograd, Tel. +381 653 433 857
info@svetlostknjige.com

SPANIEN
ASOCIACION PROSVETA ESPAÑOLA
C/ Diputacio, 385 local bajos 2
SP-08013 Barcelona
Tel. (+34) (93) 412 31 85
aprosveta@prosveta.es
www.prosveta.es

TSCHECHISCHE REPUBLIK
PROSVETA
Ant. Sovy 18
370 05 České Budějovice
Tel. +420 723 581 030
prosveta@iol.cz / info@omraam.cz
www.omraam.cz

TOGO
Le Livre SARL
Rue Kedjessinawe Tokoin Novissi
BP 1723 - Lomé Togo
Tel. +228 900 483 73
Tel. +228 982 959 58
lelivre1@yahoo.fr

TÜRKEI
Hermes Yayinlari
hermeskitap@gmail.com
www.hermeskitap.com

USA
WELLSPRING OF LIFE
404 N Mount Shasta Blvd # 320
Mount Shasta CA 96067, USA
Tel. +1 530 918 33 91
wellspringsoflife@mail.com
www.prosveta-usa.com

VENEZUELA
PROSVETA VENEZUELA C. A.
Tel. +58 412 904 89 94 / +58 414 134 75 34
prosvetavenezuela@gmail.com
www.prosvetavenezuela.com

Auslieferungsadressen für weitere Länder finden Sie unter
www.prosveta.de/informationen/bestelladressen

Wenn Sie sich für Veranstaltungen interessieren, in denen die Lehre von Omraam Mikhaël Aïvanhov vertieft werden kann, wenden Sie sich bitte an eine der folgenden Adressen:

Deutschland
UWB e.V.
www.aivanhov.de, info@aivanhov.de

Schweiz
FBU, Chemin de la Céramone 13, 1808 Les-Monts-de-Corsier
Telefon 021 925 40 80, www.videlinata.ch

Österreich
UWB, Telefon 01 27 698 32
Internet: www.uwb.at, E-Mail: info@uwb.at